法政大学第二中学校

〈収録内容〉

※国語の大問二は、問題に使用された作品の著作権者が二次使用の許可を出していないため、問題を掲載しておりません。

※国語の大問二は、問題に使用された作品の著作権者が二次使用の許可を出していないため、問題を掲載しておりません。

便利な DL コンテンツは右の QR コードから

解答用紙

過去年度

国語の問題は
紙面に掲載

JN101266

※データのダウンロードは 2025 年 3 月末日まで。
※データへのアクセスには、右記のパスワードの入力が必要となります。 ⇒ 042927

〈合格最低点〉

	第 1 回	第 2 回
2024年度	227点／218点	223点／218点
2023年度	215点／222点	227点／236点
2022年度	210点／215点	209点／217点
2021年度	250点／262点	254点／266点
2020年度	231点／244点	222点／233点
2019年度	233点／244点	251点／262点
2018年度	221点／230点	216点／236点

※点数は、男子／女子

本書の特長

実戦力がつく入試過去問題集

- ▶ 問題 …………… 実際の入試問題を見やすく再編集。
- ▶ 解答用紙 …… 実戦対応仕様で収録。
- ▶ 解答解説 …… 詳しくわかりやすい解説には、難易度の目安がわかる「基本・重要・やや難」の分類マークつき（下記参照）。各科末尾には合格へと導く「ワンポイントアドバイス」を配置。採点に便利な配点つき。

入試に役立つ分類マーク

基本 確実な得点源！
受験生の 90%以上が正解できるような基礎的、かつ平易な問題。
何度もくり返して学習し、ケアレスミスも防げるようにしておこう。

重要 受験生なら何としても正解したい！
入試では典型的な問題で、長年にわたり、多くの学校でよく出題される問題。
各単元の内容理解を深めるのにも役立てよう。

やや難 これが解ければ合格に近づく！
受験生にとっては、かなり手ごたえのある問題。
合格者の正解率が低い場合もあるので、あきらめずにじっくりと取り組んでみよう。

合格への対策、実力錬成のための内容が充実

- ▶ 各科目の出題傾向の分析、合否を分けた問題の確認で、入試対策を強化！
- ▶ その他、学校紹介、過去問の効果的な使い方など、学習意欲を高める要素が満載！

解答用紙ダウンロード 解答用紙はプリントアウトしてご利用いただけます。弊社ＨＰの商品詳細ページよりダウンロードしてください。トビラのＱＲコードからアクセス可。

famima PRINT 原本とほぼ同じサイズの解答用紙は、全国のファミリーマートに設置しているマルチコピー機のファミマプリントで購入いただけます。※一部の店舗で取り扱いがない場合がございます。詳細はファミマプリント（http://fp.famima.com/）をご確認ください。

UD FONT 見やすく読みまちがえにくいユニバーサルデザインフォントを採用しています。

法政大学第二中学校

生徒数　686名
〒211-0031
神奈川県川崎市中原区木月大町６-１
☎044-711-4321
東急東横線・目黒線、南武線、横須賀線
武蔵小杉駅　徒歩10分～15分

多くの研究・実習によって
個性を伸ばし
目的を持って大学へ進学

URL	https://www.hosei2.ed.jp/

プロフィール　伝統ある法政大学の付属中高

130年の歴史を持つ法政大学の付属高校として、1966年に創立。1986年に中学校を併設した。「自由と進歩」をテーマとする法政大学の伝統的学風を持ち続ける学校で、国際化していく社会を見据え、現代社会において活躍できる、人間性豊かな個性ある人材育成を目標としている。

2016年度より、中高同時共学化をスタートし、2018年度に完全共学化を迎えた。

環境　読書や調査研究のための施設が充実

広大な敷地に、ゆとりある空間を大切にした校舎が建つ。読書や調査研究に利用される学習室を兼ねた図書館、最新機器をそろえたPC教室、自然科学室などを完備。３つの体育館に加え、トレーニングセンターなどを備えた体育館もあり、県下の学校の中でも屈指の施設。ほかにも野球場や陸上競技場など広々とした施設が広がっている。

カリキュラム　付属校ならではの10年一貫教育

調査や研究を土台とした論文やレポートなど、中高一貫して個人のオリジナリティを大事にした授業が進められている。そのほか、視聴覚機器を利用した実験や実習も多く、付属校ならではの豊かな学習が展開されている。

中学では特に英語を重視しており、一クラス20人以下の外国人分割授業や週１回行われる定着テストのほか、英検の受験にも取り組んでいる。

中高とも週６日制34単位の新カリキュラム・新指導体制を確立。高校１・２年次は共通クラスで全生徒が全教科を等しく学び、将来の必要な基礎教養を確実に身につける。３年次には進路希望に応じて文系クラス・理系クラスにクラス分けをし、進路要求にきめ細かく対応するために様々な選択授業を設定している。このように共通教科によって基礎学力を向上させると共に、選択教科によって得意分野を深め、進路の具体化に結びつける。

学校生活　個性豊かで多彩なクラブ活動

生徒会活動が活発で、特に２大行事である体育祭と二高祭・二中文化祭は、外部から多数の見学者を迎え、生徒の自主的な活動によって毎年大成功を収めている。その他の主な行事には、校外授業（中１）や林間学校（中２）、六大学野球応援、スポーツ大会、研修旅行（中３）、修学旅行（高２）がある。

高校ではクラブも、個性豊かな学風なだけに、多くのクラブが勢ぞろい。文化クラブには、各種大会で活躍する放送や吹奏楽をはじめ、物理、生物、合唱などがある。体育クラブでは、アメリカンフットボールやサッカー、水泳、ハンドボール、フェンシング、重量挙、自転車競技、スキー競技、体操、陸上、チアリーディングなどが、全国大会や関東大会で好成績を挙げている。

［運動部］　剣道、サッカー、柔道、体操、卓球、テニス、男子バスケットボール、ハンドボール、野球、陸上競技、空手、重量挙、スキー競技、水泳、男子バレーボール、フェンシング、ラグビー、女子バスケットボール、女子バレーボール、チアリーディング

［文化部］　囲碁将棋、科学、吹奏楽、美術、カメラ、社会科学歴史研究、放送、合唱、

家庭科、茶華道
（高校クラブで中学生参加可能なクラブあり）

［国際交流］　毎年４月に留学説明会が実施され留学に関する情報提供を行っている。一定の条件を満たせば法政大学への被推薦権を保持したまま留学できる制度がある他、ニュージーランドの姉妹校への長期留学制度や短期ニュージーランド研修、カナダ研修（高校生）がある。

2016年度には生徒有志による国際交流委員会が発足し、新設の国際交流室を拠点に活動し、海外からの留学生の生活サポートや歓迎会の企画の他、帰国生プレゼンテーション大会の実施や外務省訪問、途上国への募金活動など様々な活動を生徒が中心となって行っている。

進路　約９割が推薦で法政大学へ進学

ほぼ全員が併設の第二高校へ進学し、高校の卒業生も約９割が法政大学に推薦で進学している。高１から高３までの学内成績と法政大学から課される外部試験（英語外部試験や付属統一の「基礎的思考力確認テスト」）で一定基準を満たしていれば法政大学への被推薦権が得られる。

2024年度入試要項

試験日　1/7（帰国生）　2/2（第１回）
　　　　2/4（第２回）

試験科目　国・算＋面接（帰国生）
　　　　　国・算・理・社（一般）

2024年度	募集定員	受験者数	合格者数	競争率
第１回	70/70	480/309	106/102	4.5/3.0
第２回	35/35	367/236	53/67	6.9/3.5
帰国生	若干	23/23	14/12	1.6/1.9

※人数はすべて男子/女子

過去問の効果的な使い方

① **はじめに**　ここでは，受験生のみなさんが，ご家庭で過去問を利用される場合の，一般的な活用法を説明していきます。もし，塾に通われていたり，家庭教師の指導のもとで学習されていたりする場合は，その先生方の指示にしたがって，過去問を活用してください。その理由は，通常，塾のカリキュラムや家庭教師の指導計画の中に過去問学習が含まれており，どの時期から，どのように過去問を活用するのか，という具体的な方法がそれぞれの場合で異なるからです。

② **目的**　言うまでもなく，志望校の入学試験に合格することが，過去問学習の第一の目的です。そのためには，それぞれの志望校の入試問題について，どのようなレベルのどのような分野の問題が何問，出題されているのかを確認し，近年の出題傾向を探り，合格点を得るための試行錯誤をして，各校の入学試験について自分なりの感触を得ることが必要になります。過去問学習は，このための重要な過程であり，合格に向けて，新たに実力を養成していく機会なのです。

③ **開始時期**　過去問との取り組みは，通常，全分野の学習が一通り終了した時期，すなわち6年生の7月から8月にかけて始まります。しかし，各分野の基本が身についていない場合や，反対に短期間で過去問学習をこなせるだけの実力がある場合は，9月以降が過去問学習の開始時期になります。

④ **活用法**　各年度の入試問題を全問マスターしよう，と思う必要はありません。完璧を目標にすると挫折しやすいものです。できるかぎり多くの問題を解けるにこしたことはありませんが，それよりも重要なのは，現実に各志望校に合格するために，どの問題が解けなければいけないか，どの問題は解けなくてもよいか，という眼力を養うことです。

算数

どの問題を解き，どの問題は解けなくてもよいのかを見極めるには相当の実力が必要になりますし，この段階にいきなり到達するのは容易ではないので，この前段階の一般的な過去問学習法，活用法を2つの場合に分けて説明します。

☆偏差値がほぼ55以上ある場合

掲載順の通り，新しい年度から順に年度ごとに3年度分以上，解いていきます。

ポイント1…問題集に直接書き込んで解くのではなく，各問題の計算法や解き方を，明快にわかるように意識してノートに書き記す。

ポイント2…答えの正誤を点検し，解けなかった問題に印をつける。特に，解説の 基本 重要 がついている問題で解けなかった問題をよく復習する。

ポイント3…1回目にできなかった問題を解き直す。同様に，2回目，3回目，…と解けなければいけない問題を解き直す。

ポイント4…難問を解く必要はなく，基本をおろそかにしないこと。

☆偏差値が50前後かそれ以下の場合

ポイント1～4以外に，志望校の出題内容で「計算問題・一行問題」の比重が大きい場合，これらの問題をまず優先してマスターするとか，例えば，大問2までをマスターしてしまうとよいでしょう。

理科

理科は1から順番に解くことにほとんど意味はありません。理科は，性格の違う4つの分野が合わさった科目です。また，同じ分野でも単なる知識問題なのか，あるいは実験や観察の考察問題なのかによってもかかる時間がずいぶんちがいます。記述，計算，描図など，出題形式もさまざまです。ですから，解く順番の上手，下手で，10点以上の差がつくこともあります。

過去問を解き始める時も，はじめに1回分の試験問題の全体を見通して，解く順番を決めましょう。得意分野から解くのもよいでしょう。短時間で解けそうな問題を見つけて手をつけるのも効果的です。くれぐれも，難問に時間を取られすぎないように，わからない問題はスキップして，早めに全体を解き終えることを意識しましょう。

社会

社会は1から順番に解いていってかまいません。ただし，時間のかかりそうな，「地形図の読み取り」，「統計の読み取り」，「計算が必要な問題」，「字数の多い論述問題」などは後回しにするのが賢明です。また，3分野（地理・歴史・政治）の中で極端に得意，不得意がある受験生は，得意分野から手をつけるべきです。

過去問を解くときは，試験時間を有効に活用できるよう，時間は常に意識しなければなりません。ただし，時間に追われて雑にならないようにする注意が必要です。“誤っているもの”を選ぶ設問なのに“正しいもの”を選んでしまった，“すべて選びなさい”という設問なのに一つしか選ばなかったなどが致命的なミスになってしまいます。問題文の“正しいもの”，“誤っているもの”，“一つ選び”，“すべて選び”などに下線を引いて，一つ一つ確認しながら問題を解くとよいでしょう。

過去問を解き終わったら，自己採点し，受験生自身でふり返りをしましょう。できなかった問題については，なぜできなかったのかについての分析が必要です。例えば，「知識が必要な問題」ができなかったのか，「問題文や資料から判断する問題」ができなかったのかで，これから取り組むべきことも大きく異なってくるはずです。また，正解できた問題も，「勘で解いた」，「確信が持てない」といったときはふり返りが必要です。問題集の解説を読んでも納得がいかないときは，塾の先生などに質問をして，理解するようにしましょう。

国語

過去問に取り組む一番の目的は，志望校の傾向をつかみ，本番でどのように入試問題と向かい合うべきか考えることです。素材文の傾向，設問の傾向，問題数の傾向など，十分に研究していきましょう。

取り組む際は，まず解答用紙を確認しましょう。漢字や語句問題の量，記述問題の種類や量などが，解答用紙を見て，わかります。次に，ページをめくり，問題用紙全体を確認しましょう。どのような問題配列になっているのか，問題の難度はどの程度か，などを確認して，どの問題から取り組むべきかを判断するとよいでしょう。

一般的に「漢字」→「語句問題」→「読解問題」という形で取り組むと，効率よく時間を使うことができます。

また，解答用紙は，必ず，実際の大きさのものを使用しましょう。字数指定のない記述問題などは，解答欄の大きさから，書く量を考えていきましょう。

算数　出題傾向の分析と合格への対策

●出題傾向と内容

例年，大問が6題，小問が18題～20題で，そのうち[1],[2]は「計算問題」,「単位の換算」,「数の性質」,「割合」や「図形」などの小問を集めたものであり，計算問題は基本レベルに近いが，単純に計算するだけではなく工夫が必要である。頻出分野は,「図形」,「面積」,「速さ」,「割合と比」,「数の性質」,「数列・規則性」などである。「演算記号」の問題も近年，連続して出題されているが，それほど難しくない。

また，第1回，第2回の出題分野はほとんど共通しているが，過去にほとんど出ていない分野の問題が急に出題されることもあるので，要注意である。全体的に，基礎力の定着を見る内容になっている。

✔学習のポイント

計算練習を毎日しっかりやって，計算力を養っておくこと。基本から標準レベルの問題をこなすことが大事である。

●2025年度の予想と対策

今後も幅広い分野からの出題が予想されるので，バランスのとれた学習が必要である。まず，自分にとって苦手な分野がないか，過去問を利用してチェックすること。何事も基本が大切である。

次に,「図形」や「割合と比」,「速さ」,「単位の換算」を中心に練習を積んでおく。解けなかった問題は，自分でどこを間違えたのかをしっかりと確認し，理解すること。計算間違いの多い人は，ミスを防ぐためにノートにきちんと計算する習慣をつける。

難しい「図形」の問題は，自分で図を描いて考える習慣を身につけることが大切である。

▼年度別出題内容分類表

※　よく出ている順に☆，◎，○の３段階で示してあります。

出題内容			2022年		2023年		2024年	
			1回	2回	1回	2回	1回	2回
数と計算	四則計算		○	○	○	○	○	○
	概数・単位の換算		◎	○	○	○		
	数の性質		○	☆	◎	☆	◎	○
	演算記号		○	○	○	○		
図形	平面図形		☆	☆	☆	☆	☆	☆
	立体図形		◎	◎	☆	☆	☆	☆
	面積		☆	☆	☆	☆	☆	◎
	体積と容積		○		○	◎	○	
	縮図と拡大図		☆	○	☆	○	☆	○
	図形や点の移動				◎	☆		◎
速さ	三公式と比		◎	○	◎	◎	◎	◎
	文章題	旅人算			○	○		
		流水算						
		通過算・時計算						
割合	割合と比		☆	☆	☆	☆	☆	☆
	文章題	相当算・還元算						
		倍数算						
		分配算						
		仕事算・ニュートン算					○	○
文字と式								
2量の関係(比例・反比例)								
統計・表とグラフ					☆		◎	
場合の数・確からしさ			○	○	○	○		
数列・規則性			☆	○	☆	☆	☆	☆
論理・推理・集合								
その他の文章題	和差・平均算			○				
	つるかめ・過不足・差集め算			○			◎	○
	消去・年令算							
	植木・方陣算							

法政大学第二中学校

算数 ——グラフで見る最近３ヶ年の傾向——

最近３ヶ年に出題されたすべての問題を内容別に分類・集計し，全体に対して何パーセントくらいの割合になっているかを示しました。

……50 校の平均　　　……法政大学第二中学校

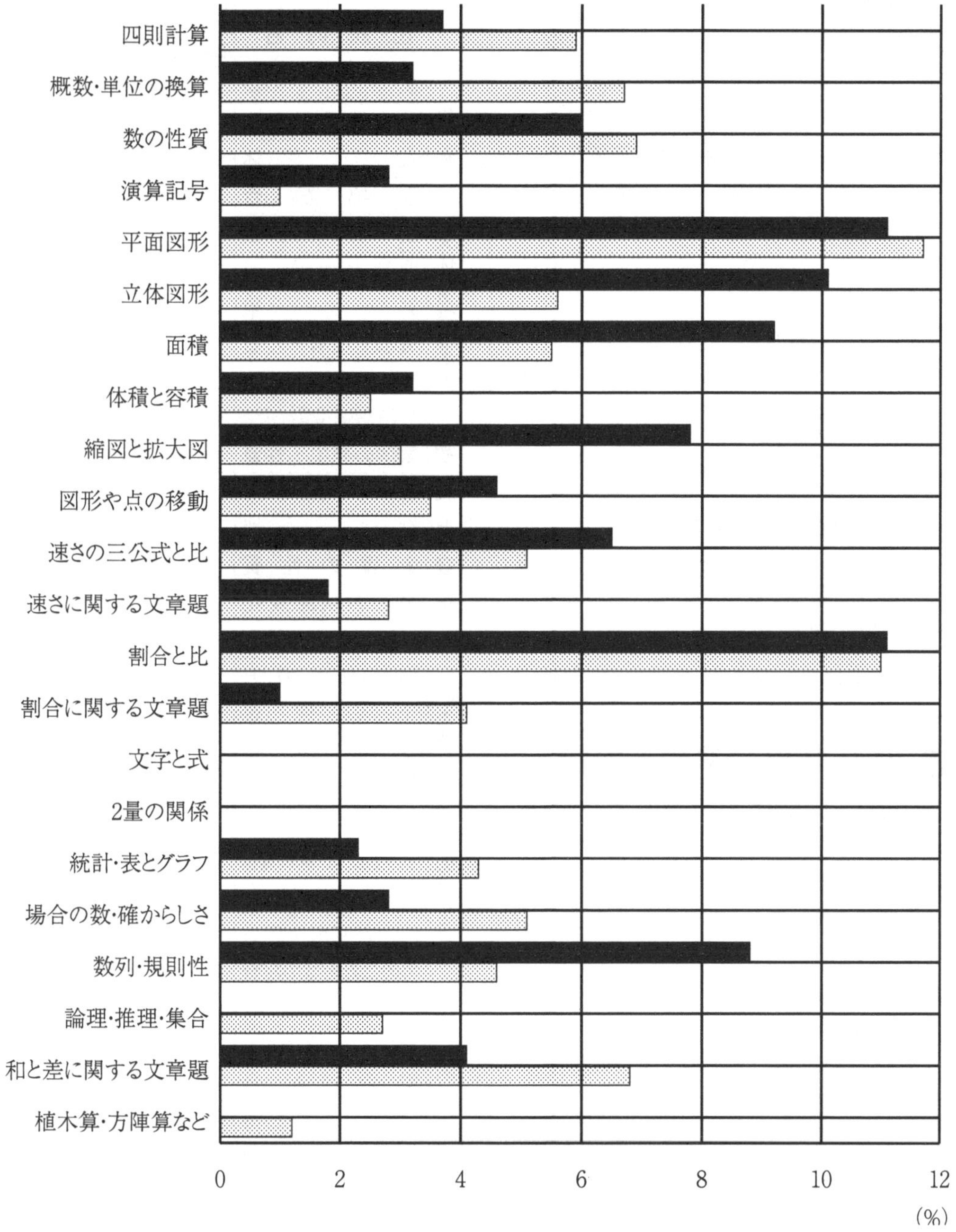

理科　出題傾向の分析と合格への対策

●出題傾向と内容

幅広い分野から出題されているが，全体的に複雑・難解な問題は多くない。いずれも，基本知識や基本的な考え方が身についていれば解くことができる問題である。ただし時間配分には十分注意が必要である。出題分野は多岐にわたり，物理，化学，生物，地学のどの領域からも出題がみられる。どの分野にも，実験や観察に関する内容が含まれることが多い。また，ここ1～2年ほどに起こった理科的なできごとが素材になることも多い。

解答形式は，文選択や正誤判定が多い。図示や計算が出題される年度もある。文章の記述は少ない。

✔学習のポイント

標準的な問題をくり返し解いて，基本的な考え方を身につけよう。

●2025年度の予想と対策

幅広い分野から出題されるので，苦手分野を作らないように意識しながら，まんべんなく学習をすすめることが大切である。標準的なテキストや問題集を使って，基本的な考え方をしっかり身につける方法がよい。実験・観察に関する問題が多く出題されるので，学校で行われる実験には積極的に参加し，実験器具の名前や使い方，実験方法や目的・結果などを，体験を通して理解しておきたい。

確実な学力を身につけるために，標準的な問題集の問題をくり返し演習する必要がある。

▼年度別出題内容分類表

※　よく出ている順に☆，◎，○の３段階で示してあります。

出題内容		2022年		2023年		2024年	
		1回	2回	1回	2回	1回	2回
生物	植物		☆		☆		
	動物			○		☆	
	人体	☆		☆			☆
	生物総合		○				
天体・気象・地形	星と星座	☆	☆				
	地球と太陽・月		○		☆		
	気象	☆		☆	☆		☆
	流水・地層・岩石					☆	☆
	天体・気象・地形の総合						
物質と変化	水溶液の性質・物質との反応	☆			☆		
	気体の発生・性質		☆	☆			☆
	ものの溶け方				○		☆
	燃焼					☆	
	金属の性質						
	物質の状態変化						
	物質と変化の総合						
熱・光・音	熱の伝わり方				☆		
	光の性質	☆					
	音の性質						
	熱・光・音の総合						
力のはたらき	ばね						
	てこ・てんびん・滑車・輪軸	☆	☆	☆			☆
	物体の運動						☆
	浮力と密度・圧力						
	力のはたらきの総合						
電流	回路と電流			☆		☆	
	電流のはたらき・電磁石				○		
	電流の総合						
実験・観察		☆	☆	○	☆	☆	☆
環境と時事／その他		☆	☆	☆	◎	☆	☆

法政大学第二中学校

理科 ——グラフで見る最近３ヶ年の傾向——

最近３ヶ年に出題されたすべての問題を内容別に分類・集計し，全体に対して何パーセントくらいの割合になっているかを示しました。

……50校の平均　　……法政大学第二中学校

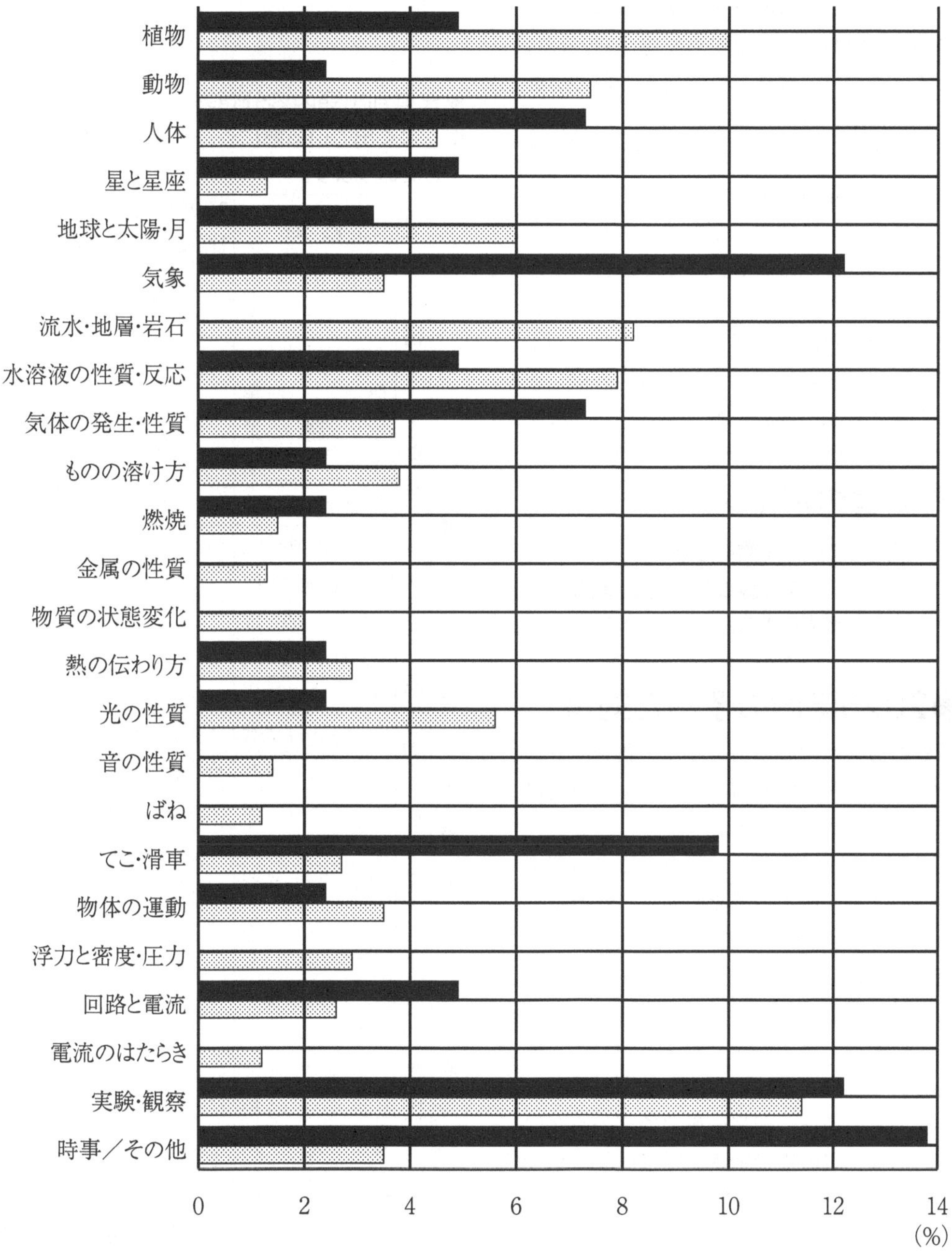

社会　出題傾向の分析と合格への対策

●出題傾向と内容

大問3～12題で小問数40～70問程度とほぼ同様で，三分野から比較的バランスよい出題がなされている。解答形式は語句の記述が約2分の1を占めているので，要領よく解答していく必要がある。また第1・2回とも出題形式・内容とも類似しており，さらに1～3行(30～100字程度)の説明問題も出題されている。出題内容については，地理では日本の国土と自然を中心に産業まで広げる傾向が見られる。歴史では古代から近現代までさまざまな分野がまんべんなく出題されているが，政治や経済に関するテーマがやや多い。政治では憲法の原理と基本的人権，政治のしくみと働き，国際社会と平和がやや多い。

学習のポイント

地理：国土と自然，産業に注意。
歴史：一つのテーマに絞った通史を重点に。
政治：日本国憲法をきちんと見ておこう。

●2025年度の予想と対策

基本的なものが中心ではあるが，語句記入が比較的多く，説明問題もあるので決して時間に余裕があるというわけではない。

地理分野は国土・農業・工業を中心に学習すること。必ず地図帳で場所を確認し，資料集を活用して常に最新のデータをチェック。

歴史分野は政治史を中心に社会・文化などを年代ごとに整理し，時代背景や人物の集積をしっかりと把握しておきたい。

政治分野は憲法や政治のしくみを中心にまとめておくこと。憲法の前文や重要条文の暗記は当然であるが，世の中の動きに常に注意を払っておくことも忘れてはならない。

▼年度別出題内容分類表

※　よく出ている順に☆，◎，○の３段階で示してあります。

出題内容			2022年		2023年		2024年	
			1回	2回	1回	2回	1回	2回
地理	日本の地理	地図の見方	◎	☆	○	◎	☆	◎
		日本の国土と自然	○	○	◎	○	○	○
		人口・土地利用・資源			○			○
		農業		○	○	○	○	○
		水産業		○	○			○
		工業	○	○		◎		○
		運輸・通信・貿易	◎	○		○		○
		商業・経済一般	○			○	○	
	公害・環境問題					○	○	
	世界の地理		○			○		○
日本の歴史	時代別	原始から平安時代	☆	○	◎	◎	◎	◎
		鎌倉・室町時代		◎	○	◎	◎	○
		安土桃山・江戸時代		☆	◎	◎	◎	◎
		明治時代から現代	☆	☆	◎	◎	◎	◎
	テーマ別	政治・法律	☆	◎	◎	◎	◎	◎
		経済・社会・技術	○	◎	○	◎	○	○
		文化・宗教・教育		○	○	◎	◎	◎
		外交	☆	○	○	◎		○
政治	憲法の原理・基本的人権		○	◎	◎	○	○	◎
	政治のしくみと働き		◎	◎	◎	○	○	◎
	地方自治				○	◎		
	国民生活と福祉		◎	◎	○		○	◎
	国際社会と平和		○	○	○	◎	◎	○
時事問題			○	○		○		○
その他			○		◎	◎	◎	◎

法政大学第二中学校

社会 ――グラフで見る最近３ヶ年の傾向――

最近３ヶ年に出題されたすべての問題を内容別に分類・集計し，全体に対して何パーセントくらいの割合になっているかを示しました。

……50校の平均　　……法政大学第二中学校

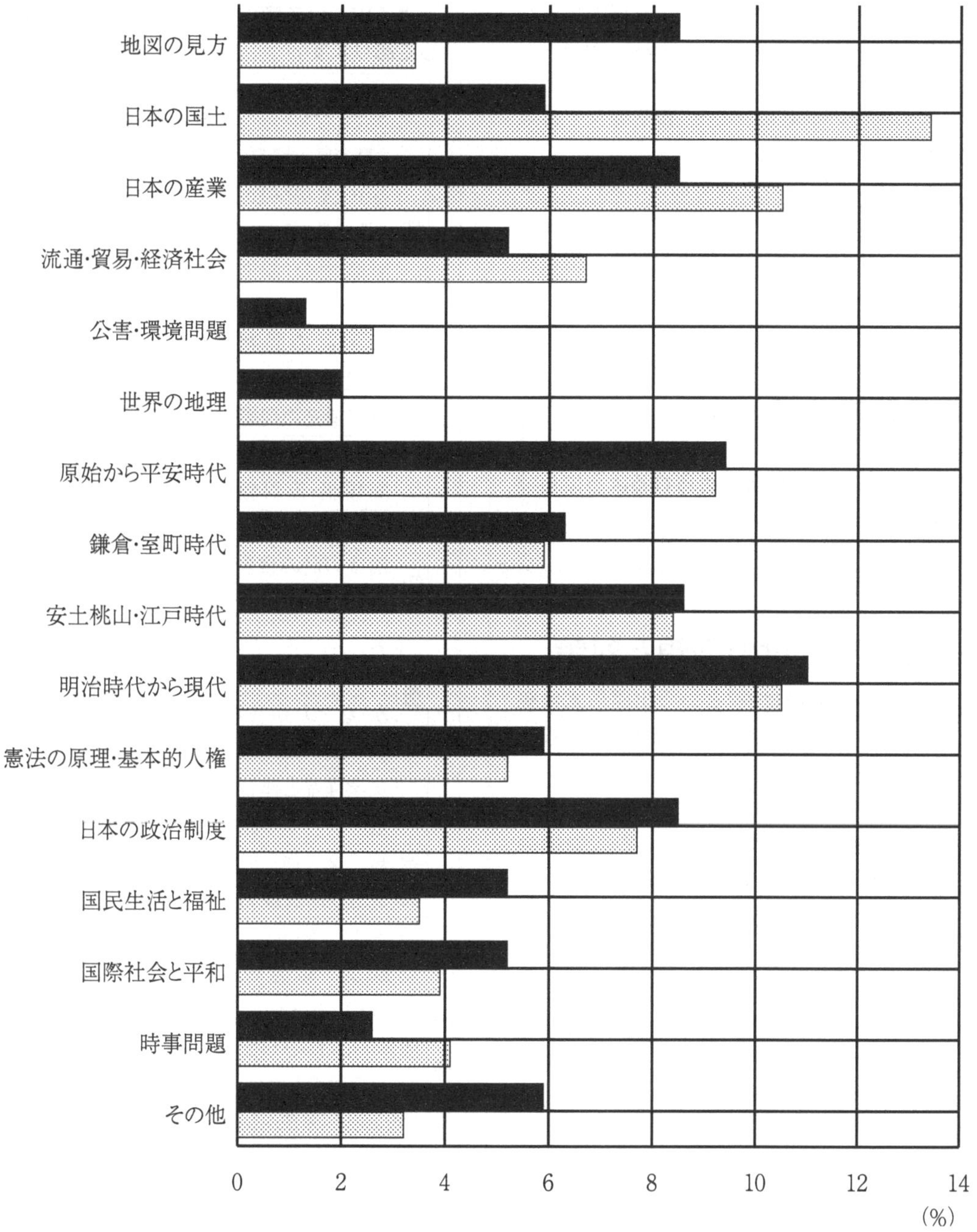

国語　出題傾向の分析と 合格への対策

●出題傾向と内容

今年度は，国語知識1題と長文読解2題の出題となった。出題形式も選択肢が中心の出題となり，字数の多い自由記述題は，第1回，第2回とも各2題ずつ。

知識に関する問題は，漢字の書き取りや言葉の意味などが出題されている。

文脈にそって自分の言葉を加えて80～150字以内でまとめる記述題が出題されている。また，文章全体の読み取りに関する問題も出題されている。

学習のポイント

文脈にそって適確にまとめられるようにしておこう！

●2025年度の予想と対策

来年度も読解問題は2題という出題形式は続くと予想されるが，かつての大問1題の形式に戻ることも考えられる。

いずれの出題形式になっても自由記述問題は出題されると考えられるが，読解が大問1題の場合には120～150字程度，大問2題の場合には80～150字程度となると予想される。

文章全体をとらえてまとめる力が要求される。しかし，記述力だけを伸ばすことはできないので，読解問題を数多く解くことで，文章読解力を伸ばすことが大切である。文章全体をとらえることができれば記述することもできるようになる。

▼年度別出題内容分類表

※　よく出ている順に☆，◎，○の３段階で示してあります。

出題内容			2022年		2023年		2024年	
			1回	2回	1回	2回	1回	2回
内容の分類	読解	主題・表題の読み取り	○	○	○	○	○	○
		要旨・大意の読み取り	○	○	○	○	○	○
		心情・情景の読み取り	◎	◎	◎	◎	◎	◎
		論理展開・段落構成の読み取り						
		文章の細部の読み取り	☆	☆	☆	☆	☆	☆
		指示語の問題						
		接続語の問題	○	○			○	○
		空欄補充の問題	☆	☆	○	○	○	○
	知識	ことばの意味	○	○	○	○		○
		同類語・反対語						
		ことわざ・慣用句・四字熟語	○	○	○	○		○
		漢字の読み書き	◎	◎	◎	◎	◎	◎
		筆順・画数・部首						
		文と文節						
		ことばの用法・品詞	○	○	○	○	○	○
		かなづかい						
		表現技法						
		文学作品と作者						
		敬語						
	表現	短文作成						
		記述力・表現力	◎	◎	◎	◎	◎	◎
文の種類		論説文・説明文	○	○	○	○	○	○
		記録文・報告文						
		物語・小説・伝記	○	○	○	○	○	○
		随筆・紀行文・日記						
		詩(その解説も含む)						
		短歌・俳句(その解説も含む)						
		その他						

法政大学第二中学校

国語 ——グラフで見る最近3ヶ年の傾向——

最近3ヶ年に出題されたすべての問題を内容別に分類・集計し，全体に対して何パーセントくらいの割合になっているかを示しました。

……50校の平均　　　……法政大学第二中学校

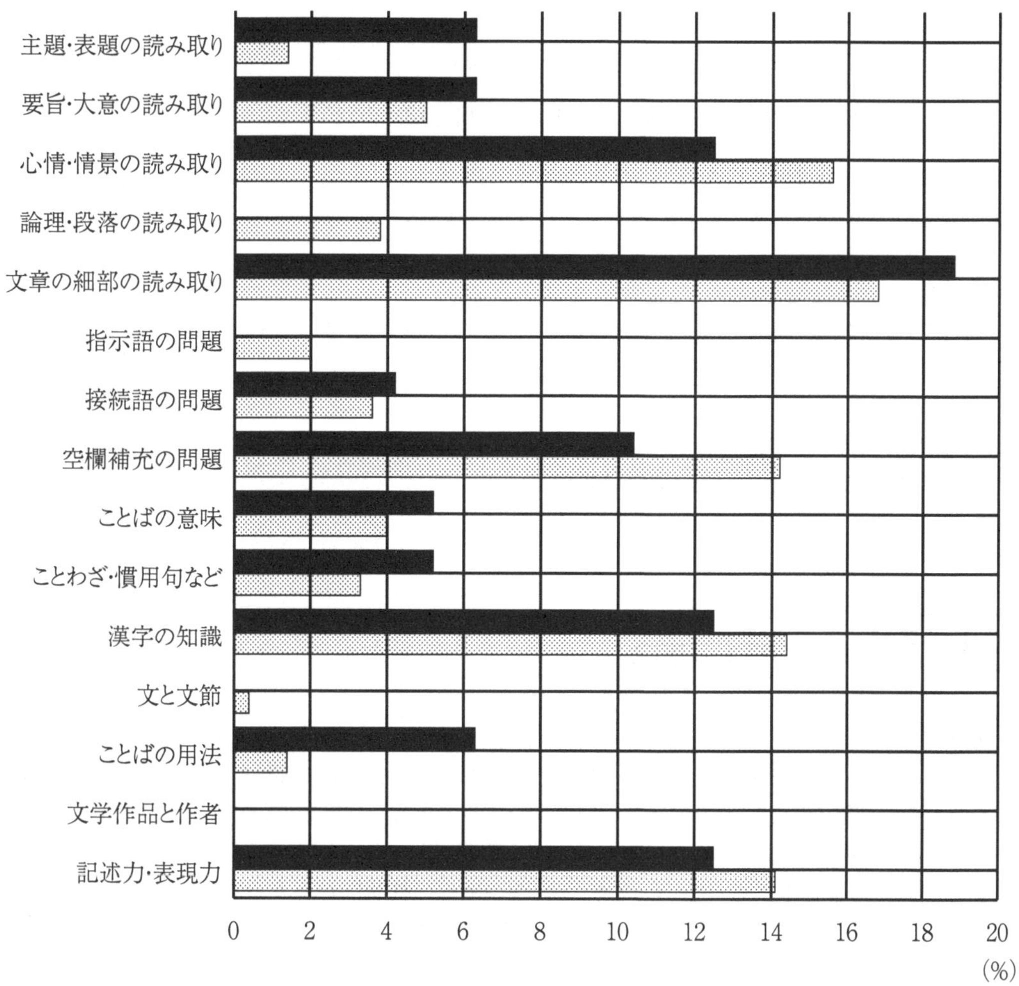

	論 説 文 説 明 文	物語・小説 伝 記	随筆・紀行 文・日記	詩 (その解説)	短歌・俳句 (その解説)
法政大学 第二中学校	50.0%	50.0%	0.0%	0.0%	0.0%
50校の平均	47.0%	45.0%	8.0%	0.0%	0.0%

2024年度　合否の鍵はこの問題だ!!

(第1回)

算　数　4

難しい問題ではない。よく出題される問題であり，確実に得点しなければいけない。数列を縦・横の表で表記すると計算しやすい。

【問題】
次のように，ある法則にしたがって数字が並んでいる。

15，14，13，12，11，15，14，13，12，11，15，14，13，…

(1)　2024番目の数はいくつか。
(2)　初めから2024番目までの数を足すと，いくつになるか。

【考え方】
(1)　2024番目の数…2024÷5＝404余り4より，右表405行目，4番目の数　　したがって，求める数は12

(2)　2024番目までの数の和…(1)より，{(15＋11)×2＋13}×404＋(15＋12)×2＝65×404＋54＝26314

404行	15	14	13	12	11
			⋮		
	15	14	13	12	11
	15	14	13	12	

↑
表を利用する

理　科　2問1～問3

第1回の大問は5題で，生物，地学，化学，物理の各分野から1題ずつ，環境・時事に関して1題の出題であった。鍵となる問題として，2の地層に関する問題のうちの問1～問3をとりあげる。2は問1～問3が与えられた柱状図をもとに順を追って地層のようすやでき方を推定していく問題で，問4は火山灰層について，問5・問6はしゅう曲についての知識を問う問題であった。

本問では，問題全体で崖・X・Y・Z地点の4つの地点の柱状図が与えられ，X地点とY地点の間のF地点の地表面についての説明がある。ふつう，この種の問題ではすべての情報から考えられる地層がどのようになっているかを問うような問題が多い。しかし，本問では，次のように段階を踏んで最終的に地層を推定するような流れになっている。

問1…崖とX地点の柱状図からのみ考えられることを選ぶ。
問2…問1で選んだものとZ地点の柱状図から予想されることを複数選ぶ。
問3…問1，問2にF地点の地表面に断層があったことを加えて，最終的に地層を推定する。

特に注意が必要なのは問2で，最終的には正解ではないが，そこまでの条件では正解となり得るものも選択肢として選ばないといけない。今後も本問のように，典型的な題材ではあるが途中の思考も含めて問うてくるような問題が出題されることも考えられる。そのため，日頃から単に答えを出すだけでなく，答えに至るまでの思考の流れを確認しながら問題演習に取り組むとよいであろう。

社　会　3 問11

試験時間が40分で75点満点という構成の中で5点(推定配点)という配点は1問の配点としては問題全体の中でそれなりに大きな割合を占めている。そして全設問数が49問と時間に比べて比較的多い中で，この3行(90字程度)の説明がきちんとできたか否かは合否を分けたと思われる。

解答の内容については，本設問の要求は「ハチ公像はどのような法律にもとづいて」と「何のために回収されたか」なので，この2つの内容を簡潔に説明することになる。すなわちここで答えるべきポイントは，もとづく法律については①国家総動員法にもとづいたことの指摘，②金属回収令が出されたことの指摘の2点，回収された理由については③政府が戦争を行っていたこと，④兵器を生産する必要があったこと，⑤たくさんの金属を必要としたことの3点で，合計5つのポイントを解答内で示すことが必要と思われる。これらのポイントの中で②の「金属回収令」の用語はやや難易度が高いが，少なくともそれ以外のポイントの内容については本設問の2つの要求を調整して，論理が一貫した解答を作る必要があり，そのような意味で思考力・判断力・表現力が試される設問ということができるであろう。

国　語　二 問七

★合否を分けるポイント(この設問がなぜ合否を分けるのか？)

文章の内容を正しく読み取った上で，問題の文の細かい部分と照らし合わせながら検討し，正誤を判断する必要がある。また，「適切でないもの」を選ぶ問題であるため，注意が必要である。

★この「解答」では合格できない！

(×)ア

→傍線部⑤のあとに「かつて一生懸命『考え』たことと同じことをしゃべったのである。そういうのって，『考える』っていわないんじゃないかな」とあり，「なにかについて『考える』ときには，…毎回，毎回，ちがったことをいうはずである」とあり，この内容に選択肢の文は合致している。

(×)ウ

→傍線部⑤のあとに「かつて一生懸命『考え』たことと同じことをしゃべったのである。そういうのって，『考える』っていわないんじゃないかな」とあり，この内容に選択肢の文は合致している。

(×)エ

→傍線部⑤を含む段落の直後の段落に「最初に『考え』たときから，その人は，またいろいろな経験をして，少しかもしれないけれど，変わっているはずだ」とあり，の内容に選択肢の文は合致している。

★こう書けば合格だ！

(○)イ

→筆者は，自分のこれまでの経験を総動員して毎回違ったことを考える，という努力をせず，前に考えたことと同じようなことを言ったことについて，「まずいな」と考えているのであり，「民主主義」という個別の問題に関して述べているのではない。

MEMO

大切なことはメモしておこうネ！

2024年度

入　試　問　題

2024年度

2024年度

法政大学第二中学校入試問題(第1回)

【算　数】（50分）〈満点：100点〉

【注意】1. 定規，分度器，コンパスは使用しないこと。

2. 必要ならば，円周率は3.14を用いること。

3. 図は必ずしも正しいとは限らない。

1 次の□にあてはまる数を求めなさい。

（1） $23\times\left(17-18\times\frac{2}{3}\right)+46\times\left(27\div\frac{3}{2}+19\right)+69\times3=\square$

（2） $\left\{4-\left(5\frac{2}{3}-\frac{11}{6}\right)\right\}\times\left(7\times11\div2\frac{4}{9}-\square\right)=\frac{1}{12}$

（3） 分母が24で分子が1から24までの24個の分数のうち，約分できない分数をすべて足し合わせると□となります。

（4） $1\times2\times3\times4\times\cdots\times2022\times2023\times2024$は5で□回割り切れます。

2 次の問に答えなさい。

（1） 30個のご石と，赤色と青色の2つの袋があります。1回の作業につき，赤色の袋に2個のご石を入れる作業，又は青色の袋に1個のご石を入れる作業のどちらか一方のみを行います。この作業を18回行ったとき，30個のご石はすべてなくなりました。それぞれの袋には何個ずつご石が入っていますか。

（2） いくらか水のはいった井戸があり，たえず一定の割合で水がわき出ています。毎分24ℓくみ上げられるポンプを使って水をくみ上げると，25分で水がなくなり，毎分37ℓくみ上げられるポンプを使うと，12分で水がなくなります。この井戸は毎分何ℓの割合で水がわき出ていますか。

（3） ある日の日の出は午前6時44分で，この日の昼の長さと夜の長さの比は13:17でした。この日の日の入りは午後何時何分ですか。

（4） 体験教室の参加者に折り紙を4枚ずつ配るつもりでしたが，予定よりも2人参加者が少なかったので，折り紙を5枚ずつ配ろうとしたら8枚足りませんでした。折り紙は何枚ありましたか。

（5） ある濃度の食塩水Aが100gあります。これに7%の食塩水B600gを混ぜたら，食塩水Aの濃度より3%濃い食塩水ができました。食塩水Aの濃度は何%ですか。

(6) 図のように，縦4cm，横3cm，対角線が5cmの2枚の同じ長方形の紙を重ねました。2枚の長方形が重なった部分の面積は何cm^2ですか。

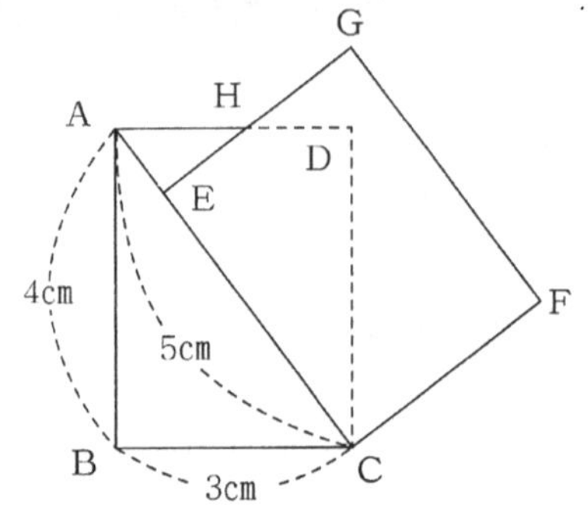

3 川沿いの4.8kmのジョギングコースをAとBが利用しました。AはBよりも何分か先に出発しましたが，Bは自転車で走ったのでAより早く走り終えました。

グラフはAが出発してからの時間と，2人の間のきょりの関係を表したものです。次の問に答えなさい。ただし，AとBの速さはそれぞれ一定で，先に走り終えたBは，そのままその場所に止まっていることとします。

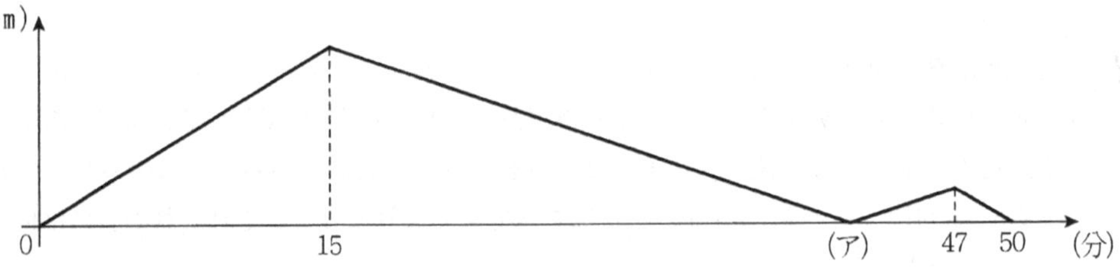

(1) Aの走った速さは毎分何mですか。

(2) (ア)にあてはまる数は何ですか。

4 次のように，ある法則に従って数字が並んでいます。

15, 14, 13, 12, 11, 15, 14, 13, 12, 11, 15, 14, 13, …

次の問に答えなさい。

(1) 2024番目の数はいくつですか。

(2) はじめから2024番目までの数を足すと，いくつになりますか。計算過程を含めて考え方も書きなさい。

5 図のような，1目もりが6cmの方眼用紙があります。次の作業にしたがって，この方眼用紙に直線をひきました。次の問に答えなさい。

（1） 作業1

① 点Jと点Kを通る直線をひく。

② 点Kと点Sを通る直線をひく。

③ 点Sと点Bを通る直線をひく。

①～③の直線で囲まれた図形の面積は何cm^2ですか。

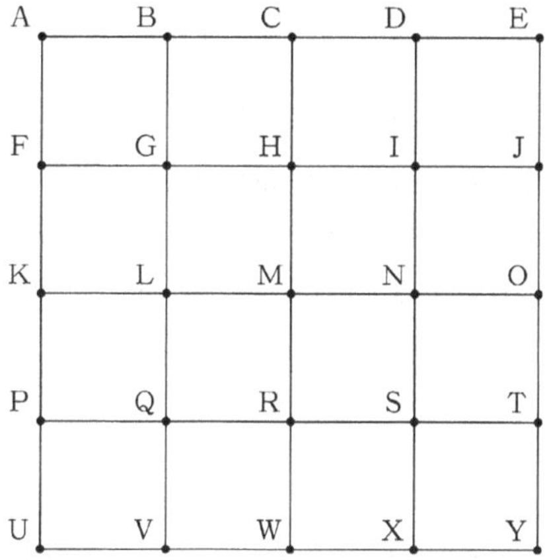

（2） 作業2

1 点Aと点Rを通る直線をひく。

2 点Fと点Oを通る直線をひく。

3 点Jと点Vを通る直線をひく。

1～3の直線で囲まれた図形の面積は何cm^2ですか。

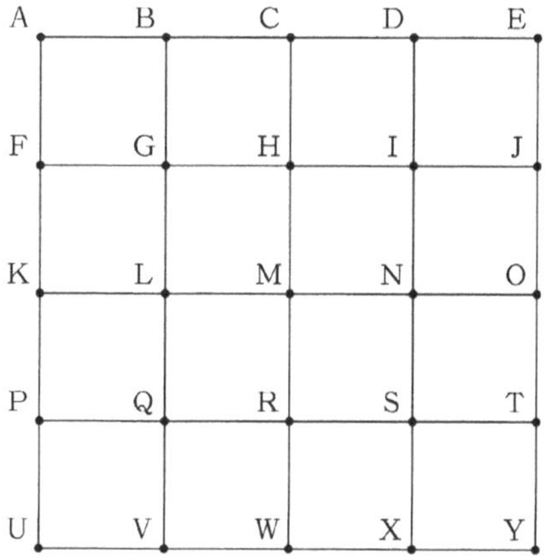

6 図のような，水が入っている密閉された直方体の容器があります。次の問に答えなさい。ただし，容器の厚さは考えないものとします。

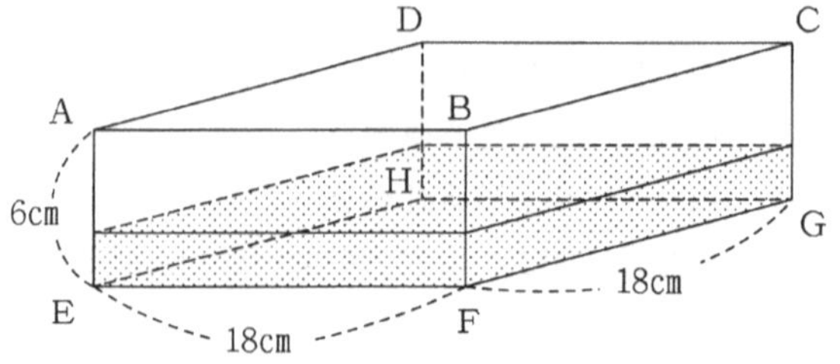

(1) 面AEFBを下にして水平な地面に置いたとき，水の高さが$\frac{49}{18}$cmとなりました。中に入っている水の体積はcm^{3}ですか。

(2) 次に，(1)の状態から辺AEだけが地面に接するようにし，かつ，面AEFBと地面とが45°になるように(対角線DBと地面が平行になるように)置きました。このとき，地面から水面までの高さは何cmですか。

(3) 次に，(2)の状態から(対角線DBと地面が平行であることを維持したまま)，頂点Eだけが地面に接するようにして頂点Aを浮かし，少しずつ傾けていったところ，図のように水面が作る図形WXYZの辺について，ちょうどWZ:XY＝4:1になりました。このとき，三角形WEZの面積は何cm^{2}ですか。

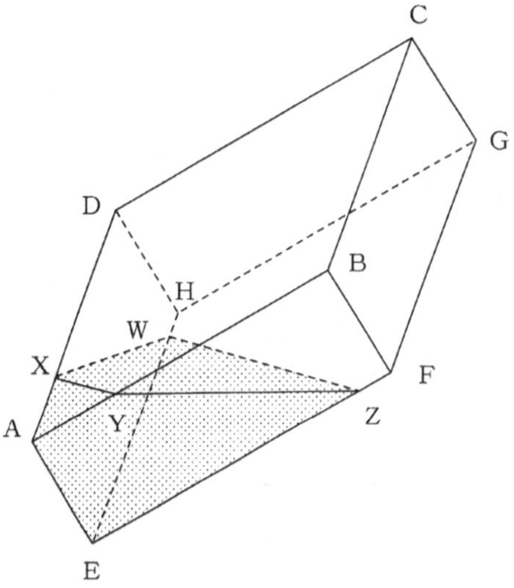

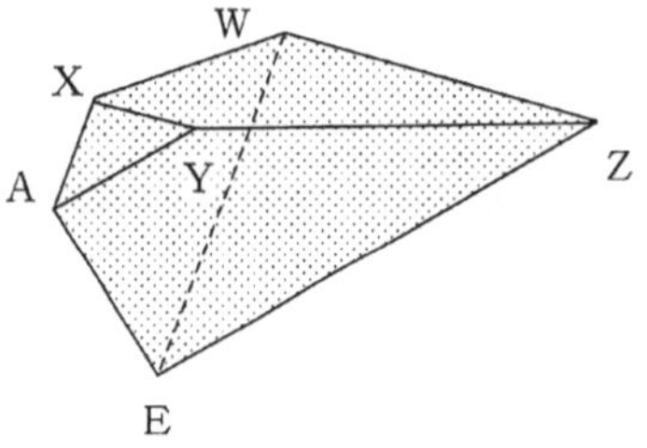

【理　科】（40分）〈満点：75点〉

1．次の会話文を読み，以下の問いに答えなさい。

タロウ「今朝，家の前の田んぼでザリガニを見かけたけど，あれはアメリカザリガニだったのかな？」

ノリコ「直接見たわけじゃないから断言できないけど，体色が赤色だったならアメリカザリガニじゃないかな。ニホンザリガニなどの国内にいる他の種類のザリガニは体色が赤色ではないから。」

タロウ「そうなんだ！じゃあ今まで見てきたザリガニは全てアメリカザリガニだったのかもしれない。ニホンザリガニは数が少ないのかな？」

ノリコ「ニホンザリガニは水温が低い綺麗《きれい》な水でないと生息できないから，河川の開発などによって数を減らしているようだよ。その他にも外来種であるウチダザリガニが原因であるという報告もあるみたい。」

タロウ「ザリガニに限らず(a)外来種が引き起こす問題はよく聞くけど，実際に影響《えいきょう》が出てしまっているんだね。」

ノリコ「そうなの。だからアメリカザリガニなどの外来種を飼育している場合は，野外に放したり，逃《に》がしたりしてはならないんだよ。」

タロウ「もし飼育するときは気をつけるよ。そういえば，日本国外からやってくる(b)ツバメは，誰《だれ》かが飼育しているわけではないから外来種って扱《あつか》いになるのかな？」

ノリコ「どうだろう。一緒《いっしょ》に調べて考えてみようか。」

問１　下線部(a)の問題として間違《まちが》っているものを次の(ア)～(オ)から全て選び，記号で答えなさい。

（ア）　様々な在来種を捕食《ほしょく》し，在来種の個体数が減少する。

（イ）　在来種と外来種の間で雑種が生まれて，純粋な在来種が失われてしまう。

（ウ）　在来種に捕食されて，在来種の個体数が爆発的《ばくはつてき》に増えてしまう。

（エ）　外来種が媒介《ばいかい》する病気によって，在来種の個体数が減少する。

（オ）　外来種が農作物を食べたり，畑を荒《あ》らしたりしてしまう。

問２　日本国内における外来種において，特に生態系を脅《おびや》かすおそれのある「特定外来生物」を次の(ア)～(ケ)から全て選び，記号で答えなさい。

（ア）　オオクチバス　　（イ）　ブルーギル　　（ウ）　アライグマ

（エ）　ヌマガエル　　（オ）　ヤンバルクイナ　　（カ）　ムササビ

（キ）　アブラゼミ　　（ク）　ナナホシテントウ　　（ケ）　ヤマネ

問３　外来種の定義を簡単に説明しなさい。

問４　下線部(b)について以下の各問いに答えなさい。

（1）　ツバメは外来種かどうか，外来種なら「○」，そうでないなら「×」で答えなさい。

（2）　自然現象や生物の行動の様子から天気を予想することを観天望気《かんてんぼうき》というが，そのうちの1つに『ツバメが低く飛ぶ』という行動がある。その後の天気はどうなると予想できるか答えなさい。

（3）　ツバメは子育てのために春から夏にかけて国内にやってきて，寒くなる前に東南アジア等の暖かい地域に戻《もど》っていく。このような行動を特に何というか答えなさい。

2. 次の文章を読み，以下の問いに答えなさい。

図１－１のような，南に面した崖《がけ》(南の崖)と東に面した崖(東の崖)がある，高さ120cmの垂直な崖があります。崖の下は平坦《へいたん》な地面(崖下の地面)で，崖の上は水平にけずられ，整地された平らな面が広がっています(崖上の平坦面)。

それぞれの場所を観察すると，南の崖には地層の断面が水平になっているのが観察できました。東の崖はコンクリートで固められていて地層を見ることが出来ません。崖上の平坦面は草におおわれていますが，草を刈《か》ったり，穴を掘《ほ》ったりして表面や地下の地層の調査が出来るようです。崖下の地面は，アスファルトでおおわれています。

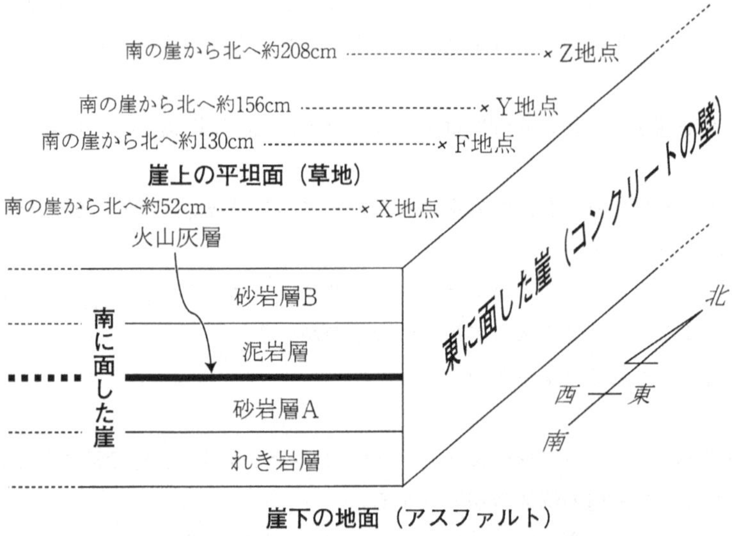

図１－１南の崖と東の崖の様子

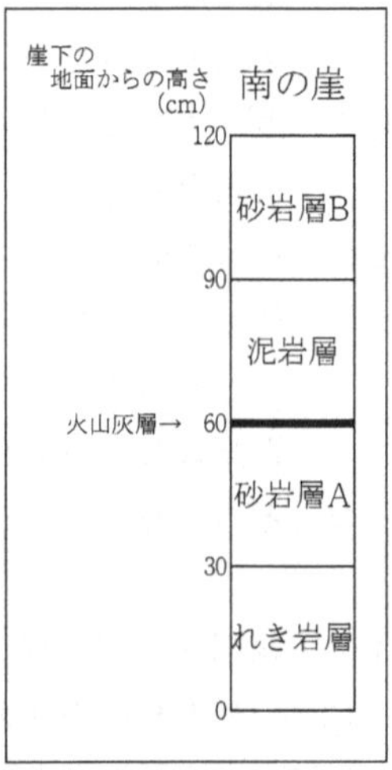

図１－２南の崖の柱状図

南の崖をくわしく観察すると，図１－２の柱状図のようになっていました。地層は4つの層に分かれ，一番下には「れき岩層」が崖下の地面から30cmの高さまで見られます。このれき岩層を下に少し掘ってみましたが，さらに地下まで続いているため，本当の厚さは不明です。なお，地層の厚さとは，地層の底面から垂直に測ったときの地層の上面までの長さのことを言います。れき岩層の上には崖下の地面から60cmの高さまで「砂岩層A」が重なり，その上には崖下の地面から90cmの高さまで「泥岩《でいがん》層」，さらにその上には「砂岩層B」が崖上の平坦面まで続いています。平坦面はこの地層をけずっていますので砂岩層Bの本当の厚さはわかりません。南の崖で見られるそれぞれの地層は図１－１のように，水平で平行に重なっています。砂岩層Aと泥岩層の間には特徴《とくちょう》的な火山灰の薄《うす》い地層がはさまれており，地層のつながりを知る良い目印になっています。ただし，火山灰層は薄いため，砂岩層Aと泥岩層の厚さには影響《えいきょう》しないものとします。

問１　南の崖から北へ約52cm行った崖上の平坦面のX地点で穴を掘ったところ，図２で示すとおり，火山灰層が深さ90cmのところで見つかりました。この結果のみから考えられる東の崖の断面と砂岩層Aの地層の厚さを正しく説明している文章を次の(ア)～(カ)から1つ選び，記号で答えなさい。

（ア） 東の崖に見えるはずの地層は，北に向かって高くなっており，砂岩層Aの地層の厚さは30cmである。

（イ） 東の崖に見えるはずの地層は，北に向かって高くなっており，砂岩層Aの地層の厚さは30cmよりも厚い。

（ウ） 東の崖に見えるはずの地層は，北に向かって高くなっており，砂岩層Aの地層の厚さは30cmよりも薄い。

（エ） 東の崖に見えるはずの地層は，北に向かって低くなっており，砂岩層Aの地層の厚さは30cmである。

（オ） 東の崖に見えるはずの地層は，北に向かって低くなっており，砂岩層Aの地層の厚さは30cmよりも厚い。

（カ） 東の崖に見えるはずの地層は，北に向かって低くなっており，砂岩層Aの地層の厚さは30cmよりも薄い。

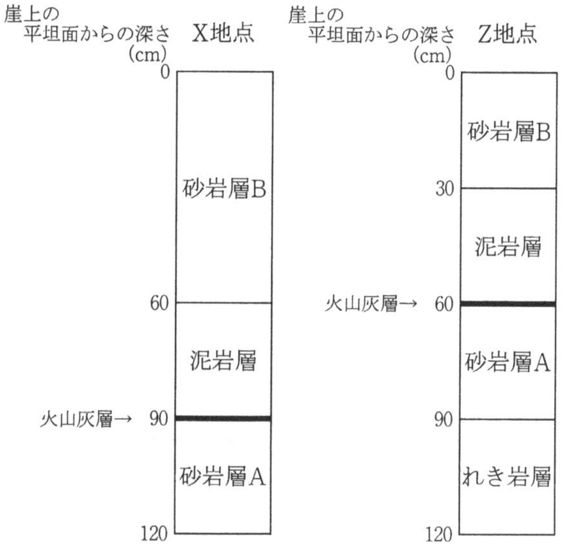

図2　X地点とZ地点の柱状図(穴を掘ったときの境界の深さ)

問2　問1で考えた通り，この場所の地層は一定の向きに傾《かたむ》きながら平行に積み重なっていることがわかりました。そこで，南の崖から北へ約208cm行った崖上の平坦面のZ地点で穴を掘ったところ，図2で示すように，火山灰層が深さ60cmのところで見つかりました。この結果から南の崖，X地点，Z地点の3地点の火山灰層が直線でつながらないことがわかりました。地層の傾きが一定で平行であることを考えるとX地点とZ点の間に東西方向にのびる断層があり，その断層で地層がずらされていることが予想されました。

断層の作られ方の正しい説明および，問1と問2に書かれた事実から考えられることを，次の(ア)～(ク)の文章から全て選び，記号で答えなさい。

（ア） 地層が大きな力で東西に押《お》されたため，崖上の平坦面XとZの間に東西方向にのびる断層ができ，X側は下に，Z側が上にずらされた。

（イ） 地層が大きな力で東西に押されたため，崖上の平坦面XとZの間に東西方向にのびる断層ができ，X側は上に，Z側が下にずらされた。

(ウ)　地層が大きな力で南北に押されたため，崖上の平坦面XとZの間に東西方向にのびる断層ができ，X側は下に，Z側が上にずらされた。

(エ)　地層が大きな力で南北に押されたため，崖上の平坦面XとZの間に東西方向にのびる断層ができ，X側は上に，Z側が下にずらされた。

(オ)　地層が大きな力で東西に引っ張られたため，崖上の平坦面XとZの間に東西方向にのびる断層ができ，X側は下に，Z側が上にずらされた。

(カ)　地層が大きな力で東西に引っ張られたため，崖上の平坦面XとZの間に東西方向にのびる断層ができ，X側は上に，Z側が下にずらされた。

(キ)　地層が大きな力で南北に引っ張られたため，崖上の平坦面XとZの間に東西方向にのびる断層ができ，X側は下に，Z側が上にずらされた。

(ク)　地層が大きな力で南北に引っ張られたため，崖上の平坦面XとZの間に東西方向にのびる断層ができ，X側は上に，Z側が下にずらされた。

問3　崖上の平坦面X地点と崖上の平坦面Z地点の間で断層を探したところ，南の崖から北へ約130cm行った崖上の平坦面のF地点で東西方向にのびる断層が見つかりました。断層面がどちらにどの程度傾いているのか調べるため，南の崖から北へ約156cm行った崖上の平坦面のY地点で穴を掘ったところ，図3で示すように，断層が深さ45cmのところで見つかりました。

問1，問2，問3でわかった事実から，断層の作られ方および断層のX側とZ側のずらされ方を正しく説明している文章を，問2の(ア)～(ク)の文章から1つ選び，記号で答えなさい。

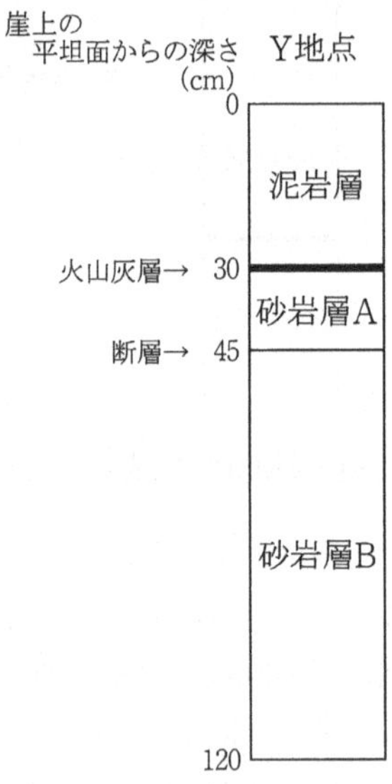

図3　Y地点の柱状図(穴を掘ったときの境界の深さ)

問4　次の火山灰層の特徴や火山灰に関係する次の文章のうち，正しい文章を次の(ア)～(エ)から全て選び，記号で答えなさい。

(ア)　日本は偏西風《へんせいふう》の影響をうけているため，火山灰は西側に流されてつもりやすい。

(イ)　富士山が江戸《えど》時代と同じ規模の噴火《ふんか》をした場合，都心に火山灰が降りつもるため，都市機能に障害が出ることが心配されている。

(ウ)　同じ火山からは，いつでも同じ種類の火山灰が噴出《ふんしゅつ》されるため，噴出源となる火山はすぐに特定できる。

(エ)　火山灰層は，石灰岩と同じように硬《かた》く固まる成分を多く含《ふく》んでいるため多くの化石が見つかっている。

問５　この場所と離《はな》れた地域では地層が波をうったように変形しているのが見られました。このように変形しているものをなんといいますか。次の(ア)～(エ)から最も適切なものを1つ選び，記号で答えなさい。

(ア)　りゅう曲　　(イ)　曲層　　(ウ)　しゅう曲　　(エ)　不整合

問６　問５のような変形が起こるときや起こった結果について，正しい文章を次の(ア)～(エ)から全て選び，記号で答えなさい。

(ア)　大地が隆《りゅう》起《き》したり，沈降《ちんこう》したりする。

(イ)　この変形を起こす力と同じ力によってできる断層を正断層という。

(ウ)　地層が左右から引っ張られた結果作られる。

(エ)　地層の上下が逆転してしまうこともある。

3. ろうそくが燃えるときの様子を説明した文章について，以下の問いに答えなさい。

【説明１】

ろうそくのロウにマッチの火を近づけても，ロウがとけるだけで，火はつきません。ろうそくのしんには，火がつきます。その熱で，(　①　)のロウが，(　②　)になり，しんにしみこみ，上へのぼっていき，ロウが(　③　)になります。(　③　)のロウは燃えるため，火がつきます。

【説明２】

ろうそくの炎《ほのお》はしんを中心として3つの層があります。

最も外側の層は，周りの空気から(　④　)を十分とりこめるのでロウに含《ふく》まれる炭素はすべて燃焼し，温度は最も(　⑤　)。

真ん中の層は，(　④　)が不足し，炭素が一部燃え残ってしまいます。この燃え残ったものをすすと言います。黒色のすすは熱せられ，明るく輝《かがや》いています。

最も内側の層は，(　③　)のロウがあり，またすすはないため暗く見えます。図１のように，この部分にガラス管をさしこむと(　⑥　)色のけむりがでて，(　⑦　)。

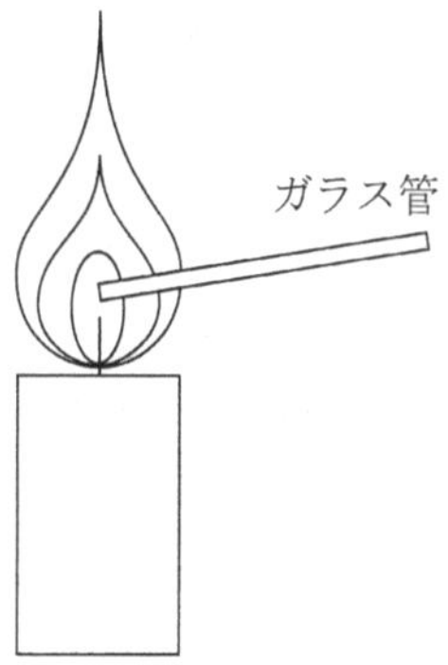

図１

【説明３】

ろうそくが燃えるときの様子を観察した結果，ものが燃え続けるための条件は以下のようになります。

(A)　燃えるものがあること

(B)　燃えるのを助ける気体である(　④　)があること

(C)　発火点より高い温度であること

問1　①～③に適する語句の組み合わせとして最も適切なものを次の(ア)～(カ)から1つ選び，記号で答えなさい。

(ア)　①固体　②気体　③液体　　(イ)　①液体　③気体　③固体
(ウ)　①気体　②液体　③固体　　(エ)　①固体　②液体　③気体
(オ)　①液体　②固体　③気体　　(カ)　①気体　②固体　③液体

問2　④に適する気体の名前を漢字で答えなさい。

問3　⑤～⑦に適する語句の組み合わせとして最も適切なものを次の(ア)～(ク)から1つ選び，記号で答えなさい。

(ア)　⑤高い　⑥白　⑦ガラス管の先にマッチの炎を近づけると燃えます
(イ)　⑤高い　⑥白　⑦ガラス管の先に炎がでます
(ウ)　⑤高い　⑥黒　⑦ガラス管の先にマッチの炎を近づけると燃えます
(エ)　⑤高い　⑥黒　⑦ガラス管の先に炎がでます
(オ)　⑤低い　⑥白　⑦ガラス管の先にマッチの炎を近づけると燃えます
(カ)　⑤低い　⑥白　⑦ガラス管の先に炎がでます
(キ)　⑤低い　⑥黒　⑦ガラス管の先にマッチの炎を近づけると燃えます
(ク)　⑤低い　⑥黒　⑦ガラス管の先に炎がでます

問4　次の(ア)～(カ)の現象は，【説明3】にある，ものが燃え続けるための条件(A)～(C)のうちどれに最も関係が深いか。(ア)～(カ)の現象について，(A)～(C)の記号で答えなさい。

(ア)　火の周りの木を切《き》り倒《たお》して山火事を消す。
(イ)　空気中では，スチールウールや鉄の粉は燃えるが，鉄の板は燃えにくい。
(ウ)　ふたをした広口ビンの中でろうそくを燃やすと，しばらくして消えた。
(エ)　紙で作ったなべに水を入れて火にかけると，紙は燃えずに湯を沸《わ》かすことができる。
(オ)　火のついたろうそくのしんの根元をピンセットではさむと，しばらくした後に火が消えた。
(カ)　火のついたろうそくに強く息を吹《ふ》きかけると消えた。

問5　マグネシウムの粉末をステンレス皿にのせ，三脚《さんきゃく》の上の三角架《さんかくか》に置き，薬さじで混ぜながらガスバーナーで加熱した。加熱した回数を増やすと，(　④　)が結びつき，ステンレス皿上の物質の重さは増えたが，5回目以降は加熱をしても重さは増えず，表1のような結果になった。5gのマグネシウム粉末を十分に加熱すると重さは何g増加するか。割り切れないときは小数第2位を四捨五入して小数第1位まで答えなさい。

表1　加熱した回数とステンレス皿上の物質の重さの関係について

加熱した回数(回)	0	1	2	3	4	5	6
物質の重さ(g)	1.5	2.0	2.3	2.4	2.4	2.5	2.5

4. 同じ種類の豆電球と電池を用いて回路を作った。以下の問いに答えなさい。

問1　図1～4のように豆電球を複数個つないだ。以下の問いに答えなさい。

(1)　図2～4のような豆電球のつなぎ方を何というか答えなさい。

(2)　図1の電池を電気用図記号で書き直し，回路図を完成させなさい。ただし，電池の右側は＋極とする。

（3） 図1～4の各回路において以下の(ア)～(ウ)の測定を行った。どの回路で測定しても値が同じになるものを次の(ア)～(ウ)の中から全て選び，記号で答えなさい。

（ア） a点を流れる電流の大きさ

（イ） b点を流れる電流の大きさ

（ウ） 豆電球1個にかかる電圧の大きさ

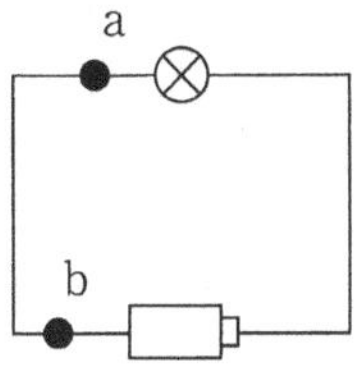

図1

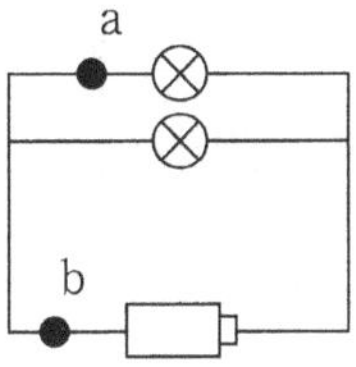

図2

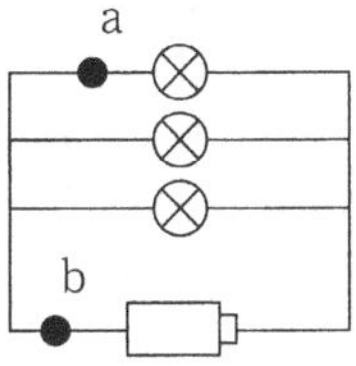

図3

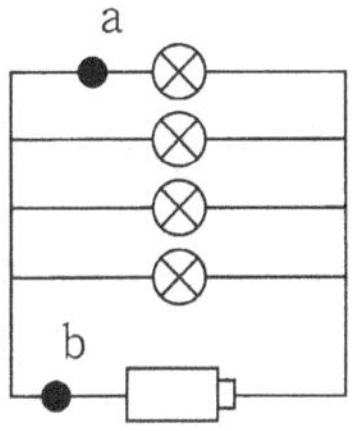

図4

問2 図5～8のように豆電球を複数個つないだ。以下の問いに答えなさい。

（1） 回路を構成する豆電球の個数と回路を流れる電流の関係(例えば図6なら回路を構成する豆電球の個数は2個で，このとき回路を流れる電流を調べグラフに点をかいた)を表すグラフとして最も適切なものを(ア)～(カ)から1つ選び，記号で答えなさい。ただし，グラフの縦軸は電流として答えること。

（2） 回路を構成する豆電球の個数と豆電球1つにかかる電圧の関係(例えば図7なら回路を構成する豆電球の個数は3個で，このときどれか1つの豆電球にかかる電圧を調べグラフに点をかいた)を表すグラフとして最も適切なものを(ア)～(カ)から1つ選び，記号で答えなさい。ただし，グラフの縦軸は電圧として答えること。

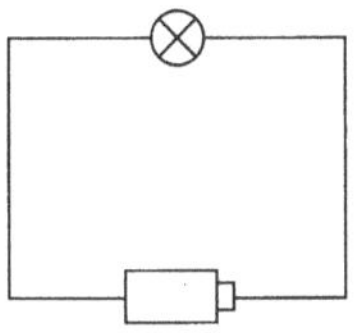

図5

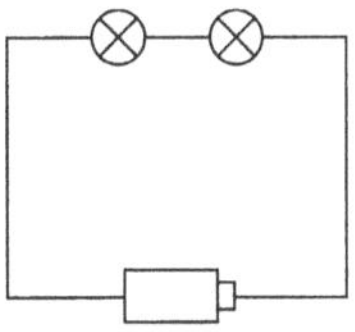

図6

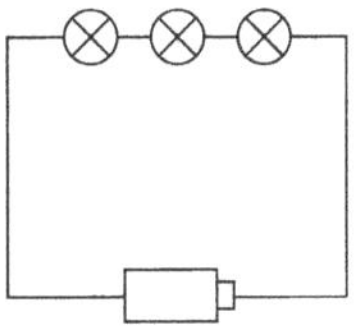

図7

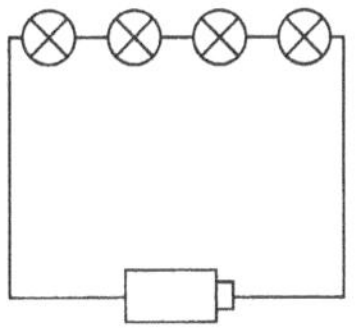

図8

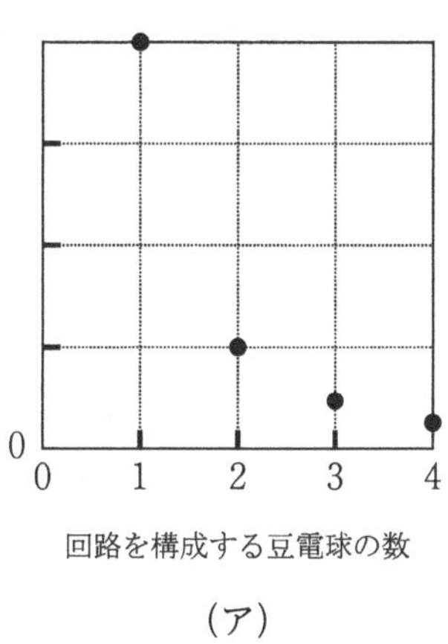

(ア)

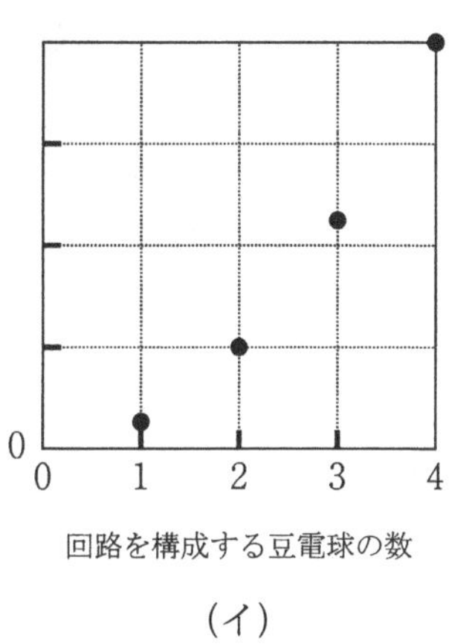

(イ)

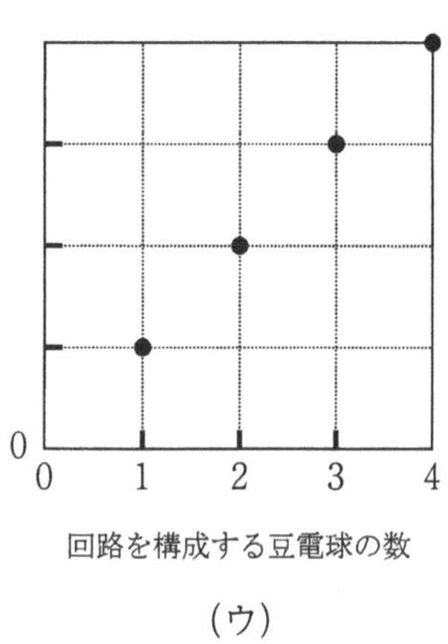

(ウ)

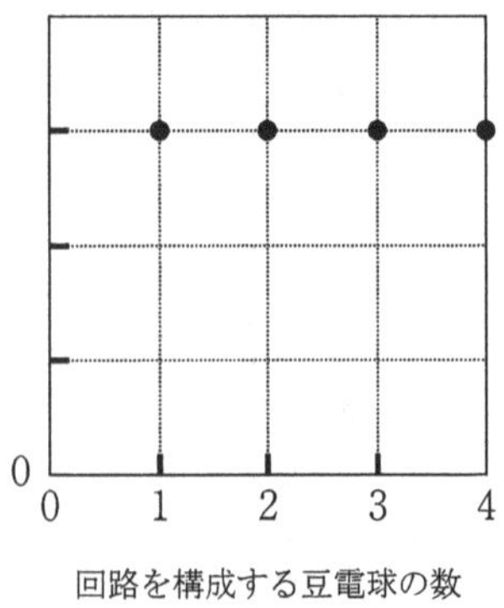

(エ)

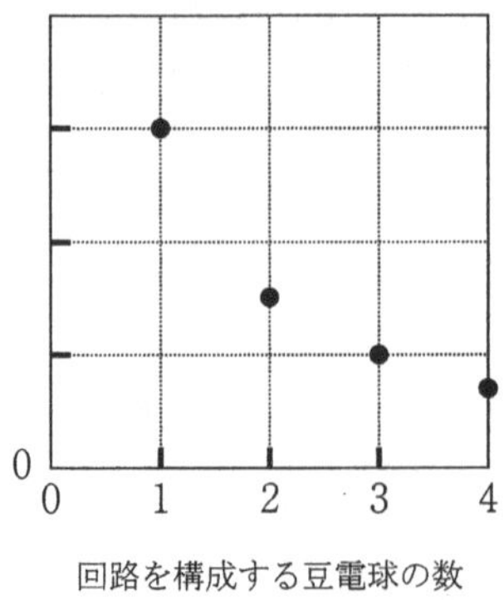

(オ)

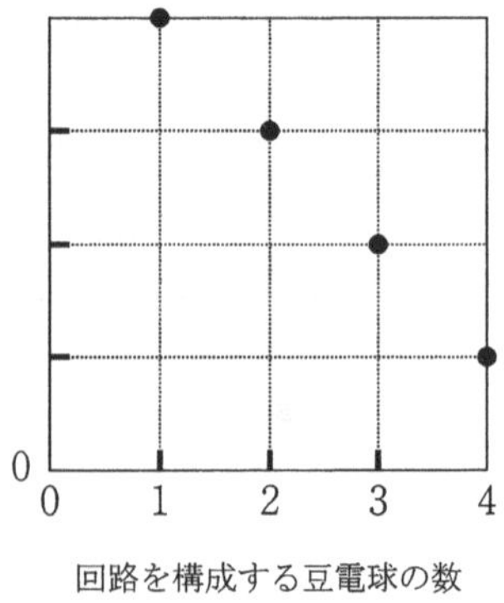

(カ)

問3　金属線Aの3倍の断面積をもつ金属線Bがある。また，それぞれの金属線に流れる電流と電圧の関係を表したものが図9となる。このとき，金属線Bの長さは金属線Aの長さの何倍になるか答えなさい。ただし，金属線Aと金属線Bの材質は同じものとする。また，もし答えが割り切れない場合は分数で求めなさい。

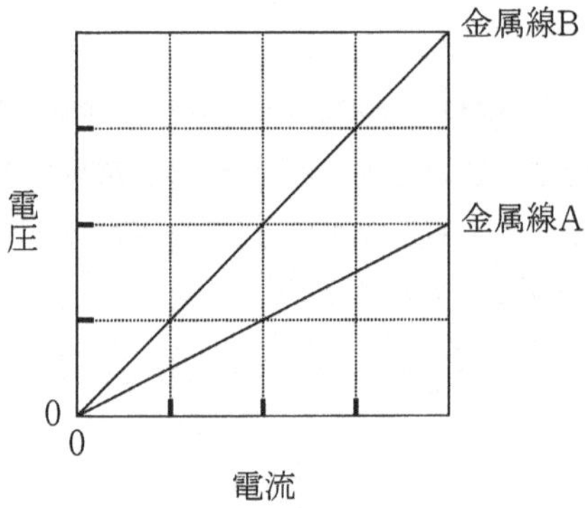

図9

5. 次の文章は，地質年代に関する近年の議論について説明したものです。これについて，文章中の(　①　)～(　⑤　)の空所にあてはまる語句・用語・数値を次のページの選択肢《せんたくし》(ア)～(ツ)から1つずつ選び，記号で答えなさい。

2023年7月12日，国際地質科学連合の(　①　)作業部会は，人類の爪痕《つめあと》が残る時代の証拠《しょうこ》を示す模式地(基準の場所)として(　②　)を選んだと発表しました。

(　①　)が始まった時期の根拠《こんきょ》として，人間活動およびその影響《えいきょう》が爆発的《ばくはつてき》に増大したといわれたことから，(　①　)は(　③　)年を境に始まったとする考えが広まりました。これは同じ頃《ころ》に相次いだ核《かく》実験由来の(　④　)が世界各地の地表や氷床《ひょうしょう》から見つかり，地質年代を区分する有効な指標とされたからです。これに加えて，同じ頃に(　⑤　)を燃やすことで生じるブラックカーボン(すす)が急増していることもわかりました。さきの模式地に(　②　)が選ばれたのは，こうした人間活動の証拠が，その場所の堆積《たいせき》物中に適切な状態で保存されているからであるとされています。

ただし(　①　)が正式に地質年代として認められるまでには，まだ議論の余地が残されています。

例えば，これまでの地質年代の区分は，巨大隕石《きょだいいんせき》の衝突《しょうとつ》などによる，環境《かんきょう》および生物の生息状況《じょうきょう》の大きな変化にもとづいており，人間活動の影響がこれに相当するものとして扱《あつか》うことができるかについては，意見が分かれるとされています。

選択肢

（ア） 最新世　（イ） 完新世　（ウ） 人新世　（エ） 更新《こうしん》世

（オ） アメリカのサンフランシスコ湾《わん》　（カ） 日本の大分県別府湾

（キ） カナダのクロフォード湖　（ク） オーストラリアのサンゴ礁

（ケ） 南極半島の氷床　（コ） 中国の四海龍湾湖

（サ） 1650　（シ） 1750　（ス） 1850　（セ） 1950

（ソ） 化石燃料　（タ） 放射性物質　（チ） 産業廃棄物《はいきぶつ》　（ツ） レアメタル

【社　会】（40分）〈満点：75点〉

1　次の【図１】と【1】～【7】の文をみて，あとの問いに答えなさい。

【図１】

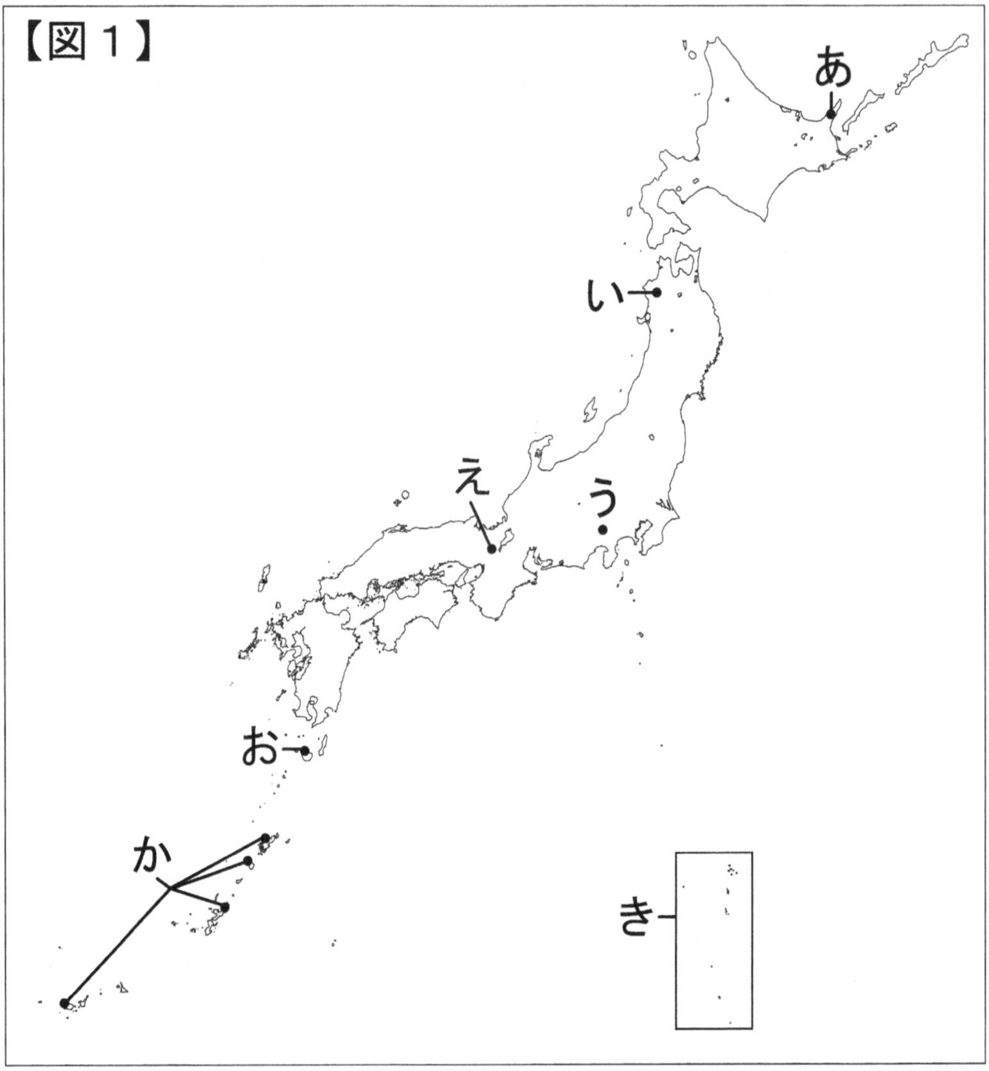

【1】　1993年に日本で初めて世界遺産となった。「巨大なスギ天然林」の自然美と，「植生の垂直分布がいちじるしい島の生態系」という観点から登録された。

【2】　【1】と同じ1993年に，日本で初めて世界遺産となった。「東アジアで最大の原生的なブナ林で，世界の他のブナ林よりも多様性に富んでいる」という生態系の観点から登録された。

【3】　2005年に世界遺産となった。「海氷の影響を受けた海と陸の生態系の豊かなつながり」という観点と，「多くの希少種や固有種を含む幅広い生物種が生息・生育するなど，生物の多様性を維持するために重要な地域」という観点から登録された。

【4】　2011年に世界遺産となった。「一度も大陸と陸続きになったことがない島のいちじるしく高い固有種率と現在進行形の生物進化」という観点から登録された。

【5】　2013年に世界遺産となった。「日本人の心のよりどころであり続ける，形の整った美しい有名な山」であり，標高3776mの火山は，その堂々としておごそかな山の形と断続的なふん火が宗教的な霊感を人々にいだかせ，古くから「死とよみがえり」を象徴する「登《と》拝《はい》」が行われてきたことから登録された。

【6】　2021年に世界遺産となった。「島の成り立ちを反映した独自の生物進化を背景とした，国際的にも希少な固有種に代表される生物多様性の保全上重要な地域」という観点から登録された。

【7】　1994年に世界遺産となった。古代中国の首都をモデルに建てられたこの場所は，1000年以上にわたり日本文化の中心地であり，「日本の木造建築，特に宗教建築の発展と，世界中の造園に影響を与えた日本庭園の芸術」を示している観点から，登録された。

問１　【１】～【７】の文は世界遺産の説明である。それぞれの世界遺産の位置を【図１】の**あ～き**から選び，記号で答えなさい。ただし，同じ記号を二回以上使用しないこと。

問２　「世界遺産」の登録・審査を担当する，国際的な組織の名称を（あ）～（え）から一つ選び，記号で答えなさい。

（あ）　UNICEF　　（い）　WFP　　（う）　UNESCO　　（え）　WHO

問３　「世界遺産」には「自然遺産」「文化遺産」「複合遺産」という分類がある。「文化遺産」として認定されているものを【１】～【７】から**二つ選び**，数字で答えなさい。

問４　【図１】中の世界遺産**あ・え・お**の地域にあてはまる雨温図をA～Dからそれぞれ選び，記号で答えなさい。

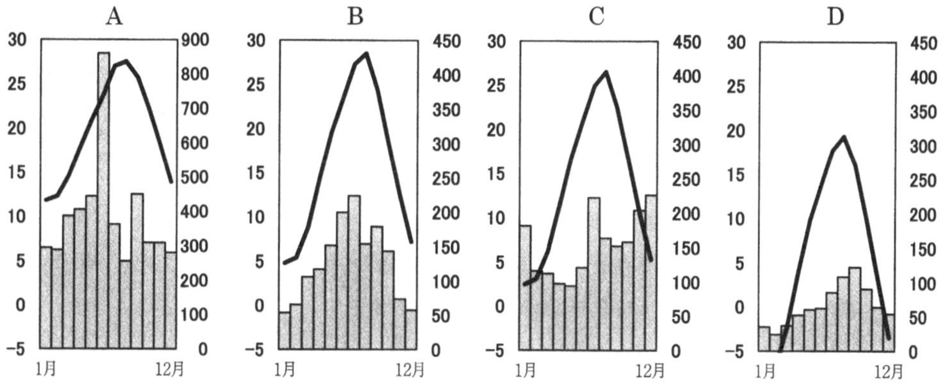

A	B	C	D
年平均気温19.6℃	年平均気温16.2℃	年平均気温13.9℃	年平均気温6.2℃
年平均降水量4651.7mm	年平均降水量1522.9mm	年平均降水量1845.9mm	年平均降水量802.0mm

※左縦軸が平均気温（℃）　右縦軸が平均降水量（mm）

（気象庁過去の気象データ，1991−2020年の平年値より作成）

問５　【図１】の世界遺産**あ〜き**がある都道府県のうち，【表１】の家畜の都道府県別頭数の（　Ａ　）と（　Ｂ　）にあてはまる都道府県名を答えなさい。

【表１】　家畜の都道府県別頭数 2022年2月1日現在

乳用牛			肉用牛		
都道府県名	数（万頭）	%	都道府県名	数（万頭）	%
（　Ａ　）	84.6	61.7	（　Ａ　）	55.3	21.2
栃木	5.5	4.0	（　Ｂ　）	33.8	12.9
熊本	4.4	3.2	宮崎	25.5	9.7
岩手	4.0	2.9	熊本	13.4	5.1
群馬	3.4	2.5	岩手	8.9	3.4
全国	137.1	100.0	全国	261.4	100.0

豚			肉用若鶏		
都道府県名	数（万頭）	%	都道府県名	数（万羽）	%
（　Ｂ　）	119.9	13.4	（　Ｂ　）	2809	20.2
宮崎	76.4	8.5	宮崎	2760	19.8
（　Ａ　）	72.8	8.1	岩手	2110	15.2
群馬	60.5	6.8	青森	806	5.8
千葉	58.3	6.5	（　Ａ　）	518	3.7
全国	894.9	100.0	全国	13923	100.0

（日本国勢図会2023/24より作成）

問６　日本は，兵庫県明石市を通る東経135度を日本の標準時としている。アメリカ合衆国から観光で来日した親子が，【５】の山頂からアメリカ合衆国のニューオリンズ（西経90度）にある自宅にいる祖父母に「ご来光」を経験した感激を伝えようと，日本時間で8月4日7時に国際電話をしたとき，祖父母がいるニューオリンズの現地時間は8月何日の何時だったか，24時間表記で答えなさい。ただしサマータイムは考えないものとする。

2　次の【図２】をみて，あとの問いに答えなさい。

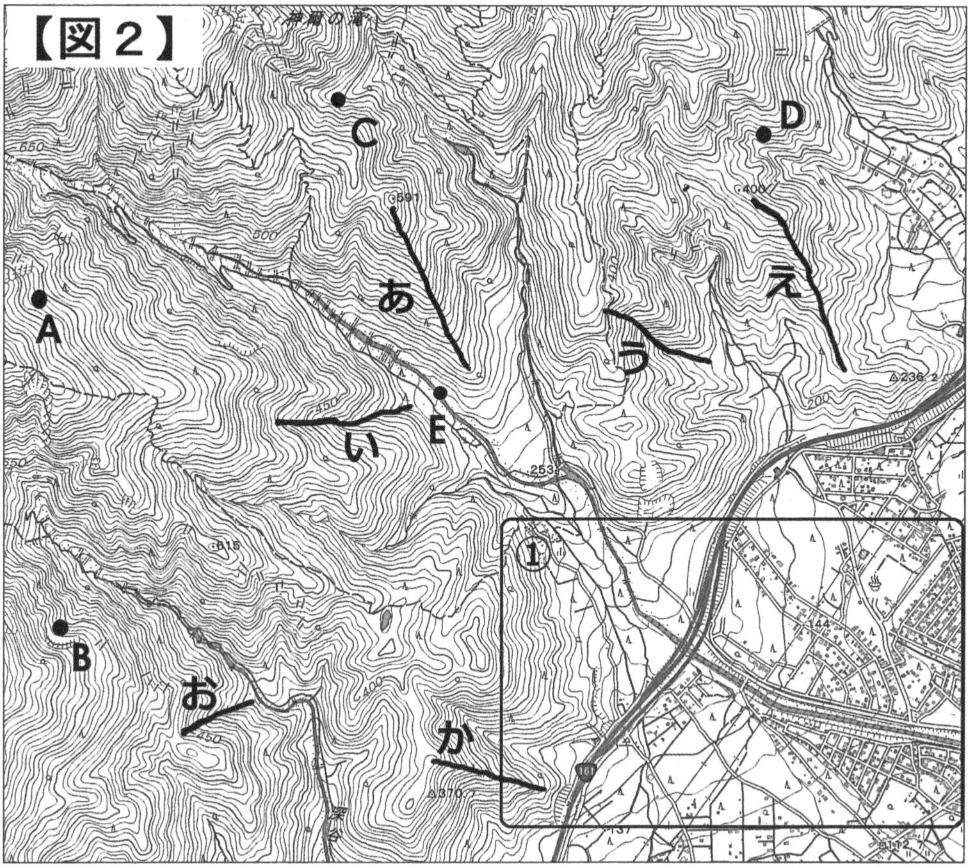

（国土地理院地形図より作成）

問１　**あ～か**の線から谷線を**三つ選び**，記号で答えなさい。

問２　**A～D**の地点に雨が降った場合，**E**地点に雨水が流れつくものを一つ選び，記号で答えなさい。

問３　この地図の縮尺を答えなさい。

問４　【図２】中の①を拡大したものが次のページの【図３】である。【図３】の説明として正しいものを（あ）～（え）から**二つ選び**，記号で答えなさい。

（あ）　地震によりつくりだされる地形であり，ふん火が多い。

（い）　河川がつくりだす地形であり，小石や砂が多くたまっている。

（う）　針葉樹林と広葉樹林が広がっており，住宅地も広がっている。

（え）　水田が広がっている。

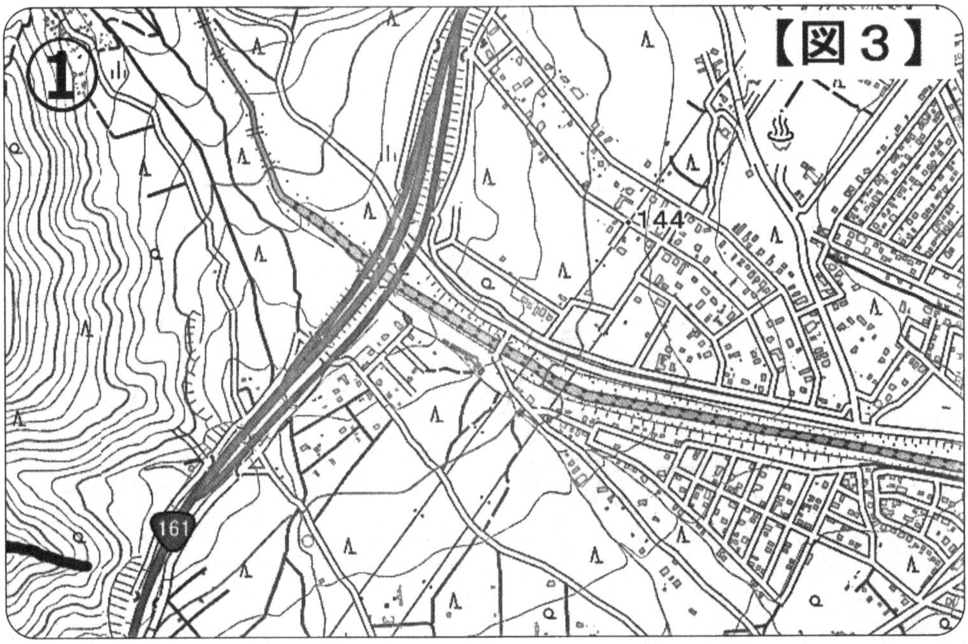

【図３】

3　次の文を読み，あとの問いに答えなさい。

犬はペットのなかでも人気が高く，705万3千頭が飼育されている(「2022年全国犬猫飼育実態調査」)。そもそも，犬は人間とともにどのような歴史を歩んできたのだろうか。

千葉県の加曽利①貝塚から，ていねいに埋められた犬の骨が見つかった。このことから，縄文時代の②人間と犬は特別な関係をきずいていたと考えられている。一方で，中国の③『魏志』倭人伝に記された「一支国」の場所だと考えられている長崎県の原の辻遺跡からは，解体されたり，肉をはいだあとが残る犬の骨が見つかったことから，犬は食用とされていたと考えられている。

平安時代から室町時代の絵巻物のなかにみられる犬は，ほとんどが放し飼いで，特定の飼い主を持っていなかったといわれている。清少納言が宮廷の体験を記した『(　1　)』には，犬の鳴き声は「すさまじきもの(興ざめなもの)」や「にくきもの」として書かれている。また，『延喜式《えんぎしき》』という④律令の細かな規則を定めた法典では，犬の死にふれた人は5日間喪《も》に服さなければならないと書かれている。『餓鬼草紙《がきぞうし》』という絵巻物では，野犬が亡くなった人を食べてしまう姿が描かれているように，当時の人々は犬を不浄なものを持ち込む存在としてみていたようである。

⑤鎌倉時代になると，犬は日常の弓矢武芸のたん練に欠かせない動物となる。犬追物という武芸は，武士の間でさかんにおこなわれていた。また，将軍を助ける(　2　)という地位についた北条高時は闘犬に熱中したため，4～5千頭の犬が鎌倉にいたと記録にある。⑥後醍醐天皇の政治を批判した『二条河原落書』には，「犬追物をしてみれば落馬する数が命中する矢の数より多い」とあり，社会に対する皮肉が込められている。このように，武家社会にとって犬は，なくてはならない存在だった。

戦国時代になると，⑦南蛮貿易によって新しい犬種が海外からもたらされた。絵巻には，すらりとした犬を引いたヨーロッパ人が描かれている。⑧江戸時代には，狆《ちん》とよばれる小型の犬を飼うことが大流行していたことが浮世絵などからわかる。また，犬と江戸時代といえば，5代将軍の(　3　)による生類憐れみの令を思い出すが，この法令は福祉という視点から近年では評価が見直されている。

近代になると，犬は軍用動物として利用されるようになる。日本では，1919年に陸軍歩兵学校に軍用犬班が設立された。1928年から満州で警備犬が使用され，1931年におこった⑨満州事変では，軍用犬の活躍が伝えられるようになる。⑩日中戦争がはじまると，軍用犬の利用が拡大し，民間から犬の献上も盛んになった。そして軍用犬の活躍は「犬のてがら」として扱われるようになる。2023年に生誕100年を迎えた忠犬「ハチ」の物語は「オンヲ忘レルナ」として教科書にのり，忠義や愛国の象徴として扱われ，全国から寄付金が集められ，銅像が建てられた。しかし，⑪戦争が激しくなるなかで1944年にハチ公像は国に回収された。その後，1948年に渋谷駅に再建された。

戦後の東西冷戦の時代になると，東西両陣営は，軍事的な優位性を示すために大量の核兵器を作り，ロケットの開発を競い始めた。実は，⑫世界ではじめて地球を周回した生物はライカと呼ばれる犬で，1957年に宇宙に飛び立った世界最初の「宇宙飛行士」として記録されている。

このように，原始から現代まで，犬と人間は長く深い歴史を共にしてきたといえるだろう。

問1　(　1　)～(　3　)にあてはまることばや人物名を漢字で答えなさい。

問2　下線①の説明としてまちがっているものを(あ)～(え)から一つ選び，記号で答えなさい。

(あ)　食べ物ののこりかすなどのごみが貝塚に捨てられていた。

(い)　土器などがみつかり，当時の人々のくらしを知ることができる。

(う)　人の骨とともに鉄でできた剣や刀などの武器も見つかっている。

(え)　群馬県や埼玉県など，現在海に面していない県でも貝塚が発見されている。

問3　下線②について，これよりあとの弥生時代の銅鐸には，【図4】のような文様が描かれている。これは人間と犬が協力をして何をしている図か答えなさい。

【図4】

(帝国書院『図説日本史通覧2023』より作成)

問4　下線③の文献には邪馬台国についての記述がある。この国の女王の名前を漢字で答えなさい。

問5　下線④について，律令にもとづいた政治をおこなう中心地として710年につくられた都の名前を漢字で答えなさい。

問6　下線⑤の時代，2度にわたる元との戦いがあった。1回目の元との戦いで【図5】のように戦った竹崎季長は，戦争が終わったあとに【図6】のように鎌倉におもむいた。その目的を説明しなさい。

【図5】　元軍と戦う竹崎季長

【図6】　鎌倉におもむいた竹崎季長

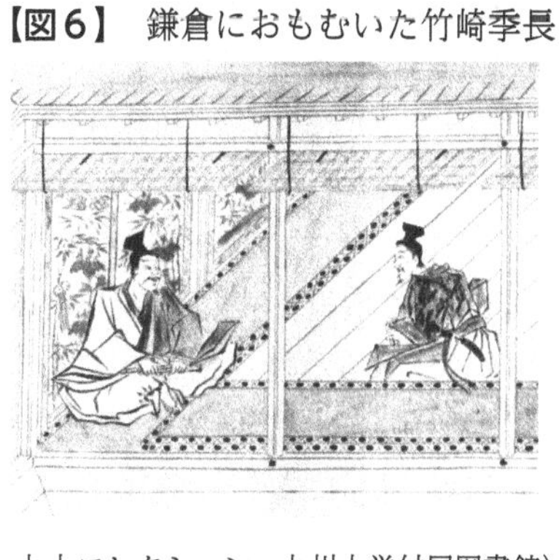

(蒙古襲来絵詞[模本]，九大コレクション，九州大学付属図書館)

問7　下線⑥について，鎌倉幕府をたおした後醍醐天皇がはじめた天皇中心の政治を何というか，5文字で答えなさい。

問8　下線⑦の時代の説明としてまちがっているものを(あ)～(え)から一つ選び，記号で答えなさい。

(あ)　ポルトガル人が乗った船が種子島に流れ着き，日本に鉄砲を伝えた。

(い)　スペインはアメリカ大陸に進出し，武力で征服した。

(う)　プロテスタントのイエズス会は，アジアなどで活発に布教活動をおこなった。

(え)　琉球王国は東アジアや東南アジアの国々と貿易をおこなっていた。

問9　下線⑧の時代におこなわれた(あ)～(え)の政治について，古いものから新しいものへ順に並びかえ，記号で答えなさい。

(あ)　田沼意次は積極的な商業政策を進め，株仲間を増やして営業税を集めた。

(い)　徳川吉宗は新田開発を進め，年貢の取り立て方法を変えるなど米価の安定に努めた。

(う)　水野忠邦はぜいたくを禁じて株仲間を解散させた。

(え)　松平定信は質素・倹約をすすめ，凶作に備えて米を蓄えさせた。

問10　下線⑨・⑩のきっかけとなった事件の場所を【図7】の**あ～お**からそれぞれ選び，記号で答えなさい。

問11　下線⑪について，ハチ公像はどのような法律にもとづいて，何のために回収されたのか，説明しなさい。

問12　下線⑫について，このことも含めて当時宇宙開発の先頭に立ち，世界で初めて人工衛星の打ち上げに成功した国を(あ)～(え)から一つ選び，記号で答えなさい。

(あ)　ソ連　　(い)　アメリカ

(う)　中国　　(え)　フランス

【図7】

4　次の文を読み，あとの問いに答えなさい。

2023年5月，①G7広島サミットが開催され，「核軍縮に関するG7首脳広島ビジョン」が示され，「我々の安全保障政策は，核兵器は，それが存在する限りにおいて，防衛目的のために役割を果たし，侵略を(　1　)し，並びに戦争及び威圧を防止すべきとの理解に基づいている。」と述べた。これに対して，同年8月6日に行われた平和祈念式典において，広島市長は，「各国は，核兵器が存在する限りにおいて，それを防衛目的に役立てるべきであるとの前提で安全保障政策をとっているとの考えが示されました。しかし，核による威嚇《いかく》を行う為政者《いせいしゃ》がいるという現実を踏まえるならば，世界中の指導者は，核(　1　)論は破綻しているということを直視し，私たちを厳しい現実から理想へと導くための具体的な取組を早急に始める必要があるのではないでしょうか。」と述べ，「かつて祖国インドの独立を達成するための活動において非暴力を貫いた(　2　)は，『非暴力は人間に与えられた最大の武器であり，人間が発明した最強の武器よりも強い力を持つ』との言葉を残しています。また，国連総会では，平和に焦点を当てた国連文書として『平和の文化に関する行動計画』が採択されています。今，起こっている戦争を一刻も早く終結させるためには，世界中の為政者が，こうした言葉や行動計画を踏まえて行動するとともに，私たちもそれに呼応して立ち上がる必要があります。」と続けた。唯一の被爆国である日本，そして被爆した都市の市長の言葉の重さをよく考えなければならない。

振り返れば，日本の被爆は広島，長崎にとどまらない。②1954年に日本の漁船である(　3　)は，太平洋上のビキニ環礁の付近で操業中にアメリカの水爆実験によって出された「死の灰」を浴び，被爆した。この事件をきっかけとして，1955年に広島で第1回原水爆禁止世界大会が開かれた。原水爆禁止世界大会は核兵器廃絶をめざすための運動として現在も開催されているが，核兵器廃絶の道は険しい。「核軍縮に関するG7首脳広島ビジョン」では，③CTBTの発効もすぐに取り組まなければならない事項であることを強調するとしているが，広島市長は，日本政府に対して「④被爆者を始めとする平和を願う国民の思いをしっかりと受け止め，核保有国と非核保有国との間で現に生じている分断を解消する橋渡し役を果たしていただきたい。そして，一刻も早く(　4　)条約の締約国となり，核兵器廃絶に向けた議論の共通基盤の形成に尽力するために，まずは本年11月に開催される第2回締約国会議にオブザーバー参加していただきたい。」と述べ，日本の核廃絶に向けた取り組みを前進させるように述べた。

問1　(　1　)～(　4　)にあてはまることばや人物名を答えなさい。ただし，(　2　)は**カタカナ**で，それ以外は漢字で答えなさい。

問2　下線①について，G7にあてはまらない国を(あ)～(き)から一つ選び，記号で答えなさい。

(あ)　アメリカ　　(い)　イギリス　　(う)　中国　　(え)　フランス

(お)　ドイツ　　(か)　イタリア　　(き)　カナダ

問3　下線②について，この当時，【図8】のようなちらしが発行された。このちらしの(　A　)にあてはまることばを答えなさい。

【図8】

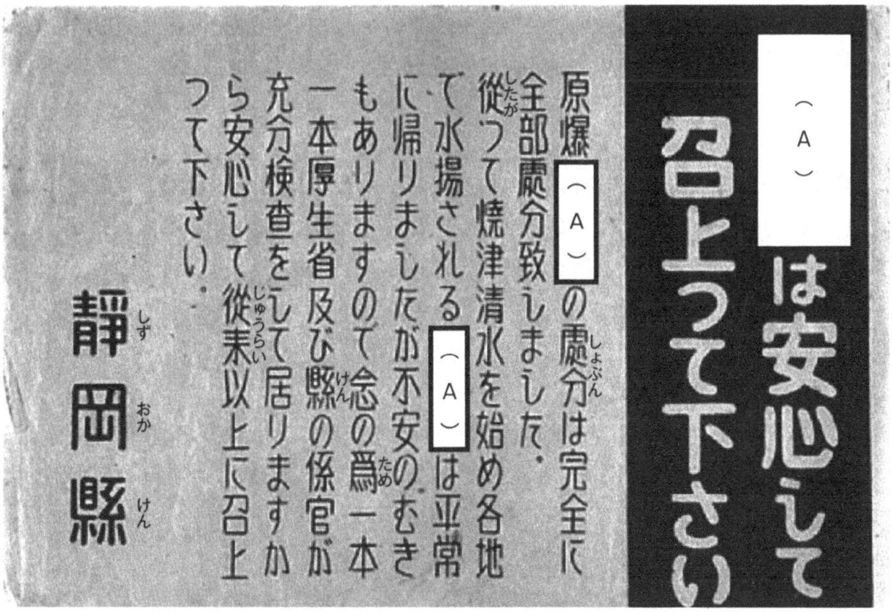

(オンラインミュージアム戦争と静岡HPより)

問4　下線③について，この条約の説明として正しいものを(あ)～(え)から一つ選び，記号で答えなさい。

(あ)　あらゆる核兵器の爆発実験とその他の核爆発を禁止している。

(い)　大気圏内と圏外及び水中核実験を禁止しているが，地下核実験は除外されている。

(う)　核保有国は非保有国に核兵器をゆずらないこと，非保有国は開発をしないことを定めている。

(え)　戦略核弾頭の保有上限を1550発に削減することを定めている。

問5　下線④について，広島に原爆が投下された直後の「黒い雨」を浴びて健康被害を受けたと住民などが訴えた裁判では，政府が2021年7月26日，最高裁判所への(　あ　)を断念する方針を決め，原告全員を被爆者と認めた広島高等裁判所の判決が確定した。この(　あ　)にあてはまることばを，漢字2文字で答えなさい。

5　次の文を読み，あとの問いに答えなさい。

博物館は博物館法において，「国民の教育，学術及び文化の発展に寄与することを目的とする」ものとして位置づけられており，2022年の①法改正では「②文化観光の観覧」が追記された。この博物館をとりまく状況は厳しく，日本で最も歴史のある総合科学博物館である国立科学博物館は，「『標本・資料の収集・保管』が，昨今のコロナ禍や③光熱費，原材料の高騰《こうとう》によって，資金的に大きな危機に晒《さら》されています。」として支援を求めた。国立科学博物館は，標本や資料の保管や収集，展示，人件費などには，④国からの「運営費交付金」と入館料などの自己収入を充《あ》てている。2023年度の光熱費は2021年度の約2倍になる見込みで，保管に必要な資材も高騰していることから，インターネットを通じて支援を求めることに踏み切ったのである。

光熱費や原材料費の高騰を含む物価の上昇は博物館だけの問題ではなく，私たちの生活にも大きな影響を及ぼしている。ここ数年⑤世界的な物価の上昇のなかで，諸外国に比べて日本の賃金上昇率が低いことが問題視されるようになり，2023年は⑥雇う側と労働者の話し合いの結果，例年に比べて平均賃上げ率は上昇した。

問1　下線①について，法改正を行うのは国会である。日本国憲法第41条では国会について「国会は，(　あ　)の(　い　)であって，国の唯一の立法機関である。」と定めている。この(　あ　)と(　い　)にあてはまることばを，それぞれ漢字で答えなさい。

問2　下線②について，「観光地に人が集まり過ぎて渋滞が起きるなど，観光が地域の生活に負の影響を及ぼす現象」のことを「(　う　)ツーリズム」という。この(　う　)にあてはまることばを，**カタカナ**で答えなさい。

問3　下線③について，持続的に物価が上昇する現象を一般に何というか，**カタカナ**で答えなさい。

問4　下線④について，この国からの「運営費交付金」は日本の一般会計予算から支出されている。現在，日本の一般会計予算においてもっとも歳出の大きい項目は「(　え　)関係費」である。この(　え　)にあてはまることばを，漢字4文字で答えなさい。

問5　下線⑤について，物価の上昇に対してアメリカ・EUと日本の対策が異なったため，日本は円安に転じたと考えられている。円安が日本経済に与える影響の説明としてまちがっているものを(あ)～(え)から一つ選び，記号で答えなさい。

(あ) 外国人旅行客にとって日本を訪問しやすくなる。

(い) 輸入食料品などの価格が上がる。

(う) 日本から海外へ留学するときの費用が安くなる。

(え) 輸出を中心に行っている企業の利益が増えやすくなる。

問6 下線⑥について，労働組合が，雇う側と労働条件などを話し合い，文書などで約束を交わすことができる権利のことを何というか，漢字5文字で答えなさい。

問六　傍線部⑥「『その繰り返しだ』」とあるが、星野先生はどのようなことを言っていると考えられるか。その説明として最も適切なものを次から選び、記号で答えなさい。

ア、地球上の人々は多くの悲しみや喜びを繰り返しながら共存し、歴史を形作ってきたということ。

イ、地球上の人類は喜怒哀楽の感情を自在に操りながら生き延び、社会を創造してきたということ。

ウ、人類は異星人とは異なる感情を持って生まれたことで、意思疎通を可能にしてきたということ。

エ、人類は異星人とは違う文化を持ったことで、物質的・精神的な豊かさを作ってきたということ。

問七　空欄［Ｙ］に入る言葉として最も適切なものを次から選び、記号で答えなさい。

ア、真実　　イ、未来　　ウ、幸福　　エ、希望

問八　傍線部⑦「星野先生の宿題に、きみなら、どんなふうに答える」とあるが、あなたはここでの「星野先生の宿題」に対してどのように答えますか。次の条件に従って説明しなさい。

【条件】

1、星野先生の宿題が、「どのような内容」で「星野先生の宿題の意図がどこにあるのか」明確になるように説明する。

2、それを踏まえて、あなたならどのように答えるか詳しく説明すること。ただし、本文中で書かれた答えは書かないこと。

3、字数は八十字以上百字以内とし、段落は作らずに一マス目からつめて書くこと。ただし、句読点・記号等も字数に含むものとする。

下書き用（必要に応じて使用すること）

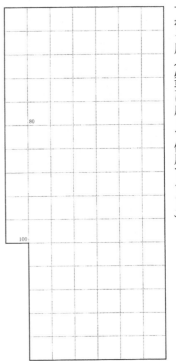

を信じてみること。

イ、新型ウイルスが地球人を苦しめているように見えるが、実はそのウイルスによって地球人の寿命が延びているではないかと考えてみること。

ウ、通常は人間にとって便利だと認識されているものであっても、使い方を間違えると無益なものに成り下がってしまうことを肝に銘じること。

エ、一般的には害悪を与えると考えられているものでも、実は有益なものと考えられる部分があるかもしれないと視点を変えて考えてみること。

問三 傍線部③「その笑いを遠い星の生命体にも伝えられたらいいのにな」とあるが、これはどのような思いから発せられた言葉なのか。その説明として最も適切なものを次から選び、記号で答えなさい。

ア、星野先生の宿題のおかしさや星野先生の話の面白さを自分たち地球人だけではなく、他の星の生命体とも共有していきたいという思い。

イ、星野先生の話に対してクラスの仲間たちと一緒に仲良く笑い合い、このような明るい笑いを他の星の生命体と共有できればという思い。

ウ、探偵シャーロック・ホームズと助手のワトソンの関係性を探査機にまで結びつけるおかしさを異星の生命体とも共有したいという思い。

エ、真面目なのかノーテンキなのかよくわからないようなことを話している星野先生の奇妙さを異星の生命体とも共有できればという思い。

問四 傍線部④「きっと伝わるよ」とあるが、何が伝わるのか。この傍線部より前の本文から十二字で抜き出して答えなさい。ただし、句読点・記号等も字数に含むこととする。

問五 傍線部⑤「『世界中の人びとの顔を集めます』」とあるが、「僕」はなぜこのようにしようと考えたのか。その説明として最も適切なものを次から選び、記号で答えなさい。

ア、地球の人々の人種、民族、国家、年齢、身分、性別、そして感情をデータにすることで、異星人に、地球の人々が感情のみにとらわれて生きていないことを分かってもらえると考えたため。

イ、世界の人々の人種、民族、国家、年齢、地位、性別のほかに、喜怒哀楽などの表情のデータをまとめることで、異星の生命体に、画一的ではない地球人の特徴をつかんでもらえると考えたため。

ウ、地球の人々の喜怒哀楽などの感情は、人種や民族、国家、年齢や性別によって変化するものであり、異星の生命体が地球に来たときに困らないようにデータをまとめておこうと考えたため。

エ、人種、民族、国家、その他年齢や地位、性別なども織り交ぜて様々な感情の中でも笑顔と泣き顔を拾い上げることで、世界中の人々のありようを分かりやすく異星人に伝えられると考えたため。

荻野くんが「ふざけんなよ」と怒りだす寸前、先生は大きな声で「だなっ！」と言って、手を一つ、大きく叩《たた》いてくれた。

「そうだそうだ、逆転される！　たまに、じゃなくて、しょっちゅうだ！」

　これではもう、荻野くんは黙るしかない。

「でも、途中で逆転されても、必ず……笑顔のほうが増える」

　僕もそう思う。

「でも、笑顔が増えて安心してたら、また泣き顔が増えてくる」

　それも、わかる。

⑥「その繰り返しだ」

　だよなあ、ほんと、そうだよなあ、と納得する。

「でも、笑顔のほうがちょっとだけ多いってことで、探査機に載せちゃえ。それでいい」

　どうやら、先生は僕の答えにも○をつけてくれたらしい。

「どうせ、ずっと未来にならなきゃ異星の生命体には見てもらえないんだ。だから、いまが泣き顔が多い時期でも、かまわないから、笑顔を増やせばいいんだ」

　すると、荻野くんが「えーっ、先生、嘘ついちゃだめだって言ってましたーっ」と声をあげた。

　でも、先生はあわてず騒がず、むしろ待ってましたというふうに、目を細くして言った。

「嘘じゃないよ」

　そして、教室をゆっくりと見渡して——。

「それは、［Y］っていうんだ」

　星野先生の宿題は、きっと誰かから誰かへとリレーされていくものだろう。

　僕がバトンを持って走るのは、ここまで。

　受け取ってくれるかな。

　ねえ、きみ。

⑦星野先生の宿題に、きみなら、どんなふうに答える——？

（重松清「星野先生の宿題」より）

問一　傍線部①「けっこうガキっぽい」とあるが、このように思う理由として最も適切なものを次から選び、記号で答えなさい。

ア、教師として未熟な授業をおこなっており、国語としての宿題なのに文章を書かせないような課題を常に出しているから。

イ、タコみたいな火星人が地球を侵略する話と、新型ウイルスの話をむりやり結びつけた国語の授業をおこなっているから。

ウ、宇宙や星が好きで国語の時間に脱線した話をしたり、今回も異星の生命体に関しての宿題を僕たちに出したりしたから。

エ、自分の名前に「星」がついていたり話が脱線したりするのは運命だと言い張って、国語の授業を全くおこなわないから。

問二　傍線部②「『そういう発想でものごとを見るのも、意外と大事かもしれないぞ』」とあるが、星野先生は、どういう発想でものごとを見ることが大事なことだと言っていると考えられるか。その説明として最も適切なものを次から選び、記号で答えなさい。

ア、火星人が地球の侵略のために暴れたとき、地球の細菌が火星人を撃退する力があったように、地球上のあらゆる細菌の力に訊いたらヒントぐらいにはなりそうな気がしたけど、逆に、両親の考えることは絶対に違うだろうな、とも思った。

翌日の国語の授業で、さっそく宿題の答えを発表することになった。

最初は女子から。

近藤さんは「赤ちゃんの泣き声です」と言った。「なんにも説明しなくていいから、泣き声だけを録音します。できれば、赤ちゃんが生まれた直後の、産声《うぶごえ》」

昨日、僕と別れたあと、近藤さんはもっとじっくり考えたくて、公園に寄った。ベンチに座って、どうしようかなあ、と考えていたら、ベビーカーを押したお母さんが通りかかって、ちょうど赤ちゃんが泣きだした。その泣き声を聞いていて、これだ、と決めたのだという。

授業前に女子のみんなに訊いてみたら、全員賛成してくれたらしい。男子には「えーっ?」「ワケわかんねえっ」と不評だったけど、女子は自信たっぷりに、だから男子ってバカだよね、という顔をしていた。

星野先生も満足そうに大きくうなずいて、「いい答えだ」と言ってくれた。〇がついたわけだ。

ホッとする近藤さんや女子たちに、先生はさらに続けた。

④「きっと伝わるよ。地球人は、こんなふうに命を始めるんだ、って……わかってくれるよ、うん、わかるだろうな、絶対に」

次は男子。

近藤さんと入れ替わりに教壇《きょうだん》に立った僕は、言った。

⑤「世界中の人びとの顔を集めます」

人種、民族、国家、とにかく可能なかぎり幅広い人たちの、もちろん年齢とか社会的立場とか性別も取り混ぜて、笑ったり泣いたり怒ったりすましたり落ち込んだり……という、さまざまな顔の画像を集めて、データにする。

授業前にクラスの男子に話したときには、はっきり言ってウケなかった。荻野くんなんて「弱っちい顔なんてあったらナメられるだろ。ビッと気合入れた顔だけでいいじゃん」――ヤンキーのケンカと一緒になってる。

でも、星野先生は、「うん、なるほどな」と小さくうなずいて、質問をした。

「いろんな表情があるわけだよな」

「はい……」

「大きく二つに分けちゃおう。笑顔と泣き顔だ。で、どっちのほうを多くする?」

荻野くんが横から「そんなの笑顔に決まってるじゃん。圧勝、圧勝」と言ったけど、僕は聞こえなかったふりをした。先生もなにも応えなかった。

「接戦です」

僕は言った。教室がどよめいた。不服そうな目になったヤツが何人もいた。でも、先生は表情を変えずに「それで?」と続きをうながした。

「接戦ですけど……笑顔のほうが、ほんのちょっとだけ……勝ってます」

荻野くんは「なんだよ、それ」とすごんだ声になったけど、僕はさらに続けた。

「たまに逆転されたりするけど……」

悪口を言いはじめた。

（中略）

一人になってからも、星野先生の宿題のことを考えながら歩いた。

近藤さんには言わなかったけど、先生から聞いた宇宙の話で、気に入っているのがもう一つある。

地球は火星人に侵略されそうになった。H・G・ウェルズという作家が百二十年ほど前に書いた『宇宙戦争』という小説での話だ。

タコみたいな火星人が地球を襲って、大暴れした。このままだと地球は火星人のものになってしまう……と思いきや、火星人は地球の細菌に免疫《めんえき》がなかったので、みんな病気になって死んでしまったのだ。

「だから、こういうこともありうるだろ」と先生は言った。

いま地球人を苦しめている新型ウイルスだって、じつはひそかに、宇宙から侵略に来た目に見えない知的生命体を倒してくれているのかもしれない。僕たちはウイルスに文句ばかり言っているけど、もしかしたら、そのウイルスのおかげで滅亡の危機を免れているのかも……。

教室のみんなはマスク越しのくぐもった声でブーイングをした。先生も「甘いかなあ、甘いよなあ、やっぱり」と認めた。「ごめんごめん、みんなの苦労を無視しちゃって」と謝ってもくれた。ただ、そのあとで、こう付け加えたのだ。

②「そういう発想でものごとを見るのも、意外と大事かもしれないぞ」

そのときにはピンと来ていなかった僕も、いま、ちょっとだけ、先生の言いたいことがわかったような気がした。

先生の話で好きなのが、もう一つ。

いま地球人は、最新の探査機を火星に送っている。新型ウイルスが猛威をふるっていたさなか、去年の七月三十日に打ち上げられて、今年の二月十八日に火星に着陸したことが確認され、いまも火星の荒れ野を探査中だ。

その探査機の名前は、パーサヴィアランス――「忍耐」という意味。命名の由来は知らない。新型ウイルスと関係あるのかどうかもわからない。ただ、暗い名前だというのは確かだ。

でも、その一方で、火星の岩石などを調べるロボットアームの先端の観測機器は、シャーロックと名付けられている。名探偵シャーロック・ホームズだ。で、シャーロックが観測したものを撮影するカメラの名前は、ホームズの相棒のワトソン。

「深刻すぎるぐらい真面目《まじめ》なのか、ノーテンキなのか、よくわからないよなあ」

先生はおかしそうに笑っていた。僕たちも笑った。③その笑いを遠い星の生命体にも伝えられたらいいのにな――ふと、思った。

ねえ。

きみは、どう思う？

いま僕の話を聞いてくれているのは、地球人の中でもほんのひと握り、というか、ひとつまみというか、すごく偏《かたよ》って、すごく限られた地球人にすぎない。

でも、知りたい。

きみなら、星野先生の宿題に、どんなふうに答える？

近藤さんと僕は、それぞれウチに帰ってからも必死に考えた。両親

問八　傍線部⑥「どう『考え』れば、正解にたどり着くことができるのだろうか」とあるが、筆者の言う「考え」るとは、どのようなことですか。次の条件に従って説明しなさい。

【条件】

1、本文で書かれている筆者の主張を踏まえて、あなた自身の具体例を挙げた上で説明すること。

2、字数は八十字以上百二十字以内とし、段落は作らずに一マス目からつめて書くこと。ただし、句読点・記号等も字数に含むものとする。

下書き用（必要に応じて使用すること）

三　次の文章を読んで、後の各問に答えなさい（なお、出題の都合上、本文を省略した所がある）。

宿題が出された。

遠い遠い宇宙の果ての先の先——太陽系の外にある、どこかの星の人たちに、自己紹介も兼ねて「はじめまして」のメッセージを送ることになった。

「わたしたち地球人はこんな生命体ですよ、というのを相手に伝えるわけだ」

星野先生はそう言って、「仲良くなりたいっていうのが伝わると最高だ」と付け加えた。

「地球人」も「生命体」も、ふつうの中学二年生の教室では、めったに登場しない言葉だろう。ましてや、いまは国語の時間なのだ。

でも、星野先生の授業はいつもこうだ。すぐに話が脱線して、宇宙や星の話になる。一年生のときから国語を受け持っているので、僕たちにも「地球人」や「生命体」はすっかりおなじみなのだ。

「ただし、文章で書いてもだめだぞ。向こうには地球の言葉がわからないんだから」

国語の宿題なのに文章を書かせないのって、おかしくないですか——たとえそう言われても、星野先生はちっとも気にしないだろう。

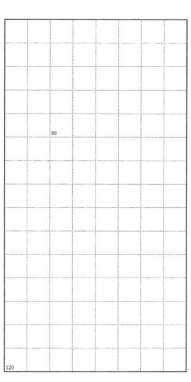

先生はとにかく宇宙や星が大好きなのだ。名前に「星」がついているのは偶然に決まっているのに、本人は運命だと言い張る。もう四十を過ぎていても、①けっこうガキっぽい。

（中略）

放課後は近藤さんと一緒に帰った。

あんのじょう、女子の話し合いもまとまらなかったらしい。地球人をほめたい人とそうじゃない人の意見は、最後まで噛《か》み合わず、しまいには「星野先生も国語の授業だけやればいいのに」「英語や数学の授業でこんなに脱線してたら絶対に大問題だよね」と、みんなで先生のしているのか。その説明として最も適切なものを次から選び、記号で答えなさい。

ア、精一杯ものを考えたときに、多くの人からの共感を得ることが難しいこと。

イ、全力で物事を考えると、少数の立場でも世の中を動かすことができること。

ウ、物事を深く考えたときに、多くの人から絶対的な嫌悪や差別を受けること。

エ、深くものを考えたときに、多数の人々の共感を得られる確率が上がること。

問五　傍線部④「人はものを考えたりしないからだ」とあるが、筆者はなぜこう言っていると考えられるか。その説明として最も適切なものを次から選び、記号で答えなさい。

ア、日頃、学校の宿題に向き合っているときに、腕組みをして眉をしかめて答えを考えているようでも、実際のところは、宿題が終わらなかった言い訳を編み出すときのしぐさでしかないから。

イ、何かの場面で人は腕組みをしたり、眉をしかめて様々なことを考えているように見えることがあるが、実際は、何かを思い出したり言い訳をひねり出している場合の方が圧倒的に多いから。

ウ、人は政治に関する討論会で考えたり、正しい政治を行うときにも頭を使って考えたりするなど様々な状況で思考をしているが、本当は、想像することで重々しい発言をすることができるから。

エ、人が眉をしかめたり、腕を組んだり、遠くの方を見つめたりするときは何か答えを出そうと考えているが、実際には、日々生きることで精一杯であり、誰も深く考えようとはしないから。

問六　空欄 X には次のア～エの文が入る。これらの文を意味が通るように正しく並べ替え、その順序を解答用紙にあうように記号で答えなさい。

ア、ああ、もうちょっと、きちんと生きて、経験しておけばよかったのに、いろんなことを！

イ、そのとき、わたしたちにできるのは、自分の経験のすべてをもとにして、もっとも生き残る確率が高い方法を見つけ出すことだけだ。

ウ、こんなとき、痛いぐらいに思う。

エ、生きるためには、手持ちをすべて投げ出すしかない。

問七　傍線部⑤「『まずいな、これ』と思うのである」とあるが、筆者は何に対してこのように思うのか。その説明として適切でないものを次から一つ選び、記号で答えなさい。

ア、毎回違ったことを考える、という努力を怠ったということ。

イ、民主主義に関して一生懸命考えていないということ。

ウ、前に考えていたことと、同じようなことを言ってしまったこと。

エ、自分のこれまでの経験が自分の考えに生かされていないこと。

える」っていわないんじゃないかな、とわたしは思うのだ。

　はっきりいおう。なにかについて「考える」というとき、そのなにかについて、人は、一回、一回、ちがったことを「考える」はずだ。だって、最初に「考え」たときから、その人は、またいろいろな経験をして、少しかもしれないけれど、変わっているはずだ。ならば、変わってしまったその人は、なにかについて、最初と同じように「考える」わけがない。だから、なにかについて「考える」ときには、毎回、毎回、ちがったことを「考える」、というか、毎回、毎回、ちがったことをいうはずである。

「じゃあ、タカハシさんは、同じ質問をされても、毎回、毎回、まるでちがったことを回答したりするわけですか?」

　アイ・ホープ・ソウ。

　そうだったら、最高だよね。でも、わたしにはそこまで「考える」能力はありません。だから、だいたい、同じようなことしかいえないんですよ。

　さて、ここで、問題が一つでてくる(一つだけじゃないけど)。それは、そんなに、なにかを「考える」ことが、不確定なら(まあ、はっきりしない、ということです)、どんな根拠があって、「考える」ことができるのか。

　つまり、「『民主主義』って、なんですか?」と訊ねられても、どんな風に回答するのか、当人すらわからないとしたら、そもそも、どんな風に「考え」ていけばいいのか、わからないではないか。あるいは、どこから「考えて」いけばいいのか。⑥どう「考え」れば、正解にたどり着くことができるのだろうか。

(高橋源一郎「表と裏と表――政治のことばについて考えてみる」より)

問一　傍線部①「なんとか答えるしかない」とあるが、それはなぜか。その説明として最も適切なものを次から選び、記号で答えなさい。

ア、学校というところはみんなで同じ時間に集まって同じことをしたりする訓練の場所だと正直に答えるしかないから。

イ、きちんと物事を正確に把握することができない年齢なので、経験や不完全な知識・知性は不十分なままであるから。

ウ、自分の持つ経験や不完全な知識・知性は十分ではないので、小さい頃から少しずつ慣れさせておくものであるから。

エ、私たち人間はそれぞれが持っている知識・経験・知性・モラルなどは充分なものではなく不完全なままであるから。

問二　空欄［A］～［C］に入れる言葉の組み合わせとして最も適切なものを次から選び、記号で答えなさい。

ア、Aでも　Bたぶん　Cつまり

イ、Aつまり　Bでも　Cたぶん

ウ、Aたぶん　Bでも　Cつまり

エ、Aたぶん　Bつまり　Cでも

問三　傍線部②「全力でものを考える」とあるが、これは、どういうことか。「考えること。」につながる形になるように、次の空欄にあてはまる言葉を本文中から二十五字以上三十字以内で探し、はじめと終わりの五字を抜き出して答えなさい。ただし、句読点・記号等も字数に含むこととする。

［　　　　　　　　］考えること。

問四　傍線部③「そういうこと」とあるが、これはどういうことを指こんなときではないかと思う。

たとえば、あなたは、いろんな理由で（わからないけど）、ある、知らない場所へ追放されたか、取り残されたか、置いていかれたかしたのである。どこだかぜんぜんわからない。腹が減ってきたし、のども乾《かわ》いてきた。ヤバい。すると、目の前に、水たまりがあった。でも、なんだかものすごく濁《にご》っている。それから、近くに樹があって、そこには、なんだか実のようなものがなっている。さあ、どうしよう。もしかしたら、このすべては「ドッキリ」で、もうすぐ誰かが助けに来るかもしれないから、待っていることにする？　それとも、水ぐらいは飲んでみる？　でも、その水、大丈夫？　飲んで、猛烈な下痢《げり》に襲われたら、どうする？　その実の方だって、甘い匂いがするけど、毒性のある実は甘い匂いがする場合があるから、食べていいのかな？　どうする？　そうこうするうちに、どこからか、知らない人たちの声が聞えてきた。助けを求める？　でも、その人たちこそ、危険かもしれないのだ。

　さて、どうしよう。

どうしよう、といったって、どうしようもない。［　　X　　］

　わたしが「考える」ということを「考える」とき、想像するのは、こんな状況だ。

「考え」なければ生きていけない。そのためには、もっているもの、すべてを動員する。いや、もっているものだけでは足りないので、ないかもしれないけれど、さらに自分のどこかに隠れていそうなものを探すこと。

　では、そんなとき、なにが起こるのか。

なにが起こるのか、わからないのである。

　一回、一回、ちがう、というか。そんな感じ。なぜなら、置かれた状況によって、その僅かなちがいによって、たどり着く結論は異なるに決まっている。だから、ほんの少し先の未来のことなど、まったくわからない。その、まったくわからない、ほんの少し未来を生きるために、そこで生きてゆくために、自分が置かれている状況について、全力で、調べてみる。それが「考える」ということだ、とわたしは「考え」ている。

　少し、具体的にいおう。

「では、タカハシさんは、『民主主義』について、どう考えていらっしゃいますか？」

　こう訊ねられる。すると、わたしは、

「『民主主義』というのは、通常、考えられているものとは異なり、多数決とか、そういった制度ではなく、そもそも、たくさんの異なった考えの人たちが一緒にやっていくための試行錯誤《さくご》そのもので、だから、完璧な『民主主義』なんてものはなくって、いつも『途中』なものなんだと思うんです」

　……と答える。なんかいい感じ……いや、そうじゃない。この、自分の回答を読んで、わたしは⑤「まずいな、これ」と思うのである。

　確かに、わたしは、あるとき、一生懸命「考え」て、以上のようなことをいったか、書いたか、した。でも、それから時間がたって、質問されたときには、一生懸命「考え」たりはせず、かつて一生懸命「考え」たことと同じことをしゃべったのである。そういうのって、「考

要するに、法律で決まっていて、親には義務があるからで、きみは、学校に行く義務はありません。じゃあ、なんで、行くことになるのか。どうしてなんでしょうねえ、お父さんにもよくわかりません。[A]、みんなが行くから、行く、っていうだけのことじゃないでしょうか。学校に行くと、いろんなことを学べて、たいへん役に立つから、ということになっていますが、それも怪しいです。だいたい、学校で教わったことの9割は覚えていません。お父さんは、理科や社会で習ったことはほぼ全部、英語の文法や単語も覚えてないし、算数というか数学も覚えていません。[B]、それで不便だと思ったことはありませんね。ということは、学校というところは、みんなで同じ時間に集まって、同じ場所にいて、同じことを、同じように書いたり、音読したりする、それがイヤにならないよう訓練する場所なんじゃないでしょうか。それは、[C]、社会というところに入ったとき、同じことが起こるので、そのとき、そんなおかしなことはしたくない、と思わないよう、小さい頃から慣れさせておくためじゃないかな。よく知らないけど」

わたしの回答は、多数の人たちの共感を得ることはできないかもしれない。残念なことだ。けれども、わたしの経験からいうなら、②全力でものを考える、ということをしてみると、③そういうことが起こる確率が高いような気がするのである。

そう。ものごとを深く考える、と多くの場合、多くの人から嫌われたり、こいつ変なやつだな、といった目で見られたりする。

なぜだろうか。

それは、ふつう、④人はものを考えたりしないからだ。

そうかなあ？

だって、テレビを見たりしていると（テレビ以外でもいいけど）、政治に関する討論会で、そこに出ている人たちは、腕を組んで、眉《まゆ》をしかめ、どうやらいろいろなことを考えたりしているらしく、そのあとで、重々しく、なにかを発言したりしている。あの「腕を組んで、眉をしかめ」ているときには、なにかを「考え」たりしているのではないか。

でも、そういう格好にだまされてはいけません。

計算問題に没頭しているときだって、わたしたちは、「腕を組んで、眉をしかめ」て「考え」たりする。「ににんがし、にさんがろく、にしがはち……じゃあ、にしちは……なんだっけ？」とか。それは、「考えている」のではなく、「思い出している」だけだ。

「ねえ、あなた、昨日の夜、どこにいたの？　携帯に何回もかけたんだけど、出なかったよね？」

そう、あなたが訊《き》かれたとする。あなたは、顔をしかめ、遠くの方を見つめながら「考える」。それは「考える」というより、「言い訳」をひねり出しているだけの場合が多い。もちろん、それもまた、「考える」ことの一部ではあるのだが。

こうなってくると、まず「考える」とは何か、ということを、最初に「考える」必要があるのではないか。この問題についての、わたしの「考え」を、まずお伝えしたいと思います。

どういうときに、人間は「考える」ということをするのか。

【国　語】（五〇分）〈満点：一〇〇点〉

一　次の各問に答えなさい。

問一　次の①～⑤の傍線部を漢字で正確に答えなさい。

① ブナンに学校生活を送る。
② 卒業アルバムを見てカンショウにひたる。
③ 理科の授業でヨウリョク素のはたらきを調べる。
④ 世の中のフウセツにたえる。
⑤ 運命に身をユダねる。

問二　次の①～④の傍線部の漢字の読みをひらがなで正確に答えなさい。

① この料理は筆舌につくしがたい。
② うわさが流布する。
③ 船は寄港せずに行った。
④ 四番打者は攻撃の要だ。

問三　次の①～③の二つの語が類義語になるようにしたい。□に入る適切な漢字一字を答えなさい。

① 公正・平□
② 明朗・□活
③ 熟考・思□

問四　次の①～③の傍線部と同じ働きをしている言葉を後のア～ウから選び、それぞれ記号で答えなさい。

① お茶でも飲んでいきなさい。
　ア、何度呼んでも返事がない。
　イ、そのくらい私でもできる。
　ウ、こういう時は食事でもしよう。
② 友情が自然と感じられる。
　ア、旅先の彼のことが案じられる。
　イ、十皿まで食べられる。
　ウ、先生が来られる。
③ 専門家でさえわからない難問。
　ア、寝てさえいれば、かぜは治る。
　イ、話すのさえ怖い。
　ウ、覚悟ができてさえいれば、まったく問題ない。

二　次の文章を読んで、後の各問に答えなさい（なお、出題の都合上、本文を省略・改変した所がある）。

たとえば、あるとき、わたしは子どもに、「ねえ、どうして学校に行かなきゃならないの？」と訊《たず》ねられたのだ。

「来た！」と思った。正直にいうと、きちんと正確に答える準備はできていなかった。けれども、完全に準備ができるのを待っていても、そんなときは来ないのだ。わたしたち人間は、みんな、不完全なまま、手持ちの知識と僅《わず》かな経験と知性とモラルを総動員して、①なんとか答えるしかないのである。

「えっと、まず、学校に行かなきゃならない、ってことはありません。あるとすれば、憲法に『教育の義務』というのが書かれていて、親は、子どもを、義務教育の学校に連れて行かなければならないからです。

2024年度

法政大学第二中学校入試問題(第2回)

【算　数】（50分）〈満点：100点〉

【注意】1.　定規，分度器，コンパスは使用しないこと。

2.　必要ならば，円周率は3.14を用いること。

3.　図は必ずしも正しいとは限らない。

1　次の□にあてはまる数を求めなさい。

（1）　$\left\{\left(1+2\frac{1}{3}\right)\times\frac{6}{5}+\left(\frac{7}{10}+0.16\div\frac{2}{5}\right)\right\}\div\frac{3}{5}=\square$

（2）　$(1.37-\square)\times\frac{100}{31}-1=\frac{17}{93}\times 3$

（3）　3，6，9，12，15，18のように連続する6つの3の倍数を考えます。その6つの3の倍数をすべてたし合わせると6183になるとき，6つの数のうち最も小さい数は□です。

（4）　$\frac{7}{13}$を小数に直したとき，小数第2024位の数は□です。

2　次の問に答えなさい。

（1）　バスケットボールの試合で，二郎さんは2点のシュートと3点のシュートを合計で12本入れました。また，それにより得た得点は合計で27点でした。入れた2点シュートと3点シュートの本数はそれぞれ何本ですか。

（2）　いくらか水のはいった井戸があり，たえず一定の割合で水がわき出ています。この井戸水をくみ上げるのに，7台のポンプでは36分かかり，8台のポンプでは24分かかります。この井戸水を12分でくみ上げるには何台のポンプが必要ですか。

（3）　姉と妹が持っているロープの長さの比は3:2で，妹のロープの長さは13mです。姉が何mか使ったので，姉と妹のロープの長さの比が6:5となりました。姉が使ったロープは何mですか。

（4）　あるクラスで担任の先生に記念品を贈るために，1人100円ずつ集めると330円不足し，1人105円ずつ集めても，まだ135円不足します。記念品の値段は何円ですか。

（5）　13%の食塩水Aが500gあります。これに3%の食塩水Bを混ぜて7%の食塩水を作るには，食塩水Bを何g混ぜればよいですか。

(6) 図の三角形ABCは，AC＝BCで，角BACが55°の二等辺三角形です。AB，ACをそれぞれ1辺とする正三角形ABD，ACEをつくると，角ADCは30°でした。このとき，アの角は何度ですか。

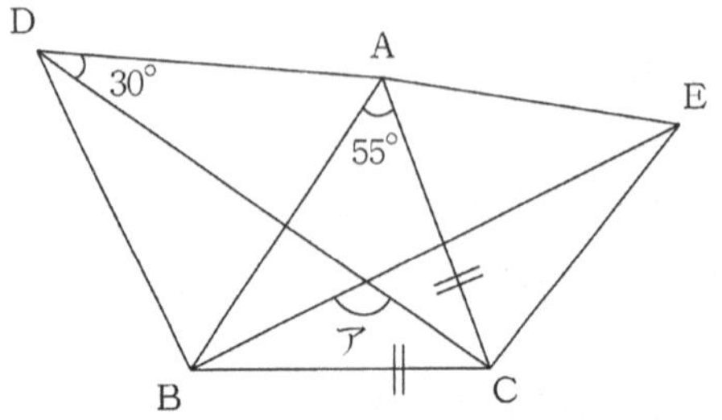

3 Aさんは，地点Xから60m先にある地点Yへ行き，再び地点Xへ戻ることを繰り返す坂を登るトレーニングを行います。上りは2分でYにたどり着き，下りは上りの2倍の速さでXに戻ってきます。また，トレーニングをする際，1往復するたびに1分間休みをとるものとします。次の問に答えなさい。

(1) Xから40m登った地点には標識が立っています。Aさんがこの標識を1回目に通ってから2回目に通るまでに何分かかりますか。

(2) BさんはAさんがトレーニングを開始してから1分後に，一定の速さでXからYまで登り始めました。途中，Aさんとは何度かすれ違いましたが，Aさんに追い越されたのは1回だけでYにはAさんと同時に到着しました。Bさんがちょうど追い越されたのは，Aさんがトレーニングを開始してから何分後ですか。

4 次のように，ある規則にしたがって数字が並んでいます。

1，2，3，2，3，4，3，4，5，4，5，6，5，6，7，6，7，8，…

次の問に答えなさい。

(1) はじめから数えて24番目の数はいくつですか。

(2) はじめから100番目までの数を足すと，いくつになりますか。計算過程を含めて考え方も書きなさい。

5 図のような，1目もりが14cmの方眼用紙があります。また，1辺が14cmの正方形の紙を準備し，以下の【作業】にしたがって，この正方形の紙を平行移動させたときの正方形の紙が通った部分の面積を考えます。ただし，方眼用紙と正方形の紙に厚さはなく，この問題での平行移動とは出発する場所から移動する先まで，その図形が最短で直線的に移動するものとします。

【平行移動の例】

正方形の紙を方眼用紙上の四角形PUVQからLQRMにぴったりと重なるまで平行移動させる場合は，右の図のように六角形PUVRMLが正方形の紙が通った部分になります。

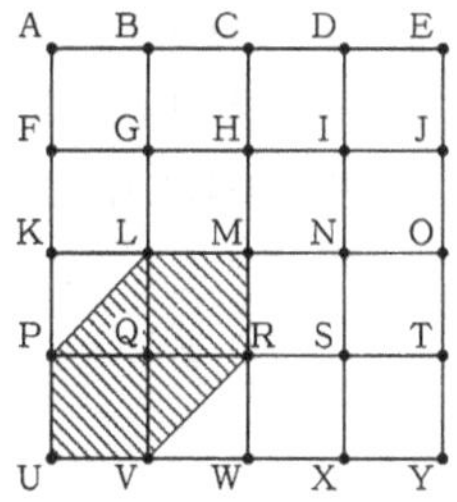

【作業】

① 正方形の紙を方眼用紙上の四角形PUVQにぴったりと重ねる。

② ①から正方形の紙を方眼用紙上の四角形NSTOにぴったりと重なるまで平行移動させる。

③ ②から正方形の紙を方眼用紙上の四角形CHIDにぴったりと重なるまで平行移動させる。

次の問に答えなさい。

（1） ①～②の作業で，正方形の紙が通った部分の面積は何cm^2ですか。

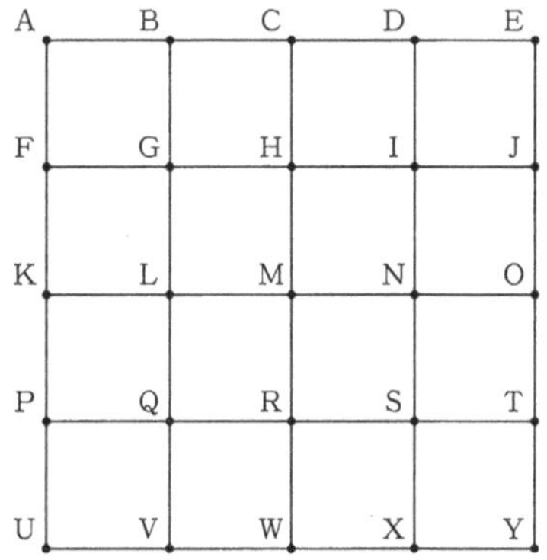

（2） ①～③の作業で，正方形の紙が通った部分の面積は何cm^2ですか。

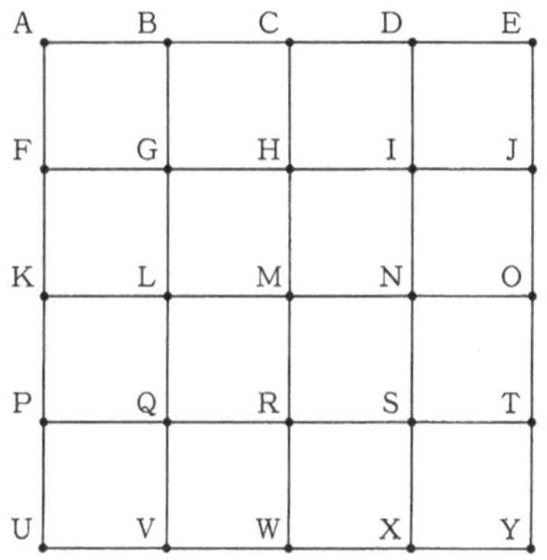

6　1辺の長さが12cmである正四角すいP－ABCDにおいて，底面ABCDの対角線ACとBDの交点をHとすると，対角線ACと線分PHは垂直に交わることがわかっています。辺PBの中点と辺PDの中点と点Aの3点を通る平面と，線分PHとの交点をGとし，辺PCとの交点をLとします。次の問に答えなさい。

（1） PG:GHを求めなさい。

（2） PL:LCを求めなさい。

（3） AG:GLを求めなさい。

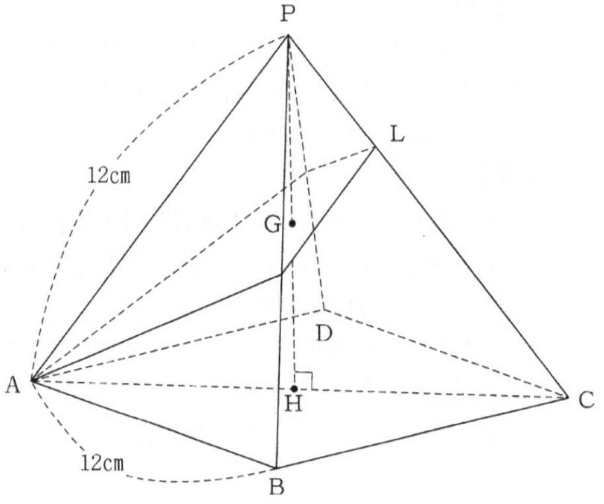

【理　科】（40分）〈満点：75点〉

1．骨と筋肉のはたらきについて，以下の問いに答えなさい。

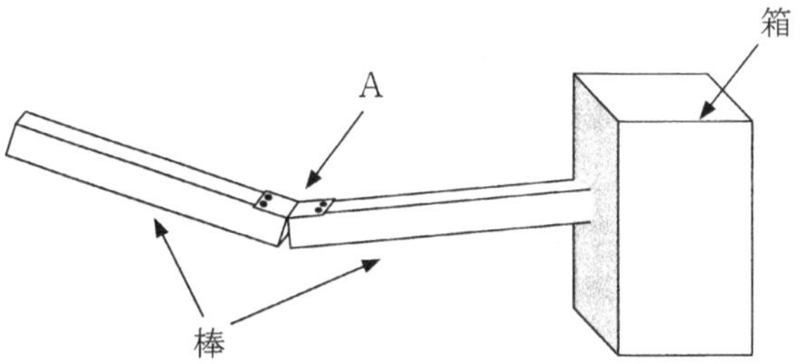

図１　腕《うで》のモデル図

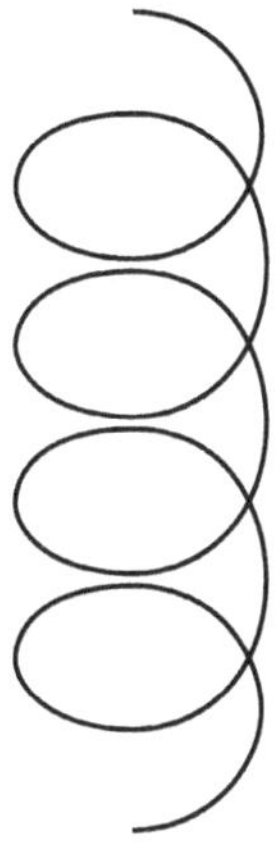

図２　「ばね」の見本

上の図１のようなモデルを使って，ヒトの腕の筋肉の動きを調べたい。「棒」は腕の骨，「ばね」は筋肉，「箱」は肩の骨をあらわすこととする。

問１　図１の腕のモデル図におけるAの部分は，骨と骨のつなぎ目を表しています。実際のヒトの腕で，Aの役割をしている部分の名称《めいしょう》を答えなさい。

問２　モデル図には記されていませんが，実際のヒトの腕には骨と筋肉のつなぎ目の役割をしているものがあります。その部分の名称を答えなさい。

問３　手や足など，よく動かす骨についている筋肉の名称を答えなさい。

問４　問３の筋肉は，どこからの命令を受けて動いていますか。命令を出している器官を答えなさい。

問５　腕の曲げ伸ばしに関わる筋肉をあらわす「ばね」を，解答らんの図の中にかき入れなさい。ただし，「ばね」は図２の「ばね」の見本のようにえがくこと。

2. 流れる水のはたらきについて，以下の問いに答えなさい。

問１　右の図１は，ある川の中流付近のようすを示したものです。

（１）　地点Aにおいて，川の流れの速さが最も速いところを(ア)～(ウ)から1つ選び，記号で答えなさい。

（２）　地点Bにおいて，川の流れの速さが最も速いところを(エ)～(カ)から1つ選び，記号で答えなさい。

（３）　地点Aのa－b間，地点Bのc－d間における川の断面として適切なものを以下の①～⑥から1つずつ選びなさい。ただし，断面は下流側から見たものとします。

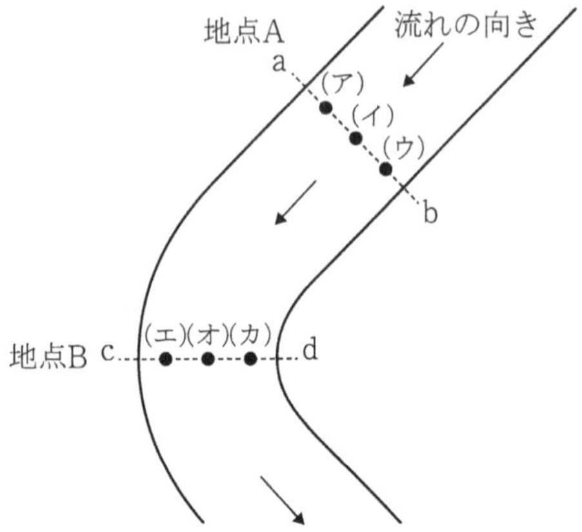

図１

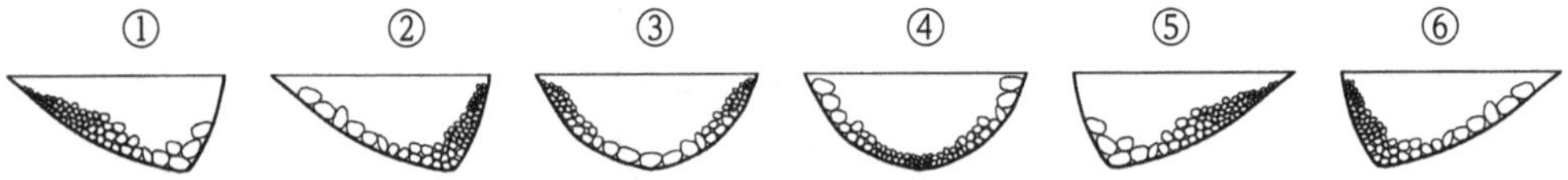

問２　右の図２は，縦軸《たてじく》に川の流れの速さ，横軸《よこじく》に泥《どろ》・砂・れきなどの岩石の破片の直径をとり，川の流れのはたらきが，流れの速さと岩石の破片の直径によりどのように変化するかを示したものです。

曲線Aは，川の流れがどのくらいの速さになれば，川底に堆積《たいせき》している泥・砂・れきが侵食《しんしょく》されはじめるかを示しています。

また曲線Bは，川の流れがどのくらいの速さになれば，運《うん》搬《ぱん》されている泥・砂・れきが堆積しはじめるかを示しています。

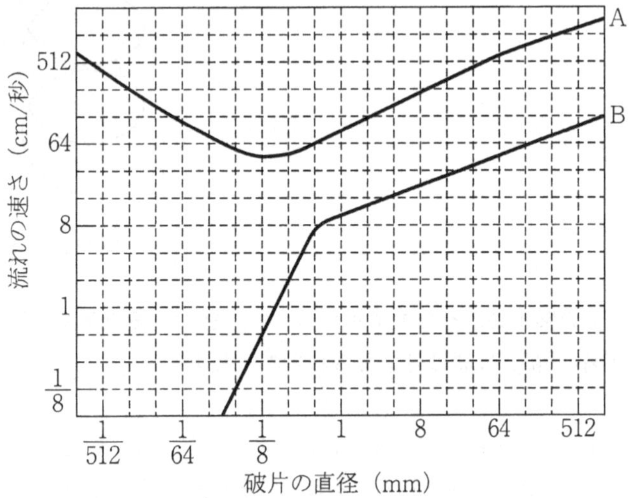

図２

（１）　直径$\frac{1}{64}$mmの泥・直径$\frac{1}{8}$mmの砂・直径8mmのれきがそれぞれ川底の表面に堆積しています。流れの速さが64cm/秒になったとき，正しいものを以下の(ア)～(カ)から1つ選び，記号で答えなさい。

(ア)　泥・砂・れきのいずれも侵食される。

(イ)　泥・砂は侵食され，れきは堆積し続ける。

（ウ）　泥・れきは侵食され，砂は堆積し続ける。
（エ）　砂・れきは侵食され，泥は堆積し続ける。
（オ）　砂は侵食され，泥・れきは堆積し続ける。
（カ）　泥・砂・れきのいずれも堆積し続ける。

（2）　図2からいえることについて，以下の（ア）～（カ）から正しいものをすべて選び，記号で答えなさい。

（ア）　流れの速さと破片の直径の関係が曲線Aより上の範《はん》囲《い》にあるとき，堆積しているすべての破片は侵食され，運搬されているすべての破片は運搬され続ける。
（イ）　流れの速さと破片の直径の関係が曲線Aと曲線Bの間の範囲にあるとき，堆積しているすべての破片は堆積し続け，運搬されているすべての破片は堆積する。
（ウ）　流れの速さと破片の直径の関係が曲線Aと曲線Bの間の範囲にあるとき，堆積しているすべての破片は侵食され，運搬されているすべての破片は堆積する。
（エ）　流れの速さと破片の直径の関係が曲線Aと曲線Bの間の範囲にあるとき，堆積しているすべての破片は堆積し続け，運搬されているすべての破片は運搬され続ける。
（オ）　流れの速さと破片の直径の関係が曲線Bより下の範囲にあるとき，堆積しているすべての破片は堆積し続け，運搬されているすべての破片は堆積する。
（カ）　流れの速さと破片の直径の関係が曲線Bより下の範囲にあるとき，堆積しているすべての破片は侵食され，運搬されているすべての破片は運搬され続ける。

（3）　右の図3は，ある川の流れにより形成された地層を模式的に示したものです。地層を構成する破片の直径から，この地層が形成されるときの川の流れの速さの変化を表すグラフとして最も適切なものを，以下の図の（ア）～（カ）から1つ選び，記号で答えなさい。ただし，横軸の時間t1・t2・t3はそれぞれ次の時間を示しています。

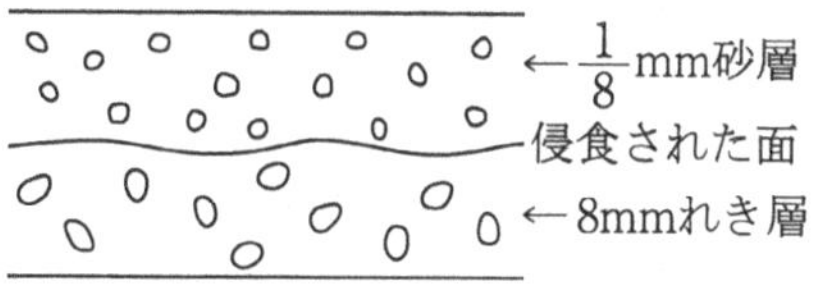

図3

t1　8mmれき層が堆積しはじめた時間
t2　8mmれき層が侵食されはじめた時間
t3　$\frac{1}{8}$mm砂層が堆積しはじめた時間

また川の流れのはたらきの変化は，さきに示した図2にしたがうものとします。

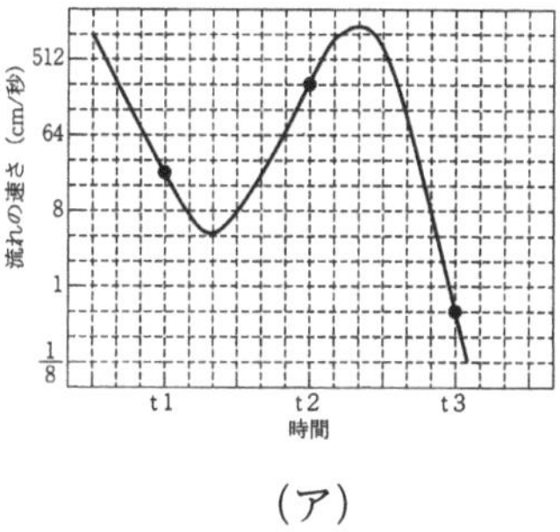

（ア）

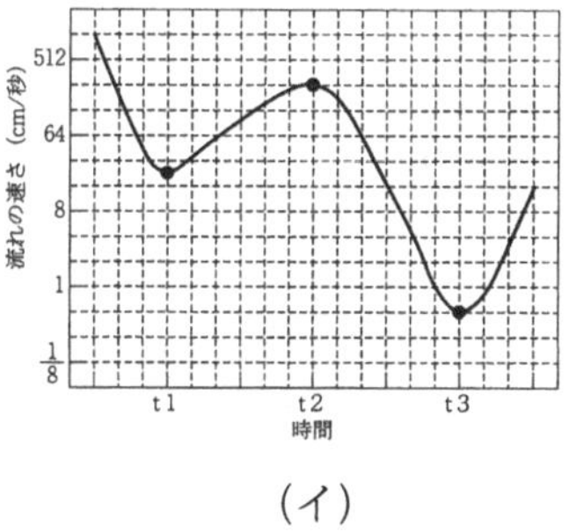

（イ）

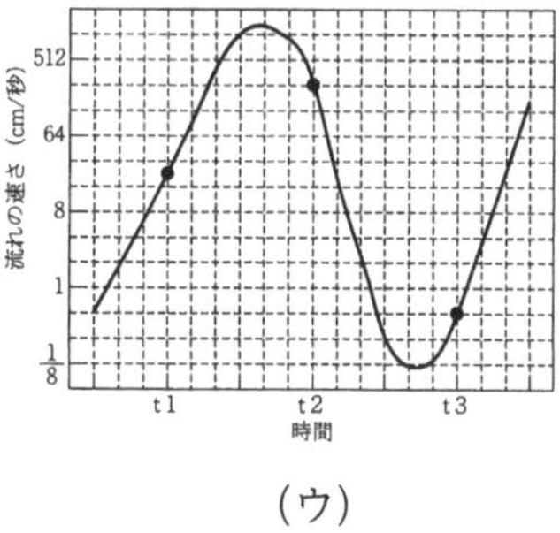

（ウ）

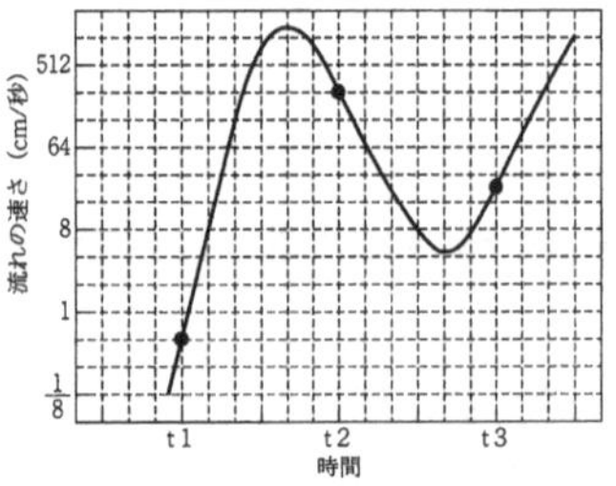

(エ)

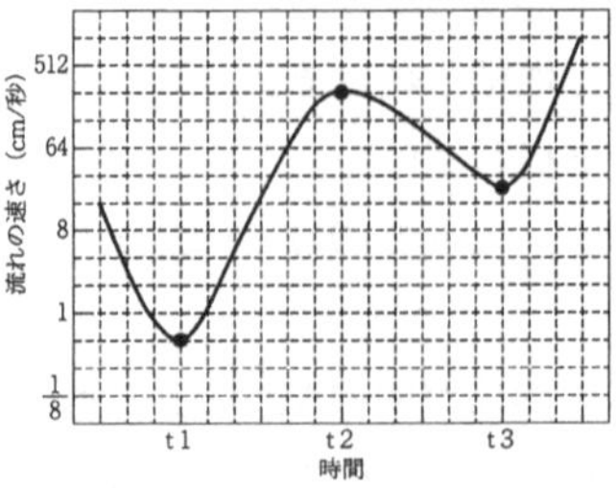

(オ)

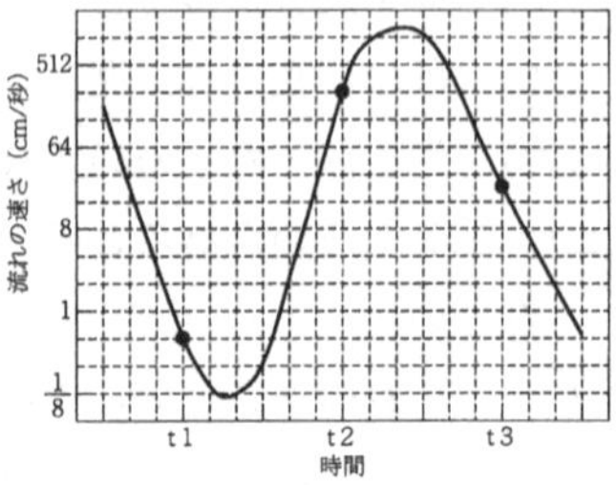

(カ)

3. 次の文章を読み，以下の問いに答えなさい。

地球温暖化の原因物質とされる二酸化炭素は石油や石炭に含《ふく》まれる炭素を燃焼させることで発生する。しかし，この炭素の燃焼は，酸素が十分なときには「完全燃焼」して二酸化炭素を発生するが，酸素が少ない状態で燃焼させると「不完全燃焼」して，気体①を発生する。この気体①は人体に対する毒性が高く，多量に吸いこむと非常に危険な物質であることが知られている。また，気体①を燃焼させると，二酸化炭素が発生する。この時，反応する気体①と酸素は体積比2：1で反応し，反応後は気体①と同じ体積の二酸化炭素が発生する。

今回，水素と気体①からなる混合気体A 100mLを用いて実験する。この混合気体Aに水素と気体①が十分に反応できる量の酸素100mLを加えて燃焼させた。この時，水素は酸素と体積比2：1で反応して水が生成した。

次に，生成した水を除去して残った気体を混合気体Bとし，体積を測ると110mLであった。この混合気体Bから二酸化炭素を取り除くと気体の体積は50mLとなった。

※この実験において，気体の体積は同じ温度，同じ圧力で測定している。

問1　炭素が不完全燃焼して発生する気体①の名前として最も適切なものを以下の(ア)～(エ)から1つ選び，記号で答えなさい。

(ア)　アンモニア　　(イ)　二酸化ちっ素　　(ウ)　塩化水素　　(エ)　一酸化炭素

問2　混合気体Aの成分として最も適切なものを以下の(ア)～(オ)から1つ選び，記号で答えなさい。

	水素の体積(mL)	気体①の体積(mL)
(ア)	20	80
(イ)	40	60
(ウ)	50	50
(エ)	60	40
(オ)	80	20

問3　混合気体B中の酸素の体積は混合気体Bの体積全体の何%になるか答えなさい。ただし，割り切れない場合は小数第2位を四捨五入して小数第1位まで答えなさい。

4. 次の文章を読み，以下の問いに答えなさい。

ミョウバン50gと食塩50gを水にとかす以下の2つの実験をおこなった。

【実験１】 温度を変えた水(100mL)を4種類用意して，ミョウバンと食塩をそれぞれとかし，とけ残った物質の重さを測定した。

【実験２】 量を変えた水(20℃)を4種類用意して，ミョウバンと食塩をそれぞれとかし，とけ残った物質の重さを測定した。

以下の表は【実験１】の結果をまとめたものである。

表　水100mLにとけ残った物質の重さ【実験１】

温度(℃)	20	40	60	80
ミョウバン(g)	38.7	26.2	0	0
食塩(g)	14.2	13.7	12.8	11.9

問１　40℃の水100mLには，どちらの物質が何g多くとけるか答えなさい。

問２　【実験２】の結果から，物質がとけた量に関してグラフを作成した。最も適切なものを以下の図の(ア)～(エ)から1つ選び，記号で答えなさい。ただし，たて軸《じく》は物質がとけた量を表し，横軸は水の量を表している。

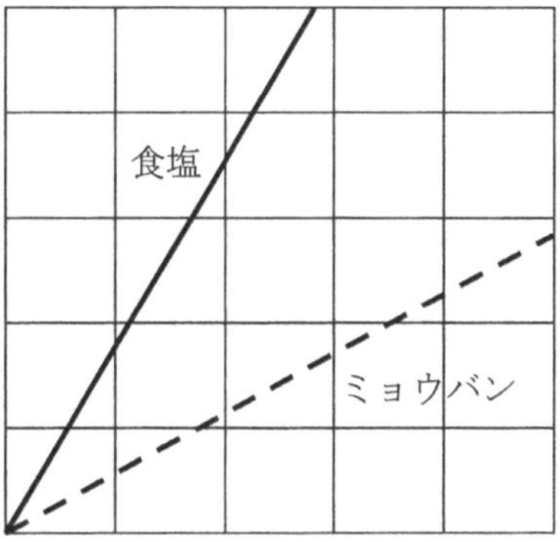

(ア)

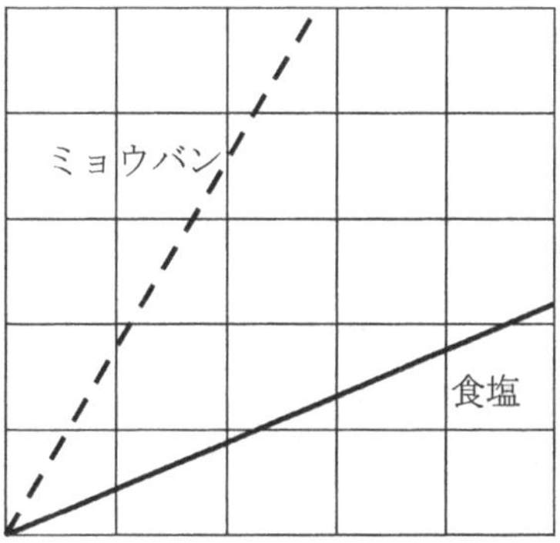

(イ)

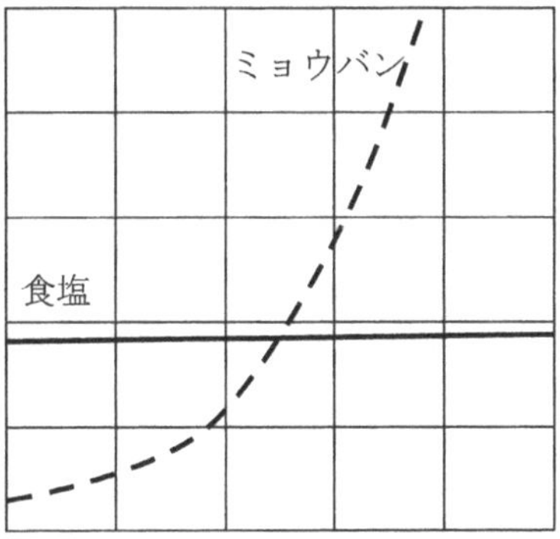

(ウ)

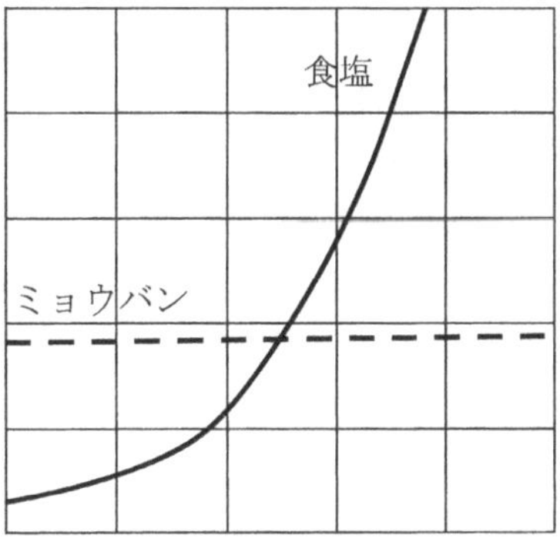

(エ)

5. 水平面に図1のような長さ1m，重さ600gの太さが均一でない棒が置かれている。この棒を図2のように，ばねばかりで一方の端《はし》Aを少し持ち上げると，ばねばかりは240gを示した。以下の問いに答えなさい。

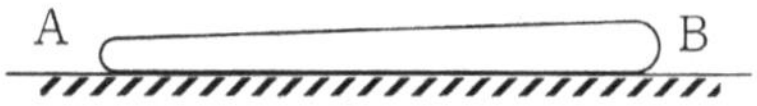

図1

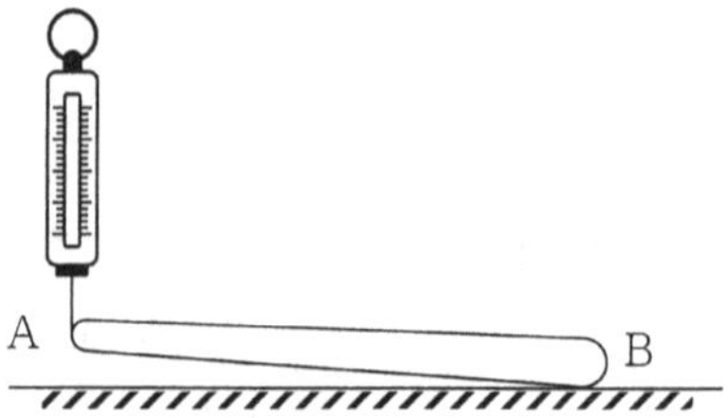

図2

問1　棒の重心は端Aから何mの場所か答えなさい。

問2　棒の中心(端Aから端Bの真ん中)にひもをつけてつるしたところ，回転したので端Aにおもりを下げて棒を水平に保ちたい。つり下げるおもりは何gか答えなさい。

6. 右図のような振《ふ》り子をつくり実験を行った。その実験結果を表にまとめた。以下の問いに答えなさい。

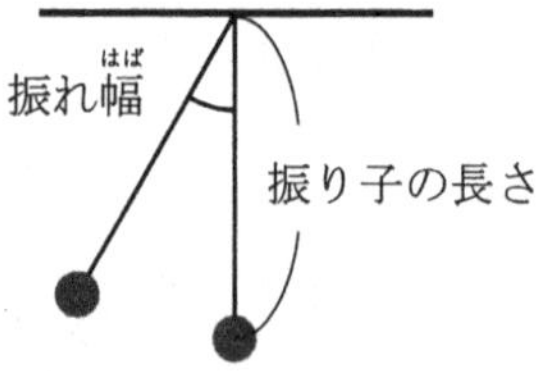

図　振り子

表　振れ幅が10度のときにおける振り子の長さと1往復の時間の関係について

振り子の長さ[m]	0.04	0.16	x	0.64	1.00	1.44
1往復の時間[秒]	0.4	0.8	1.2	1.6	2.0	2.4

問1　振り子の長さが1.00mのとき，おもりの重さを2倍に変え，振れ幅を15度にして実験を行った。そのときの1往復にかかる時間で最も適切なものを以下の(ア)～(カ)から1つ選び，記号で答えなさい。

(ア)　0.75秒　　(イ)　1.5秒　　(ウ)　2.0秒　　(エ)　3.0秒

(オ)　4.0秒　　(カ)　6.0秒

問2　表のxに当てはまる振り子の長さは何mか答えなさい。

問3　「振り子の長さ」と「1往復の時間」の関係を表したグラフとして，最も適切なものを以下の(ア)～(カ)のグラフから1つ選び，記号で答えなさい。ただし，たて軸《じく》を1往復の時間，横軸を振り子の長さとする。

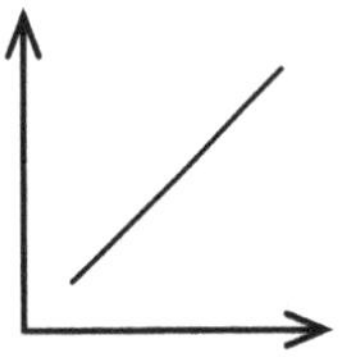

(ア)

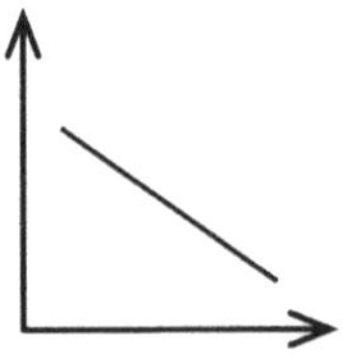

(イ)

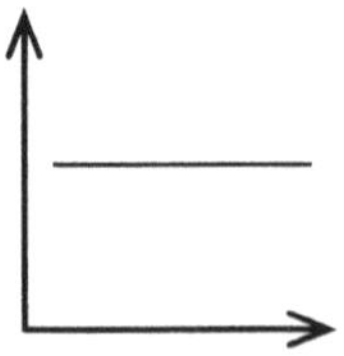

(ウ)

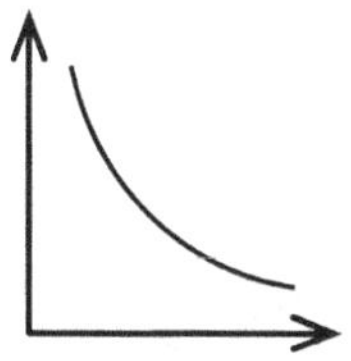

(エ)

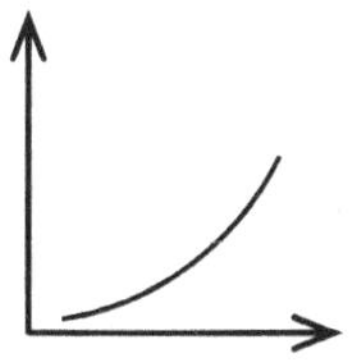

(オ)

(カ)

7. 次の文章を読み，以下の問いに答えなさい。

近年，日本では大雨による被害《ひがい》が度々起こっており，その原因の1つに(　①　)が挙げられる。これは次々に発生する積乱雲が列になり，数時間にわたって同じ場所に停滞《ていたい》する現象である。(　①　)のような現象が増えてきた要因の一つとして注目されているのが，世界の年平均気温の上昇《じょうしょう》である。

世界の年平均気温は1891年の統計開始以降，右肩《みぎかた》上がりの傾向《けいこう》にあり，日本国内においてもその影《えい》響《きょう》が表れている。そのため，2007年までは，日最高気温が25度以上の(　②　)，30度以上の(　③　)という呼び方が気象庁として定められていたが，その後，日最高気温が35度以上の(　④　)が追加された。これは，35度を大幅《おおはば》に超《こ》える日が多くなったことが影響していると考えられる(東京で日最高気温35度以上が観測された日数は1891年からの10年間で合計4日しかないが，2007年は1年間で7日間，2022年は1年間で16日も観測された)。

暑い日が多くなった要因としては，(　⑤　)や(　⑥　)が関係していると考えられる。(　⑤　)とは，都市がなかったと仮定した場合に観測されるはずの気温に比べ，都市の気温が高い状態をさす。

(　⑥　)とは，例年よりも貿易風が強くなることで，太平洋赤道域の日付変更《へんこう》線付近から南米沿岸にかけて海面水温が平年より低い状態が続く現象のことで，この現象が起きると日本では(　A　)になりやすい。

2023年7月には国連のグテーレス事務総長が『(　⑦　)の時代が到来《とうらい》した』と発言しており，さらなる気温上昇が心配されている。

問1　文中の空欄《くうらん》①～⑦に当てはまる語句を以下の(ア)～(タ)から選び，記号で答えなさい。

(ア)　梅雨前線　　(イ)　秋雨前線　　(ウ)　地球乾燥化
(エ)　地球温暖化　　(オ)　地球沸騰《ふっとう》化《か》　　(カ)　猛暑《もうしょ》日
(キ)　酷暑《こくしょ》日　　(ク)　熱帯夜　　(ケ)　超熱帯夜
(コ)　夏日　　(サ)　真夏日　　(シ)　エルニーニョ現象
(ス)　ラニーニャ現象　　(セ)　フェーン現象　　(ソ)　ヒートアイランド現象
(タ)　線状降水帯

問2　文中の空欄Aに当てはまる語句を以下の(ア)～(エ)から2つ選び，記号で答えなさい。

(ア)　冷夏　　(イ)　猛暑　　(ウ)　厳冬　　(エ)　暖冬

【社　会】（40分）〈満点：75点〉

1　次の【図１】をみて，あとの問いに答えなさい。

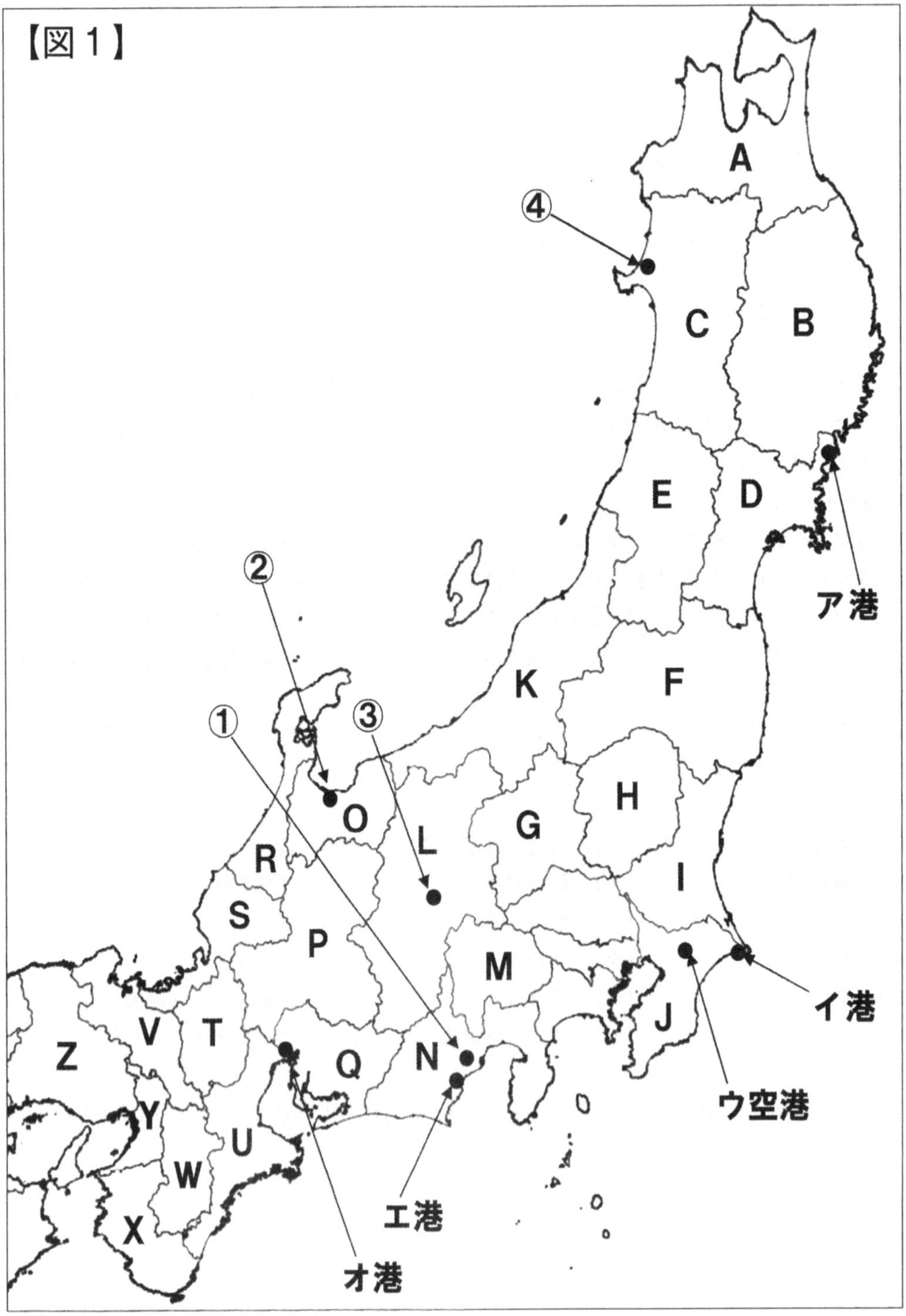

問1　【図1】のA～Zの府県のうち，2024年2月現在で開業している新幹線の駅がない府県はいくつあるか数字で答えなさい。

問2　【図1】の①～③の場所の雨温図を(あ)～(え)からそれぞれ選び，記号で答えなさい。

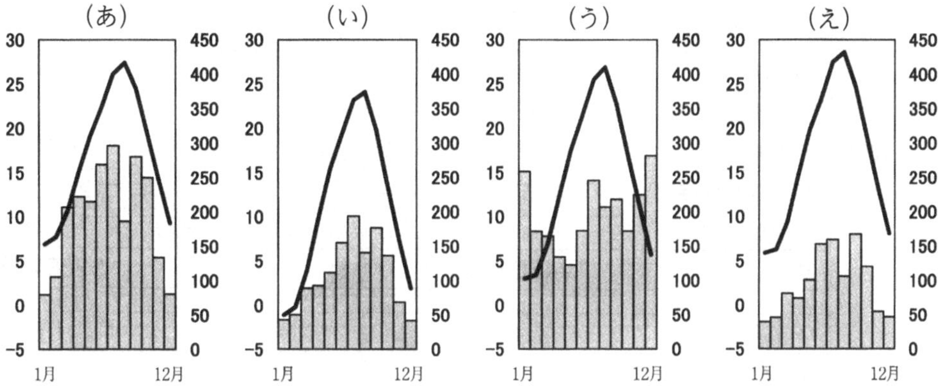

(あ)	(い)	(う)	(え)
年平均気温16.9℃	年平均気温11.4℃	年平均気温14.5℃	年平均気温16.7℃
年平均降水量2327.3mm	年平均降水量1301.5mm	年平均降水量2374.2mm	年平均降水量1150.1mm

※左縦軸が平均気温(℃)　右縦軸が平均降水量(mm)

(気象庁過去の気象データ，1991−2020年の平年値より作成)

問3　【図1】の④の場所について書いた，以下の文を読み，次の問題に答えなさい。

　(　a　)は，北緯40度，東経140度の経緯度交会点(日本で唯一10度単位の経緯度交会点)を中心に，東西12km，南北27kmに広がり，総面積22,024haの滋賀県の琵琶湖に次ぐ日本第2の広さを誇る湖でした。(　a　)の開発計画は江戸時代から幾度も持ち上がりましたが，財政やその他の事情により実施に至りませんでした。

　(　a　)の(　b　)計画が進められたのは昭和31年のことです。戦後の食糧不足を解消するために，国の事業として農地を増やす計画が進められました。日本の土木技術を結集し，またオランダの技術協力を得てついに(　a　)の(　b　)事業計画が完成し，昭和32年に事業の着工となりました。幾多の困難，試行錯誤を重ねながらも工事は進み，昭和52年3月に20年の歳月と約852億円を投じた大事業が完了しました。

(秋田県公式サイト「美の国あきたネット」一部改変)

(1)　(　a　)にあてはまるものを(あ)～(え)から一つ選び，記号で答えなさい。

(あ)　印旛沼　　(い)　十和田湖　　(う)　霞ヶ浦　　(え)　八郎潟

(2)　(　b　)にあてはまるものを(あ)～(え)から一つ選び，記号で答えなさい。

(あ)　減反　　(い)　埋め立て　　(う)　干拓　　(え)　防波堤

(3)　地球を球体であると仮定したとき，地球の特定の場所は，下線のように緯度と経度であらわすことができる。下線の真裏の位置を緯度と経度で答えなさい。

問４　以下の表は，【図１】の**ウ**の空港，**オ**の港，関西国際空港，東京港の主要な貿易品目とその金額・割合をあらわしたものである。これらの表のうち，【図１】の**ウ**の空港と**オ**の港にあてはまるものを(あ)～(え)からそれぞれ選び，記号で答えなさい。

(あ)

輸出品目	百万円	%	輸入品目	百万円	%
自動車	2881380	23.1	液化ガス	408444	7.7
自動車部品	2100565	16.8	石油	363930	6.9
内燃機関	517217	4.1	衣類	305329	5.8
電気計測機器	429213	3.4	アルミニウム	291300	5.5
金属加工機械	414544	3.3	絶縁電線・ケーブル	263497	5.0
計	**12480464**	100.0	計	**5289173**	100.0

(い)

輸出品目	百万円	%	輸入品目	百万円	%
半導体等製造装置	1170975	9.1	医薬品	2560551	15.9
科学光学機器	738629	5.8	通信機	2219587	13.8
金(非貨幣用)	714850	5.6	集積回路	1456085	9.0
集積回路	502542	3.9	コンピュータ	1294736	8.0
電気計測機器	492635	3.8	科学光学機器	906757	5.6
計	**12821497**	100.0	計	**16114544**	100.0

(う)

輸出品目	百万円	%	輸入品目	百万円	%
半導体等製造装置	493601	7.6	衣類	914041	7.5
プラスチック	309383	4.8	コンピュータ	645234	5.3
自動車部品	308143	4.7	集積回路	561575	4.6
コンピュータ部品	290199	4.5	肉類	529200	4.3
内燃機関	253445	3.9	魚介類	490632	4.0
計	**6493775**	100.0	計	**12228072**	100.0

(え)

輸出品目	百万円	%	輸入品目	百万円	%
集積回路	1173050	20.4	医薬品	1068500	25.5
電気回路用品	368638	6.4	通信機	562073	13.4
科学光学機器	357377	6.2	集積回路	330697	7.9
半導体等製造装置	299321	5.2	科学光学機器	179279	4.3
遊戯用具	277358	4.8	有機化合物	121891	2.9
計	**5736248**	100.0	計	**4185801**	100.0

(日本国勢図会2023/24より作成)

問５　【図１】の**ウ**の空港を，1月8日午後9時20分(日本現地時間)に飛行機で出発したら，ロサンゼルス国際空港に1月8日午後2時35分(ロサンゼルス現地時間)に到着した。この場合の飛行機のフライト時間は何時間何分か，答えなさい。日本現地時間は東経135度，ロサンゼルス現地時間は西経120度で計算することとし，サマータイムは考えないものとする。

問６　次の（１）～（３）のグラフは，【図１】の**ア・イ・エ**いずれかの港の2021年の魚種別水揚げ量の割合をあらわしたものである。（１）～（３）にあてはまる港の組み合わせとして正しいものを（あ）～（え）から一つ選び，記号で答えなさい。

（１）

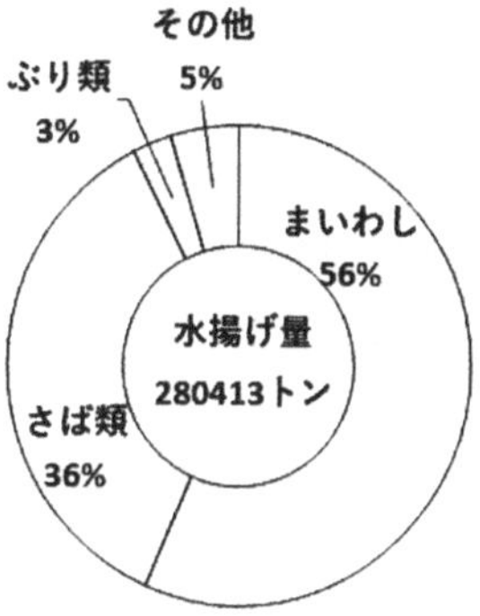

（２）

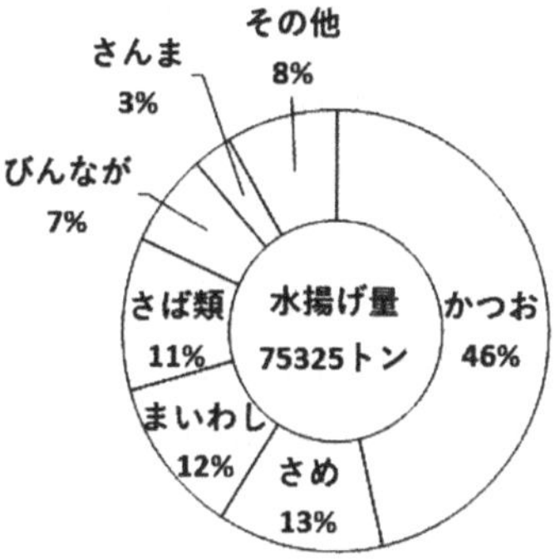

（３）

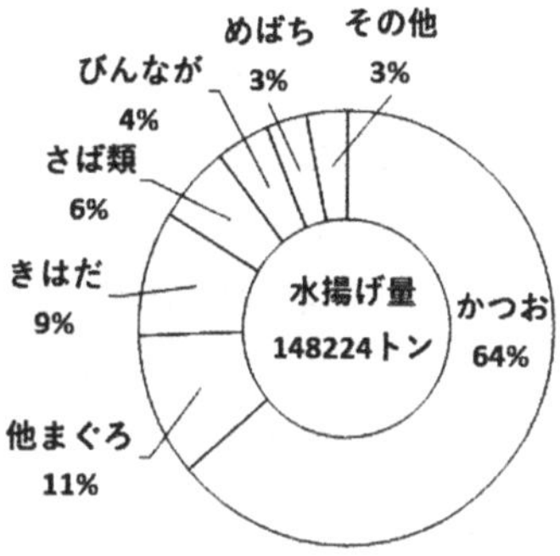

（水産庁2021年水産物流通調査より作成）

（あ）　（１）……**エ**港　（２）……**イ**港　（３）……**ア**港
（い）　（１）……**エ**港　（２）……**ア**港　（３）……**イ**港
（う）　（１）……**イ**港　（２）……**ア**港　（３）……**エ**港
（え）　（１）……**イ**港　（２）……**エ**港　（３）……**ア**港

問７　次の（１）～（３）のグラフは，【図１】の**A～Z**の府県が上位を占める2022年の果物の収穫量をあらわしたものである。（１）～（３）にあてはまる果物の組み合わせとして，正しいものを（あ）～（え）から一つ選び，記号で答えなさい。

（１）

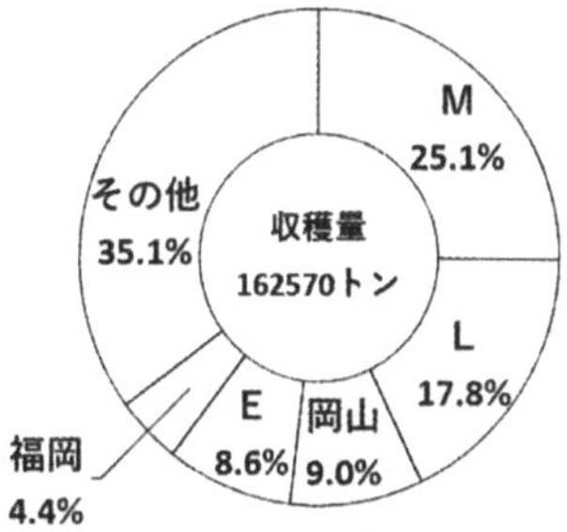

（２）

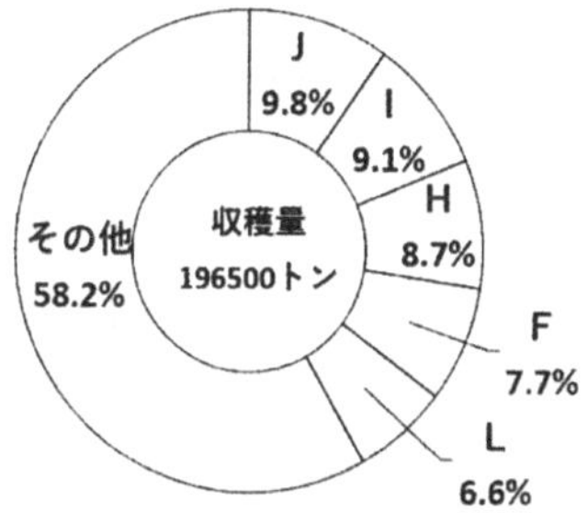

（３）

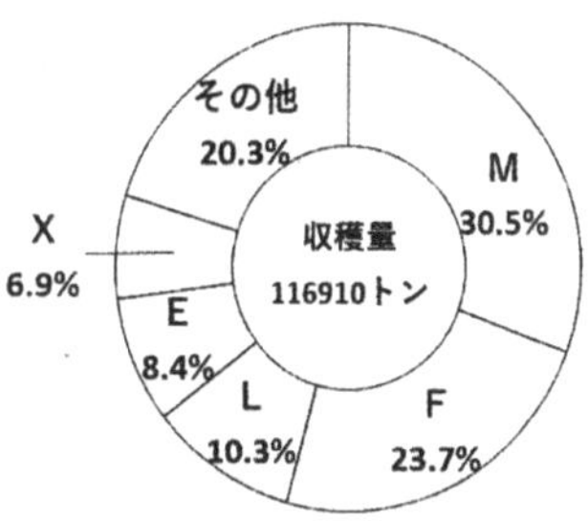

（農林水産省資料より作成）

（あ）　（１）……もも　（２）……日本なし　（３）……ぶどう
（い）　（１）……もも　（２）……西洋なし　（３）……ぶどう
（う）　（１）……ぶどう　（２）……日本なし　（３）……もも
（え）　（１）……ぶどう　（２）……西洋なし　（３）……もも

問8　中部地方の農業についての説明として正しいものを(あ)～(え)から一つ選び，記号で答えなさい。

(あ)　Lの県の野辺山では，涼しい気候をいかして抑制栽培を行い，ほかの産地の出荷量が少なくなる冬の時期を中心に，高原野菜を出荷している。

(い)　Nの県の牧ノ原などのシラス台地では，水はけがよく日当たりが良いため，茶の栽培が盛んで，茶の生産量は日本全国で1位である。

(う)　Oの県の平野部では，用水路の発達や，冬の積雪によって地中の温度や湿度が保たれていることから，水田の裏作として，チューリップの球根が栽培されている。

(え)　Qの県の渥美半島では，菊の栽培で，温室の中で電灯を照らして光を当て，日照時間を延ばすことで成長をおさえる促成栽培が行われている。

問9　中部地方の工業について説明した(１)～(３)の文にあてはまる府県を，【図１】のA～Zからそれぞれ選び，記号で答えなさい。

(１)　川の上流から運ばれた木材を加工する技術をいかし，楽器生産が盛んである。また，山のふもとの豊かな水や広い土地を利用した製紙・パルプ工業も盛んである。

(２)　地場産業である銅器の製造技術や，豊富な雪解け水，安定した電力をいかして，アルミサッシやドアの生産が盛んである。

(３)　1920年代から製糸業が衰退し，戦時中は空襲を避けるためにその跡地に大都市から多くの機械工場が移転した。それらの工場の技術と，この地域のきれいな水や空気が部品の洗浄に適しているため，時計やレンズを生産する精密機械工業が盛んである。

問10　次の4つの伝統工芸品のなまえと，その生産地である【図１】のA～Zの府県の組み合わせとして正しいものを(あ)～(え)から一つ選び，記号で答えなさい。

(あ)	南部鉄器……B	小千谷縮……K	輪島塗……R	西陣織……V
(い)	南部鉄器……B	小千谷縮……O	輪島塗……S	西陣織……Y
(う)	南部鉄器……E	小千谷縮……K	輪島塗……R	西陣織……V
(え)	南部鉄器……E	小千谷縮……O	輪島塗……S	西陣織……Y

問11　次の祭りのなまえと，それが開催されている【図１】のA～Zの府県の組み合わせとして正しいものを(あ)～(え)から一つ選び，記号で答えなさい。

(あ)	ねぶた祭……A	七夕まつり……C	竿灯まつり……D	天神祭……V
(い)	ねぶた祭……A	七夕まつり……D	竿灯まつり……C	天神祭……Y
(う)	ねぶた祭……C	七夕まつり……A	竿灯まつり……D	祇園祭……V
(え)	ねぶた祭……C	七夕まつり……D	竿灯まつり……A	祇園祭……Y

問12　「いのち輝く未来社会のデザイン」をテーマとし，SDGsの達成への貢献を目指して，2025年に「日本国際博覧会」の開催が予定されている府県を【図１】のA～Zから一つ選び，記号で答えなさい。

問13　【図２】は【図１】のM県の地形図である。これをみて，あとの問いに答えなさい。

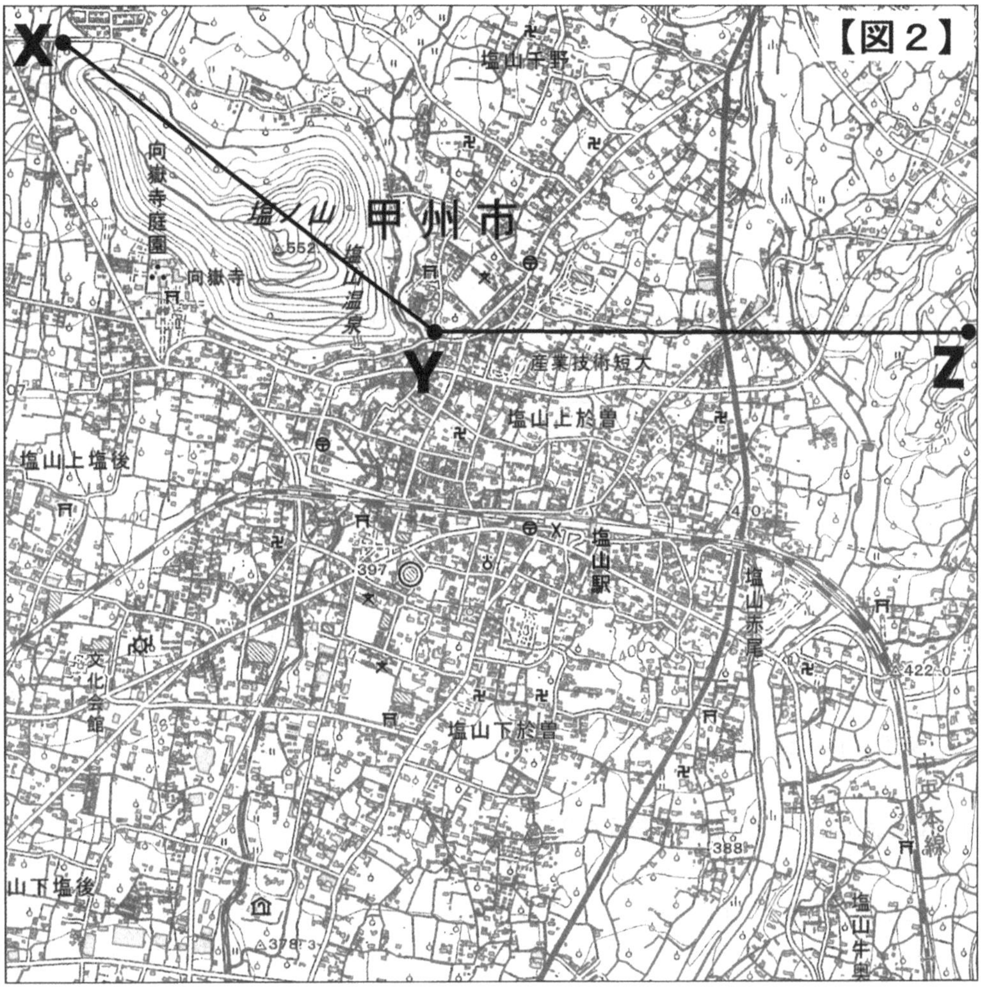

(国土地理院 地形図より作成)

（１）　この地形図から読み取れる内容として，正しいものを(あ)～(え)から一つ選び，記号で答えなさい。

（あ）　産業技術短大の北東には，神社や小・中学校や郵便局がある。

（い）　中央本線で塩山駅から東に向かって出発すると，山の斜面に広がる果樹園が見えてくる。

（う）　文化会館の隣りにある変電所からすぐ南の道を通って，塩山駅に向かうと，左手に市役所がみえてくる。

（え）　塩ノ山のふもとにある向嶽寺には記念碑があり，その西には温泉がある。

（２）【図２】の線**X－Y－Z**の断面図として正しいものを(あ)～(え)から一つ選び，記号で答えなさい。

(あ)

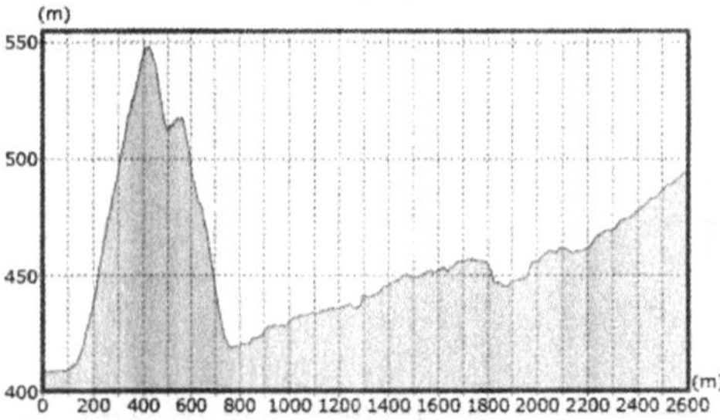

(い)

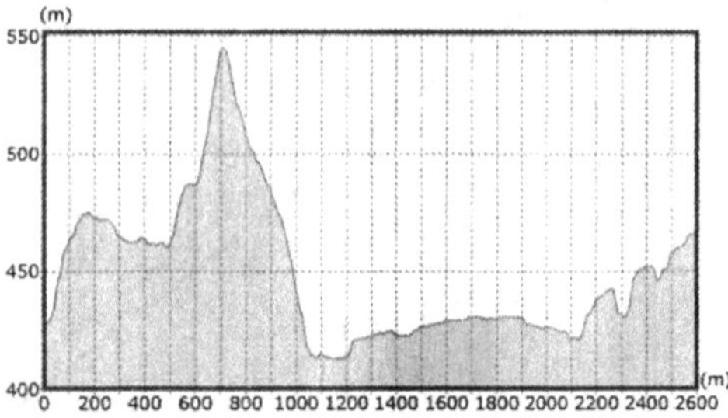

(う)

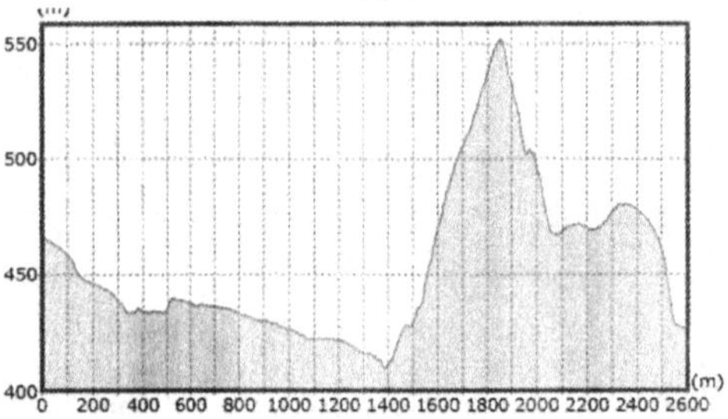

(え)

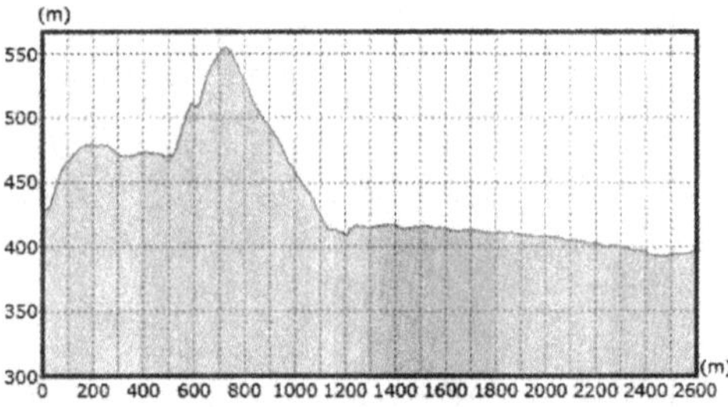

（３）塩山駅から老人ホームまでの直線距離をはかると，8.5cmだった。この直線距離を実際の距離にすると何mか答えなさい。

2　次の文を読んで，あとの問いに答えなさい。

私たちが通う学校は，どのように成立したのだろうか。歴史をさかのぼると，①日本では文字，学問，制度を中国から取り入れたように，学校も中国から導入された。中国の法律を参考にして701年にさだめられた大宝②律令は，役人を養成する教育機関（大学寮《だいがくりょう》）の設置をさだめた。これが，確認できる最古の学校といわれる。しかし，平安時代の中ごろからの戦乱などで，学校制度は衰退した。一方で，③藤原氏など有力貴族たちは，一門のための学問所をつくった。また，身分の低い者が入学できる私立学校もつくられ，④空海は828年に綜芸種智院《しゅげいしゅちいん》を開いた。

⑤鎌倉時代には，金沢文庫が現在の神奈川県につくられた。また室町時代には，現在の栃木県に日本で初めて「学校」をつけた施設である（　1　）学校が再興された。（　1　）学校では禅宗の僧侶が易学・中国の古典・兵法などを教えた。戦国時代には，日本にきた外国人が，キリスト教の聖職者の育成のためにコレジオや⑥セミナリオを設置し，神学・哲学・天文学・数学・医学などを教えた。

江戸時代になると，教養も求められた武士は，朱子学を中心とした儒学を湯島聖堂や藩校などで学んだ。一方，⑦産業が発達して流通や商業が盛んになると，町人も教育が必要と考えるようになり，町人の子どもたちが「読み・書き・そろばん」を学ぶ場所として（　2　）が町中につくられた。江戸時代後半には，郷校や⑧学者が自宅などで自分の学問を伝えるために開いた私塾が発達した。

明治維新後，政府は欧米を手本に学校制度を整備した。1871年に文部省を設置し，翌年には学制をさだめて，⑨すべての子どもが学校教育をうけることができるようにした。その後，政府は次第に教育内容を統制して道徳教育を重視するようになり，1890年には⑩『教育勅語』がだされた。

⑪大正デモクラシーの時期には，それまでの一斉授業や軍国主義的な教育が批判され，児童の個性を尊重する教育に変えるべきとする教育運動が起こり，現在までつづく私立学校もつくられた。

しかし戦争が始まると，学校は国の戦時体制に組み込まれ，1941年4月に小学校は「国民学校」と名前を変えた。同年12月にアジア太平洋戦争が始まると，⑫長期化する戦争は，学生や生徒・児童を巻き込んだ。1945年4月からは，国民学校初等科(6年生まで)以外に授業はなくなった。

1945年に日本が敗戦して，占領が始まると，連合国軍総司令部(GHQ)は，戦前の教育政策が日本を軍国主義に導いたと考え，平和や民主主義をめざす学校教育に転換するよう指令をだした。また⑬新しい選挙制度で選ばれた国会で，1946年に戦争を放棄して民主主義をめざす憲法が制定された。さらに1947年3月に教育基本法と学校教育法が制定され，現在の「6・3・3・4制」の学校制度がつくられた。これによって『教育勅語』にもとづく修身は廃止され，神話から始まる歴史や地理の内容も大きく見直され，実際の生活を理解して，その発展に力をつくす態度や能力を育てることを任務とする(　3　)科が，新制の小学校・中学校・高等学校の新しい教科として設置された。

1950年に始まった⑭朝鮮戦争や東アジアでの冷戦の激化は，日本政府の政策に影響をあたえた。国は教育の中身には干渉しないという方針は次第に軽視された。住民の選挙で選ばれていた教育委員は，1956年には地方自治体の首長が選ぶ任命制になり，学習指導要領や教科書検定の内容に，その時の政権政党の方針を反映させる事態も起きた。⑮2006年には教育基本法が改定され，「国を愛する心」を重要な教育理念とするものとなっている。

問1　(　1　)～(　3　)にあてはまることばを，漢字で答えなさい。

問2　下線①について，このために日本から小野妹子が公式使節として派遣されたが，この時の中国の王朝名を漢字1文字で答えなさい。

問3　下線②について，律令制度の説明でまちがっているものを，(あ)～(え)から一つ選び，記号で答えなさい。

(あ)　調と呼ばれる地方の特産物を納める税の仕組みが整えられた。

(い)　6歳以上の男子に口分田を分け与えて，その年の収穫量に応じて租を納めさせた。

(う)　成年男子には，都で一定期間の労役につとめるか，布を納める庸が課された。

(え)　成年男子には，都の防衛や防人を務める兵役の義務もあった。

問4　下線③について，宇治の平等院などに見られる，この頃の貴族の邸宅の様式を，漢字で答えなさい。

問5　下線④の人物が日本に広めた仏教の名称を，漢字で答えなさい。

問6　下線⑤について，この時代につくられたものを(あ)～(え)から一つ選び，記号で答えなさい。

(あ)　武家諸法度　　(い)　御成敗式目　　(う)　分国法　　(え)　墾田永年私財法

問7　線⑥で学んだ伊東マンショや千々石ミゲルら4人の少年が選ばれた天正少年使節が目指したヨーロッパの都市を(あ)～(え)から一つ選び，記号で答えなさい。

(あ)　ローマ　　(い)　パリ　　(う)　ロンドン　　(え)　ウィーン

問8　下線⑦について，江戸時代のお金や品物の流通を説明したものとしてまちがっているものを(あ)～(え)から一つ選び，記号で答えなさい。

(あ)　石見や佐渡などで鉱山の開発が進み，幕府は江戸に設けた金座・銀座などで，金貨・銀貨などをつくって全国に流通させた。

(い)　年貢米は幕府や藩の財政を支える重要な商品として，江戸や大坂に海路や水上輸送を利用して輸送された。

(う)　綿・菜種・藍《あい》などの栽培が各地に広まり，養蚕や織物業が盛んになると，輸送のために街道がにぎわった。

(え)　商売が盛んになり通貨が不足すると，幕府は中国や朝鮮から，現地の通貨である宋銭や明銭を輸入して日本国内で使用した。

問９　下線⑧について，大坂で適塾《てきじゅく》(適々斎塾)を開いた人物を(あ)～(え)から一つ選び，記号で答えなさい。

(あ)　伊藤仁斎《いとうじんさい》　　(い)　広瀬淡窓《ひろせたんそう》　　(う)　緒方洪庵《おがたこうあん》　　(え)　吉田松陰《よしだしょういん》

問10　下線⑨について，明治政府が当時の国民(臣民)に課した「三大義務」は「教育」と「納税」の他にどのようなものがあったか，漢字2文字で答えなさい。

問11　下線⑩の内容としてまちがっているものを(あ)～(え)から一つ選び，記号で答えなさい。

(あ)　天皇の祖先は道徳にもとづく国家を理想として日本を建国した。

(い)　父母に孝行をつくし，兄弟・姉妹・夫婦・友人はお互い仲良くすることとされた。

(う)　戦争になったら天皇のために命をささげ，天皇に「忠義」をつくすこととされた。

(え)　人権や平等の大切さが強調され，国民の基本的人権を保障することとされた。

問12　下線⑪について，大正時代のできごととしてまちがっているものを(あ)～(え)から一つ選び，記号で答えなさい。

(あ)　市川房枝たちが，女性の社会進出と地位の向上を目指して新婦大協会を設立した。

(い)　全国水平社の創立大会が開かれ，人間を差別する言動を許さないことを決議した。

(う)　人々の民主主義への意識が高まる中で，政府は治安維持法を制定した。

(え)　天皇の暗殺を計画したとして，幸徳秋水ら社会主義者が死刑となった。

問13　下線⑫について，次の【語群】と，その【説明】の組み合せとして正しいものを(あ)～(え)から一つ選び，記号で答えなさい。

【語群】　(１)　学徒出陣　　(２)　学徒勤労動員　　(３)　学童疎開

【説明】　(A)　国民学校高等科(いまの中学校)以上の生徒が，工場に働きにでた。

(B)　国民学校の3年生から6年生の児童が，大都市から地方へ避難させられた。

(C)　大学生や専門学校の学生が，兵隊として動員され戦地に送られた。

(あ)　(１)…… (A)　　(２)…… (C)　　(３)…… (B)

(い)　(１)…… (C)　　(２)…… (A)　　(３)…… (B)

(う)　(１)…… (A)　　(２)…… (B)　　(３)…… (C)

(え)　(１)…… (C)　　(２)…… (B)　　(３)…… (A)

問14　下線⑬について，「新しい選挙制度」の内容を戦前や戦中と比べて説明しなさい。

問15　下線⑭について，次の説明の中でまちがっているものを(あ)～(え)から一つ選び，記号で答えなさい。

(あ)　第2次世界大戦後，アメリカとソ連が38度線を境界にして占領したため，朝鮮戦争前から朝鮮半島は南北に分断されていた。

(い)　1953年に板門店で，大韓民国(韓国)と朝鮮民主主義人民共和国(北朝鮮)の間で講和条約が結ばれた。

（う）　ソ連に支持された北朝鮮が韓国に攻め込んで朝鮮戦争が始まり，アメリカや中国も介入して大規模な戦争に発展した。

（え）　敗戦によって落ち込んでいた日本の経済は，アメリカ軍への物資やサービスの供給が増えて活気づき，これは「朝鮮特需」と呼ばれた。

問16　下線⑮について，この時の内閣総理大臣を（あ）～（え）から一つ選び，記号で答えなさい。

（あ）　小泉純一郎　　（い）　安倍晋三　　（う）　菅義偉　　（え）　岸田文雄

3　次の「法政大学ダイバーシティ宣言」を読み，あとの問いに答えなさい。

ダイバーシティの実現とは，社会の価値観が多様であることを認識し，自由な市民が有するそれぞれの価値観を個性として尊重することです。

①人権の尊重はその第一歩です。②性別，年齢，国籍，民族，人種，文化，宗教，障がい，性的少数者であることなどを理由とする差別がないことはもとより，これらの相違を個性として尊重することです。そして，これらの相違を多様性として受容し，互いの立場や生き方，感じ方，考え方に耳を傾け，理解を深め合うことです。少数者であるという理由だけで排斥《はいせき》あるいは差別されることなく，個性ある市民がそれぞれの望む③幸福を追求する機会が保障され，誰もがいきいきと生活できる社会を実現することです。

社会とともにある大学は，創造的で革新的な次世代を社会に送り出す教育組織として，また，④社会の様々な課題の解決に寄与する研究組織として，ダイバーシティを推進する役割を担っています。多様な価値観を有する⑤市民が助け合い，互いの望む幸福を実現できる社会の構築に向けて，貢献する役割を担っています。そのためには，多様な背景をもつ学生・教職員が，安心して創造的に，学び，⑥働き，それぞれの個性を伸ばせる場である必要があります。

法政大学は，「自由と進歩」を校風とし，「自由を生き抜く実践知」の獲得を社会に約束しています。⑦自由は特定の人間だけでなく，社会の成員すべてに保障されるべきものです。本学は，人権の尊重，⑧多様性の受容，機会の保障を基盤にして，さまざまな国籍と文化的背景を持つ学生，教職員を積極的に受け容れ，自由を生き抜く実践知を世界に拡げていくことができるよう，教育と研究を充実させていきます。

法政大学は，ダイバーシティの実現に向けて積極的に取り組んでいきます。

問１　下線①について，次の問題に答えなさい。

（１）　次の日本国憲法第11条の（　A　）と（　B　）にあてはまることばを答えなさい。

国民は，すべての基本的人権の享有を妨げられない。この憲法が国民に保障する基本的人権は，（　A　）ことのできない（　B　）として，現在及び将来の国民に与へられる。

(2) 次の文の(C)~(E)にあてはまることばを(あ)~(か)からそれぞれ選び,記号で答えなさい。

(C) 事件の場合,警察官は,犯罪の疑いがある被疑者を逮捕するが,現行犯でなければ(D)が発行する逮捕状が必要になる。取り調べや裁判の際には,自分が不利になる供述を強要されない黙秘権が認められている。また,弁護人を依頼する権利も保障されており,もし自分で弁護人をつけることができない場合は,国で弁護人をつけることが保障されている。取り調べの中で犯人だという確証が得られると被疑者は起訴され(E)として(C)裁判を受けることになる。

(あ) 被告　(い) 刑事　(う) 裁判所　(え) 検察庁
(お) 民事　(か) 被告人

(3) こどもを一人の人間として尊重して,その人権を守るため,1989年に国連総会で採択された条約は何か,答えなさい。

(4) 2023年4月に発足したこどもに関する政策を担当する総理大臣直属の機関を何というか,答えなさい。

(5) 他人の人権との衝突を調整する原理を日本国憲法で何というか,5文字で答えなさい。

問2 下線②について,次の問題に答えなさい。

(1) 世界経済フォーラムが発表している「ジェンダーギャップ指数」では,日本の数字が政治分野で特に低い傾向にあるがその理由を具体的に答えなさい。

(2) 様々な差別により不利益を被る人種や女性らを一定の範囲で優遇することで格差を是正するための取り組みのことをなんというか,**カタカナ**で答えなさい。

問3 下線③について,日本国憲法第13条が定める幸福追求権などを根拠とする「新しい人権」を一つ答えなさい。

問4 下線④について,2023年時点の世界の人口の動向としてまちがっているものを(あ)~(え)から一つ選び,記号で答えなさい。

(あ) 世界の総人口は80億人を超えた。
(い) 中国の人口は,インドを抜いて,世界一となった。
(う) 日本の人口は,10年以上減少を続けている。
(え) G7の国々では高齢化が進んでいる。

問5 下線⑤について,「市民」という言葉は,政治に参加する人を意味することもある。私たちが政治に参加する代表的な機会である選挙の説明としてまちがっているものを(あ)~(え)から一つ選び,記号で答えなさい。

(あ) 衆議院議員の被選挙権は25歳以上である。
(い) 日本では,18歳で選挙権を得る。
(う) 参議院議員の被選挙権は30歳以上である。
(え) 参議院議員は,6年ごとに半数の改選が行われる。

問6 下線⑥について,労働時間を1日8時間,1週40時間と定めている法律は何か,漢字で答えなさい。

問7　下線⑦について，国際連合の関連機関であるWTOの活動内容として正しいものを(あ)～(え)から一つ選び，記号で答えなさい。

(あ)　2023年4月4日，EUが提出し，日本も共同提案国となって北朝鮮人権決議を採択した。

(い)　日本政府の資金協力により，ドミニカ共和国における予防接種を促進させるため，ワクチンを安全に運ぶためのコールドチェーンの整備の支援を行っている。

(う)　ウクライナと近隣諸国の事務所を通じて，またパートナーと協力して，ロシア連邦のウクライナ侵攻によって引き起こされた健康上の緊急事態に対応している。

(え)　2014年8月7日，中国のレアアース輸出規制は協定違反と訴えていた日本と米国，EUの主張を認めた。

問8　下線⑧について，「ジェンダーレストイレ」とはどのようなもので，なぜ必要とされているのか説明しなさい。

会いに来る勇気があるから。

問九　傍線部⑦「決してゼロではないのだと強く感じた」とは、どのようなことを述べているのか。八十字以上百字以内でわかりやすく説明しなさい。ただし、以下の条件にしたがって記述すること。

【条件】

1、傍線部③「いいことも、嫌なこともなく、ただ真っ平らに、平穏に、この先の人生を進んでいきたい」と考えていたのが、本文の終わりでは傍線部⑦「決してゼロではないのだと強く感じた」のように「わたし」の考えが変化している。この変化した理由を踏まえながら説明すること。

2、段落は作らずに一マス目からつめて書くこと。ただし、句読点・記号等も字数に含むものとする。

下書き用（必要に応じて使用すること）

ア、一番仲良しであるみずほが自分に投票してくれなかったことに腹がたち、でもお互いその話題を避け、わざとはしゃいでいる雰囲気を嫌だと感じている。

イ、仲良しだからという理由で投票するのはズルだと思い、みずほではなく黒木さんに投票したが、それをみずほが気にしていることを気まずく感じている。

ウ、自分に一票も入らなかったことに傷ついていて、それはみずほも同じだったが、お互い投票のことには触れずにはしゃぎ合うのが息苦しいと感じている。

エ、お互いに投票しなかったことを気まずく思いながら、それを話題にすることを避け、ことさらに明るく振る舞おうとしつつも、わだかまりを感じている。

問五 空欄 X に入る適切な表現を本文中より五字以上十字以内で抜き出しなさい。ただし、句読点・記号等も字数に含むものとする。

問六 傍線部④「こちらとしては、別に夕べにひきつづき無視したってかまわないのだけれど」とあるが、そのきっかけがわかる一文を本文中より抜き出し、そのはじめの三字を答えなさい。ただし、句読点・記号等も字数に含むものとする。

問七 傍線部⑤「わたしたちっていいなと思ったの」とあるが、それはなぜか。その説明として最も適切なものを次から選び、記号で答えなさい。

ア、自分たち二人の世界、それ以外にもクラス内にたくさん存在する世界を、分けへだてなく等価であると認めて、他の世界の子もいいと思って投票できるから。

イ、自分たち二人だけの世界に閉じこもって、一番仲良しだからとお互いに投票するのではなく、自分たち以外のクラスメイトのことも評価して投票できるから。

ウ、わたしたちの世界とわたしたち以外の世界と、世界を大きく二つに分けて考えているが、自分たち以外の世界の子たちのこともいいと認めて投票できるから。

エ、仲良しだからという理由で投票はしないと事前に相談したわけではないが、この子がふさわしいと思えれば、自分たち以外のクラスメイトに投票できるから。

問八 傍線部⑥「わたしはみずほをすごい奴だと思った」とあるが、それはなぜか。その説明として最も適切なものを次から選び、記号で答えなさい。

ア、二年生になって仲良くなれる子がいるかお互い不安だった頃、アンナが水筒を笑わなかったことを、嬉しかったと素直に口にできる勇気があるから。

イ、嫌いな子に愛想笑いはしないが、好きな子のためなら熱いみずほは、投票から一週間が過ぎても思い悩んでいるアンナに会いに来る勇気があるから。

ウ、お互いに投票しなかったことが気まずく、そのことに触れないのが息苦しかったが、みずほは二人の間の見えない壁を壊そうとする勇気があるから。

エ、お腹を冷やすと具合が悪くなってしまうのに、十一月の寒い冬の朝、投票から一週間が過ぎても思い悩んでいるアンナに

みずほと一緒に朝ご飯を食べると言ったら、お母さんは、みずほに椅子をすすめるのも忘れてしゃべりはじめた。（中略）

わたしは、夕べお兄ちゃんが言っていたことを、そーっと思い出していた。

プラネタリウムでは、新しい星を発見することができない。

そうだ、わたしは、やっぱり本物の空も見上げたいと思った。

手に届くバルーンの月もいいけれど、本物の月を見られないのは物足りなかった。

いいことも、悪いこともないのがいいなんて、それは本当の世界ではないような気がした。

今朝の通学路は、特別に美しい道のように映った。太陽の光が地球に届くまでには八分かかるとお兄ちゃんが言っていた。八分前の太陽が、わたしとみずほに降りそそぐ。小鳥たちが公園の木の上で鳴いている。お母さんが好きなヤツデの白い花は、秋の花火のようだった。

わたしの隣にはみずほがいる。わたしたちは、共に十四歳だった。それは、四十六億歳という地球の年齢《ねんれい》に比べれば「一瞬」より短いけれど、でも、でも、⑦決してゼロではないのだと強く感じた。

（益田ミリ『アンナの土星』より）

問一　空欄 a に入る言葉として最も適切なものを次から選び、記号で答えなさい。

ア、反論　　イ、八つ当たり

ウ、足踏み　　エ、泣き寝入り

問二　波線部b「不覚にも」の本文中での意味として最も適切なものを次から選び、記号で答えなさい。

ア、油断をしていたために、失敗してしまった

イ、そんなつもりはなかったのに、そうなった

ウ、なぜそうなったのかを、よく覚えていない

エ、そんなことになって、不本意で恥ずかしい

問三　傍線部①「意外に傷ついていた」とあるが、「わたし」（アンナ）がそう感じた理由の説明として最も適切なものを次から選び、記号で答えなさい。

ア、自分がクラスを代表するのにふさわしい人間でないことはわかっているが、心のどこかでは自分に投票する人がクラスに一人くらいはいるだろうと思っていたから。

イ、ゼロ票であったことに対して、「そりゃあ、そうだろう」と自分自身に言い聞かせてはいるが、みずほや周りから自分が過小評価されているように感じ、自尊心が傷ついたから。

ウ、花束贈呈係には自分よりも黒木さんの方がふさわしいことは理解しているが、開票結果から自分の存在がこのクラスの中では必要とされていないのではないかと感じたから。

エ、予想はしていたものの、自分に誰も投票しなかったという現実に少なからずショックを受け、そしてそれはみずほも自分には投票をしてくれなかったということを意味するから。

問四　傍線部②「わたしとみずほとの間には、見えない壁が立ちはだかっていた」とあるが、「わたし」はそれについてどのようにとらえているか。その説明として最も適切なものを次から選び、記号で答えなさい。

くさんある。ドジなみずほ。

「そうだ。本当に、わたしもそう思う」

わたしは言った。

「それにね」

みずほは顔をあげて言った。

「うん」

「わたしたち、自分には投票しなかったことだけは、みんなの前で発表できたって思わない？」

ああ、なるほど、そうとも言える。わたしは、みずほのセリフに、思わず噴《ふ》き出してしまった。

「うん、うん、そうだと思う」

二年生の今のクラスになったとき、わたしはちょっと焦っていた。知っている子は何人かいたのだけれど、どの子も、一緒にいたいと思えるほどじゃなかったから。

でも、わたしとみずほは、自然に、とても早く仲良くなれた。出席番号がつづいていたのがしゃべるきっかけになったのではあるのだけれど、うんと名字が離れていても、きっと、わたしたちは仲良くなっていた。

「あのとき、嬉しかったんだ」

みずほが言った。

「なに？」

「二年の始業式の日。わたしの水筒《すいとう》見て、アンナ、笑わなかったから」

みずほは、冷たい飲み物が飲めない。飲み物だけでなく、アイスクリームも食べられない。お腹を冷やすと、具合が悪くなってしまうからだ。だから、夏でもステンレスの小さな水筒に温かい飲み物を入れている。そのステンレスの水筒のことを言っているのだ。

「最初は、みんな笑うんだよ、おばさんぽいって。でも、アンナ、おいしそうって言ってくれた」

「だって、おいしそうだったんだもん」

みずほは、こんなふうに会いに来てくれた。⑥わたしはみずほをすごい奴《やつ》だと思った。これは、とても、勇気のいることなのだから。

みずほは、嫌いな子に愛想笑いはしないけれど、そのぶん、好きな子のためなら、いつも熱い。みずほと同じ陸上部の桂さんが足を骨折して入院したとき、みずほは、一日も欠かさずお見舞《みま》いに通っていた。わたしは、そのとき、ずーっとふたりに焼きもちをやいていた。桂さんが少し憎らしかった。みずほに比べれば、わたしなど、うんと心が狭い。

十一月の朝は、もう冬の国のものだった。足下から冷たい空気がはいあがってきて、膝の裏あたりをぞくっとさせる。こんなところに長くいたら、みずほはお腹を冷やしてしまう。

「ね、みずほ、朝ご飯食べた？」

「ううん」

「じゃ、うちで食べようよ、ね、入って」

「でも、いいの？」

「いいの、いいの。お父さんもお兄ちゃんももう出かけたし、お母さんしかいないから気つかわなくていいの。それにさ、夕べお母さんとケンカしたから、みずほがいてくれると実は助かるんだけど」

「じゃあ、お言葉に甘えて……」

冷蔵庫のオレンジジュースをコップに入れ、ソファに座る。どんよりとした気持ち。

みずほの性格に問題があるわけじゃないんだ、と思った。

でも、票を入れるには、みずほは適していない。

みずほは、気さくで、人なつっこいけれど、どこかふざけたところがあるし、約束しても、いつも寝坊して時間に遅《おく》れてくる。花束贈呈の日にも、きっと遅刻《ちこく》するに決まっている。どう考えたって、あの役目は、みずほにふさわしくない。真剣に考えて、わたしは黒木さんに投票したのだ。

そして、思う。

わたしだってふさわしくない。わたしは、みんなの前で意見を言ったりするのが苦手だし、緊張すると耳が真っ赤になる。小学校の卒業式では、校長先生から卒業証書を手渡されるときに、手が震えて受け取るのに一苦労だった。花束なんか、渡せないに決まっている。みずほだって、そういうわたしの性格をよく知っているのだ。

キッチンから、お母さんの声がした。

「ご飯、できたわよ」

テーブルには、おにぎりと味噌汁《みそしる》とスクランブルエッグとフルーツサラダ。和風なのか洋風なのかよくわからない組み合わせである。お母さんの作る料理は、ちょっと雑で、結局のところセンスというものがないのだけれど、それでも、

しっかり食べればいいのよ！

というエネルギー（正体不明の）を受け取ることはできる。

「ねえ、アン」

お母さんが、不思議そうな顔をして窓の外を見ている。

「またお向かいの洗濯物《せんたくもの》？　お母さん、あんまりジロジロ見るの、よくないよ」

「ううん、そうじゃなくて。家の前にいるの、あれ、アンのお友達じゃないかしら」

慌てて見てみると、それはまぎれもない制服姿のみずほだった。わたしは階段を駆《か》け降り、パジャマのまんま外に飛び出した。

「みずほ」

「来ちゃった」

「うん」

「そのパジャマ、かわいい」

「あ、これ？　ずっと着てるから、ほら膝《ひざ》のとこボロボロになってきてる」

「でも、かわいい」

「いつ来てくれてたの？」

「ついさっき」

「ごめん、気づかなくて」

「あのね、アンナ。⑤わたしたちっていいなと思ったの」

うつむいているから、みずほの表情がよく見えなかった。みずほは言った。

「だって、わたしたち、わたしたち以外の世界の子たちも、いいって思えるんだから」

投票のこと。そうだなと思った。

制服のスカートから見えているみずほの膝こぞうには、擦《す》り傷がた

いんだ。悪魔がいるのなら、そう取り引きしたっていい。今、ここで。すぐに。そんなことを考えていた。

嫌な出来事は、楽しい出来事より長引くのはどうしてなんだろう？　どんなに楽しいことがあっても、たったひとつの嫌なことのほうが、いつだって重たい。

ノックの音がした。

「アン、まだ起きてるか？」

「うん」

ドアを開けると、お兄ちゃんが、月とともに立っていた。ヘリウムガスで浮く、さっきのバルーンの月と。

「アン、この月、暗がりの中では発光するんだよ。やってみるかい？」

「うん」

お兄ちゃんに［ a ］する気にはなれなかった。お兄ちゃんは、我が家の星の王子さまなのである。

ドアを閉めて部屋の電気を消すと、月がかすかに発光した。

「あ、本当、光ってる」

「おもちゃにしては、ちょっといいだろう？」

わたしの部屋に月がぽっこりと浮かんだ。手を伸ばせば簡単に届く月。暗闇《くらやみ》の中でも、お兄ちゃんの得意げな顔が見えるようだった。

「ねえ、お兄ちゃん。こういうのがあるなら、もう本当の月なんか観察しなくてもいいんじゃない？　これなら、いつだって満月だし。それに、この前、学校の授業で行ったプラネタリウムなんか、本物以上にきれいな星空だったもん。これから寒い季節に外で観測するより、プラネタリウムで勉強したほうがよっぽどいいよ」

「アン、電気つけるよ」

白々とした蛍光灯が目にまぶしかった。電気の下で見るお兄ちゃんの顔が、とても懐かしいもののように思え、b不覚にもわたしは泣きそうになってしまった。

「なぁ、アン。俺だってプラネタリウムは好きだし、今でも時間があれば行くんだよ。アンが言うとおり、東京の明るい空では見られない星が、プラネタリウムでは見られるからね」

そしてお兄ちゃんは、大きく息を吸った。

「だけど、アン。プラネタリウムと本物の夜空とでは、決定的に違うことがあるんだ。なんだと思う？」

「なに？」

「［ X ］できないんだよ」

お兄ちゃんは、わたしの部屋に月を残し、自分の部屋に戻って行った。一晩貸してくれるとのこと。ありがたく申し出を受け入れ、わたしは、わたしだけの月の下で目を閉じた。今夜は、みずほからのメールは一回だけだった。わたしのメールと同じで、やけにテンションが高くて長いメール。たぶんお互いに無理をしている。

次の朝、二階に降りて行くと、お母さんは、コマーシャルソングを口ずさみながらおにぎりを作っていた。

「あら、おはよう」

昨日のことは昨日のこと、というお母さんの主張を感じる。④こちらとしては、別に夕べにひきつづき無視したってかまわないのだけれど、取りあえず「おはよう」と言っておいた。

わたしが入れた黒木さんが、九票でトップだった。二位の矢野君は六票。あとは、二票とか、一票とか横並び。そして、一票も入っていない子がクラスに十四人。

十四人。

その中に、わたしが入っていた。

わたしは、自分に一票も入らなかったということに、①意外に傷ついていた。

別に、自分がクラスを代表するのにふさわしい人間と思っていたわけではない。

ゼロ票。そりゃあ、そうだろう、とも思う。なのに、確かに、傷ついたのだ。誰にも選ばれなかったという事実に。

その日の放課後、わたしは黒木さんに、

「おめでとう！」

と笑顔で言った。ひがんでいると思われるのは嫌だったから。九票を獲得した黒木さんは、いつものようにやさしく微笑《ほほえ》んで、「ありがとう」と言った。

だけど、いくらやさしく微笑んでくれたって、黒木さんがわたしの名前を書いてくれていなかったことは揺るぎない事実なのだ。わたしは黒木さんのことを、ちょっとイヤな奴だと思った。

いや、そんなことより、みずほである。

みずほは、わたしに投票してくれなかった。一番仲良しなのに。そう思うと腹がたってくる。

しかし……。

わたしが投票したのは黒木さんで、みずほではないのだ。みずほもまた、わたしと同じで一票も名前が出なかった子のひとりなのである。仲良しだから、という理由で投票はできない。

わたしは、投票する前に思ったのだ。だって、そんなの、ズルだから。

投票から一週間が過ぎた今でも、②わたしとみずほとの間には、見えない壁《かべ》が立ちはだかっていた。それは、さっきお兄ちゃんが語っていた、察知できない、宇宙の暗黒エネルギーのようだった。

考えれば考えるほど、なにもかもが嫌になってくる。

ＰＴＡのプリントを渡しそびれていたのを、わざとみたいに言ったお母さん。投票してくれなかったみずほ。そして、こんなことで傷ついている、自分自身のこと。

明日も学校で、みずほと、わざとはしゃいだりする雰囲気が嫌だった。互いに、投票のことには一切触れないのが、かえって息苦しかった。

きっと、みずほも、わたしと同じ気持ちでいるに違いない。わたしが投票しなかったのを気にしていて、そして、わたしに投票しなかったことを、気まずく思っている。

布団に入ってから、わたしは思った。真剣に。

これからの人生に、いいことなんか、なにひとつなくてもいい。そのかわり、嫌なことを、なにひとつわたしに与えないと約束して欲しい、と。そのほうが、きっときっと幸せなような気がするから。③いいことも、嫌なこともなく、ただ真っ平らに、平穏《へいおん》に、この先の人生を進んでいきたい。泣かないで済むなら、もう、二度と笑わなくてい

で説明しなさい。ただし、以下の条件にしたがって記述すること。

【条件】

1、これまでの自分の経験やニュースなどで見聞きしたことなどの具体例を用いて、言動がどのように変化するのかを説明すること。

2、本文中で述べられているものと同様の具体例を用いることは不可とする。

3、段落は作らずに一マス目からつめて書くこと。ただし、句読点・記号等も字数に含むものとする。

下書き用（必要に応じて使用すること）

三　次の文章を読んで、後の各問に答えなさい（なお、出題の都合上、本文を省略した所がある）。

一週間前、教室で「花束贈呈《ぞうてい》係・一名」を決めた、あの投票。

学級委員の秋山君は言った。

「一番、ふさわしい人がやるべきだと思う」

じゃんけんで負けた人、撤回《てっかい》、二年一組の代表として恥ずかしくない人。ピアニストの中川さんに花束を渡すのは、一大任務になった。

でも、一体、それは、このクラスの誰がやるのだろう？

ふざけた投票なんか、できない雰囲気だった。（中略）

あれこれ思案しつつ、そーっと教室を見まわせば、黒木さんの、ひとつに結んだきれいな長い髪が目に入った。

そうだ、あの子だったら、納得できる気がする。

やさしいし、勉強もできるし、人の悪口を言っているのを聞いたことがない。小さいころからバレエを習っているせいか、いつも背筋がぴーんと伸びている。舞台の上で花束を渡す係としては、申し分ない。

黒木さんの将来の夢は、看護師か、介護福祉士だと聞いたことがある。立派な夢だった。今からやりたいことがはっきり決まっているなんて、しっかりしていると思う。

花束贈呈の任務にもっともふさわしい人は、黒木さんをおいて他にはいないような気がしてきた。

わたしは、投票用紙に「黒木さん」と小さく書いて、提出したのだった。（中略）

あの日、花束贈呈係の選挙は、すぐに開票された。

張を通すために過激な方がふさわしいと考えられているから。

エ、過激で暴力的になりがちなデモにおいても、規律やルールを重んじる日本人の過剰な同調圧力のようなものを感じるから。

問四　傍線部③「自画自賛」の説明として最も適切なものを次の中から選び、記号で答えなさい。

ア、日本人のイメージである礼儀正しさを正しく維持しようとすることは、他者から見れば自画自賛にすぎないということ。

イ、デモ行進においても礼儀正しく振る舞う日本人は、外国から自画自賛をしているように見えているということ。

ウ、日本人は礼儀正しいが、「世界から賞賛される」と大きな主語を用いていることで逆に見下されているということ。

エ、「自分たち日本人は世界から見ても礼儀正しい」ことを確認し合うことで、自らの優越感を満たしていること。

問五　傍線部④「僕が授業でずっと言いたかったこと」の説明として最も適切なものを次の中から選び、記号で答えなさい。

ア、日本人は中国や韓国の人は日本が嫌いだという誤った印象を持っているため、きちんと事実に目を向けることが大切だということ。

イ、大きな主語による攻撃的な匿名の言動に惑わされず、個人に目を向けてコミュニケーションを取ることが大切だということ。

ウ、ジャーナリズムにおいて、正確な真実を見抜くことができなくなってしまうことから、匿名性を持った情報に踊らされてはならないこと。

エ、誤った他者理解によるコミュニケーションは、攻撃的な言動にも繋がり、後で後悔してもしきれないような結果となること。

問六　傍線部⑤「それまでの小さな変化」として挙げられている内容の例として適切なものを次の中からすべて選び、記号で答えなさい。

ア、集団の主語に紛れることで、一人なら言えないような攻撃的な内容を発信し続けること。

イ、組織や共同体に帰属することによって天敵から身を守っていた人類が、あらゆる集団から離脱し始めること。

ウ、「我々」といったような大きな主語を使用することによって、集団や共同体への帰属を強めること。

エ、温室効果ガスを出し続けることによって、異常気象が毎年のように出続けること。

問七　【⑥】段落の中で述べられていることは何についての具体例か。その説明になるように、次の空欄に当てはまる語句を本文中から三字で抜き出して答えなさい。

集団の［　　　　］についての具体例である。

問八　傍線部⑦「『我々』や集団の名称を主語にせず、『私』や『僕』などの主語を意識的に使うこと。たったこれだけでも述語は変わる」とあるが、主語が変わることによって言葉や行動、考え方がどのように変わるのか。その理由も含めて百字以上百五十字以内てしまうと言われている。

いつ「ティッピング・ポイント」は始まるのか。数十年後と言うコメンテーターもいれば、数年後と言う科学者もいる。いずれにしても、このままでは人類は、最悪の事態を迎えることになる。本当に取り返しのつかない事態になってから、なぜあのときにもっと真剣に対処しなかったのか、と天を仰ぐ可能性は高い。

【⑥】その理由は集団だったから。自分の感覚よりも全体の動きに合わせていたから。自分の問題ではなく全体の問題だったから。みんなが温暖化ガスの排出を止めなかったから。みんながユダヤ人を虐殺していたから。みんながこの戦争は祖国と国民を守るためだと言っていたから。

僕たちは集団から離れられない。それは大前提。でも集団に帰属しながらも、一人称単数の主語をしっかりと維持できるのなら、暴走に気づくことができる。

それほど難しいことじゃない。⑦「我々」や集団の名称を主語にせず、「私」や「僕」などの主語を意識的に使うこと。たったこれだけでも述語は変わる。変わった述語は自分にフィードバックする。

すると視界が変わる。新しい景色が見える。だから気づくことができる。世界は単純ではない。多面で多重で多層なのだ。だからこそ豊かで優しいのだと。

（森達也『集団に流されず個人として生きるには』より）

問一 空欄 A ～ D に入る語句として最も適切なものを次の中から選び、記号で答えなさい

ア、Aもちろん―Bそして―Cところが―Dつまり
イ、Aもちろん―Bさらに―Cところが―Dしかし
ウ、Aそもそも―Bそして―Cもちろん―Dしかし
エ、Aそもそも―Bさらに―Cもちろん―Dつまり

問二 傍線部①「重箱の隅をつついている」とあるが、この語句の意味として最も適切なものを次から選び、記号で答えなさい。

ア、物事の取るに足らない部分ばかりにわざわざ注目して言い立てること。
イ、周囲の人たちが好んで取り上げようとしない内容について言及すること。
ウ、一般的な意見や価値観を理解した上でそれとは異なる意見を述べること。
エ、世間に注目されるためにあえて奇抜なひねくれた主張をすること。

問三 傍線部②「ちょっとだけ不気味です」とあるが、そのように感じた理由の説明として最も適切なものを次から選び、記号で答えなさい。

ア、イタリアではデモの際には信号を停止させるのに、日本では信号を通常通り点灯させているのはあまりに不用心に感じるから。
イ、日本人はたとえデモであっても、国会前という場所では品行方正で礼儀正しく振る舞うという集団としての振る舞いをするから。
ウ、一般的には、デモを起こす際の集団としての振る舞いは、主

韓国を罵《ののし》ったり冷笑したりする本が、いちばん目立つ場所に平積みになっています。そんな本を眺めながら、中国や韓国の人も日本を嫌いなんだと、皆さんは思っているかもしれません。

皆さん、機会があればぜひ中国に来てください。そして書店を覗いてください。日本を罵る本なんてほとんどありません。私の周囲もみんな日本が大好きです。ネットやテレビのニュースなどでは、中国からの観光客が爆買いしているとよく嘲笑《ちょうしょう》されているけれど、彼らは日本が好きだから日本に来るのです。

もちろん、日本が嫌いな中国人はいます。戦争でひどい目にあわされたと恨みに思っている中国人もいます。でもそんな人ばかりじゃないです。いろんな日本人がいるように、いろんな中国人がいます。私は日本が大好きです。私の友人たちも同じです。最後にそれを言いたくて時間をもらいました。聞いてもらってありがとうございます。

そこまで言ってから、中国人留学生は静かに着席した。日本人学生はしばらく沈黙。でもやがて何人かがぱちぱちと手を打ち始め、すぐに多くの学生がこれに続いた。僕も思わず手を叩いた。ありがとう。④僕が授業でずっと言いたかったことを、君はたった三分で見事にまとめてくれた。

一人称単数の主語を持つということは、その一人称単数の主語に見合う述語で思考し、行動することでもある。もしも「我々」など複数代名詞や自分が帰属する集団が主語ならば、述語はまったく変わる。だって大きくて仲間がたくさんいて強いのだ。一人称単数の主語を明け渡せば、自分はほぼ匿名《とくめい》になれる。だから攻撃的になる。一人ならば言えないことも言えるようになる。

例えばどんな述語が多くなるのか。成敗せよ。許すな。粉砕せよ。立ち向かえ。……思いつくままに挙げたけれど、こうして一人称単数の主語を失いながら、人は選択を間違える。悔やんでも時間は巻き戻せない。(中略)

天敵への防衛策として始まった集団(群れ)は、近代において、組織や共同体を意味するようになった。具体的に書けば、会社や学校。組合やサークル。法人に町内会。派閥にグループ。まだまだいくらでもある。集団のラスボスは国家だ。国籍から逃れられる人はいない。

人はこうして、国家を頂点としたさまざまな組織や共同体に帰属しながら生きる。そう宿命づけられている。もしも南太平洋の無人島でたった一人で暮らすのなら、あなたはあらゆる集団から離脱できるかもしれない。でもそれは本来の人の生きかたではない。

集団の最大の失敗は戦争と虐殺だけど、それだけではない。虐待やいじめ。地球温暖化と環境破壊。温暖化ガスの弊害は明らかで毎年のように異常気象はニュースになるのに、僕たちは今の速度と方向を変えることができない。

あなたは「ティッピング・ポイント」という言葉を聞いたことがあるだろうか。この言葉の意味は、⑤それまでの小さな変化が急激に変化するポイントのこと。日本語ならば「臨界点」や「閾値《いきち》」と言い換えられる。

地球温暖化問題においても、温室効果ガスの量がある一定の閾値を超えると爆発的に温暖化が進み、もはや後戻りができない事態に陥っ長く続いた江戸時代が終わって鎖国を解いた日本は、周囲を見渡して、欧米列強に植民支配されたアジアを目撃した。でも日本は植民地とはならなかった。軍事力を高め、清国やロシアとの戦争にも勝った。だからこそ神に守られている国であるとの妄想が具体化し、朝鮮や中国の人たちを劣った民族として見下した。

この時代の代表的なスローガンは「富国強兵」と「脱亜入欧」。前者の意味は「軍備を増強して国を富ませる」。後者の意味は「後進世界であるアジアを脱して欧米列強の一員となる」。北朝鮮の金正日政権のスローガンだった「先軍政治」と意味がほぼ同じ「富国強兵」もありえないけれど、「脱亜入欧」にはもっとあきれる。頭は大丈夫かと言いたくなる。

でも当時の人たちは、大まじめでこうしたスローガンを唱えていた。日本はたまたまアジアに位置しているけれど、我々日本民族はアジアの劣った民族とは違う。彼らを支配すべき民族なのだ。本気でそう思い込んでいた。

アジア各地に侵略を続けた日本は、中国支配（満州国建設）に異議を唱える欧米に腹を立てて国際連盟を脱退し、我々は大東亜（アジア）の盟主になるとの幻想を掲げながらイタリアやドイツと同盟を結び、世界戦争の当事国となった。神の国なのだ。守られている。世界でいちばん腰が強い。魚と米を常食しているから敗けるはずがない。

でも敗けた。沖縄では住民の四人に一人が銃弾や爆撃や集団自決の犠牲となり、東京や大阪など大都市の多くはＢ29の空襲で焼け野原となって、広島と長崎には原爆を二つも落とされて、日本は無条件降伏した。

ここであなたに知ってほしい（知っていたらごめん）。日本が降伏した相手はアメリカやイギリスだけではない。かつて支配した中国も連合国の一員だ。つまり日本は中国に敗けたのだ。しかも統治していた韓国も独立した。こうしてアジアへの優越感は足もとから崩れ落ちる。

[C]日本人の集団力の強さは変わらなかった。敗戦後に高度経済成長の時代を迎え、日本はＧＮＰ世界第二位を達成した。軍事力で果たせなかったアジアの盟主の野望を、経済で達成した。（中略）

でもやがて、経済は中国に抜かれ、気がつけば韓国もすぐ後ろを走っている。二〇二一年度の日本の労働生産性は主要七カ国（Ｇ７）で最下位だ。一人当たり労働生産性はＯＥＣＤ加盟三八カ国のうち二八位。どちらも一九七〇年代以降で最も低い順位となっている。

[D]経済力において、日本はアジアの中流国へとなりつつある。いや、すでになっている。ずっと見下していた中国や韓国への優越感が、捩《ねじ》れながら行き場を失う。その反作用で嫌中と反韓の感情が強くなる。自画自賛をしたくなる。

大学で教えていたジャーナリズム論は、いつも一〇〇人近い学生が受講していて、大教室を使っていた。年度末最後の授業が終わりかけたとき、一人の男子学生が手を挙げた。彼は自分を中国からの留学生だと自己紹介したうえで、「授業の最後に、この場にいるみんなに伝えたいことがあるのです。三分でいいです。お時間いただけますか」と僕に訊いた。もちろんＯＫ。以下は留学生の話の要約だ。

自分は日本が大好きで留学しました。中国にいたときも今も、日本人と日本の文化が大好きです。でも最近、書店に行くと、中国やミを拾って帰ったことについては、第一章でも言及した。

これは今回だけではなく、オリンピックなど国際大会の際にはほぼ必ず、ゴミを拾って帰る日本人観客の話題がメディアを賑わしている。

もちろん、決して悪いことじゃない。道徳的には正しい。でも、身の回りのゴミを掃除して帰るという発想などない他国のサポーターや観客たちが驚嘆《きょうたん》していると報道に接しながら、僕は腰が落ち着かなくなる。①重箱の隅をつついているのかなと思う気持ちもあるけれど、でもやっぱり無条件に賞賛できない。そこに同調的な圧力は働いていないだろうか。この規律正しさが違う方向に向いたときを考えると、どうしてもそわそわと落ち着かない。

数年前にイタリアから来た旧知のジャーナリストと、国会前を歩いたことがある。多くの人たちがプラカードを手に並んで歩きながら、原発反対とシュプレヒコールの声をあげていた。でもこのとき、初めて日本のデモを見た彼が驚いたのは、デモ隊が信号をきちんと守っているということだった。

「イタリアのデモ隊は信号を守らないのですか？」と質問したら、「そもそもデモが行われるとき信号は停止します。壊されますから」と彼は答えた。「このデモを見ながら、やはり日本人は品行方正で礼儀正しいと実感したけれど、私の正直な感想を言えば、②ちょっとだけ不気味です」

[A]、諸外国の過激なサポーターのように暴徒と化して暴動するならば、それは典型的な集団の振る舞いだ。過激で暴力的なデモも同様。それを肯定する気はない。

でも贔屓《ひいき》のチームが負けても暴徒と化さずにみんなで掃除をして、暴動は起こさずに規律正しくルールを守りながらデモ行進する日本人の礼節や素行の正しさが、僕にはどうしても気になるのだ。（中略）

でも少なくとも、「世界が称賛」とか「世界中が感動」などの仰々しいフレーズを、かってならこれほど無邪気にアナウンスできなかったと思うのだ。そしてこのフレーズが冠せられる目的語は、日本のサッカー選抜チームだけではなく、いつのまにか日本国や日本人に拡大している。

つまり③自画自賛。第一章でも書いたけれど、「世界が称賛する私」とか「世界に感動を与えた俺」などと口走る人に、あなたは好感を持つだろうか。もっと話を聞いてみたいと思うだろうか。今に始まったことではない。書店に行けば、嫌韓反中の書籍と並んで日本を称賛する書籍が平積みになっていた時代は、数年前に始まって今も続いている。（中略）

もちろん日本以外の国にも自画自賛本はある。でも日本のこの傾向は顕著だ。テレビでも「世界が驚嘆した日本人」とか「世界を驚嘆させる日本」みたいなタイトルの番組が頻繁《ひんぱん》に放送される。つまり視聴者から支持されている。だから思う。なぜ日本人はこれほどに自画自賛が好きなのか。自画自賛したくなるのか。

誰もが思いつく理由のひとつは、自信がないからだ。不安と恐怖が強いからこそ、自分が他者からどのように見られているのかを、いつも気にしている。

[B]もうひとつの理由。これは自信がないことの裏返しかもしれないが、アジアの他国の人たちに対する根拠のない優越感と蔑視《べっし》感情だ。

【国　語】〈五〇分〉〈満点：一〇〇点〉

一　次の各問に答えなさい。

問一　次の①～⑤の傍線部を漢字で正確に答えなさい。

①　カシツによる事故を減らす。

②　ネッタイの植物を観賞する。

③　「大器バンセイ」と言われて四十年経つ。

④　中学でキカイ体操を体験する。

⑤　身辺をトトノえる。

問二　次の①～④の傍線部の漢字の読みをひらがなで正確に答えなさい。

①　電車の警笛が鳴る。

②　争いになるのは必至だ。

③　正月にお神酒を飲む。

④　ドレスを着て美しく装う。

問三　次の①～③の二つの語が対義語になるようにしたい。□に入る適切な漢字一字を答えなさい。

①　子孫　↕　□先

②　生産　↕　消□

③　不和　↕　円□

問四　次の①～③の傍線部と同じ働きをしている言葉を後のア～ウから選び、それぞれ記号で答えなさい。

①　判決の結果、被告人は無罪と決まった。

ア、全員が乗り込むと、バスは発車した。

イ、どんなにつらかろうと決意は変わらない。

ウ、夢がかない、彼は医者となった。

②　大勢の中にいれば、あまり目立たない。

ア、夏になれば、海やプールがにぎわう。

イ、紅茶もあれば、コーヒーもある。

ウ、終わったならば、家へ帰ろう。

③　ゆっくりお風呂に入ると、心まであたたまる。

ア、宿題提出は明日まで待って欲しい。

イ、姉だけでなく母にまで笑われた。

ウ、疲れて動けなくなるまで勉強してはだめだ。

二　次の文章を読んで、後の各問に答えなさい（なお、出題の都合上、本文を省略した所がある）。

大事なことだから何度でも書くよ。人は弱い。だから群れて生きる。群れて集団になることで言葉が必要になり、文明が生まれて人はこれほどに繁栄できた。でも集団には副作用がある。同調圧力が強くなるのだ。こうして人は全体の一部となる。一人称単数の主語を失う。

一人称単数の主語とは何か。具体的には「俺」とか「私」とか「僕」。つまりあなた自身。でも集団化が進んだとき、人は一人称単数の主語を使わなくなる。なぜなら個が埋没《まいぼつ》するから。でも主語を使わなければ文法的に破綻《はたん》する。代わりの主語として使われるのは「我々」など複数代名詞。あるいは自分が帰属する組織の名称だ。

二〇二二年一一月、カタールで行われたサッカー・ワールドカップで、応援する日本人サポーターたちが、試合終了後に必ず、周囲のゴ

MEMO

大切なことはメモしておこうネ！

第1回

2024年度

解 答 と 解 説

《2024年度の配点は解答欄に掲載してあります。》

＜算数解答＞《学校からの正答の発表はありません。》

1 (1) 2024 (2) 31 (3) 4 (4) 500

2 (1) 赤色24個，青色6個 (2) 12ℓ (3) 午後5時8分 (4) 72枚 (5) 3.5% (6) $5\frac{1}{3}$cm²

3 (1) 96m (2) $\frac{125}{3}$ 4 (1) 12 (2) 26314

5 (1) 63cm² (2) 64.8cm² 6 (1) 294cm³ (2) 7cm (3) 112cm²

○推定配点○

各5点×20 計100点

＜算数解説＞

1 (四則計算，数の性質，規則性)

(1) $23\times5+46\times37+69\times3=23\times(5+74+9)=23\times88=2024$

(2) $\square=77\times\frac{9}{22}-\frac{1}{12}\div\frac{1}{6}=31.5-0.5=31$

(3) $(1+5+7+11+13+17+19+23)\div24=24\times4\div24=4$

重要 (4) $2020\div5=404$ $2000\div25=80$ $2000\div125=16$ したがって，求める回数は404＋80＋16＝500(回)

重要 2 (鶴亀算，割合と比，ニュートン算，過不足算，平面図形，相似，演算記号)

(1) 赤色の袋のご石…$2\times(30-1\times18)\div(2-1)=24$(個)
青色の袋のご石…$30-24=6$(個)

(2) $(24\times25-37\times12)\div(25-12)=(600-444)\div13=12$(ℓ)

(3) 昼の時間…$24\div(13+17)\times13=10.4$(時間)すなわち10時間24分 したがって，日の入りは6時44分＋10時間24分＝17時8分すなわち午後5時8分

(4) 5枚ずつ配った人数…右表より，$(4\times4-2)\div(5-4)=14$(人) したがって，枚数は$5\times14+2=72$(枚)

④…④④④④④
⑤…⑤②×

(5) 100g：600g…1：6 □%…右上図より，色がついた部分の面積が等しく$7-(1\times3\div6+3)=3.5$ したがって，Aの濃度は3.5%

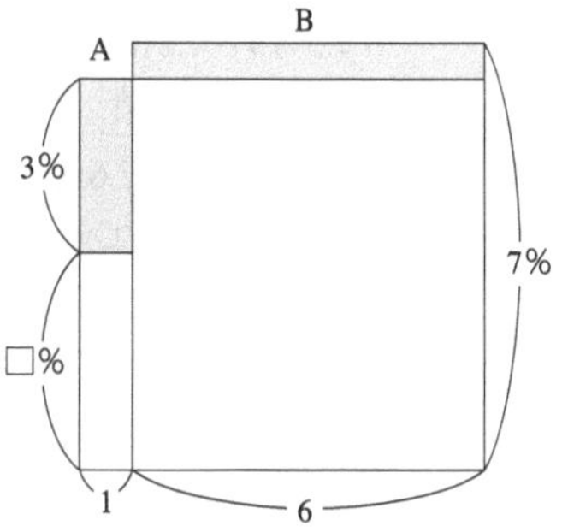

(6) 直角三角形ABCとHEA…3辺の長さの比が3：4：5である相似な三角形 直角三角形HEAの面積…$1\times\frac{4}{3}\div2=\frac{2}{3}$(cm²) したがって，求める面積は$4\times3\div2-\frac{2}{3}=5\frac{1}{3}$(cm²)

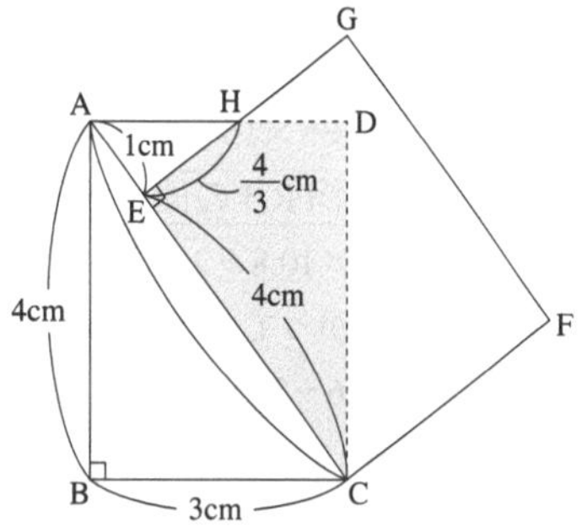

3 (速さの三公式と比，旅人算，グラフ，割合と比)

4.8km…4800m

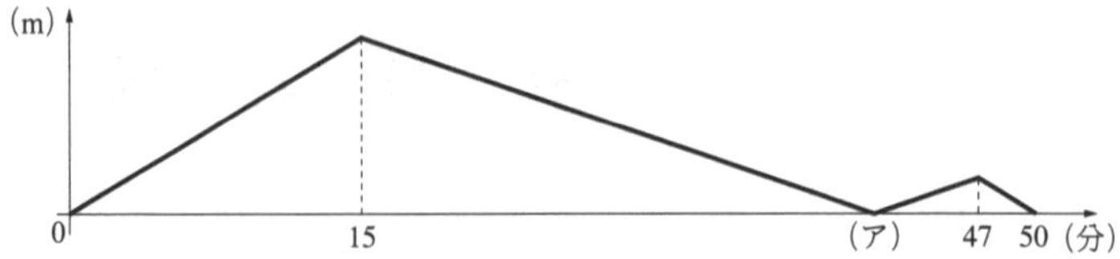

基本 (1) Aの分速…グラフより，4800÷50＝96(m)

重要 (2) 頂点Pを共有する2つの三角形の相似比…右図より，15：3＝5：1　したがって，求める時間は50÷(5＋1)×5＝$\frac{125}{3}$(分)

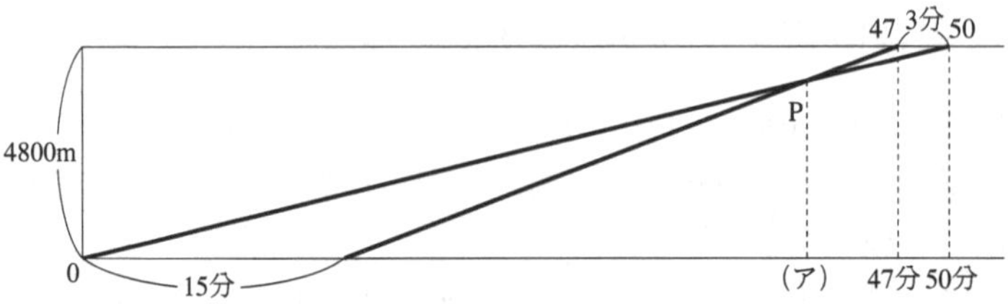

重要 ## 4 (規則性)

(1) 2024番目の数…2024÷5＝404余り4より，右表405行目，4番目の数　したがって，求める数は12

(2) 2024番目までの数の和…(1)より，{(15＋11)×2＋13}×404＋(15＋12)×2＝65×404＋54＝26314

404行	15	14	13	12	11
			⋮		
	15	14	13	12	11
	15	14	13	12	

5 (平面図形，相似，割合と比)

重要 (1) アイ…図1より，6×2－(6÷2＋6÷3)＝7(cm)　したがって，三角形アKSは7×18÷2＝63(cm²)

図1

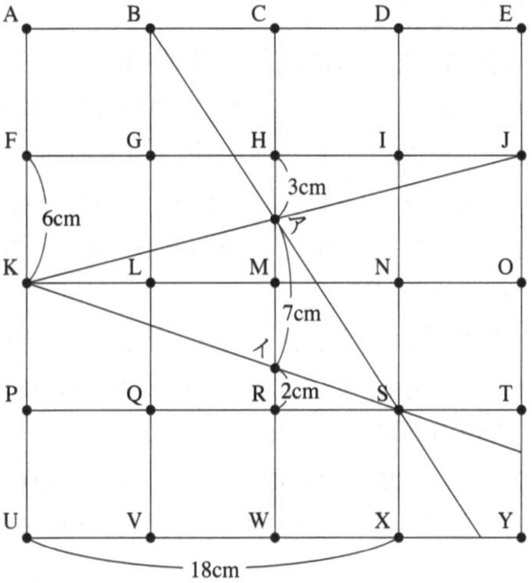

やや難 (2) 直角二等辺三角形JRTの面積

…12×12÷2＝72(cm²)

三角形JFウとNOウ

…相似比は4：1

三角形JFウの底辺JFに対する高さ

…6÷5×4＝4.8(cm)

三角形JFウの面積

…24×4.8÷2＝57.6(cm²)

三角形AFオとカエオ

…相似比は6：1.5＝4：1

三角形FPオの面積

…12×4.8÷2＝28.8(cm²)

直角三角形Aキオと APR

…相似比は4.8：12＝2：5

三角形PRオの底辺PRに対する高さ

…18÷5×(5－2)＝10.8(cm)

三角形PRオの面積

…12×10.8÷2＝64.8(cm²)

したがって，求める面積は12×24－(72＋57.6＋28.8＋64.8)＝288－223.2＝64.8(cm²)

図2

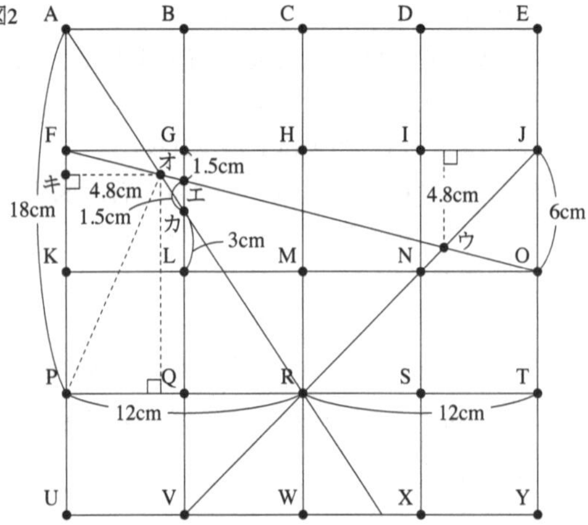

6 (立体図形，平面図形，相似，割合と比，数の性質)

基本 (1) $6\times18\times\frac{49}{18}=294(\text{cm}^3)$

重要 (2) 水が入っている部分の面積…右下図で(1)より，$294\div6=49=7\times7(\text{cm}^2)$ したがって，求める高さは7(cm)

やや難 (3) 三角錐O－AYXとO－EZW…相似比1：4，体積比1：64 高さOE…$6\div(4-1)\times4=8$(cm)
三角錐O－EZWの体積…$ア\times8\div3=ア\times\frac{8}{3}(\text{cm}^3)$ 三角錐台AYX－EZWの体積…$ア\times\frac{8}{3}\div64\times(64-1)=ア\times\frac{21}{8}(\text{cm}^3)$
したがって，(1)より，求める面積は$294\div\frac{21}{8}=112(\text{cm}^2)$

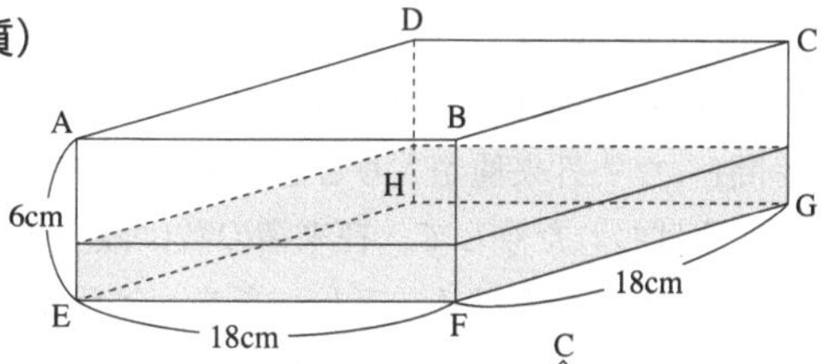

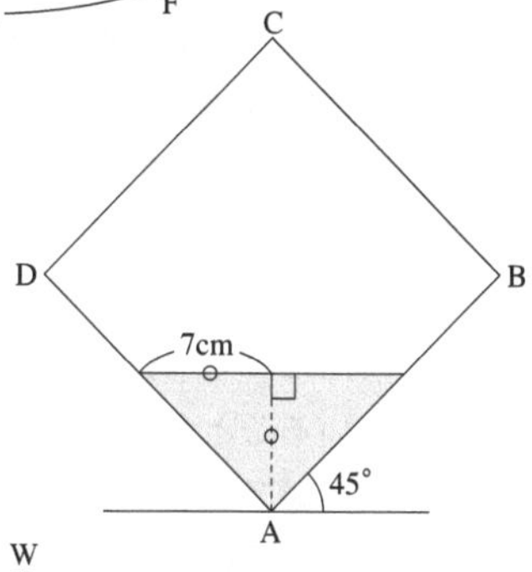

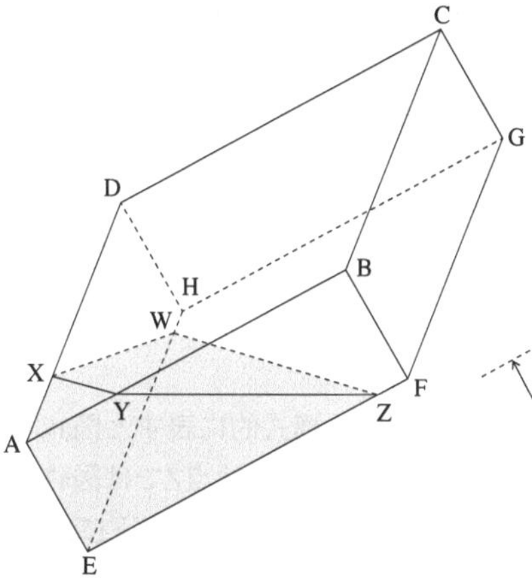

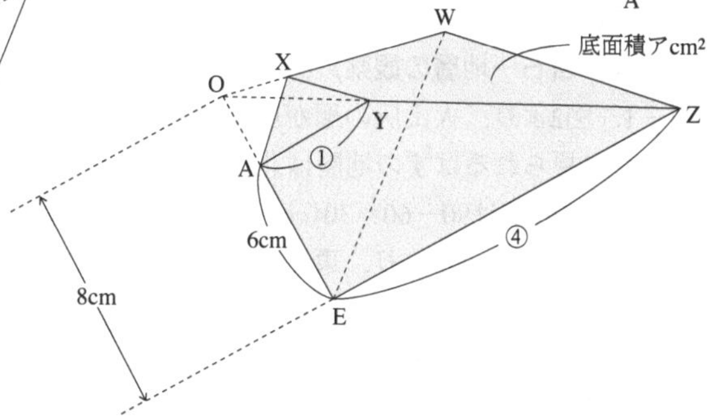

★ワンポイントアドバイス★

5(2)「作業2の図形の面積」を求める問題は簡単ではなく，6(2)「地面から水面までの高さ」は，問題文を確実に理解してどういう図になるのかを考えるのがポイントであり，(3)「三角形WEZの面積」も簡単ではない。

＜理科解答＞《学校からの正答の発表はありません。》

1 問1 ウ　問2 ア，イ，ウ　問3 (例) 人間の活動によってもとから生息していない地域にもちこまれた生物　問4 (1) ×　(2) 雨が降る　(3) わたり

2 問1 エ　問2 ウ，キ　問3 ウ　問4 イ，エ　問5 ウ　問6 ア，エ

3 問1 エ　問2 酸素　問3 ア　問4 (ア) A　(イ) B　(ウ) B　(エ) C　(オ) A　(カ) C　問5 3.3(g)

4 問1 (1) 並列(つなぎ)　(2) 右図　(3) ア，ウ　問2 (1) オ　(2) オ　問3 6(倍)

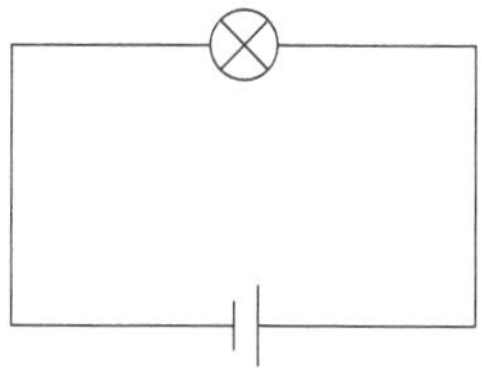

5 ① ウ　② キ　③ セ　④ タ　⑤ ソ

○推定配点○

1 各2点×6　2 問4・問5 各2点×2　他 各3点×4
3 問3・問5 各3点×2　他 各2点×8　4 問1 各2点×3　他 各3点×3
5 各2点×5　計75点

＜理科解説＞

1 (環境―外来種による影響)

問1　ウ…外来種が入りこむことで，在来種が外来種に食べられたり，在来種のエサや生活場所がうばわれたりして，在来種の数は減少する。

問2　オオクチバス，ブルーギル，アライグマは特定外来生物に指定されている。ヌマガエルも外来種だが，特定外来生物には指定されていない。

問3　人間の活動によってもとから生息していない地域にもちこまれた生物を外来種といい，もとからその地域に生息している生物は在来種という。

重要　問4　(1)　ツバメは春になると南のほうから日本にやってきて，秋になると南のほうへ行く渡り鳥であるが，外来種ではない。　(2)　ツバメが低く飛ぶのは，エサとなる虫が湿度が高くなってからだにつく水分が多くなって重くなり，低い位置にいるからである。そのため，湿度が高くなっていることからその後の天気は雨になると予想できる。　(3)　ツバメが寒い時期に日本から東南アジアなどの暖かい地域に移動するように，鳥が季節によって生活する地域を変えるために移動することをわたりという。

2 (流水・地層・岩石―地層の観察)

重要　問1　図1－1，図2より，火山灰の層が崖よりもX地点のほうが低い位置にあると考えられることから，東の崖に見られるはずの地層は北に向かって低くなっていると考えられる。また，図1－2より，砂岩層Aの厚さは90－60＝30(cm)であると考えられる。

やや難　問2　図1－1，図1－2，図2より，東側から見たときの地層のようすを模式的に表すと図aのようになる。問1より，地層は北に向かって低くなっているため，火山灰の層は地点Zでは図aでの位置よりも低いところにあると考えられる。そのため，断層によって地層は，X側が下に，Z側が上にずらされていると考えられる。また，東西方向にのびる断層ができるのは，南北方向の力がはたらいたときである。これらのことから，地層には図bのように，南北方向に引っ張られる力か押される力がはたらいたと考えられる。

図a

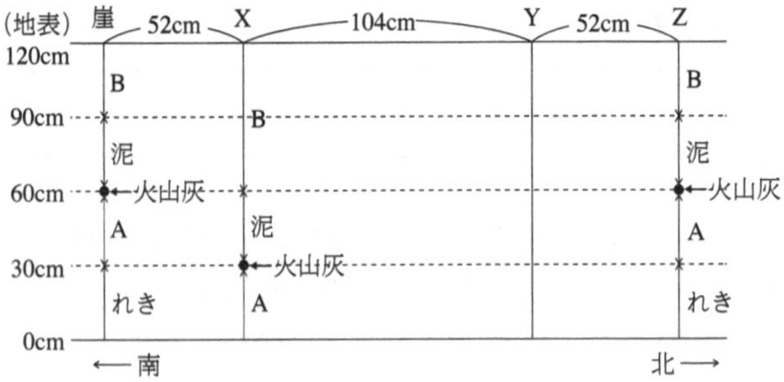

図b

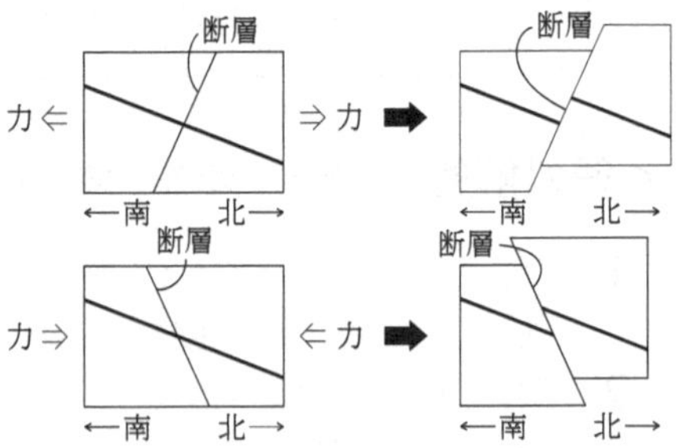

重要　問3　F地点の地表面で断層が見られたことから，この地域の断層は図cのようになっていると考えられる。このように断層ができるのは，図bの下の場合なので，地層には大きな力が押すようにはたらいたとわかる。

図c

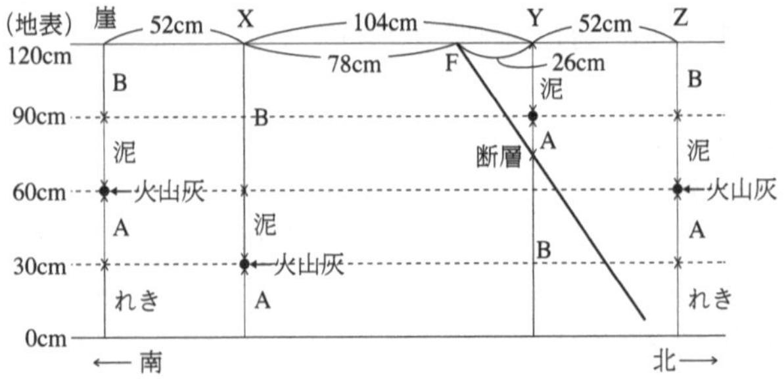

重要　問4　ア…偏西風は西から東へふく風なので，火山灰は東側に流され

てつもりやすい。　ウ…同じ火山でも時代によって異なる成分の火山灰が噴出されることもある。

基本　問5　地層に大きな力が加わって波打つようになったものをしゅう曲という。

問6　イ・ウ…しゅう曲は地層を両側から押すような力がはたらいたときに起こり，同じように力がはたらいてできる断層は逆断層である。正断層は引っ張る力がはたらいてできる。

3 (燃焼―ろうそく・マグネシウムの燃焼)

基本　問1　ろうそくが燃えるとき，熱によってロウの固体が液体となってろうそくのしんにしみこみ，その後，気体になったロウが燃える。

基本　問2　ロウが燃えるとき，空気中の酸素が使われる。

重要　問3　ろうそくの炎の最も外側を外炎といい，ロウが酸素にふれて完全燃焼できるため温度が最も高い。ろうそくの炎の最も内側を炎心といい，気体のロウがあり，図1のようにガラス棒をさしこむと白色のけむりが出て，マッチの炎を近づけるとロウが燃える。

問4　ア…山火事では木が燃えるので，木を切り倒すことで燃えるものがなくなって火が消える。　イ…鉄の粉に比べて鉄の板は空気中の酸素とふれる面積が小さくなるので燃えにくい。　ウ…ふたをしたビンの中でろうそくを燃やすと，やがてビンの中の酸素が減ってしまって火が消える。　エ…水は100℃で沸騰するので紙でつくったなべの温度は100℃までしか上がらず，紙の発火点に達しないため紙は燃えない。　オ…ろうそくのしんの根元をつまむと，そこから上にロウが伝わっていかなくなり，燃えるロウがなくなって火が消える。　カ…強く息を吹きかけると，温度が下がって発火点以下になって火が消える。

重要　問5　表1から，1.5gのマグネシウムが完全に反応すると2.5gになることから，5gのマグネシウムが完全に反応したときに□gになるとすると，1.5(g)：2.5(g)＝5(g)：□(g)　□＝8.33…より8.3gになる。よって，増加する重さは8.3－5＝3.3(g)

4 (回路と電流―豆電球と回路)

基本　問1　(1)　図2～図4のように，豆電球が枝分かれするようなつなぎかたを並列つなぎという。

(2)　電気用図記号で電池は─┤├─で表され，たて線の長い方が＋極，短い方が－極を示す。

重要　(3)　豆電球を並列につないだ回路では，どの豆電球にも同じ大きさの電圧がかかる。そのため，1つの豆電球に流れる電流の大きさは，並列に豆電球を何個つないでも同じになる。また，回路全体に流れる電流は，それぞれの豆電球に流れる電流の大きさの和となるため，並列につなぐ豆電球の個数がふえるほど大きくなる。よって，図1～図4の回路では，豆電球1個に流れる電流と同じであるa点を流れる電流，豆電球1個にかかる電圧の大きさがそれぞれ同じになる。

重要　問2　(1)　豆電球を直列につなぐと，電池の個数が変わらないとき，回路に流れる電流の大きさはつなぐ豆電球の個数に反比例し，豆電球が1個，2個，3個…となると，電流の大きさは1，$\frac{1}{2}$，$\frac{1}{3}$…となる。よって，グラフは(オ)のようになる。

重要　(2)　豆電球を直列につなぐと，電池の個数が変わらないとき，回路にかかる電圧の大きさはつなぐ豆電球の個数に反比例し，豆電球が1個，2個，3個…となると，電圧の大きさは1，$\frac{1}{2}$，$\frac{1}{3}$…となる。よって，グラフは(オ)のようになる。

やや難　問3　同じ材質でできた金属線では，電圧が一定のとき，長さが2倍，3倍，4倍…となると電流は$\frac{1}{2}$，$\frac{1}{3}$，$\frac{1}{4}$…となり，断面積が2倍，3倍，4倍…となると電流は2倍，3倍，4倍…となる。金属線Bの断面積は金属線Aの3倍なので，同じ長さであれば，金属線Bに流れる電流は，金属線Aの3倍となる。図9から，同じ電圧のとき，金属線Bには金属線Aの半分の電流が流れることから，金属線Bの長さが金属線Aの長さの□倍であるとすると，3(倍)÷□(倍)＝$\frac{1}{2}$　より，□＝6(倍)とわかる。

5 (時事—人新世)

① 近年，国際地質科学連合において新たに検討されている，人類の活動が地球環境に大きな影響を与えた地質年代を「人新世」という。

② 2023年7月12日，国際地質科学連合の人新世作業部会は，人新世の模式地としてカナダのクロフォード湖を選定した。

③ 核実験は1950年ごろから各国で相次いで行われるようになった。

④ 核実験によって，放射性物質が生じる。

重要 ⑤ 化石燃料の燃焼によってブラックカーボン(すす・黒色炭素)が生じる。

★ワンポイントアドバイス★

1つの大問内で複数の小問どうしが深く関連しているものの出題が見られるので，いろいろな問題にとり組み，一問一答的な学習にならないよう注意しよう。また，1～2年以内の理科的な時事問題についても注意を払っておこう。

<社会解答>《学校からの正答の発表はありません。》

1 問1 【1】 お 【2】 い 【3】 あ 【4】 き 【5】 う 【6】 か 【7】 え
問2 う 問3 う・え 問4 あ D え B お A 問5 A 北海道
B 鹿児島県 問6 (8月)3(日)16(時)

2 問1 い・う・お 問2 A 問3 2万5千分の1 問4 い・う

3 問1 (1) 枕草子 (2) 執権 (3) 徳川綱吉 問2 う 問3 狩猟[狩り]
問4 卑弥呼 問5 平城京 問6 (例) 戦いでの活躍を訴えて，恩賞を求めるため
問7 建武の新政 問8 う 問9 い→あ→え→う 問10 ⑨ あ ⑩ い
問11 (例) 国家総動員法にもとづいて金属回収令が出され，政府が戦争を行う上での兵器を生産するためにたくさんの金属を必要としたから。 問12 あ

4 問1 (1) 抑止 (2) ガンディー (3) 第五福竜丸 (4) 核兵器禁止 問2 う
問3 マグロ 問4 あ 問5 上告

5 問1 あ 国権 い 最高機関 問2 オーバー 問3 インフレーション
問4 社会保障 問5 う 問6 団体交渉権

○推定配点○

1 各1点×15(問3完答) 2 各1点×4(問1，問4各完答)
3 問11 5点 他 各2点×14(問9完答) 4 各2点×8 5 各1点×7 計75点

<社会解説>

1 (日本の地理—世界遺産に関する問題)

問1 【1】 1993年に日本で最初の世界遺産となり，「巨大なスギ天然林」の自然美と「植生の垂直分布がいちじるしい島の生態系」であるのは屋久島(お)である。 【2】 1993年に日本の世界遺産になり，「東アジアで最大の原生的なブナ林で，世界の他のブナ林よりも多様性に富んでいる」のは白神山地(い)である。 【3】 2005年に世界遺産になり，「海氷の影響を受けた海と陸の生態系の豊かなつながり」と「多くの希少種や固有種を含む幅広い生物種が生息・生育するなど，生物

の多様性を維持するための重要な地域」であるのは知床(あ)である。【4】 2011年に世界遺産になり,「一度も大陸と陸続きになったことがない島のいちじるしく高い固有種率と現在進行形の生物進化」というのは小笠原諸島(き)である。【5】 2013年に世界遺産になり,「日本人の心のよりどころであり続ける,形の整った美しい有名な山」で,標高3776mの火山であるのは「富士山—信仰の対象と芸術の源泉」(う)である。【6】 2021年に世界遺産になり,「島の成り立ちを反映した独自の生物進化を背景とした,国際的にも希少な固有種に代表される生物多様性の保全上重要な地域」であるのは「奄美大島,徳之島,沖縄島北部及び西表島」(か)である。【7】 1994年に世界遺産になり,古代中国の首都をモデルに建てられ,1000年以上にわたり日本文化の中心地であったのは「古都京都の文化財(京都市,宇治市,大津市)」(え)である。

基本 問2 UNESCO(ユネスコ)は正式名を国連教育科学文化機関といい,その本部はフランスのパリに置かれている。この機関は教育・科学・文化などを通じて国々の結びつきを促し,世界の平和と安全に努める国際連合の専門機関である。また世界遺産条約に基づいて世界遺産の登録・審査をはじめ,世界の文化財や自然環境の保全も行っている。なお,(あ)のUNICEFは国連児童基金,(い)のWFPは国連世界食糧計画,(え)のWHOは世界保健機関である。

問3 「世界遺産」の中の文化遺産とは人類の文化的な活動によって生み出された有形・無形の財産のことで,世界遺産の中では特に優れた価値を持つ建築物や遺跡がそれにあたる。【図1】の【1】~【7】の7つの世界遺産の中で「文化遺産」にあたるものは,(う)の「富士山—信仰の対象と芸術の源泉」と(え)の「古都京都の文化財(京都市,宇治市,大津市)」である。

問4 【図1】の「あ」の北海道の気候に当てはまるのは年平均気温が4つの中で最も低い雨温図D,「え」の京都の瀬戸内気候に当てはまるのは年平均気温が高い割に年平均降水量が少ない雨温図B,「お」の屋久島の太平洋側の気候に当てはまるのは年平均気温が一番高く年平均降水量が最も多い雨温図Aである。なお,Cは日本海側の気候の雨温図である。

問5 【表1】の家畜の都道府県別頭数(2022年2月)の乳用牛の頭数の多い都道府県は北海道・栃木・熊本・岩手・群馬,肉用牛は北海道・鹿児島・宮崎・熊本・岩手,豚は鹿児島・宮崎・北海道・群馬・千葉,肉用若鶏は鹿児島・宮崎・岩手・青森・北海道である。したがって,【表1】の(A)は北海道,(B)は鹿児島となる。

重要 問6 日本とアメリカ合衆国のニューオーリンズの経度差は,225(135+90)度である。経度15度で1時間の時差が生じるので,日本とハワイのニューオーリンズの時差は15時間となる。時間の経過は東側の方が西側の地点よりも早いので,日本の富士山の方がアメリカ合衆国のニューオーリンズよりも時間が早い。したがって,日本時間が8月4日7時である時にアメリカ合衆国のニューオーリンズの現地時間は,その15時間前の8月3日16時となる。

2 (日本の地理—地図の見方)

問1 地形図上において,尾根は等高線が標高の高い場所から低い場所の方へ張り出している形状で表され,逆に谷は等高線が標高の低い場所から高い場所の方へ入り込んでいる形状で表されている。【図2】で各線「あ」~「か」の状態は,線「あ」は北側の約580mの地点から南側の約380mの地点にまで等高線が張り出しており,線「い」は西側の500mの地点から東側の330mの地点まで等高線が入り込んでおり,線「う」は西側の約420mの地点から東側の約220mの地点にまで等高線が入り込んでおり,線「え」は北側の約390mの地点から南側の約220mの地点にまで等高線が張り出しており,線「お」は南西側の約450mの地点から北東側の約340mの地点まで等高線が入り込んでおり,線「か」は西側の約390mの地点から東側の約220mの地点まで等高線が張り出している。したがって,【図2】中で谷線は,等高線が低い場所から高い場所に入り込んでいる線「い」・「う」・「お」の3本となる。なお,残りの線「あ」・「え」・「か」は尾根線である。

問2 【図2】の地点A～Dに降った雨水がE地点に流れ着く条件は，①その地点がE地点よりも標高が高いこと，②各地点とE地点を直線で結んだ場合，その間にE地点よりも標高が高い地点が存在しないことである。また【図2】の各地点の標高は，A地点が約770m，B地点が約620m，C地点が約510m，D地点が約350m，E地点が約310mである。まず①の条件から，A～D地点はいずれもE地点より標高が高いことがわかる。次に②の条件に関して，B地点とE地点を結んだ線の間には標高約615mの場所，C地点とE地点を結んだ線の間には標高約591mの場所，D地点とE地点を結んだ線の間には標高約400mの場所が含まれていることが確認できるので，B～D地点はいずれもふさわしくないことになる。したがって，雨が降った場合，E地点に雨水が流れ着くのは，A～E地点の間にA地点(770m)より標高が高い場所がみられないA地点となる。

問3 【図2】の地図中の等高線は太い線である計曲線が50mごとに引かれており，各計曲線の間の細い線である主曲線4本引かれているので，主曲線は10mごと引かれていることがわかる。主曲線が10m，計曲線が50mごとに引かれている地図の縮尺は2万5000分の1である。

重要 問4 (い) 【図3】の山地が迫っている北西から開けている南西方向にかけて等高線がほぼ等間隔で，平行に引かれているので，そのような形状で表される地形は扇状地である。扇状地は山地を流れる川が運んできた砂や小石などが，川が山地から平野・盆地になる場所で扇状に堆積した地形である。 (う) 【図3】の山間部や平地の地域に針葉樹林「Λ」や広葉樹林「Q」の地図記号が確認でき，また平野部には建物を示す地図記号も確認できる。 (あ) 【図3】には地震によってつくりだされた崖を示す記号は確認できず，また火山の噴火口を示すような地図記号も確認できない。 (え) 【図3】に水田を示す地図記号は確認できない。

3 (日本の歴史―歴史上の犬に関する問題)

問1 (1) 『枕草子』は四季の変化や人生観などを鋭い感性で描いており，和泉式部や紫式部とともに平安時代の女流文学の代表とされている。作者の清少納言は清原元輔の娘で，一条天皇(位986～1011年)の中宮定子に仕え，その時の宮中でのようすなどを随筆の『枕草子』に著した。 (2) 執権は鎌倉幕府の役職であり，1203年に北条時政が第3代将軍に源実朝を就任させた時に政所の長官(別当)とともに合わせて任命されたとされる。その後，2代執権の北条義時が侍所の長官を兼ねてからは，事実上の幕府の最高職になった。 (3) 江戸幕府第の第5代将軍(位1680～1709年)である徳川綱吉は，「生類憐みの令」を発布した。彼は忠孝・礼節を重んじた武家諸法度を発布し，「天和の治」と呼ばれた文治政治を進めた。また朱子学を中心とした儒学を重んじることで孔子をまつる湯島聖堂を建設した。その一方で，「生類憐みの令」という動物愛護令を発布して，特に犬に関しては極端な政策を行ったので，彼は「犬公方」と呼ばれて人々の反発を受けた。

基本 問2 貝塚は貝殻などが積もったごみ捨て場のことで，縄文時代の人々が食べた貝の殻が積もってできたものが多い。そこからは獣・魚の骨や人骨，食べ残された木の実などの食料，石器や土器などが発見され，当時の人々の生活を知る手がかりとなる。石器や土器などからは生活に使用されていた道具や戦いで使用された武器，食べ残された木の実などの食料からは栽培したり食べたりしていた作物，獣・魚の骨や人骨からは当時の気候や環境の状態がわかる。他方，鉄器は紀元前4世紀頃に青銅器とともにほぼ同時に日本に伝えられた。したがって，貝塚から鉄でできた剣や刀などの武器が見つかっていることはない。

問3 銅鐸は日本独特のつり鐘型の青銅器で，近畿地方を中心に約500個が出土している。また銅鐸の表面には，当時の生活のようすを表した銅鐸絵画が描かれているものもある。【図4】の文様は，5ひきの犬と弓矢を射る人間が1匹の猪の狩猟をしているものとされている。

基本 問4 倭の女王卑弥呼は239年に中国の魏に使者を送り，魏の皇帝から「親魏倭王」の称号と金印と銅鏡100枚を授かったことが『魏志』倭人伝に記されている。『魏志』倭人伝とは，中国の三国時代(220～280年)の正史である『三国志』東夷伝の日本に関する記録である。

問5　平城京は710年に藤原京から移された後，784年までの都である。この都は中国の唐(618～907年)の都の長安にならって，元明天皇(位707～715年)の時に奈良に造営された。碁盤の目のように広い道路で区切られ，北方の中央に平城宮が置かれていた。この都には北から南に向けて朱雀門から都城正門の羅城門に続く朱雀大路という大通りがあり，その東側が左京，西側が右京と呼ばれた。

重要　問6　蒙古来襲絵詞は筆者不明の全2巻の絵巻物で，鎌倉時代後期に九州の御家人である竹崎季長が元寇における自分の戦いを描かせたものとされる。1巻では竹崎季長が8名の郎党とともに文永の役(1274年)に出陣して戦い(【図5】)，後に一番駆けの武功に対する恩賞が出ないことを不服として鎌倉へおもむいて安達泰盛と直談判を行い(【図6】)，恩賞地と馬が与えられたことが描かれている。なお，2巻では海東郷の地頭となった竹崎季長が弘安の役(1281年)に出陣して戦うようすが描かれている。

問7　建武の新政(1334～1336年)とは，鎌倉幕府の滅亡後に後醍醐天皇が行った天皇中心の政治のことである。後醍醐天皇は天皇親政をめざし，公家中心の政策を行ったが，当時台頭していた武士の不満が増大し，足利尊氏の反乱によって，この新政は2年半で崩壊した。

基本　問8　イエズス会はヨーロッパでの宗教改革に対抗して，旧教勢力のカトリック教会側が組織した教団である。イエズス会はローマ教皇に忠誠を誓って海外布教を進め，日本にキリスト教を伝えたフランシスコ＝ザビエルもその一員であった。したがって，イエズス会はプロテスタント(新教)の組織ではない。

問9　(あ)　田沼意次は江戸幕府の第10代将軍徳川家治(在1760～1786年)の時代に小姓・側用人から老中となり，いわゆる田沼時代を現出させた人物である。彼は商人の経済力を利用するため，彼らに株仲間の結成を奨励して幕府の収入を増やそうとしたり，長崎貿易の制限をゆるめて貿易を奨励したりした。さらに年貢を確保するために印旛沼や手賀沼の干拓を試みるなどの商業資本を利用した政策に転換した。　(い)　徳川吉宗は第8代将軍(在1716～1745年)で，享保の改革を行った。この改革では幕府の財政を立て直すために武士に質素・倹約がすすめられ，参勤交代をゆるめる代わりに上げ米の制を定めた。また，新田開発をすすめ，公事方御定書を定めたり，目安箱を設置したりした。　(う)　水野忠邦は12代将軍徳川家慶(在1837～1853年)の時代の老中で，天保の改革を実施した。この改革では都市に出て来た農民を故郷に帰したり，ぜいたくを禁じて株仲間の解散，上知令などが行われた。　(え)　松平定信は第11代将軍の徳川家斉(在1787～1837年)のもとで老中となり，寛政の改革を実施した。この改革では，質素・倹約を進め，凶作やききんに備えて農村に倉をつくらせて米を貯蔵させたりした囲米の制や幕府の学問所での朱子学以外の学問を禁じた。したがって，これらの出来事を古いものから順に並べると，(い)→(あ)→(え)→(う)となる。

問10　⑨　満州事変のきっかけとなったのは，柳条湖事件である。これは1931年9月18日に中国の奉天郊外にある柳条湖(【図7】の(あ))で日本の関東軍が南満州鉄道の線路を爆破した事件である。日本側はこれを中国側が起こしたこととし，満州事変に発展した。　⑩　日中戦争は，1937年7月の盧溝橋事件という日中間の軍事衝突から始まった。この事件は北京郊外の盧溝橋(【図7】の(い))で軍事演習を行っていた現地駐屯の日本軍部隊に対して，中国軍からの発砲があったとして両軍が衝突したものである。なお，【図7】の(う)は旅順，(え)は青島，(お)は南京である。

やや難　問11　ハチ公像は，1934年4月に渋谷駅前に「忠犬ハチ公像」として設置された。しかし日中戦争から太平洋戦争にかけての国内の状況から，金属物資の不足が深刻になった。そのような状況下で，政府が戦争を行う上で兵器を生産するためにたくさんの金属を必要としたことから，国家総動員法(1938年)にもとづいて金属回収令(1941年)が出され，ハチ公像も回収されることになった。ハチ公像の回収には有志の人々からの反対もあったが，1944年10月に撤去され，1945年8月14日に溶かされた。

問12　第二次世界大戦後，アメリカとソ連の両国は宇宙空間の軍事的重要性に注目して，宇宙空間の開発競争を進めた。その中でソ連(あ)が1957年に世界で初めての人工衛星であるスプートニク1号の打ち上げに成功し，次いでアメリカ(い)も1958年にエクスプローラー1号の打ち上げに成功した。なお，中国(う)は1970年，フランス(え)は1965年にそれぞれ人工衛星の打ち上げに成功している。

4 (政治一核軍縮に関する問題)

問1　(1)　2023年5月のG7広島サミットにおける「核兵器に関するG7首脳広島ビジョン」には，「我々の安全保障政策は，核兵器は，それが存在する限りにおいて，防衛目的のために役割を果たし，侵略を抑止し，並びに戦争及び威圧を防止すべきとの理解に基づいている。」とある。また核抑止論とは核戦略の理論の1つで，核保有国の間で，核兵器による攻撃の意思と能力を相手国に伝えて認識させることで，互いに核兵器を利用することをためらわせて，結果として核兵器を使用した戦争を防ぐことができるという考え方である。　(2)　ガンディー(1869～1948年)はインドの政治家・思想家で，非暴力・不服従を唱えてイギリスからの独立運動を進め，最終的に独立を達成した。しかし，その後にヒンドゥー教徒の過激派によって暗殺された。　(3)　1954年に太平洋のビキニ環礁で日本漁船の第五福竜丸の乗組員が，アメリカ合衆国の水爆実験による「死の灰」を浴び，その中の1名の乗組員が死亡した。この出来事は，第五福竜丸事件と呼ばれる。　(4)　核兵器禁止条約は2017年7月に国連本部で採択されたもので，核兵器の使用や開発・実験・生産・保有などを禁止し，さらに核使用の威嚇も禁止している。この条約は国連加盟国193ヵ国中の122ヵ国の賛成で採択されたが，すべての核保有国や日本などの核の傘に入っている国は参加していない。しかし，2020年10月に批准国が50ヵ国になり，2021年1月に発効した。

基本　問2　G7とはグループ・オブ・セブン(Group of Seven)の略称で，主要国首脳会議に参加する7ヵ国である。その7ヵ国はアメリカ(あ)・カナダ(き)・イギリス(い)・フランス(え)・ドイツ(お)・イタリア(か)・日本である。したがって，G7に中国(う)は含まれていない。

問3　第五福竜丸は遠洋マグロ漁船なので，1954年に被爆した魚はマグロである。日本の周囲のマグロ漁場は北太平洋や南太平洋などの太平洋に多いので，日本のマグロ漁船は神奈川県の三崎港，静岡県の清水港，焼津港などの太平洋側の港からの出船が多くなっている。したがって，【図8】の空欄Aには「マグロ」が入る。

問4　CTBTは包括的核実験禁止条約のことで，この条約では地下実験を含んだあらゆる核兵器の爆発実験と核爆発を禁止している。この条約は1996年に国連総会で採択されたが，アメリカ合衆国・中国・イランなどが批准していないので，まだ発効していない。なお，(い)は部分的核実験停止条約(1963年)，(う)は核拡散防止条約(1968年)，(え)は新戦略兵器削減条約(2010年)である。

基本　問5　上告とは，第二審である高等裁判所での判決に不服がある場合に第三審を求めることで，通常は最高裁判所で行われる。しかし，民事裁判で第二審が地方裁判所で行われた時には，高等裁判所で行われることもある。

5 (政治一物価と国民生活)

基本　問1　日本国憲法第41条には，「国会は，国権の最高機関であって，国の唯一の立法機関である。」とある。したがって，空欄(あ)には「国権」，(い)には「最高機関」が入ることになる。

問2　オーバーツーリズムは，特定の観光地において，訪問客の急速な増加等で地域住民の生活や自然環境，景観などで負の影響を及ぼし，観光客の満足度を低下させる現象のことである。ただし，オーバーツーリズムの判断は，それぞれの観光地を持つ地域が観光客の増加をどのように考えるかによって左右される面もある。

基本 問3　インフレーション(インフレ)とは，世の中の物やサービスの値段が継続して上がることである。普通は物やサービスの需要が増え，供給を上回ることで発生し，同じ金額で買える物が少なくなるので，お金の価値は低下する。

問4　2023(令和5年)年度の国の歳出(支出)の主な内訳は，社会保障関係費が36.9%，国債費が25.3%，地方交付税交付金などが16.4%，公共事業関係費は6.1%，文教および科学振興費が5.4%，防衛関係費が10.2%である。したがって，歳出の最も大きい項目は，社会保障関係費である。

問5　例えば，外国為替レートが1ドル80円から1ドル100円になることを円安という。円安は日本の通貨である円の価値が下がり，他の通貨の価値が上がることである。そのため日本の製品や商品の価格は他国の製品に比べて安くなり，外国人旅行客が日本を訪問しやすくなったり(あ)，輸入食料品などの価格が上がったり(い)，輸出を中心に行っている企業の利益が増えやすくなったりする(え)。他方，日本から海外へ留学する時の費用は安くなるのではなく，高くなる。

問6　団体交渉権は会社で働く人たちの団体が会社との間で，労働条件について話し合い，文書等で約束を交わすことができる権利である。会社側は従業員の労働時間や賃金，人事評価，会社の運営等に関して，交渉に応じる義務がある。

★ワンポイントアドバイス★

地理・歴史・政治の3分野の設問数の割合はほぼ同じであるが，歴史分野には1行と3行の2問の説明問題がある。説明問題に対しては，要点を簡潔に書いて説明できるように練習するようにしよう。

＜国語解答＞《学校からの正答の発表はありません。》

一　問一　①　無難　②　感傷　③　葉緑　④　風雪　⑤　委(ねる)
問二　①　ひつぜつ　②　るふ　③　きこう　④　かなめ　問三　①　等
②　快　③　慮[案]　問四　①　ウ　②　ア　③　イ

二　問一　エ　問二　ウ　問三　(はじめ)生きてゆく　(終わり)て，全力で　問四　ア
問五　イ　問六　イ(→)ア(→ウ→)エ　問七　イ　問八　(例)　私は，自分が他人からいやな思いをさせられた経験から，自分が他人にいやな思いをさせたときに，それを反省できるようになった。このように，自分の経験をもとにそのつど全力で答えを出そうとし，自分を変化させていくことが，「考える」ということである。

三　問一　ウ　問二　エ　問三　イ　問四　地球人はこんな生命体です　問五　イ
問六　ア　問七　エ　問八　(例)　太陽系外の星の人たちに，「はじめまして」のメッセージを送るという宿題の意図は，地球の人類とはどんなものかを考えさせることにある。私ならば，世界のさまざまな人が歌った，いろいろな歌を録音して送りたい。

○推定配点○

一　各2点×15　二　問八　14点　他　各3点×7(問三・問六完答)
三　問八　14点　他　各3点×7　計100点

＜国語解説＞

一　(漢字の読み，類義語，単語の識別)

問一　①　これといって特色はないが，また非難すべき点もないこと。　②　感じて心をいためること。　③　緑色植物・藻類の細胞に含まれている緑色色素。　④　風と雪。比喩的に，きびしい苦難のこと。　⑤　人にまかせる，という意味。

問二　①　文章と言葉のこと。　②　世に広まること。　③　航海の途中で船が港に立ち寄ること。　④　最も大切な部分。

基本　問三　①　かたよりや差別がないこと。　②　明るくさっぱりしていること。　③　よくよく考えること。

問四　①　問題文とウは，だいたいの事柄を示す副助詞。アは接続助詞。イは，一例を挙げて他を類推させる意味の副助詞。　②　問題文とアは自発の意味の助動詞。イは可能，ウは尊敬の意味の助動詞。　③　問題文とイは，一例を挙げて他を類推させる意味の副助詞。ア・エは，それと限って他は考えない意味(限定)を示す副助詞。

二　(論説文—内容理解，空欄補充，接続語，要旨，作文)

問一　直前の「わたしたち人間は，みんな，不完全なまま，手持ちの知識と僅かな経験と知性とモラルを総動員して」という内容に合うものを選ぶ。

基本　問二　Aは「たぶん……じゃないでしょうか」というつながり。Bは空欄の前後が逆の内容になっているので，逆接の接続語が入る。Cは，空欄の前の内容の説明や補足を空欄のあとでしているので，説明・補足の接続語が入る。

問三　「全力」「考える」という言葉が出てくる部分を手がかりに，あてはまる言葉を探す。

問四　指示語の指している内容を，直前からとらえる。

問五　直後からの内容が，イに合致している。

重要　問六　解答欄に「エ」があることをヒントに，あとの，「まったくわからない，ほんの少しの未来を生きるために，……全力で，調べてみる。それが『考える』ということだ」という筆者の考えに合うように選ぶ。

問七　筆者は，自分のこれまでの経験を総動員して毎回違ったことを考える，という努力をせず，前に考えたことと同じようなことを言ったことについて，「まずいな」と考えている。

やや難　問八　「まったくわからない，ほんの少しの未来を生きるために，……全力で，調べてみる。それが『考える』ということだ」という筆者の考えをふまえ，具体例となる自分の経験を入れてまとめる。

三　(小説—内容理解，心情理解，空欄補充，主題，作文)

問一　傍線部①までの，星野先生の様子をふまえて考える。

問二　直前の「いま地球人を苦しめている新型ウイルスだって，……危機を免れているのかも」という星野先生の言葉に注目。

問三　「遠い星の生命体」に，地球上の自分たちはどのような「生命体」であるかを，「僕」は伝えたいと思っている。

問四　星野先生の宿題は，「わたしたち地球人はこんな生命体ですよ」ということを，遠い星の人たちに伝えることである。

問五　「僕」は遠い星の人たちに，地球上にはさまざまな人がいるということを伝えたいのだと考えられる。

重要　問六　星野先生は，地球上の人類とはどのようなものであるかをふまえて，話をしている。

問七　「笑顔のほうがちょっとだけ多い」ということは「嘘」ではなく，まだ実現できてはいないが実現したいもの，つまり「希望」だということが，星野先生は言いたいのである。

やや難 問八　星野先生の宿題は，「太陽系の外にある，どこかの星の人たちに，自己紹介も兼ねて『はじめまして』のメッセージを伝えること，「わたしたち地球人はこんな生命体ですよ」と伝えることであり，その意図は，生徒たちに，地球上の人類とはどのようなものであるかを考えさせるということである。

★ワンポイントアドバイス★

読解問題では，早く的確に読み取る力が求められる。読解力を養うには，ふだんから新聞を読んだり，いろいろな小説や随筆，論説文に触れたりすることが大切！語句などの知識問題も多いので，基礎をしっかり固めておく必要がある。

第2回

2024年度

解　答　と　解　説

《2024年度の配点は解答欄に掲載してあります。》

＜算数解答＞《学校からの正答の発表はありません。》

[1] (1) 8.5　(2) 0.89　(3) 1023　(4) 3

[2] (1) (2点シュートは)9本，(3点シュートは)3本　(2) 11台　(3) 3.9m

(4) 4230円　(5) 750g　(6) 120度

[3] (1) 1分　(2) $4\frac{6}{7}$分後　[4] (1) 10　(2) 1816

[5] (1) 980cm^2　(2) 1526cm^2　[6] (1) 1：1　(2) 1：2　(3) 3：1

○推定配点○

[5]，[6]　各6点×5　他　各5点×14([2](1)完答)　計100点

＜算数解説＞

[1] (四則計算，数の性質，規則性)

(1) $(4+1.1)\times\frac{5}{3}=8.5$

(2) $\square=1.37-\frac{48}{31}\times\frac{31}{100}=1.37-0.48=0.89$

重要 (3) $\square+\square+3+\square+6+\square+9+\square+12+\square+15=\square\times6+18\times2+9=6183$　$\square=(6183-45)\div6=1023$

重要 (4) $7\div13=0.538461$～　$2024\div6=337$余り2　したがって，求める数は2番目の数の3

重要 [2] (鶴亀算，割合と比，ニュートン算，平面図形)

(1) 2点シュートの本数…$(3\times12-27)\div(3-2)=9$(本)　3点シュートの本数…$12-9=3$(本)

(2) 1分でわき出る水量…$1\times(7\times36-8\times24)\div(36-24)=(252-192)\div12=5$　初めからある水量…$(1\times8-5)\times24=72$　したがって，求める台数は$72\div12+5=11$(台)

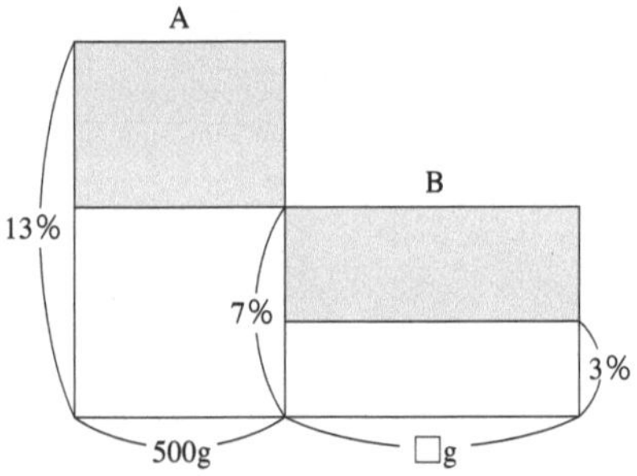

(3) 3：2…15：10　6：5…12：10　したがって，姉が使ったロープの長さは$13\div10\times(15-12)=3.9$(m)

(4) 人数…$(330-135)\div(105-100)=39$(人)　したがって，求める値段は$100\times39+330=4230$(円)

(5) 食塩水Bの重さ…右上図より，色がついた部分の面積が等しく$500\times(13-7)\div(7-3)=750$(g)

(6) 三角形ADCとABE…合同な図形

角DCA＝角BEA…$180-(30+60+55)=35$(度)　角CFB…$30+55=85$(度)

したがって，角アは$85+35=120$(度)

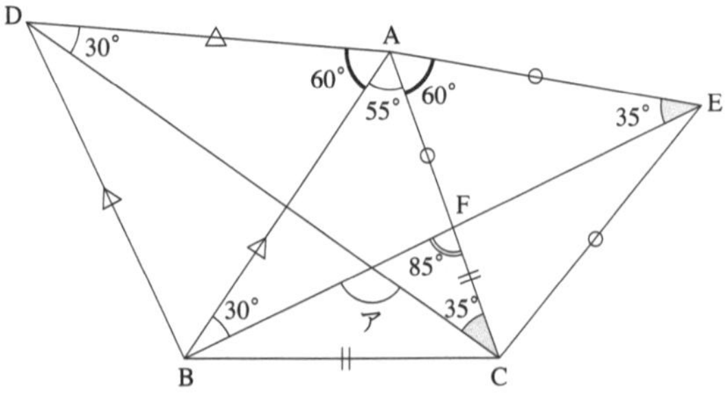

3 (速さの三公式と比)

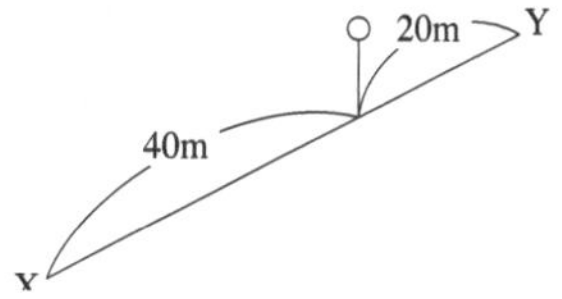

上りの分速…$60\div2=30$(m)　下りの分速…$30\times2=60$(m)

1往復後…1分間の休けい

基本 (1)　$20\div30+20\div60=1$(分)

重要 (2)　BさんがAさんに追い越された時刻

頂点Pを共有する三角形…下図より，相似比は3：4　したがって，求める時間は$4+(6-4)\div(3+4)\times3=4+\frac{6}{7}=4\frac{6}{7}$(分)

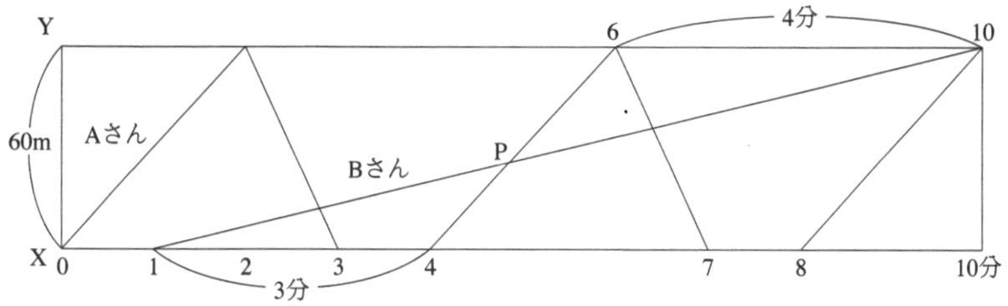

重要 ## 4 (数列)

(1)　24番目の数…下表より，$24\div3=8$(行目)の右列　したがって，求める数は$8+2=10$

1	2	3
2	3	4
3	4	5
	⋮	

(2)　99番目の数…$99\div3=33$(行目)の右列にあり，この数は$33+2=35$　100番目の数…34　左列の数の和…$(1+34)\times34\div2=595$　中列の数の和…$(2+34)\times33\div2=594$　右列の数の和…$(3+35)\times33\div2=627$　したがって，これらの数の和は1816

【別解】　各行の数の和…$6+9+12+\sim+(3+3\times33)+34=6+9+12+\sim+102+34=(6+102)\times33\div2+34=54\times33+34=1816$

5 (平面図形，相似，図形や点の移動，割合と比)

重要 (1)　図1…$28\times56-14\times42=14\times70=980$(cm^2)

やや難 (2)　図2　三角形サシNとSシP…相似比は1：6

三角形サシNの高さ…$14\div(1+6)=2$(cm)

三角形サシNの面積…$7\times2\div2=7$(cm^2)

五角形CHサODの面積…$14\times14\times3-7\times14\div2=588-49=539$(cm^2)　したがって，(1)より，求める面積は$980+7+539=1526$(cm^2)

図1

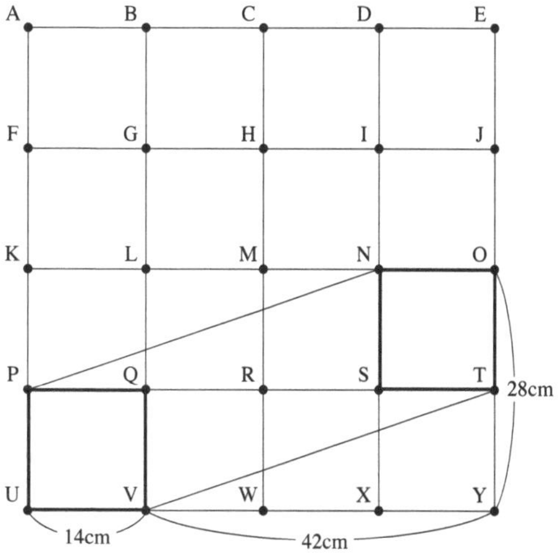

図2

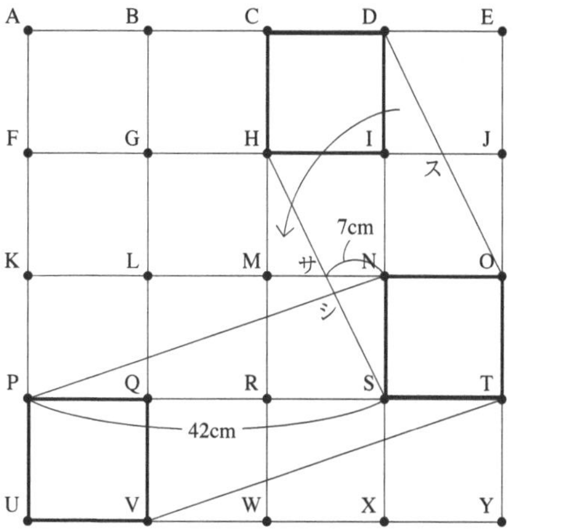

重要 6 （立体図形，平面図形，割合と比）

(1) 図ア　PG：GH＝1：1

図ア

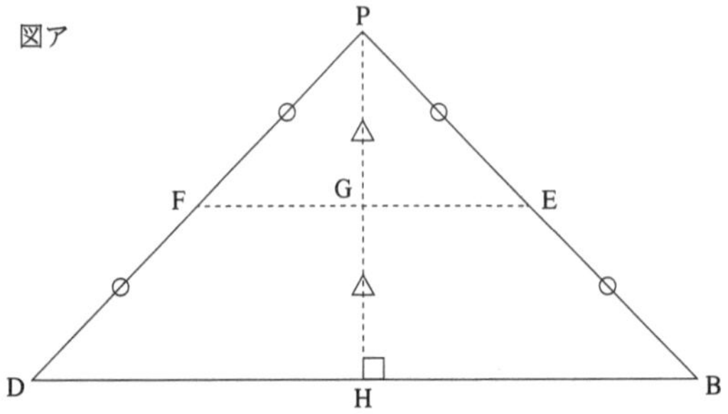

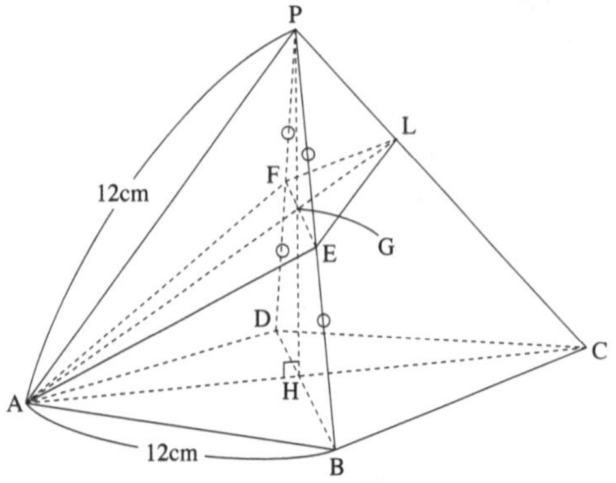

(2) 図イ　三角形PAGとACGの面積比…1：2　　したがって，PL：LC＝1：2

(3) 図ウ　三角形PAGとPGLの面積比＝三角形ACGとLGCの面積比…3：1　　したがって，AG：GLは3：1

図イ

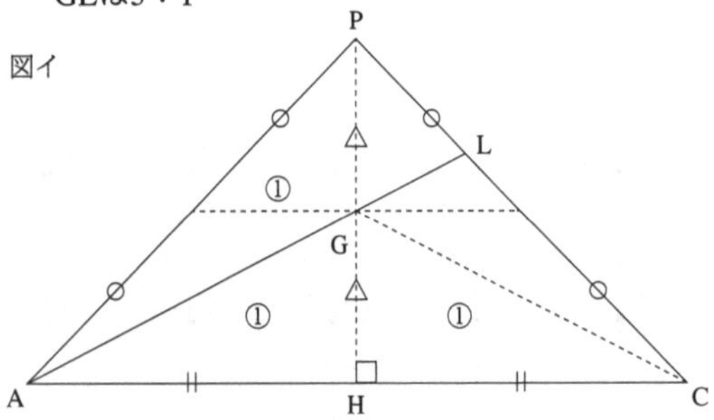

図ウ

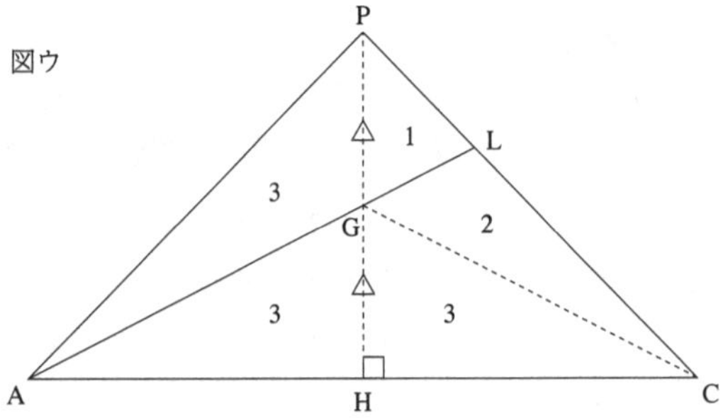

★ワンポイントアドバイス★

1，2の10題で確実に得点しよう。ここまでの出題数で，全体の約5割である。5(2)「①～③の作業で正方形が移動した部分の面積」は，内容自体は難しくないので得点できる。6「正四角錐の長さの比」も難しくないが，重要な問題である。

＜理科解答＞《学校からの正答の発表はありません。》

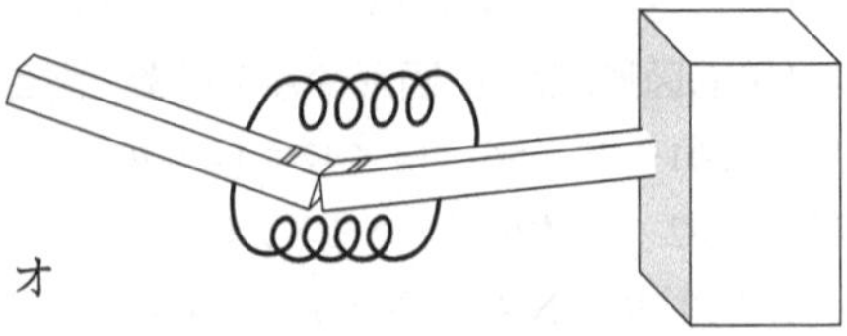

1 問1　関節　　問2　けん
問3　骨格筋　　問4　脳　　問5　右図

2 問1　(1)　イ　　(2)　エ　　(3)　(a－b間)　③
(c－d間)　⑤　　問2　(1)　オ　　(2)　ア，エ，オ
(3)　ア

3 問1　エ　　問2　イ　　問3　45.5(％)

4 問1　食塩(が)12.5(g多くとける)　　問2　ウ

5 問1　0.6(m)　　問2　120(g)

6 問1　ウ　　問2　0.36(m)　　問3　カ

7 問1　①　ク　　②　コ　　③　サ　　④　カ　　⑤　ソ　　⑥　ス　　⑦　エ
問2　イ，ウ

○推定配点○
1　問5　3点　　他　各2点×4　　2　各3点×6　　3　問1　2点　　他　各3点×2
4　問1　3点　　問2　2点　　5　各3点×2　　6　各3点×3　　7　各2点×9　　計75点

＜理科解説＞

1　(人体―腕のつくり)

基本　問1　ヒトのからだで骨と骨のつなぎ目を関節といい，関節の部分でからだを曲げることができる。

基本　問2　筋肉の端をけんといい，けんで筋肉と骨がつながっている。

問3　筋肉は，骨格筋・平かつ筋・心筋の3つに分けることができ，このうち，からだを動かす筋肉は骨格筋である。

問4　骨格筋を動かす命令は脳から出され，せきずい，運動神経を通って筋肉に伝えられる。

重要　問5　腕の曲げのばしに関わる筋肉は，腕の内側と外側にあり，関節をはさんで骨と骨をつなぐようについている。腕を曲げるときは内側の筋肉が縮んで外側の筋肉がゆるみ，腕をのばすときは外側の筋肉が縮んで内側の筋肉がゆるむ。

2　(流水・地層・岩石―流水のはたらき)

基本　問1　(1)　川がまっすぐ流れているところでは，中央付近の流れが最も速くなる。　(2)　川が曲がって流れているところでは，外側付近の流れが最も速くなる。　(3)　川底は流れが速いところほど深く，川底に積もる土砂は流れが速いところほど大きくなる。そのため，a－b間では，中央付近が最も深くて大きな石が積もり，岸に近づくほど浅くなって積もる石の粒は小さくなる。また，c－d間では，外側付近が最も深くて大きな石が積もり，内側に近づくほど浅くなって積もる石の粒は小さくなる。

問2　(1)　泥，砂，れきはいずれも堆積しているので，図2の曲線Aとの関係について考えると，流れの速さが64cm/秒のとき，砂は曲線Aより上側にあるので侵食されるが，泥とれきは曲線Aよりも下側にあるので侵食されずに堆積し続ける。　(2)　曲線Aより上側では堆積している土砂が侵食され，下側では堆積している土砂は浸食されない。また，曲線Bより上側では運搬されていた土砂は堆積せず(運搬され続け)，下側では運搬されていた土砂は堆積する。　ア…曲線Aよ

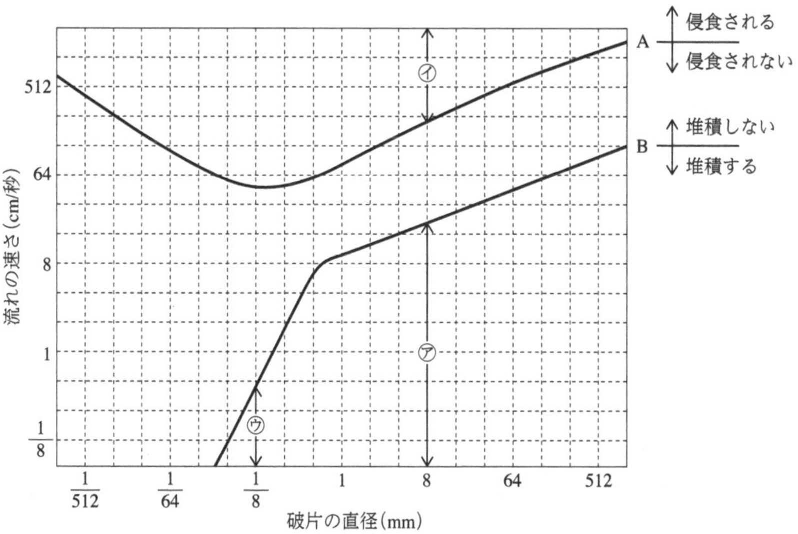

り上側は，曲線Bより上側でもあると考えられるで，運搬されているすべての破片は運搬され続ける。よって正しい。　イ…運搬されている破片が堆積するのは曲線Bよりも下側の場合である。よって誤り。　ウ…曲線Aより下側にあたるので堆積している破片は侵食されず，曲線Bより上側にあたるので運搬されている破片は運搬され続ける。よって誤り。　エ…堆積している破片は，曲線Aより下側にあたるので侵食されず，侵食されないことから運搬もされないと考えることができる。また，運搬されている破片は，曲線Bより上側にあたるので運搬され続ける。よって正しい。　オ…曲線Bより下側の場合，運搬されている破片は堆積することから，堆積している破片は堆積し続けると考えることができる。よって正しい。　カ…曲線Bより下側の場合，

やや難　堆積している破片は侵食されず，運搬されている破片は堆積する。よって誤り。　(3)　図2より，8mmれき層が堆積するのは流れの速さが前ページの図の㋐の範囲，8mmれき層が侵食されるのは前ページの図の㋑の範囲，$\frac{1}{8}$mm砂層が堆積するのは流れの速さが前ページの図の㋒の範囲である。また，流れがおそいと堆積しやすくなり，流れが速いと侵食されやすくなる。これらのことから，流れが次第におそくなっていって㋐の範囲に入って8mmれき層が堆積しはじめ，その後しばらくして流れが次第に速くなっていって㋑の範囲に入って8mmれき層が侵食されはじめ，その後しばらくして流れが次第におそくなっていって㋒の範囲に入って$\frac{1}{8}$砂層が堆積したと考えられる。この条件を満たすのは(ア)である。

3　(気体の性質―二酸化炭素の発生と性質)

重要　問1　炭素が不完全燃焼して発生する気体は一酸化炭素である。

やや難　問2　混合気体A中の水素と一酸化炭素(気体①)はそれぞれ酸素と反応して，水と二酸化炭素になる。混合気体100mLに酸素100mLを加えて燃焼させたとき，酸素は反応に十分な量加えているので，燃焼後には水と二酸化炭素，未反応の酸素が残る。このことから，混合気体Bにふくまれるのは二酸化炭素と酸素であることがわかる。混合気体B110mLから二酸化炭素を取り除くと50mLになったことから，混合気体Bは，二酸化炭素60mLと酸素50mLからなることがわかる。これらのことから，水素と一酸化炭素の混合気体A100mLと反応した酸素は100－50＝50(mL)で，二酸化炭素が60mL発生したことがわかる。一酸化炭素と酸素が反応して二酸化炭素が発生するとき，体積比は一酸化炭素：酸素：二酸化炭素＝2：1：2となるので，反応した一酸化炭素は発生した二酸化炭素と同じ体積の60mLとわかり，混合気体A中の水素の体積は100－60＝40(mL)とわかる。

問3　問2より，混合気体B110mL中の酸素の体積は50mLなので，その割合は50(mL)÷110(mL)×100＝45.45…より45.5％

4　(ものの溶け方―ものの溶け方)

基本　問1　40℃の水100mLにミョウバン50gと食塩50gを加えたときのとけ残りの重さから，ミョウバンは50－26.2＝23.8(g)，食塩は50－13.7＝36.3(g)とけたことがわかる。よって，40℃の水100mLには，食塩のほうが36.3－23.8＝12.5(g)多くとけることがわかる。

温度(℃)	20	40	60	80
ミョウバン(g)	11.3	23.8	50	50
食塩(g)	35.8	36.3	37.2	38.1

重要　問2　とけ残りの重さからそれぞれの温度でとけたミョウバンと食塩の量をまとめると，上の表のようになる。表から，ミョウバンは温度が高くなるほどとける量が多くなるが，食塩は温度が高くなってもとける量がほとんど変わらないことがわかる。よって，実験結果から考えられるグラフとして最も適切なのは(ウ)である。

重要　5　(てこ―てこのつり合い)

問1　図2のように端Aを少し持ち上げたときにばねばかりが240gを示したことから，ばねばかりで端Bを少し持ち上げると，ばねばかりは600－240＝360(g)を示すと考えられる。ばねばかりの示

す値の比が240(g)：360(g)＝2：3なので，棒の重心から左端までと右端までの距離の比は3：2であることがわかる。よって，棒の重心は，端Aから1(m)×$\frac{3}{2+3}$＝0.6(m)の位置にある。

問2　棒の重さは重心の位置の一点に加わっていると考えることができるので，端Aにつるすおもりの重さを□gとして，右の図のように考えると，□(g)×0.5(m)＝600(g)×0.1(m)　　□＝120(g)

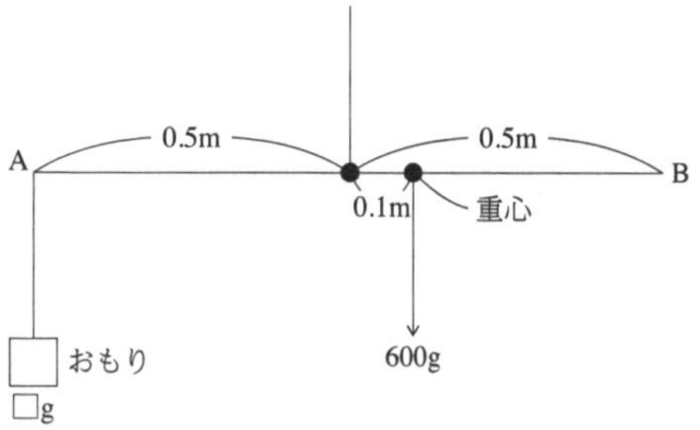

6　**(物体の運動―振り子の運動)**

基本　問1　振り子が1往復するのにかかる時間は，振り子の長さによって決まり，おもりの重さや振れ幅を変えても変わらない。よって，表から振り子が1往復する時間は2.0秒である。

重要　問2　表から，振り子の長さが(0.16÷0.04＝)4倍，(1.44÷0.16＝)9倍，(0.64÷0.04＝)16倍になると，1往復の時間が2倍，3倍，4倍になっていることがわかる。1往復する時間が2.4秒になるのは振り子の長さが1.44mのときなので，1往復する時間が2.4秒の$\frac{1}{2}$の1.2秒になるのは，1.44(m)×$\frac{1}{4}$＝0.36(m)のときである。

問3　問2より，振り子の長さが4倍，9倍，16倍…になると，1往復の時間が2倍，3倍，4倍…になっていることがわかるので，たて軸(1往復の時間)と横軸(振り子の長さ)がこのような変化を示すグラフは(カ)である。

7　**(気象―異常気象)**

重要　問1　①　積乱雲が列になって次々と発生し，数時間にわたって同じ場所に大雨をもたらすものを

重要　線状降水帯という。　②・③・④　最高気温が25度以上の日を夏日，30度以上の日を真夏日，35度以上の日を猛暑日という。　⑤　都市がなかったと仮定した場合よりも都市の気温が高いことをヒートアイランド現象という。　⑥　太平洋赤道域の日付変更線付近から南米沿岸にかけて海面水温が平均より低い状態が続くことをラニーニャ現象という。逆に海面水温が平均より高い状

基本　態が続くことをエルニーニョ現象という。　⑦　世界的な気温上昇を地球温暖化という。

問2　ラニーニャ現象が起こると，日本では猛暑や厳冬になりやすく，エルニーニョ現象が起こると，日本では冷夏や暖冬になりやすい。

★ワンポイントアドバイス★

発展的な内容や詳細な知識を問うような問題も出題されるので，やや難易度の高いものもふくめていろいろな問題に取り組んでおこう。また時事的なことがらを題材にした問題も見られるので，身近な話題にもふれておこう。

＜社会解答＞《学校からの正答の発表はありません。》

1　問1　7　　問2　①　あ　　②　う　　③　い　　問3　(1)　え　　(2)　う
(3)　南緯40度，西経40度　　問4　(ウ空港)　い　　(オ港)　あ　　問5　10(時間)15(分)
問6　う　　問7　う　　問8　う　　問9　(1)　N　　(2)　O　　(3)　L　　問10　あ
問11　い　　問12　Y　　問13　(1)　い　　(2)　い　　(3)　2125(m)

2　問1　(1)　足利　　(2)　寺子屋　　(3)　家庭　　問2　隋　　問3　い　　問4　寝殿造
問5　真言宗　　問6　い　　問7　あ　　問8　え　　問9　う　　問10　兵役　　問11　え

問12　え　　問13　い　　問14　(例)　女性にも参政権が与えられ，20歳以上の男女に選挙権が認められた。　問15　い　　問16　い

3　問1　(1)　A　侵す　　B　永久の権利　　(2)　C　い　　D　う　　E　か

(3)　子どもの権利条約　　(4)　こども家庭庁　　(5)　公共の福祉

問2　(1)　女性の国会議員が少ない　　(2)　アファーマティブアクション

問3　(例)　環境権　　問4　い　　問5　え　　問6　労働基準法　　問7　え

問8　(例)　男女の性別に関係なく使用できるトイレのことで，性的マイノリティの人々が気にせず，安心してトイレの利用ができるように工夫する必要があるから。

○推定配点○

1　各1点×22(問3(3)完答)　　2　問14　2点　　他　各1点×17

3　問8　4点　　他　各2点×15　　　計75点

＜社会解説＞

1　(日本の地理ー東北～近畿地方に関する問題)

問1　【図1】のA～Zの府県で，2024年2月現在で開業している新幹線の駅がない府県は，茨城県(図中I)，千葉県(図中J)，山梨県(図中M)，福井県(図中S)，三重県(図中U)，奈良県(図中W)，和歌山県(図中X)の7県である(2024年3月16日に北陸新幹線の金沢ー敦賀間が開通したことで，以後は福井県には新幹線の駅が存在する)。なお，茨城県は新幹線が通っているが，新幹線の駅がない唯一の県である。さらに鳥取県，島根県，香川県，徳島県，愛媛県，高知県，大分県，宮崎県，沖縄県の9県にも新幹線の駅がない。

問2　①　太平洋側の気候の静岡であり，夏は高温で降水量が多く，冬には乾燥して降水量が少ない特色を示す雨温図は(あ)である。　②　日本海側の気候の富山であり，冬に雪や雨の降水量が多い特色を示す雨温図は(う)である。　③　内陸性の気候の松本であり，年間を通じて降水量が少なく，夏と冬で気温差が大きい特色を示す雨温図は(い)である。なお，雨温図(え)は，瀬戸内の気候の高松である。

重要　問3　(1)　八郎潟は男鹿半島に位置する湖で，干拓される前は琵琶湖に次いで日本で2番目の広さであった。1957年以降に国によって干拓事業が行われ，大規模な機械化農業による米作りが進められた。しかし米が余るようになったため，米の減反政策(生産調整)が行われ，転作による畑作地が増加した。なお，(あ)の印旛沼は千葉県にある湖沼，(い)の十和田湖は青森県にある湖，(う)の霞ヶ浦は茨城県にある湖である。　(2)　干拓は海や湖の一部を堤防で区切り，その堤防の中の水を抜き，土地を干し上げて陸地にすることである。そのため陸地となった土地は，堤防の外の水面より低くなる。なお，(あ)の減反は米の価格を維持するために米の生産量を調整すること，(い)の埋め立ては海や川などに土砂を運び入れて陸地にすること，(え)の防波堤は打ち寄せる波を防ぐために海中に設置された構造物である。　(3)　地球を球体と仮定したとき，地球上のある地点Aの真裏の位置のことを「対せき点」という。この「対せき点」を緯度・経度で表すと，緯度は北緯と南緯が入れ替わるが地点の数値は同じであり，他方，経度は東経と西経が入れ替わり，地点の数値は180から地点Aの数値を引いた差となる。したがって，設問中の下線「北緯40度，東経140度」である経緯度交会点の真裏の位置の緯度・経度は，「南緯40度，西経40度(180－140)」となる。

問4　(ウ空港)　【図1】のウ空港は成田国際空港である。空港における貿易では輸出・輸入品ともに半導体等製造装置・科学光学装置・集積回路などの比較的軽量で高価な商品が多く，また現在，

成田国際空港での貿易額は国内で一番多いことから，成田国際空港の貿易品目と金額の割合をあらわしたものは表(い)である。　(オ港)　【図1】のオ港は名古屋港である。名古屋港は近くに自動車工業の盛んな豊田市があることから，輸出品目に自動車やそれに関連したものが多いことが特色なので，名古屋港の貿易品目と金額の割合をあらわしたものは表(あ)である。なお，表(う)は東京港，表(え)は関西国際空港の貿易品目と金額の割合をあらわしたものである。

重要　問5　日本の標準時は東経135度，ロサンゼルスの標準時は西経120度で計るので，両者間の時差は17((135＋120)÷15)時間となる。時間は東側の地域の方が西側の地域より早いので，飛行機が【図1】のウの成田国際空港を出発した1月8日午後9時20分の時，ロサンゼルスの現地時間は1月8日午前4時20分となる。飛行機がロサンゼルスに到着したのが1月8日午後2時35分なので，この飛行機のフライト時間は10時間15分(14時35分－4時20分)となる。

問6　グラフ(1)は漁獲量の大部分が「まいわし」と「さば類」で占められ，水揚げ量が最も多いので銚子港(図1のイ港)，(2)は漁獲量が「かつお」に次いで「さめ」が多くなっているので気仙沼港(図1のア港)，(3)は漁獲量が「かつお」や「まぐろ」などの遠洋漁業での魚類が約3分の2を占めているので焼津港(図1のエ港)である。

基本　問7　グラフ(1)は山梨(図1のM)・長野(図1のL)・岡山の3県でほぼ半数の割合を占めているので「ぶどう」，(2)は千葉(図1のJ)・茨城(図1のI)・栃木(図1のH)のように関東地方の県が上位を占めているので「日本なし」，(3)は山梨(図1のM)・福島(図1のF)でほぼ半数の割合を占めているので「もも」の収穫量をあらわしたものである。なお，西洋なしの収穫量が多い県は山形(図1のE)・新潟(図1のK)・青森(図1のA)である。

基本　問8　【図1】のOの県は富山県である。富山県は水田率が全国一の水田の単作地帯であるとともに，同県の富山平野や砺波平野では冬の積雪によって地中の温度や湿度が保たれることを利用し，従来から水田の裏作としてチューリップの球根の栽培が盛んである。　(あ)　長野県(図1のL)は抑制栽培が行われているが，高原野菜の出荷時期は冬ではなく夏の時期である。　(い)　静岡県(図1のN)で茶の栽培が盛んな場所は，シラス台地ではなく牧ノ原や三方原などの台地である。シラス台地は，九州地方の鹿児島県や宮崎県に広がる台地である。　(え)　愛知県(図1のQ)の渥美半島で行われている菊の栽培は，促成栽培ではなくむしろ抑制栽培である。

問9　(1)　川の上流から運ばれた木材を加工する技術を生かした楽器生産や豊かな水や広い土地を利用した製紙・パルプ工業が盛んなことから，東海工業地域であり，この工業地域があるのは静岡県(N)である。　(2)　地場産業の銅器の製造技術や豊富な雪解け水，安定した電力をいかしたアルミサッシの生産が盛んなのは富山県(O)である。　(3)　1920年代から製糸業が衰退し，戦後は時計やレンズを生産する精密機械工業が盛んなのは長野県(L)である。

問10　南部鉄器は主に岩手県(B)で生産されている鉄瓶などの鋳物製品，小地谷縮は主として新潟県(K)で生産されている麻織物，輪島塗は主に石川県(R)で生産されている漆器，西陣織は京都府(V)の京都西陣で生産される高級絹織物である。

問11　ねぶた祭りは青森県(A)の青森市で毎年8月2日～7日まで行われる祭り，七夕まつりは宮城県(D)の仙台市で毎年8月6日～8日に行われる祭り，竿灯まつりは秋田県(C)の秋田市で毎年8月3日～6日に行われる祭り，天神祭は大阪府(Y)の大阪市で毎年7月25日に行われる祭りである。なお，選択肢中の祇園祭りは，京都府(V)の京都市で毎年7月1日から1か月間行われる京都八坂神社の祭りである。

問12　2025年の「日本国際博覧会」は大阪府(Y)の大阪市此花区の夢洲において，2025年4月13日～10月13日の184日間にわたって開催される。

重要　問13　(1)　【図2】の地形図には方位記号が見られないので，方角は上方が北ということになる。地形図中の「塩山駅」から東(右の方向)に向かって出発すると，周辺の両側の山の斜面には果樹園「ȯ」の地図記号が確認できる。　(あ)　神社や小・中学校や郵便局があるのは，産業技術短大の北東ではなく北西である。　(う)　文化会館の隣りにある変電所からすぐ南の道を通って塩山駅に向かうと，左手ではなく右手に市役所「◎」が見えてくる。　(え)　塩ノ山のふもとにある向嶽寺があるが，温泉(塩山温泉)があるのは向嶽寺の西ではなく東である。　(2)　断面図の左の標高約425mの地点から距離が100m過ぎの地点で標高が約470mになり，その後はやや下り気味になりながらも500m付近から急速な上りとなり，約700mの所で標高約540mになる。その後は急速な下りになり，1000m過ぎの付近で標高420m程度になる。その後は2100m過ぎの地点までゆるやかな台地状になるが，その地点から再度上り傾向になり，2600mの地点で標高約460mとなる。そのような変化を示す線X—Y—Zの断面図は(い)である。　(3)　【図2】の地形図は10mごとに等高線が引かれているので，そのような間隔で等高線が引かれている地形図の縮尺は2万5000分の1である。その縮尺の地形図では地図上1cmの長さは，実際の距離で250mにあたる。設問文に「塩山駅から老人ホームまでの直線距離をはかると，8.5cmだった」とあるので，実際の距離は250m×8.5＝2125(m)となる。

2　(日本の歴史—学校制度に関する問題)

問1　(1)　足利学校は現在の栃木県足利市にあった学校で，鎌倉時代から存在したが，15世紀半ばに上杉憲実によって再興された。この学校には全国から武士や禅僧が集まって漢籍を中心に学び，外国の宣教師から「坂東の大学」と呼ばれた。　(2)　寺子屋は江戸時代後期から広く普及した庶民の教育施設で，僧侶・浪人・医者などが教員となって町人や農民の子どもに読み・書き・そろばんなどの基本的な知識を教えた。　(3)　家庭科は第二次世界大戦後の新憲法・教育基本法の下で，「日常生活に必要な衣・食・住等について，基本的な理解と技能を養うこと」を教育の目的の1つとした教科として始まった。

問2　小野妹子は聖徳太子の命令によって，607～608年と608～609年の2回にわたって遣隋使として隋(581～618年)に派遣された。隋は当時，南北朝に分裂していた中国を，589年に南朝の陳を滅ぼすことで中国を統一した。

問3　古代の律令制度の班田収授法において，6歳以上の男女に口分田が与えられ，その年の収穫量に応じて「租」を納めた。したがって，口分田を分け与えたのは，「6歳以上の男子」ではなく「6歳以上の男女」となる。なお，「租」は男女の農民に課され，税率は稲の収穫高の約3%であった。

基本　問4　宇治の平等院などにみられる，貴族の邸宅の様式は寝殿造である。寝殿造は主人の住む正殿(寝殿)を中心に対屋・釣殿・泉殿などのさまざまな建物が渡り廊下などでつながれた。また南の庭には，島を築いた池がつくられた。

基本　問5　空海(774～835年)は遣唐使とともに中国の唐に渡って密教を学び，帰国後に高野山に金剛峯寺を建てて，真言宗を広めた。

問6　鎌倉時代(12世紀末～1333年)につくられた法律は，1232年に制定された御成敗式目である。この法律は源頼朝以来の幕府の先例や武士のならわしをもとにしてつくられた，御家人の間での土地争いなどの裁判の際の基準を定めた最初の武家法である。しかし当時，御成敗式目が通用したのは武家社会だけであり，朝廷の支配権が強い地域や荘園などで効力はなかった。なお，(あ)の武家諸法度は江戸時代，(う)の分国法は戦国時代，(え)の墾田永年私財法は奈良時代につくられた法律である。

問7　天正少年使節は，1582年(天正10年)に九州のキリシタン大名であった大友義鎮・大村純忠・有馬晴信の代理としてイタリアのローマ((あ))へ派遣された4名の少年を中心とした使節団である。彼らは1585年にローマでローマ教皇に謁見し，1590年(天正18年)に帰国した。しかしその時は，豊臣秀吉のバテレン追放令によって，キリスト教の布教が禁止されていた。なお，(い)のパリはフランス，(う)のロンドンはイギリス，(え)のウィーンはオーストリアの首都である。

問8　宋銭は平安時代後期から室町時代に大量に輸入された銅銭，明銭は室町時代の日明貿易で大量に輸入された銅銭なので，これらの銅銭を江戸時代に幕府が中国や朝鮮から輸入して日本国内で使用したことはない。

問9　緒方洪庵(1810～1863年)は，江戸時代後半の蘭学者・医者である。彼は江戸・長崎で蘭学を学んだ後，1838年に大坂に蘭学塾である適塾を開いて，福沢諭吉などの幕末から明治時代にかけて活躍した人材を育てた。なお，(あ)の伊藤仁斎(1627～1705年)は江戸時代前半の儒学者，(い)の広瀬淡窓(1782～1856)は江戸時代後半の儒学者，(え)の吉田松陰(1830～1859年)は江戸時代後半に松下村塾を開いた教育者・思想家である。

問10　明治政府が国民(臣民)に課した「三大義務」は，大日本帝国憲法の第20条にある兵役の義務，同第21条にある納税の義務，その他に「教育」の義務があった。

問11　教育勅語は，1890年に発布された学校教育と国民の道徳の基本方針を示したものである。そこでは天皇に「忠義」をつくし(う)，国を愛するという忠君愛国の精神が強調され(あ)，さらに父母に孝行をつくして兄弟・姉妹等が仲良くする(い)ことが示された。したがって，教育勅語の中に「人権や平等の大切さが強調され，国民に基本的人権を保障する」内容はない。

問12　天皇の暗殺を計画したとして，幸徳秋水らの社会主義者が死刑となったのは1910年の大逆事件である。したがって，この事件は大正時代(1912～1926年)の出来事ではない。なお，(あ)の市川房枝たちが新婦人協会を設立したのは1920年，(い)の全国水平社の創立大会が開かれたのは1922年，(う)の政府が治安維持法を制定したのは1925年のことである。

問13　(1)　学徒出陣は，戦局が悪化したことで1943年にそれまで徴兵を猶予されていた文化系の大学生や専門学校の学生が兵隊として動員されて戦地に送られた(C)ことである。　(2)　学徒勤労動員は，労働力不足を補うために国民学校高等科以上の学生，女学生，未婚の女性を軍需工場などで働かせた(A)ことである。　(3)　学童疎開は，1944年からは，東京などの大都会の国民学校の3年生から6年生の児童(学童)を地方の親戚の家や旅館・寺院などに避難させた(B)ことである。

重要　問14　1945年12月の新選挙法(改正選挙法)によって，日本における女性参政権が認められ，満20歳以上の男女に選挙権が認められた。それによって1946年4月の衆議院議員総選挙では78名の女性が立候補し，39名の女性議員が誕生した。

問15　朝鮮戦争は，1950年に朝鮮民主主義人民共和国(北朝鮮)が大韓民国(韓国)に侵攻して始まった戦争である。アメリカ軍を中心とする国連軍が韓国を，中華人民共和国の人民義勇軍が北朝鮮を支援した。この戦争は1953年に休戦協定が結ばれて休戦したが，現在も休戦状態が続いている。したがって，1953年に板門店で，大韓民国と朝鮮民主主義人民共和国の間で講和条約が結ばれたことはない。

問16　2006年に教育基本法が改正された時，内閣総理大臣であったのは安倍晋三(在2006～2007年)である。さらに彼は2012～2020年の期間も内閣総理大臣を務めた。なお，(あ)の小泉純一郎は2001～2006年，(う)の菅義偉は2020～2021年，(え)の岸田文雄は2021年からそれぞれ内閣総理大臣を務めた(務めている)。

3 (政治－社会の多様性に関する問題)

重要　問1　(1)　日本国憲法第11条には，「国民は，すべての基本的人権の享有を妨げられない。この憲法が国民に保障する基本的人権は，侵すことのできない永久の権利として，現在及び将来の国民に与へられる。」とある。したがって，空欄Aには「侵す」，空欄Bには「永久の権利」が入る。

(2) C・D 設問の説明文は「刑事事件の場合，警察官は，犯罪の疑いのある被疑者を逮捕するが，現行犯でなければ裁判所が発行する逮捕令状が必要となる。」のようになる。したがって，空欄Cには「刑事」(い)，空欄Dには「裁判所」(う)が入る。 E 設問の説明文は「取り調べの中で犯人だという確証が得られると被疑者は起訴され被告人として刑事裁判を受けることになる。」となる。したがって，空欄Eには「被告人」(か)が入る。 (3) 子どもの権利条約は，1989年に国連総会で採択された条約である。この条約では子どもを一人の人間として尊重し，生きる権利・守られる権利・育つ権利・参加する権利などを基にして，子どもの人権を守るための事項が定められている。 (4) 子ども家庭庁は，それまでは内閣府や厚生労働省が担当していた子どもに関する政策を一つにまとめるために，2023年4月に設立された内閣総理大臣直属の機関である。 (5)「公共の福祉」とは社会全体の利益のことで，ある人が基本的人権を行使することで他人の人権を侵害することを防止するためのものである。

問2 (1) 日本の国会議員における女性の割合や女性の閣僚の比率はともに約10%でかなり低くなっており，また多くの地方議会でも女性の割合は20%以下であり，その割合は低いことが指摘されている。日本ではこのように女性の政治参加が少ないので，「ジェンダーギャップ指数」では日本の政治分野での特に低い傾向になっている。 (2) 人種や性別等の理由とするさまざまな差別によって不利益を被っている人たちに対する格差を是正するための取り組みは，アファーマティブアクション(積極的格差是正措置)と呼ばれている。具体的には教育や就業などで優遇する方策が採られているが，日本では特に雇用の男女格差をなくすための優遇措置が行われている。

基本 問3 「新しい人権」は日本国憲法には規定されていないが，環境権・知る権利・プライバシーの権利・自己決定権などがある。これらの権利は，日本国憲法の第13条の幸福追求権や第25条の生存権を根拠としている(本設問では解答としては環境権の他に，知る権利・プライバシーの権利・自己決定権も正解になる)。

問4 国連人口基金は，2023年半ばにインドの人口が中国の人口を抜いて世界最多になる見通しを示した。その推計ではインドの人口が14億2860万人となり，中国の人口の14億2570万人を290万人上回るとしている。したがって，「中国の人口は，インドを抜いて，世界一となった」ことはない。

問5 参議院議員は任期が6年であるが，6年ごとではなく3年ごとに半数が改選されることになっているので，参議院議員選挙は3年ごとに行われる。

基本 問6 労働基準法は，1947年4月に制定された週40時間労働(1日8時間労働)や年次有給休暇などのことを定めた法律である。

問7 WTO(世界貿易機関)は，GATT(関税及び貿易に関する一般協定)のあとを受けて1995年に設立された国際機関である。この機関は加盟国・地域による閣僚会議を最高意思決定機関とし，紛争処理機関や貿易政策の審査機関を持っている。したがって，中国のレアアースの輸出規制は協定違反と訴えていた日本と米国，EUの主張を認める権限を持っている。なお，(あ)は国連人権理事会，(い)はユニセフ，(う)はWHO(世界保健機関)の活動内容である。

やや難 問8 「ジェンダーレストイレ」とは，男性・女性といった性別に関係なく使用できるトイレのことである。近年は男性・女性のどちらにも属さない「LGBTQ」の人々の存在が注目されるようになってきたので，「LGBTQ」の人々が周囲を気にすることなくトイレが使用できるように，社会が配慮することが必要とされている。

★ワンポイントアドバイス★

地理・歴史・政治の各分野で大問が1題ずつで，出題の割合はほぼ均等である。ただし，分野に関係なく1～3行の説明問題が複数出題されるので，簡潔にまとめることができるように，練習するように努めよう。

＜国語解答＞《学校からの正答の発表はありません。》

一 問一 ① 過失 ② 熱帯 ③ 晩成 ④ 器械 ⑤ 整(える)
問二 ① けいてき ② ひっし ③ みき ④ よそお(う) 問三 ① 先
② 消 ③ 満 問四 ① ウ ② ア ③ イ

二 問一 ア 問二 ア 問三 エ 問四 エ 問五 イ 問六 ア・ウ・エ
問七 副作用 問八 (例) 会社で同僚が休みを取らないので，自分が休みを取りづらいという同調圧力があると，ニュースで知った。「我々は休みを取るべきではない」から「私は，必要なときには休みを取ってよい」と，主語を変えることで，休みを取る行動ができるようになる。自分が何を必要としているかに気づき，主体的に行動するようになるからだ。

三 問一 イ 問二 イ 問三 エ 問四 ア 問五 新しい星を発見 問六 PTA
問七 イ 問八 ウ 問九 (例) 投票のことや，二人の関係についてみずほが話してくれたことで，みずほの良さや，二人の関係を見直すことができ，心の壁が破れた。二人の存在は，本当の世界として意味のあるものだということ。

○推定配点○
一 各2点×15 二 問八 13点 他 各3点×7(問六完答)
三 問九 12点 他 各3点×8 計100点

＜国語解説＞

一 (漢字の読み，対義語，単語の識別)

問一 ① 「過失」は，あやまちのこと。 ② 「熱帯」は，赤道を中心として南北両回帰線に挟まれた地帯。 ③ 「大器晩成」は，大人物は才能の表れるのは遅いが，徐々に大成するものであるということ。 ④ 「器械体操」は，鉄棒・跳び箱・平均台・つり輪などの器械によって行う体操。 ⑤ 「整える」は，乱れがない状態にすること。「隊列を整える」「身辺を整える」のように使う。「調える」は，望ましい状態にすること。「費用を調える」「味を調える」のように使う。

問二 ① 「警笛」は，注意をうながすために鳴らす笛。 ② 「必至」は，必ずそうなること。 ③ 「お神酒」は，神前に供える酒。 ④ 「装う」は，飾りととのえること。

基本 問三 ① 「子孫」は，子から孫，またその子と，血筋を引いて代々生れる人々。「祖先」は，その家の先代以前の人。 ② 「生産」は，人間が自然に働きかけて，人にとって有用な財・サービスを作り出すこと。「消費」は，欲望の直接・間接の充足のために財・サービスを消耗する行為。 ③ 「不和」は，仲が悪いこと。「円満」は，調和がとれていて穏やかなこと。

問四 ① 問題文とウは格助詞。ア・イは接続助詞。 ② 問題文とアは仮定の順接を示す接続助詞。イは並立を示す接続助詞。ウは確定の順接を示す接続助詞。 ③ 問題文とイは，程度・限度を示す副助詞。ア・ウは，終点を示す副助詞。

二 (論説文―空欄補充，接続語，語句の意味，内容理解，要旨，作文)

問一　A 「もちろん，……肯定する気はない」といったん認める内容を述べたあとで，「でも贔屓のチームが……気になるのだ」と，前に反する内容を述べるというつながりである。　B　空欄の前後のことがらを並べているので，並立の接続語が入る。　C　空欄の前後が逆の内容になっているので，逆接の接続語が入る。　D　空欄の前の内容の説明や補足を空欄のあとでしているので，説明・補足の接続語が入る。

基本　問二　隅から隅まで，または，ささいなことまで干渉・せんさくすることのたとえ。

問三　二つあとの段落の内容が，エに合致している。

問四　「自画自賛」は，自分の描いた絵を自分でほめること。転じて，自分で自分のことをほめること。

重要　問五　直前の留学生の話の最後の段落にある「いろんな日本人がいるように，いろんな中国人がいます」という内容に注目する。

問六　直後の三つの段落の内容が，ア・ウ・エに合致している。あとの，「まったくわからない，ほんの少しの未来を生きるために，……全力で，調べてみる。それが『考える』ということだ」という筆者の考えに合うものを選ぶ。

問七　冒頭の段落に「でも集団には副作用がある。同調圧力が強くなるのだ」とあることに注目する。

やや難　問八　「我々」という主語を使って，集団の同調圧力に押されている状態から，「私」という主語を使って主体的に行動することへ変化すること。これの具体例を，自分の見聞や経験から考える。

三 (小説―空欄補充，語句の意味，内容理解，心情理解，主題，作文)

問一　イ「八つ当たり」は，関係のない人にまで怒り散らすこと。

問二　この場面での「わたし」は，自分でも思いがけず，「泣きそうになった」ということ。

問三　あとに「傷ついたのだ。誰にも選ばれなかったという事実に」とあり，さらにあとに「みずほは，わたしに投票してくれなかった。一番仲良しなのに。そう思うと腹がたってくる」とあることに注目する。

重要　問四　問三で見たように，「みずほは，わたしに投票してくれなかった。一番仲良しなのに。そう思うと腹がたってくる」とあり，傍線部②のあとに，「学校で，みずほと，わざとはしゃいだりする雰囲気が嫌だった」とあることに注目する。

問五　文章の終わりのほうで，「わたし」は兄とのやりとりを思い出し，「プラネタリウムでは，新しい星を発見することができない」と考えている。

問六　「わたし」と母のやりとりが書かれている部分を探す。

問七　みずほが，「だって，わたしたち，わたしたち以外の世界の子たちも，いいって思えるんだから」と言っていることをふまえて考える。

問八　傍線部⑥の前後の「みずほは，こんなふうに会いに来てくれた」「それは，とても，勇気のいることなのだから」に注目。

やや難　問九　「決してゼロではない」とは，プラネタリウムでない本物の空と同様に，「本当の世界」として存在する，意味のあるものだということ。

★ワンポイントアドバイス★

細かい読み取りを必要とする読解問題が出題されている。また，自分の言葉を含めて書く百字以上の記述問題が二題ある。ふだんから，いろいろな小説や随筆，論説文に触れたりすることが大切。語句などの知識問題も必須だ！

2023年度

★★★★★★★★★★★★★★★★★★★★★★★

入　試　問　題

2023年度

法政大学第二中学校入試問題（第１回）

【算　数】（50分）　＜満点：100点＞

【注意】　１．定規，分度器，コンパスは使用しないこと。
　　　　　２．必要ならば，円周率は3.14を用いること。
　　　　　３．図は必ずしも正しいとは限らない。

1　次の □ にあてはまる数を答えなさい。

(1)　$5.5 \div \left(8\frac{1}{2}+1\frac{1}{8}\right)+2.75 \div 4\frac{1}{8}=$ □

(2)　$\left(\frac{3}{4}-\frac{2}{3}\right) \div \frac{\square}{6} \times 1.2=0.12$

(3)　$1+3 \div [1+3 \div \{1+3 \div (1+3)\}]=$ □

(4)　$\frac{21}{10}$日は２日と２時間 □ 分です。

2　次の問に答えなさい。

(1)　８月のある週の月曜日から日曜日までの日付を合計すると133でした。その年の９月の第３週の日曜日は □ 日です。□ にあてはまる数は何ですか。ただし，週の始まりは月曜日とします。

(2)　２つのサイコロＡ，Ｂを同時に投げるとき，Ａの目は５以下，Ｂの目は４の約数になる場合は何通りありますか。

(3)　法政二中の今年入学した生徒の人数は，去年入学した人数より４％増えて234人でした。法政二中に去年入学した人数は何人ですか。

(4)　縦180cm，横90cmの長方形があります。これを図のように，縦を６等分した点から，横の辺に平行な直線を引き，対角線で区切られる12の部分に分けました。このとき，②＋⑨の面積は何cm²ですか。

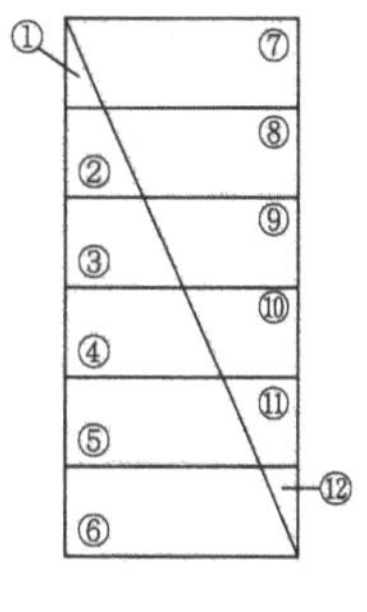

(5)　a ※ $b = a \times b + 9 \times b - a$ とします。23※ □ ＝113となるとき，□ に入る数は何ですか。

(6)　太郎くんは100円硬貨《こうか》と50円硬貨を合わせて119枚持っています。それぞれ持っている硬貨の枚数の比は13：４です。太郎くんは100円硬貨を何枚持っていますか。

3　図のような１辺60mの正方形ABCDの道があります。この道を動く３つの点Ｘ，点Ｙ，点Ｚがあり，それぞれの動き方については，次のページの【表】のように設定しました。点と点が接触《せっしょく》すると，どちらの点も速さを変えずに進んでいた向きと逆向きに進みます。ただし，接触

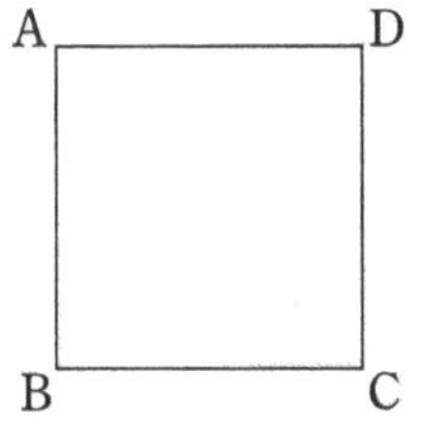

とは，点と点が正面から出会う場合と速い点が遅い点に追いつく場合の両方のこととします。
３つの点Ｘ，点Ｙ，点Ｚを８時ちょうどに同時に動かし始めたとき，次の問に答えなさい。

【表】

	分速	出発する頂点	動く向き	頂点で停止する時間
X	3m	D	時計回り	4分
Y	2m	D	反時計回り	2分
Z	1m	B	反時計回り	3分

(1)　点Ｘと点Ｚが初めて接触するのは何時何分ですか。

(2)　点Ｙと点Ｚが初めて接触するのは何時何分何秒ですか。

4　数学者ガウスは幼き日に，１＋２＋３＋……＋98＋99＋100の計算を，「逆の順に並べた式と加えたものを２で割って計算した」と言われています。

$$\begin{array}{r} 1+\ 2+\ 3+\cdots+\ 98+\ 99+100 \\ +)\ 100+\ 99+\ 98+\cdots+\ 3+\ 2+\ 1 \\ \hline 101+101+101+\cdots+101+101+101 \end{array}$$

よって，$101\times100\div2=5050$

次の問に答えなさい。

(1)　偶数の和２＋４＋６＋……＋96＋98＋100はいくつですか。

(2)　３の倍数の和102＋105＋108＋……＋261＋264＋267はいくつですか。
考え方も書きなさい。

5　図の平行四辺形ABCDにおいて，辺BFと辺FCの比は１：３，三角形BEFの面積は４cm^2です。
次の問に答えなさい。

(1)　辺FCの長さは何cmですか。

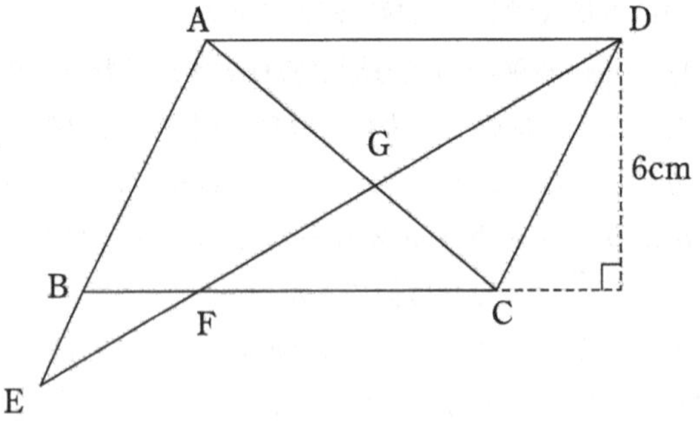

(2)　四角形ABFGの面積は何cm^2ですか。

6　次のページの図のような半径６cm，高さ10cmの円柱型の水そうと，立体アがあります。次のページの問に答えなさい。ただし，水そうの厚さは考えないものとし，立体アはななめにかたむけたりせずに，水そうに入れるものとします。

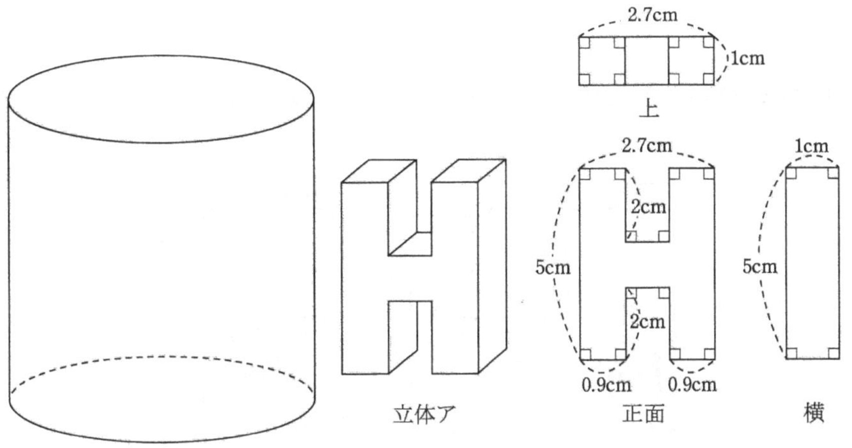

円柱型の水そう

⑴　立体アの表面積は何cm^{2}ですか。

⑵　立体アを円柱型の水そうの底面との設置面積が一番大きくなるように入れました。
そこに水を注いで立体アを完全に水の中に沈ませるには，水は何cm^{3}より多くの水を入れる必要がありますか。

⑶　今度は立体アを円柱型の水そうの底面との設置面積が一番小さくなるように入れました。次に，水そうに立体アの高さ$\frac{4}{5}$まで水を入れたところで，立体アを抜き取りました。このとき，水面の高さは何cm下がりますか。

【理　科】（40分）　＜満点：75点＞

1. 下の図は血液がどのように全身に流れているのかを模式的に表したものです。以下の問いに答えなさい。

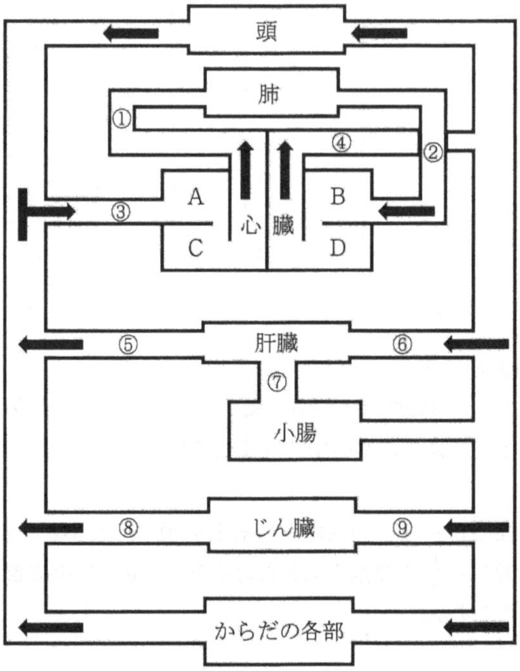

問１　心臓のつくりにおいて，Ｃの部屋が収縮しているとき，同時に収縮している部屋を図のＡ，Ｂ，Ｄから１つ選び，記号とその部屋の名前を答えなさい。

問２　ヒトの心臓は２心房《しんぼう》２心室です。ヒトの心臓と同じつくりをもつ動物をすべて選び，次の(ア)～(オ)の記号で答えなさい。

(ア)　イモリ　　(イ)　サメ　　(ウ)　カエル　　(エ)　ペンギン　　(オ)　イルカ

問３　図の①～④の血管のうち，静脈をすべて選び，①～④の記号で答えなさい。

問４　図の①～④の血管のうち，静脈血が流れているものをすべて選び，①～④の記号で答えなさい。

問５　静脈には，動脈に見られない特徴的《とくちょうてき》なつくりがある。そのつくりのはたらきとして正しいものを次の(ア)～(エ)から１つ選び，記号とそのつくりの名前を答えなさい。

(ア)　全身にめぐる血液を勢いよく送り出す。

(イ)　養分や不要物を効率よく運ぶ。

(ウ)　血液の逆流を防ぐ。

(エ)　二酸化炭素と酸素の交かんを効率よく行う。

問６　図の①～⑨の血管のうち，最も不要物の少ない血液が流れているのはどこか，①～⑨の記号で答えなさい。

2. 次の文章を読んで，以下の問いに答えなさい。

下の図のような装置は（　①　）といいます。風通しをよくするため四方をよろい戸にしてあります。太陽光線の影響《えいきょう》を考え，とびらは（　②　）側を向いた面にあり，外側全体は白色でぬられています。

装置の中には気象観測のための道具が入っており，湿度《しつど》を測る道具として乾湿球《かんしつきゅう》温度計が入っています。湿度とは空気のしめり気の度合いを表す量で，空気中にふくまれている水蒸気の量が，その温度の空気がふくむことのできる最大の水蒸気量《りょう》（飽和《ほうわ》水蒸気量）に対して何％であるのかを表したものです。飽和水蒸気量は気温によって変化する値で，空気１ m^3 にふくむことのできる最大の水蒸気のグラム数であらわします。乾湿球温度計は二本の温度計が並んでおり，一方は通常の気温を測る温度計（乾球《かんきゅう》温度計），もう一方は，液だめ部分が湿ったガーゼで常におおわれている温度計（湿球《しっきゅう》温度計）です。乾球温度計の示す気温と湿球温度計の示す温度との差から，湿度表を用いて湿度（％）を求めることができます。問題を解く際には，次のページの表１の湿度表および表２の飽和水蒸気量の表の数値を用いることとし，この観察・実験をした日は，無風状態であるとします。

問１　（①）に入る言葉を漢字で答えなさい。

問２　（②）に入る方角は次のどれですか。（ア）～（エ）から１つ選び記号で答えなさい。

（ア）東　（イ）西　（ウ）南　（エ）北

問３　ある日の午前中，乾球温度計で読み取った気温は31℃，湿球温度計は29.5℃を示していました。このときの空気１ m^3 にふくまれる水蒸気量は何ｇか求めなさい。答えは小数点以下第２位まで求めなさい。

問４　問３を測定した１時間後，気温が２℃上昇《じょうしょう》しました。このとき湿球温度計は何℃を示すか答えなさい。ただし，空気１ m^3 にふくまれる水蒸気量は問３のときと変わらないものとします。

問５　問３の測定とは別の日，乾球温度計は31℃を示し，湿球温度計は21.5℃となりました。常温の飲み物に氷を少しずつ入れながら飲んでいると，コップの表面に水滴《すいてき》が付き始めました。水滴が付き始めたときの飲み物の温度に最も近い温度を整数で答えなさい。なお，飲み物の温度とコップの表面の温度は同じとします。

問６　問５と同じ日，問１の装置の中の乾湿球温度計と同じものを使い，日陰《ひかげ》で扇風機《せんぷうき》の風をあて，温度の変化を見る実験をしました。実験の前，乾球温度計は31℃，湿球温度計は21.5℃を示していました。実験結果として最も適切なものを次の（ア）～（カ）から１つ選び記号で答えなさい。

（ア）　乾球温度計も湿球温度計も風で冷やされて温度が下がった。

（イ）　乾球温度計は温度が下がったが，湿球温度計の温度は変わらなかった。

（ウ）　乾球温度計の温度は下がったが，湿球温度計は気温31℃の影響を受けて上昇した。

（エ）　乾球温度計の温度は変わらなかったが，湿球温度計の温度は下がった。

（オ）　乾球温度計の温度は変わらなかったが，湿球温度計は気温31℃の影響を受けて上昇した。

（カ）　風をあてても空気中の湿度は変わらないため，乾球温度計も湿球温度計も変化しなかった。

表１　湿度表

気温（℃）	乾球温度計と湿球温度計の示度の差（℃）																				
	0	0.5	1	1.5	2	2.5	3	3.5	4	4.5	5	5.5	6	6.5	7	7.5	8	8.5	9	9.5	10
35	100	97	93	90	87	83	80	77	74	71	68	65	63	60	57	55	52	49	47	44	42
34	100	97	93	90	86	83	80	77	74	71	68	65	62	59	56	54	51	48	46	43	41
33	100	96	93	89	86	83	80	76	73	70	67	64	61	58	56	53	50	47	45	42	40
32	100	96	93	89	86	82	79	76	73	70	66	63	61	58	55	52	49	46	44	41	39
31	100	96	93	89	86	82	79	75	72	69	66	63	60	57	54	51	48	45	43	40	37
30	100	96	92	89	85	82	78	75	72	68	65	62	59	56	53	50	47	44	41	39	36
29	100	96	92	89	85	81	78	74	71	68	64	61	58	55	52	49	46	43	40	37	35
28	100	96	92	88	85	81	77	74	70	67	64	60	57	54	51	48	45	42	39	36	33
27	100	96	92	88	84	81	77	73	70	66	63	59	56	53	50	47	43	40	37	35	32
26	100	96	92	88	84	80	76	73	69	65	62	58	55	52	48	45	42	39	36	33	30
25	100	96	92	88	84	80	76	72	68	65	61	57	54	51	47	44	41	38	34	31	28
24	100	96	91	87	83	79	75	71	68	64	60	56	53	49	46	43	39	36	33	30	26
23	100	96	91	87	83	79	75	71	67	63	59	55	52	48	45	41	38	34	31	28	24
22	100	95	91	87	82	78	74	70	66	62	58	54	50	47	43	39	36	32	29	26	22
21	100	95	91	86	82	77	73	69	65	61	57	53	49	45	42	38	34	31	27	24	20
20	100	95	91	86	81	77	73	68	64	60	56	52	48	44	40	36	32	29	25	21	18
19	100	95	90	85	81	76	72	67	63	59	54	50	46	42	38	34	30	26	23	19	15

表２　飽和水蒸気量（空気１m^3にふくむことのできる最大の水蒸気のグラム数）

気温［℃］	5	6	7	8	9	10	11	12	13	14
飽和水蒸気量［g/m^3］	6.8	7.3	7.7	8.3	8.8	9.4	10.0	10.7	11.4	12.1

気温［℃］	15	16	17	18	19	20	21	22	23	24
飽和水蒸気量［g/m^3］	12.8	13.6	14.5	15.4	16.3	17.3	18.3	19.4	20.6	21.8

気温［℃］	25	26	27	28	29	30	31	32	33	34
飽和水蒸気量［g/m^3］	23.0	24.4	25.8	27.2	28.8	30.4	32.0	33.8	35.6	37.6

3. 次の文章を読んで，以下の問いに答えなさい。

家庭で利用されている都市ガスの主成分は，メタンといいます。メタンは，無色，無臭《むしゅう》で水に溶《と》けにくく，空気よりも軽い気体です。①メタンを試験管にとって，②マッチの炎《ほのお》を近づけると十分な酸素と反応して青白い炎を出して燃えました。その試験管を観察すると水滴《すいてき》が付いていました。メタンを燃焼させた後の試験管に③石灰水を入れ観察したところ，白くにごることが分かりました。

同じような実験をプロパンでも行いました。プロパンは，縁日《えんにち》などの屋台で火力の燃料としてプロパンガスという名称で知られています。

問１　下線①について，「メタンを試験管にとって」とあります。その捕集《ほしゅう》方法に最も適した名前は何置かん法か答えなさい。解答欄《らん》に合うように漢字２文字で答えなさい。

問２　下線②について，「十分な酸素と反応して」とあります。このような燃焼を何燃焼といいますか。解答欄に合うように漢字２文字で答えなさい。

問３　下線③について，気体を「石灰水に入れると白くにごる」とあります。このことから分かる気体名を答えなさい。解答欄に合うように漢字５文字で答えなさい。

問４　問３の気体は，わずかに水に溶けます。水に溶かした水溶液《すいようえき》の液性は何性になるか答えなさい。

問５　プロパンの燃焼は，メタンと同じような反応が起こります。５つの容器（Ａ～Ｅ）に，プロパン20cm^{3}ずつ入れ，酸素をそれぞれ10，30，50，80，110cm^{3}ずつ入れて燃やしました。燃やした後，発生した気体をにがさず，水滴(水蒸気)を取り除き，残った気体の体積をはかりました。次に，集めた気体がにげないものとして，石灰水を入れたところ白くにごり気体の体積が減りました。この気体がすべて溶ける量の石灰水を加え，残った気体の体積をはかりました。その結果は次の表の通りです。ただし，プロパンと酸素は水に溶けなかったものとし，温度，気圧は同じ条件で体積をはかっています。以下の問いに答えなさい。

容　器	A	B	C	D	E
入れたプロパンの体積（cm^3）	20				
入れた酸素の体積（cm^3）	10	30	50	80	110
残った気体の体積（cm^3）	24	32	40	X	70
石灰水を入れた後の気体の体積（cm^3）	18	14	10	Y	10

(1)　Ｅの容器で石灰水を入れた後の残った気体は何か。気体名を答えなさい。

(2)　表のＸは何cm^{3}になるか答えなさい。また，このとき残った気体の中に，発生した気体以外の気体が含まれています。その気体名を答えなさい。

(3)　プロパンと燃焼するのに使用された酸素との体積比について，簡単な整数比に表すとどうなるか。解答用紙の「プロパン：酸素＝１：●」の●に入る数字を整数で答えなさい。

4.　幅《はば》20cm，高さ３cm，奥行《おくゆ》き８cmの中心に重心のあるレンガを複数使い積み上げました。以下の問いに答えなさい。ただし，１段目のレンガは水平な床《ゆか》に置き，またレンガは真上に重ねてから平行に右へずらしたとします。

問１　図１のように２段目のレンガを１段目の左端からずらしてレンガを積んだ。左端《ひだりはし》から何cmまでずらしてもくずれないですむか，答えなさい。

問２　次のページの図２のように２段目のレンガを１段目の左端から６cmずら

図１

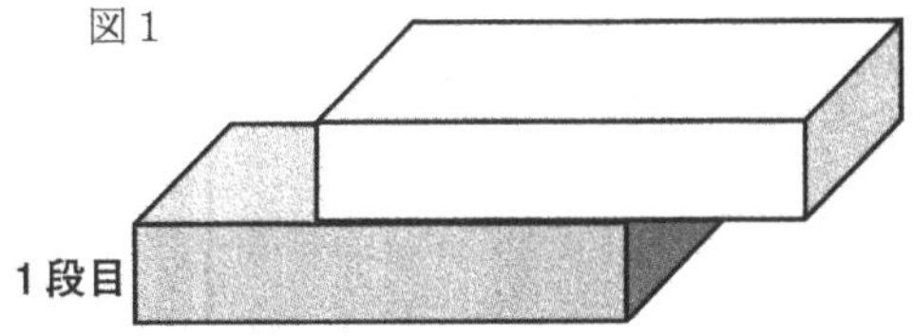

してレンガを積んだ。次に３段目のレンガを２段目の左端から何cmまでずらしてもくずれないですむか，答えなさい。

図２

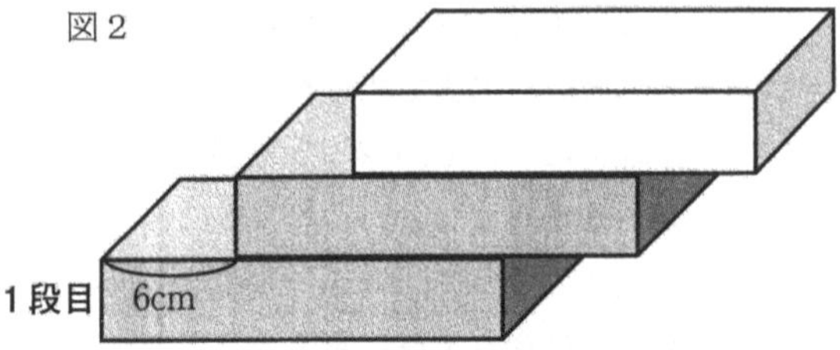

問３　図３のように下の段の左端から４cmずつずらしてレンガを積んでいくと何段目を積んだところでくずれるか，答えなさい。

図３

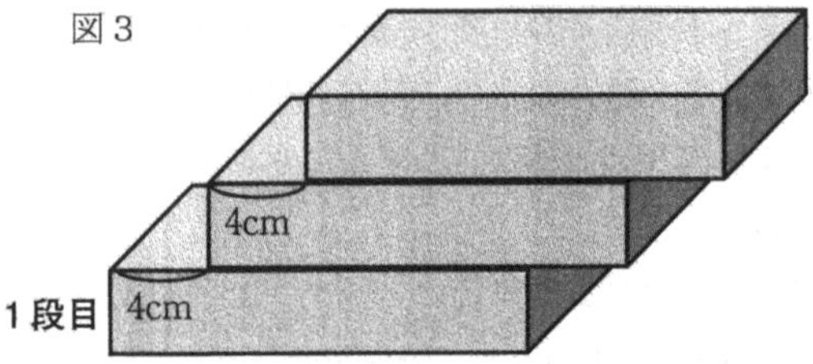

5. 同じ種類の豆電球と電池を用いてア～コの回路をつくり，豆電球と電池の関係について調べました。以下の問いに答えなさい。

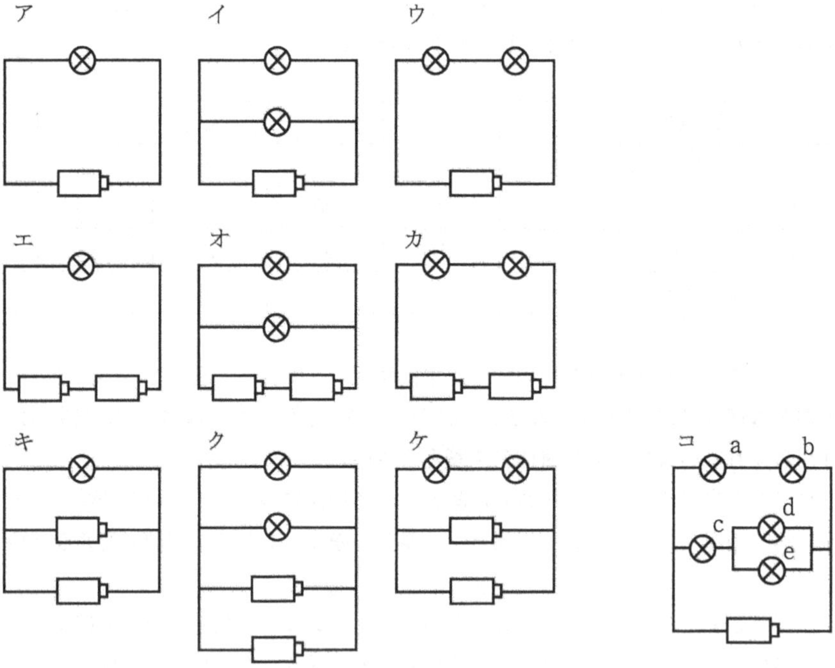

問１　ア～ケの回路のうち最も明るい豆電球が含《ふく》まれている回路をすべて選び，ア～ケの記号で答えなさい。

問２　ア～ケの回路のうち電池が最も長くもつ回路をすべて選び，ア～ケの記号で答えなさい。

問３　コの回路の豆電球ａ～ｅに流れる電流の大きさを最も簡単な整数比で答えなさい。

6. 以下の文章の(①)～(③)には，最も適する言葉を入れなさい。(④)～(⑥)には，最も適する言葉を下の選択肢《せんたくし》（ア）～（コ）から１つ選び記号で答えなさい。

SDGsは，2015年の国連総会で採択《さいたく》された「我々の世界を変革する（　①　）可能な開発のための2030アジェンダ」という文書の一部です。前文のほかに，17の目標と169のターゲットが定められています。

目標13は「気候変動に具体的な対策を」です。世界では地球温暖化による気温の上昇《じょうしょう》が続いています。気候変動に関する政府間パネル(IPCC)による第６次評価報告書によると，2011～2020年(10年平均)の平均気温は産業革命前より1.09℃ 上昇していることが判明しました。2021年には，国連（　②　）変動枠組《わくぐみ》条約第26回締約《ていやく》国会議（COP26）が開かれました。IPCCの第６次評価報告書を受けて，今世紀中の平均気温の上昇を産業革命前比で1.5℃ に抑《おさ》えるという，今までより一歩踏《ふ》み込《こ》んだ世界共通の目標として合意されたことが成果と言えます。

COP26では，石炭火力発電所の段階的な廃止《はいし》を盛《も》り込んだ声明が出され，190の国や地域・組織が署名しましたが，日本やアメリカ，インドなどは署名を見送りました。このような消極的な姿勢もあり，日本は国際NGOから（　③　）賞を受けてしまいました。

化石燃料による発電から再生可能エネルギーによる発電に移り変わっているだけでなく，重要な移動手段である自動車もエンジン自動車からモーターを動力とするEVに急速に移り変わろうとしています。EVにとって重要なパーツはバッテリーです。現在は主に（　④　）イオン電池が使われていますが，電池の電解質(電流を発生させるために必要な物質)を（　⑤　）体にする全（　⑤　）体電池の研究が進んでいます。

近年はAIやビッグデータなどを活用した情報技術が発達しています。例えば，ヘルス(健康)とテクノロジー（技術）を掛《か》け合わせたヘルステックは，AIやウェアラブルデバイス，クラウドなどデジタル技術を組み合わせて，医療《いりょう》や創薬にいかされています。また，農業において，ドローンやAI，IoT，ビッグデータなどを活用し，農業を活性化する技術を（　⑥　）テックと言います。これらの新たなテクノロジーは人手不足を緩和《かんわ》したり，省エネルギーにつながると期待されています。

選択肢《せんたくし》

（ア）ナトリウム　（イ）リチウム　（ウ）チタン　（エ）気　（オ）固　（カ）液
（キ）アグリ　（ク）フィン　（ケ）ロボ　（コ）ノウ

【社　会】（40分）　＜満点：75点＞

１　次の【図１】と【１】～【５】の文を読み，あとの問いに答えなさい。

【図１】

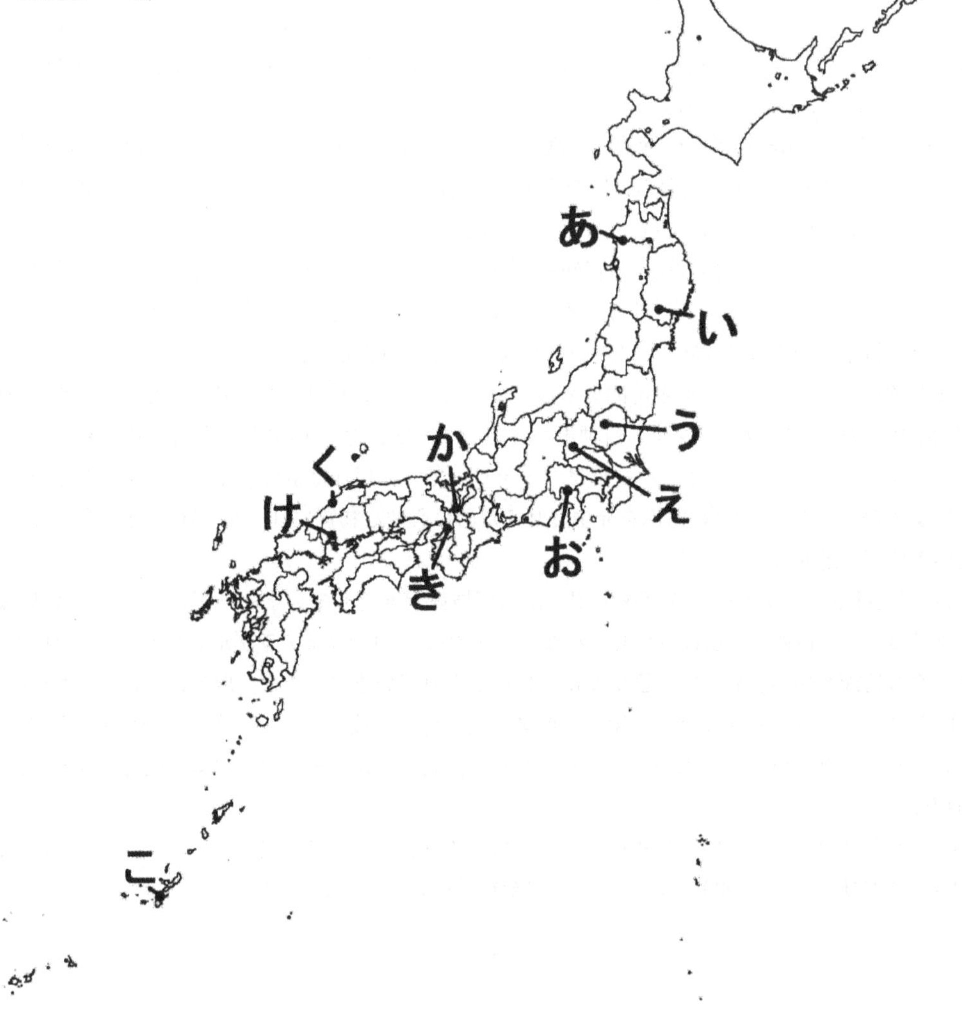

【１】 1996年に世界遺産に登録された。世界で最初に実戦使用された原子爆弾の爆心地近くに残された建物で，爆発直後の状態が残っている。それは，人類がこれまでに作り出した最も破壊的な力の象徴であるだけでなく，世界平和とすべての核兵器廃絶への希望にもなっている。

【２】 1999年に世界遺産に登録された。これには２つの神社と１つの仏教寺院内にある103の宗教的な建物が含まれる。最初の寺院は仏教の僧侶によって８世紀に，その他の建物の多くは17世紀に建てられ，山の斜面に配置されている。

【３】 2000年に世界遺産に登録された。これには５つの城，「玉陵」など２つの石造建築物，さらに「斎場御嶽」と「識名園」を加えた９つの遺跡や文化的景観が含まれる。この地域独自の社会・文化は長期にわたる他地域との経済的・文化的交流によって形成された。

【４】 2007年に世界遺産に登録された。これには16～20世紀に採掘が行われた鉱山と関連施設，鉱山集落のほか，鉱物などを輸送するために使われた道や港も含まれる。この鉱山は当時の日本と東南アジアの経済発展に大きく貢献した。

【５】 2011年に世界遺産に登録された。これには仏教の寺院や庭園など５つの遺跡が含まれる。11～12世紀に北日本を支配した勢力が京都の文化を取り入れて寺院などを造営したこの場所は，政治・行政上の拠点となった。

問１　【１】～【５】の場所を，【図１】中の**あ**～**こ**からそれぞれ選び，記号で答えなさい。ただし同じ記号を二回以上つかわないこと。

問２　【１】の世界遺産を，答えなさい。

問３　【４】の世界遺産を，漢字で答えなさい。

問４　【２】の地域の食べ物として有名な，「大豆の加工品で，大豆から豆乳をつくり豆乳をじっくり煮たときにできる薄い膜のこと」を何というか，ひらがなで答えなさい。

問５　【３】について，2019年10月末に正殿等が焼失して，その後，再建の取り組みがおこなわれている城の名前を漢字で答えなさい。

問６　【４】で採掘されていた鉱物について，現在の世界の主要な生産国とその生産量を示した表として正しいものを（あ）～（え）から一つ選び，記号で答えなさい。

（あ）

オーストラリア	569
ブラジル	258
中国	219
インド	148
その他	326

2019年　単位　百万ｔ

（い）

中国	401
オーストラリア	315
ロシア	311
アメリカ合衆国	226
その他	2057

2018年　単位　ｔ

（う）

チリ	5832
ペルー	2437
中国	1591
コンゴ	1226
その他	9314

2018年　単位　千ｔ

（え）

メキシコ	5919
ペルー	3860
中国	3443
ロシア	2000
その他	11378

2019年　単位　ｔ

（『日本国勢図会』2022/23より作成）

問７　【４】がある県の農産物または水産物の説明として正しいものを（あ）～（か）から二つ選び，記号で答えなさい。なお収穫量・漁獲量の全国順位は2020年のものである。

（あ）　この県でとれる「らっきょう」は，江戸時代の参勤交代の際にこの地に持ち帰ったことが始まりといわれている。この県の「らっきょう」の収穫量は全国第１位で，例年全国の収穫量の３割程度を占めている。

（い）「ふぐ」は，地域により呼び名が異なるが，この県では「ふく」と呼ばれて親しまれており，この県の「ふぐ」の漁獲量は，全国第３位である。

（う）　この県でとれる「日本なし」の収穫量は全国第６位である。この県を代表する品種「二十世紀なし」については，その原木を御神体とする神社がある。

（え）「うるめいわし」は，いわしの中でも一番大きな種類で，体のサイズの割に大きな目がついているのが特徴で，その目がうるんでみえることから名づけられた。この県の「うるめいわし」の漁獲量は，全国第４位である。

（お）　この県でとれる「岩国れんこん」は，穴が９つという特徴があり，岩国藩の吉川家の家紋と似ていることから，藩主を喜ばせたといわれている。この県の「れんこん」の収穫量は，全国第５位である。

（か）　この県でとれる「しじみ」は全国的に有名で，この県の「しじみ」の漁獲量は全国第１位で，例年全国の漁獲量の４割程度を占めている。

問８　【５】の世界遺産に含まれる建物を（あ）～（え）から一つ選び，記号で答えなさい。

（あ）

（い）

（う）

（え）

問９　【１】～【４】がある場所の雨温図を（あ）～（え）からそれぞれ選び，記号で答えなさい。ただし同じ記号を二回以上つかわないこと。

（あ）

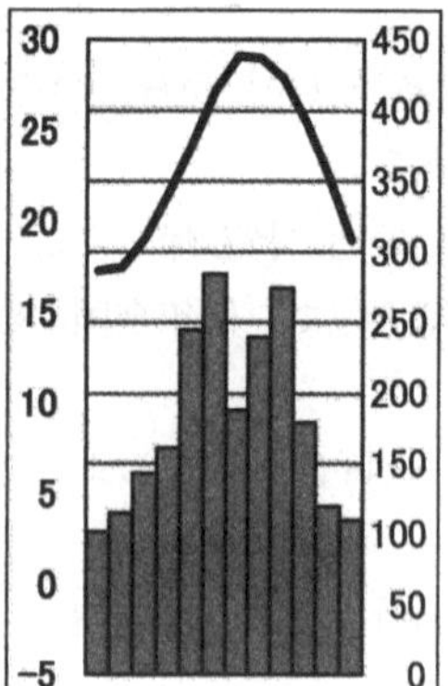

年平均気温23.3℃
年平均降水量2161.0mm

（い）

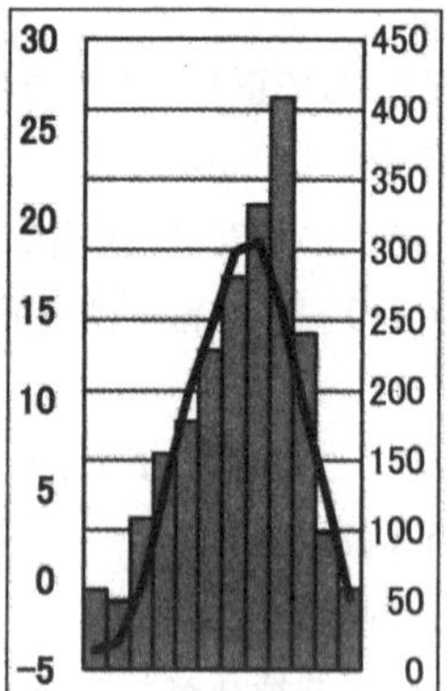

年平均気温7.2℃
年平均降水量2202.0mm

（う）

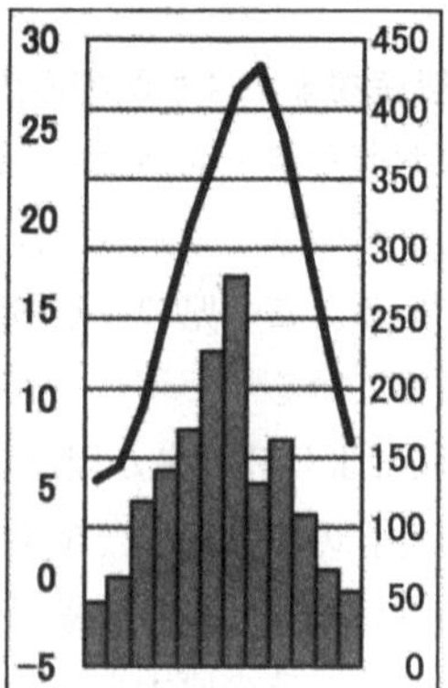

年平均気温16.5℃
年平均降水量1572.2mm

（え）

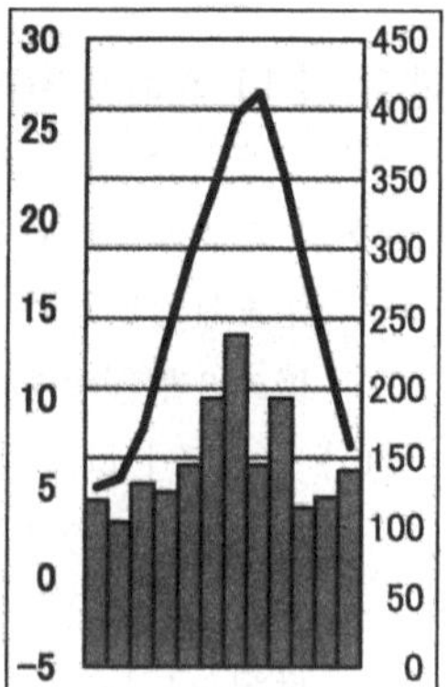

年平均気温15.3℃
年平均降水量1772.8mm

※左縦軸が平均気温（℃）　右縦軸が平均降水量（mm）
（気象庁過去の気象データ、1991-2020年の平年値より作成）

問10　【５】を流れる河川の，上流の地形図が【図２】である。あとの問いに答えなさい。

（国土地理院地形図より作成）

① 【図２】の地形の説明として正しいものを(あ)～(お)から一つ選び，記号で答えなさい。

(あ) 河川の運んだ土や砂が河口に堆積《たいせき》してできた地形。

(い) 河川の侵食《しんしょく》作用によってできる横断面がＶ字形をした谷の地形。

(う) 平野において，川の両側に自然にできた堤防状の地形。

(え) 河川が山地から平野や盆地に出て，運んできた小石や砂が堆積してできた地形。

(お) 谷の中を流れる川の侵食作用などによってできた低地の地形。

② 【図２】の地域では雨量が少ないため，その南側を中心に，農業の目的で人工的につくられたものが80カ所以上ある。これを何というか，答えなさい。

問11 地形図の縮尺が２万５千分の１の場合，地形図中の３㎝は実際の距離にすると何ｍか答えなさい。

2 次の文を読み，あとの問いに答えなさい。

2023年は，関東大震災から100年にあたる年である。これまでに日本列島ではさまざまな災害が起きており，①弥生時代の竪穴式住居の中には，地震や地割れによる地面のずれが残っているものもある。災害についての記録も数多く残されており，記録が残る最も古い地震については②聖徳太子の伝記に書き残されている。③『日本書紀』には，天武天皇の時代の大地震による被害の状況が詳しく残されていて，当時の人々にとってどれほど地震が恐ろしいものだったのかが分かる。

また，日本列島は地震のみならず，台風による被害も受けてきた。平安時代の暴風で④比叡山の大鐘が転がり落ち，いくつもの建物を壊していったことが⑤『今昔物語集』の中で紹介されていたり，⑥鎌倉時代には日本に攻めこんできた元が台風にあって大損害を受けたこともある。また，1828年に北九州を襲った台風では，九州地方の藩を中心に１万９千人の死者が出た。この台風で⑦ドイツ人学者・シーボルトが乗っていたオランダ船が航行できなくなったため，彼が持ち出し禁止の⑧日本地図を持ち帰ろうとしていたことが発覚した。

災害が起こり，自然環境が変わると，人々はしばしばききんにも苦しめられてきた。1783年の浅間山の噴火は各地に大量の火山灰を積もらせ，⑨天明の大ききんの原因の１つになった。

災害による混乱によって，人々が暴走したり，政府の弾圧が強まることもあった。関東大震災では，家屋の倒壊や火災による被害が大きかったが，⑩根拠のないうわさで特定の出身地の人々や⑪政府にとって都合が悪いとされた人々が殺される事件も起き，軍隊や警察が関わっていることもあった。

また，戦争中だからといって天災が起こらないわけではない。⑫アジア・太平洋戦争末期の1944年と45年には東南海方面で大地震が起きている。これらの大地震の被害は，軍事的な秘密がもれたり，戦いに向けた気持ちが弱くなるのを防ぐ目的で秘密にされた。

現代の私たちも，日々災害に備えていかなければならない。⑬阪神・淡路大震災や東日本大震災などの大地震だけではなく，豪雪・豪雨，台風，猛暑，火山の噴火なども，人々の生活を脅かしている。

問１ 下線①について，弥生時代の説明として正しいものを（あ）～(お）から二つ選び，記号で答えなさい。

(あ) 高温で焼かれた須恵器という土器が作られ，食べ物を煮たりたくわえたりした。

(い) 権力者のために世界最大級の墓が作られた。

（う）　むらの中で富を持つものが生まれ，身分の差が生まれた。

（え）　中国や朝鮮半島から移り住んだ人々によって，米作りの技術が広まった。

（お）　集団で石器を使ってナウマンゾウやオオツノジカなどの狩りをおこなっていた。

問２　下線②について，聖徳太子は進んだ制度や文化を持った近くの国との関係を結ぶために，小野妹子を使者として送ったが，この使者のことを何というか，漢字３字で答えなさい。

問３　下線③について，『日本書紀』がつくられた時代の文化の説明として正しいものを（あ）～（え）から一つ選び，記号で答えなさい。

（あ）　中国から影響を受けた仏教文化が花開き，天皇や豪族によって寺院がたくさん作られた。

（い）　運慶・快慶による東大寺南大門の金剛力士像に代表される，素朴な力強さが特徴である。

（う）　豊作を祈る踊りや祭りの猿楽など，人々の暮らしの中から能や狂言などの文化が生まれた。

（え）　ひらがなが普及し，女流作家による随筆や物語が貴族の間で広く読まれた。

問４　下線④について，比叡山延暦寺を建て，天台宗を日本に広めた人物の名前を漢字で答えなさい。

問５　下線⑤について，この物語集の中には，谷に落ちた役人がきのこをつかんで谷から戻り，「□は転んだとしても手ぶらでは戻るな」と語ったという話がある。□に入る役職を（あ）～（え）から一つ選び，記号で答えなさい。

（あ）　執権　　（い）　若年寄　　（う）　受領　　（え）　地頭

問６　下線⑥について，鎌倉時代の幕府と武士の主従関係から生まれた，「武士が幕府からもらった自分の土地を命がけで守るようす」を表す言葉を漢字４字で答えなさい。

問７　下線⑦について，ドイツ人のシーボルトがドイツの船ではなくオランダの船に乗っていた理由を，当時の日本の対外政策をふまえて説明しなさい。

問８　下線⑧について，19世紀前半に伊能忠敬が全国を測量して日本地図を完成させたが，その地図には現在の沖縄県が書かれていない。当時，現在の沖縄県は何という名前の国だったか，漢字で答えなさい。

問９　下線⑨について，このようなききんに対して，生活に苦しむ都市の民衆が集団でおこした行動を何というか，５字で答えなさい。

問10　下線⑩について，具体的にどこの出身の人々が殺されたのか答えなさい。

問11　下線⑪について，政治や社会のしくみを変えようとする人々を取り締まるために政府が1925年に作った法律の名前を漢字で答えなさい。

問12　下線⑫について書かれた次の文中の空欄（１）～（４）にあてはまることばを，【語群】（あ）～（ち）からそれぞれ選び，記号で答えなさい。

1929年の（　１　）は日本の経済にも大きな影響を与え，ひどい不景気が続いた。中国東北部を手に入れれば日本国内の問題が解決できると考えた日本は，1931年の（　２　）事件をきっかけとして中国東北部への支配を強め，「満州国」を建国した。1937年には日本と中国が全面的に衝突し，日中戦争が始まった。また，1941年に日本軍が真珠湾と（　３　）へ奇襲攻撃をしかけたことによって，アメリカ・イギリスなどとも戦争を始めることとなった。はじめの頃は日本軍の優勢が続いたが，だんだんと太平洋上の島々や東南アジアでの敗戦が続くようになり，1945年３月末にはアメリカ軍が（　４　）に上陸して激しい地上戦が行われた。

【語群】（あ）沖縄　（い）五・一五　（う）サイパン島　（え）樺太
（お）柳条湖　（か）台湾　（き）第一次世界大戦　（く）張作霖爆殺
（け）世界恐慌　（こ）日露戦争　（さ）ビキニ環礁　（し）硫黄島
（す）盧溝橋　（せ）辛亥革命　（そ）上海　（た）マレー半島
（ち）二・二六

問13　下線⑬について，阪神・淡路大震災よりも後におきたできごとを（あ）～（え）から一つ選び，記号で答えなさい。

（あ）アメリカとソ連の首脳によって，冷戦の終結が宣言された。
（い）アメリカで同時多発テロが起こり，アフガニスタン戦争が始まった。
（う）アジア初のオリンピック・パラリンピックが東京で開かれた。
（え）田中角栄と周恩来が共同宣言に署名し，日本と中国の国交が正常化した。

3　次の文を読み，あとの問いに答えなさい。

日本国憲法は第三章で「国民の権利」を［ A ］しています。この「国民の権利」は，明治憲法の［ A ］する「臣民の権利」と，性質の面でも量の面でもはっきりと異なっています。基本的人権として，しかも広範囲にわたって［ A ］されているのです。

①基本的人権とは，人間らしい生活をいとなむために人間として当然にもっている侵すことのできない永久の権利であることを特色とします。②立法権，③行政権，④司法権，憲法改正権のいかなる国家権力によっても侵すことができない権利です。憲法第11条は，「国民はすべての基本的人権の享有を妨げられない。この憲法が国民に［ A ］する基本的人権は，侵すことのできない永久の権利として，（　1　）及び（　2　）の国民に与へられる」と明言しています。このような基本的人権の考え方は，⑤明治憲法にはなかったものです。それゆえ，憲法は，第97条で「この憲法が⑥日本国民に［ A ］する基本的人権は，…（　1　）及び（　2　）の国民に対し，侵すことのできない永久の権利として信託されたものである」とふたたび規定して，基本的人権の性質につき国民の注意をうながしています。

人間らしい生活をいとなむために人間として当然にもっている侵すことのできない永久の権利であっても，国民がそれを守る努力をせずにその上に眠っていれば，権力者によって侵されてしまいます。⑦権力者は，つねに権力を濫用《らんよう》しがちです。そこで，憲法は，「この憲法が国民に［ A ］する自由及び権利は，国民の不断の努力によって，これを保持しなければならない」（第12条）としています。⑧国民はけっして安眠をむさぼってはならないのです。　（杉原泰雄『新版憲法読本』）

問１　（１）と（２）にあてはまることばを漢字で答えなさい。

問２　文中で使われている［ A ］にはすべて同じ文字が入る。［ A ］を漢字２字で答えなさい。

問３　下線①について，2020年末に，厚生労働省は，新型コロナウイルス感染拡大の影響で生活に苦しむ人々に向けて，生活保護を利用するようホームページで呼びかけた。日本国憲法第25条で定められている権利を何というか，漢字で答えなさい。

問４　下線②について，衆議院と参議院に共通の機能はどれか。以下の（あ）～（か）からすべて選び，記号で答えなさい。

（あ）内閣の信任・不信任の決議　（い）国政の調査　（う）法律案の提出
（え）緊急集会を召集する　（お）予算先議権　（か）議員の懲罰

問５　下線③について，行政改革の一つとして，国鉄事業や郵便事業が一般企業に任されるようになった。これを何というか，漢字３字で答えなさい。

問６　下線④について，2021年の衆議院選挙と同時におこなわれたのは何の国民審査か，漢字で答えなさい。

問７　下線⑤について，明治憲法にはなかったものの一つに地方自治がある。自治体の長は議会の議決に反対の場合，議決のやり直しを求めることができる。この権限を何というか，漢字で答えなさい。

問８　下線⑥について，日本国民の中にはかつて同化政策を強制され，言語や伝統的な生活様式を捨てなければならなかった人々がいる。2008年に日本政府が「先住民」と認めたその人々を何というか答えなさい。

問９　下線⑦について，身体の自由について述べた以下の日本国憲法第33条の条文の（１）と（２）にあてはまることばを漢字で答えなさい。

何人も，（　１　）として逮捕される場合を除いては，権限を有する司法官憲が発し，且つ理由となっている犯罪を明示する（　２　）によらなければ，逮捕されない。

問10　下線⑧について，労働者自身が自分の労働環境をより良いものにするために行動することも大切である。日本国内で働く労働者の権利の説明としてまちがっているものを（あ）～（え）から一つ選び，記号で答えなさい。

（あ）　最低賃金が決まっていて，それ以上の賃金をもらうことができる。

（い）　公務員を含むすべての労働者はストライキをすることができる。

（う）　パート，非常勤，派遣，アルバイト，管理職や外国人労働者でも労働組合をつくることができる。

（え）　１日８時間，１週40時間の法定労働時間をこえて働く場合，残業代を請求することができる。

問11　教育に関する「国民の権利」について，明治憲法と日本国憲法でどのような違いがあるか，また日本国憲法が「普通教育を受けさせる義務」を定めているのはなぜか，説明しなさい。

4　**次の文は，2022年８月に開かれたNPT再検討会議で和田征子さんが行ったスピーチ要旨の一部である。これを読んで，あとの問いに答えなさい。**

（前略）2017年に核兵器禁止条約が採択された時，被爆者は生きていて良かったと心から喜びを分かち合った。①NPT発効から52年。非核兵器国と被爆者は，核兵器国がNPTの条項履行《りこう》を無視していることにいら立ちを感じた。核保有国とその同盟国は，彼らの不誠実さと傲慢《ごうまん》さのために，人類全体が核戦争の瀬戸際にあることを認識すべきだ。（中略）

②再検討会議で2010年に再確認された核廃絶の「明確な約束」の履行を，誠実に議論していただきたい。核兵器は人が造り，人が使った。そうであれば，③なくすことができるのも，人の英知と公共の良心であり，責任だ。ノーモア被爆者！

（『東京新聞』2022年８月６日）

問１　下線①について，NPTの説明として正しいものをあとの（あ）～（え）から一つ選び，記号で答えなさい。

（あ）　アメリカ・ロシア・イギリス・インド・中国の５カ国は，兵器として使用しなければ，そのまま核兵器を保持して良いと定めた条約である。

（い） 核兵器禁止条約の発効より前に，核兵器国が自国の核兵器を半分以下の数に減らすことを約束した条約である。

（う）「これ以上核兵器国を増やさない」という考えのもとで，アメリカとソ連が中心となってつくられた条約である。

（え） 非核兵器国は核兵器を持つことは許されないため，核以外の化学兵器の開発をすすめる条約である。

問２　下線②について，会議が開かれた国連本部がある都市を（あ）～（え）から一つ選び，記号で答えなさい。

（あ） ハーグ　　（い） ジュネーブ　　（う） ニューヨーク　　（え） ブリュッセル

問３　下線③について，日本国憲法前文では，国際社会について「平和を維持し，専制と隷従，圧迫と偏狭を地上から（　１　）に除去しようと努めている」と述べている。（１）にあてはまることばを答えなさい。

を押してくれていることに強く心を動かされたから。

エ、高校時代も保育園の先生を目指す今も、いつも身近な人たちに強く応援してもらっていることを誇らしく思ったから。

問六　傍線部⑤「大切なものを手の中に握りしめながらヨーイドン、私はまた走り出した」とあるが、このときの菜月の気持ちはどのようなものか。六十字以上八十字以内で説明しなさい。ただし、句読点・記号等も字数に含むものとする。

下書き用（必要に応じて使用すること）

ア、菜月は結婚してから今までは義母に対して不満などを漏らさず、義母の意向に沿って家庭を守り続けた。こうして忠実な嫁であろうと努めてきたにもかかわらず、話を聞かず批判ばかりされたため、せき止められていた不満が爆発し言いたいことを言おうと決意した。

イ、菜月は新しい環境に慣れようとする美音や中学受験に向けて努力する俊介の姿を見ることで、悩みつつも俊介の塾通いを支えることに決めた。そうした美音や俊介の思いも理解せず一方的に塾通いに反対する義母への説得をやめ、親としての信念を貫こうと決意した。

ウ、菜月は耳の不自由な美音を学童保育に通わせることにためらいがあったが、日々の成長ぶりを見てようやく折り合いをつけた。こうした菜月の苦悩、そして俊介の頑張りも知らずに義母が批判ばかりを繰り返すため、諦めてこの場をやり過ごしてしまおうと決意した。

エ、菜月は俊介が中学受験をしたいと言い出した時には戸惑ったものの、夢に向けて努力しようとする姿勢を誇らしく思うようになった。そうした俊介の姿勢を無視して自分の意見だけを通そうとする義母に対し、俊介の邪魔をさせないよう徹底的に対決しようと決意した。

問四　傍線部③「二人で目を合わせて笑っているうちに、理由もなくまた涙が出てきて、でも心は晴れてすっきりしている」とあるが、このときの菜月の気持ちはどのようなものか。その説明として最も適切なものを次から選び、記号で答えなさい。

ア、光枝に反抗したことが今まで一度もなかったため気が動転していたが、その緊張感から解放され安心した。加えて、俊介も母親である自分の行動に共感してくれていると知り、さらに安心すると同時に、成長した俊介を頼もしく思っている。

イ、光枝との口論の中で自分の過去を赤裸々に話すことになり、嫌な過去がよみがえって悔しい気持ちになった。しかし、俊介にも聞かれてしまったことで、これまで伝えられずにいた自分の過去を知ってもらうこととなり、晴れ晴れしている。

ウ、光枝を怒らせたままの状態で気持ちがふさいでいる上に、俊介も動揺させてしまった自分の行動を恥じた。一方、俊介は動じることもなく学習に向き合い、かつ母親である自分の行動に理解を示していたので、感謝の気持ちにあふれている。

エ、光枝に涙を流して抵抗したことが俊介に知られ、気恥ずかしい気持ちになった一方、俊介が味方してくれているとわかり、ほっとしている。と同時に、自分は間違っていなかったと母親としての行動に自信が持て、心から嬉しく思っている。

問五　傍線部④「腹の底から出ている美音の声に心が震える」とあるが、それはなぜか。その説明として最も適切なものを次から選び、記号で答えなさい。

ア、夢を諦めていた自分が今になって保育園の先生を目指すようになったことを「ヨーイドン」の掛け声で実感したから。

イ、生活のために夢を諦めていたが、今では子どもたちに夢に向かっていく後押しをしてもらったことに満足したから。

ウ、普段はあまり声を出さない美音が、大きな声を出して自分の背中音の声に心が震える。

「ヨーイドン！」

菜月も美音を真似《まね》て、大きな声で口にした。

俊介と美音が、身を捩《よじ》って嬉しそうに笑っている。

⑤大切なものを手の中に握りしめながらヨーイドン、私はまた走り出した。

（藤岡陽子『金の角持つ子どもたち』より）

問一　空欄［Ⅰ］・［Ⅱ］に入れる言葉として最も適切なものをそれぞれ次から選び、記号で答えなさい。ただし、同じ記号を二度以上選ばないこと。

ア、肩を落としながら　イ、鼻にかけるように

ウ、耳をそろえて　エ、息を殺して

オ、眉をひそめたまま

問二　傍線部①「菜月の言葉に目を剝く」とあるが、このときの光枝の気持ちはどのようなものか。その説明として最も適切なものを次から選び、記号で答えなさい。

ア、孫たちの養育方針をめぐって菜月と意見が対立し、自分の思い通りにならないと考え、ひどく怒っている。

イ、孫たちが望む遊びや勉強をさせてもらえず、つらく悲惨な生活を送っていると考え、ひどく悲しんでいる。

ウ、孫たちの成長に必要なことを菜月が一切考えず、自身が望む生活を強いていると考え、ひどく呆れている。

エ、孫たちが理想的で幸せな生活を送るための努力を、菜月が一切してこなかったと考え、ひどく驚いている。

問三　傍線部②「何度も『可哀そう』と責められているうちに、菜月の頭の中でなにかが弾け切れるような音がした」について、次の問に答えなさい。

（一）「可哀そう」とあるが、光枝と菜月の考える「可哀そう」の意味する内容とはどのようなものか。その説明として最も適切なものを次から選び、記号で答えなさい。

ア、光枝は子どもの思うようにさせないことでその人格に影響が及ぶことを「可哀そう」と考えるが、菜月は夢に向かい自らの手で道を開く可能性を閉ざしてしまうことを「可哀そう」と考えている。

イ、光枝は子どもの本分である遊びを制限することで理想的な大人になれないことを「可哀そう」と考えるが、菜月は夢を叶えることができず希望しない職業に就くことを「可哀そう」と考えている。

ウ、光枝は我慢を強いることで性格が歪んだ大人に育ってしまうことを「可哀そう」と考えるが、菜月は夢を否定し自信をも失わせることで性格の歪んだ大人に育つことを「可哀そう」と考えている。

エ、光枝は子どもの言うことをうのみにし叶うはずのない夢を追求させることを「可哀そう」と考えるが、菜月は努力を怠ることで手に入るはずの夢を逃してしまうことを「可哀そう」と考えている。

（二）「菜月の頭の中でなにかが弾け切れるような音がした」とあるが、このときの菜月の気持ちはどのようなものか。その説明として最も適切なものを次から選び、記号で答えなさい。

えている。

「十七歳から働いてたんだね。おれ知らなかった」

「……うん。……言ってなかったしね」

「あのさお母さん、いまからでも遅くないんじゃない？」

「なにが」

意味がわからず聞き返すと、俊介の口元がぎゅっと引き締まる。

「お母さんさぁ、いまから夢を持てばいいじゃん。お母さんのやりたいこと、なんかないの？」

「お母さんの……やりたいこと？」

私のやりたいこと……。

夢……？

（中略）

入学式からの数日間、美音は髪をまっすぐに下ろして登校していた。耳に付けた補聴器をクラスメイトに見られないよう隠すためだ。でもいまは髪を束ねることも三つ編みにすることも怖れずに学校に通っている。俊介の部屋からは毎朝五時になるときまって目覚まし時計のベルがなる。遅れを取り戻すため、俊介だけに特別に出された宿題をこなすためだ。早起きが大の苦手だった息子が、自分の力で起きている。

春を迎えてからの一か月間、頑張る子どもたちを見ていると、自分もまだやれることがあるんじゃないかと思えてきた。自分の可能性を語れるのは自分しかいない。そんな当たり前のことを子どもたちが教えてくれる。

俊介が開けた中学受験という新しい扉は、菜月が想像もしなかった別の場所へと続いていた。

「あのね俊介、美音。お母さん、いまからお勉強して、保育園の先生になろうかな。お母さんが高校生の時にね、とてもいい先生に出会ったの。お母さんが高校をやめなくちゃいけなくなった時、その先生が最後まで応援してくれて……。お母さん、その時に、先生ってすごいなって思ったんだ。先生っていいな、って……」

突然なにを言い出すのだという顔で子どもたちは菜月を見ていたが、すぐに兄妹で顔を見合わせ、にやりと笑い合う。菜月は自分が口にした言葉に胸が高鳴り、しばらく呆然としてしまった。そんな菜月の顔を見上げ、

「ママ、保育園の先生！　いいねっ！」

美音が目を大きく開き、はっきりと言葉を出す。発声を恥ずかしがって訓練以外の場所では喋《しゃべ》ってくれない美音の可愛らしい声が大きく響く。

「うん、いいと思う。お母さんが先生って、なんかぴったりな気がする」

俊介に言われると、また泣きたくなった。

自分を見つめる子どもたちの目を見返しながら、ふと思う。十七歳の時になにもかも諦めた気になっていたけれど、本当にそうだったのだろうか、と。あれから自分はなにも手にしてこなかったわけではない。家族を懸命に守ってきた。かつて未来を手放したこの手に、いまは大切なものがたくさん入っている。そんなことを、いまこの年齢になってようやく気づいた。

「ママも、お兄ちゃんも、ヨーイドン！」

となぜか美音がかけっこの合図を口にする。④腹の底から出ている美

いるんです。あの子の人生は私が責任を持ちます。だからお願いです、俊介には受験や塾に対して否定的なことを言わないでください。応援してくれとは言いません。でも全力で頑張る俊介に、沿道から石を投げるようなことはしないでください」

途中から気持ちを抑えることができなくなり、涙が滲《にじ》んできた。光枝に歯向かうのは、浩一と結婚して以来、これが初めてだった。

光枝は唇を固く結び、なにも言葉を発さず黙っていたが、やがて椅子から立ち上がりそのまま玄関に向かっていく。従順だった嫁の反抗的な態度に呆れ、怒り、許せないのだろうとその背中を見て思った。

よく言った、と菜月は心の中で呟く。自分の思いを、本心をきちんと伝えることができた。わが子を守るために強くなったと自分を褒《ほ》める。高校を中退した時の悲しさや口惜《くや》しさは、いまこうしてわが子の盾になるために必要だったのかもしれない。

手の甲で涙を拭《ぬぐ》っていると、美音が菜月の腰にしがみついてきた。母と祖母のやりとりを、[Ⅱ]見ていたのだろう。声は聴こえなくても、二人が烈《はげ》しくやり合っていたことはわかったはずだから。

玄関のドアが閉まる音が聞こえてから、菜月は美音をぎゅっと抱きしめた。「大丈夫よ。びっくりさせてごめんね」とその目を見つめて伝えると、美音と手を繋いでリビングを出た。足音を忍ばせて廊下を歩き、俊介の部屋のドアをそっと開ける。目の前には俊介の丸まった背中があり、机上を照らすライトに潜り込むような姿勢で一心不乱に問題を解いていた。

光枝に切った啖呵《たんか》が聞こえていたら恥ずかしいなと思っていたので、菜月はほっとする。勉強に集中している時の俊介は、菜月が呼ぶ声にも反応しないことがある。リビングで言い合う声は届いていなかったのだろう。

結果がどうであれ、俊介も私もこの戦いを最後まで諦めずにやり遂げる。

そう心に決めて、リビングに戻ろうとしたその時だった。

「お母さん」

俊介が椅子ごとくるりと振り返り、呼び止めてくる。

「なに？」

平静を装い、首を傾《かし》げる。

「おばあちゃん帰った？」

「うん、いまさっきね」

「なんかいろいろ言われてたね」

「……聞こえてたの」

「あたりまえじゃん。お母さんの声、大きすぎだし」

その言い方に、思わずふっと笑ってしまった。菜月が光枝にあんな口を利くのは初めてで、俊介もさぞ驚いたことだろう。

「おばあちゃん、怒らせちゃった」

菜月が投げやりに言うと、

「いいじゃん。お母さんはまちがってなかったし」

と今度は俊介が小さく笑った。③二人で目を合わせて笑っているうちに、理由もなくまた涙が出てきて、でも心は晴れてすっきりしている。

「お母さんはさぁ」

「うん？」

目尻の涙を小指で拭う菜月の顔を、俊介がじっと見てきた。笑顔は消

②何度も「可哀そう」と責められているうちに、菜月の頭の中でなにかが弾け切れるような音がした。自分にしても、美音を学童保育に通わせることにはためらいがあった。でもあの子は日々成長しているし、新しい環境を楽しもうとしている。美音ももちろん大切だ。でも俊介も大切で、お金も必要で、自分が働かなくてはいけなくて……。ようやく折り合いをつけた気持ちを揺さぶられ、どくんどくんと心臓が脈打つ。

可哀そう……。テレビも観ず、ゲームもせず、外で遊んだりもせずに一日五時間も六時間も勉強する俊介は可哀そうなのかもしれない。

可哀そう……。友達との会話もままならない美音を、放課後まで学童保育所に預けるのは可哀そうなのかもしれない。

でも本当に可哀そうなのは、夢を持てない大人になることじゃないだろうか。

自分に自信が持てないことじゃないだろうか。

菜月は、俊介が「塾で勉強したい。中学受験がしたい」と言い出した時、驚いたけれど嬉しかった。戸惑いもしたが、でも息子が目標を持って、それに向かって頑張ろうとしていることが誇らしかった。その頑張りを全力で応援してやりたいと思ったのだ。

「お義母さん、俊介は将来やりたいことがあるらしいんです。それで、自分の夢を叶えるために行きたい中学があるって。私と浩一さんは、それを応援しようと決めたんです」

「そんな、子どもの言うことをうのみにしちゃって。夢なんてね、叶えられる人なんてごくごくわずか、ひと握りなのよ」

「おっしゃる通りだと思います。私も夢なんて、持ったこともありませんでした。十七歳の時から必死でただ働くばかりで……」

高校を中退して就職したリサイクル工場では、荷台に山積みにされてくるパソコンやＯＡ機器などの産業廃棄物や家電などの機械製品を、ドライバーを手に分解した。分解したものはアルミや鉄、プラスチックなどに分別して破砕機《はさいき》にかけるのだが、そこまでが自分の仕事だった。職場の上司や先輩は親切な人ばかりだったし、働くことは嫌いではなかった。けれど十七歳から十年間続けたその仕事は、自分が望んで選んだものではない。

「でも、私はダメだったけれど、俊介には夢があって、もしかしたらその夢を叶えるかもしれません。まだ十一歳なんです。自分がやりたいと願うことを、好きなことを、職業にできるかもしれないんです」

俊介はなにも百万円のおもちゃを買ってくれとねだっているわけではない。勉強がしたい。中学受験に挑戦して、日本で一番難しいといわれている中学校に進学したい。そう言っているだけなのだ。正直なところ、進学塾がこれほど大変だとは思ってもみなかった。十一歳の子どもをここまで残酷に順位づけするのかと呆《あき》れることもある。春期講習の最終日のテストで、俊介は全クラス合わせて最下位だった。塾の授業中に行われる小テストでも思うようには点が取れず、ほとんど毎回補講を受けている。でも俊介は入塾してからこの一か月間、一度も弱音を吐くことはなかった。なんとか這い上がろう、遅れを取り戻そうと、食事をとる時間も惜しんで机に向かっている。その姿は、義母が口にする「可哀そう」なものでは、決してない。

「お義母さん、俊介はいま毎日必死で勉強しています。その姿を見ていて私は胸が締めつけられるくらいに感動しています。すごいと思ってるんです。誇らしく思ってるんです。俊介は私の息子です。私が育ててきゃいけないの？」

　自分も夫も俊介の塾通いには反対だと、光枝がはっきりと言ってくる。

「でも、俊介が中学受験をしたいって言い出したんです。塾も楽しいみたいで、難しい問題が解けるようになるのが嬉しいって言ってるんですよ」

　俊介は塾から帰るとすぐに、その日習った学習内容を菜月の前で話してくれる。教わった算数の技法を使って、複雑な計算問題の答えをわずか数秒で出してくることもある。「お母さん、お礼、勉強がこんなにおもしろいって知らなかった」と興奮気味に話す姿はサッカーで活躍していた時とまるで同じで、この子は打ち込めるものをまた見つけたのだ。菜月は義母に向かってそう説明した。俊介が積極的に塾に通っていることをなんとかわかってもらおうと、これまでの経緯を一つ一つ丁寧に話していく。だが光枝はそんな話にはまるで興味がないのか「ふうん」と呟《つぶや》き、

「塾代って一年でどれくらいかかるもんなの？」

と［Ⅰ］聞いてくる。

「受験生の六年生で……百万くらいかと」

　もっとかかるかもしれないが、少なめに告げておいた。

「百万？　おおこわー。塾にそんなお金かけてどうするの」

　うちは子ども二人とも、一度だって塾になど行かせたことがない。子どもは遊ぶのが仕事なのだから塾なんて可哀《かわい》そうだ。小さい時に我慢を強《し》いられた子どもは性格が歪《ゆが》み、ろくな大人にならない。菜月が言葉を挟む間もなく、光枝が批判的な言葉を重ねてくる。

「そういえば菜月さん、パートに出てるんですって」

「はい」

「働きに出ている間、美音《みおん》はどうしてるの。さっき俊介に聞いたら、学童がどうとか言ってたけど……。あの子の帰宅時間に間に合うようには、帰って来てるの」

「いえ……俊介の言う通り、美音は学童保育に通っていて、私が仕事を終えてから迎えに行ってるんです」

　光枝は①菜月の言葉に目を剝《む》くと、「可哀そう」と首を横に振った。まさかこんな時間まで学童保育に預けているなんて思ってもみなかった、と苦々しい表情で菜月を見つめる。

「美音をほったらかしにしてまでパートに出なきゃいけないの？　私はね、そもそも美音が普通の小学校に通うことも反対だったの。送り迎えやらが大変かもしれないでしょうけど、私は小学校もそのまま聾《ろう》学校に進んだほうが美音のためなんじゃないかって思ってたのよ。正直なところ、俊介の塾にお金がかかるんでしょう？　だからパートをする時開が欲しいんでしょう？　だったら中学受験なんてしなきゃいいのよ。地元の中学で十分よ。美音にも俊介にも負担をかけて、そんな子育てをしていたら、あなた絶対に後悔するわよ」

　子どもたちは楽しくやっている、と繰り返し伝えても、光枝は聞く耳を持たなかった。小学生が塾に通うことなんて、いまは珍しくもないのに。

「私はてっきり菜月さんは母性愛の強い人だと思ってたわ。俊介が生まれてからはちゃんと仕事も辞めたし、家にいて家庭を守ってくれてたのに……子どもたちが可哀そう」

性を秘めているということ。

イ、被差別者は自らの被差別性を考え抜くことで他者への理解を深める一方、自らの被差別経験を再生産し、次は差別する側に回ってしまう恐れもあるということ。

ウ、私たちは誰でも、世の中に存在する根拠のない決めつけや思い込みなどを批判的に検討することもなく、ただ受け入れてしまう危うさをもっているということ。

エ、被差別者にとっての「普通」を理解することで社会に広く共通する「普通」のあり方が創造され、他者との親和的な繋がりが生まれる可能性があるということ。

問七　空欄 Ⅲ には次のア～エの文が入る。これらの文を意味が通るように正しく並べ替え、その順序を記号で答えなさい。

ア、そこには自分がこれまで想像もできなかったような厳しい生があり、厳しい生のなかで「ひと」として豊かに生きてきた他者の姿があります。

イ、自らの「普通」や「あたりまえ」を掘り崩して、さらに「差別」という「問題」を理解しようとします。

ウ、それは他者と繋がる〝ちから〟を得る原点だと考えているからです。

エ、そうした過程で、私たちは異質な他者や他者が生きてきた圧倒的な〝現実〟と出会うことができるでしょう。

問八　波線部Ｙ「差別はけっして特別な誰かが特別な誰かに対して起こす限られた社会問題ではありません」とあるが、ここから脱却するために必要なこととはどのようなことか。次の条件に従って説明しなさい。

【条件】

・直前の波線部Ｘ「私たちは『差別的日常』を生きている」の具体例を、あなた自身の体験や身近にある内容に基づいて挙げなさい（ただし、筆者が本文中に示した例を、単純に他の例に置き換えて述べることは不可とする）。

・右の具体例を挙げた上で、波線部Ｙの状況から脱却するために必要なこととはどのようなことか、説明すること。

・字数は百字以上百五十字以内とし、段落は作らずに一マス目からつめて書くこと。ただし、句読点・記号等も字数に含むものとする。

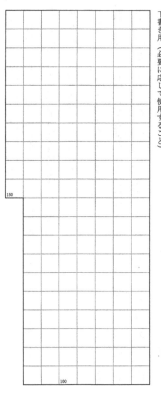

下書き用（必要に応じて使用すること）

100

150

三　**次の文章を読んで、後の各問に答えなさい（なお、出題の都合上、本文を省略した所がある）。**

「実はね、菜月さん。塾のことなんだけど」

ふうっと大きく息を吐き、光枝が菜月の顔をじっと見てくる。

「俊ちゃん、まだ小学六年生でしょう。こんなに早々と塾に行かせな

問一　空欄［Ⅰ］・［Ⅱ］に入る言葉の組み合わせとして最も適切なものを次から選び、記号で答えなさい。

ア、Ⅰ他山　Ⅱ石

イ、Ⅰ紺屋　Ⅱ白ばかま

ウ、Ⅰすずめ　Ⅱ涙

エ、Ⅰ対岸　Ⅱ火事

問二　二重傍線部ａ「淡々と」の言葉の意味として最も適切なものを次から選び、記号で答えなさい。

ア、ひっそりとして静かである様子

イ、すんなりいさぎよく認める様子

ウ、あっさりしてこだわらない様子

エ、ぼんやりと過去を懐かしむ様子

問三　傍線部①「まさに〝硬直した〟二分法が、『差別を考えること』から私たちを遠ざけてしまいます」とあるが、それはなぜか。その説明として最も適切なものを次から選び、記号で答えなさい。

ア、被差別の厳しい現実をてがかりに差別を考えるあり方が失われることで、目を向けるべき差別の存在が見えなくなるから。

イ、差別と被差別を二つに分ける考え方は、差別を受ける人の厳しい現実に目を向ける上では、まったく役には立たないから。

ウ、被差別の苦しみから目を背けることで差別の実態が十分に理解されなくなり、「普通」の人の見方しかできなくなるから。

エ、単に差別と被差別を分類するだけでは両者の立場が逆転することはなく、被差別の厳しい現実の解決は望めなくなるから。

問四　傍線部②「差別というできごとから距離をとり、それを自らの生活世界から締め出してしまおうとします」とあるが、その背景にはどのような考え方があるのか。その説明となっている箇所を、解答欄の「という考え方」に続く形で本文中より三十五字以上四十字以内で抜き出し、そのはじめとおわりの三字をそれぞれ答えなさい。ただし、句読点・記号等を含む場合は、これも一字と数えることとする。

問五　傍線部③「それぞれの被差別性がどうであれ、他者を差別する可能性からは、誰も逃れ得ない」とあるが、それはなぜか。その説明として最も適切なものを次から選び、記号で答えなさい。

ア、たとえ自分の受けた差別を振り返り、受け止める中で人間に対する理解が深められたとしても、差別事象が異なれば、差別される側の人を本質的に理解することができるとは限らないから。

イ、たとえ自分の受けた差別を振り返り、受け止める中で他の差別事象への感性が磨かれたとしても、差別される人に共感し連帯するだけでは差別問題を同様に理解することにはならないから。

ウ、たとえ自分の受けた差別を振り返り、受け止める中で差別への理解が深まって、しなやかさを身につけたとしても、他者を差別することで自己の被差別意識を克服することもありうるから。

エ、たとえ自分の受けた差別を振り返り、受け止める中で差別問題への感性が鋭敏になったとしても、結局のところ、自分か差別されないようにするには他者を厳しく差別するほかはないから。

問六　傍線部④「差別する可能性」とあるが、それはどういうことか。その説明として最も適切なものを次から選び、記号で答えなさい。

ア、私たちは誰でも、立場の弱い人を厳しく差別する経験をすることで、それを振り返って反省し、他者に新たに向きあい理解する可能私たちは、「普通」でありたいと望みます。また自分は特別ではなく、差別という出来事からも遠い、「普通」の人間だと思う場合も多いでしょう。ただ「普通」であることは、差別をめぐる関わりから一切私たちを切り離してくれる〝保障〟などでは決してありません。

むしろ「普通」の世界には、さまざまな「ちがい」をもった他者をめぐる思い込みや決めつけ、過剰な解釈など、歪められ、偏り、硬直した知や情緒が充満しており、こうした知や情緒を「あたりまえ」のものとして受容してしまう時、まさにX私たちは「差別的日常」を生きているといえます。

こう考えていけば、Y差別はけっして特別な誰かが特別な誰かに対して起こす限られた社会問題ではありません。それは私が生きて在る日常のなかでいつでも起こり得る普遍的で普通の現象です。だからこそ、声高に「差別はしてはいけない」とだけ叫ぶのではなく、まずは私が「差別する可能性」「差別してしまう可能性」を認めたうえで、なぜそんなことを私はしてしまうのかを思い返すチャンスとして、つまり〝よりよく他者を理解し生きていくための大切な指針〟として「差別」を活用すべきではないでしょうか。

「普通であること」を見直すことから自らが思わず知らずはまり込んでしまっている④差別する可能性を掘り起こし、自分にとってより気持ちのいい「普通」とは何かを考え直し、そこに向けて自分にとっての「普通」を作り替えていくこと、新しい「普通」を創造していくことこそ、「差別を考える」ことの核心に息づいています。

ところで、なぜ私は「差別を考えること」が重要だと言っているのでしょうか。

Ⅲ

こうした他者の姿と出会ったとき、私たちは二つのことを実感するでしょう。

一つは、いかに他者と繋《つな》がることが難しく厳しいものであるかということです。今一つは、他者と繋がることでいかに優しさや豊かさを得られるのかということです。この二つを実感するからこそ、他者と多様で多彩な〝距離〟があることに驚き、悩み、苦しみながらも、他者を理解し繋がりたいという〝意思〟が「わたし」のなかに沸き起こってくるのです。

いま、世の中では、さまざまな理由から、「わたし」と他者が繋がる〝ちから〟が萎《な》え、他者と繋がる可能性が奪われつつあります。「わたし」が、そうした〝ちから〟をとり戻すためにも、「差別する可能性」とは何かを考え活用し、「差別的日常」を詳細に読み解き、「わたし」が気持ちよく生きていける意味に満ちた、新たな「普通」を創造する必要があるのです。

（好井裕明『他者を感じる社会学　差別から考える』より）

［注］　※1　先に述べているように……ここよりも前の部分で筆者は、差別について「受けた側の苦しみや痛み、怒り、憤りや抗議という『声』があって初めて、ある出来事が「差別」であるとわかるし、こうした被差別の側の『声』にまっすぐ向き合うことこそが、差別を考える基本の一つです」と述べている。

※2　ペンディング……保留にすること。

物できる「普通の人間」の姿とは、いったいどのようなものなのかを詳細に読み解こうとするまなざしをもつことです。

もう一つの重要な基本があります。それは「人は誰でも差別する、あるいは差別してしまう可能性がある」ということです。この見方は実は、差別という現象を差別する側から考えたときに出てくるもので、被差別者、被差別の現実から差別を考えるという先の二分法とは抵触することはありません。（中略）

私は大阪生まれ大阪育ちです。一九七〇年代大阪では部落解放運動や障害者解放運動が急速に展開していました。私が通っていた市内の中学校の校区には大きな被差別地域があり、そこから通ってくる友人も多く、中学校は人権教育、解放教育のモデル校でした。

しばらく前でしたが、校区内にある被差別地域出身で当時の運動を中心的に進めていた男性二人と会ってお話をうかがう機会がありました。二人とも、もう八〇歳近いであろう老齢になられていたのですが、彼らに当時の話や今の運動の課題などうかがうなかで、「人は誰でも差別する可能性がある」という考えをどう思うかと問うてみたのです。

彼らはすんなりと「そのとおりだよ」と言いました。「私は若い頃がむしゃらに運動を進めてきたが、他の差別問題への理解ができていたのかと考えれば、そうではないだろうと思います。障害者問題は、障害者たちの集会に参加して、連帯を表明すれば、理解できたと思い込んでいたところはありますね」とａ淡々と語ってくれた姿は、印象深いものがありました。

もちろん（中略）、彼らは、ただ「普通」に安住して生きている多くの私たちとは異っていて、長い時間をかけ自らの被差別性を考え抜いた結果、他者理解や人間理解が深まると同時に、感性や理性が磨かれ、結果的に他の差別事象に対しても鋭い感性を持っている場合が多いのではないかと思います。しかし、もしそうであるとしても、差別を受ける人々であるからといって、他の差別事象を真に理解できると言い切ることなどできません。いわば私たちは、③それぞれの被差別性がどうであれ、他者を差別する可能性からは、誰も逃れ得ないと私は考えます。（中略）

世の中には、ある人々をめぐる根拠のない「決めつけ」や恣意《しい》的な「思い込み」があり、ある問題や出来事をめぐり「歪《ゆが》められ」「偏《かたよ》った」理解の仕方などがあります。

「差別する可能性」とは、世の中に息づいている、こうした他者理解や現実理解をめぐる知や情緒に私たちが囚《とら》われてしまう〝危うさ〟のことです。こうした知や情緒を私たちが生きていくうえで適切であり必要なものなのかを批判的に検討しないで、そのまま認めてしまう〝危うさ〟のことです。

さらに言えば、「差別する可能性」とは「差別者になる可能性」ではありません。むしろ私たちは、自らの「差別する可能性」に気づけば、それを修正し、他者に新たに向きあい、理解するための指針として活用することができます。つまり、この可能性は「差別をしない可能性」に変貌《へんぼう》すると私は考えています。

ではいったいそもそもどこに、この根拠のない決めつけや恣意的な思い込み、歪められた知や情緒が息づいているのでしょうか。それらは、まさに「普通」に生きたいと考える私たちの「常識」に息づいており、「普通」の中で、活き活きとうごめいているのです。

こう切り出しました。

「私は生まれてこのかた、差別を受けたこともないし、差別をしたこともありません。その意味で普通の人間です。普通の人間として、これからあなたにいろいろと質問したいのですが……」。

自分は一度も差別などしたことがないと断言できることに、私はまず驚きました。なぜなら先に述べて※1いるように自分の行為が差別的であるか否かについては、それを受けた人の「声」によってわかるのであって、行為者が自分で決めることができるようなものではないからです。そして私はそれ以上に、差別に関係がない人間が「普通」だという了解に驚愕しました。

この評論家の発言の背後には以下のような差別をめぐる心理学的な了解図式とでもいえるものが息づいています。

差別を受ける人も差別をする人も「普通」ではない。彼らは「特別」であって、差別とは「特別」な人たちの中で起こる「特別」な出来事なのだ。その意味において差別は「普通ではない出来事」だ。他方で私も含めて多くの人々は「普通」の世界で生きている。「普通」である私は、差別とは基本的に関係がない。だからこそ、より客観的に、冷静に差別について考えられるし、「特別」を生きている当事者のあなたに、いろいろと問いかけられるのだ、と。

これは、まさに〝硬直した〟二分法的見方の典型といえます。

先の新書で私がこの発言をとりあげ批判し、言いたかったことを確認しておきます。

「普通」の人間であれば、差別しないし、差別などに関わりがないはずという考えは、まったく根拠のない幻想です。さらにその裏返しとして「差別者であれ被差別者であれ、差別に関わる人びとは普通でない特別な存在だ」という考えは、差別をできるだけ限定し、狭く稀《まれ》なできごととして私たちの日常生活世界から締《し》め出そうとする硬直した見方です。

差別とは、差別をした人と差別を受けた人との間の「問題」であり出来事なのだ。「普段」差別などしていないし、する気心なく「普通」に生きている私たちにとって、差別は関わりのないことだ。硬直した二分法的見方は、こうした了解を私たちに与えてしまいます。

例えばテレビ・ドキュメンタリーやニュースで、差別の激しさや被差別当事者の生の実相などを知り現実の厳しさを実感することもあるでしょう。その時私たちは「かわいそうだ」「差別は許せない」という思いがわきあがる一方で、「自分がそうでなくてよかった」「できることなら関わりたくない世界だ」と感じます。そして、②差別というできごとから距離をとり、それを自らの生活世界から締め出してしまおうとします。

つまり、私たちは、基本的に自らが生きている日常生活世界を脅かすこともない「問題」「事件」として、いわば〝 Ⅰ の Ⅱ 〟として差別を傍観しながら、差別を受けた人々の「痛み」や「怒り」に同情し共感し、差別をした人を「怒り」「批判」することができるのです。

「差別を考える」うえで、まず必要な作業があります。それは〈被差別―差別〉をめぐる〝硬直した〟常識的な二分法をひとまず〝カッコに入れる〟、つまりペンディング※2し、使わないように気をつけることです。

そして差別問題をめぐり自らの位置取りをするときに思わず語ってしまう「普通の人間」の姿、 Ⅰ で Ⅱ （＝差別）を安心して見

【国　語】（五〇分）〈満点：一〇〇点〉

一　次の各問に答えなさい。

問一　次の①～⑤の傍線部を漢字で正確に答えなさい。
①　ケイトウ立てて説明する。　②　穀物をチョゾウする。
③　混乱のシュウシュウを図る。　④　美しい布をオる。
⑤　大声援にイサみ立った。

問二　次の①～④の傍線部の漢字の読みをひらがなで正確に答えなさい。
①　調査に時間を費やす。　②　秋になり暑さが和らぐ。
③　知人の安否を確認する。　④　後援会の発起人になる。

問三　次の①～③の二つの語が類義語になるようにしたい。□に入る適切な漢字一字を答えなさい。
①　裕福・□裕　②　刊行・出□
③　真心・□意

問四　次の①～③の傍線部と同じ働きをしている言葉を後のア～ウから選び、それぞれ記号で答えなさい。
①　感染症の流行で不自由な生活を強いられる。
ア、相手に非難され、心中はおだやかでない。
イ、洗面所できれいに手を洗う。
ウ、台風で大きな橋が流された。
②　今夜から雪になるらしい。
ア、彼の振る舞いはとても中学生らしい。
イ、犯人はまだ逃げているらしい。
ウ、今日の夕陽はいつになくすばらしい。
③　あなたには鳥のさえずりが聞こえますか。
ア、まもなく長い試験が終わる。
イ、兄は無口だが弟はおしゃべりだ。
ウ、私の姉はフランス語が話せる。

二　次の文章を読んで、後の各問に答えなさい（なお、出題の都合上、本文を省略した所がある）。

〈被差別―差別〉という二分法的見方があります。それはある具体的な差別事象をめぐり、人々の全体を、差別を受ける側の人々と差別をする側の人々という二つの立場に分けていく考え方です。（中略）

　私たちは、この見方をてがかりとすることで、差別を受ける人々が誰なのかを括《くく》りだすことができ、被差別の現実や被差別それ自体を冷静かつ克明に考えていくことができます。その意味で、差別を考える原点の思考法であり、本来、明快で柔軟なものです。

　しかし、この見方は、普段私たちの常識のなかでは、被差別の現実から差別を考えていくうえで役立つ見方と考えられていないようです。本来この見方が持っている原理的な部分が失われ、差別を受ける人と差別する人を括りだして二分するだけの〝硬直した〟思考法になっています。そして、①まさに〝硬直した〟二分法が、「差別を考えること」から私たちを遠ざけてしまいます。

　『「あたりまえ」を疑う社会学』（二〇〇六年、光文社新書）の中で書いていますが、ある評論家の発言に私は驚愕《きょうがく》したことがありました。もうかなり前になってしまいましたが、深夜のニュース番組で解放運動を進めている被差別当事者と評論家との対談がありました。冒頭評論家は

MEMO

大切なことはメモしておこうネ！

2023年度

法政大学第二中学校入試問題（第２回）

【算　数】（50分）　＜満点：100点＞

【注意】１．定規，分度器，コンパスは使用しないこと。
２．必要ならば，円周率は3.14を用いること。
３．図は必ずしも正しいとは限らない。

1　次の □ にあてはまる数を答えなさい。

(1)　$3.25 \div \frac{52}{3} + 3.75 \div \left(5\frac{1}{6} - 2\frac{2}{3}\right) = \square$

(2)　$1.2 \times \frac{\square}{5} + 1\frac{3}{4} - 0.45 \div \frac{5}{4} = \frac{7}{4}$

(3)　１÷［１÷｛１÷（１－□）｝］＝３

(4)　（１日と15時間□分）÷（13時間19分）＝３

2　次の問に答えなさい。

(1)　１年のちょうど中間（真ん中）の日は何月何日ですか。ただし，１年を１月１日から12月31日の365日とします。

(2)　２つのサイコロＡ，Ｂを同時に投げるとき，Ａの目がＢの目の約数になる場合は何通りありますか。

(3)　ある商品を定価の９％引きで売ろうとして3000円を受け取り，お釣りを725円渡すところ，まちがえて825円渡してしまいました。結果，定価の何％引きで売ったことになりますか。

(4)　図のような平行四辺形ABCDがあります。辺AD上にAE：ED＝１：２となるような点Ｅをとり，CEとBDの交点をＦとします。三角形CDFの面積を18cm^2とするとき，平行四辺形ABCDの面積は何cm^2になりますか。

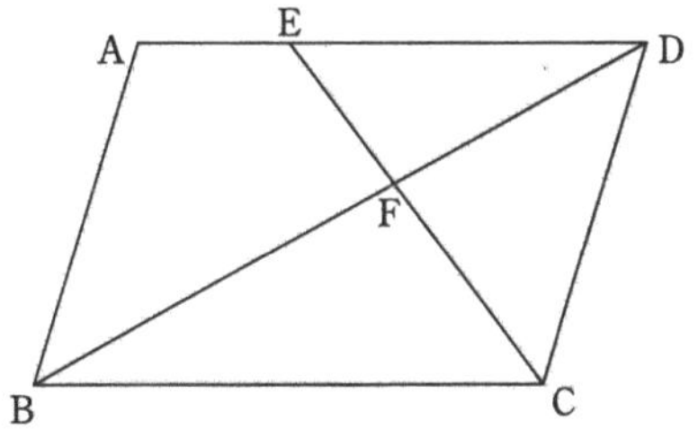

(5)　【　，　】は中に書いてある２つの数の公約数の個数を表す記号とします。たとえば，【８，６】＝２です。このとき，【30，【24，40】×【60，100】】はいくつになりますか。

(6)　１本100円，150円，250円のペンを合わせて27本買いました。その本数の比は３：４：２です。このとき，代金はいくらになりますか。

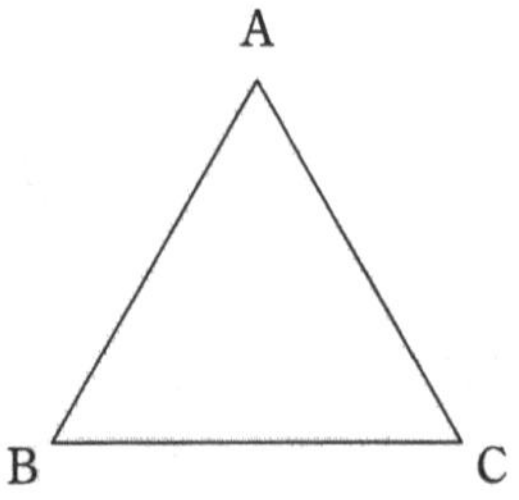

3　図のように１辺が120mの正三角形ABCの道があります。この道を動く３つの点X，点Y，点Zがあります。それぞれの点の動き方については，下の【３つの動く点の条件】のように設定しました。

３つの点X，点Y，点Zを同時に出発させるとき，次の問に答えなさい。

【３つの動く点の条件】

点Xについて

　頂点Aを出発点として反時計回りに出発する。はじめは分速２mであるが，出発後に正三角形の頂点を通過するごとに分速１mずつ速くなる。ただし，点Xの速さが分速６mになった後は正三角形の頂点を通過したとしてもこれ以上速くならない。

点Yについて

　頂点Bを出発点として反時計回りに出発する。進む速さは常に分速３mである。出発後に正三角形の頂点に着くと，10分間停止してから，停止する前と同じ向きと速さで再出発する。

点Zについて

　頂点Cを出発点として反時計回りに出発する。進む速さは常に分速２mである。出発後に「正三角形の頂点に到着《とうちゃく》」または「動く点に接触《※せっしょく》する」と，進んでいた方向と逆向きに進む。

※接触とは，点と点が正面から出会う場合と速い点が遅い点に追いつく場合の両方のこととします。

(1)　点Yと点Zが初めて接触するのは３つの点が同時に出発してから何時間何分後ですか。

(2)　点Xと点Zが初めて接触するのは３つの点が同時に出発してから何時間何分何秒後ですか。

4　横１列に白い石がたくさん並んでいます。図のように，これらの白い石を左から１個，３個，５個，…と区切っていくとき，左から一つ目のグループを第１群，二つ目のグループを第２群，三つ目のグループを第３群，…と呼ぶことにします。次の問に答えなさい。

(1)　第2023群には白い石は何個ありますか。

(2)　第１群から第50群までの白い石は全部で何個ありますか。考え方も書きなさい。

5　図１のように，半径２cmの円の透明な板がたくさんあり，それらを下の図２のようにある規則にしたがって次々と重ね合わせる作業をしていきます。また，円周上の点は円周を４等分した点です。次の問に答えなさい。ただし，はり合わせた部分の厚みは考えないものとします。

図1

(1)　次のページの図２において，１回目の場合の斜線《しゃせん》部分の面積は何cm^2ですか。

(2) 図２にあるような規則性で次々と円を重ねていくとき，斜線部分の面積が410.4㎠となりました。それは何回目ですか。

図2

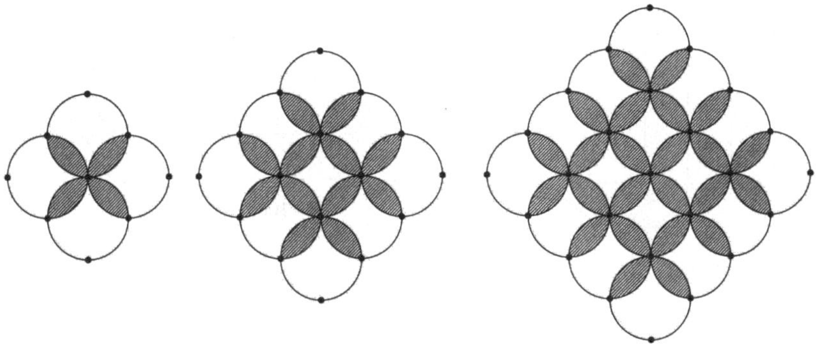

1回目　2回目　3回目

6 図のような図形アがあります。

次の問に答えなさい。

(1) 図形アの面積は何㎠ですか。

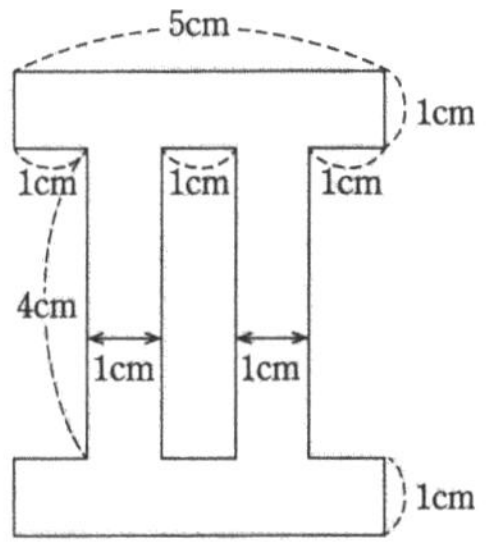

図形ア

(2) 図形アを右図の軸《じく》を中心に１回転させてできる立体の体積は何㎤ですか。

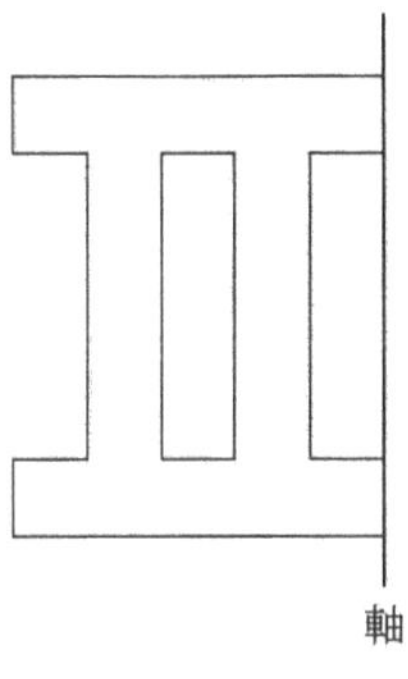

(3) 図形アを利用して厚さ５㎝の立体イを作りました。また図のような水そうには高さ２㎝のところまで水をいれました。更に，水そうに水を加えた後に立体イのいろのついた部分を底面として水そうの底面につくように沈《しず》めたら，水面の高さが立体イの高さの$\frac{6}{7}$になりました。追加で入れた水の量は何㎤ですか。ただし，水そうの厚さは考えないものとします。

（立体イ，図は次のページにあります。）

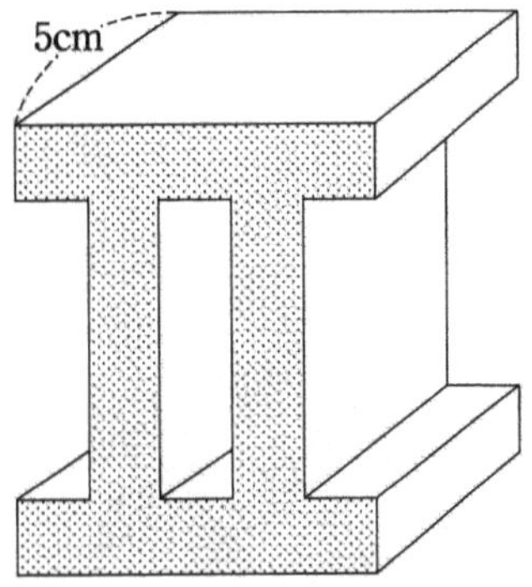

立体イ

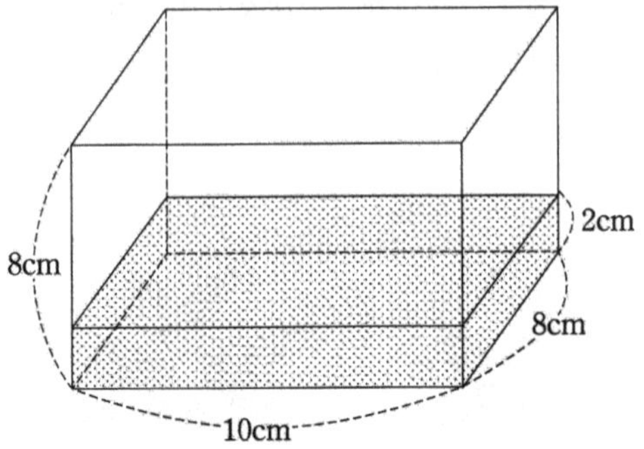

水そう

【理　科】（40分）　＜満点：75点＞

1. 下の図は模式的に描《えが》いたカボチャの花です。花①，②に描かれた実物を用いて，Ａ～Ｄのようにそれぞれ処理を行い，実ができるために必要な条件を調べる実験をしました。以下の問いに答えなさい。

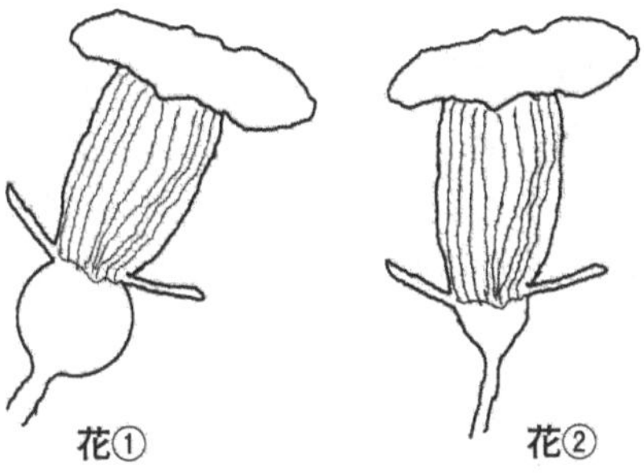

Ａ：花①のわかいつぼみにふくろをかぶせ，花がさいてもふくろをかけたままにした。

Ｂ：花①のわかいつぼみにふくろをかぶせ，花がさいたら別のカボチャの花の花粉をつけて再びふくろをかぶせた。

Ｃ：花②のわかいつぼみにふくろをかぶせ，花がさいてもふくろをかけたままにした。

Ｄ：花②のわかいつぼみにふくろをかぶせ，花がさいたら別のカボチャの花の花粉をつけて再びふくろをかぶせた。

問１　この実験において，ＡとＣの処理で，つぼみにふくろをかぶせた理由として最も適切なものを次の（ア）～（オ）から１つ選び記号で答えなさい。

（ア）　水蒸気が外に逃《に》げないようにするため

（イ）　自分の花の花粉以外がつかないようにするため

（ウ）　温度を一定に保つため

（エ）　がい虫に花を食べられないようにするため

（オ）　別のカボチャの花の花粉がつかないようにするため

問２　この実験において，Ａ～Ｄの処理ですべてのつぼみにふくろをかぶせた理由を考え説明しなさい。

問３　実験後，実のでき方についてのべた次の（ア）～（ケ）のうち，正しいものを１つ選び記号で答えなさい。

（ア）　Ａ～Ｄのすべてに実はできた

（イ）　Ａのみ実はできた

（ウ）　Ｂのみ実はできた

（エ）　Ｃのみ実はできた

（オ）　Ｄのみ実はできた

（カ）　ＡとＢのみ実はできた

（キ）　ＣとＤのみ実はできた

（ク）　ＡとＣのみ実はできた

（ケ）　ＢとＤのみ実はできた

問４　カボチャの花のように，２種類の花をつくる植物を次の（ア）～（オ）からすべて選び記号で答えなさい。

（ア）　カキ　　（イ）　キュウリ　　（ウ）　ユリ　　（エ）　ナス　　（オ）　ピーマン

問５　次の文章の下線部分は，同様の実験をアサガオの花を使って行うときに，つぼみにふくろをかぶせる前に行わなければならない処理を説明したものである。（　）にあてはまる語句を答えなさい。

２つのわかいつぼみから（　　　）を取り除く処理を行ったあと，それぞれにふくろをかぶせる。一方は，花がさいてもふくろをかけたままにする。もう一方は花がさいたら別のアサガオの花の花粉をつけて再びふくろをかぶせる。

2. 下の図は，地球の北極側から見た太陽・地球・月の位置関係，および地球と月の自転・公転の向きを模式的に表したものです。これについて，以下の問いに答えなさい。なお，地球と月は，それぞれ太陽と地球を中心とする円軌道《きどう》を一定の速さで公転するものとします。また，地球の公転軌道をふくむ平面に対する，地球と月の自転軸《じく》の傾《かたむ》き，および月の公転軌道の傾きについては考えないものとします。

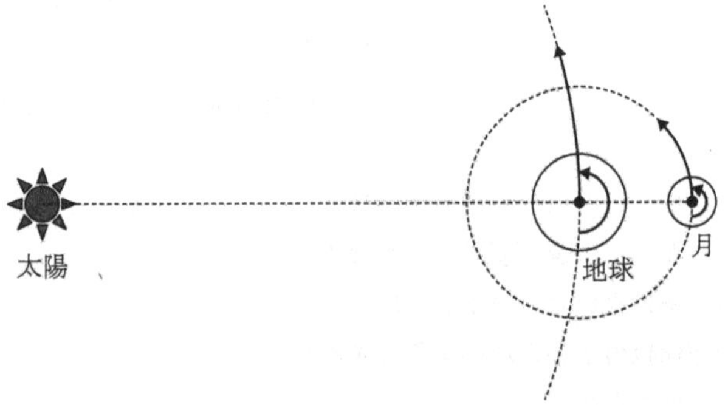

問１　地球から見た月の満ち欠けについて，（ア）～（エ）の月の形を次の①，②の条件で見られる変化の順になるように並びかえなさい。なお，変化の最初と最後は新月とします。

①　日本から真南の空を見上げたとき

②　赤道をはさんで日本と対称《たいしょう》の位置にある南半球の地点から真北の空を見上げたとき

（ア）　　（イ）　　（ウ）　　（エ）

問２　地球から月の表面を見ると，光っている部分のうち，明るく見える部分（月の陸）と暗く見える部分（月の海）の分布はいつもほとんど同じに見えます。その理由として最も適切な説明を次の（ア）～（オ）から１つ選び記号で答えなさい。

（ア）　地球の自転周期と月の自転周期が等しいから

（イ）　地球の公転周期と月の自転周期が等しいから

（ウ）　地球の自転周期と月の公転周期が等しいから

（エ）　地球の公転周期と月の公転周期が等しいから

（オ）　月の自転周期と公転周期が等しいから

問３　地球上の同じ場所から見た月の満ち欠けの周期について，最も近い日数を次のページの（ア）～（ク）から１つ選び記号で答えなさい。なお，地球の公転周期は365.2日，月の公転周期は27.3日であるとし，計算途中《とちゅう》の数値は小数第２位を四捨五入し小数第１位までを用いるものとします。

（ア）　26.2日　　（イ）　26.8日　　（ウ）　27.3日　　（エ）　27.9日
（オ）　28.4日　　（カ）　29.0日　　（キ）　29.5日　　（ク）　30.1日

問４　地球から宇宙船に乗り，月面上のある場所に降り立ち上空を見上げたところ，月の地平線と頭上とのちょうど中間くらいの位置に地球が見えました。このとき，月の地平線側には地球の南極付近，頭上側には地球の北極付近が見えていました。

①　月から地球の表面を見たときの，地球の陸と海の分布の見え方について，最も適切な説明を次の（ア）～（オ）から１つ選び記号で答えなさい。

（ア）　時間とともに左から右に移動していくように見える
（イ）　時間とともに右から左に移動していくように見える
（ウ）　時間とともに上から下に移動していくように見える
（エ）　時間とともに下から上に移動していくように見える
（オ）　移動せずほとんど同じに見える

②　月から見上げた地球の位置について，最も適切な説明を次の（ア）～（オ）から１つ選び記号で答えなさい。

（ア）　時間とともに左から右に移動していくように見える
（イ）　時間とともに右から左に移動していくように見える
（ウ）　時間とともに上から下に移動していくように見える
（エ）　時間とともに下から上に移動していくように見える
（オ）　移動せずほとんど同じに見える

3.　次の【方法１】～【方法５】のように実験を行いました。文章を読んで，以下の問いに答えなさい。

【方法１】　ビーカーＡ～Ｅを用意し，同じ濃《こ》さの塩酸をそれぞれ$100cm^3$ずつ入れました。

【方法２】　ビーカーＡ～ＥにBTB溶液《ようえき》をそれぞれ２滴《てき》ずつ加えました。

【方法３】　ビーカーＸに①水酸化ナトリウムを適量入れ，水を加えて水酸化ナトリウム水溶液を500mL作りました。これをメスシリンダーに移し，１Ｌの目盛りまでさらに水を加えました。

【方法４】　【方法３】で用意した水酸化ナトリウム水溶液を，下の表のように，それぞれのビーカーＢ～Ｅに加えました。

【方法５】　蒸発皿Ａ～Ｅを用意し，ビーカーＡ～Ｅの水溶液をそれぞれ移して加熱しました。加熱後残った固体の質量を測ると表のようになりました。

※　どの水溶液でも1000ｇ＝$1000cm^3$＝１Ｌとします。

	A	B	C	D	E
加えた水酸化ナトリウム水溶液の体積［cm^3］	0	100	200	300	400
塩酸の体積［cm^3］	100	100	100	100	100
蒸発皿に残った固体の質量［g］	0.00	5.85	11.7	15.7	19.7

問１【方法２】のとき，ビーカーＡ～Ｅの水溶液はどれも同じ色をしていました。また，【方法４】のとき，ビーカーＡ～Ｅの水溶液は３種類の色に分類できました。【方法４】のとき，ビーカーＤの水溶液は何色《なにいろ》ですか。漢字１字で答えなさい。

問２　次の（ア）～（ウ）はメスシリンダーを側面から見たものです。【方法３】のとき，水溶液の正しい量を示したものを次の（ア）～（ウ）より選び記号で答えなさい。

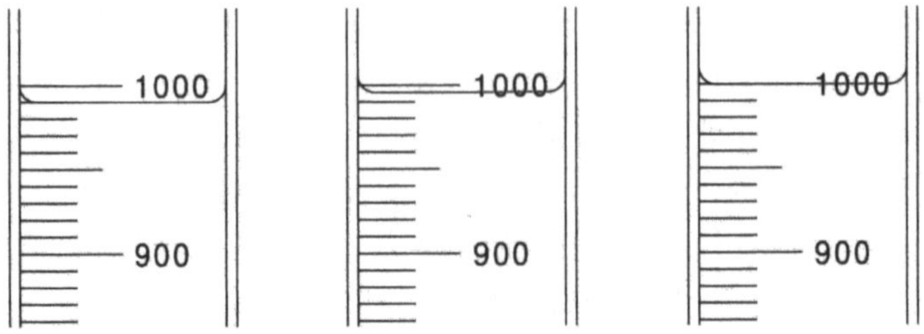

（ア）　（イ）　（ウ）

問３　蒸発皿Ｂに残った固体は何ですか。物質名を答えなさい。

問４　蒸発皿Ｃに残った固体を再び0.3Ｌの水に溶《と》かしました。このときの水溶液の濃さは何％ですか。小数第２位を四捨五入して小数第１位まで求めなさい。

問５　この実験と同じ濃さの塩酸と水酸化ナトリウム水溶液を使って，塩酸150㎤に水酸化ナトリウム水溶液350㎤を加え，【方法５】のような実験を行いました。このとき，蒸発皿に残った固体の質量は何ｇですか。

問６　下線部①で用いた水酸化ナトリウムは何ｇですか。

4. 木月さんは自宅の建てかえをすることになりました。そこで，なるべくエネルギーを消費せずにすみ，そして自宅で太陽光発電もできる家を建てようと考えました。以下の問いに答えなさい。

問１　窓について考えます。窓は家の中でも最も屋外との熱のやり取りが大きい場所です。冷暖房《れいだんぼう》の利用を抑《おさ》えるためには窓の構造がポイントになります。以下の文章の（①）～（③）に最も適切なものを下の選択肢《せんたくし》（ア）～（オ）から選び，記号で答えなさい。

最近の窓は，図１のようなペアガラス（複層ガラス）で作られたものが増えました。図１はペアガラスを使った窓の断面図です。ペアガラスは断熱性能が高いのが特徴《とくちょう》です。２枚のガラスの間には空気の層があります。空気とガラスでは，空気の方が熱の（　①　）性が（　②　）からです。ペアガラスは冬の結露《けつろ》（冬の朝などに窓ガラスに水滴《すいてき》がつくこと）対策にもなります。冬では，室温と図１の室内側ガラスの温度の差が（　③　）ことで結露しにくくします。

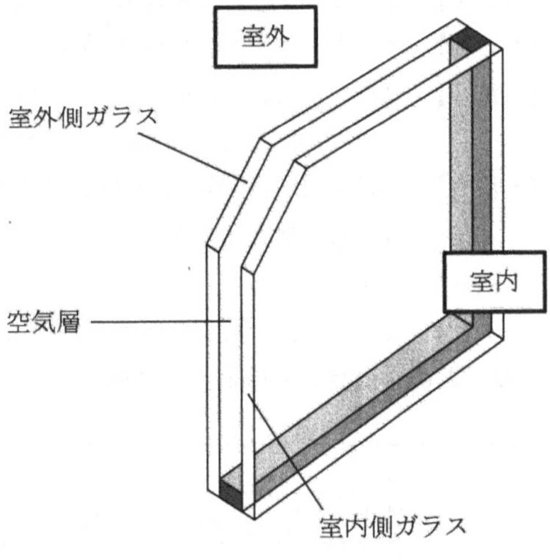

図１

選択肢《せんたくし》

（ア）　対流　　（イ）　伝導　　（ウ）　放射　　（エ）　高い　　（オ）　低い

問２　台所について考えます。太陽光発電をいかすために台所は，あるIH調理器にすることを検討しています。このIH調理器（電気エネルギーで調理することができる）の見学の際に，父親が方位磁針を持っていきました。このIH調理器に関して以下のＡ～Ｃのことがわかりました。

A．IH調理器のスイッチをONにして，IH調理器を手で触《さわ》っても熱くなかった。

B．IH調理器の周りに方位磁針を置き，スイッチをONにすると針がふれた。針のふれは温度調節の「高」にしていくと大きくなり，「低」にしていくと小さくなった。

C．IH調理器は土なべでは水は温まらないが，鉄製のなべの中の水だと温まることが分かった。

このことからまとめたのが以下の文章です。(1)，(2)についてそれぞれ答えなさい。

分かったこと

A：ガスコンロと違《ちが》い，IH調理器は熱いものに接触《せっしょく》させて温める仕組みではないようだ。

B：このIH調理器は電磁石に似たはたらきがあるように考えられる。係の人に聞くと，調理器の中にはコイルが入っているそうだ。

C：このIH調理器には適したなべの材質がありそうだ。

(1)　このIH調理器の温度はどのようなことをして調節していると考えられますか。最も適切なものを次の（ア）～（エ）から１つ選び，記号で答えなさい。

（ア）　コイルの導線の太さを細くしたり太くしたりする

（イ）　コイルの導線の巻き数を多くしたり少なくしたりする

（ウ）　コイルの中心に鉄しんを入れたり出したりする

（エ）　コイルに流れる電流の大きさを大きくしたり小さくしたりする

(2)　このIH調理器に適する調理器具として最も適切なものを次の（ア）～（エ）から１つ選び，記号で答えなさい。

（ア）　ガラスのなべ　　　　（イ）　セラミック（瀬戸物《せともの》）のなべ

（ウ）　プラスチックのなべ　　（エ）　ステンレスのなべ

問３　照明について考えます。家庭で利用される照明器具には，主に「白熱電球」，「蛍光灯《けいこうとう》」，「LED」があります。同じ程度の明るさを得られるもので比べたとき，照明器具の表面温度が最も高いのは「白熱電球」，「蛍光灯」，「LED」の中でどれですか。

問４　家でできる太陽光発電について考えます。家族での相談の結果，太陽光パネルを設置することになりました。木月さんは，学校で学習したことをふまえて，太陽光パネルで最も発電できる方法を考えてみました。太陽光パネルを左右，上下に回転できるようにして，常に太陽の正面を向くようにできたら良いのではないかと考えました。下の図２の回転角度は上下方向のものを表しています。以下の文章の（　）にあてはまる適切な数字を答えなさい。

１年間で太陽の高さは変化していきます。木月さんの家がある地域では，春分・秋分の南中高度は54度です。春分・秋分の日の南中を迎《むか》えた時刻では図２の太陽光パネルの回転角度が（　　　）度になれば最も効率よく発電することができると考えられます。

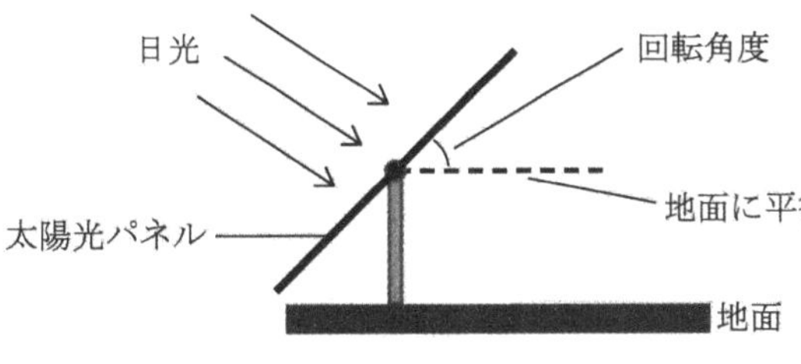

図２

5. 次の文章は，2022年６月下旬《げじゅん》から７月下旬における日本付近の気象現象について説明したものです。これについて，文章中の（①)～(⑧）にあてはまる語句・用語を下の選択肢《せんたくし》（ア）～(テ）の中から１つ選び記号で答えなさい。

2022年６月27日，気象庁は関東甲信，東海，九州南部が梅雨明けしたと見られると発表しました。この時点の速報値は，そのまま確定すれば1951年以降の統計史上，３地方のいずれも梅雨の期間がもっとも（　①　）くなると報道されていました。

こうした状況を取り巻く現象として注目されたのが，当時発生していた（　②　）です。（　②　）は，太平洋の熱帯域における海面水温が，東部で平年より（　③　）くなる現象です。一方西部ではこの反対となるため，フィリピンやインドネシア近海では（　④　）が発生しやすくなり，この（　④　）をもたらす気流の影響によりユーラシア大陸中央部を中心とする（　⑤　）の北への勢力が強まり，中緯度上空を吹く（　⑥　）が日本付近では平年より（　⑦　）側に蛇行《だこう》し，日本の南の（　⑧　）の北への勢力が強まったと見られます。

（　⑧　）の北への勢力が強まると，梅雨前線が北上します。当時報道されていた記録的な梅雨明けは，こうした気象現象が要因になった可能性があります。

その後，2022年９月１日，気象庁は実際の梅雨明けが速報値よりも１ヶ月ほど遅い７月下旬で確定したと発表しました。７月中旬以降《ちゅうじゅんいこう》，（　⑥　）の蛇行が南下し，雨やくもりの日が10日ほど続いたことが要因とみられます。気象現象の予測の難しさをあらためて実感させられる出来事となりました。

選択肢《せんたくし》

（ア）長　（イ）短　（ウ）エルニーニョ　（エ）ラニーニャ　（オ）高
（カ）低　（キ）積乱雲　（ク）乱層雲　（ケ）温帯低気圧
（コ）太平洋高気圧　（サ）チベット高気圧　（シ）移動性高気圧
（ス）極偏東風　（セ）偏西風　（ソ）貿易風　（タ）東　（チ）西
（ツ）南　（テ）北

【社　会】（40分）　＜満点：75点＞

1　次の群馬県沼田市付近の地形図【図１】を見て，あとの問いに答えなさい。

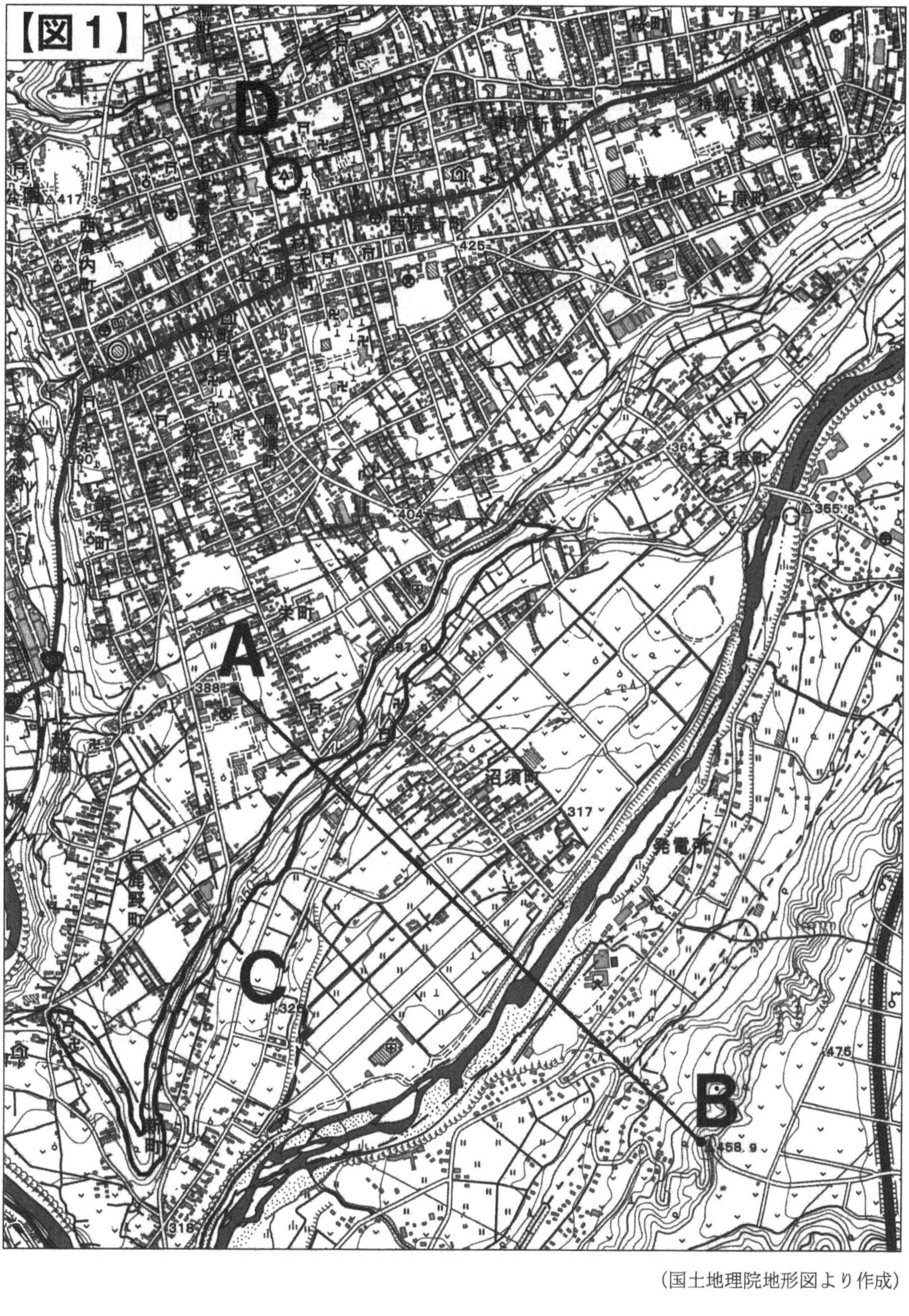

（国土地理院地形図より作成）

問１　【図１】中のＡ－Ｂの断面図として正しいものを（あ）～（え）から一つ選び，記号で答えなさい。

（あ）

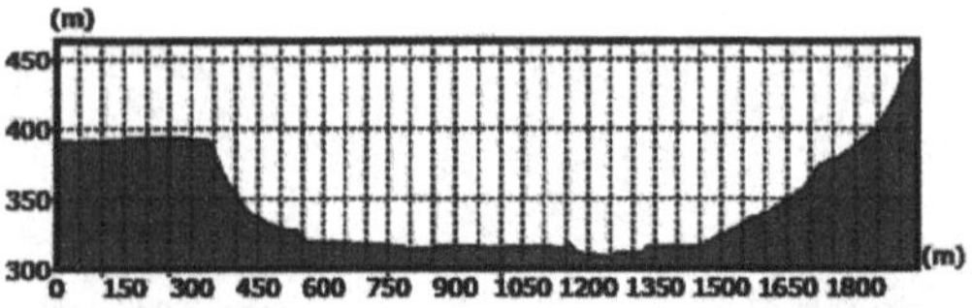

（い）

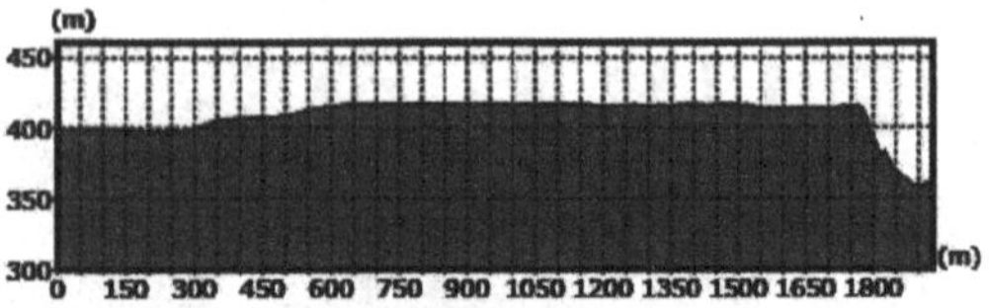

（う）

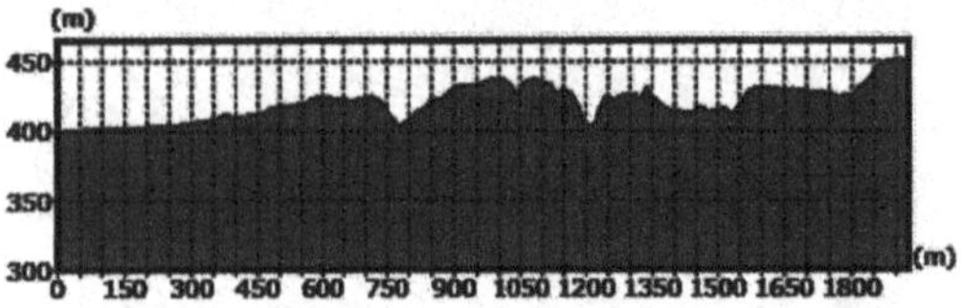

（え）

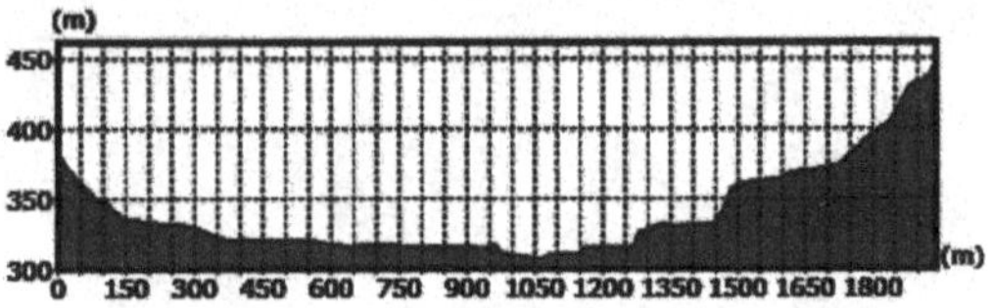

問２　【図１】中の線で囲まれたＣの土地利用として正しいものを（あ）～（え）から一つ選び，記号で答えなさい。

（あ）　宅地　　（い）　水田　　（う）　畑　　（え）　森林

問３　【図１】中のＤの記号が表しているものを（あ）～（え）から一つ選び，記号で答えなさい。

（あ）　税務署　　（い）　裁判所　　（う）　検察庁　　（え）　記念碑

問４　以下の表はある工芸農作物の収穫量である。この工芸農作物は何か，ひらがなで答えなさい。

ある工芸農作物の収穫量（2020年）

	収穫量（トン）	割合（%）
群馬県	50200	93.5
その他	3500	6.5

（日本国勢図会2022/2023より作成）

2　次のページの【図２】と問題文を読み，あとの問いに答えなさい。

日本に2020年６月１日現在でおよそ35万の工場がある。そのうち全体の（　１　）％以上は，働く人が（　２　）人未満の中小工場である。こうした工場に支えられて，日本の工業は戦後，重化学工業や機械工業などを中心に発展してきた。また各都道府県の特色を生かした様々な工業が行われている。その一方で，2019年の工場出荷額は前年と比べて41都道府県で減少し（総額９兆円減少），工業の中心である①自動車の生産台数も2020年には前年より161万台減少して807万台だった。

日本の工業を支えている中小工場の多くは技術力が高く，日本の工業が世界のトップクラスにある大きな要因となっている。その一例として，大阪府東大阪市の中小工場である棚橋電気が中心になって開発した人工衛星（　３　）１号は，JAXA（ジャクサ）の協力のもとで，2009年１月に（　４　）にある宇宙センターより打ち上げられた。「町工場」の技術力を示した好例として話題となった。

また，伝統的工芸品の生産を支えているのも，日本の中小工場である。これらの伝統的工芸品は，伝統的な技術をみがいた人々が，おもに手づくりで作ったものである。これらの製品をつくる産業を守り，育てるために，②国が伝統的工芸品を指定する制度もある。同じ製品をつくる中小工場が集まって③産地を形成し，産地全体で信頼される工芸品をつくっている。伝統的工芸品には2022年３月時点で237品目が指定されている。また，「保護すべきものづくり」として，国際連合の機関である（　５　）が選定する④無形文化遺産に選ばれた工芸品もある。しかし，人びとの生活の変化で，伝統的工芸品をつかう機会が減った。そのため，⑤海外との取引を積極的に進めている事例もある。

【図２】

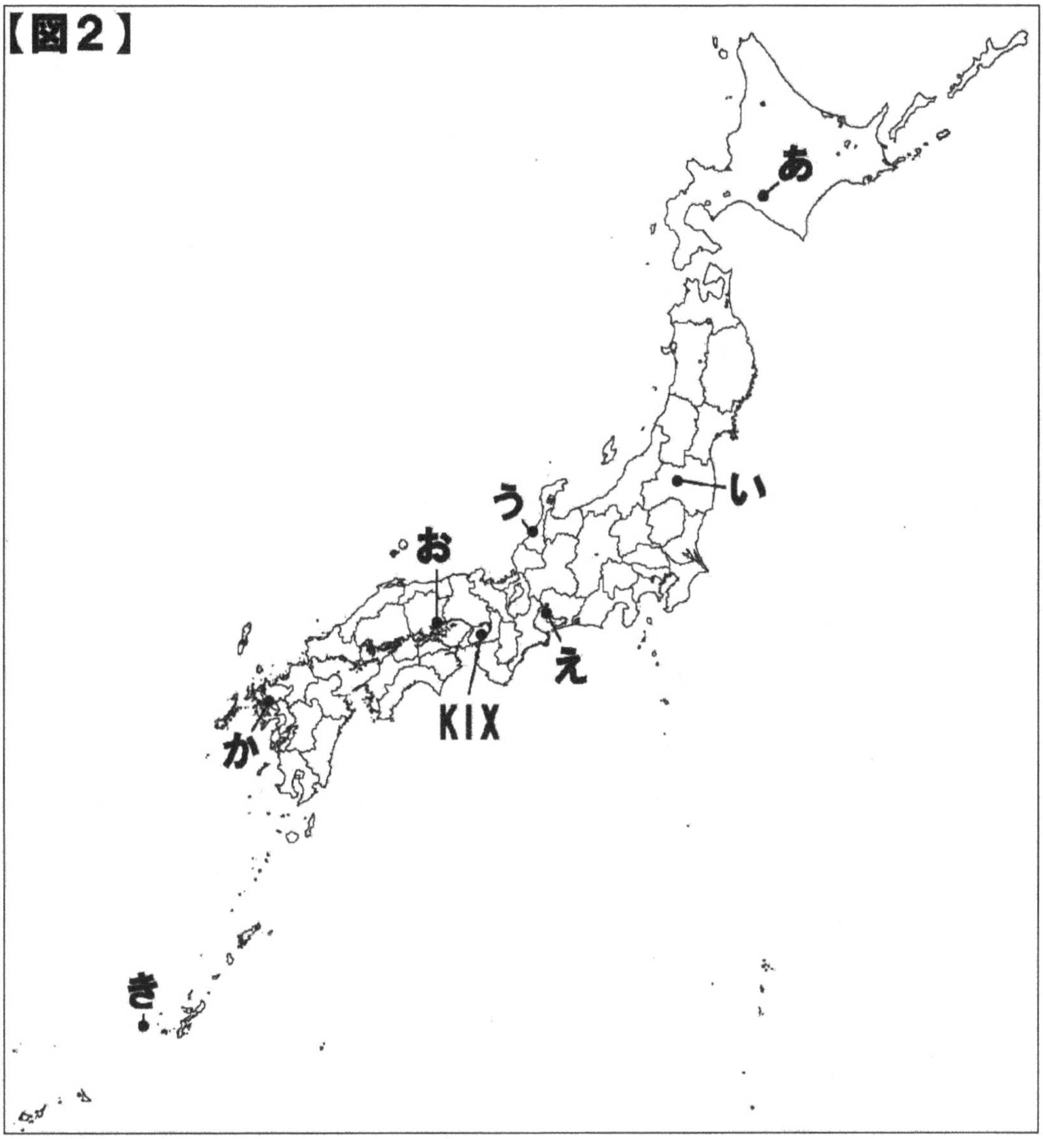

問１　（１）と（２）にあてはまる数字を答えなさい。

問２　（３）にあてはまることばを（あ）～（え）から一つ選び，記号で答えなさい。

（あ）　はやぶさ　　（い）　いとかわ　　（う）　まいど　　（え）　おおきに

問３　（４）にあてはまる地名を漢字で答えなさい。

問４　（５）にあてはまる機関の略語（略称）をカタカナで答えなさい。

問５　下線①について，【図３】は「主要国の自動車生産の推移」を示したグラフである。ドイツ（旧西ドイツ）と日本を除いたグラフ中（A）～（D）の国の組み合わせとして正しいものを（あ）～（え）から一つ選び，記号で答えなさい。

【図３】

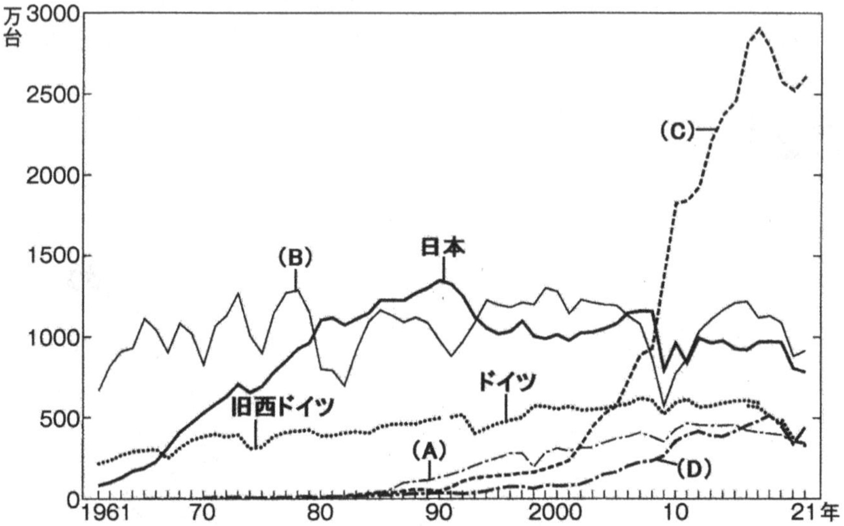

（日本国勢図会2022／23より作成）

（あ）（A）韓国　（B）アメリカ合衆国　（C）中国　（D）インド
（い）（A）インド　（B）韓国　（C）アメリカ合衆国　（D）中国
（う）（A）インド　（B）韓国　（C）中国　（D）アメリカ合衆国
（え）（A）韓国　（B）中国　（C）アメリカ合衆国　（D）インド

問６　下線②について，国が指定するとあるが誰が指定するのか。(あ)～(え）から一つ選び，記号で答えなさい。

（あ）内閣総理大臣　（い）経済産業大臣　（う）厚生労働大臣　（え）文部科学大臣

問７　下線③について，以下の（A)～(D）の伝統的工芸品の産地を【図２】中の**あ**～**き**からそれぞれ選び，記号で答えなさい。

（A）常滑焼　（B）久米島つむぎ　（C）二風谷《にぶたに》イタ　（D）九谷焼

問８　下線④について，無形文化遺産に選ばれた伝統工芸品の一つである小千谷《おぢや》ちぢみを説明した以下の文を読んで，あとの（ア)・(イ）の問いに答えなさい。

【説明文】小手谷ちぢみは，（　１　）の小千谷市周辺で作られている（　２　）織物です。千数百年前から作られていたという越後上布《えちごじょうふ》を改良してできた伝統工芸品で，苧麻《ちょま》という（　２　）の繊維で作られる織物です。（　２　）織物は乾燥に弱いため，作る過程で適当な湿気が欠かせません。（　１　）の小千谷という地域は，降水量が多く，湿った空気が保たれていることで（　２　）織物にとって最適な環境であり，このような地域の気候を生かして，小手谷ちぢみは発展をしてきました。

（ア）（１）にあてはまる都道府県名を，（２）にあてはまることばをそれぞれ漢字で答えなさい。

（イ） 下線部について，この地域の雨温図を（あ）～（え）から一つ選び，記号で答えなさい。

（あ）

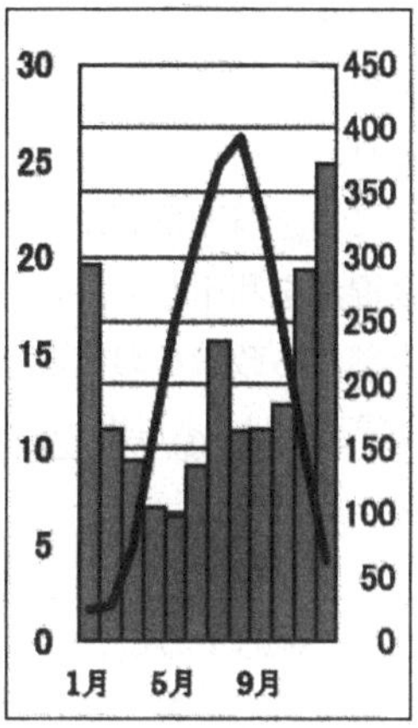

年平均気温13.3℃
年平均降水量2349.3mm

（い）

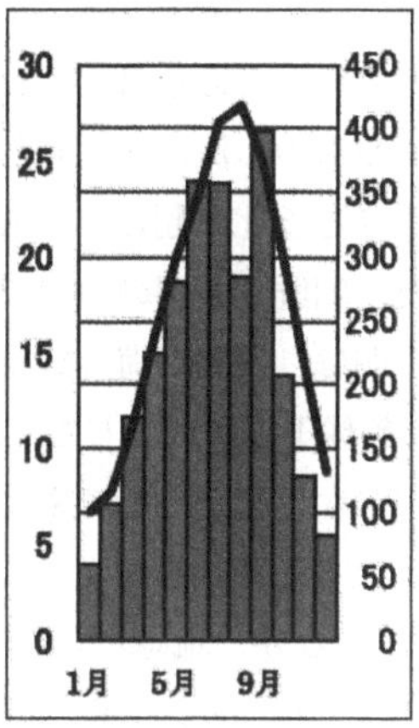

年平均気温17.3℃
年平均降水量2666.4mm

（う）

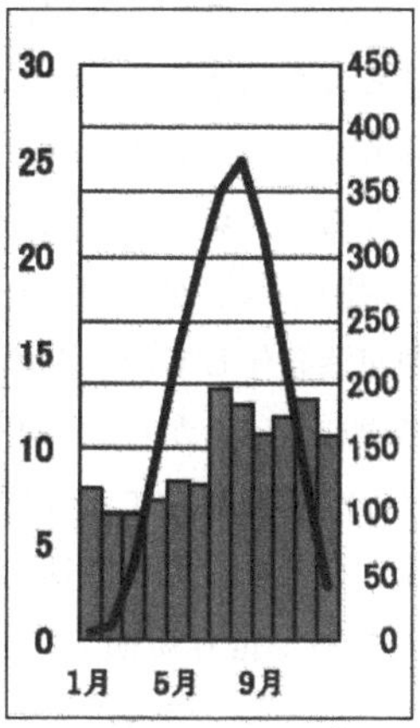

年平均気温12.1℃
年平均降水量1741.6mm

（え）

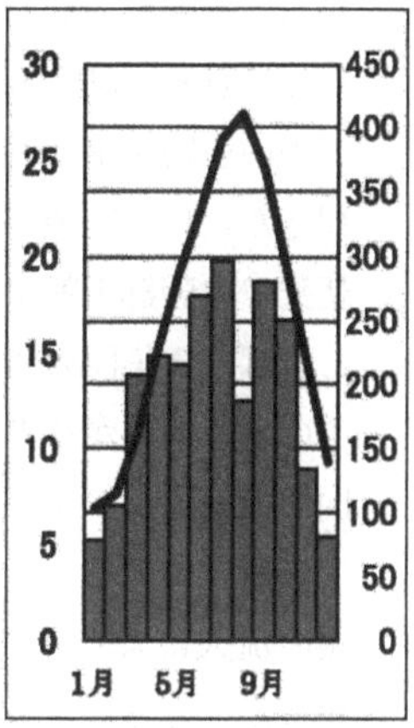

年平均気温16.9℃
年平均降水量2327.3mm

※左縦軸が平均気温（℃） 右縦軸が平均降水量（mm）
（気象庁過去の気象データ、1991-2020年の平年値より作成）

問9 下線④について，現在，無形文化遺産に登録された「手すき和紙技術」は3種類である。伝統的工芸品であるが，無形文化遺産にまだ登録されていないものを（あ）～（え）から一つ選び，記号で答えなさい。

（あ） 石州半紙　（い） 土佐和紙　（う） 本美濃紙　（え） 細川紙

問10 下線⑤について，【図2】中のKIXは，ある国際空港の「世界共通の空港コード」である。これについて，あとの（ア）～（ウ）の問いに答えなさい。

（ア） KIXの空港名を答えなさい。

（イ） 以下の時刻表を見て，HNL（ハワイのホノルルにあるダニエル・K・イノウエ国際空港）と日本のＫＩＸとの時差は何時間か答えなさい。なお，UTCは世界標準時を表している。

HNL（UTC－10）			→		KIX（UTC＋9）
便名	クラス	出発曜日	HNL	KIX	所要時間
H2001	CY	月火水木金土日	14：00	（ ？ ）	9：20

（ウ） （イ）の時刻表を見て，5月20日にダニエル・K・イノウエ国際空港を14時00分に離陸するH2001便に搭乗すると，KIXに何日・何時・何分に到着するか。到着日時を，24時間表示を用い，解答欄にならって答えなさい。

3 次の文を読み，あとの問いに答えなさい。

沖縄には「琉神マブヤー」というヒーローがいる。沖縄方言を使い，ストーリーには沖縄の独特な文化がおりこまれているが，その背景には沖縄が歴史的に独自の道を歩んできたことがある。

日本の①縄文時代にあたるころ，沖縄でサンゴ礁《しょう》にめぐまれた独特な文化がはじまる。弥生時代の日本列島に住む人びとは，沖縄の周辺でとれた貝を手に入れて，加工をほどこして腕輪に仕上げた。佐賀県にある，壕《ほり》をめぐらせた大規模な集落遺跡である（　1　）遺跡からは，貝の腕輪を身につけた人の骨が見つかっている。②奈良時代になると，奄美・沖縄諸島とは貝を含む産物の取引がおこなわれていた。③大宰府跡の発掘《はっくつ》調査では，南の奄美大島にかかわる木簡（木の札）が見つかっており，島から送られた荷物の荷札につけられたものと考えられている。

南の産物を求めて商人たちが活動すると，人やものの流れが活発となり，沖縄の社会にも変化が起きた。14世紀後半になると，東アジアにも大きな変化が起こり，日本では④室町幕府が成立し，朝鮮では朝鮮王朝が，中国では明が建国された。朝鮮や中国の沿岸では混乱を利用して，（　2　）とよばれる集団の活動が活発化していたため，明は，民間の海外貿易を禁じる政策をおこなった。このような外からの影響を受けながら，沖縄に琉球王国が成立した。琉球王国は，⑤日本，朝鮮，中国，東南アジアを交易の活動範囲とする「万国のかけ橋」として栄えた。

16世紀に入ると，琉球をとりまく国際情勢は大きく変化した。⑥ヨーロッパ勢力のアジア進出と銀の流入により，商人たちが世界規模で活動するなか，琉球はこの動きに対応することができなかった。さらに，日本では⑦豊臣秀吉が天下を統一し，アジア世界の征服をもくろみ，琉球にも服従をせまってきた。秀吉の計画は失敗におわるが，江戸時代になると，今度は島津氏が攻めてきた。その後，琉球は江戸幕府に取りこまれ，いわゆる⑧「鎖国」政策のもと，中国の窓口としての役割をはたした。

1853年，ペリーは日本との交渉の前に琉球にやってきたが，その目的は，日本との交渉が失敗したときは，琉球を占領するためだった。江戸幕府は，アメリカの強い圧力に屈し，（　3　）を結んで下田と箱館（函館）の2港をひらき，琉球もまた条約を結ばされた。⑨明治時代になると，450年続いた琉球王国はなくなり，沖縄県として日本の一部に組みこまれた。⑩太平洋戦争が終わりをむかえようとする1945年3月，アメリカ軍は沖縄に上陸し，⑪沖縄戦がはじまった。

『琉神マブヤー 1972レジェンド』というシリーズは，⑫サンフランシスコ講和条約後の沖縄の話である。新たな敵は，沖縄の歴史や文化を否定して自らの文化に取り込み，沖縄の支配を狙う。「沖縄のことは沖縄が決める」というマブヤーのセリフは，今の沖縄とも重なり，沖縄の人々の切実な思いを感じ取ることができる。

問1　（1）にあてはまる遺跡名を答えなさい。

問2　（2）と（3）にあてはまることばを漢字で答えなさい。

問3　下線①について，縄文時代のものとしてまちがっているものを（あ）～（お）から二つ選び，記号で答えなさい。

（あ）

（い）

（う）

（え）

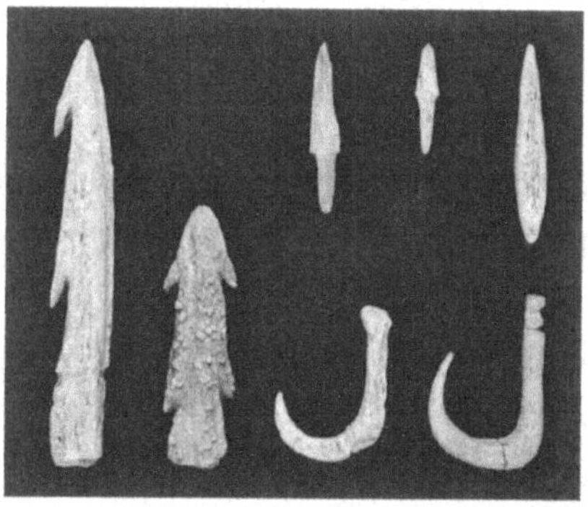

（お）

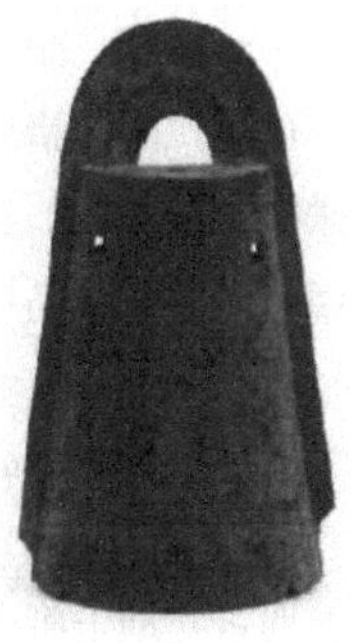

問４　下線②について，聖武天皇の時代に，日本に正式な仏教を広めるために中国からやってきた僧の名前を漢字で答えなさい。

問５　下線③について，大宰府の説明として正しいものを（あ）～（え）から一つ選び，記号で答えなさい。

（あ）　地方支配の拠点として陸奥国につくられた施設で，国府がおかれていた。

（い）　唐の都にならってつくられ，政治をおこなう役所や貴族の住居，寺院などがあった。

（う）　外交や軍事などを担当する場所で，遠の朝廷と呼ばれた。

（え）　大きな力をもった皇族の邸宅で，10万点近い木簡から生活があきらかとなった。

問６　下線④について，室町時代の経済の説明としてまちがっているものを（あ）～（え）から一つ選び，記号で答えなさい。

（あ）　年貢などの物資を運ぶ馬借や車借と呼ばれる運送業者が活躍した。

（い）　取引には，輸入された中国の銭が使用され，貨幣経済が発達した。

（う）　特産品を売る定期市の回数が増えて，月に６度開かれるようになった。

（え）　幕府は年貢を増やすために新田開発を進め，耕地を拡大させた。

問７　下線⑤について，それぞれの国の特産物の組み合わせとして正しいものを（あ）～（え）から一つ選び，記号で答えなさい。

（あ）　日本－武具，朝鮮－木綿，　中国－陶磁器《とうじき》

（い）　日本－木綿，朝鮮－陶磁器，中国－香辛料《こうしんりょう》

（う）　日本－武具，朝鮮－木綿，　中国－香辛料

（え）　日本－木綿，朝鮮－香辛料，中国－陶磁器

問８　下線⑥について，スペインとポルトガルの支援を受けて，活発な布教活動をおこなったカトリック教会に属し，日本にキリスト教を伝えた組織の名前を答えなさい。

問９　下線⑦について，豊臣秀吉が検地や刀狩りをおこなった結果，どのようなしくみが整えられていったのか，説明しなさい。

問10　下線⑧について，（あ）～（え）のできごとを古いものから新しいものへ順にならべかえ，記号で答えなさい。

（あ）　ポルトガル船の来航を禁止した。

（い）　スペイン船の来航を禁止した。

（う）　キリスト教徒を中心とした島原・天草一揆がおこった。

（え）　幕府領にキリスト教禁止令を出した。

問11　下線⑨について，日清・日露戦争を経て，明治時代に日本が植民地にした場所としてまちがっているものを（あ）～（え）から一つ選び，記号で答えなさい。

（あ）　台湾　　（い）　朝鮮　　（う）　南洋諸島　　（え）　南樺太

問12　下線⑩について，戦争が激しくなると，多くの人びとが戦争に協力させられた。そのなか，労働力不足をおぎなうため，当時の中学・高校生は，日本国内においてどのような場所で働かされたのか，答えなさい。

問13　下線⑪について，沖縄戦では住民の４分の１が亡くなった。その理由の説明としてまちがっているものを（あ）～（え）から一つ選び，記号で答えなさい。

（あ）　軍人も住民もまぜこぜとなった地上戦がおこなわれたから。

（い）　14歳以上の男子生徒のなかには，戦争にかり出され，戦場にいった人もいたから。

（う）　15歳以上の女子生徒のなかには，看護活動をおこない，軍と行動を共にした人もいたから。

（え）　アメリカの捕虜となった住民の多くは助けてもらえなかったから。

問14　下線⑫について，1952年のサンフランシスコ講和条約発効の後に，沖縄から東京に行く時は，以下の証明書が必要となったが，それはなぜか。サンフランシスコ講和条約の内容にふれながら説明しなさい。

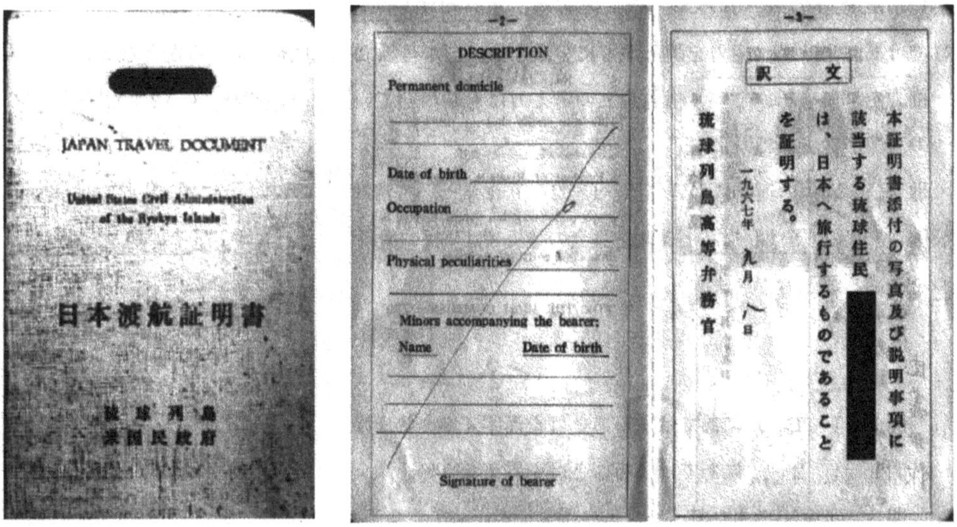

JAPAN TRAVEL DOCUMENT

United States Civil Administration of the Ryukyu Islands

日本渡航証明書

琉球列島
米国民政府

—2—

DESCRIPTION

Permanent domicile

Date of birth

Occupation

Physical peculiarities

Minors accompanying the bearer:

Name　Date of birth

Signature of bearer

—3—

訳　文

本証明書添付の写真及び説明事項に該当する琉球住民[redacted]は、日本へ旅行するものであることを証明する。

一九六七年　九月　八日

琉球列島高等弁務官

4　次の文を読み，あとの問いに答えなさい。

日本国憲法には，①権力を分けるための規定がたくさんあります。その中で，立法権と行政権の分け方には，「議院内閣制」が採られています。（　１　）から内閣総理大臣を選び，国務大臣も過半数は（　１　）から選んで，内閣をつくります。内閣は連帯して国会に対し責任を負い，衆議院は内閣不信任決議をすることができます。

立法権と行政権の関係は国によって様々で，「議院内閣制」の他に，国家元首を選挙で選ぶ②「大統領制」などがあります。

地方自治にも，権力分立の意図があります。

憲法が地方自治について定めているのは，③地方の政治を住民の意思で行うという民主主義的な意味だけではありません。権力を国と地方に分散させ，国から独立した団体に地方自治を委ねることで中央の統一権力を抑制する，という権力分立の考え方にも基づいています。92条の「(　２　)」にはこのような２つの意味が含まれています。

地方公共団体の運営については，(　２　)に基づいて法律で定めるように規定しています。地方議会を設置し，④地方公共団体の長や地方議会の議員等は住民の選挙で選ばれます。⑤その地方公共団体だけのルールを決めることもできます。

（棟大樹『檻の中のライオン』かもがわ出版，2016年）

問１　（１）にあてはまることばを漢字４字で答えなさい。

問２　（２）にあてはまることばを答えなさい。

問３　下線①について，モンテスキューが三権分立を述べた本の題名は何か，答えなさい。

問４　下線②のしくみをとっている国を（あ）～（え）から一つ選び，記号で答えなさい。

（あ）　イギリス　　（い）　オランダ　　（う）　スペイン　　（え）　フランス

問５　下線③について，「1996年新潟県巻町原子力発電所の建設」や「2015年大阪都構想」など，その地域の問題に対して，住民が直接に意思表示するための制度を何というか，漢字で答えなさい。

問６　下線④について，都道府県の首長を何というか，漢字で答えなさい。

問７　下線⑤について，これを何というか，漢字で答えなさい。

5　次の文を読み，あとの問いに答えなさい。

①ロシアによるウクライナ侵攻は，②世界に大きな影響を与えることになった。また新型コロナウィルスの感染拡大や地球環境問題なども，全人類を脅かす深刻な問題となっている。このような問題に対して③国際連合は，④平和を守る活動をはじめとした様々な取り組みをおこない，今後も大きな役割を果たしていくことが期待されている。

2015年，創設70周年を迎えた⑤国連の総会で「持続可能な開発目標」が採択された。これは世界から貧困をなくすこと，不平等をなくすこと，気候変動へ対策をとることなどの（　１　）項目の目標（ゴール）を達成するために世界が協力して行動していくことを決めたものである。

問１　（１）にあてはまる数字を答えなさい。

問２　下線①について，ロシアによるウクライナ侵攻に伴い，2022年５月にスウェーデンとフィンランドが加盟の意思を表明した軍事同盟は何か，漢字で答えなさい。

問３　下線②について，ロシアによるウクライナ侵攻は，2022年に急速に進んだ「円安」の理由の一つとなった。「円安」についての説明として正しいものを（あ）～（え）から一つ選び，記号で答えなさい。

（あ）　円安は，円の価値が上がり，日本の輸出に有利に働く。

（い）　円安は，円の価値が下がり，日本の輸出に有利に働く。

（う）　円安は，円の価値が上がり，日本の輸出に不利に働く。

（え）　円安は，円の価値が下がり，日本の輸出に不利に働く。

問４　下線②について，ロシアとウクライナは世界有数の食料や資源の輸出国であることから日本では，値段や価格を平均化した数値も上がっている。この数値を何というか，漢字２字で答えなさい。

問５　下線③について，子どもの権利を守り，子どもがもってうまれた能力をじゅうぶんに発揮できるチャンスを広げるために活動する国際連合の機関は何か，その略語（略称）をカタカナで答えなさい。

問６　下線④について，国際連合の機関の説明として正しいものを（あ）～（お）から二つ選び，記号で答えなさい。

（あ）国境なき医師団は，紛争や自然災害，貧困などにより命の危険がある人々に緊急医療援助を届けている。

（い）世界貿易機構は，GATTが発展したものであり，保護貿易の発展をはかっている。

（う）世界保健機関は，国際的な保健活動の指示と調整を行い，病気の予防に関する研究もすすめている。

（え）国連貿易開発会議は，先進国と途上国の格差問題である東西問題の解決を目的としている。

（お）国際通貨基金は，世界の通貨・金融システムの安定を確保する役割を担っている。

問７　下線⑤について，大国が拒否権をむやみに使うことで，安全保障理事会が役割を果たせない場合，安全保障理事会に代わって総会が行動をとることができるようにした決議が，1950年11月の総会で採択された。この決議を何というか，答えなさい。

エ、サエが保健室から教室に戻る時、あたしは素直にサエを応援できず、長谷部先生に聞かれても自分自身は寂しいと思ってはいけないし、何も変わらずに保健室にいるだけであることを指摘されたような気がしたから。

問六　傍線部⑤「嬉しい、よ。それなのに、ぜんぜん嬉しくない。嬉しくないんだ」とあるが、この時のナツのサエに対する気持ちはどのようなものか。その説明として最も適切なものを次から選び、記号で答えなさい。

ア、サエが自分から教室へ戻っていったことは嬉しいけれど、自分は変化がなくて退屈で、サエが誘ってもくれず連絡もなくて悲しい気持ち。

イ、サエが自分で決めて行動したことはすごいし嬉しいけれど、決める前にいつも一緒にいる自分には何も相談してくれなくて寂しい気持ち。

ウ、サエ自身が望んで教室に戻ったから嬉しいのだけれど、サエの決断を自分のことのように一緒に喜んであげられないことを悔やむ気持ち。

エ、サエ自身が幸せならば自分も嬉しいけれど、保健室にまた一人ぼっちになってしまったことを受け止めきれなくてサエをうらやむ気持ち。

問七　傍線部⑥「自分のことなのに、わからないことが、たくさんある」とあるが、この時ナツは何に気が付いたのか。その説明として**適切でないもの**を次から一つ選び、記号で答えなさい。

ア、怖かったはずの学校外の世界も思いのほか安心できる場所であるということ。

イ、保健室にいる毎日の中、自分で自分の存在を消してしまっていたということ。

ウ、本当は気づかれたくないのではなく、自分に気づいてほしかったということ。

エ、自分もほかのみんなと一緒で、この学校にいる一人の生徒であるということ。

問八　傍線部⑦「あたしも、行く」とあるが、それはどういうことか。また、なぜそう思ったのか。これまでのサエとの関係やナツ自身の気持ちの変化に触れながら、八十字以上百字以内で説明しなさい。ただし、句読点・記号等も字数に含むものとする。

下書き用（必要に応じて使用すること）

持ちを表しているか。その説明として最も適切なものを次から選び、記号で答えなさい。

ア、保健室にいるのは教室に行けないことが理由で、来室した三年生にはあたしを可哀想な子と思わないでほしいと思う気持ち。

イ、あたしは息を潜めてずっと隠れていたかったのに、長谷部先生に呼ばれて気づかれてしまったことが許せないと思う気持ち。

ウ、三年生にあたしが保健室にいることを気づかれてしまい、理由を自分ではなく先生が説明したことを恥ずかしく思う気持ち。

エ、怪我で来室したのに、聞いてほしくないあたしが保健室にいる理由について先生と話すのはやめてほしいという思う気持ち。

問三　傍線部②「あたしは、べつに、なんでもないし、気にしてませんよって顔をして、プリッツをくわえる」とあるが、それはどのような気持ちを表しているか。その説明として最も適切なものを次から選び、記号で答えなさい。

ア、サエは気づかれなかった一方、あたしはうまく存在を消して気づかれないようにはできなかったことから、自分自身を強く責めて動揺する気持ち。

イ、あたしが存在を消して気づかれないようにはできなかったことを、サエがひどく気にしており、そのことをなんとか先生に隠そうとする気持ち。

ウ、いつもと違って保健室にいることを他の生徒に知られて動揺したが、サエにも先生にもいつも通りのふりをして自分の動揺を隠そうとする気持ち。

エ、先生がサエではなくあたしを呼ぶことで、保健室にいることについて、なぜ自分だけが他の生徒に知られてしまったのかとひどく動揺する気持ち。

問四　傍線部③「くわえていたプリッツが、ぼきりと折れて、机の上を転がっていった」とあるが、それはどのような気持ちを表しているか。その説明として最も適切なものを次から選び、記号で答えなさい。

ア、自分一人だけが保健室に取り残されてしまう寂しさ。

イ、自分一人で教室へ戻ることに決めたサエへの哀しさ。

ウ、保健室に自分だけ残していこうとするサエへの怒り。

エ、居心地のよい保健室なのに一人になってしまう焦り。

問五　傍線部④「長谷部先生の声は、耳に入り込んで、あたしを身体の中から揺さぶった」とあるが、それはなぜか。その説明として最も適切なものを次から選び、記号で答えなさい。

ア、サエと二人で保健室にこもってきたが、サエが来る前はずっと一人だったのだから今さら寂しいなんて思うはずがないのに、しつこく長谷部先生が言ってくるので耳から離れなくなってしまったことも嫌だったから。

イ、サエが保健室から教室に戻ったことにあたしは複雑な気持ちを抱いていて、長谷部先生は何度も寂しいと言ってくるが、自分自身はどうしたいのか、何を言っていいのか分からなくなって混乱してしまっていたから。

ウ、寂しいか寂しくないかといったら、あたしは今までゲームも話もできて楽しかったから、サエに戻ってきてほしくて仕方がないほど寂しいというあたしの気持ちを長谷部先生が言い当てていたのでびっくりしたから。

「わたし、このまま消えたくなかった。この学校に通っていたこと、なかったことにするみたいに転校しちゃうのって、なんだか逃げるみたいでしゃくだったから……。だから、最後くらい、ちゃんと教室に行こうって思ったの。ほんとうに、それだけなんだよ。だから、わたしは、ぜんぜんすごくなんかないんだ」

「どこまで、行っちゃうの」

なにを言うのも、聞くのも、怖くて怖くて。ようやく、それだけ言えた。

「静岡だよ。べつに、そんなに遠くない」

「メールする」

「うん」と、サエは頷く。

「手紙も書くよ」

「うん」と、もう一度、サエは頷いてくれる。

「遊びにも行くから」

「うん」

サエはあたしの言葉に、ひとつひとつ丁寧に頷いて、そして笑ってくれる。

予鈴が鳴った。

「そろそろ、行かないと」

行かないで。

その代わりに、別の言葉を口にした。かすれていて、ひどく頼りない言葉だった。

「⑦あたしも、行く」

「いきなりは無理だよ」

サエは少し笑って、あたしの髪を撫でた。それから、身体を離す。

「無理でも、行く」

サエは戦っているんだと思った。自分に負けないように。逃げたまま終わらせないように。だから、あたしも、そこに行きたかった。ここじゃない場所へ。あなたのいるところへ。あなたが戦っている場所に。

それは、強がりかもしれない。また脚は震えてすくんでしまうかもしれない。時間がかかるかもしれない。それでも――。

あたしは、あなたに、心からおめでとうを言いたいんだ。

（相沢沙呼『雨の降る日は学校に行かない』より）

[注]　※1　あたしは卵に張り付く殻を取り除きながら
……保健室から出ることができず、給食を取りにいくのもおっくうなナツのために、母親が毎日二つのゆで卵を持たせている。サエが保健室にいる間はその卵を分け合うなど、二人の関係性を物語るものとして描かれている。

※2　どうしてあんなふうに言ってしまったんだろう
……保健室登校を卒業しようとしていたサエに対し、ナツは苛《いら》立《だ》ちに任せて「どうして出て行くの？　サエはここから出て行っても平気なの？　ちゃんとひとりでやっていけるの？」などの言葉をぶつけたことがある。

問一　二重傍線部ａ「くすぶる」の言葉の意味として最も適切なものを次から選び、記号で答えなさい。

ア、解決しない　　イ、認められない
ウ、活動しない　　エ、発展しない

問二　傍線部①「頬がほてる気がした」とあるが、それはどのような気彼女には、あたしが迷子のように見えたのかもしれない。わからない。ただ、声をかけられて、あたしは反射的に答えていた。「理科実験室って、どこだっけ」

「あっちだよ」と女の子は廊下の奥を指さして笑う。からかうようでも、憐《あわ》れむようでもない、照れくさそうな笑顔だった。ありがとう、と頭を下げて、あたしは彼女が示してくれた道を歩く。

なんだったんだろう。

あたしって、いったい、なにが怖かったんだろう。

なにに、あんなに怯《おび》えていたんだろう。

わからない。⑥自分のことなのに、わからないことが、たくさんある。

（中略）

理科実験室と掲げられたプレートが見えた。（中略）

サエ。すぐにでもそう呼びかけて、ごめんなさいと伝えたかった。それなのに、息苦しいくらいに胸が詰まってしまって、なにも言えずに唇がゆがんでいく。眼の奥が沸騰しそうなほど、熱くなった。

気がついたら、駆け寄っていた。サエのもとへ走って、ごめんね、ごめんねとみっともなく繰り返しうめいていた。

額に彼女のニットの感触を感じて、かすかな安堵《あんど》を覚える。心地よいシャンプーの香りが、優しく身体を包んでくれた。彼女が髪を撫《な》でてくれる間、何度も何度も、言葉を繰り返した。言えなかったぶんを、伝えたかったぶんだけ。ごめんなさい。おめでとうが言えなくてごめんね。頑張ってって言えなくてごめんね。あんなひどいことを言って、ごめんなさい。

「ナツ。すごいね。ここまで来られたんだね」

彼女の身体から額を離して、みっともなく涙で濡らした頬を手で覆う。恥ずかしさのあまり、顔を上げることができなかった。

「サエの方がすごい。すごいんだよ」

「わたしはすごくないよ。ぜんぜんだめなんだ」

サエはそう言ってハンカチを差し出してくれる。それを手に取り、俯いたまま、続く彼女の言葉を聞いていた。

「わたしも、ナツに謝らないといけないんだ。いちばん大切なこと、まだ伝えていないから」

胸の奥が冷えていく。予感のようなものを心は鋭敏に感じ取っていて、刺激されたそこが震えて動くようだった。

ハンカチを両手で握りしめて、サエの言葉を待つ。

「わたし、べつに、自分の問題が解決したわけじゃないんだと思う」

彼女はそう言いながら、あたしの髪を指で梳《す》く。（中略）

「ナツの言う通り、ひとりでちゃんとやっていけるかって、そう言われると、やっぱり自信なんてないんだ。たまたま、機会っていうか、きっかけみたいなのが来ただけなんだよ」

それから、呼吸すらもどかしいほどに長く不安な時間をおいて、サエは静かに言った。

「わたし、九月から別の学校に行くの。父さんの仕事の都合で、引っ越すんだ」

掌《てのひら》で、ハンカチがひしゃげた。柔らかく滑らかな手触りのそれが、捻《ねじ》れて凹んで、言葉にならない悲鳴を吸い込んでいく。

いやだ、と唇はささやいたけれど、俯いていたから、きっとサエには見えない。

「もし、そうだったら」

言葉が震えた。先生は聞いた。嬉しくないのって。そんなの決まってる。だって、サエが望んだことなんでしょ。先生、あたしね、サエに訪れるラッキーは、全部、自分のことみたいに嬉しい。嬉しいんだよ。あの子が幸せそうに鼻歌を歌ってると、あたしまで、今日はいいことあるんじゃないかなって、そう思えるんだ。それなのに。

それなのに、※2どうしてあんなふうに言ってしまったんだろう。頑張ってねって。負けないでねって。たまには、ここに顔を出してねって。どうして言えなかったんだろう。なんて、なんて、自分勝手なんだろう。「⑤嬉しい、よ。それなのに、ぜんぜん嬉しくない。嬉しくないんだ」

あたしの喉《のど》は、風邪のときみたいに熱く震えて、だから、言葉がうまく出てこなかった。

頬を手の甲の感触が通り過ぎていく。ニットベストの肩で、溢れるそれを拭《ぬぐ》った。

「なっちゃんは、教室には戻りたくない？」

「戻りたくない。あんなとこ、戻りたくない」繰り返し、かぶりを振った。「どうして、サエは平気なの。どうして、今になって教室に戻っちゃったの」（中略）

メールで居場所を尋ねると、サエは理科実験室にいると答えた。三日ぶりのメールだった。サエは、今から保健室に行ってもいい？　と言葉を添えていた。あたしは這《は》うように廊下を歩きながら、ケータイのボタンを片手で操作して、そこで待っていてと返信する。

脚は震えて、前に踏み出すごとに、もつれて転びそうになる。胃が痙《けい》攣《れん》して、喉《のど》からなにかが込み上げてきそうになる。それでも、急《せ》いた気持ちで階段を上がった。いつでも逃げ出せるようにトイレの場所を確認しながら歩く自分を、叱咤《しった》する。だめだ、と思った。いま、逃げることを考えたら、きっと進めない。歩けない。逃げることを、嘔吐《おうと》することを、笑われることを考えたらだめだ。喘《あえ》ぐように廊下を歩いていると、男子たちが忙《せわ》しなく走り抜けていく。通り過ぎていく瞬間、肩がぶつかりそうになって、身がすくんだ。けれど、あたしを眺めるような視線も、通り過ぎていく笑い声も、なんにもなかった。誰も、あたしのことなんて、気にしていない。気にしていないんだ。

廊下を歩きながら、急に気がついた。

あたしは聞いて欲しかったんだ。

気づいて欲しくて。声をかけて欲しくて。助けて欲しくて。

だから、学校に行く。心の中で精一杯暴れて、喉をからして叫び続けて。

あたしのことを、誰かに知って欲しかった。

隠れて閉じこもっていたら。自分から消えてしまっていたら。この叫び、気づいてくれる人なんて、いるわけないのに――。

だから。だから。

理科実験室の場所がわからない。確か、この階だった気がするけれど、もう一つ上かもしれない。記憶を引っ張り出そうとして周囲を眺めていたら、廊下を歩いていた女の子と眼が合った。二年生の子だった。どこかで見たような顔で、一瞬、息が止まるような気がした。

「どうかしたの？」

られてしまったみたいに。

　ときどき知らない生徒が保健室にやって来て、長谷部先生と会話をしているとき、あたしはスチール机に突っ伏して、ひたすらに瞼《まぶた》を閉ざす。ここには誰もいませんよ。誰もいないんです。だから、どうかこちらの方に誰も来ませんように。長谷部先生も、あたしなんかに手伝いを頼みませんように。クリーム色の仕切り壁の向こう。理由もなく教室に行けなくて、一年近くも保健室登校を続けている可哀想《かわいそう》な生徒がいるなんてこと、誰にも知られたくはなかった。だから長谷部先生が、なっちゃん、ノート取っておいてと呼びかけるたびに、屈辱に奥歯がきしんだ。（中略）先生が生徒の面倒を見ている間、彼、あるいは彼女は、奥から突然現れたあたしを奇異の眼で観察し、ああ、保健室登校なのか可哀想に、なんていうふうに納得した表情を浮かべる。

　どうしてこんなみじめな思いをしなきゃいけないの。見ないで。聞かないで。気づかないで。だって、あたし、べつに好きでここに閉じこもってるわけじゃない。違うの。ほんとうに、違うんだよ。でも、それならどうして、テレビや漫画があって、好きなだけ遊んでいられる自分の部屋から、学校の保健室までわざわざ通うんだろう。ずっと前に、長谷部先生にそう聞かれたことがある。そのときは、だって、サエと遊べるんだもんって答えて、二人してトランプのスピードで勝負をしていた。その答えに嘘はないんだ。でも、その前はどうだったろう。サエが保健室に通うようになるまでの、ここで一人きりで過ごしていたときは？（中略）

　サエは、どうなんだろう。もう、教室に戻って、なじめちゃったわけ？　泣き言を言いに、保健室に来たりしないの？　今日はどうしてるとか、メールくれないわけ？

「昨日の課題、ちゃんと終わらせた？」

長谷部先生が戻ってきて、パーティションの中に入ってきた。

閉じたノートに視線を移す。昨日の課題だから、本当は昨日までに終わらせないといけないものだった。けれど、一人でする勉強はひどくみじめで。（中略）

長谷部先生は向かいの椅子を引いて、そこに腰掛けた。それから、「サエちゃんがいないと、寂しいねぇ」と言う。

空腹に、お腹が鳴った。

※1あたしは卵に張り付く殻を取り除きながら、かぶりを振る。寂しいねぇ。④長谷部先生の声は、耳に入り込んで、あたしを身体の中から揺さぶった。寂しいねぇ。サエちゃんがいないと。いつの間にか指に力がこもって、柔らかな卵殻を強く凹《へこ》ませていた。罅《ひび》が入り、その全身に波紋のような痕《あと》を残していく。寂しくない。あたしは誰にも聞こえないようにつぶやく。寂しくない。寂しくなんかない。

先生は聞く。

「サエちゃんが教室に戻れるようになって、嬉しくないの？」

手元で半ばひしゃげてしまった不細工な卵を見下ろす。（中略）

「サエは……」これはあたしの姿みたい。みすぼらしく、ぐちゃぐちゃになった卵を見下ろしながら、あたしは聞いた。「教室に、戻りたかったの？」

「そうね」先生は答えた。難しい問題に考え込むように時間を掛けて。

「戻りたかったから、ここを出て行ったんじゃないのかな」

教室に戻ることができて、サエは嬉しい？

「ちゃんと洗い流さないとだめね。なっちゃん、トイレットペーパー、持ってきてくれる?」

パーティションの向こうから呼ばれた。笑いが収まり、力のこもっていた頬から徐々に力が抜ける。サエは、スイッチの切れた人形みたいに無表情になって、あたしを見上げた。

「なっちゃーん」という呼び声。はいはい、聞こえてます。聞こえていますよ。（中略）体操服姿で、三年生だというのがわかる。トイレットペーパーを取り出し、俯《うつむ》いたまま先生のところへ歩いた。三年生の子から視線を浴びているような気がして、顔を上げられなかった。

先生にトイレットペーパーを押し付けて、他の用事を頼まれる前にその場から離れる。椅子についてすぐ、聞こえた。教室だったら届かないはずの、かすかな声だった。

「あの子、どうしてここにいるんですか?」

①頬がほてる気がした。

「保健委員なの。手伝ってもらってるんだ」

長谷部先生は笑って嘘《うそ》をつく。

三年生は、ありがとうございましたと言って保健室から出て行った。

扉が閉まると、息が漏れた。

いつもだったら、このタイミングであたしたちはお腹の底から笑い出す。くすくすと堪えていたなにかが身体から溢《あふ》れ出てきて、おかしくてたまらなくなってしまう。（中略）けれど、今日はそうならなかった。机の上に置いたままのプリッツの箱を引き寄せて、それを一本取り出す。

②あたしは、べつに、なんでもないし、気にしてませんよって顔をして、プリッツをくわえる。サエの視線を頬のあたりに感じていた。

「課題、ちゃんと終わった?」

長谷部先生がパーティションから顔を出して、そう聞いた。

あたしはaくすぶる不満を表情に出しながら、仕方なく口を利いた。

だって、サエは黙ったままだったから。

「サエなんか、問題集やってるよ。偉くない?」

「へぇ、数学か」長谷部先生は問題集を覗《のぞ》き込んだ。（中略）

サエは先生を見上げて頷《うなず》く。

「遅れてるぶん、取り戻さないといけないと思って」

あたしはサエの、よくリンスされた長い髪を眺めていた。彼女の横顔は、なにか言いにくそうにためらったあと、勢い込んで言った。

「わたし、来週から教室に戻ろうと思うんです」

この場所は、いつも消毒液の匂いがするんだ。けれどサエの近くにいると、彼女のシャンプーの匂いが鼻をくすぐって、このパーティションの中にいるのは、あたしだけじゃないんだってことを、実感できる。

サエの言葉を聞いて、歯に力が加わる。

③くわえていたプリッツが、ぽきりと折れて、机の上を転がっていった。

（中略）

サエが保健室登校を卒業してから、三日が経つ。

あたしはここへ通い始めた頃の退屈さを噛《か》みしめていた。出された課題に対して文句を言い合う相手も、わからない問題に対して知恵を借りるべき相手もいない。狭く区切られたパーティションの中で、たった一人、そこに存在していることをひた隠しにするように、肩を小さくして生きている。なじんだ景色のはずなのに、急に知らない場所に閉じ込めア、日本人は自分に関係のある人たちに有利になることを優先させてきたので、自分と無関係な人と関わることに慣れていないから。

イ、日本人は自分の立場に関わる周囲の顔色をうかがって生活してきたので、その外部の人に話しかけることには慣れていないから。

ウ、日本人は長く格差が激しい社会で生活してきたので、そこから解放されるような場面になると何を話せばよいか分からないから。

エ、日本人は自分に関係のない人との接触を極端に避けてきたので、いざ社会に出たとしても何をすればよいか全く分からないから。

問七　傍線部⑤「『迷惑』だと相手が考えていると分かったら調整すればいいだけ」とあるが、ここでの「調整」とは具体的にどのようなことか。それがわかる箇所を本文中より十五字～二十字で抜き出し、そのはじめとおわりの三字をそれぞれ答えなさい。ただし、句読点・記号等を含む場合は、これも一字と数えることとする。

問八　波線部Y「『異文化の中でどうやって生きていくか』」とあるが、「異文化の中で」生きる力とはどのような力のことか。次の条件に従って説明しなさい。

【条件】

・直前の波線部X「両者の違いを説明させる」とあるが、この「日本の子供たちも受けたテスト」における二つの意見の「違い」をあなたはどのように考えるか。「落書きは、社会の迷惑である」という意見をA、「落書きを責めるのなら、街の空間に乱立する商業看板を問題にしないのはおかしい」という意見をBと表記し、これらの意見の違いについてのあなたの考えを述べること。

・右の内容を記した上で、「異文化の中で」生きる力とはどのような力のことか、説明すること。

・字数は百字以上百五十字以内とし、段落は作らずに一マス目からつめて書くこと。ただし、句読点・記号等も字数に含むものとする。

下書き用（必要に応じて使用すること）

100

150

三　**次の文章を読んで、後の各問に答えなさい（なお、出題の都合上、本文を省略した所がある）。**

仕切り壁の向こうで、先生が女子の怪我の具合を見ている。あたしはサエの肘《ひじ》をつついて、こちらを向かせる。頬《ほお》をふくらませて、へんな顔を作った。サエは笑いを堪《こら》えて、けれど、ウケてるってことを伝えたいのか、お腹《なか》を抱えながら、サイレントに爆笑を表現した。ちょっとナツったらやめてよもう！　そんな台詞《せりふ》を口パクで発しながら、彼女はぱたぱたと手を振って、あたしを叩《たた》く。今のところ、サエの劣勢。あたしはまったくの無音。くすぐってやろうと思って彼女の脇腹に手を伸ばした。彼女が身をよじって、椅子《いす》が鳴る。とたん、二人して石になったみたいにしばらく身体《からだ》が硬くなる。大丈夫。気づかれてない。ふっと息を漏らすと、二人してくすくす、また笑いが込み上げてくる。

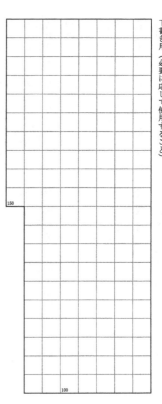

まっています。

Y「異文化の中でどうやって生きていくか」ということが求められているのです。

（鴻上尚史『「空気」と「世間」』より）

［注］　※　ＯＥＣＤ……経済協力開発機構の略称。

問一　空欄［Ⅰ］に入る言葉として最も適切なものを次から選び、記号で答えなさい。

ア、論理　イ、主観　ウ、建前　エ、結末

問二　空欄［Ⅱ］に入る最も適切な言葉を、本文中より三字で抜き出して答えなさい。

問三　傍線部①「本音をしゃべる時は、『世間』で流通する言葉が中心になってしまう」とあるが、それはどういうことか。その説明として最も適切なものを次から選び、記号で答えなさい。

ア、自分の本心を何も考えずに出すときには、自分の今いる「世間」の言葉を思わず使ってしまうということ。

イ、自分の気持ちを思い切り出すときには、我慢していた分だけ丁寧な言葉づかいになってしまうということ。

ウ、自分が日頃思っていることを話し出すときには、今いる「世間」の言葉を忘れて話してしまうということ。

エ、自分が「世間」の中で考えを話すときには、相手と交渉する以前に「ＮＯ」と言う必要があるということ。

問四　傍線部②「日本人は、なかなか、断れません」とあるが、一方の「欧米人」がこれとは異なる態度をとるのはなぜか。それがわかる箇所を本文中より十五字以内で抜き出し、そのはじめとおわりの三字をそれぞれ答えなさい。ただし、句読点・記号等を含む場合は、これも一字と数えることとする。

問五　傍線部③「『ＮＯ』と言う日本人は、たいてい、思い詰めた顔をしています」とあるが、それはなぜか。その説明として最も適切なものを次から選び、記号で答えなさい。

ア、日本人にとって「世間」は、本音で語ることを許してくれ、自らの居場所も与えてくれる「神」のように偉大かつ寛容なものであった。そのため、「世間」の要求を断ることは、「神」に背き自分の存在を失うことだと考えるから。

イ、日本人にとって「世間」は、自分を守って利益をもたらしてくれるものであり、構成員に共通する目的をかなえるために従順であるべきものであった。そのため、「世間」の要求を断ることは自らの不利益につながると考えるから。

ウ、日本人にとって「世間」は、不利にも有利にも働く不規則なものであった一方、それに服従することで最終的には救いの手を差し出してくれた。そのため、「世間」の要求を断ることは自らの将来の安定を失うことだと考えるから。

エ、日本人にとって「世間」は、不自由さはありながらも、従属することで立場の安定をもたらしてくれるものであった。そのため、「世間」の要求を断ることは集団からの自立を意味し、自らの責任ある判断が求められると考えるから。

問六　傍線部④「コンビニやスーパーでの挨拶が、すぐに『独り言』になってしまうのは、日本人が『社会』と話すことに慣れてないからです」とあるが、それはなぜか。その説明として最も適切なものを次から選び、記号で答えなさい。

いきなり、僕の直感で断定しますが、この言葉を使う母親は、働いた経験がない人か年数が少ない人が多いと思っています。

つまり、保育園より幼稚園でこの言葉は多発されていると思っているのです。

この時の「他人」というのは、「世間」の人たちです。それも、この言葉を使う人は、伝統的な「世間」をイメージしていると思います。

「世間」であれば、共同体の共通の目的があります。その共同体が何を求めているのか、はっきりとしています。だから、何が迷惑となるか、よく分かるのです。

共同体の目的のために、自己の欲望を抑える、ということが大切なんだと分かるのです。

けれど、「世間」が崩壊し始めると、同じ目的の「［Ⅱ］」というものをイメージしにくくなります。

そして、競争社会になればなるほど、利潤を追求する企業は、自らの欲望に忠実になります。それはまさに「社会」です。

そして、ビジネスとは、お互いの対立する利害を調整しながら、相互に利益を生もうとする活動です。どちらか一方だけが、バランスを欠いた利潤を出し続けていては、現代の経済活動は成立しません。

つまりは、まずは、自分の欲望に忠実になることが、大切なのです。なぜなら、「社会」に生きる者同士、それが、「迷惑」になるかどうかは、お互いの欲望をぶつけてみないと分からないからです。

何が「迷惑」なのか分かっているのは、「世間」です。けれど、グローバル化が進めば、自分の活動や欲望が、相手の「迷惑」になるかどうかは、実際にぶつかってみないと分からないのです。

そして、⑤「迷惑」だと相手が考えていると分かったら調整すればいいだけのことです。

けれど、やる前には分からないのです。相手を傷つけるとか、人のものを盗むとかの話ではないですよ。そんな人間として根本的なことを言っているのではありません。

働いている母親は、ビジネスにおいては利害はしばしば対立すること、それは「迷惑」と言ってしまえばそれまでだけど、お互いにとっては正当な欲望と活動だということ、それが対立しているだけだということ、それを「迷惑」などという感情的な言葉でまとめるのではなく、お互いが納得する方法を見つけることが大切なこと、ということを分かっていると思います。

そうすると、単純に、「他人に迷惑をかけない人間になってほしい」などと言えない、ということが分かるのです。

もちろん、この願いは、典型的な日本人の考え方です。欧米で、この言葉を言うと、「その子供は、いつも刃物を振り回して凶暴なのか⁉」とか「まったく理解できない。子供の可能性をすべて否定したいのか？」と言われるのです。

新しい学力として定着してきた、※ＯＥＣＤが提唱するＰＩＳＡ式学力というのは、この「何が迷惑になるか分からない人たちの中でどうやって生きていくか？」という智恵をつけるためのものです。

２００３年に世界数十ヵ国で行われ、日本の子供たちも受けたテストでは、「落書きは、社会の迷惑である」という意見と「落書きを責めるのなら、街の空間に乱立する商業看板を問題にしないのはおかしい」という二つの意見を元に、X両者の違いを説明させるところから問題は始

が言いましたが、日本人が「NO」と言う時は、かなり思い詰めた時です。③「NO」と言う日本人は、たいてい、思い詰めた顔をしています。もしくは、「すみませんねえ」と何度も恐縮しながら、本当にすまなそうに言います。

それは、今までずっと「世間」に生きていたと思っているからです。「世間」は、あなたを救うセイフティー・ネットでしたから、基本的にあなたの不利になるような提案はしません。それがわずらわしいものでも、巡り巡ればあなたの利益にもなるものでした。ですから、そこで「NO」と言うのは、よほど特殊な事情、決意が必要だったのです。そして、「NO」と言うことで、「世間」からなんらかのしっぺ返しがあるだろうと身構えました。

欧米人と仕事をして驚くのは、彼らが、微笑みながら、もしくは笑って「NO」と言うことです。それは、「NO」と言うことに、日本人ほど深刻さも精神的重圧もない、ということを意味しています。

それは、ずっと「社会」に生きているからです。「社会」は、今まで、不利になる提案をすることもあれば有利な提案をすることもありました。ですから、断るのは、当たり前のことなのです。

それを、欧米人は自立している、などと言ってはいけません。日本人は、かつては神であった「世間」の記憶が染み込んでいるのです。ですから、まったく知らない他人や会社以外の提案には、どこか神の匂いを感じてしまうのです。知り合いを通じての依頼なら、まさに、「世間」の記憶が顔を出します。

それを断るのは、日本人には本当に勇気のいることなのです。だから、なにかを断る時、日本人は思い詰めて、深刻な顔になるのです。もしくは、ガマンにガマンを重ねて、どうしても堪《こら》えきれなくなった時に、「これだけガマンしたんだからもういいだろう」と爆発しながら断るのです。

私たちが、「家族」からのお願い、会社からの人事異動の打診、地域からの依頼を断る時、本当に気が重くなるのは、完全には壊れ切っていない「世間」の意識があるからです。

格差社会で「世間」が強くなれば、その気の重さもどんどんと強くなります。

もちろん、欧米人には、なぜそんなに気が重いのか、パーティーへの誘いを断ること、提案を断ること、仕事をやめることが、どうしてそこまで深刻なことなのか、まったく理解できないのです。

④コンビニやスーパーでの挨拶が、すぐに「独り言」になってしまうのは、日本人が「社会」と話すことに慣れてないからです。

ずっと「世間」としか話してきませんでしたから、そして、「社会」は無視してきましたから、にこやかに「社会」の人に話しかける、という回路がないのです。そして、「独り言」になった時に、それが「独り言」であるという自覚も希薄なのです。相手は、「社会」に住む人ですから、存在しないと同じなので、「独り言」になってもその意識が低いのです。

「自分の子供にはどんなふうに育ってほしいですか?」と聞かれて「他人に迷惑をかけない人間に育ってほしい」と語る母親がいます。

ぜいたくは言わない。勉強もそこそこでいい。ただ、「他人に迷惑をかけない人間になってほしい」。

【国　語】（五〇分）〈満点：一〇〇点〉

一　次の各問に答えなさい。

問一　次の①～⑤の傍線部を漢字で正確に答えなさい。

①　調査結果をホウコクする。

②　広大なコクソウ地帯が続く。

③　多額の借金をセイサンする。

④　団結して問題解決をハカる。

⑤　気力をフルい、強敵に立ち向かう。

問二　次の①～④の傍線部の漢字の読みをひらがなで正確に答えなさい。

①　社会的信頼を損なう。

②　不況で実家の商いが傾く。

③　観光客が増え、店が繁盛する。

④　給湯設備を点検する。

問三　次の①～③の熟語と同じ組み立て方の熟語を後のア～オから選び、それぞれ記号で答えなさい。

①　利害　②　異国　③　着席

ア、除雪　イ、温暖　ウ、収支　エ、不満　オ、難所

問四　次の①～②の傍線部と同じ品詞の言葉を後のア～ウから選び、それぞれ記号で答えなさい。

①　道ばたの小さな地蔵に手を合わせる。

ア、軽やかな足取りで駅に向かう。

イ、おかしな考え方をしてはならない。

ウ、高原にさわやかな風が吹きわたる。

②　仲間が集まり、教室がにぎやかになる。

ア、帰宅後、ただちに宿題を始める。

イ、手料理をおいしそうに食べる。

ウ、食料はわずかに残るばかりだ。

問五　傍線部と同じ働きをしている言葉を後のア～ウから選び、それぞれ記号で答えなさい。

日暮れになると寂しさがつのる。

ア、公園で野球をしようと誘った。

イ、一度離れた仲間が一団となって戦う。

ウ、経済的に発展すると環境問題が生じる。

二　次の文章を読んで、後の各問に答えなさい。

私たち日本人は、「世間」で流通する言葉に本音を乗せ、「社会」で流通する言葉に［　Ｉ　］だけを乗せてきました。

すると、どうなるかというと、①本音をしゃべる時は、「世間」で流通する言葉が中心になってしまうのです。

電車の中で、騒いでいる人たちに向かって、苛立《いらだ》ちが高じると、「うるさい！」とか「静かにしろ！」という言葉が出る人が多くなります。これは、本音の言葉、「世間」の言葉です。

ですが、こういう時こそ、「です、ます」が必要なのです。それは、ニュアンスをむき出しにしないで、相手と交渉する方法なのです。

「すみません。静かにして下さい」と穏やかに言うことが、相手と交渉するためには重要なのです。

②日本人は、なかなか、断れません。「ＮＯと言えない日本人」と誰か

第1回

2023年度

解　答　と　解　説

《2023年度の配点は解答欄に掲載してあります。》

＜算数解答＞《学校からの正答の発表はありません。》

1　(1)　$1\frac{5}{21}$　(2)　5　(3)　$2\frac{2}{19}$　(4)　24

2　(1)　19　(2)　15通り　(3)　225人　(4)　2250cm^2　(5)　4.25　(6)　91枚

3　(1)　8時33分　(2)　9時4分40秒　4　(1)　2550　(2)　10332

5　(1)　12cm　(2)　$32\frac{4}{7}$cm^2　6　(1)　43.2cm^2　(2)　103.14cm^3　(3)　$\frac{45}{628}$cm

○推定配点○

5, 6　各6点×5　他　各5点×14　計100点

＜算数解説＞

1　(四則計算，単位の換算)

(1)　$5.5\div\frac{8}{77}+\frac{11}{4}\times\frac{8}{33}=\frac{4}{7}+\frac{2}{3}=\frac{26}{21}=1\frac{5}{21}$

(2)　$\frac{\square}{6}=\frac{1}{12}\times\frac{6}{5}\times\frac{25}{3}=\frac{5}{6}$

(3)　$1+3\div\left(1+3\div\frac{7}{4}\right)=1+3\times\frac{7}{19}=2\frac{2}{19}$

基本　(4)　24×0.1＝2.4(時間)すなわち2時間24分

2　(規則性，場合の数，割合と比，平面図形，相似，演算記号)

重要　(1)　ある週の木曜日…133÷7＝19(日)　8月最後の日曜日…22＋7＝29(日)　9月第1週の日曜日…5日　したがって，9月の第3週の日曜日は5＋14＝19(日)

基本　(2)　5×3＝15(通り)

基本　(3)　234÷1.04＝225(人)

重要　(4)　直角三角形ABCの面積…右図より，180×90÷2＝8100(cm^2)
①から④までのそれぞれの面積比…1：3：5：7　したがって，②＋⑨＝②＋④の面積は8100÷36×(3＋7)＝2250(cm^2)

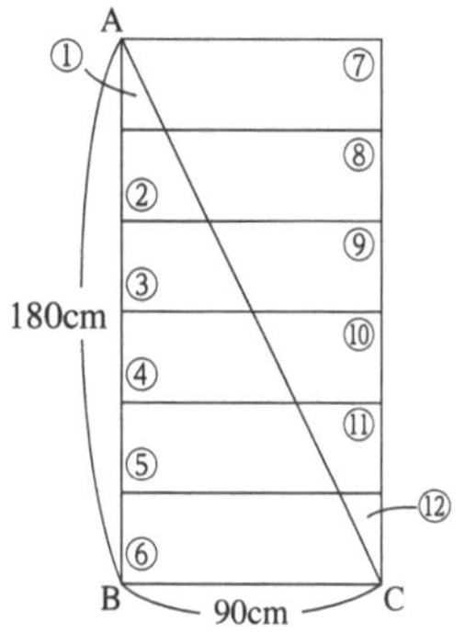

基本　(5)　23×□＋9×□－23＝113，32×□＝113＋23＝136，□＝4.25

基本　(6)　119÷(13＋4)×13＝91(枚)

重要　3　(平面図形，図形や点の移動，速さの三公式と比，旅人算，統計と表)

(1)　XがCで停止する時刻…60÷3＝20(分)から24分まで　24分のときのXZ間の距離…60－1×24＝36(m)　したがって，求める時刻は8時台の24＋36÷(3＋1)＝33(分)

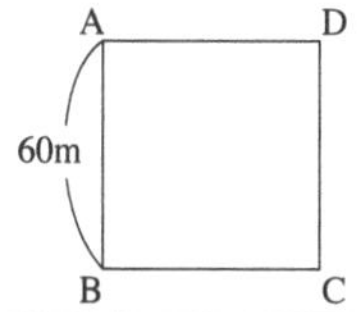

(2)　YがBにいる時間…60×2÷2＋2＝62(分)から64分　64分のときのYZ間の距離…33－(64－33)×1＝2(m)　したがって，求める時刻は64＋2÷(2＋1)＝$64\frac{2}{3}$(分)より，9時4分40秒

	分速	頂点	動く向き	時間
X	3m	D	時計回り	4分
Y	2m	D	反時計回り	2分
Z	1m	B	反時計回り	3分

重要 **4** **(規則性，数の性質)**

(1)　100…100÷2＝50(番目)の偶数　　したがって，求める和は(2＋100)×50÷2＝51×50＝2550

(2)　(102＋267)×{(267－102)÷3＋1}÷2＝369×28＝10332

5 **(平面図形，相似)**

(1)　三角形BEFとCDF…右図より，相似比は1：3　三角形BEFの高さ…6÷3＝2(cm)　　したがって，FCは4×2÷2×3＝4×3＝12(cm)

(2)　三角形ABCの面積…4×4×6÷2＝48(cm²)　三角形AGDとCGF…相似比は4：3　　三角形CGFの面積…$12\times6\times\frac{3}{7}\div2=15\frac{3}{7}$(cm²)　したがって，四角形ABFGは$48-15\frac{3}{7}=32\frac{4}{7}$(cm²)

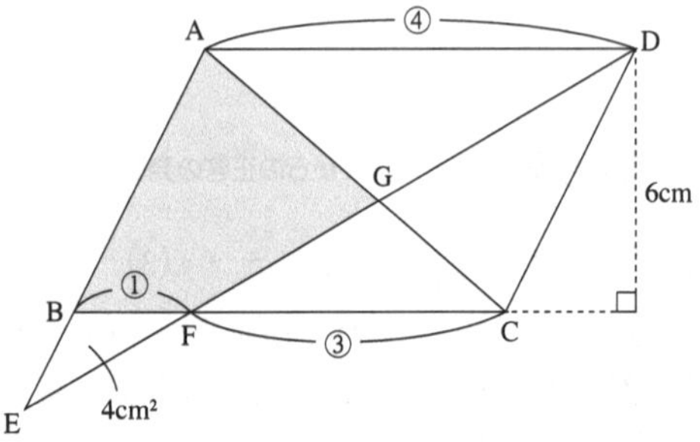

6 **(立体図形，平面図形，割合と比)**

(1)　立体アの上下から見た図形の面積…1×2.7×2＝5.4(cm²)　　立体アの側面積…(5×2.7－2×0.9×2＋5×1)×2＝(9.9＋5)×2＝29.8(cm²)　　立体アの内側の面積…2×1×4＝8(cm²)　　したがって，表面積は5.4＋29.8＋8＝43.2(cm²)

(2)　立体アの正面から見た図形の面積…(1)より，9.9(cm²)　　したがって，図1より，求める水の体積は(6×6×3.14－9.9)×1＝103.14(cm³)

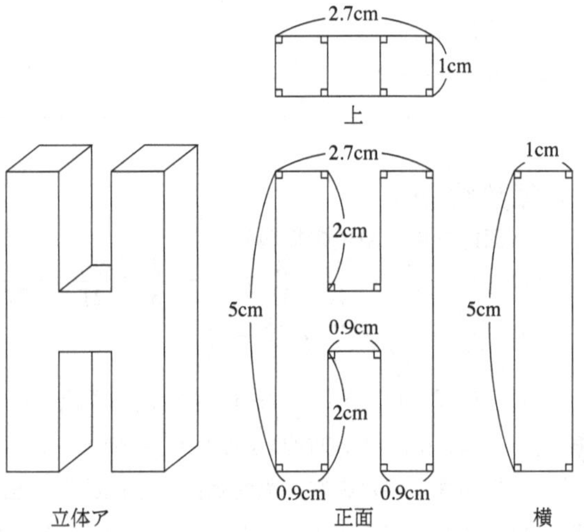

(3)　立体アの水中部分の体積…図2より，4×0.9×2×1＋1×0.9×1＝8.1(cm³)　　したがって，水面は$8.1\div(36\times3.14)=\frac{45}{628}$(cm)下がる。

図1

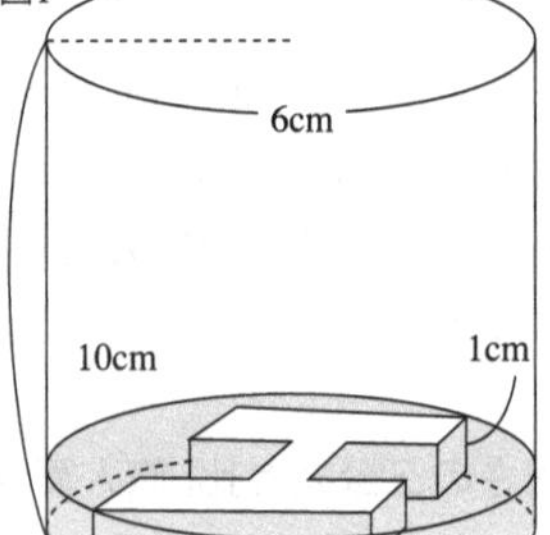

図2

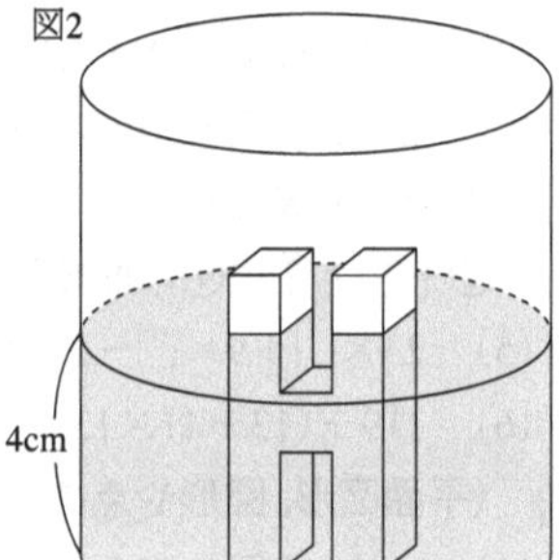

★ワンポイントアドバイス★

2(4)「相似な図形の面積比」を利用して簡単に解けるかどうかがポイントであり，
3「3点の移動条件」について，混乱が生じないように気をつけなければいけない。
5「三角形と相似」の問題も，それほど難しくはない。

＜理科解答＞《学校からの正答の発表はありません。》

1 問1 (記号) D (名前) 左心室 問2 エ，オ 問3 ②，③ 問4 ①，③
問5 (記号) ウ (名前) 弁 問6 ⑧

2 問1 百葉箱 問2 エ 問3 28.48(g) 問4 30(℃) 問5 15(℃) 問6 エ

3 問1 水上(置かん法) 問2 完全(燃焼) 問3 二酸化炭素 問4 酸(性)
問5 (1) 酸素 (2) (体積) 52(cm^3) (気体名) プロパン
(3) (プロパン：酸素＝1：) 5

4 問1 10(cm) 問2 8(cm) 問3 6(段目)

5 問1 エ，オ 問2 ケ 問3 (a：b：c：d：e＝)3：3：4：2：2

6 ① 持続 ② 気候 ③ 化石 ④ イ ⑤ オ ⑥ キ

○推定配点○
1 各2点×6(問1・問5各完答) 2 問1・問2 各1点×2 他 各3点×4
3 問1～問3 各2点×3 他 各3点×4(問5完答) 4 各3点×3
5 問3 4点 他 各3点×2 6 各2点×6 計75点

＜理科解説＞

1 (人体—心臓のつくり)

問1 Cの右心室が収縮して心臓から肺へ血液が送り出されるとき，同時にDの左心室が収縮して心臓から肺以外の全身へ血液が送り出される。なお，Aは右心房，Bは左心房である。

問2 ヒトと同じ2心房2心室の心臓をもつのは，鳥類とホニュウ類のなかまである。よって，鳥類のペンギンとホニュウ類のイルカがあてはまる。イモリなどの両生類は2心房1心室の心臓，サメなどの魚類は1心房1心室の心臓，カエルなどの両生類は心房が2つあり，心室の間に不完全な仕切りのある心臓をもつ。

基本 問3 心臓から流れ出る血液が流れる血管を動脈，心臓に流れこむ血液が流れる血管を静脈という。よって，静脈は，②(肺静脈)と③(大静脈)があてはまる。①(肺動脈)と④(大動脈)は動脈である。

重要 問4 酸素を多くふくむ血液を動脈血，二酸化炭素を多くふくむ血液を静脈血という。二酸化炭素は全身の細胞のはたらきによって生じ，肺で血液から空気に出されるので，全身→心臓→肺と流れる血液が静脈血となる。よって，静脈血が流れるのは，①と③である。

基本 問5 心臓にもどる血液が流れる静脈には，血液の逆流を防ぐためのつくりである弁がところどころにある。

重要 問6 血液中の不要物はじん臓でこし出されるので，じん臓を通過した直後の血液にふくまれる不要物が最も少ない。

2 (気象—気象観測，湿度)

基本 問1・問2 図の装置を百葉箱といい，乾湿球温度計などの気象観測装置が入っている。百葉箱は，開閉時に太陽光線が入りこまないようにとびらは北側を向いている。

重要 問3 乾球温度計が気温を示すので，気温は31℃であることがわかる。乾球温度計と湿球温度計の示度の差が 31－29.5＝1.5(℃)なので，表1の気温31℃，示度の差1.5℃のところから，湿度は89%とわかる。表2から，31℃の飽和水蒸気量は32.0g/m^3なので，この空気1m^3にふくまれる水蒸気量は 32.0×0.89＝28.48(g)

問4　気温は 31＋2＝33(℃)となるので，33℃の飽和水蒸気量は35.6g/m³となる。このときの湿度は $\frac{28.48}{35.6}\times 100 = 80.67\cdots$(%)となる。表1で，気温33℃のときにこの湿度と最も近いのは，乾球温度計と湿球温度計の示度の差が3℃になるときだとわかる。湿球温度計の示度は，乾球温度計の示度よりも低くなるので，その値は 33－3＝30(℃)

問5　気温は31℃，乾球温度計と湿球温度計の示度の差が 31－21.5＝9.5(℃)なので，表1から，湿度は40％とわかる。この空気1m³にふくまれる水蒸気量は 32.0×0.4＝12.8(g)となる。コップの表面に水滴がつき始めるのは，空気1m³にふくまれる水蒸気量が飽和水蒸気量を下回ったときであり，表2から，15℃の飽和水蒸気量が12.8g/m³とわかるので，コップに水滴がつき始めたときの飲み物の温度に最も近いのは15℃であると考えられる。

やや難　問6　風をあてても空気の温度は変わらないため，乾球温度計の温度は変わらない。しかし，風があたることで，湿球温度計をおおっているガーゼが乾きやすくなり，ガーゼの水が蒸発するときに湿球温度計から熱をうばっていくので，湿球温度計の温度は下がる。

3　(気体の発生・性質―メタン，プロパン)

重要　問1　水にとけにくい気体は水上置かん法で集め，水にとけやすい気体は，空気より軽い気体の場合は上方置かん法，空気より重い気体の場合は下方置かん法で集める。

重要　問2　十分な量の酸素と反応するような燃焼を完全燃焼といい，酸素が不足気味な状態で反応するような燃焼を不完全燃焼という。

基本　問3　二酸化炭素には石灰水を白くにごらせる性質がある。

問4　二酸化炭素がとけた水は炭酸水で，その液性は酸性である。

問5　(1)　二酸化炭素は石灰水にすべてとけるので，反応後に残った気体の体積と石灰水を入れた後の気体の体積との差は，反応によって発生した二酸化炭素の体積を表す。容器A～C，Eで，プロパンの体積，酸素の体積，発生した二酸化炭素の体積をまとめると，表Ⅰのようになる。表Ⅰの容器A～Cの結果より酸素の体積と二酸化炭素の体積が比例していることから，容器A～Cでは，酸素はすべて反応していることがわかる。容器A～Cの結果から，二酸化炭素が60cm³発生するときに反応する酸素の体積は 10(cm³)×$\frac{60(\text{cm}^3)}{6(\text{cm}^3)}$＝100(cm³)と考えられる。よって，容器Eでは，プロパン20cm³はすべて反応し，酸素が 110－100＝10(cm³) 残ることがわかる。

表Ⅰ

容器	A	B	C	E
プロパン(cm³)	20	20	20	20
酸素(cm³)	10	30	50	110
二酸化炭素(cm³)	6	18	30	60

やや難　(2)　(1)より，プロパンがすべて反応するのは，入れた酸素が100cm³のときなので，入れた酸素80cm³はすべて反応していることがわかる。容器A～Cでは，石灰水を入れた後の気体はすべてプロパンなので，入れたプロパンの体積と石灰水を入れた後の気体の体積との差は，反応したプロパンの体積を表す。容器A～Cで，入れたプロパンの体積，酸素の体積，反応したプロパンの体積をまとめると，表Ⅱのようになる。表Ⅱより，酸素の体積と反応したプロパンの体積は比例していることがわかるので，容器Dで反応したプロパンの体積は 2(cm³)×$\frac{80(\text{cm}^3)}{10(\text{cm}^3)}$＝16(cm³)とわかり，反応せずに残ったプロパンは 20－16＝4(cm³)とわかる。よって，Y＝4(cm³)。また，容器Dで発生した二酸化炭素の体積は 6(cm³)×$\frac{80(\text{cm}^3)}{10(\text{cm}^3)}$＝48(cm³)だから，X＝4＋48＝52(cm³)

表Ⅱ

容器	A	B	C
入れたプロパン(cm³)	20	20	20
酸素(cm³)	10	30	50
反応したプロパン(cm³)	2	6	10

(3)　(1)より，プロパン20cm³と酸素100cm³がちょうど反応するので，プロパン：酸素＝20(cm³)：100(cm³)＝1：5

4 (てこ・てんびん―レンガのつり合い)

基本　問1　図Ⅰのように，2段目のレンガを左端から10cmずらすと，2段目のレンガは1段目のレンガにちょうど半分のっていることになる。このとき，1段目のレンガの右端を支点と考えると，2段目のレンガを左を下げようとするはたらきと右を下げようとするはたらきが等しくなる。2段目のレンガをさらにずらすと，右を下げようとするはたらきのほうが大きくなることから，左端から10cmまでずらしてもレンガはくずれないことになる。

図Ⅰ

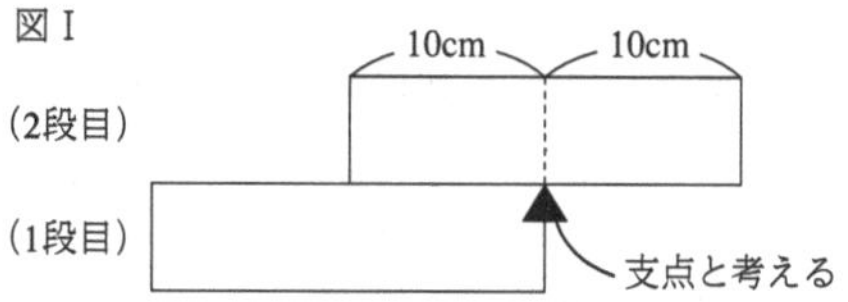

図Ⅱ

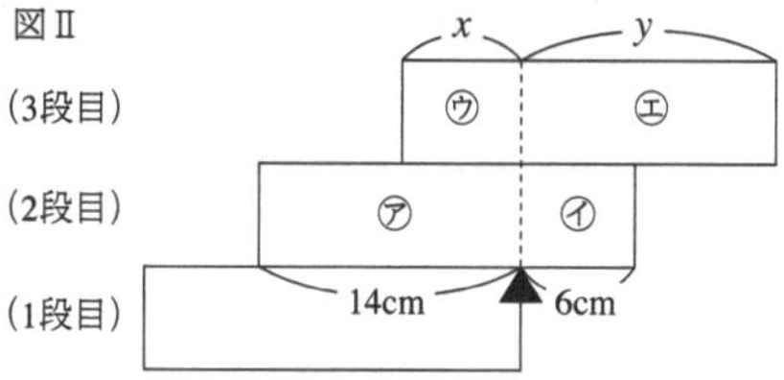

やや難　問2　図Ⅱのように，2段目から上のレンガを，1段目のレンガの上にある部分と1段目のレンガの上にない部分に分けると，㋐と㋒の部分の合計と㋑と㋓の部分の合計が等しくなるとき，1段目の右端を支点として2段目から上のレンガはつり合う。図Ⅱで，㋐と㋒の部分の合計と㋑と㋓の部分の合計が等しくなるのは，$x+14=y+6$ になるときで，$x+y=20$ だから，$x=6$，$y=14$となる。よって，3段目のレンガを，2段目のレンガの左端から $14-x=14-6=8$(cm)までずらしてもレンガはくずれないことになる。

図Ⅲ

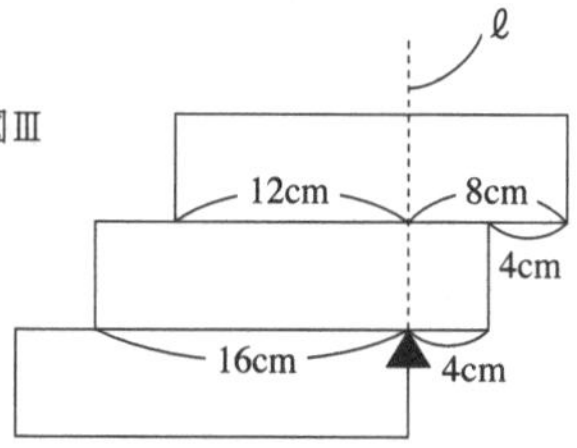

やや難　問3　問2と同じように，2段目から上のレンガを1段目のレンガの上にある部分と1段目のレンガの上にない部分に分けて考える。図Ⅲのℓの左右のレンガの大きさが等しくなったとき，1段目の右端を支点として2段目から上のレンガはつり合う。図Ⅲのように，1段目の上にある部分の幅は16cm，12cm，…と4cmずつ短くなり，1段目の上にない部分の幅は4cm，8cm，…と4cmずつ長くなる。このことから，図Ⅲのℓの左右でレンガの大きさが等しくなるのは，最も上の段のレンガのℓの左側の幅が4cm，右側の幅が16cmとなるときである。このようになるのは，レンガを4段重ねたときである。

5 (回路と電流―豆電球と回路)

重要　問1　直列につなぐ電池の数が多いほど，直列につなぐ豆電球の数が少ないほど，1個の豆電球に流れる電流は大きくなって豆電球は明るく光る。なお，電池や豆電球の並列につないだ数は，豆電球の明るさに関係しない。よって，電池が直列に2個つながれていて豆電球が1個だけの回路エと，電池が直列に2つつながれていて豆電球2個が並列につながれている回路オに最も明るく光る豆電球がふくまれる。

重要　問2　並列につなぐ電池の数が多いほど，直列につなぐ豆電球の数が多いほど，乾電池は長もちする。よって，乾電池2個が並列につながれていて豆電球2個が直列につながれている回路ケの電池が最も長もちする。

やや難　問3　dとeのように2個の豆電球を並列につないだものは，$\frac{1}{2}$個の豆電球と考えることができる。よって，回路コは右の図のように考えることができ，電池に対して並列につないだ部分に流れる電流の大きさは直列につないだ豆電球の個数に反比例するの

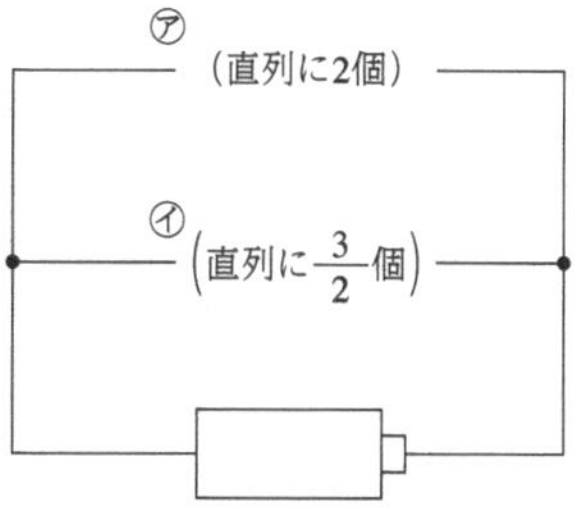

で，図の㋐の部分と㋑の部分の豆電球の個数の比は 2：$\frac{3}{2}$=4：3 だから，流れる電流の大きさの比は ㋐の部分：㋑の部分=3：4 となる。豆電球を直列につないだ部分に流れる電流の大きさは等しく，並列につないだ部分では電流が分かれて流れるので，豆電球a，bには③，豆電球cには④，豆電球d，eには ④÷2=②の大きさの電流が流れる。よって，電流の大きさの比は a：b：c：d：e=3：3：4：2：2となる。

6 (環境・時事―SDGs)

① 「SDGs」は，「持続可能な開発目標」を意味する英語の「Sustainable Development Goals」の頭文字に複数形の「s」をつけたものである。

② 「COP」は，「気候変動枠組条約締約国会議(Conference of the Parties)」のことで，「26」は，その26回目の会議であることを意味している。

③ 日本は，環境NGO(NGO=非政府組織)から，地球温暖化対策が不十分であるとして，これを皮肉った化石賞と呼ばれる賞を受けた。

④ 現在，EV(Electric Vehicle=電気自動車)のバッテリーには，リチウムイオン電池が主に使われている。

⑤ 従来の電池の電解質には液体が使われていて，液もれや劣化などの問題があるが，電解質を固体にすることでこれらの問題点を解決することができると考えられている。電解質をすべて固体にしたものは全固体電池，一部液体も利用するものは半固体電池と呼ばれる。

⑥ さまざまな最新技術を活用して農業を活性化する技術をアグリテックという。アグリテックは，農業を意味する「Agriculture(アグリカルチャー)」と技術を意味する「Technology(テクノロジー)」を組み合わせた造語である。

★ワンポイントアドバイス★

とりわけ難易度が高いという問題は少ないが，小問どうしの関連性が高いものが多いので，計算ミスや考え違いなどが生じないように一問一問を正確に解答していく習慣をつけておこう。

＜社会解答＞《学校からの正答の発表はありません。》

1 問1 【1】 け 【2】 う 【3】 こ 【4】 く 【5】 い 問2 原爆ドーム
問3 石見銀山 問4 ゆば 問5 首里城 問6 え 問7 え・か 問8 い
問9 【1】 う 【2】 い 【3】 あ 【4】 え 問10 ① え ② ため池
問11 750(m)

2 問1 う・え 問2 遣隋使 問3 あ 問4 最澄 問5 う 問6 一所懸命
問7 (例) 当時，ヨーロッパの国の中でオランダだけが長崎での貿易を認められていたから。 問8 琉球王国 問9 打ちこわし 問10 朝鮮 問11 治安維持法
問12 (1) け (2) お (3) た (4) あ 問13 い

3 問1 (1) 現在 (2) 将来 問2 保障 問3 生存権 問4 い・う・か
問5 民営化 問6 最高裁判所裁判官 問7 拒否権 問8 アイヌ
問9 (1) 現行犯 (2) 令状 問10 い 問11 (例) 国民の権利は明治憲法では法律によって制限することができたが，日本国憲法では侵すことのできない永久の権利とさ

れている。また日本国憲法では普通教育を受けさせる義務によって，子どもの教育を受ける権利を保障している。

4　問1　う　　問2　う　　問3　永遠

○推定配点○

1　各2点×19(問7完答)　　2　各1点×16(問1完答)

3　問11　3点　　他　各1点×12(問4完答)　　4　各2点×3　　　計75点

＜社会解説＞

1　(日本の地理―世界遺産に関する問題)

問1　【1】　世界で最初に実戦使用された原子爆弾の爆心地近くに残された建物で，1996年世界遺産に登録されたのは広島県(【図1】中の「け」)にある「原爆ドーム」である。　【2】　8世紀に最初の仏教の寺院が建てられ，17世紀にその他の多くの建物が建てられ，1999年に世界遺産に登録されたのは栃木県(【図1】中の「う」)にある「日光の社寺」である。　【3】　5つの城，「玉陵」，「斎場御嶽」，「識名園」などが含まれ，2000年に世界遺産に登録されたのは沖縄県(【図1】中の「こ」)にある「琉球王国のグスク及び関連遺跡群」である。　【4】　16～20世紀に採掘が行われた鉱山と関連施設，鉱山集落などが含まれ，2007年に世界遺産に登録されたのは島根県(【図1】中の「く」)にある「石見銀山遺跡とその文化的景観」である。　【5】　11～12世紀に北日本を支配した勢力が京都の文化を取り入れて寺院などを造営した場所で，2011年に世界遺産に登録されたのは岩手県(【図1】中の「い」)にある「平泉」である。

基本　問2　原爆ドームは，広島市中区にある原爆の被爆によって大破した建築物である。この建物は1913～1914年に広島県物産陳列館として建設され，後に産業奨励館となった。ドームを持った印象的な建物であったが，1945年8月6日の原爆投下によってその爆風と熱によってドームの鉄骨がむき出しになった。この建物は1966年に広島市議会が永久保存を決議し，1996年に世界遺産に登録された。

問3　世界遺産の「石見銀山遺跡とその文化的景観」にある石見銀山は，現在の島根県大田市にある戦国時代後期から江戸時代前期にかけて最盛期を迎えた日本最大の銀山である。戦国時代後期から江戸時代前期の時期には日本が世界の約3分の1を産出していたと言われているが，その銀の大部分を石見銀山からの銀が占めていたとされる。明治時代以降には銀が枯渇したので，銅などが産出された。

問4　ゆば(湯葉，湯波)は大豆の加工食品の1つで，豆乳を加熱した時の表面にできる薄い膜である。ゆばは吸い物の具として使われたり，刺身と同様にそのまましょうゆなどに付けて食べられる。日本では京都や近江，古社寺の多い奈良，日光や身延といった門前町の産地が有名である。

基本　問5　2019年10月末に正殿等が焼失し，その後に再建の取り組みが行われているのは首里城である。首里城は琉球王国の王宮で，首里は同王国の都として整備された。首里城は1945年に太平洋戦争中に起こった沖縄戦で焼失したが，1992年に正殿などが再建された。その後，首里城跡が世界遺産に登録されたが，2019年10月に再度，火災で焼失した。

問6　石見銀山で採掘されていた鉱物は銀鉱である。銀鉱の生産量はメキシコが最も多く，それに次いでペルーと中国が国別産出量で上位3ヵ国に入っているので表(え)がそれにあたる。なお，表(あ)はオーストラリアとブラジルが上位にあるので鉄鉱石，表(い)は中国が最も多く，国別生産量の上位3ヵ国にロシアが入っているので金鉱，表(う)はチリの生産量が多く，ペルーと中国が続いているので銅鉱である。

問7　(え)「うるめいわし」は，「まいわし」や「かたくちいわし」などとともにいわしの一種として重要な水産資源である。北海道南部から九州南岸の沿岸や東シナ海に多く生息し，島根県でも日本有数の漁獲量をあげている。　(か)「しじみ」は，淡水域や汽水域に住んでいる小型の二枚貝である。日本産として最も一般的な「しじみ」は汽水域で採れる「やまとしじみ」で，漁獲量全国第1位の島根県の宍道湖の他に北海道の網走湖，青森県の十三湖なども知られている。なお，選択肢(あ)と(う)は鳥取県，(い)・(お)は山口県の説明である。

基本　問8　写真(い)は，世界遺産の「平泉」に含まれる中尊寺である。中尊寺は岩手県西磐井郡平泉町にある天台宗の東北大本山で，円仁が開山したとされるが，実際に整備したのは藤原清衡である。奥州藤原氏三代のゆかりの寺として有名であり，1124年には藤原清衡によって中尊寺金色堂が建てられた。なお，写真(あ)は日光東照宮，(う)は鹿苑寺金閣，(え)は鶴岡八幡宮である。

問9　【1】「原爆ドーム」が存在する広島市は年間を通じて比較的温暖で年降水量が少ない瀬戸内の気候なので，4つの雨温図の中で年平均降水量が一番少ない雨温図(う)である。　【2】「日光の社寺」がある栃木県の気候は年間を通じて比較的雨の多い温帯湿潤気候に属しており，さらに内陸県のために気温の年較差が大きい気候なので，その特色をよく示しているのは雨温図(い)である。　【3】「琉球王国のグスク及び関連遺跡群」が存在する沖縄県は年間を通じて平年気温が高く，年降水量が多い南西諸島の気候なので，雨温図(あ)である。　【4】「石見銀山遺跡とその文化的景観」のある島根県は日本海側の気候なので，冬は北西の季節風によって降水量が増えるから，4つの雨温図の中で冬の降水量が最も多い雨温図(え)である。

重要　問10　①　【図2】の地図中で左上(北西)と左下(南西)の地域には等高線が混んでおり，他方それ以外の部分では等高線の間隔が空き，ほぼ平行になっているので，この地形図の地形は扇状地である。扇状地は，川が山地から平地に出たところに土砂が堆積して形成された扇の形をした傾斜地である。なお，(あ)は三角州，(い)はV字谷，(う)は河岸段丘，(お)は谷底平野の説明である。

②　ため池は，雨の少ない地域で主に農業のかんがい用に造られた人工の池である。その数は全国に21万か所以上あり，その中の60％以上が瀬戸内地方にある。

問11　縮尺2万5000分の1の地形図では地図上1cmの長さは，実際の距離で250mにあたる。設問文に「地形図中の3cm」とあるので，実際の距離は250×3＝750(m)となる。

2　(日本の歴史―災害から見た日本)

問1　(う)　弥生時代には米の生産量が増え，食べるのに必要な量を超えて余分な米を貯えておくことができるようになった。そのような中で米作りを手広く行って，多くの米を貯えることができる人が現れ，むら人の間に貧富の差が生まれた。米を貯えた人は村の中で有力者となり，しだいに彼らは米などの生産物の取り扱い，祭りの指導，戦いの指揮などを執るようになり，ますます力を付けて大きな住居や墓をつくるようになった。弥生時代の末期には有力者の住居や墓と一般の人々の住居や墓が分かれるようになり，身分の差が生まれた。　(え)　縄文時代の終わりごろから中国や朝鮮半島から日本に移り住んだ人々によって水田稲作の技術が伝わり，弥生時代になって急速に広がり始めた。大型の水路が造られ，木製のくわ，鉄製のかま，石包丁などの農具がつくられて，米の生産力が上がった。なお，(あ)の高温で焼かれた須恵器という土器が作られたり，(い)の権力者のために世界最大級の墓が作られたのは古墳時代，(お)のナウマンゾウやオオツノジカなどの狩りを行っていたのは旧石器時代である。

基本　問2　遣隋使は，推古天皇の時代に中国の進んだ制度や技術を学ぶとともに対等な外交を行うために，聖徳太子が600～618年までの間に3～5回派遣した使節である。607年には国書を持たせて小野妹子を派遣し，それとともに多くの留学生や留学僧も送られた。

問3　『日本書紀』(720年)がつくられたのは奈良時代(710～784年)であり，その時代の文化は聖武天皇(位724～749年)の時代を中心とした天平文化である。天平文化は中国の唐の影響を受けた仏教文化で，疫病や反乱によって国が乱れることも多かったので，朝廷は仏教の力で国を守ろうとする鎮護国家の考えによって仏教を保護し，そのために平城京などに次々と天皇や豪族によって大寺院が建設された。特に聖武天皇は国ごとに国分寺・国分尼寺を建てることを命じ，都には総国分寺としての東大寺を建立した。(い)の運慶・快慶による東大寺南大門の金剛力士像が作られたのは鎌倉時代，(う)の能や狂言などの文化が生まれたのは室町時代，(え)のひらがなが普及し，女流作家による随筆や物語が貴族に広く読まれたのは平安時代である。

基本　問4　最澄(767～822年)は，12歳で出家して19歳で比叡山に登って思索の生活に入った。その後，桓武天皇の命令によって804年に遣唐使とともに唐に渡って，天台の教えや禅などを学んで805年に帰国し，日本に天台宗を伝えた。

問5　受領とは，平安時代に国司の中で実際に現地に行ってその地域の行政の責任を負った人々のことである。『今昔物語集』の中に出てくる「受領は転んだとしても手ぶらでは戻るな」という話は，当時の受領の強欲な一面を示したものである。なお，(あ)の執権は将軍を補佐した鎌倉幕府の役職，(い)の若年寄は老中を補佐した江戸幕府の役職，(え)の地頭は荘園や公領に置かれた鎌倉幕府の地方機関である。

問6　鎌倉時代に武士が台頭すると，土地や家人の所属がその土地の統領に移り，自らの居住領域が形成されるようになった。そのため武士には自らの土地を温存し，死守する考えが生まれ，土地に住む農民ともども「一箇所に命を懸け」なければならなくなり，「一所懸命」という言葉が生まれた。

やや難　問7　当時の江戸幕府は鎖国を行っており，そのような状況でヨーロッパの国の中ではオランダだけが唯一長崎での貿易を認められていた。そのためドイツ人のシーボルトもオランダ船に乗らなければ，日本に来ることはできなかった。

問8　伊能忠敬が全国を測量して日本地図を完成させた19世紀前半には，現在の沖縄県の地域は琉球王国(1429～1879年)と呼ばれていた。琉球王国の地域が沖縄県となったのは，1879年のことである。

問9　打ちこわしとは，江戸時代に都市に住む貧しい人々が起こした暴動である。米価の高騰などによって豊かな商人や米問屋を襲撃し，米や金銀を奪ったり，米の安売りを迫ったりした。

問10　関東大震災の混乱の中で「朝鮮人や社会主義者が井戸に毒を入れた。暴動を起こす」等の流言が広がり，人々を不安に陥れた。このような混乱によって，軍隊，警察，民衆の自警団などにより多くの朝鮮人や中国人，社会主義者が殺害された。

基本　問11　治安維持法は1925年に普通選挙法と同時に制定され，社会主義運動や共産主義者に対する取り締まりが強化された。後にその対象は社会運動全般に拡大され，多くの人が処罰されたが，第二次世界大戦後に廃止された。

重要　問12　(1)　世界恐慌は，1929年にアメリカ合衆国のニューヨークのウォール街の株式市場での株価の大暴落をきっかけとして起こった大不況のことである。この大不況は，ソ連を除く世界各国へ広がった。　(2)　柳条湖事件は，1931年9月18日に中国の奉天郊外にある柳条湖で日本の関東軍が南満州鉄道の線路を爆破した事件である。日本側はこれを中国側が起こしたこととし，満州事変に発展した。　(3)　1941年12月8日に日本海軍は，ハワイの真珠湾を奇襲攻撃した。また，同日日本陸軍はマレー半島に上陸した。この2つの出来事によって，日本はアメリカ合衆国などの連合国との太平洋戦争を始めた。　(4)　太平洋戦争末期の1945年3月にアメリカ軍が，沖縄県の慶良間列島に上陸したことで沖縄戦が開始された。その後，地元住民をも巻き込んだ激しい地上戦が行われ，日本軍守備隊約10万人と県民約10万人の死者を出し同年6月にアメリカ軍に占領された。

問13　阪神・淡路大震災が起きたのは1995年のことである。他方，アメリカで同時多発テロが起こり，アフガニスタン戦争が始まったのは2001年のことなので，阪神・淡路大震災よりも後に起きたできごとである。なお，(あ)の冷戦の終結が宣言されたのは1989年，(う)のアジア初のオリンピック・パラリンピックが東京で開かれたのは1964年，(え)の田中角栄と周恩来が共同宣言に署名したのは1972年のことである。

3 (政治―国民の権利に関する問題)

問1　日本国憲法第11条には，「国民は，すべての基本的人権の享有を妨げられない。この憲法が国民に保障する基本的人権は，侵すことのできない永久の権利として，現在及び将来の国民に与へられる。」とある。また日本国憲法第97条には，「この憲法が日本国民に保障する基本的人権は，人類の多年にわたる自由獲得の努力の成果であって，これらの権利は，過去幾多の試練に堪へ，現在及び将来の国民に対し，侵すことのできない永久の権利として信託されたものである。」とある。したがって，空欄1には「現在」，空欄2には「将来」があてはまる。

問2　日本国憲法第12条には，「この憲法が国民に保障する自由及び権利は，国民の不断の努力によって，これを保持しなければならない。」とある。また日本国憲法第97条には，「この憲法が日本国民に保障する基本的人権は，人類の多年にわたる自由獲得の努力の成果であって，これらの権利は，過去幾多の試練に堪へ，現在及び将来の国民に対し，侵すことのできない永久の権利として信託されたものである。」とある。したがって，空欄Aには「保障」があてはまる。

問3　日本国憲法の第25条1項には，「すべての国民は，健康で文化的な最低限度の生活を営む権利を有する。」とある。この規定は人間らしい生活を保障した社会権の中の生存権と呼ばれるものであり，国や地方公共団体には国民に対するこのような権利を守る責任がある。

重要　問4　(い)　国政の調査については，日本国憲法第62条に「両議院は，各々国政に関する調査を行い，これに関して，証人の出頭及び証言並びに記録の提出を要求することができる」とあるので，衆議院と参議院に共通する機能である。　(う)　法律案を提出できるのは，国会議員(衆議院議員，参議院議員，両院の委員会等)と内閣なので，衆議院と参議院に共通する機能である。(か)　衆参両院は，憲法の規定に基づいて院内の秩序を乱した議員に懲罰を与えることができ，「除名」・「登院停止」・「議場での陳謝」・「議場での戒告」の4つの懲罰を課すことができる。なお，(あ)の内閣の信任・不信任の決議は衆議院のみ，(え)の緊急集会を召集するのは参議院のみ，(お)の予算先議権は衆議院のみの機能である。

問5　民営化とは，国や地方公共団体が経営していた企業などが一般の民間企業に改組されたり，その運営が民間に移されたりすることである。その例として1987年の国鉄事業の分割民営化，2005年に郵政民営化関連法案が成立したことを受けて，2007年に日本郵政グループが設立され，郵便局は日本郵便株式会社の下で運営されることになったことなどがある。

問6　最高裁判所の裁判官がその職に適しているかを国民が判断する国民審査は，国民の政治参加の権利(参政権)の1つである。この国民審査は任命後，最初の衆議院議員総選挙の際(その後は10年ごと)に信任投票の形で行われる。この投票でやめさせることに賛成する票が，過半数となった裁判官はやめさせられることになる。

基本　問7　拒否権とは，国連の安全保障理事会の常任理事国が持っている権利のことである。この権利は安全保障理事会の議決で常任理事国が1ヵ国でも反対すると議決できないというものであり，重要な議決には必ず5ヵ国の常任理事国の賛成を必要としている。

基本　問8　近年の先住民の権利を見直す世界的な動きの中で，日本でも先住民族としてのアイヌの文化を見直し，復興・発展させようとする傾向が現れ，1997(平成9)年にアイヌ文化振興法が制定された。さらに2008(平成20)年6月には，衆参両議院で「アイヌ民族を先住民族とすることを求める決議が採択された。この決議は，前年に国連総会で決議された「国連先住民族権利宣言」を受けたものである。

問9　日本国憲法第33条には，「何人も，現行犯として逮捕される場合を除いては，権限を有する司法官憲が発し，且つ理由となっている犯罪を明示する令状によらなければ，逮捕されない。」とあるので，空欄1には「現行犯」，空欄2には「令状」が入る。

問10　ストライキは，労働者が自分たちの使用者(雇用側)に対して労働を行わないで抗議する争議行為の一種で，労働基本権の1つである団体行動権である。しかし日本国内の公務員については国家公務員法第98条，地方公務員法第37条によって，ストライキが禁止されている。

やや難　問11　「国民の権利(基本的人権)」は，明治憲法では臣民の権利と位置づけられ，与えられた基本的人権は天皇の恩恵によるものとされ，法律によって制限することができた。他方，日本国憲法第11条で「侵すことのできない永久の権利」とされ，人間が生まれながらに持つ権利を国政上で最大限に尊重することとされている。また日本国憲法が定めている「普通教育を受けさせる義務」とは，子どもを持つ親に自らの子どもに普通教育を受けさせる義務を課したもので，このことで子どもの教育を受ける権利を保障するためのものである。

4 (政治—NPT体制から見た世界)

問1　NPTとは，核拡散防止条約のことである。核拡散防止条約は1968年に国連総会で採択され，1995年に無期限延長された。この条約では核保有国をアメリカ合衆国・イギリス・フランス・ソ連(ロシア)・中国の5ヵ国に限定し，他の国々が核兵器を持つことや核保有国が核兵器を持たない国に核兵器を渡すことを禁止している。　(あ)　核兵器を保持して良いとされた5ヵ国はアメリカ合衆国・イギリス・フランス・ソ連(ロシア)・中国であり，インドは含まれていない。(い)　NPTは，核兵器禁止条約の発効の前に，核兵器国が自国の核兵器を半分以下の数に減らすことを約束したことはない。　(え)　NPTは，非核兵器国が核以外の化学兵器の開発をすすめる条約ではない。

基本　問2　国際連合の本部は，アメリカ合衆国のニューヨーク(選択肢(う))のマンハッタン島東部にある。この本部は国連総会ビル，会議場ビル，事務局ビル，ダグ・ハマーショルド図書館の4つの建物で構成されている。なお，(あ)のハーグは国際司法裁判所などがあるオランダの都市，(い)のジュネーブは国際連合の専門機関などの多くの国際機関があるスイスの都市，(え)のブリュッセルは欧州委員会などの国際機関があるベルギーの首都である。

問3　日本国憲法前文には，「平和を維持し，専制と隷従，圧迫と偏狭を地上から永遠に除去しようと努めている国際社会において，名誉ある地位を占めたいと思ふ。」とある。

★ワンポイントアドバイス★

地理・歴史・政治の各分野とも大問数，設問数ではほぼ同じ割合である。説明問題は歴史分野で1行，政治分野で3行の設問があるので，普段から自らの言葉で説明できるような練習を怠らないようにしよう。

<国語解答>《学校からの正答の発表はありません。》

一 問一 ① 系統 ② 貯蔵 ③ 収拾 ④ 織(る) ⑤ 勇(み)
問二 ① つい(やす) ② やわ(らぐ) ③ あんぴ ④ ほっきにん
問三 ① 富 ② 版 ③ 誠意 問四 ① ウ ② イ ③ ア

二 問一 エ 問二 ウ 問三 ウ 問四 (はじめ)差別者 (おわり)存在だ
問五 ア 問六 ウ 問七 ウ(→)イ(→)エ(→)ア 問八 (例) 私は給食のときに，大柄な友達に対して，「それだけで足りるの？」と言ってしまったことがある。友達の顔が曇ったこと覚えている。悪気のない不用意な発言が，相手を差別している例だと思う。こうした状況から脱却するために必要なのは，友達と自分の違いを考え，友達を理解し繋がりたいという意志をもつことである。

三 問一 Ⅰ オ Ⅱ エ 問二 ア 問三 (一) エ (二) イ 問四 ア
問五 ウ 問六 (例) 自分を応援してくれる俊介と美音の気持ちを受け止め，かみしめながら，かけ　がえのない家族とともに，自分も夢を実現させるために努力を始めようと決意　する気持ち。

○推定配点○

一 各2点×15 二 問八 10点 他 各4点×7(問四・問七各完答)
三 問六 8点 他 各4点×6(問一完答) 計100点

<国語解説>

一 (漢字の読み書き，類義語，単語の識別)

問一 ① 「系統」は，順序だって続いている統一のあるつながり。 ② 「貯蔵」は，たくわえておくこと。 ③ 「収拾」は，(混乱した事態などを)取りまとめることや，ととのえおさめること。 ④ 「織」の部首を間違えないように注意する。 ⑤ 「勇み立つ」は，気力を奮い立てて事に向かうこと。

問二 ① 「費用」「消費」の「費」である。 ② 「和らぐ」は，おだやかになること。 ③ 「安否」は，無事かどうかということ。 ④ 「発起人」は，思い立って事を始める人。

基本 問三 ① 「裕福」「富裕」どちらも，富んで豊かなこと。 ② 「刊行」「出版」どちらも，書籍などを印刷して世に出すこと。 ③ 「真心」「誠意」どちらも，いつわりのない真実の心。

問四 ① 「流行で」，ウ「台風で」の「で」は原因を表す格助詞。ア「おだやかでない」の「で」は形容動詞の活用語尾。イ「洗面所で」の「で」は場所を表す格助詞。 ② 「雪になるらしい」，イ「逃げているらしい」の「らしい」は推定の助動詞。アの「らしい」は接尾語で，「中学生らしい」という形容詞を作っている。ウ「すばらしい」の「らしい」は形容詞の一部。 ③ 「さえずりが聞こえますか」と，ア「試験が終わる」の「が」は格助詞で，文の主語を表している。イ「無口だが」の「が」は接続助詞。ウの「が」は格助詞だが，部分の主語を表している。文全体の主語は「姉は」。

二 (論説文ー空欄補充，ことわざ，語句の意味，内容理解，作文)

問一 「対岸の火事」は，川向かいの火事のこと。転じて，自分には全く関係のない出来事で，少しも苦痛を感じない物事のたとえ。

問二 執着のない様子を表す。

問三 傍線部①に続く，「ある評論家の発言」から筆者が考えていることに注目する。

問四　二つ前の段落の「……という考えは，差別をできるだけ限定し，狭く稀なできごととして私たちの日常世界から締め出そうとする硬直した見方です」が，傍線部②とほぼ同じ内容であることに注目し，その直前から解答を書き抜く。

問五　傍線部③の直前の二つの文の内容に注目。

重要　問六　前の「『差別する可能性』とは，世の中に息づいている，こうした他者理解や現実理解をめぐる知や情緒に私たちが囚われてしまう〝危うさ〟のことです。……そのまま認めてしまう〝危うさ〟のことです」という部分が，ウに合致している。

問七　空欄の直前の文が「なぜ……でしょうか」と問いかけになっているので，空欄の最初には，ウ「……からです」という理由を表す文が入る。また，空欄の直後の文が「こうした他者の姿」と，指示語を含む文であることから，空欄の最後には「他者の姿」に関する内容が入ることが予想できる。

やや難　問八　自分と他人との関わりの中で，知らず知らずのうちに相手に不快な思いをさせてしまったことはないか，などを振り返って，「差別的日常」の具体例を考える。

三　(小説ー空欄補充，慣用句，心情理解，表現理解，内容理解，主題)

基本　問一　Ⅰ　「眉をひそめる」は，，他人の行為に対して不快に思い顔をしかめること。

Ⅱ　「息を殺す」は，息をおさえて音をたてないようにすること。

問二　「目を剝く」は，怒ったり驚いたりして目を大きく見開くこと。

問三　㈠　光枝と菜月の会話や，菜月の心の中の言葉に注目。　㈡　「お義母さん，俊介はいま毎日必死で勉強しています。……あの子の人生は私が責任を持ちます。……応援してくれとは言いません。でも全力で頑張る俊介に，沿道から石を投げるようなことはしないでください」という菜月の言葉などから，親としての信念を貫く姿が読み取れる。

重要　問四　自分を理解し味方してくれる俊介の言葉に触れ，緊張が解けたのである。

問五　「腹の底から出ている……声」という表現から，美音がいつになく大きなしっかりした声で言っているということがわかる。

やや難　問六　傍線部⑤の「大切なもの」とは，菜月が「懸命に守ってきた」家族である。「走り出した」とは，菜月が自分の夢に向かって努力を始めた，ということである。

★ワンポイントアドバイス★

読解力を養うには，ふだんから新聞を読んだり，いろいろな小説や随筆，論説文に触れたりして，長い文章に慣れておくことが大切！　漢字や語句などの知識問題も多いので，基礎をしっかり固めておく必要がある。

第2回

2023年度

解　答　と　解　説

《2023年度の配点は解答欄に掲載してあります。》

＜算数解答＞《学校からの正答の発表はありません。》

1　(1)　$1\frac{11}{16}$　(2)　1.5　(3)　$\frac{2}{3}$　(4)　57

2　(1)　7月2日　(2)　14通り　(3)　13％　(4)　$90cm^2$　(5)　4　(6)　4200円

3　(1)　1時間18分後　(2)　1時間58分40秒後　4　(1)　4045個　(2)　2500個

5　(1)　$9.12cm^2$　(2)　9回目　6　(1)　$18cm^2$　(2)　$282.6cm^3$　(3)　$105\frac{5}{7}cm^3$

○推定配点○

5，6　各6点×5　他　各5点×14　計100点

＜算数解説＞

1　(四則計算，単位の換算)

(1)　$3.25\div52\times3+3.75\div2.5=\frac{3}{16}+1\frac{8}{16}=1\frac{11}{16}$

(2)　$\frac{□}{5}=0.36\div1.2=\frac{3}{10}=\frac{1.5}{5}$

(3)　$□=1-1\div\left(1\div\frac{1}{3}\right)=\frac{2}{3}$

基本　(4)　13時間19分×3＝39時間57分＝1日15時間57分

重要　2　(数の性質，場合の数，割合と比，平面図形，相似，演算記号)

(1)　365日の中間の日…364÷2＋1＝183(日目)　6月30日までの日数…31＋28＋31＋30＋31＋30＝30×6＋1＝181(日)　したがって，中間の日は7月2日

(2)　Bの目が6のとき…Aの目は1，2，3，6の4通り　Bの目が5のとき…Aの目は1，5の2通り　Bの目が4のとき…Aの目は1，2，4の3通り　Bの目が3のとき…Aの目は1，3の2通り　Bの目が2のとき…Aの目は1，2の2通り　Bの目が1のとき…Aの目は1の1通り　したがって，4＋2×3＋3＋1＝14(通り)

(3)　定価…(3000－725)÷0.91＝2500(円)　したがって，値引き率は1－(3000－825)÷2500＝0.13すなわち13％

(4)　三角形EFDとCFB…右図より，相似比は2：3　したがって，全体の面積は18÷2×(2＋3)×2＝90(cm^2)

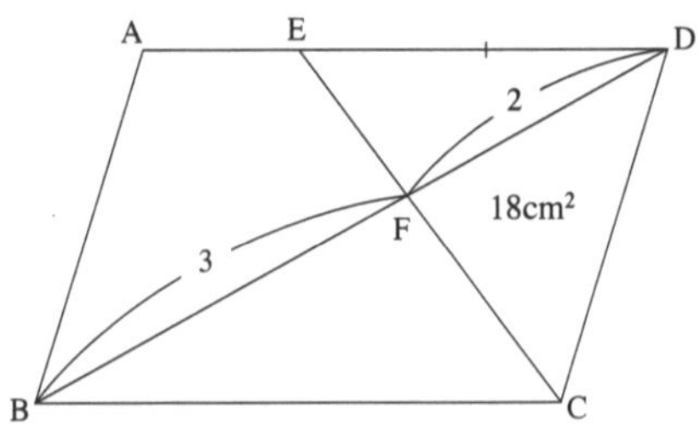

(5)　24，40…8の約数4個　60，100…20の約数6個　したがって，30と4×6＝24の最大公約数6の約数の個数は4

(6)　それぞれの本数…27÷(3＋4＋2)×3＝9(本)，12本，6本　したがって，代金は100×9＋150×12＋250×6＝900＋1800＋1500＝4200(円)

3 (平面図形,図形や点の移動,速さの三公式と比,旅人算)

X…Aから左回りに分速2mで移動して,頂点を通るごとに分速を1mずつ増し分速6mが最高

Y…Bから左回りに分速3mで移動して,頂点に着くごとに10分停止

Z…Cから左回りに分速2mで移動し,頂点に着いたり他の点と重なったりするごとに逆方向へ移動する

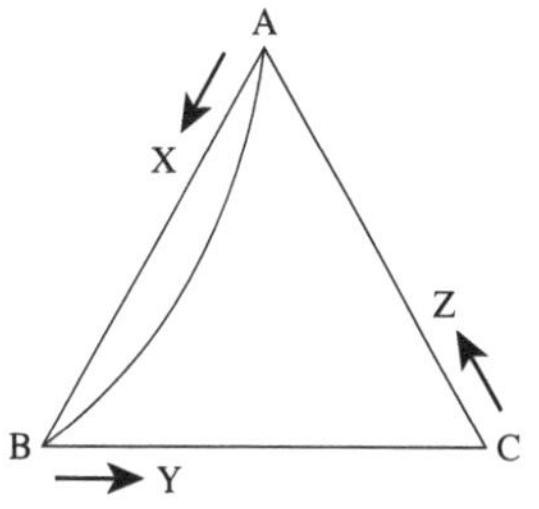

(1) YがCから移動する時刻…120÷3+10=50(分後) ZがAから移動する時刻…120÷2=60(分後) YとZが重なる時刻…60+{120−3×(60−50)}÷(3+2)=78(分後)すなわち1時間18分後

(2) XがCまで移動する時刻…120÷2+120÷3=100(分後) ZがAから2回目に移動する時刻…78+78−60=96(分後) 100分後のXZ間の距離…120−2×(100−96)=112(m) XとZが重なる時刻…100+112÷(4+2)=$118\frac{2}{3}$(分後)すなわち1時間58分40秒後

4 (数列,数の性質)

(1) 2×2023−1=4045(個)

(2) 第2群までの個数の和…2×2=4(個) 第50群までの個数の和…50×50=2500(個)

5 (平面図形,割合と比,数列)

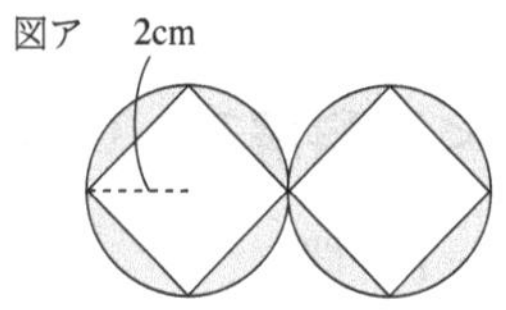

(1) 1回目の斜線部の面積…図アより,(2×2×3.14−2×2×2)×2=9.12(cm^2)

(2) 面積が410.4cm^{2}である斜線部の個数…(1)より,4×410.4÷9.12=180(個) 斜線部の個数…1回目4×1=4(個),2回目4×(1+2)=12(個),3回目4×(1+2+3)=24(個) したがって,求める回数は180÷4=45,45=1+2+～+9より,9回目

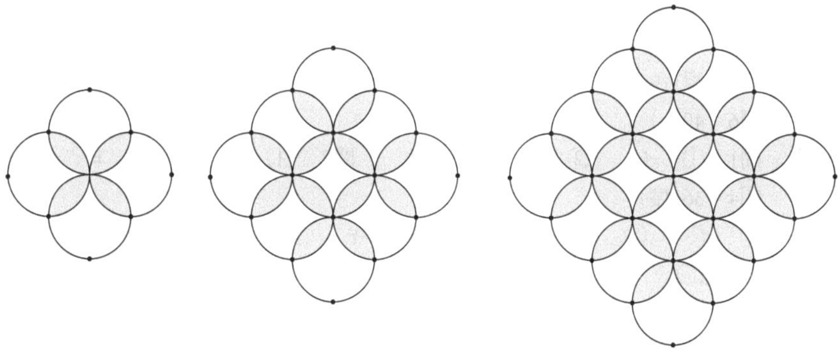

1回目 2回目 3回目

6 (立体図形,平面図形,図形や点の移動,割合と比)

(1) 図形ア…2×5+4×2=9×2=18(cm^2)

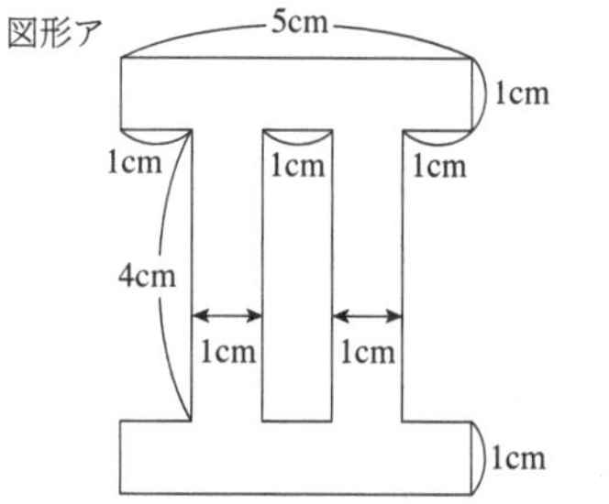

(2)　回転体の体積…右図より，$5\times5\times3.14\times2+(4\times4-3\times3+2\times2-1\times1)\times3.14\times4=90\times3.14=282.6(\text{cm}^3)$

(3)　水面の高さ…$5\times\frac{6}{7}=\frac{30}{7}$(cm)　　したがって，加えた水は$(10\times8-18)\times\frac{30}{7}-10\times8\times2=105\frac{5}{7}(\text{cm}^3)$

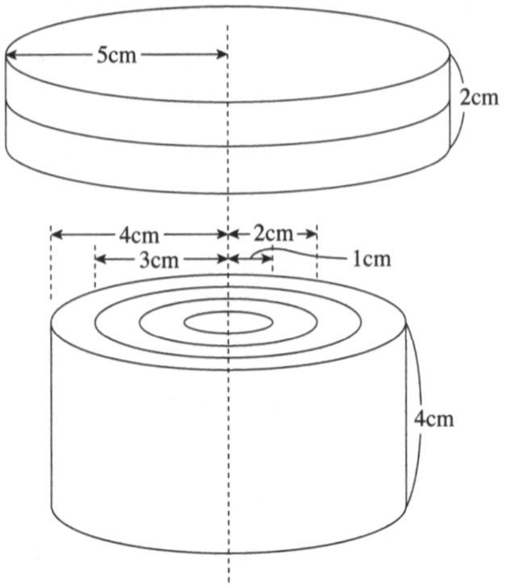

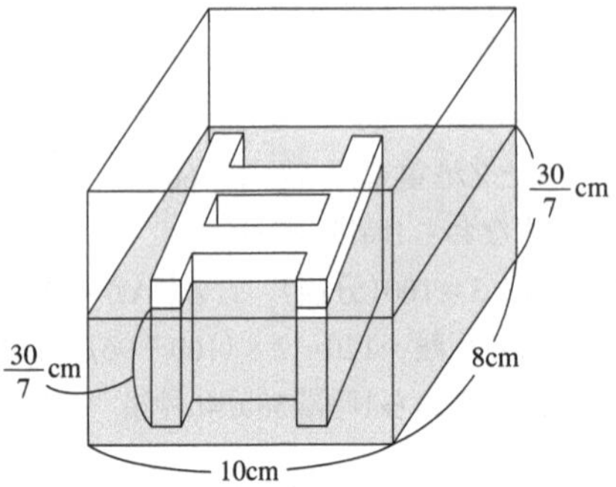

★ワンポイントアドバイス★

1，2の9題で確実に得点しよう。ここまでの出題数で，全体の約5割である。3「3点の移動」は，内容自体は難しくないが問題把握が容易ではなく，4「数列」の問題は，ポイントを理解している受験生には難しくない。

＜理科解答＞《学校からの正答の発表はありません。》

1　問1　オ　　問2　(例)　花がさくまでの間に受粉させないため。　　問3　ウ
問4　ア，イ　　問5　おしべ

2　問1　①　(ア→)エ(→)ウ(→)イ(→ア)　　②　(ア→)イ(→)ウ(→)エ(→ア)　　問2　オ
問3　キ　　問4　①　ア　　②　オ

3　問1　青(色)　　問2　ウ　　問3　塩化ナトリウム　　問4　3.8(%)　　問5　19.55(g)
問6　40(g)

4　問1　①　イ　　②　オ　　③　オ　　問2　(1)　エ　　(2)　エ　　問3　白熱電球
問4　36(度)

5　①　イ　　②　エ　　③　カ　　④　キ　　⑤　サ　　⑥　セ　　⑦　テ　　⑧　コ

○推定配点○

1　問1～問3　各3点×3　　他　各2点×2　　2　問1・問2　各2点×3　　他　各3点×3
3　問1・問2　各2点×2　　他　各3点×4　　4　問4　3点　　他　各2点×6
5　各2点×8　　　計75点

＜理科解説＞

1　(植物―受粉と結実)

重要　問1　カボチャは，め花のめしべにお花のおしべでつくられた花粉がつくことで受粉する。AやCのようにさいている花にふくろをかぶせると受粉させなくできる。

重要　問2　この実験は，さいた花に花粉をつけるかつけないかという条件下で，実ができるかどうかを

調べる実験である。そのため，つぼみのうちからふくろをかぶせておくことで，花がさくまでの間で受粉することを防ぐ。また，すべての花で条件をそろえるために，同じようにふくろをかぶせる。

重要 問3　カボチャはおしべがないめ花と，めしべがないお花に分かれている。花①は，花の下部がふくらんでいることから子房をもつめ花であることがわかる。花②は，花の下部にふくらみが見られないことからお花であることがわかる。実は，め花のめしべ(柱頭)に花粉がつくこと(受粉)でできる。よって，実ができるのはめ花に花粉をつけたBだけである。

問4　カキとキュウリは，カボチャと同じようにお花とめ花の2種類の花がさく。ユリやナス，ピーマンは1つの花におしべとめしべがあり，1種類の花がさく。

問5　アサガオは花が開くときにおしべがめしべにふれて受粉するので，受粉させないようにつぼみのうちにおしべをとり除く。

2　(地球と太陽・月―月の見え方)

重要 問1　月は，北半球では東→南→西，南半球では東→北→西と動いて見える。月の満ち欠けは，新月の状態から西側からだんだんと明るくなっていき，西側半分が明るくなる半月になった後，満月になる。その後，西側から欠けていき，東側半分が明るくなる半月になった後，新月にもどる。北半球では，南の空を見ると左手が東，右手が西となるので，月は ア→エ→ウ→イ→ア のように変化して見え，南半球では，北の空を見ると左手が西，右手が東となるので，月は ア→イ→ウ→エ→ア のように変化して見える。

重要 問2　月の自転周期と，地球の周りを回る公転周期が等しいので，月は地球に対してつねに同じ面を向けている。

問3　地球の公転周期は365.2日なので，1日で移動する角度は 360(度)÷365.2(日)＝0.98…より，1.0度，月の公転周期は27.3日なので，1日で移動する角度は 360(度)÷27.3(日)＝13.18…より，13.2度となる。月が360度公転する27.3日の間に地球も太陽の周りを公転していることから，満ち欠けで同じ月の形に見えるのは，月の移動する角度と地球の移動する角度の差が360度になったときとなる。よって，360(度)÷(13.2－1.0)(度)＝29.50…より，満ち欠けの周期は29.5日となる。

やや難 問4　①　地球は1日に1回自転していることから，月が地球の周りを公転する速さよりも，地球が自転する速さのほうが速い。地球の自転の向きは西から東の向きなので，月から地球を見ると，陸や海は西から東の向きに動き，月からは北が上，南が下に見えていることから，時間とともに左から右に移動していくように見える。　②　問2より，地球に対して月はつねに同じ面を向けていることから，月から見上げた地球の位置は移動せずにほとんど同じに見える。

3　(水溶液の性質―塩酸と水酸化ナトリウム水溶液の中和)

重要 問1　塩酸と水酸化ナトリウムが反応すると，水と塩化ナトリウムができる。【方法5】において，蒸発皿に残った固体の質量が，ビーカーA～Cでは加えた水酸化ナトリウム水溶液の体積が100cm^3ふえるごとに，5.85gずつふえていて，ビーカーC～Eでは加えた水酸化ナトリウム水溶液の体積が100cm^3ふえるごとに，4.00gずつふえていることから，実験に用いた塩酸100cm^3と水酸化ナトリウム水溶液200cm^3がちょうど反応して，塩化ナトリウムが11.7gできることがわかる。よって，ビーカーA，Bでは塩酸があまっているので酸性，ビーカーCでは塩酸も水酸化ナトリウムも反応してなくなっているので中性，ビーカーD，Eでは水酸化ナトリウムがあまっているのでアルカリ性となる。したがって，BTB溶液は酸性で黄色，中性で緑色，アルカリ性で青色を示すので，【方法4】のとき，ビーカーDの水溶液の色は青色となる。

基本 問2　メスシリンダーに液体を入れたとき，液面がへこむようになっている場合は，液面の下がった部分を体積として読み取る。

問3　蒸発皿Bには，塩酸と水酸化ナトリウムが反応してできた塩化ナトリウムの固体だけが残る。なお，水酸化ナトリウムも白い固体だが，すべて塩酸と反応しているため残らない。

重要　問4　0.3L＝300cm^{3}だから，水0.3Lの重さは300gである。これに，固体(塩化ナトリウム)を11.7gとかしてできる水溶液の重さは 300＋11.7＝311.7(g)なので，水溶液の濃さは，$\frac{11.7(g)}{311.7(g)}\times 100=$3.75…より，3.8%

やや難　問5　実験から，塩酸100cm^{3}と水酸化ナトリウム水溶液200cm^{3}がちょうど反応することがわかるので，塩酸150cm^{3}と反応する水酸化ナトリウム水溶液は $200(cm^3)\times\frac{150(cm^3)}{100(cm^3)}=300(cm^3)$となる。ビーカーCの結果から，塩酸100cm^{3}と水酸化ナトリウム水溶液200cm^{3}が反応したときにできる塩化ナトリウムは11.7gであることから，塩酸150cm^{3}と水酸化ナトリウム水溶液300cm^{3}が反応したときにできる塩化ナトリウムは $11.7(g)\times\frac{150(cm^3)}{100(cm^3)}=17.55(g)$である。また，ビーカーD，Eでは，200cm^{3}をこえる水酸化ナトリウム水溶液は塩酸と反応しないので，ビーカーDとEでの蒸発皿に残った固体の重さの差は，水酸化ナトリウム水溶液100cm^{3}にふくまれている水酸化ナトリウムの重さを表している。よって，水酸化ナトリウム水溶液100cm^{3}にふくまれる水酸化ナトリウムは4.00gとわかる。したがって，水酸化ナトリウム水溶液50cm^{3}にふくまれている水酸化ナトリウムの重さは $4(g)\times\frac{50(cm^3)}{100(cm^3)}=2(g)$である。これらのことから，蒸発皿に残った固体の質量は 17.55＋2＝19.55(g)

問6　問5より，実験に用いた水酸化ナトリウム水溶液100cm^{3}あたり4gの水酸化ナトリウムがとけている。ビーカーXに用意した水酸化ナトリウム水溶液は1L＝1000cm^{3}なので，用いた水酸化ナトリウムは $4(g)\times\frac{1000(cm^3)}{100(cm^3)}=40(g)$

4　(熱の伝わり方―二重窓・IH調理器・太陽光発電)

重要　問1　空気とガラスでは，空気のほうが熱を伝えにくい，つまり，熱の伝導性が低い。2枚のガラスの間に空気の層を入れると，室外側ガラスのあたたかさや冷たさは，空気を伝わりにくいため，室内側のガラスは室外の空気の温度の影響を受けにくい。そのため，室温と室内側ガラスの温度差が低くなって結露しにくくなる。

問2　(1)　IH調理器が電気エネルギーを利用した調理器具であることと，BでIH調理器は電磁石に似たはたらきがあるとわかったことから，IH調理器の温度は，コイルに流れる電流の大きさを大きくしたり小さくしたりして，電磁石のはたらきを変化させて調節していることがわかる。

(2)　Cで，鉄製のなべを利用できるのがわかったことから，鉄をふくんだ合金であるステンレスのなべは，IH調理器で利用できると考えられる。

基本　問3　白熱電球，蛍光灯，LEDはいずれも電気エネルギーを光エネルギーに変えて利用しているが，これらの中で白熱電球は電気エネルギーのうち，熱エネルギーに変えられる割合が最も大きいため，同じ程度の明るさを得たときの表面温度が最も高くなる。

重要　問4　太陽光パネルに日光が垂直に当たるとき，太陽光発電の効率が最もよくなる。春分・秋分の日の太陽の南中高度は54°で，太陽光パネルの回転角度は右の図の角xの大きさと等しくなるから，$x=90-54=36$(°)

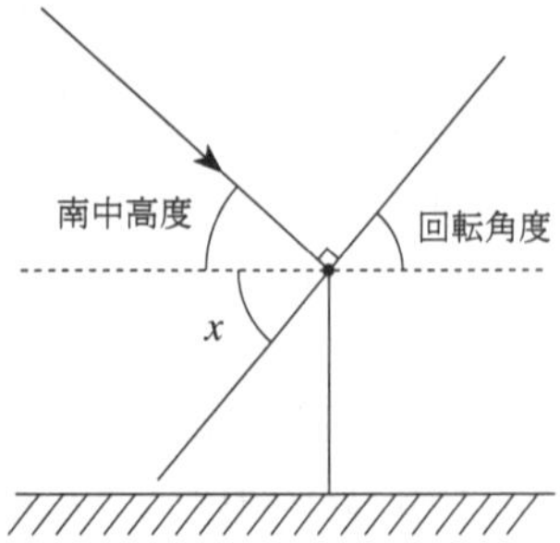

5　(気象―2022年初夏の天候)

①　関東甲信や東海，九州南部の平年の梅雨明けは7月中旬ごろである。

②③　2021年秋から2022年秋までは，太平洋熱帯域東部の水温が低くなるラニーニャ現象が発生していた。

④　ラニーニャ現象発生時は，フィリピンやインドネシア近海は海水温が高くなり，上昇気流が起

こりやすくなるため積乱雲が発生しやすくなる。

⑤　赤道付近で上昇気流が強まると，その北側では下降気流が強まる。その結果，ユーラシア大陸中央部を中心とするチベット高気圧が強まる。

⑥⑦⑧　中緯度上空を西から東へふく風を偏西風という。チベット高気圧が勢力を強めると，偏西風は北側に蛇行し，日本の南の太平洋高気圧は北への勢力を強める。

★ワンポイントアドバイス★

入試問題として典型的な問題ばかりだけでなく，身近なものを題材にして理科の知識と組み合わせて考える必要のある問題も出題されるので，いろいろなものごとと理科の知識を組み合わせて考えられるように練習を重ねよう。

＜社会解答＞《学校からの正答の発表はありません。》

1　問1　あ　問2　え　問3　い　問4　こんにゃくいも

2　問1　(1)　99　(2)　300　問2　う　問3　種子島　問4　ユネスコ　問5　あ
問6　い　問7　(A)　え　(B)　き　(C)　あ　(D)　う
問8　(ア)　(1)　新潟県　(2)　麻　(イ)　あ　問9　い
問10　(ア)　関西国際空港　(イ)　19(時間)　(ウ)　5(月)21(日)18(時)20(分)

3　問1　吉野ヶ里　問2　(2)　倭寇　(3)　日米和親条約　問3　う・お　問4　鑑真
問5　う　問6　え　問7　あ　問8　イエズス会　問9　(例)　武士と農民の区別が明確になった。　問10　え→い→う→あ　問11　う　問12　軍需工場　問13　え
問14　(例)　サンフランシスコ講和条約が結ばれて日本が独立を回復した後も，沖縄はアメリカによる支配の下に置かれた。そのため東京は外国になるので，そこへ行くには日本への渡航証明書が必要であった。

4　問1　国会議員　問2　地方自治体の本旨　問3　法の精神　問4　え
問5　住民投票　問6　知事　問7　条例

5　問1　17　問2　北大西洋条約機構　問3　い　問4　物価　問5　ユニセフ
問6　う・お　問7　平和のための結集決議

○推定配点○

1　各2点×4　2　各2点×18　3　問14　3点　他　各1点×14(問3・問10完答)
4　各1点×7　5　各1点×7(問6完答)　計75点

＜社会解説＞

1　(地理―地形図の見方)

重要　問1　断面図の左から実際の距離が300mを越えるあたりまで高度が約380mであり，その後は次第に下って距離600mあたりで高度は320m程になり，その高度がA地点からの実際の距離1500m付近まで続く。その後は再び高度が上がり，最終的には高度約450mになっているので，そのような変化を示す断面図は(あ)である。

問2　【図1】中の線で囲まれたCの部分には広葉樹林「Q」や針葉樹林「Λ」を示す地図記号がみられるので，この地域の土地利用は森林であることがわかる。なお，(あ)の宅地は建物「■」，

(い)の水田「ıı」,(う)の畑「∨」の記号がそれぞれみられる地域である。

問3 【図1】中のDの記号が表しているのは,かつての高札(立札)に由来した裁判所の地図記号である。なお,(あ)の税務署は「◇」,(う)の検察庁は「ö」(官公署),(え)の記念碑は「Ω」の地図記号である。

問4 こんにゃくいもはサトイモ科に属する多年草で,土の下にできる球根(こんにゃく玉)がこんにゃくの原料となる。こんにゃくいもの収穫は,群馬県が全国の90%以上を占めている。

2 (日本の地理—工業に関する問題)

基本 問1 (1) 2019年の日本の事業所数の中で,全体の99%を中小工場が占めており,大工場は全体の1%である。 (2) 日本では働く人が300人以上の工場は大工場,300人未満の工場は中小工場,さらに29人以下の工場は小工場と呼ばれている。大工場には自動車工場・化学工場・電化製品工場,中小工場には部品工場,食品工場,せんい工場などが多い。

問2 2009年1月に打ち上げられた人工衛星は,東大阪市の中小工場である棚橋電機が中心となって開発された「まいど1号」である。なお,(あ)の「はやぶさ」は2003年5月に宇宙科学研究所が打ち上げた小惑星探査機,(い)の「いとかわ」は太陽系の小惑星である。

問3 種子島は,九州の鹿児島県に属している大隅諸島の中の島の1つである。同島は県内では奄美大島,屋久島に次いで3番目に大きく,人口は奄美大島に次いで多い。同島の最高地点の標高は約280mなので,海側から見るとほとんど平らに見える。

問4 ユネスコ(UNESCO)は正式名を国連教育科学文化機関といい,その本部はフランスのパリに置かれている。この機関は教育・科学・文化などを通じて国々の結びつきを促し,世界の平和と安全に努める国際連合の専門機関であり,世界遺産条約に基づいて世界の文化財や自然環境の保全も行っている。

重要 問5 現在の自動車生産台数の順位は,第1位が中国(【図3】の(C)),第2位がアメリカ合衆国(【図3】の(B))である。中国は2009年以降,自動車生産台数で世界一である。その理由は中国では国民の収入が増えたことで自動車の需要が増え,また先進国のメーカーが中国に製造拠点を設けたことによる生産台数の増加,さらに現地メーカーによる生産も拡大したことなどがある。アメリカ合衆国は1990年代に生産台数が1000万台を超え,2000年代に一時1000万台を下ったが,現在では再び,1000万台を超えている。韓国(【図3】の(A))は1980年代半ばから生産台数が増加をし始め,現在では世界でも有数の生産国となっている。さらにインド(【図3】の(D))での自動車生産は,2000年代半ばから増加が始まり,2010年代に一時は韓国を上回ったが,現在ではほぼ同じになっている。

問6 経済産業省は民間の経済活力の向上や鉱物資源・エネルギーの安定供給のための仕事などを行っている。経済産業大臣は,伝統工芸品の指定も行っている。なお,(あ)の内閣総理大臣は内閣の首長で行政の最高責任者,(う)の厚生労働大臣は社会福祉や社会保障などを扱う厚生労働省の長,(え)の文部科学大臣は教育・文化などの事務を扱う文部科学省の長である。

問7 (A) 常滑焼は愛知県常滑市(【図2の「え」】を中心とし,その周辺を含む知多半島内で焼かれた焼き物で,2017年に日本六古窯の1つに指定された。 (B) 久米島つむぎは沖縄県久米島町(【図2】の「き」)で作られている織物で,その作製は図案の選定,染色の原料の採取,糸の染付,製織などのすべての工程を一人で行っている。 (C) 二風谷イタはアイヌ文化に伝わる浅く平たい形状の木製の盆で,北海道の平取町二風谷エリア(【図2】の「あ」)の沙流川流域に伝わる伝統工芸品である。 (D) 九谷焼は石川県南部(【図2】の「う」)の金沢市,小松市,加賀市などで生産される色絵の磁器で,江戸時代初期に古九谷が作られ,一時途絶えたが,その後に再興を果たしている。

重要 問8 (ア) (1)・(2) 小千谷ちぢみは，新潟県(空欄1)の小千谷周辺を生産地とする苧麻(カラムシ)を使用した麻(空欄2)の繊維で作られた織物である。よりが強い糸で織った布を湯もみする事で「しぼ」を出した織物で，国の重要無形文化財に指定され，さらにユネスコの無形文化遺産に登録されている。 (イ) 小千谷ちぢみの産地である新潟県は日本海側の気候の中でも，冬の北西の季節風の影響を強く受けるので1月や12月の時期の降水量が非常に多くなる。そのような特色を示しているのは，雨温図(あ)である。なお，(い)は室戸岬(太平洋側の気候)，(う)は秋田(日本海側の気候)，(え)は静岡(太平洋側の気候)である。

問9 現在までに無形文化遺産に登録された「手すき和紙技術」は，石州半紙(選択肢(あ))，本美濃紙(選択肢(う))，細川紙(選択肢(え))の3種類である。他方，土佐和紙は半紙が有名で，江戸時代から土佐藩の産業として成長し，現在でも「こうぞ」などを原料として伝統的な手すきで工芸用の和紙が生産されているが，無形文化遺産には登録されていない。

重要 問10 (ア) 【図2】中のKIXは大阪湾に位置する国際空港なので，関西国際空港である。この空港は，1994年に開港した大阪湾内の泉州沖5kmの埋立地に建設された完全人工島からなる海上空港である。大阪国際空港(伊丹空港)，神戸空港とともに関西三空港の1つとして，西日本の国際的な玄関口となっている。 (イ) 時刻表からハワイのHNLは世界標準時(UTC)から10時間遅れており，他方，日本のKIXは世界標準時から9時間進んでいる。したがって，HNLとKINの間の時差は19(10＋9)時間となる。 (ウ) ハワイのHNLと日本のKINの時刻は，世界標準時より早いKINの方がHNLより19時間早い。そのためH2001便がダニエル・K・イノウエ国際空港(HNL)を離陸する5月20日14:00時の時に，KINでは5月21日9時となる。時刻表からH2001便の所要時間は9時間20分なので，KINに到着する時刻は5月21日9時から9時間20分後の5月21日18時20分となる。

3 (日本の歴史―沖縄から見た日本)

基本 問1 吉野ヶ里遺跡は，佐賀県神埼郡吉野ヶ里町と神崎市にまたがる弥生時代の大規模な環濠集落跡である。この遺跡の集落が存在した時代は稲作が広まった時代でもある。

問2 (2) 倭寇は13～16世紀にかけて朝鮮や中国沿岸を襲撃した武装商人団のことであり，活動時期によって前期倭寇と後期倭寇に分けられる。室町幕府第3代将軍である足利義満(任1368～1394年)は中国の明との間で，この倭寇と区別するために，勘合を用いて日明貿易を行った。

(3) 日米和親条約(1854年)は，ペリーの来航によって結ばれた条約である。この条約によって開かれた港は，下田と箱館(函館)の2港である。

問3 (う) 埴輪は古墳の頂上や周囲に置かれた素焼きの土器のことで3世紀後半から7世紀までの古墳時代に使用され，豪族などの墓である古墳の周囲などにかざられた。埴輪には円形の形をした円筒埴輪と人・動物・家などのかたどった形象埴輪の2種類があり，形象埴輪からは当時の社会の様子を知ることができる。 (お) 銅鐸は弥生時代の青銅器の1つで，朝鮮半島から伝えられたものが日本で独自に発達したものである。詳しい使用方法は不明であるが，農耕などの祭儀と関係した祭器的な性格を持つものとされている。なお，図版(あ)は縄文土器，(い)は土偶，(え)は骨角器で，いずれも縄文時代のものである。

基本 問4 鑑真(688～763年)は，奈良時代の753年に来日した唐の高僧である。彼はたびたびの渡航の失敗により視力を失ったが，6度目の渡航で来日して日本に仏教の戒律を伝え，それを授けるための戒壇を設けた。その後，759年に現在の奈良市五条町に唐招提寺を建てた。

問5 大宰府は九州北部に設置された「遠の朝廷」と呼ばれた朝廷の出先機関で，九州地方の統治や大陸・朝鮮半島との外交などを担っていた。 (あ) 陸奥国につくられ，国府がおかれていたのは多賀城である。 (い) 唐の都にならってつくられ，政治を行う役所や貴族の住居があったのは平城京である。 (え) 10万点近い木簡が発見された皇族の邸宅は，長屋王の邸宅である。

問6　幕府が年貢を増やすために新田開発を進めたのは，18世紀前半の第8代将軍の徳川吉宗による享保の改革に代表される江戸時代のことで，室町時代のことではない。

問7　中国から特別に貿易することを認められた琉球王国は，自らの国には特産物がないので，日本からは刀剣などの武具や漆器，朝鮮からは木綿，中国からは陶磁器や絹織物，東南アジアからは香料や薬類などの各地の特産物を得て，それらの商品を用いて中継貿易を行うことで多くの利益を得ていた。

問8　スペインやポルトガルの支援を受けて，日本にキリスト教を伝えた組織はイエズス会である。イエズス会はヨーロッパでの宗教改革に対抗して，カトリック教会側が組織した教団である。教皇に忠誠を誓って海外布教を進め，日本にキリスト教を伝えたフランシスコ＝ザビエルもその一員であった。

重要　問9　豊臣秀吉は1582年からの太閤検地で農民に土地を耕作する権利を保障するとともに，年貢を納める義務を課した。また1588年に刀狩令を出して農民から刀・やり・鉄砲などの武器を取り上げることで，一揆を防ぐとともに農民が耕作に専念するようにした。これらの政策によって，武士と農民との区別をはっきりさせる兵農分離のしくみが整えられた。

問10　(あ)のポルトガル船の来航を禁止したのは1639年，(い)のスペイン船の来航を禁止したのは1624年，(う)の島原・天草一揆がおこったのは1637年，(え)の幕府領にキリスト教禁止令を出したのは1612年である。したがって，これらのできごとを古いものから新しいものへ順にならべかえると，(え)→(い)→(う)→(あ)となる。

問11　南洋諸島は西太平洋の赤道付近に広がるミクロネシアの島々のことで，現在の北マリアナ諸島，パラオ，マーシャル諸島などにあたる。日本はかつて第一次世界大戦(1914～1918年)後に，国際連盟から南洋諸島の委任統治を任されたので，その時代は明治時代(1868～1912年)ではなく大正時代(1912～1926年)のことである。なお，(あ)の台湾は1895年，(い)の朝鮮は1910年，(え)の南樺太は1905年に日本が植民地にした。

問12　戦局が悪化すると，労働力不足を補うために，当時の中学・高校生は日本国内の軍需工場などで働かされる勤労動員が行われた。

問13　沖縄戦の際にアメリカ軍は，兵士ではなく住民であることが確認されるとそのまま放置していた。しかしその後，アメリカ軍が島の南と北にわけて攻撃を進めるとそれぞれの地域で住民を収容するための捕虜収容所をつくり，そこに住民を隔離するようになった。したがって，沖縄戦で住民の4分の1が亡くなった理由として，アメリカの捕虜となった住民の多くが助けてもらえなかったということはない。

やや難　問14　1951年にサンフランシスコ講和条約が結ばれて日本の独立が約束された時，沖縄は日本の主権の及ばない地域とされた。そのため1952年のサンフランシスコ講和条約の発効後，沖縄は引き続きアメリカによる支配の下に置かれた。したがって，1972年に沖縄が返還されるまで，東京は外国の扱いになるので，そこへ行くためには日本への渡航証明書が必要であった。

4 (政治―日本の政治のしくみ)

基本　問1　日本の内閣総理大臣は国会法や議院規則などに基づいて，国会議員の中から国会によって指名され，天皇によって任命される。また国務大臣は内閣総理大臣が任免するが，その過半数は国会議員から選ばれ，そのすべてが文民でなければならない。

問2　日本国憲法第92条には「地方公共団体の組織及び運営に関する事項は，地方自治の本旨に基いて，法律でこれを定める。」とある。この中の「地方自治の本旨」とは「住民自治」と「団体自治」のことで，住民自治はその地域における統治は中央政府の機関ではなくその地域の住民自身で行われることであり，団体自治は国内の一定地域を基礎とする団体が，その地域内の意思に基づいて必要事項を行うことである。

問3 モンテスキュー(1689～1755年)は，フランスの思想家である。彼はヨーロッパ各地を旅する中で，特にイギリスの法制度に対する関心と見聞を深めて，1748年に『法の精神』を著して三権分立を主張した。

問4 大統領とは行政部の長であるとともに国家元首でもあり，議会などの信任ではなく，国民の直接選挙によって選出される役職である。また大統領は議会に対して責任を負わず，国民に対して直接責任を負う。このような大統領制を採用している国はフランス(選択肢え)である。なお，(あ)のイギリスと(い)のオランダは立憲君主制，(う)のスペインは議会君主制の国家である。

問5 住民投票はその地域の住民が直接に意思を示すものであるが，その住民投票には①国会が特定の地方公共団体のみに適用させる法律を制定する場合に，日本国憲法の規定で行われる住民投票，②議会の解散や議員の解職請求があった後に地方自治法によって行われる住民投票，③地域住民の関心の高い事柄に関して住民投票条例を定めて行われる住民投票，の3つの種類がある。

基本 問6 都道府県の首長は知事と呼ばれ，その任期は4年で，各地域の知事選挙の直接選挙で選ばれる必要がある。その際に都道府県の知事に立候補できる(被選挙権)のは，満30歳以上の成人である。

基本 問7 条例とは地方公共団体(地方自治体)の議会が制定し，その地方公共団体内だけで適用される法令のことである。それぞれの地方公共団体の実情に合わせて定めることができるが，その効力は日本の法律の枠組みを越えることはできない。また適用はその地方公共団体の住民のみではなく，その地方公共団体内にいる他県からの来訪者にも適用される。

5 (政治―国際社会の動向に関する問題)

問1 「SDGs」とは，日本語で「持続可能な開発目標」のことである。これは2015年9月にニューヨークの国連本部で開催された「国連持続可能な開発サミット」で，2030年までに持続可能な社会を実現するための国際目標として採択されたものである。この「持続可能な開発目標」は，17項目のグローバル目標(ゴール)と169の達成基準(ターゲット)から構成されている。

問2 北大西洋条約機構(NATO)は，1949年にアメリカ合衆国を中心とする西側陣営が結成した軍事同盟である。2021年の時点で，北米の2ヵ国とヨーロッパの28ヵ国の合計30ヵ国が加盟している。

重要 問3 外国為替レートが1ドル80円から100円になることを，円安という。円安は日本の通貨である円の価値が下がり，その他の通貨の価値が上がることである。したがって，日本の製品や商品の価格は他国の製品に比べて安くなり，日本の輸出に有利に働くことになる。 (あ) 円安は，円の価値が上がるのではなく下がる。 (う)・(え) 円安は，日本の輸出に不利ではなく有利に働く。

問4 物価とはそれぞれの商品やサービスの価格ではなく，一定の範囲における複数の商品やサービスの価格の平均価格のことである。物価には卸売物価，小売物価，輸出物価，輸入物価などのいくつかの種類があり，消費者が小売店から購入する商品やサービスの平均価格である消費者物価もその1つである。

基本 問5 ユニセフ(国連児童基金)は，1946年に設立された発展途上国や戦災・災害で被害をうけている世界の国の児童の命と健康を守るための援助を目的とした機関である。

問6 (う) 世界保健機関(WHO)は世界の人々の健康保持と増進を目的とし，各国に保健に関する事業の指導や技術協力，感染症の発生状況の報告などを行っている。 (お) 国際通貨基金(IMF)は国際金融と為替相場の安定のために設立され，国際貿易の促進，加盟国の国民の雇用と給与の増大，為替安定のための協力などを行っている。 (あ) 国境なき医師団はパリを本部にするNGO(非政府組織)で，国際連合の機関ではない。 (い) 世界貿易機関は，保護貿易ではなく自由貿易の発展をはかっている。 (え) 国連貿易開発会議は，東西問題ではなく南北問題の解決を目的としている。

問7 「平和のための結集」決議は，1950年11月に国連の総会で採択されたものである。この決議は国際的な平和・安全を守るために国連が行動する必要があるにもかかわらず，常任理事国の全会一致の合意が得られないために安全保障理事会が必要な行動をとることができない場合，国連の総会が安全保障理事会にかわって行動ができるという決議である。この決議は，常任理事国が拒否権を行使して安全保障理事会が国連憲章で定められた機能を果たすことができない場合に，国連に別の手段を与えることを目的としたものである。

★ワンポイントアドバイス★

第1回にはない地理分野での本格的な地形図の読み取り問題，歴史分野における3行の説明問題，政治分野における時事問題関連の問題と第2回の問題構成は比較的よく定まっているので，その点を留意して準備を進めるようにしよう。

<国語解答>《学校からの正答の発表はありません。》

一 問一 ① 報告 ② 穀倉 ③ 清算 ④ 図(る) ⑤ 奮(い)
問二 ① そこ(なう) ② あきな(い) ③ はんじょう ④ きゅうとう
問三 ① イ ② オ ③ ア 問四 ① イ ② ウ 問五 ウ

二 問一 ウ 問二 共同体 問三 ア 問四 (はじめ)ずっと (おわり)るから
問五 イ 問六 イ 問七 (はじめ)お互い (おわり)ること
問八 (例) Aが，共通の目的をもつ一つの共同体における「迷惑」という視野にとどまっているのに対して，Bは，社会における利害は対立するものであり，対立は正当な欲望と活動だという視野をもっているところが違う。異文化の中で生きる力とは，この対立をお互いが納得する方法を見つけることで解消しようとする力のことである。

三 問一 エ 問二 エ 問三 ウ 問四 ア 問五 エ 問六 ウ 問七 ア
問八 (例) 保健室から外へ出るということ。サエは保健室でナツに安心を与えてくれる存在であったが，今は教室に戻ってがんばっている。ナツはそんなサエの姿を見て，自分も逃げたままで終わりたくないと思うようになったから。

○推定配点○
一 各2点×15 二 問八 10点 他 各4点×7(問四・問七各完答)
三 問一 2点 問八 6点 他 各4点×6 計100点

<国語解説>

一 (漢字の読み書き，類義語，単語の識別)

問一 ① 「報告」は，しらせ告げること。 ② 「穀倉」は，穀物の主要産地。 ③ 「清算」は，貸し借りの結末をつけること。「精算」は，金額などを細かに計算すること。ここでは「清算」がふさわしい。 ④ 同訓異字「はか(る)」は「解決を図る」「法案を委員会に諮る」「悪事を謀る」「水泳のタイムを計る」「体重を量る」「水深を測る」のように使い分ける。 ⑤ 「奮闘」の「奮」である。

問二 ① 「損なう」は，物事を悪い状態にすること。 ② 「商い」は，商売，という意味。

③「繁盛」は，にぎわいさかえること。　④「きゅうゆ」と間違えないように注意。

基本 問三　① 反対の意味をもつ二字の組み合わせ。　②「異なる国」「難しい所」のように，上の漢字が下の漢字を修飾している。　③「席に着く」「雪を除く」のように，下の漢字が上の漢字の目的語になっている。

問四　①「小さな」とイ「おかしな」は連体詞。ア「軽やかな」とウ「さわやかな」は形容動詞。　②「にぎやかに」とウ「わずかに」は形容動詞。ア「ただちに」は副詞。イ「そうに」は助動詞。

問五　「なると」とウ「発展すると」の「と」は格助詞。ア・イの「と」は接続助詞。

二　(論説文—空欄補充，内容理解)

問一　直前の「本音」と対になる言葉が入る。

問二　直前の文に対して，空欄 Ⅱ のある文が「けれど，……」と逆接の関係にあることに注目する。

問三　直後の一文の内容に注目する。

問四　二つあとの段落に「欧米人」とあるので，それ以降の部分から該当部分をさがす。

重要 問五　直後の段落の「『世間』は，あなたを救うセイフティー・ネットでしたから，……しっぺ返しがあるだろうと身構えました」の部分や，あとの「『世間』であれば，共同体の共通の目的があります」などの部分に注目する。

問六　直後の「ずっと『世間』としか話してきませんでしたから」が，どのような状況を表しているのかを考える。

問七　傍線部⑤に続く部分の文脈を追って，該当箇所をとらえる。

やや難 問八　文章の後半の内容をふまえ，「正当な欲望と活動」として，互いの利害が対立する場面では，「お互いが納得する方法を見つけること」が重要であるという視点からまとめるとよい。

三　(小説—語句の意味，心情理解，内容理解，表現理解，主題)

基本 問一　「くすぶる」は，人の行動や状態がぱっとせず，発展的でない様子。

問二　ナツは自分が保健室登校であることを，他の生徒に知られたくないのに，顔を見られたうえに，「あの子，どうしてここにいるんですか」と言われて，嫌になっているのである。

問三　自分が保健室にいると他の生徒に知られたが，それを気にしていないふりをしたのである。

問四　折れて転がる菓子の様子に，寂しさが表れている。

重要 問五　直前の「かぶりを振る」はナツが先生の言葉を否定する動作である。つまり，ナツはサエがいなくなったことを「寂しい」とは言ってはいけないと考えていることがわかる。サエが教室に戻ることを素直に喜び，「頑張ってね」「負けないでね」などの言葉を言うべきだったのに，そうした言葉をナツは言えなかったことなどをふまえて，合う選択肢を選ぶ。

問六　問五で考えたことをふまえて，合う選択肢を選ぶ。

問七　アの「学校外の世界も思いのほか安心できる」という内容は，文章中にない。

やや難 問八　「自分に負けないように，逃げたまま終わらせないように」がんばっているサエを見習おうと，ナツは思ったのである。

★ワンポイントアドバイス★

漢字や語句・文法などの知識問題が多いので，いろいろな問題を速く的確に解く訓練を積んでおきたい。また，読解問題の読解力を養うには，ふだんから新聞や論説文，小説や随筆などを読み，長い文章を読むことに慣れておくことが大切。

MEMO

大切なことはメモしておこうネ！

2022年度

入　試　問　題

2022年度

法政大学第二中学校入試問題（第１回）

【算　数】（50分）　＜満点：100点＞

【注意】　１．定規，分度器，コンパスは使用しないこと。
　　　　　２．必要ならば，円周率は3.14を用いること。
　　　　　３．図は必ずしも正しいとは限らない。

１　次の問に答えなさい。⑵，⑶は $\square$ にあてはまる数を求めなさい。

⑴　$(34.5\times 8+103.5\times 2-3.45\times 30)\div\frac{11}{10}$ を計算しなさい。

⑵　$\left(3.75-\frac{5}{16}\right)\div\frac{\square}{2}+4\frac{3}{8}=5$

⑶　分数 $\frac{22}{7}$ を小数で表したとき，小数第2022位の数字は $\square$ です。考え方も書きなさい。

２　次の問に答えなさい。

⑴　「水」と「３％の食塩水」と「７％の食塩水」の３つの液体を混ぜて，５％の食塩水を作ります。準備した液体の量を比べると「７％の食塩水」は「水」の4.5倍でした。このとき，「３％の食塩水」は「水」の何倍の量でしたか。

⑵　Ａ君はＢ君より250円多くお金を持っています。Ａ君はさらにおこづかいを240円もらい，Ｂ君は110円のお菓子を買ったため，Ａ君とＢ君の持っているお金の比は11：５となりました。はじめにＡ君が持っていたお金は何円ですか。

⑶　面積が 60cm^2 で，ADとBCは平行である台形ABCDがあります。AD：BC＝１：２で，点ＥはBCを２等分する点，点Ｆ，Ｇは辺CDを３等分する点です。このとき，斜線部分の四角形の面積は何 cm^2 ですか。

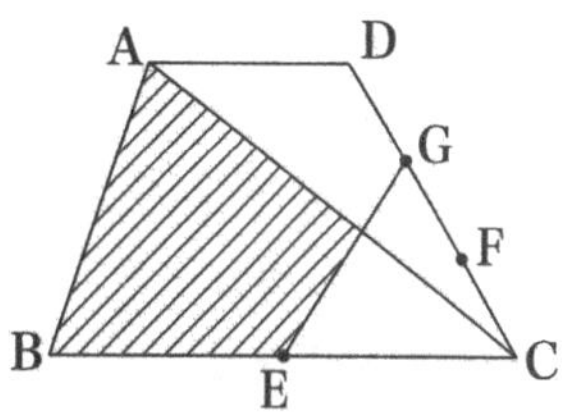

⑷　１から６までの数字が書かれた大小２つのサイコロをふって，大きいサイコロの目を十の位の数，小さいサイコロの目を一の位の数として，２けたの整数を作ります。このとき，作ることができる整数のうち７で割り切れる整数は何通りありますか。

⑸　５円玉と10円玉と50円玉があわせて30枚あり，その合計金額は680円です。10円玉の枚数は５円玉の枚数の４倍であるとき，10円玉は何枚ありますか。

⑹　記号○は，２つの整数の和を２回かけあわせてできる数を表し，記号□は，２つの整数の積を２倍した数を表すものとします。

例えば，　１○２＝９，３○５＝64，１□３＝６，２□８＝32です。

このとき，（５○７）□（４□３）を求めなさい。

3　白いタイルと黒いタイルがたくさんあり，図のように１番目，２番目，…と一定の法則で２種類のタイルを並べていきます。例えば，４番目には白いタイルが６枚，黒いタイルが４枚の合計10枚のタイルがあります。次の問に答えなさい。

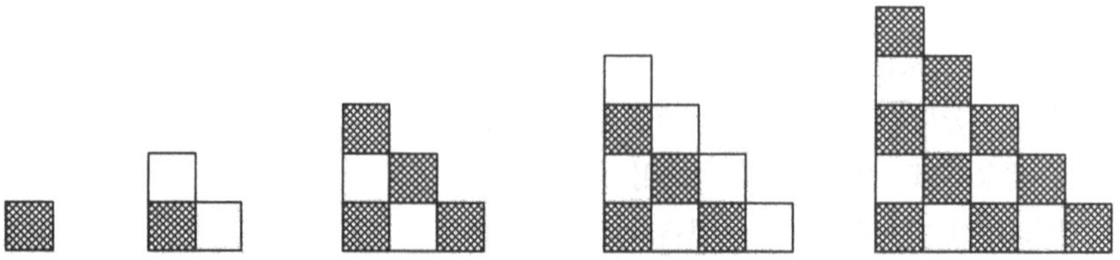

1番目　2番目　3番目　4番目　5番目

(1)　99番目の白いタイルと黒いタイルの合計の枚数は何枚ですか。

(2)　131番目の白いタイルの枚数は何枚ですか。

(3)　白いタイルと黒いタイルの合計が630枚になるのは何番目ですか。

4　全長87.6㎞の道のりをＡ君とＢ君が自転車で走ったところ，２人それぞれの状況は以下の通りでした。２人それぞれの自転車で走っている時の速さは一定です。次の問に答えなさい。

①Ａ君，Ｂ君は同時に出発しました。

②Ａ君は途中で大きなトラブルもなく，３時間39分で到着しました。

③Ｂ君はスタートからずっとＡ君と同じ速さで並んで走っていましたが，スタート地点から９割進んだ地点で自転車がパンクをしてしまい修理をしました。その後，それまでの速さの1.2倍の速さで走りましたが，Ａ君より１分遅れて到着しました。

(1)　Ａ君の自転車の速さは，分速何ｍですか。

(2)　Ｂ君が自転車のパンク修理にかかった時間は何秒ですか。

5　右図のように，１辺４㎝の正方形ABCDと，点Ｃを中心とし，BCを半径とする扇形があります。正方形ABCDの各辺を２等分する点をＥ，Ｆ，Ｇ，Ｈとし，EG，HFと扇形の交点をそれぞれＰ，Ｑとします。次の問に答えなさい。

(1)　三角形PFCの面積は何cm^2ですか。

(2)　あの角の大きさは何度ですか。

(3)　三角形PCQの面積は何cm^2ですか。

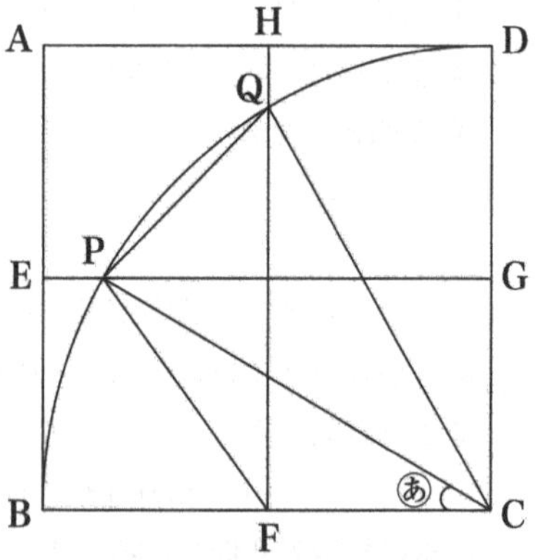

6　底面が１辺６㎝の正方形で，高さ18㎝の直方体があります。この直方体に対して，図１（次のページ）のようにCDの長さを$\frac{9}{2}$㎝とし，頂点をＡ，底面をBCDとする立体Ｘを考えます。この立体Ｘは，図２（次のページ）のように底面，側面が三角形によってできる三角すいとよばれる立体で，その体積は「底面積×高さ÷３」で求めることができます。次の問に答えなさい。

(1)　CQの長さが６㎝となるように底面BCDと平行な面PQRで立体Ｘを切断しました。切断した面PQRの面積は何cm^2ですか。

⑵　⑴のように立体Ｘを面PQRで切断して２つの立体に分けたとき，Ａを含まない方の立体の体積は何cm^3ですか。考え方も書きなさい。

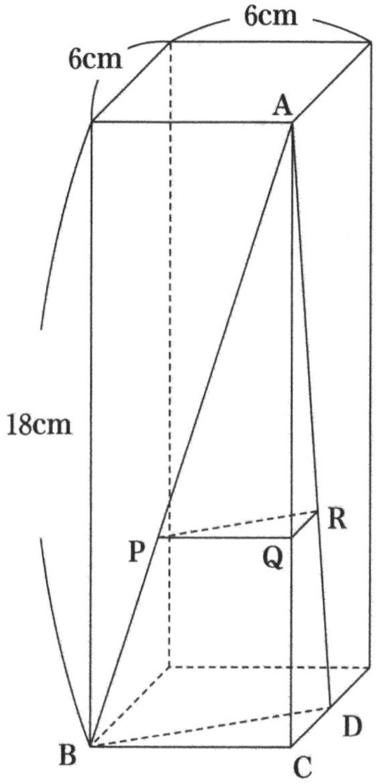

図1

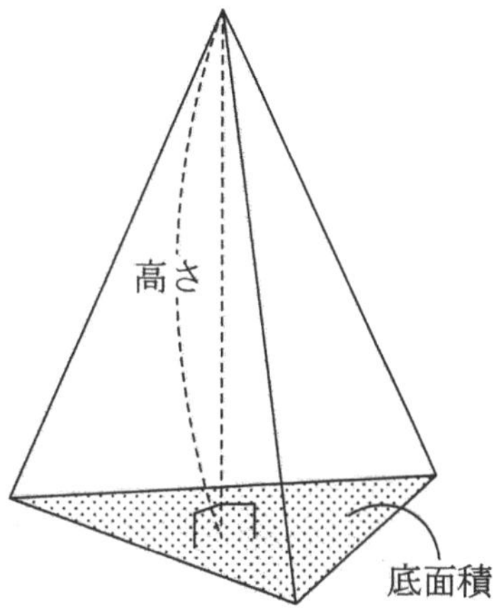

図2

【理　科】（40分）　＜満点：75点＞

１． 図１は消化器官を模式的に表したものである。以下の問いに答えなさい。

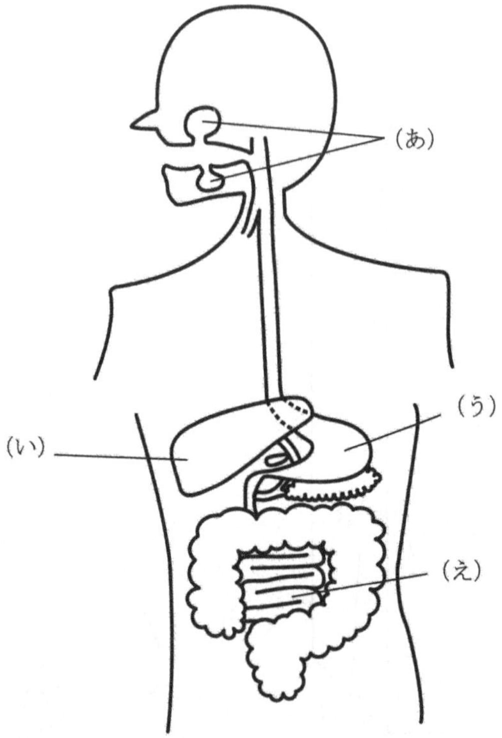

図１

問１　図１の (あ) ～ (え) の器官から分泌《ぶんぴつ》される消化酵素《こうそ》によって分解されるものの組み合わせとして正しいものを，以下の (ア) ～ (カ) から１つ選び記号で答えなさい。

	(あ)	(い)	(う)	(え)
(ア)	たんぱく質	消化酵素を分泌しない	でんぷん	ペプトン
(イ)	でんぷん	消化酵素を分泌しない	たんぱく質	麦芽糖
(ウ)	たんぱく質	消化酵素を分泌しない	でんぷん	麦芽糖
(エ)	でんぷん	脂肪《しぼう》	たんぱく質	麦芽糖
(オ)	たんぱく質	脂肪	でんぷん	ペプトン
(カ)	でんぷん	脂肪	たんぱく質	ペプトン

問２　２種類の消化酵素を使い，次のページのような実験を行った。

酵素実験：

試験管Ａ～Ｆを用意して，それぞれにでんぷんとたんぱく質の混合液を入れ，その状態で，試験管Ａ，Ｄは０℃に，試験管Ｂ，Ｅは40℃に，試験管Ｃ，Ｆは80℃にした。さらに試験管Ａ，Ｂ，Ｃには，（あ）から分泌された消化酵素を，試験管Ｄ，Ｅ，Ｆには（う）から分泌された消化酵素を入れて30分間反応させた。その後，すべての試験管にヨウ素液を加えたところ，色の変化が起きなかった試験管は１本だけであった。

⑴　ヨウ素液と反応して色の変化を引き起こした物質は何か。以下の（ア）～（オ）から１つ選び記号で答えなさい。

（ア）でんぷん　（イ）ペプトン　（ウ）たんぱく質　（エ）麦芽糖　（オ）脂肪

⑵　酵素実験で用いた試験管Ａ，Ｃ，Ｄ，Ｆを実験後40℃にしたところ，試験管Ａ，Ｄでは液体の色の変化が見られるものがあったが，試験管Ｃ，Ｆでは液体の色の変化が見られなかった。この結果から，温度変化に対する酵素の特徴《とくちょう》を答えなさい。

問３　海底の熱水噴出孔《ねっすいふんしゅつこう》という場所では，水温が100℃以上になる場合もあるが，その周囲には多くの生物が生息している。このような高温の環境《かんきょう》を好む生物がもつ酵素のうち，図１の（あ）と（う）の器官から分泌される酵素と同じはたらきをもつ酵素を使い，問２の酵素実験と同じように実験を行った。すべての試験管にヨウ素液を加えたところ，色の変化が起きなかった試験管は２本だけであった。色の変化が起きなかった試験管をＡ～Ｆから２つ選び記号で答えなさい。

問４　図１の（え）の器官は，効率よく養分を吸収するために構造に特徴がある。どのような特徴があるのか説明しなさい。

２．次の文章を読んで，以下の問いに答えなさい。

海や川などの水面，あるいは地面からは，A.水が蒸発して（　①　）となり，空気中に出ていきます。このため，空気中には目に見えない（　①　）がふくまれています。地表付近にある（　①　）をふくむ空気のかたまりが上しょうすると，上空にいくほど気圧が低くなるため，上しょうした空気のかたまりは体積が（　②　）くなり，温度が下がります。B.（　①　）は，空気の温度が下がるほど空気中にふくまれる限界の量が少なくなるため，空気のかたまりの温度がある温度より下がると，空気中にふくみきれない（　①　）があつまり細かい（　③　）のつぶとなり，目に見えるようになります。さらに上しょうすると，温度はさらに下がり，氷のつぶもふくまれるようになります。このようにしてC.（　③　）や氷のつぶが上空にうかんでいるものが雲です。

雲はその形や見られる高さによっていくつかの種類に分けられています。このうち，大気の状態が不安定なときに発生しやすく，低い空から上空にまで発達するようなものを積乱雲といいます。積乱雲が発生すると，短時間に強い雨がふり，強い風やかみなりをともなうこともあります。またときにはD.氷のかたまりがふってくることもあります。

問１　（①）～（③）に適切な語句を入れなさい。

問２　下線部Ａと同じ蒸発のしかたをする現象を，あとの（ア）～（エ）からすべて選び記号で答えなさい。

（ア）洗たく物を日かげの物干しざおに干したところ，やがて半日ほどでかわいた。

（イ）道路に水をまいたところ，やがて水はかわいてなくなった。

（ウ）なべに水を入れて火のついたコンロにかけたところ，やがて水の量が減った。

（エ）かんそうした部屋に水を入れたコップをおいたところ，やがて水の量が減った。

問３　下線部Ｂの性質から説明できる現象を，以下の（ア）～（エ）からすべて選び記号で答えなさい。

（ア）晴れの日であったが，同じ気温のくもりの日より空気がしめっていた。

（イ）冬に暖房《だんぼう》を入れたところ，外に面した窓ガラスの内側がくもった。

（ウ）水を入れたコップに氷を入れたところ，コップの表面がくもった。

（エ）冬であったが，同じ空気のしめりぐあいの夏より洗たく物がかわかなかった。

問４　下線部Ｃの説明として正しいものを，以下の（ア）～（エ）からすべて選び記号で答えなさい。

（ア）雲をつくるつぶどうしがあつまり大きくなると，落下しはじめるものもある。

（イ）空気の上しょうのいきおいがつよいほど，雲は大きくはったつする。

（ウ）大きい雲のつぶが地上まで落下したものが，雨や雪である。

（エ）雲をつくるつぶには重さがないため，上空にうかんでいることができる。

問５　下線部Ｄのように，2021年７月11日午後，東京都内の一部地域で氷のかたまりがふりました。この氷のかたまりは直径が５㎜以上あり，なかには500円玉と同じくらいの大きさのものがふったところもありました。このような氷のかたまりを何というか答えなさい。

３．　７種類の液体【アルコール水・アンモニア水・塩酸・砂糖水・蒸留水・水酸化ナトリウム水よう液・ホウ酸水】のいずれかが入ったビーカー①～⑦について，以下のような観察・実験をしました。以下の問いに答えなさい。ただし，アルコール水はエタノールを使用しました。

【観察１】　液体の色はすべて無色であった。

【観察２】　においについて確かめたところ，ビーカー⑦の液体から刺激臭《しげきしゅう》がした。ビーカー①と④の液体からもにおいがした。その他は無臭《むしゅう》であった。

【実験３】　リトマス紙で各液体について色の変化を調べたところ，以下のようになった。

・赤色リトマス紙を変色させたもの　ビーカー⑥と⑦

・青色リトマス紙を変色させたもの　ビーカー①と②

【実験４】　ビーカー①の液体５mLに，ビーカー⑥の液体を駒込《こまごめ》ピペットにとり，少量ずつ入れたところ，25mL入れたときにその混合液はちょうど中性となった。

【実験５】　各液体を少量ずつ蒸発皿にとり，水分がなくなるまで熱した後，蒸発皿を観察したところ，以下のようになった。

・何も残っていなかったもの　ビーカー①，④，⑤，⑦

・白い固体が残ったもの　ビーカー②，⑥

・黒くこげたもの　ビーカー③

問１　ビーカー②，③それぞれに緑色に調整したBTBよう液を加えた。そのときの色をそれぞれ答えなさい。

問２　ビーカー④，⑦に入っている液体の名まえをそれぞれ答えなさい。

問３　ビーカー①の液体にとけている物質の名まえを答えなさい。

問４　ビーカー①の液体５mLに，ビーカー⑤の液体を10mL加えよく混ぜた。そこに，【実験４】と同じ方法でビーカー⑥の液体を駒込ピペットにとり，少量ずつ入れた。このとき，その混合液が中性となるのは，ビーカー⑥の液体を何mL入れたときとなるか答えなさい。

問５　ビーカー⑥の液体と混合させて中性にできる液体を，以下の（ア）～（オ）からすべて選び記号で答えなさい。

（ア）酢《す》　（イ）食塩水　（ウ）炭酸水　（エ）石灰水　（オ）レモン果汁《かじゅう》

問６　重そう水を加熱したところ，気体が発生した。その気体をあるよう液に通じさせるとよう液が白くにごった。あるよう液は次のどれか，以下の（ア）～（オ）から１つ選び記号で答えなさい。

（ア）酢　（イ）食塩水　（ウ）炭酸水　（エ）石灰水　（オ）レモン果汁

４． 図１のような重さの無視できる金網《かなあみ》があります。各マスの形は正方形です。その金網の中心（Ｅ・５）をひもでつり下げたところ，水平になりました。以下の問いに答えなさい。ただし，おもりをつるすことができるのは，金網が交差しているところのみとします。

金網上の位置のあらわし方
☆印の位置は（Ｂ・２）とあらわします。

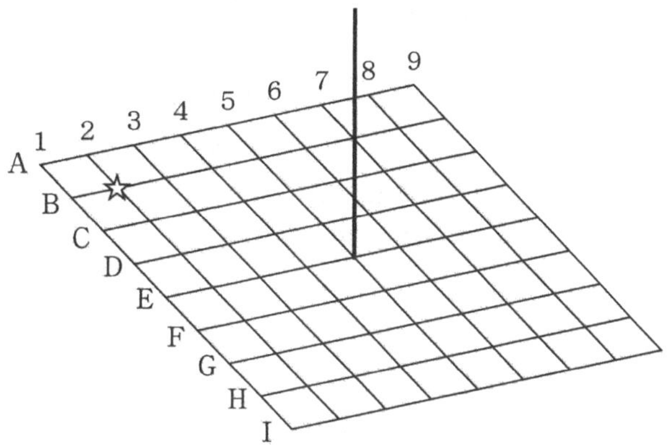

図１

問１　（Ｅ・２）に40ｇのおもりをつるしました。金網を水平にたもつためには（Ｅ・７）に何ｇのおもりをつるせばよいか答えなさい。

問２（Ａ・１）に80ｇのおもりをつるし，（Ｇ・７）に70ｇのおもりをつるしました。60ｇのおもりをある位置につるしたところ，金網は水平をたもちました。ある位置とはどこか答えなさい。

問３　60ｇと90ｇのおもり２つを（Ａ・１）～（Ｉ・９）に別々につり下げたときに金網が水平に保てる組み合わせは何通りあるか答えなさい。

５． 下の図は，直方体のガラスを置き，そのうしろに白色と黒色の鉛筆《えんぴつ》を置いた様子を模式的に表したものです。以下の問いに答えなさい。

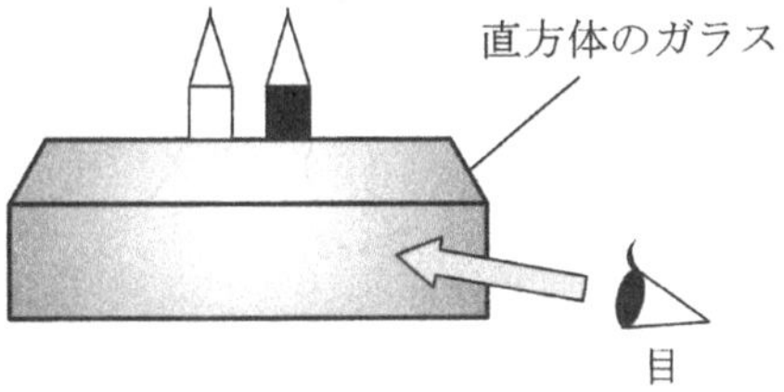

問１　図の矢印の方向からそれぞれの鉛筆を見たとき，２本の鉛筆はどのように見えますか。次のページの（ア）～（カ）からもっとも適切なものを１つ選び記号で答えなさい。

（ア）
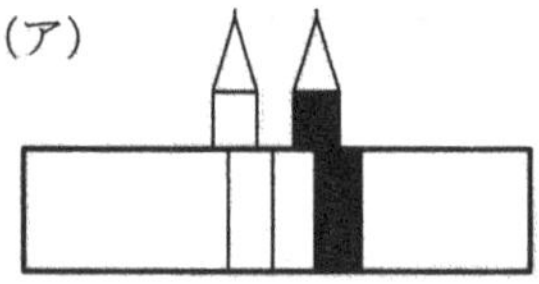
（イ）
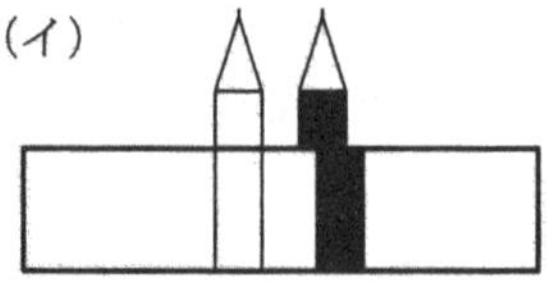
（ウ）
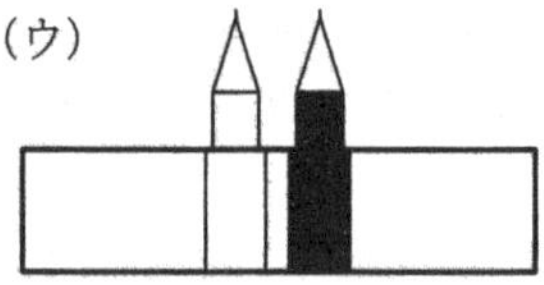
（エ）
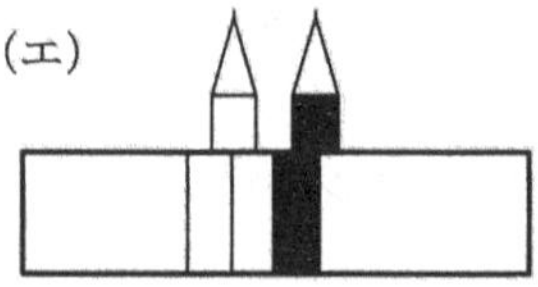
（オ）
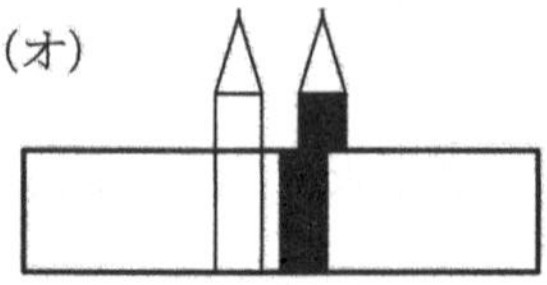
（カ）
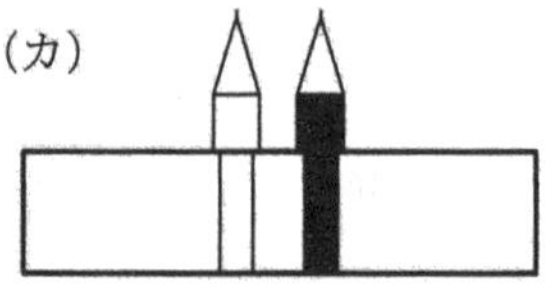

問２　問１の光の現象ともっとも関係が深いものを，以下の（ア）～（エ）から１つ選び記号で答えなさい。

（ア）デパートのショーウィンドウに自分のすがたが映って見えた。
（イ）光ファイバーによって，大量の情報を送ることができるようになった。
（ウ）プールに入ると，見た目以上に深かった。
（エ）夜空に月がかがやいて見えた。

6． 次の文章は，2020年12月におこったある天文現象を説明したものです。これについて，以下の問いに答えなさい。

2020年12月21日から22日にかけて，太陽系の惑《わく》星で内側の軌道《きどう》を回る（　①　）と外側の軌道を回る（　②　）が大接近し，日本では日の入り直後の南西の低い空に並んで見えました。この２日間における接近の角度は約（　A　）度となり，約（　B　）年ぶりの近さとなりました。次におなじくらいの角度にまで接近するのは約（　C　）年後となります。

（　①　）は太陽のまわりを約12年で１周し，（　②　）は同じく約30年で１周します。そのため（　①　）は約（　③　）年ごとに（　②　）に追いつくこととなり，このとき２つの惑星は太陽から見て同じ方向に並びます（地球から見た場合，追いつく時期や方向は多少ずれます）。ただし２つの惑星の軌道の傾《かたむ》きがわずかにずれているため，同じ方向に並んでも今回ほど接近して見えるとはかぎりません。今回の大接近はとてもめずらしい現象だったといえるでしょう。

問１　(①)，(②) に適切な惑星の名称を入れなさい。

問２　（A），（B），（C）にあてはまる数値を次の（ア）～（ツ）から１つずつ選び記号で答えなさい。

（ア）0.0001	（イ）0.001	（ウ）0.01	（エ）0.1	（オ）1	（カ）10
（キ）30	（ク）60	（ケ）90	（コ）120	（サ）150	（シ）180
（ス）200	（セ）400	（ソ）600	（タ）800	（チ）1000	（ツ）1200

問３　(③) にあてはまる数値を整数で求めなさい。

【社　会】（40分）　＜満点：75点＞

1　次の【A】～【J】の2020年に起きたできごとをみて，あとの問いに答えなさい。

	日付	できごと
【A】	1月23日	新型コロナウイルスの流行により、中国の湖北省武漢市でロックダウンが行われ、その後世界各地でも実施され、経済活動が大きく混乱した。
【B】	1月31日	イギリスがEUから離脱した。EUからの加盟国離脱は初めてで、加盟国は27カ国に減った。
【C】	3月11日	新型コロナの感染拡大で、日本高等学校野球連盟は選抜高校野球大会の中止を発表した。その後、夏の全国高校野球選手権大会も中止された。
【D】	3月11日	世界保健機関は、新型コロナウイルスについて「パンデミックとみなすことができる」と発表した。
【E】	3月24日	新型コロナウイルスの影響により2020年夏に行われる予定だった東京五輪・パラリンピックの１年延期が決まった。
【F】	3月29日	コメディアンの志村けんさんが、新型コロナウイルスによる肺炎で死去した。
【G】	4月7日	新型コロナの感染者急増を受け、政府は東京など７都府県を対象に緊急事態宣言を発出し、４月16日には対象を全国に拡大した。
【H】	7月4日	梅雨前線が停滞した影響で、九州を中心に記録的な豪雨となり、球磨川などがはんらんした。
【I】	7月16日	将棋の藤井聡太七段が17歳11カ月で「棋聖」を奪取し、タイトル獲得の史上最年少記録を約30年ぶりに更新した。
【J】	12月6日	日本の小惑星探査機「はやぶさ２」から分離されたカプセルが、豪州の砂漠に着陸した。

（日本国勢図会2021/22から作成）

問１　【A】に関連して，日本国内の第３次産業について次のグラフ【図１】と【図２】の①～③の業種の正しい組み合わせを（あ）～（え）から一つ選び，記号で答えなさい。

【図１】第３次産業における業種ごとの従業者数の割合（2016年）

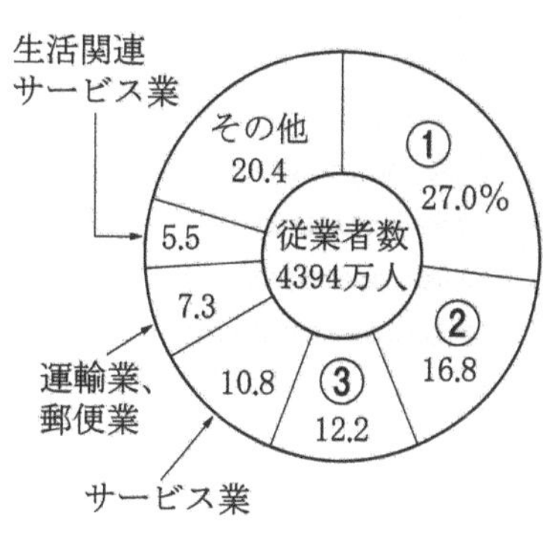

【図２】2020年の第３次産業活動指数（2015年平均を100）

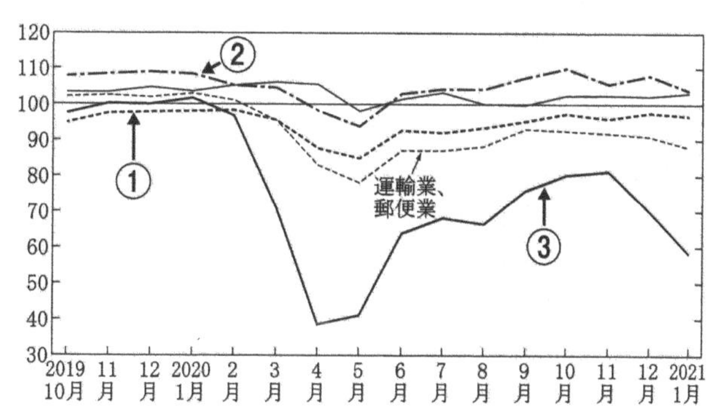

（日本国勢図会2021/22から作成）

（あ）①宿泊業・飲食サービス業　②卸売業・小売業　③情報通信業
（い）①情報通信業　②卸売業・小売業　③宿泊業・飲食サービス業
（う）①卸売業・小売業　②医療・福祉　③宿泊業・飲食サービス業
（え）①医療・福祉　②宿泊業・飲食サービス業　③卸売業・小売業

問２　【B】に関連して，次のページのグラフは，日本と「EU」・「アメリカ」・「中国」・「ロシア」との2020年の貿易における，それぞれからの日本の輸入総額に対する各商品の比率（%）をあらわしたものである。日本とEUとの貿易を表すグラフを（あ）～（え）から一つ選び，記号で答えなさい。ただし，イギリスは2020年の１月分のみの計上となっている。

（あ）

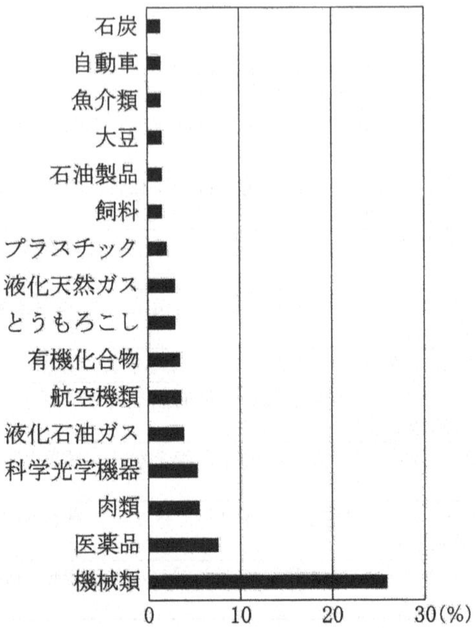

（い）

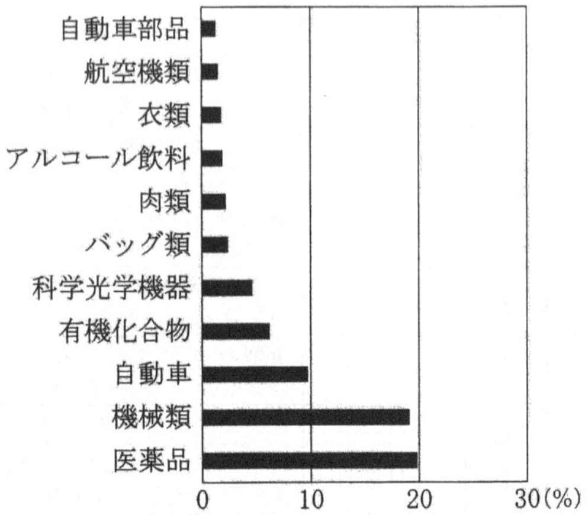

（う）

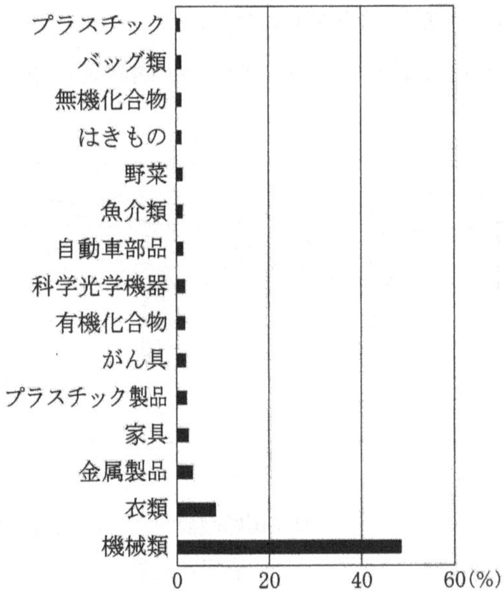

（え）

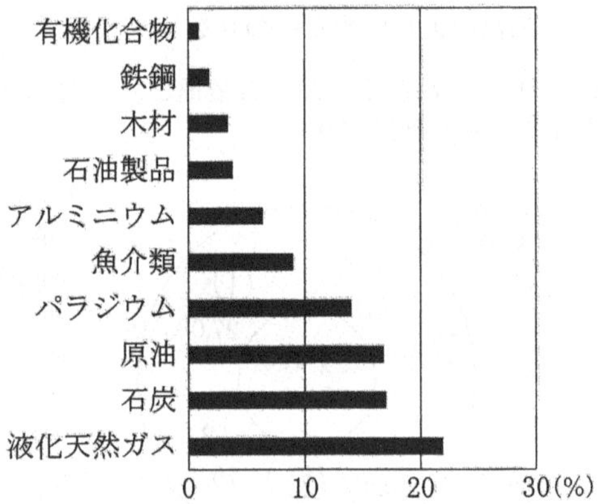

（日本国勢図会2021/22から作成）

問３【C】に関連して，この野球大会が開催される球場がある県に関わる内容としてまちがっているものを（あ）～（お）から一つ選び，記号で答えなさい。

（あ）瀬戸大橋は1998年に開通した世界最長のつり橋で，本州四国連絡橋の３つのルートのうち最も交通量が多い。

（い）西日本を代表する貿易港があり，ポートアイランドや六甲アイランドといった人工島がつくられた。

（う）新幹線の駅弁として販売された「ひっぱりだこ飯」は，明石海峡の真だこが食材として使われ，たこつぼを模した容器が使用されている。

（え）野島断層は1995年１月17日未明，県南部を震源として発生した地震の震源地となった活断層で，淡路島北部の北淡町から一宮町にかけて断続的に地表に現れる。

（お）清酒の生産が日本一で，「灘《なだ》」とよばれる産地がよく知られ，六甲山地から流れる地下水の「宮水」は酒造りに適している。

問４　【D】に関連して，世界保健機関は1948年４月７日に，すべての人々の健康を増進し保護するため互いに他の国々と協力する目的で設立された。世界保健機関の正しいロゴマークを（あ）～（お）から一つ選び，記号で答えなさい。

（あ）　（い）　（う）　（え）　（お）

問５　【E】に関連して，次の文を読み，あとの⑴と⑵に答えなさい。

「４年に１回のうるう年に夏季オリンピックが開催される」と考える人が多いが，厳密には４年周期で必ずうるう年があるわけではない。太陽の公転周期，例えば「太陽が夏至の日に南中する地点から，次の夏至の日に南中する地点まで戻ってくるまでの周期」は365.2422日であるが，１年を365日で計算した場合，0.2422の誤差が生じる。したがって，現在，わたしたちが使用している①グレゴリオ暦では，まず，西暦年数が４で割り切れる年は原則として「うるう年」にする。例外として，西暦年数が100で割り切れる年は「平年（うるう年ではない年)」とする。さらにその例外として，西暦年数が400で割り切れる年は「うるう年」にすると決めている。

また，②地球は公転とともに自転しているため，自転により経度15度につき約１時間の時差が生じる。ただし，自転も時代により誤差があり，自転周期は必ずしも24時間ちょうどではない。そのため，その誤差が大きくなると「うるう秒」を設定し調整している。

⑴　下線①について，「うるう年」ではない年を（あ）～（え）からすべて選び，記号で答えなさい。

（あ）2000年　（い）2021年　（う）2100年　（え）2200年

⑵　下線②について，サンフランシスコ国際空港１月25日午後11時50分（サンフランシスコ現地時間）発，香港国際空港１月27日午前７時40分（香港現地時間）着の飛行機のフライト時間を答えなさい。サンフランシスコ国際空港は西経105度，香港国際空港は東経120度で計算すること。ただし，１日は24時間として計算し，サマータイムは考えないものとする。

問６【F】に関連して，志村けんさんの銅像（「志村けん像」）がたてられた東村山市の地図次のページの【図３】の説明文として正しいものを次のページの（あ）～（え）からすべて選び，記号で答えなさい。

（国土地理院地形図から作成）

（あ）「志村けん像」から南の方角に進むと図書館があり，「志村けん像」から西武新宿線の線路を越えて北の方角に進むと博物館がある。

（い）東村山駅の西を流れる前川は村山下ダムに流れ込んでいる。

（う）東村山浄水場の北側と西側に発電所が１カ所ずつあり，武蔵大和駅の西側に老人ホームが１カ所ある。

（え）「志村けん像」から東村山市役所まで直線距離で750mあるが，縮尺《しゅくしゃく》が25000分の１の地図の場合には地図上では3.5㎝として表現される。

問７【G】に関連して，次の文を読み，あとの⑴と⑵に答えなさい。

宣言の対象となったのは東京都，神奈川県，千葉県，埼玉県，大阪府，兵庫県，福岡県の７都府県であるが，その中で2020年の段階でJRの「新幹線」が通っていない都府県は（　①　）県のみ，他は各路線間の重複部分はあるものの，東海道線は東京駅から新大阪駅，山陽線は新大阪駅から博多駅，九州線は博多駅から（　②　）駅，北陸線は東京駅から（　③　）駅，上越線は東京駅から新潟駅，東北線は東京駅から新青森駅となっており，これら新幹線の路線上は（　①　）県を除く６都府県が含まれ，A日本の旅客輸送の大動脈であるといえる。

⑴（①）～（③）にあてはまることばの正しい組み合わせを次の（あ）～（か）から一つ選び，記号で答えなさい。

（あ）①千葉　②鹿児島中央　③金沢　　（い）①埼玉　②熊本　③七尾
（う）①兵庫　②新八代　③富山　　（え）①千葉　②鹿児島中央　③七尾
（お）①埼玉　②新八代　③金沢　　（か）①兵庫　②熊本　③富山

⑵　下線Aに関連して，次のページの「新幹線の路線別（旅客）輸送量（2019）」の表中①～④に

あてはまる新幹線の路線名の正しい組み合わせを以下の（あ）～（え）から一つ選び，記号で答えなさい。

「新幹線の路線別（旅客）輸送量（2019）」　※単位：百万人キロ（乗車人数×移動距離）

路線	2000年	2005年	2010年	2015年	2018年	2019年
東海道線	39670	43777	43741	52167	56277	54027
①	13805	14849	15547	18960	19923	19325
②	12297	13484	12594	15536	16225	15490
③	4575	4590	4303	4913	5125	4825
北陸線	806	800	753	3888	3808	3495
④	－	409	493	1919	2016	1917
北海道線	－	－	－	14	266	253

（日本国勢図会2021/22から作成）

（あ）①山陽線　②上越線　③九州線　④東北線

（い）①上越線　②山陽線　③東北線　④九州線

（う）①山陽線　②東北線　③上越線　④九州線

（え）①東北線　②山陽線　③上越線　④九州線

問８　【H】に関連して，球磨川流域の【図４】をみて，あとの⑴～⑶に答えなさい。

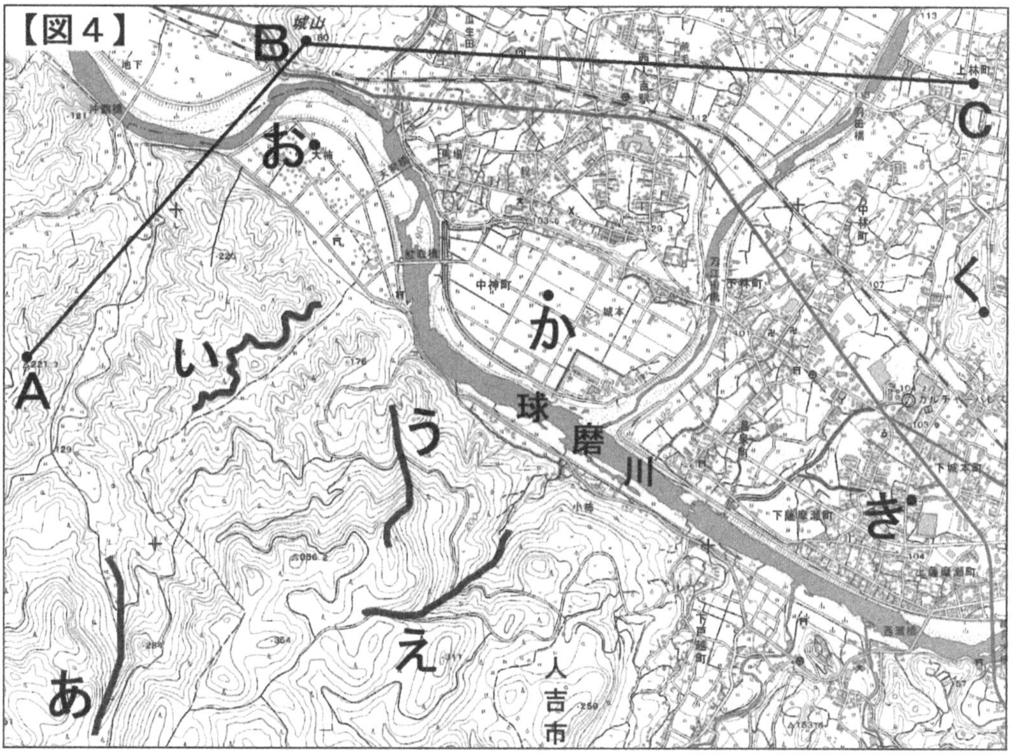

（国土地理院地形図から作成）

⑴　地図中の線Ａ－Ｂ－Ｃの断面図として正しい図を次のページの（あ）～（え）から一つ選び，記号で答えなさい。ただし，断面図は高さの表示を実際の10倍で表している。

（あ）

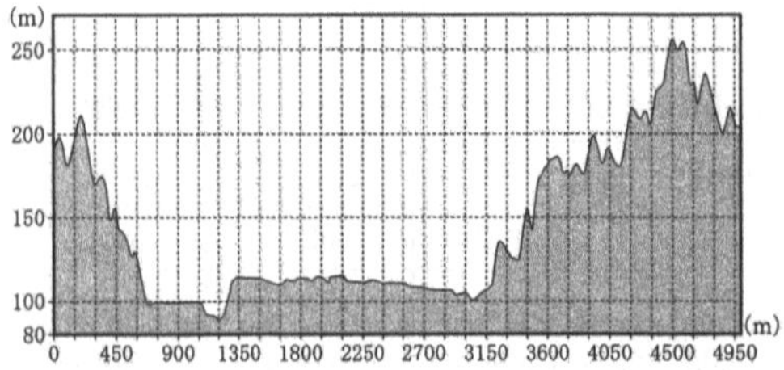

（い）

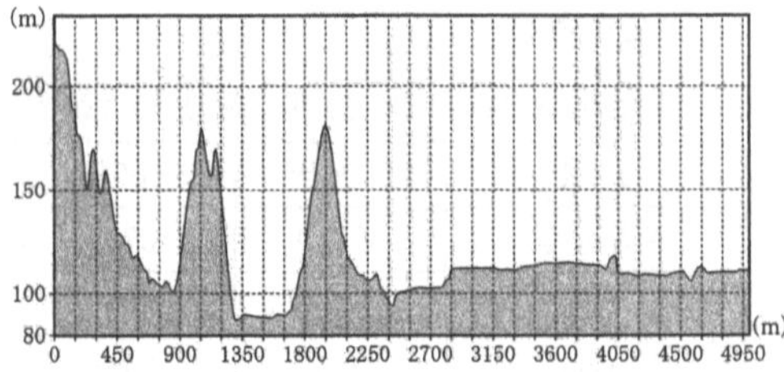

（う）

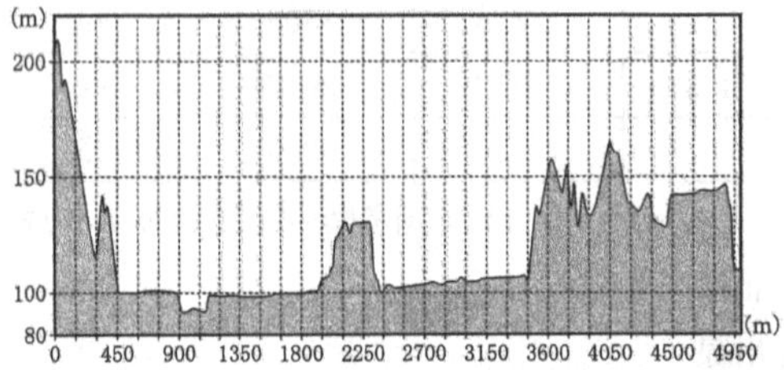

（え）

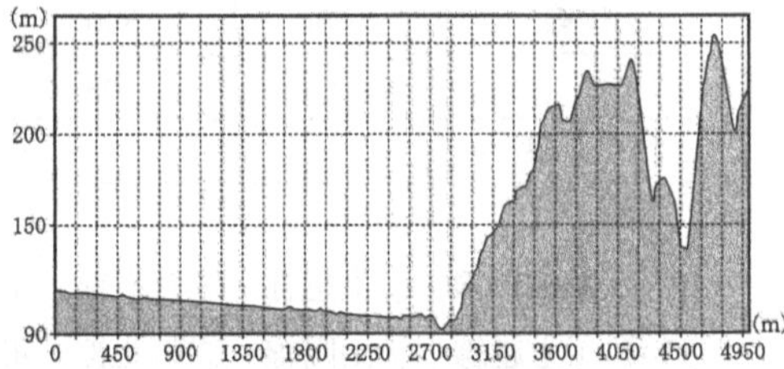

⑵　前のページの地図中の線**あ**～**え**から「尾根線」をすべて選び，記号で答えなさい。

⑶　球磨川でもっとも大きな水害が起きたときに浸水する場所（想定最大規模）を地図中の**お**～**く**からすべて選び，記号で答えなさい。

問９　【Ⅰ】に関連して，「天童将棋駒」といわれる伝統工芸品がある山形県は，将棋駒の生産量日本一になっている。次の東北地方の伝統工芸品について説明した文①～③と【図５】中のＡ～Ｅの生産地の正しい組み合わせを，次のページの（あ）～（お）から一つ選び，記号で答えなさい。

【説明文】

①17世紀の終わり頃，藩主が経済政策の一環として漆《うるし》工芸の生産に力をいれたのが起源とされ，漆の塗《ぬ》り方により様々な技法があり，中でも唐塗《からぬり》は漆に卵白を混ぜて粘りを出し，ヘラで凹凸《おうとつ》をつけた上に色漆を重ねてつくられる特徴的な模様の工芸品である。

②11世紀，藤原清衡が近江の鋳物師《いものし》を呼び寄せ，生産を始めたのが起源とされ，16世紀には藩の政策によって生産が開始された。重厚で丈夫な鉄で作られた鉄瓶《てつびん》は何世代にも渡って使うことができる工芸品として人気がある。

③17世紀後半にこの地の城主佐竹西家のすすめにより，下級武士の副業として発展した。弾力性に富み美しい木目を特徴とする杉を薄くはいで，熱湯につけて柔らかくして曲げ加工をほどこし，山桜の皮

【図５】

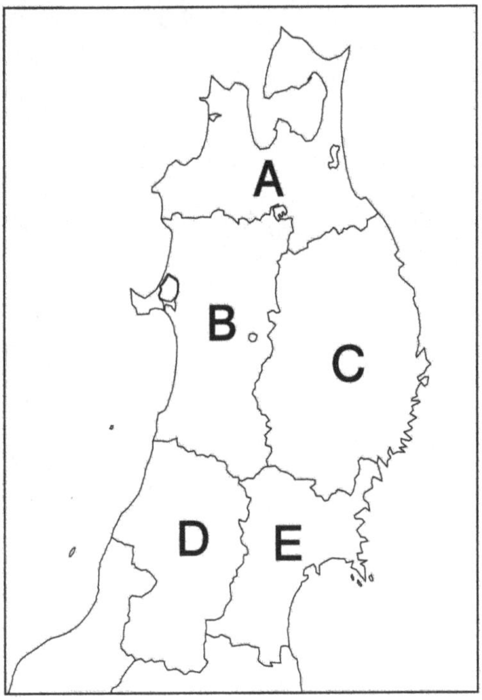

でぬい止めをする。

（あ）①B　②C　③E　　（い）①A　②E　③D　　（う）①B　②D　③A

（え）①A　②C　③B　　（お）①D　②C　③B

問10　【J】に関連して，小惑星探査機「はやぶさ２」は，2014年12月３日に種子島宇宙センター大型ロケット発射場からH-IIAロケット26号機に搭載され打ち上げられた。種子島の白地図を（あ）～（お）から一つ選び，記号で答えなさい。ただし，白地図の縮尺はそれぞれ編集されている。

（あ）　（い）　（う）　（え）　（お）

2　次の文を読み，あとの問いに答えなさい。

中国の歴史書である（　A　）によれば，紀元前１世紀頃，倭は多くの国に分かれていたことが記されている。（　B　）では，１世紀中頃，倭の①奴国が中国に使いを送ったことが記されている。（　C　）には，３世紀前半，邪馬台国を中心に，小国の連合体が成立したことが記されている。『宋書』では，５世紀に②倭の五王が，中国に使いを送ったことが記されている。（　D　）によれば，７世紀前半，倭は中国と対等な外交関係を求めたことが記されている。

問１　（A）～（D）にあてはまる歴史書の組み合わせとして正しいものを（あ）～（え）から一つ選び，記号で答えなさい。

（あ）（A）『漢書』（B）『隋書』　（C）『魏志』（D）『後漢書』

（い）（A）『魏志』（B）『後漢書』（C）『漢書』（D）『隋書』

（う）（A）『魏志』（B）『隋書』　（C）『漢書』（D）『後漢書』

（え）（A）『漢書』（B）『後漢書』（C）『魏志』（D）『隋書』

問２　下線①のとき，中国の皇帝から与えられた印に刻まれた文字を漢字５文字で答えなさい。

問３　下線①・②について，使いを送った共通する目的を説明しなさい。

3　次の文を読み，あとの問いに答えなさい。

７世紀後半，朝鮮半島では，新羅によって百済が滅ぼされた。朝廷は百済を助けるために大軍を送ったが，朝鮮半島南西部の（　１　）で唐・新羅の連合軍に敗れた。朝廷は，中央集権体制の整備を進め，①中国の都にならった都の造営もはじめた。701年には中国の律令にならった大宝律令が制定され，律令国家の新しい都として平城京がつくられた。平城京には②諸国から税が運ばれ，東西に置かれた市では，和同開珎などの貨幣が使われた。都と地方を結ぶ道路も整備され，北九州に置かれた（　２　）は，外交や防衛の拠点とされた。

問１　（１）・（２）にあてはまることばを漢字で答えなさい。

問２　下線①について，平城京の前に計画都市としてつくられ，694年に移された都を漢字３文字で答えなさい。

問３　下線②について，【図６】の木簡《もっかん》は荷札として付けられたものであるが，律令制におけるどのような税の負担があったことを示しているか，答えなさい。

【図６】

伊豆国加茂郡三島郷戸主占部久須理戸占部広庭調麁堅魚拾壹斤

（「新しい社会６」東京書籍，2020年）

4　次の文を読み，あとの問いに答えなさい。

日本は清と対等な日清修好条規を結ぶ一方，A江華島事件をきっかけに，朝鮮と不平等条約である日朝修好条規を結んだ。朝鮮をめぐって日本と清は対立を深め，日清戦争が起こった。講和会議で①下関条約が調印されたが，日本の勢力拡大を警戒したロシアは，ドイツ・フランスとともに，B遼東半島の返還を日本に要求した。日本は満州をめぐってロシアと対立し，日露戦争が起こった。講和会議が開かれ，②ポーツマス条約が調印されたが，多くの国民は条約の内容に不満を持った。

【図７】

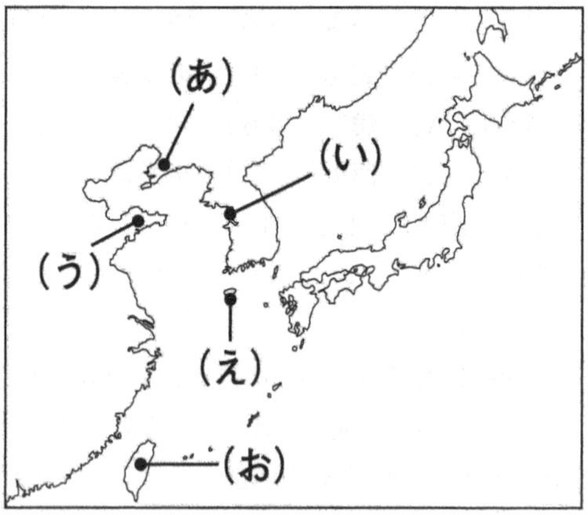

問１　下線ＡとＢの場所を【図７】の（あ）～（お）からそれぞれ選び，記号で答えなさい。

問２　下線①によって，朝鮮はどのような状況におかれることになったか，中国との関係から説明しなさい。

問３　下線②の内容としてまちがっているものを次のページの（あ）～（お）からすべて選び，記号で答えなさい。

（あ）日本に対して，韓国における優越権を認める。
（い）日本に対して，旅順・大連を借りる権利をゆずる。
（う）日本に対して，賠償金を支払う。
（え）日本に対して，樺太の南半分をゆずる。
（お）日本に対して，台湾をゆずる。

5　次の文を読み，あとの問いに答えなさい。

第二次世界大戦後，日本の占領政策の方針は，非軍事化と民主化に置かれ，①経済，労働，教育などの領域において改革が行われた。

1950年，②朝鮮戦争がおこると，アメリカは日本との講和を急いだ。1951年に開かれた講和会議で，吉田茂首相は③サンフランシスコ平和条約に調印し，平和条約調印と同時に日米安全保障条約にも調印した。1956年には，鳩山一郎首相が（　Ａ　）との国交を回復した。佐藤栄作首相は，1965年に（　Ｂ　）と国交を樹立した。1972年，田中角栄首相は，（　Ｃ　）との国交正常化をはかった。

一方国内では，池田勇人首相が所得倍増計画を打ち出し，経済成長を目指す政策を推し進めた結果，④高度経済成長といわれる経済の急成長を遂げるが，同時に様々なひずみを生み出していった。

問１　（Ａ）～（Ｃ）にあてはまる国の正しい組み合わせを（あ）～（え）から一つ選び，記号で答えなさい。
（あ）（Ａ）韓国　（Ｂ）中国　（Ｃ）ソ連
（い）（Ａ）ソ連　（Ｂ）韓国　（Ｃ）中国
（う）（Ａ）中国　（Ｂ）ソ連　（Ｃ）韓国
（え）（Ａ）ソ連　（Ｂ）中国　（Ｃ）韓国

問２　下線①について説明したものとしてまちがっているものを（あ）～（え）から一つ選び，記号で答えなさい。
（あ）教育基本法が制定され，教育勅語は廃止された。
（い）農地改革が行われ，小作農の割合が増加した。
（う）財閥解体が行われ，独占禁止法が制定された。
（え）労働組合法によって労働者の権利が保障された。

問３　下線②に関わるできごとの説明として正しいものを（あ）～（え）から一つ選び，記号で答えなさい。
（あ）GHQの指令により自衛隊がつくられた。
（い）ソ連が支援するもとで大韓民国が独立した。
（う）日本は軍需物資の生産によって特需景気となった。
（え）アメリカが支援するもとで朝鮮民主主義人民共和国が独立した。

問４　下線③の内容としてまちがっているものを（あ）～（え）から一つ選び，記号で答えなさい。
（あ）日本の台湾や千島列島に対する領有権を認める。
（い）日本の主権の回復を認める。
（う）沖縄をアメリカの統治下に置くことを認める。
（え）日本は極東国際軍事裁判所の判決を受け入れる。

問５　下線④について，この時期の社会の説明としてまちがっているものを（あ）～（お）からすべて選び，記号で答えなさい。

（あ）サッカーの日韓共催ワールドカップが開催された。

（い）東海道新幹線が開業した。

（う）政府の住宅政策として，団地が郊外などに建てられた。

（え）カラーテレビ・洗濯機・冷蔵庫は３Ｃとよばれた。

（お）日本万国博覧会が大阪府で開催された。

6　次の文を読み，あとの問いに答えなさい。

私たちみんなが人間らしく，自分らしく暮らしていくには，ルールを作ることが必要です。さまざまな公共サービスも必要です。これらを誰かにやってもらわないといけません。強い力（権力）で私たちを取り仕切って政治をする（　１　）が必要です。（　１　）を作って，政治を任せましょう。権力というものは，「みんなのため」に使われれば，みんなを幸せにする道具となります。

しかし，人間だれしも我が身がかわいいもの。権力を自分の手に握った人は，ついつい①「自分のため」「お友だちのため」に権力を使ってしまいがちです。友だち思いなのは結構なことですが，権力を自分の友だちのために使ってはいけません。

そこで，ちゃんと私たちの権利を守るように政治をする，と（　１　）に約束してもらいます。この約束を社会契約といいます。ただ，口約束では心配なので，約束事を紙に書いて契約書を作ります。（　１　）がしてはいけないこと，（　１　）がしてもいいこと，（　１　）がしなければいけないこと，これらを書いた契約書です。この契約書が，憲法です。（　１　）は，②憲法という約束事を守って，政治をしなければなりません。

このように，憲法というルールの枠の中で権力を使ってもらうことを「（　２　）主義」といいます。「法の支配」も同じような意味で，権力を法で拘束する，権力者といえども法の下にある，という意味です。わかりやすく言うと，「ライオン（国家権力）は檻の中」に入れておくというイメージです。

（　２　）主義は，「権力は濫用《らんよう》されがちなもの」「権力者も人間だから間違えることがある」「民主的手続きで選ばれた権力者でも，いつも正しいとは限らない」という考え方が前提です。だからこそ，権力者が守るべき法が必要なのです。そして，国民が自分の権利を守るには，憲法第12条にもあるように「国民の（　３　）の努力」が必要です。私たち一人ひとりが主役であり，この国のあり方を決める力，③憲法を作ったり変えたりする力を持っています。ということは，私たち一人ひとりが，憲法や政治に関心を持ち，自分の頭で考え，自分の意見を主張したり，意見の異なる人たちと議論したり，選挙の時には必ず投票に行くなど，しっかりしていなければいけません。

（楾大樹『檻を壊すライオン』一部改変）

問１　（１）～（３）にあてはまることばを答えなさい。

問２　下線①について，ここ数年，日本では元首相との関係が疑われていることが複数あるが，いわゆる「森友問題」とはどのような問題か，あとの（あ）～（え）の中から正しいものを一つ選び，記号で答えなさい。

（あ）2016年，ある学校法人に国有地が「約８億円引き」で払い下げられた。この件に関連して，上司から公文書の改ざんを指示された財務省の近畿財務局職員が自死した。

（い）2020年，前東京高検検事長の定年延長が閣議決定され，その後政府の判断で延長できるようにする国家公務員法改正案が国会に提出された。

（う）それまで「桜を見る会」の参加者数は１万人前後だったが，元首相の在任中に１万8000人に膨んだうえ，2013年以降，元首相の地元後援会との夕食会を毎年開き，会の当日も関係者を招いていたことがわかった。

（え）2017年，ある学校法人が，長い間どこの大学にも認められていなかった獣医学部を新設する「国家戦略特区」の事業者に選定された。

問３　下線②について，昨年国会閉会中に，野党側が新型コロナウイルスへの対応のために憲法第53条にもとづき開会を要求していた国会の種類を答えなさい。

問４　下線③について，次の問いに答えなさい。

⑴　憲法第96条第１項の憲法改正では，憲法改正の発議の条件をどのように定めているか，条文中のことばで答えなさい。

⑵　国民投票法では，憲法改正に必要な票数をどのように定めているか，（あ）～（え）から一つ選び，記号で答えなさい。

（あ）衆議院議員の過半数　　（い）有効投票数の過半数

（う）国会議員の過半数　　（え）有権者の過半数

⑶　昨年成立した改正国民投票法で，施行から３年をめどに検討されることが決まっていることを（あ）～（え）から一つ選び，記号で答えなさい。

（あ）駅や商業施設でも投票できる「共通投票所」を設置する。

（い）期日前投票をやりやすくする。

（う）政党によるＣＭやインターネット広告を規制する。

（え）投票所に親と一緒に行ける子どもの対象年齢をひろげる。

問５　日本国憲法の平和主義に関わって，2015年に平和安全法制（いわゆる安保法案）が成立したが，この中にある集団的自衛権とはどのようなものか，以下の【　】内のことばをすべて使って説明しなさい。

【　敵の国　　攻撃　　自分の国　】

7　**次の文を読み，あとの問いに答えなさい。**

昨年は，新型コロナウイルスによる感染者がくりかえし増えたり減ったりしたうえ，緊急事態宣言もたびたび出された。それにともなって，飲食店への休業の要請や酒類の販売の制限，医療体制のひっ迫など，数多くの問題が発生した。とくに，感染者の増加や医療のひっ迫が懸念される中で開かれた①東京五輪・パラリンピックでは，多くの競技が無観客で行われた。日々，アスリートたちが活躍する一方で，新型コロナで亡くなる方が後を絶たず，また東京の新宿などでは，新型コロナの影響で仕事を失ったりして，今日食べるものがないといった人々が，ボランティアによる食料品の配布に長い列を作っていた。

さらには，今回の東京五輪・パラリンピックが開かれる直前に，五輪関係者によるトラブルや辞任，大会にかかる費用のあいまいさなどの問題点が次々とあきらかになった。この大会を通して，②国際的にも日本人の人権意識や感覚，民主主義や政治のあり方がするどく問われた一年でもあった。

今回の日本政府による新型コロナ対策や東京五輪・パラリンピックをめぐって，とくに目立ったのは，多様性の尊重や対話・討論（話し合いや合意）の欠如，ジェンダーギャップ，物事を決めるルールのあいまいさや，責任者がはっきりしないなどという点であり，これらの問題はこれからを生きる私たち自身が解決しなければならない重要な課題とも言える。

このような多様性やジェンダーといった社会的テーマに関連して，法政大学では大学の基本理念として「ダイバーシティ（多様性を認め合う）宣言」を発表し，社会にアピールしてきた。その内容の一部を見ると，「ダイバーシティの実現とは，社会の価値観が多様であることを理解し，自由な市民がもつそれぞれの価値観を個性として認め･理解することです。人権の尊重はその第一歩です。③性別，年齢，国籍，人種，民族，文化，宗教，障がい，性的少数者であることなどを理由とする差別がないことはもとより，これらのちがいを個性として認め・理解することです。そして，これらのちがいを多様性として受け入れ，互いの立場や生き方，感じ方，考え方に耳をかたむけ，理解を深め合うことです。少数者であるという理由だけで仲間はずれや差別されることなく，個性ある市民がそれぞれの望む幸せを求める機会が守られ，誰もがいきいきと生活できる社会を実現することです。社会とともにある大学は，（略）多様な価値観をもつ市民が助け合い，互いの望む幸せを実現できる社会づくりに向けて，貢献する役割を担っています」とし，法政大学がダイバーシティの実現に向けて積極的に取り組んでいくことを宣言している。

問１　下線①について，「全ての国民が，障害の有無によって分け隔《へだ》てられることなく，相互に人格と個性を尊重し合いながら共生する社会の実現」をめざし，2016年に施行された法律を一般に何というか，答えなさい。

問２　下線②について，昨年名古屋出入国在留管理局で，収用中のスリランカ人女性ウィシュマ・サンダマリさんが，職員にくりかえし体調不良を訴えたものの適切な対応がされないまま死亡するという重大な事件が起こった。この名古屋出入国在留管理局を監督する省庁を，（あ）～（お）から一つ選び，記号で答えなさい。

（あ）外務省　（い）内閣府　（う）総務省　（え）文部科学省　（お）法務省

問３　下線③について，次の問いに答えなさい。

⑴　これまで日本では，民法の規定を理由に，結婚すると夫の姓にあらためる女性がほとんどであったが，最近では「結婚後も夫婦それぞれが自分の姓を選べる制度」を求める声が増えてきている。この制度を一般に何というか，答えなさい。

⑵　「特定の国の出身者であること又はその子孫であることのみを理由に，日本社会から追い出そうとしたり危害を加えようとしたりするなどの一方的な内容の言動」のことを一般に何というか，答えなさい。

⑶　「性的少数者」のうち，「こころとからだの性が一致していない人」を一般に何というか。カタカナで答えなさい。

向きな気持ちでもとの生活に戻ろうとしている。それはなぜか。おとうさんという存在がハルの中でどのように変化したのかを明らかにしながら、六十字以上八十字以内でわかりやすく説明しなさい。ただし、句読点・記号等も字数に含むものとする。

下書き用（必要に応じて使用すること）

60 80

かせようとしている。

ウ、子どもの面倒をろくに見ず、自分たちの身勝手で操るような親にこのまま流され続けていたら、きちんとした大人になれないのではないかと焦っている。

エ、親の都合で振り回しておいて、子どもである自分の気持ちには正面から向き合ってくれない様子に納得できず、一歩もゆずれない位の憤りを覚えている。

問五　傍線部④「そ、そんな考えかたは、お、お、おれはきらいだ」とあるが、

（一）　このときのおとうさんの気持ちはどのような体勢となって表れているか。その表現を五字以内で抜き出しなさい。

（二）　おとうさんはハルにどのような考えかたをする人になってほしいと望んでいるのか。解答欄の「という考えかた」に続く形で、本文中の表現を用いながら三十字以上四十字以内で答えなさい。ただし、句読点・記号等も字数に含むものとする。

問六　傍線部⑤「私も握りかえした」とあるが、このときのハルの気持ちはどのようなものか。その説明として最も適切なものを次から選び、記号で答えなさい。

ア、わざわざ電車を降りてあるべき考えかたを自分に示してくれた後、この数日間がかけがえのないものだったと二人で確かめ合うことができ、別れ際はせめておとうさんが喜ぶように行動しようと思った。

イ、自分を正そうとして興奮してどもったり、自分との旅の楽しさをえばったように言ったりするおとうさんに接し、不器用で子どもっぽいが悪い人ではなく、親なのだから受け入れていこうと思い始めた。

ウ、電車を乗り換えてまで間違った考えかたを注意してくれたおとうさんは、混みあう車内で他の乗客から自分を気遣うなど、おとうさんなりに自分を愛していると知り、今までの身勝手を許す気になった。

エ、いざというときには本気で叱ってくれたり、自分と過ごした時間を意味のあるものだと捉えているおとうさんの姿を見て、自分は大事にされていないわけではないと分かり、あたたかい気持ちになれた。

問七　傍線部⑥「足がとまらないように、帰ったらすることをとぎれないように考えながら歩いた」とあるが、ハルがこのように行動するのはなぜか。その理由の説明として最も適切なものを次から選び、記号で答えなさい。

ア、おとうさんと別れるのはなごり惜しいけれど、あえてそれを振り切って、もとの生活に意識を持っていこうと努めているから。

イ、おとうさんとの時間は楽しい一方、金銭的な不安があったため、おかあさんとの安定した生活が恋しく思い出されてきたから。

ウ、おとうさんとの旅を満足して終えた今は、もとの日常生活のよさが途端に実感され、やりたいことが次々に浮かんできたから。

エ、おとうさんと過ごした充実感があるからこそ、今度は旅を終えて一人になった解放感を、思いきり味わいたくなっているから。

問八　傍線部⑦「私は大きく息を吸いこみ、角を曲がった」とあるが、このときのハルはおとうさんと一緒に暮らせないにもかかわらず、前

私は、あそこに立っている、いつまでもばかみたいに手をふり続けている男の人が大好きだと思った。見知らぬ人とかかわりなくても。心の中でそのことを確認してから、⑦私は大きく息を吸いこみ、角を曲がった。

（角田光代『キッドナップ[※3]・ツアー』より）

［注］　※1　どもった……「どもる」とは、話し言葉が滑らかに出てこないこと。言い出しの音がすんなり発音できなかったり、同じ音が何度も繰り返されたりする。
　　　※2　キヨスク……ＪＲの駅構内にある売店。
　　　※3　キッドナップ……英語で「誘拐《ゆうかい》」の意。

問一　空欄［Ａ］～［Ｃ］に入る言葉として最も適切なものをそれぞれ次から選び、記号で答えなさい。ただし、同じ記号を二度以上選ばないこと。

ア、猛烈に　　イ、唐突に　　ウ、おもむろに　　エ、本当に
オ、あっという間に

問二　傍線部①「私はふいと横を向く」とあるが、このときのハルの気持ちはどのようなものか。その説明として最も適切なものを次から選び、記号で答えなさい。

ア、主導権を握って行動しようと自分はのどがかわく程緊張して決意したのに、おとうさんはそれに全く気づかずマイペースで動いてしまうので、無力感とかなしみにおそわれた。
イ、自分がおとうさんと一緒にいるためにユウカイ犯になろうとまで思い詰めているのに、おとうさんはいつも通りののんきな会話をしてくるため、呆れて返事をする気がしない。
ウ、このまま旅を続けたいという思いをどう告げたらいいか自分は必死に考えているのに、おとうさんは帰ることを当然視して日常的な会話をしてくるので、不本意に感じている。
エ、自分がもっと逃げたいと願っていることをおとうさんは承知しているのに、それを受け止めないまま帰る方向でどんどん行動してしまうため、無視によって怒りを表している。

問三　傍線部②「つぎの駅できっとまた人がおりるから」とあるが、このときのおとうさんの気持ちはどのようなものか。その説明として**適切でないもの**を次から一つ選び、記号で答えなさい。

ア、旅はもう続けられないのに聞き分けがないハルに困り、何とかなだめようとしている。
イ、逃げ続けたいというハルの願いの切実さに打たれ、次の駅で話し合おうと思いついた。
ウ、ハルが電車の混雑の中で「逃げよう」などと言ってくるので、人目が気になっている。
エ、旅を続けようというハルの気持ちも分かるだけに、まともに取り合うことができない。

問四　傍線部③「私はきっとろくでもない大人になる」とあるが、このときのハルの気持ちはどのようなものか。その説明として最も適切なものを次から選び、記号で答えなさい。

ア、自己中心的な行動に付き合わされて成長した子どもは親の愛情を知らない被害者であるが、大人になってから同じことを繰り返してしまうと訴えている。
イ、旅に連れ出すのも終わらせるのも親の気分次第で、従う立場である子どもは心身がゆがんでしまうとおどすように言うことで、気づ

「私も楽しかった」

小さな声で、私は言った。

おとうさんがビールを、私がジュースを飲みおわったときつぎの電車がすべりこんできた。たくさん人はおりたけれど、それでも車内は混んでいた。さっきの電車がもう一度きたのではないかと思うほど、さっきとよく似た人たちが乗っている。相変わらず赤ん坊の泣き声がきこえ、香水とサン・オイルと唐揚げのにおいがした。座席にすわった、日に焼けた子供たちは眠りこける両親の合間でちょっかいをだしあい、髪の長い女の人が男の人に寄りかかって口を開けて眠り、おしゃぶりをくわえた小さな子供がおかあさんの胸で眠っていた。混んだ電車の中、おとうさんは私の手を握った。⑤私も握りかえした。

いいにおいのするおいしそうなものを鼻先に押しつけられて、ぱっと取りあげられたんじゃない、私はそれを、心ゆくまで食べたんだ、たらふく食べたんだと、急に思った。電車は右に揺れ左に揺れ、子供たちの歓声と女の人のかん高い笑い声が響き、私とおとうさんはしっかりと手を握りあって立っていた。

駅についた。あたりはもうすっかり暗くなっていて、駅の白い明かりが、ロータリーを照らしている。買い物袋を下げた女の人や、塾のかばんを持った子供たちが、白い明かりの中をいったりきたりしている。うちまでいっしょにいこうと誘ったけれど、おとうさんは、遠慮しておくと答えた。

「またユウカイしにきてね」私は言った。

「おう」おとうさんは大きすぎるサングラスをかけて笑った。

「じゃあ」私は手を顔の位置に持ちあげて、ゆっくりとふった。

「またな」おとうさんは私の肩をぽんと軽くたたいた。

たくさんの人が行き交うロータリーに足をふみだす。私はユウカイ犯から解放されたのだ。まっすぐあごをあげて、日に焼けた足や手を大きくふりまわして、ずんずん歩く。帰ったらお風呂に入ろう。汚くてくさいこの体を、長い時間かけてていねいに磨こう。それからアイスを食べながらテレビを見よう。テレビなんてものすごくひさしぶりだ。ゆうこちゃんに電話をかけてもいい。ゆうこちゃんにだけは、この数日間のことを教えてもいい。⑥足がとまらないように、帰ったらすることをとぎれないように考えながら歩いた。

ロータリーのとぎれ目まで歩いて、角を曲がるとき、ふりかえった。改札から吐きだされたり駅前を行き来する人々の合間に、まだそこに立っているおとうさんが見えた。おとうさんは立ちどまった私に気づいてサングラスを外し、手をふった。

遠くで手をふる小さなおとうさんは、他人みたいだった。まわりにいるそのほかの、赤ん坊を肩車したポロシャツの人や、女の人と腕を組んだ茶色い髪の人や、スーツを着た眼鏡の人と同じように、知らない人となんのかわりもなかった。だけど、人の合間に隠れてはあらわれる、薄汚れたTシャツ姿の、日に焼けた、目尻の下がった男の人は、不思議とぴかりと光って見えた。まるで金色のカプセルにつつまれているように。駅の明かりのせいじゃない、キヨスク※2の明かりのせいじゃない。

そして思った。おかあさんがはじめておとうさんを見たとき、きっと、おとうさんはこんなふうに見えたんだろう。たくさん人がいる中で、一人だけ、特別にぴかりと光って。

「私きっとろくでもない大人になる」

「え？」おとうさんがかがみこんで私の口に耳を近づける。私はもう一度くりかえした。

「③私はきっとろくでもない大人になる。あんたみたいな、勝手な親に連れまわされて、きちんと面倒みてもらえないで、こんなふうに、いいにおいのするおいしそうなものを鼻先に押しつけられて、ぱっと取りあげられて、はいおわりって言われて、こんなことされてたら私は[A]ろくでもない大人になる。自分たちの都合で勝手に私のことを連れまわして。おとうさんのせいだ。おとうさんたちのせいだからね」

私は泣かなかった。思いきりかんだわさび漬けの味が思い起こされたけれど、涙はでてこなかった。顔が赤くなるのがわかった。私は[B]怒っているのだと、心のどこかで思っていた。

私の訴えについておとうさんは何も答えなかった。じっと私を見おろしていた。おとうさんが目をそらさないので私もそらさなかった。つぎの駅が近づくとおとうさんはふいに私の手をとり、

「おりよう」

低く言って引っぱった。

つぎの駅でもまたたくさんの人がおりた。おりて、おとうさんが私の願いをきき入れて、またどこかへいくのだと思っていたが、おとうさんはホームに突っ立ってじっと私を見ている。人々は笑い声をあげながらすらすらと改札に向かい、[C]私たちだけが取り残される。

「お、おれはろくでもない大人だよ」

片手に飲み物の入ったビニール袋、片手にお菓子とお弁当が入ったビニール袋を持ったおとうさんは、私の前に仁王立ちになってそう言った。何を言われているのかわからなくて、私はおとうさんを見あげた。

「だけどおれがろくでもない大人になったのはだれのせいでもない、だれのせいだとも思わない。だ、だから、あんたがろくでもない大人になったとしても、それはあんたのせいだ。おれやおかあさんのせいじゃない。おれはあんたの言うとおり勝手だけど、い、いくら勝手で無責任でどうしようもなくても、あんたがろくでもなくなるのはそのせいじゃない。④そ、そんな考えかたは、お、お、おれはきらいだ」

おとうさんは興奮しているらしく、最後のほうでども[※1]った。

「きらいだし、かっこ悪い」

私はおとうさんを見ていた。おとうさんが黙るとあちこちでせみの鳴きわめく声がきこえた。

「責任のがれがしたいんじゃない。これからずっと先、思いどおりにいかないことがあるたんびに、な、何かのせいにしてたら、ハルのまわりの全部のことが思いどおりにいかなくてもしょうがなくなっちゃうんだ」

おとうさんはそこで言葉を切った。そしてビニール袋からオレンジジュースをだして、乱暴に私に押しつけた。人のいないホームで向きあったまま、おとうさんはビールを、私はオレンジジュースを飲んだ。ジュースはぬるくなって、よけい甘ったるかった。せみが鳴き、鳴きやみ、また鳴いた。

「おれはこの数日間ものすごく楽しかった。ハルといっしょで楽しかった」

おとうさんは口のはしにビールの泡をつけて言った。小さな子供がえばって宣言しているみたいにきこえた。

おとうさんは言い残して去っていく。私がおとうさんの段取りの悪さとかかっこ悪さになれたように、おとうさんも私の不機嫌モードになれてしまったらしい。無視なんて、ずっと前、最初に電車に乗ったときにやった方法と同じじゃないか。進歩していない自分がうらめしいが、どうしたらいいのか私にはわからない。おとうさん私はオレンジ、炭酸入ったオレンジじゃないよ、それからビールはやめときなね、トイレいきたくなるからね、なんてにこにこ笑って言う気分になれそうもない。

私の前にならんでいる家族連れの、おとうさんとおかあさんはホームにすわりこんでいる。山歩きをしてきたらしく、二人ともリュックを背負い、登山靴をはいている。子供はおにいちゃんが二年生くらい、妹が幼稚園くらいで、両親のまわりをくるくる走って笑い転げている。私に気づいたおにいちゃんが、両親の陰に隠れて、あかんべをしてきたり、イーだと歯を見せたりするけれど、やりかえす余裕が私にはない。妹もまねをして、あかんべ、イーだをくりかえす。両親はこちらに岩のような背中を向けたきり動かない。ばーか、と私に向かっておにいちゃんは口を動かす。その横で妹は狂ったようにあかんべをしている。

いいなあ。ふと、そんなことを思う。

一分たりとも遅れずに電車はホームについた。人の波にもまれるようにして電車に乗りこむ。ぎゅうぎゅうづめだ。私はおとうさんのおなかに顔を押しつけていなければならない。弁当どころじゃないな、頭の上でおとうさんの声がきこえる。電車が走りはじめる。

すぐ近くで女の人が金切り声に似た笑い声をあげている。きつい香水のにおいもする。かと思うと唐揚げの湿ったにおいもする。赤ん坊の泣く声がどこかからきこえてくる。

「だいじょうぶか、息、できてるか」

おとうさんの声がその合間から降ってくる。

無視なんかじゃだめだ。不機嫌なまま、黙っていたら家まで連れていかれてしまう。何か、何か言わなければだめだ。私はおとうさんのおなかに顔をこすりつけるようにして、上を向く。おとうさんと目があう。

「おとうさん、私、少しなら貯金がある。子供のころからのお年玉、ほとんど使ってなくて、おかあさんがいつも郵便局に預けてくれるんだよ。だから少しじゃないかもしれない。それ、使ってもいいよ、だから、さ、このまま逃げよう」

私のとなりに立っていた、おなかのつきでたどこかのおやじが私を見おろす。かまわず続ける。

「おかあさんには私が電話する。貯金通帳送れって電話する。だめだって言うと思うけど、なんか言っておどして送らせる。だから」

「しいっ」おとうさんはデブおやじの視線に気づいて指を口にあてた。

「逃げよう」私は少しだけ声を落とす。

おとうさんを見あげるが、おとうさんは首をふる。もう逃げる必要はなくなったんだよ、と、かがんで小さな声をだす。

電車が駅にとまり、人がおり、少しだけ体のまわりにスペースができる。おとうさんのおなかから顔を離して息を吸いこむ。背伸びをして車内を見まわすと、あかんべきょうだいとその両親はしっかり席にすわっている。女の子のほうはおかあさんの膝に顔を埋めて眠ろうとしていた。電車はまた、走りだす。

「②つぎの駅できっとまた人がおりるから」

そう言うおとうさんの声をさえぎって、私は言った。

「必要な知性」とはどのようなものか。以下の条件に従って説明しなさい。

【条件】

・あなた自身の体験や身近にある内容を具体例として挙げた上で、説明すること（ただし、筆者が本文中に示した例を、単純に他の例に置き換えて述べることは不可とする）。

・字数は八十字以上百二十字以内とし、段落は作らずに一マス目からつめて書くこと。ただし、句読点・記号等も字数に含むものとする。

下書き用（必要に応じて使用すること）

120　80

三　次の文章を読んで、後の各問に答えなさい。

小学五年生のハルは、夏休み初日に一人でコンビニエンスストアへ出かけた時、二か月前から家に帰ってこなくなった父に呼び止められる。父は母（父にとっては妻）に電話で「ユウカイ」宣言をし、二人はそのまま旅に出る。さまざまな経験をともにしながら続けた旅も、資金難から限界を迎え、ハルは母のもとへ返されることになった。

駅についておとうさんは切符を買う。日なたに立ち、太陽の攻撃を受けながら、なんと言うべきか考える。もっと逃げよう、そう言ったらおとうさんはなんと言うだろう。今度は私がユウカイ犯になる。きみにはある程度自由はあるけれど、主導権は私にあるんだからな。でも、主導権を握って私はどうしたらいいんだろう。

切符を買ったおとうさんがこちらを向く。お財布におつりをしまい、買ったばかりの切符を見ながらこちらに歩いてくる。のどの奥がからからにかわいている。心臓がばらばらになって体じゅうに散らばってしまったみたいに、体全部、どこもかしこもどきどきしている。

「一時三十五分だって、あと二十分くらいあるけど、どうする、なんか食うか」

おとうさんがきき、①私はふいと横を向く。

「混んでるみたいだから、ホームでならんでるか」

おとうさんは改札に入っていってしまう。しぶしぶあとについていく。

ホームは人でいっぱいだった。みんな夏休み特有のにおいを発散している。日に焼けた子供たちが走りまわり、おかあさんたちがどなり、おとうさんたちは眠たげに新聞を読んでいる。カップルは真冬のさなかみたいにぺったりとくっつき、グループ連れは大声で話しあう。おとうさんは私を家族連れのうしろにならばせ、ジュースと弁当を買ってくると言う。

「ジュース、何がいい？　炭酸か、果汁か」

おとうさんがきくが私は横を向く。

「てきとうでいいな」

ウ、A　なので　B　例えば
　　C　つまり　D　さて
エ、A　だから　B　なにしろ
　　C　しかし　D　やはり

問五　傍線部①「医局の中の人はやりたい放題できましたし、その質が低くても、誰も問題にしなかったのです」とあるが、それはなぜか。その理由の説明となっている箇所を、解答欄の「だから」に続く形で本文中より十五字以上二十字以内で抜き出し、そのはじめとおわりの五字をそれぞれ答えなさい。

問六　傍線部②「同じ『無知の知』の欠如を構造的に持っています」とあるが、それはどのような点で「同じ」なのか。その説明として最も適切なものを次から選び、記号で答えなさい。

ア、自分の専門外のことを無自覚の内に片付けてきたことにより、狭く閉じられた「タコツボ」内の知識や情報しか得られずにいる点。

イ、「タコツボ」の中にいるため、自分には何が理解できているのか、理解できていないのかという点がきちんと把握できていない点。

ウ、自分の住む世界以外のことに積極的に関心を持ち、「タコツボ」の外へ出るためにはどうすればいいか、自分なりに考えている点。

エ、ごく狭い範囲の専門的知識の量は豊富だが「タコツボ」外の世界には関心がない事態を改善するために、「チーム」を結成する点。

問七　傍線部③「『やたらにでかい井戸の中にいる蛙』に過ぎないのです」とあるが、このように筆者が考えるのはなぜか。その理由の説明として最も適切なものを次から選び、記号で答えなさい。

ア、あらゆる問題の答えが予め決められているために、どんなに質問したとしても、常に適切で明快な答えを導き出すことができるから。

イ、官僚は「質問に答える」という才能と訓練を有してはいるが、それは「問題解決の最善の方法を選択できる力」とは関係がないから。

ウ、官僚は自分の体系下にある問題には的確に対処することができる一方で、体系外にある問題について対処することは得意でないから。

エ、官僚は問題に対する知識量だけは群を抜いて多いが、知識体系の外部にある領域への関心がなく、未知の状況の想定ができないから。

問八　傍線部④「現実には極めて運用しにくい机上の空論に過ぎませんでした」とあるが、ここでの「机上の空論」とはどういうことか。その説明として最も適切なものを次から選び、記号で答えなさい。

ア、感染症について素人である官僚が細かい運用基準を作って、それを現場のプロである医師が遵守するような形式になっていること。

イ、誰もが平等になるよう官僚が事細かに規定したとしても、現場にはその基準を遵守する正義感に満ちた医師は存在していないこと。

ウ、日本には感染症のプロが少ないため、結局のところ官僚や現場で対応している医師の偏った意見が尊重され、運用されていること。

エ、ワクチン接種を希望するかしないかに関わらず、患者全員に用意しなければならないという考え方が官僚の中に根付いていること。

問九　二重空欄［1］に入る最も適切な言葉を、本文中から漢字二字で抜き出して答えなさい。

問十　傍線部⑤「本当に必要な知性」とあるが、筆者の考える「本当に

じゃんじゃん打ちましょう」と宣言しました。

残念ながら、日本にはまだまだ現場の感染症のプロが少ないため、多くの医者たちは「厚生労働省が指示した通り」に面倒くさい運用基準を遵守していました。現場のプロが、アマチュアに現場の運用方法を指南してもらうというのは、なんとも情けない話です。

エボラ出血熱の診療は、１類感染症指定医療機関で行なわれます。そこにはエボラ・ウイルスを外に出さない特殊な病室や、宇宙服のような防護服は備えてあります。

しかし、例えば、孤独な個室に隔離されている患者が鬱《うつ》状態になったとき、診てくれる精神科医がいなかったりします。そういうイマジネーションが足りないのです。「患者の立場になったら、どういうところで困るだろうか」という「[1]」ができないからです。

日本のリスク・マネージメントをよりよくしようと思うのであれば、我々の「無知の知」への自覚を高め、効果的な質問ができるような能力を育成していく必要があります。学校教育の段階から「答えを出す」ことに焦るのではなく、「答えが出ない問題」と取っ組み合うこと、質問すること、「分かったふりをしない」こと、が大事です。

それは効率が悪く、テストや受験の成功率を減らしてしまうかもしれません。しかし、それこそが、リスクと対峙するうえで⑤本当に必要な知性を※2涵養《かんよう》する方法であり、遠回りのように見えて、もっとも近道の方法なのです。

（岩田健太郎『「感染症パニック」を防げ！
リスク・コミュニケーション入門』より）

［注］　※1　リスク・マネージメント……予期せず生じる危険や危機を事前に管理し、不利益を最小限に抑えること。

※2　涵養……少しずつ自然に養い育てていくこと。

問一　二重傍線部ａ「井の中の蛙」と似た意味のことわざとして最も適切なものを次から選び、記号で答えなさい。

ア、風前の灯火《ともしび》　　イ、餅は餅屋
ウ、針の穴から天上を覗く　　エ、昔取った杵柄《きねづか》

問二　空欄【X】に入ることわざとして最も適切なものを次から選び、記号で答えなさい。

ア、お茶を濁す　　イ、飛ぶ鳥あとを濁さず
ウ、海老で鯛をつる　　エ、損して得取る

問三　二重傍線部ｂ「にわか仕込み」、ｃ「すべからく」の言葉の意味として最も適切なものをそれぞれ次から選び、記号で答えなさい。

ｂ「にわか仕込み」
ア、強制的に覚えさせられること　　イ、積極的に習得すること
ウ、簡単に身につけること　　エ、急いで準備すること

ｃ「すべからく」
ア、当然ながら　　イ、一般的には
ウ、全体として　　エ、ほとんどは

問四　空欄[A]～[D]に入る言葉の組み合わせとして最も適切なものを次から選び、記号で答えなさい。

ア、Ａ　要するに　　Ｂ　やはり
　　Ｃ　もし　　Ｄ　したがって
イ、Ａ　むしろ　　Ｂ　そして
　　Ｃ　さらに　　Ｄ　ところが

「ああ、それについては分かっています。現在は加算の制度がありまして」

という感じで即答されます。すべての問題について、回答があらかじめ与えられているかのようです。[B]、彼らは「質問に答える」ことにかけては、ずば抜けた才能と訓練を有していますから、すぐに「答え」が出てくるのです。

[C]、それはあくまでも、自分たち知識の体系下における知識量が他者より多いということに他なりません。[D]自分の知の体系の外には、無知、無関心なのです。要するに③「やたらにでかい井戸の中にいる蛙」に過ぎないのです。

だから、官僚たちはすぐに答えを出してきます。やたらにでかい井戸の中から回答を選択します。しかし、そこからは質問が出てきません。「もし、想定のような死亡率２％じゃないインフルエンザが来るとしたら、どうしたらよいだろう」といった疑問は、彼らの中には出てこないのです。

しかし、現実のリスク・マネージメント※1は、まさに「自分の知らない領域の自覚」に他なりません。過去に日本にエボラ出血熱がやってきたことはありません。もし、エボラが日本に入ってきたら、どのような問題が生じるのだろうか。分からない、分からない、と私らは問い続けます。問い続けて、いろいろな可能性を想定するため、質問を重ねていきます。

それを既存の知識で片付けようとするから、失敗します。官僚は現状説明をさせると極めて優秀ですが、将来起こりうる未知なる状況の想定になると、とても下手になります。しかし、リスク・マネージメントはｃすべからく、未来のリスク、新たに起こった現在のリスクに対して行なわれるので、「過去に起こったこと」の知識だけでは対応が十分にはできないのです。

つまり、構造的に、官僚はリスク・マネージメントが苦手な頭脳の持ち主なんです。

日本の官僚はすぐに、机上の空論で現場のあり方を規定しようとします。

例えば、２００９年の「新型インフルエンザ」のときは、10mlという十数人分の量のバイアルのインフルエンザ・ワクチンが製造、使用されました。その方が生産効率がよいというワクチン学者、ワクチン製造機関目線の決定だったわけですが、現場は困ります。集団接種することなく、清潔環境を保ったままで十数人分のワクチンを管理、運用するのは大変なのです。

そのくせ官僚は、インフルエンザ・ワクチン接種の優先順位を事細かに規定しました。そこには「公平性を保つため」という大義名分がありましたが、④現実には極めて運用しにくい机上の空論に過ぎませんでした。

私は現場でバカバカしいと思いましたので、「ワクチンを必要とする患者は全員感染症内科外来に送ってください。こちらで専門家としてワクチンを必要とするかどうかを判断します。しかし、基本的にワクチンが『不要』な人はほとんど皆無なので皆打ちますけどね。どんどんさばかないと大きなバイアルの中でワクチンが余ってもったいないです。

と呼びました。「無知の知」がない「井の中の蛙」です。

「井の中の蛙」の厄介なところは、自分たちが「井の中の蛙」であるという自覚がないことです。自分たちの知っている世界が世界のすべてなのですから。知識の総量がたとえ小さくでも、「自分はこんなに知らない」という自覚があれば、その世界はいくらでも広げることができます。しかし、いくら知識の総量が大きくても、その人の持つ知識の外の世界に無自覚であれば、それは「単なるもの知りなバカ」でしかありません。

医者は長いこと、大学医局制の縦割りのもとで、自分たちの診療の外にある世界についてまったく無自覚、無関心でした。心臓なら心臓、腎臓なら腎臓という、臓器の専門性だけをタコツボの中で維持していればそれでよかったのです。また、タコツボの外の人たちは、タコツボの中の診療に口出しすることはまかり通らないような仕組みになっていました。だから、①医局の中の人はやりたい放題できましたし、その質が低くても、誰も問題にしなかったのです。

しかし近年、医学の専門性が飛躍的に高まり、「タコツボの中」の知的体系だけでは医療を遂行することはできなくなりました。

例えば、感染症です。いくら心臓に詳しくても、いくら腎臓に詳しくても、心臓の病気、腎臓の病気を持っている患者も感染症になります。例えば肺炎になったりするわけですが、「タコツボ」の時代であれば、その肺炎の診断や治療は「やっつけ仕事」でできたのです。適当に、出入りの製薬メーカーが薦める抗生物質を使って、【　X　】ことが可能でした。

しかし、患者の意識も高まり、医療情報が開示されるようになると、閉じた空間で好き勝手やる時代は終わりました。タコツボの世界で医療をやっていく時代は終わり、「感染症のことは感染症のプロに相談して」という「チーム医療」が芽生えました。チーム医療は、医学知識が飛躍的に増加し、患者の意識が高まり、情報公開が進む現代において、必然的な産物だったのです。

厚労省や文科省の官僚たちも、②同じ「無知の知」の欠如を構造的に持っています。

官僚たちは、通常2年程度で部署が変わってしまいます（最近では例外的に、同じ部署に残る人もいるようですが）。部署が変わると、官僚はその領域のスライドなどを渡され、知識を詰め込まれてｂにわか仕込みの「専門家」を名乗るようになります。

官庁にはさまざまな情報が集まってきます。この情報量が、かつての官僚の武器でした。情報は武器です。周りが知らない情報が集中する官僚たちは、その圧倒的な情報量で、他者に対する優位性を保っていました。

官僚たちに会うと、彼らが口癖のように言うのは、「それについては分かっています」という全能的な答えです。官僚には構造的に情報が集まってきますから、彼らはたくさんの情報を持っています。

[A]、すべての質問について、「それについてはこうなっています」という説明ができます。思い出してください。官僚たちの多くは受験に成功し、（最近廃止されましたが）国家公務員Ⅰ種試験に合格した「質問に答える達人」なのです。

「現在の抗菌薬の適正使用の問題ですが……」

【国　語】（五〇分）〈満点：一〇〇点〉

一　次の各問に答えなさい。

問一　次の①～⑤の傍線部を漢字で正確に答えなさい。

①　絵画をヒヒョウする。
②　競技場にカンシュウが集まる。
③　ショウガイ事件として捜査する。
④　長い時をへる。
⑤　罪人をサバく。

問二　次の①～④の傍線部の漢字の読みをひらがなで正確に答えなさい。

①　恩に報いる。
②　朗らかな歌声。
③　城下町の歴史を探訪する。
④　秘術を会得する。

問三　次の語の組み合わせが類義語になるように、□に入る適切な漢字一字を答えなさい。

①　賛成・□意　②　欠点・□所
③　音信・□息

問四　次の①～③の傍線部と同じ働きをしている言葉を後のア～ウから選び、それぞれ記号で答えなさい。

①　合格して晴れやかな気持ちになる。
ア、まだ昼前なのに空腹だ。　イ、おかしな考え方。
ウ、母は有名な音楽家だ。

②　図書館に本を借りに行った。
ア、先生は静かに語り始めた。　イ、兄は都会へ働きに出た。
ウ、花はとうに散った。

③　冬休みが終わって新学期が始まる。
ア、夕日を見たくて海に行った。
イ、顔を上げてじっと聞き入る。
ウ、彼は明るくて社交的だ。

二　次の文章を読んで、後の各問に答えなさい。

質問をする能力というのは、「私には分かりません」と認識する能力のことを言います。私にはここが分かっていない、理解できていない、という自覚があるから、そこを質問するのです。質問とは、「私には分からないことの自覚」に他ならないのです。

逆に言うと、「質問する能力」が低い人というのは、「私にはここが分かっていない」ということが分かっていない人なのです。これはギリシャの哲学者ソクラテスのいう「無知の知」が欠如していることを意味しています。

「私にはここが分かっていない」ことが分かっていないということは、その人は自分の持っている知識体系「だけ」で勝負していることを意味しています。自分の知っている世界が世界のすべてなのです。その世界の外にどのような世界が広がっているのか、まったく分からないし関心もない。要するに「ａ井の中の蛙《かわず》」ということです。

政治学者の丸山眞男は、このような「自分の知識体系の世界にのみ満足し、その世界の外には関心を持たない状況」を称して、「タコツボ」

2022年度

法政大学第二中学校入試問題（第２回）

【算　数】（50分）　＜満点：100点＞

【注意】１．定規，分度器，コンパスは使用しないこと。

２．必要ならば，円周率は3.14を用いること。

３．図は必ずしも正しいとは限らない。

$\boxed{1}$ 次の問に答えなさい。⑵，⑶は □ にあてはまる数を求めなさい。

⑴ $(30\times0.25+50\times1.25-20\times0.75)\times\frac{7}{11}$を計算しなさい。

⑵ $\frac{7}{10}\div\left(1\frac{1}{3}-0.4\right)\times\frac{\square}{2}=\frac{21}{8}$

⑶ 分数$\frac{31}{222}$を小数で表したとき，小数第１位から小数第22位までにあらわれる数をすべて足すと □ になります。考え方も書きなさい。

$\boxed{2}$ 次の問に答えなさい。

⑴ ２つの２けたの整数があります。この２つの整数の最大公約数は12で，最小公倍数は180です。この２つの整数の和を求めなさい。

⑵ Ａ君，Ｂ君，Ｃ君の３人があめ玉をそれぞれ持っています。３人の持っているあめ玉の合計は67個です。Ａ君の持っている個数から４を引いたものと，Ｂ君の持っている個数に５を足したものと，Ｃ君の持っている個数を２で割ったものは等しくなります。Ａ君の持っているあめ玉の個数は何個ですか。

⑶ たて５㎝，よこ７㎝の長方形ABCDがあります。ABとBEは長さが等しく，斜線部分①と②の面積が等しいとき，FCの長さは何㎝ですか。

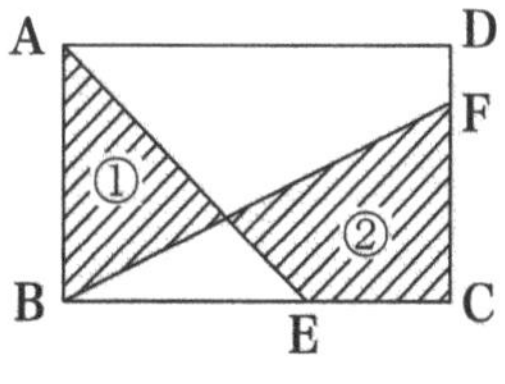

⑷ $\boxed{1}$，$\boxed{2}$，$\boxed{3}$，$\boxed{4}$，$\boxed{5}$，$\boxed{6}$の６枚のカードから，１枚カードを選び$\boxed{\text{ア}}$とします。$\boxed{\text{ア}}$のカードはもとにもどさずに，もう１枚カードを選び$\boxed{\text{イ}}$とします。このとき，$\boxed{\text{ア}}$と$\boxed{\text{イ}}$の最大公約数が１となるような$\boxed{\text{ア}}$と$\boxed{\text{イ}}$の選び方は何通りですか。

⑸ ４㎞の道のりをはじめは時速３㎞で進み，途中疲れたので時速２㎞で進み，さらに途中疲れたので時速１㎞で最後まで進みました。すべての行程にかかった時間は２時間15分でした。時速３㎞で進んだ時間は，時速１㎞で進んだ時間の半分でした。

時速３㎞で進んだ道のりは何㎞ですか。

⑹ 記号※は，左側の数を右側の数で割ったときの余りを表すものとします。

例えば，19※７＝５，30※10＝０，54※12＝６です。$\boxed{\text{ア}}$※(368※59)＝13となるような整数$\boxed{\text{ア}}$のうち，400をこえない最も大きい整数を答えなさい。

3　表面に数字がかかれた15枚のカードがあります。このカードの裏面は何も書かれていません。これらのカードを次のように並べ，操作１から操作15まで順番に行うものとします。図は，はじめの状態，操作１，操作２を行ったものを表しています。次の問に答えなさい。

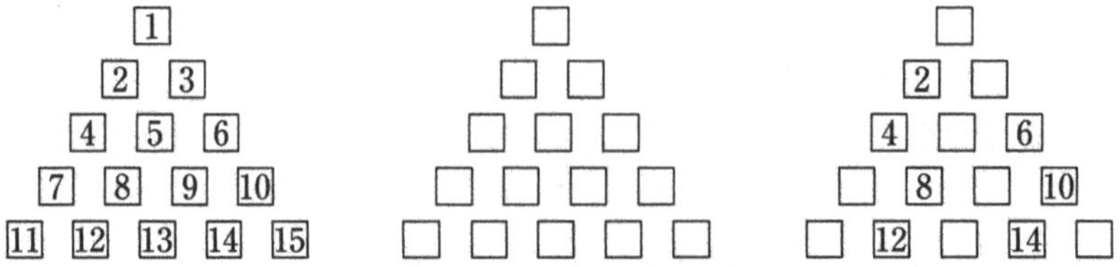

はじめの状態　　操作1　　操作2

＜操作＞　操作１，操作２の順に操作15まで行って終了します。また「裏返す」とは「表面を裏面にする」と「裏面を表面にする」を表します。

操作１：１の倍数のカードをすべて裏返す。
操作２：２の倍数のカードをすべて裏返す。
操作３：３の倍数のカードをすべて裏返す。
……
……
操作14：14の倍数のカードをすべて裏返す。
操作15：15の倍数のカードをすべて裏返す。

⑴　操作３まで行ったとき，表になっているカードの枚数は何枚ですか。
⑵　操作９まで行ったとき，9のカードが裏返しになったのは何回ですか。
⑶　操作15まで行ったとき，裏になっているカードの数字をすべて答えなさい。

4　３つの容器A，B，Cがあります。水950ｇをA，B，Cに５：３：２，食塩50ｇをA，B，Cに２：３：５の比に分けて入れ，３種類の食塩水を作ります。次の問に答えなさい。
⑴　容器Bの食塩水の濃度は何％ですか。
⑵　容器Aと容器Cの食塩水をすべて混ぜて，別に準備した食塩水300ｇを混ぜたところ，濃度が８％になりました。別に準備されていた食塩水の濃度は何％ですか。

5　図１の三角形ABCは，ABの長さが８㎝，ACの長さが10㎝，BCの長さが６㎝，角Bが90°の直角三角形で，点PはACを二等分する点です。また直角三角形ABCの内側で接する円の中心をQとし，円Qと三角形ABCとの接点をそれぞれD，E，Fとします。三角形の内側で接する円とは，図２のような三角形の内側に円がぴったりと入った状態のことで，円と三角形の辺とが重なる点X，Y，Zを接点といい，円の中心と接点を結ぶと図２のように垂直になることがわかっています。次の問に答えなさい。　（図１，図２は次のページにあります。）
⑴　三角形ABPの面積は何cm^2ですか。
⑵　直角三角形ABCの内側で接する円Qの面積は何cm^2ですか。考え方も書きなさい。
⑶　三角形DAPの面積は，三角形FPCの面積の何倍ですか。

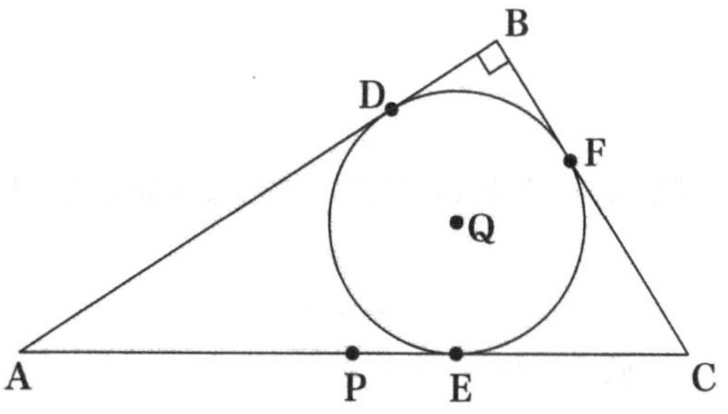

図1

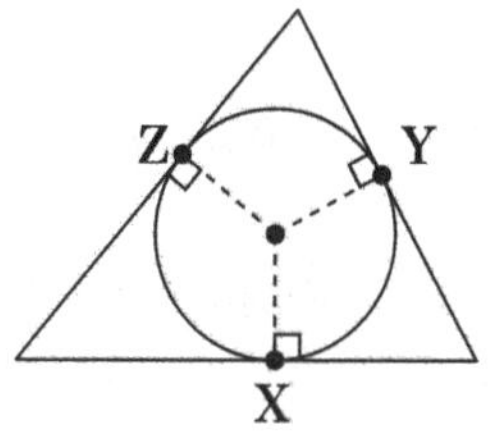

図2

6　図のような１辺の長さが12㎝の立方体があり，点Ｉ，Ｊ，Ｋ，Ｌは各辺を二等分する点です。次の問に答えなさい。

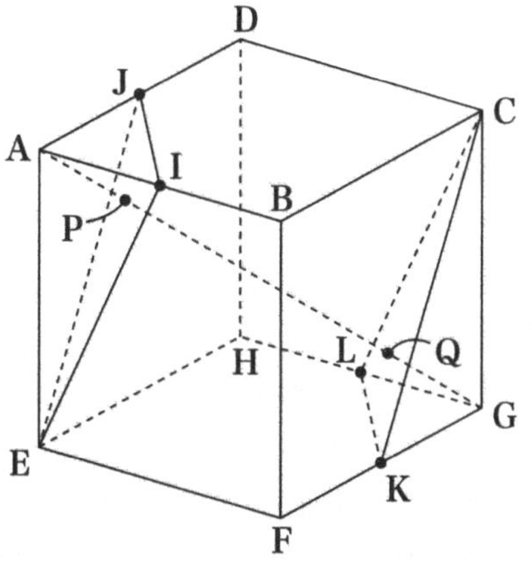

⑴　三角形EIJと三角形CLKがAGと交わる点をそれぞれＰ，Ｑとするとき，PQの長さは，AGの長さの何倍ですか。

⑵　三角形CLKで切断したとき，頂点Ｇを含む立体の表面積は何㎝^{2}ですか。

【理　科】（40分）　＜満点：75点＞

１． 以下の問いに答えなさい。

自然環境《かんきょう》のことを考えるために，身近な植物Ａ～Ｃを用いて以下のような実験を行った。

【実験１】

①コップに脱脂綿《だっしめん》を入れて水でしめらせ，植物Ａの種子をおき発芽させる。

②発芽して，同じくらいの大きさに育った植物Ａを２株用意する。

③植木鉢《ばち》に肥料を含《ふく》まない土を入れたものを２つ用意し，それぞれに同じ大きさに育った植物Ａを脱脂綿ごと植《う》え替《か》える。

④植物の成長と日光の関係を調べるため，片方は室内の日光があたる明るいところにおき，もう一方は室内の日光があたらないところにおく。

⑤それぞれに肥料を含む水をあたえ，毎日世話をして15日後に育ち方を比較《ひかく》する。

問１　④や⑤の作業をする上で，気をつけることとして正しいものを，以下の（ア）～（オ）から１つ選び記号で答えなさい。

（ア）日光があたるところは温度を高くし，日光があたらないところは温度を低くする。

（イ）日光があたるところは温度を低くし，日光があたらないところは温度を高くする。

（ウ）日光があたるところは肥料を多くし，日光があたらないところは肥料を少なくする。

（エ）日光があたるところは肥料を少なくし，日光があたらないところは肥料を多くする。

（オ）日光以外の条件はかえない。

問２　日光があたる場所においたものと日光があたらない場所においたものの，15日後の様子として正しいものを，以下の（ア）～（エ）からそれぞれ１つずつ選び記号で答えなさい。

（ア）葉の枚数が多くなり，茎《くき》も太く，全体的にこい緑色でじょうぶに育っている。

（イ）葉の枚数が少なく，茎が細くて短いため，全体的には小さいが，こい緑色である。

（ウ）葉が小さく枚数も少ない。茎は高くのびているが，ひょろひょろとして弱々しい。また，色が全体的にうすい緑色である。

（エ）まったく成長していない。

【実験２】

植物Ｂと植物Ｃの２種類の植物を，日光がよくあたる開こんしたての畑で育てることとした。畑に２つのエリア(あ)(い)をつくり，たがやす時に，エリア(あ)の土には肥料を混ぜず，エリア(い)の土には適量の肥料を混ぜた。植物Ｂと植物Ｃは，発芽して本葉が４～５枚になった苗《なえ》をそれぞれ100株ずつ用意した。エリア(あ)(い)にそれぞれ植物Ｂと植物Ｃを50株ずつ移植した。移植する時には，適度な間かくをあけて植物Ｂと植物Ｃが交互《こうご》になるようにした。気温は植物の成長に適した温度であった。

問３　移植して２週間後のエリア(あ)(い)の様子として最も適切なものを，以下の（ア）～（エ）から１つ選び記号で答えなさい。

（ア）エリア(あ)とエリア(い)に大きな差はなく，葉の数が多く，茎が太く，よく育っていた。

（イ）エリア(あ)とエリア(い)に大きな差はなく，葉の数は４～５枚のままで，茎の太さも変化がなかった。

（ウ）エリアあ⃝よりエリアい⃝の方が，植物Ｂも植物Ｃも，葉の数が多く，茎が太く，よく育っていた。

（エ）エリアい⃝よりエリアあ⃝の方が，植物Ｂも植物Ｃも，葉の数が多く，茎が太く，よく育っていた。

【観察と作業】

エリアあ⃝に雑草が増えてきたので除草剤《ざい》をまいた。１週間後，植物Ｂには変化が確認できなかったが，植物Ｃは枯《か》れてしまった。また数日後に観察すると，植物Ｂをエサとしている動物の死がいがたくさん発見された。エリアい⃝の植物Ｃに，植物Ｃの葉を食べるムシが増えてきたので，殺虫効果のある農薬をまこうか悩《なや》んだ。実験や観察，作業を通じて，自然環境について考えるきっかけとなった。

問４　【観察と作業】の文中にあるように，生き物どうしには「食べる－食べられる」という関係がある。この関係は何といわれるか答えなさい。

問５　【実験１】【実験２】や【観察と作業】を通じて分かったこととして適切なものを，以下の（ア）～（オ）からすべて選び記号で答えなさい。

（ア）除草剤や農薬は，特定の植物にのみ効果をあらわす。

（イ）除草剤や農薬は，すべての植物に影響《えいきょう》をおよぼす。

（ウ）植物には蒸散作用があるため，取り入れられた物質はからだの外に排出《はいしゅつ》されるので，その植物を食べる動物には，除草剤や農薬の影響はおよばない。

（エ）「食べる－食べられる」の関係により，除草剤や農薬の影響は他の生き物にも影響がおよぶことが考えられる。

（オ）除草剤や農薬は，人間にとって有益であって有害ではない。

２． 次のページの図は2019年７月18日20時頃《ころ》の神奈川県で観測できる，真東～南～真西までの星の図の一部です。南を向いたとき，ほぼ正面には②の星を含《ふく》むＳの字に似た星座があり，木星と土星，月齢《げつれい》15.7の月も地平線のすぐそばにあります。また，この図では天の川の大まかな位置をあらわす境界線を点線で記入してあり，×印は天頂の位置を示します。天頂とは，地平線から見上げたときの高度が90度となる地点，あるいは観測している人が直立しているときの頭の真上の方向のことです。この図を見て，以下の問いに答えなさい。

問１　①の星は夏の大三角といわれる星の一つです。夏の大三角は①の星と（あ）の方向にある星座の星と（い）の方向にある星座の星で三角形を作ります。①の星を含む星座と，①の星の名前を答えなさい。

問２　夏の大三角を作る（あ）の方向にある星座とその星の名前を答えなさい。

問３　南の空にあるＳの字に似た星座の②の位置の星は赤い色の星です。この星座の名前と②の星の名前を答えなさい。

問４　この日，木星が地平線に沈《しず》むのはどの方角ですか。沈む方角として最も適するものを，以下の（ア）～（ケ）から１つ選び記号で答えなさい。

（ア）南　（イ）南南西　（ウ）南西　（エ）西南西　（オ）西
（カ）西北西　（キ）北西　（ク）北北西　（ケ）北

問５　アルクトゥルス，スピカ，デネボラは，夏の大三角のように季節の目印となる三角形を作っています。③に入る季節は春，秋のどちらですか。

問６　この日から２週間後，月が南中する時刻は何時頃ですか。南中する時刻として最も適する時刻を，以下の（ア）～（ク）から１つ選び記号で答えなさい。

（ア）３時　（イ）６時　（ウ）９時　（エ）12時

（オ）15時　（カ）18時　（キ）21時　（ク）24時

問７　この日より２か月前のある時刻，Ｓの字に似た星座がほぼ同じ位置で観測できました。その時刻として最も適する時刻を，以下の（ア）～（ク）から１つ選び記号で答えなさい。

（ア）19時　（イ）20時　（ウ）21時　（エ）22時

（オ）23時　（カ）24時　（キ）１時　（ク）２時

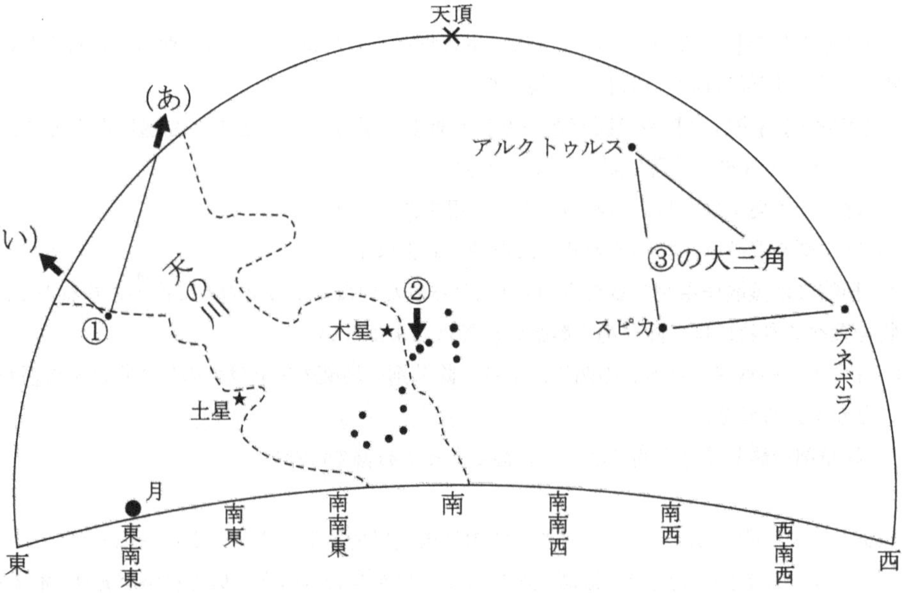

３．うすめた塩酸を用意し，そこにアルミニウムを加えて気体を発生させる実験を行い，結果を表１にまとめました。塩酸の体積はアルミニウムをちょうどとかすのに必要な量を，発生気体の体積はこの時に生じた気体の体積を表しています。以下の問いに答えなさい。

表1．アルミニウムと塩酸の反応

アルミニウム（g）	0.2	0.5	0.7	1.2
塩酸（mL）	10	25	35	60
発生気体（mL）	250	625	（ ① ）	1500

問１　（①）にあてはまる数値を求めなさい。

問２　同じこさで体積のわからない塩酸にアルミニウム0.6ｇをとかしたところ，アルミニウムはとけ残り，この時，気体が700mL発生しました。残ったアルミニウムは何ｇか，また，この実験に使用した塩酸の体積は何mLか求めなさい。

問３　塩酸のこさを２倍にし，1.0ｇのアルミニウムをすべて反応させたい。この時に必要な塩酸の体積は何mLか，また，発生気体の体積は何mLか求めなさい。

問４　水にとける性質を持つ気体Ｘと，水にとけない性質を持つ気体Ｙの集め方として最も適したものを，以下の（ア）～（エ）から１つ選び記号で答えなさい。

（ア）Ｘ：水上置かんまたは下方置かん　　Ｙ：上方置かん

（イ）Ｘ：上方置かん　　Ｙ：下方置かんまたは水上置かん

（ウ）Ｘ：水上置かんまたは上方置かん　　Ｙ：下方置かん

（エ）Ｘ：上方置かんまたは下方置かん　　Ｙ：水上置かん

問５　この実験で生じた発生気体を下図の器具を組み合わせて集気びんに集めたい。気体を収集する直前の状態として最も適した器具の組み合わせを解答用紙の太線の四角の中に書きなさい。ただし，例のように水が入っている所はしゃ線で書き表すこと。

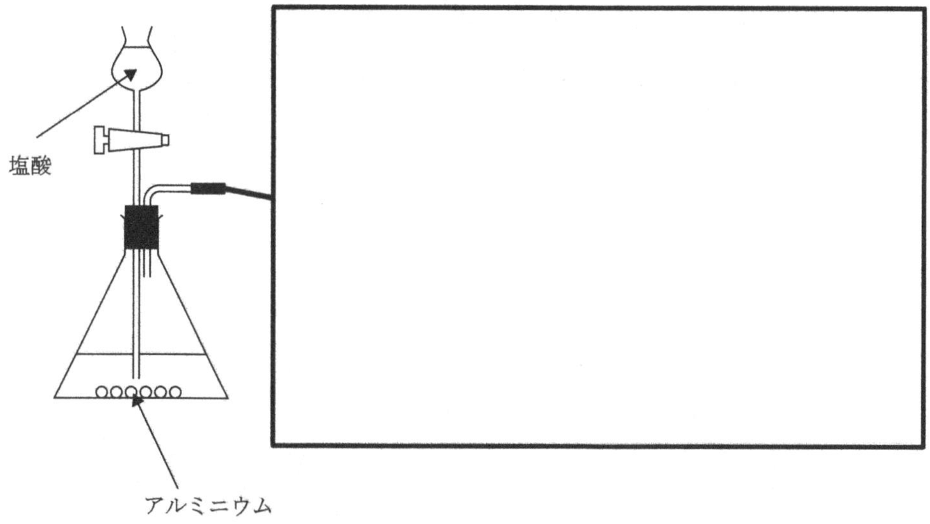

【使用する器具】以下の３つの器具のうち必要なものを組み合わせて答えなさい。

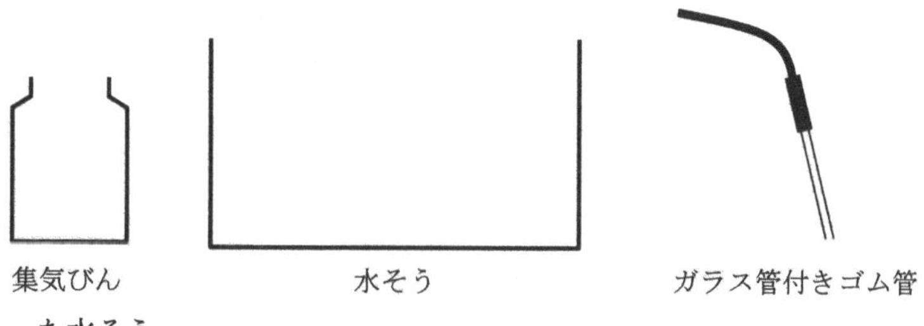

例）水の入った水そう

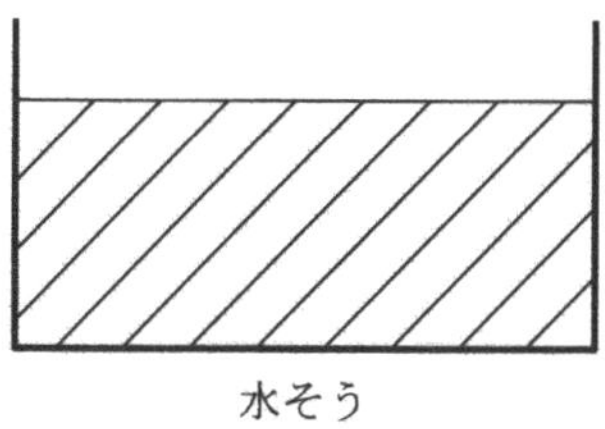

4．次の文章を読んで，以下の問いに答えなさい。

図１は変速（ギアチェンジ）が可能な自転車です。この自転車のタイヤの円周はともに２ｍです。また，ペダルと一緒《いっしょ》に回転する前ギア（歯車）とチェーンでつながる後ギア（歯車）の組み合わせを変えることで変速をします。図２は，図１の自転車のペダルとギア周辺の模式図です。この自転車は，図２に示されるように前ギアが２枚，後ギアが３枚備わっています。ペダルから前ギアの中心部分までの距離《きょり》は20㎝とし，ギアの寸法と歯数は表１に示す通りです。

図１.変速可能な自転車

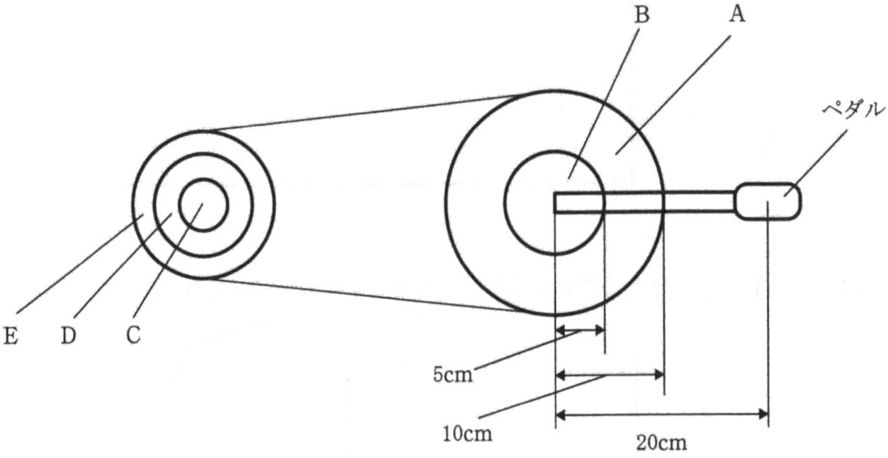

図２.自転車のペダルと前後ギアの模式図

表１.ギアの歯数と寸法

前ギア	前ギアの歯数	前ギアの半径	後ギア	後ギアの歯数	後ギアの半径
A	50個	10cm	C	20個	4cm
B	25個	5cm	D	25個	5cm
			E	30個	6cm

問１　急な坂道を登る際に，ペダルを踏《ふ》み込《こ》む力が最も小さくてすむのは前ギアと後ギアのどの組み合わせか。前ギアと後ギアの記号で答えなさい。

問２　平らな道を進んでいます。ペダルの回転数が同じとき，自転車が最も進むのは前ギアと後ギアのどの組み合わせか。前ギアと後ギアの記号で答えなさい。

問３　ペダルを10回転させたとき，平らな道を20m進んだ。このときの前ギアと後ギアはどの組み合わせか。前ギアと後ギアの記号で答えなさい。

問４　ペダルをこいで自転車で走るとき，ペダルと足の間にはたらく力についての説明で正しいものを，以下の（ア）～（エ）から１つ選び記号で答えなさい。

（ア）自転車が止まっている状態で，走り出そうとするときは，足からペダルに加わる力の方がペダルから足に加わる力よりも大きい。

（イ）自転車が走りだし，加速している状態では，足からペダルに加わる力の方がペダルから足に加わる力よりも大きい。

（ウ）上り坂になり，減速している状態では，足からペダルに加わる力の方がペダルから足に加わる力よりも小さい。

（エ）下り坂になり，ペダルをこいで加速している状態では，足からペダルに加わる力とペダルから足に加わる力は等しい。

問５　自転車のタイヤに空気を入れていくと，タイヤが温かくなります。この現象と同じような理由で部屋を暖める暖房《だんぼう》器具は次のどれか，以下の（ア）～（エ）から１つ選び記号で答えなさい。

（ア）電気ストーブ　　　（イ）ガスストーブ

（ウ）オイルヒーター　　（エ）エア・コンディショナー（エアコン）

５． 次の文章を読んで，以下の問いに答えなさい。

2021年の夏は，「新型コロナウイルス感染症《しょう》」の感染拡大が懸念《けねん》される中，延期されていた「東京2020オリンピック」が開催《かいさい》されました。新型コロナウイルスは，①コロナウイルスのひとつです。新型コロナウイルス感染症の発症や重症化を予防するため，新型コロナ②ワクチンの接種がすすめられてきました。日本では，東京2020オリンピックの時までに３社のワクチンが薬事承認されました。病原体を弱毒化した「生ワクチン」，化学的な処理により病原体の増殖《ぞうしょく》力をなくした「不活化ワクチン」など，ワクチンにはいくつかの種類があります。新型コロナワクチンは，「生ワクチン」や「不活化ワクチン」ではなく，③これまで人間では実用化された例のない新しい技術を用いたワクチンでした。

問１　下線部①の説明として誤っているものを，以下の（ア）～（エ）から２つ選び記号で答えなさい。

（ア）コロナウイルスは遺伝情報としてDNAをもっている。

（イ）コロナウイルスは遺伝情報としてRNAをもっている。

（ウ）コロナウイルスはみずから次々と増殖するので感染が広がっていく。

（エ）コロナウイルスは球形で表面に突起《とっき》がみられるので，王冠《おうかん》のように見えるところからその名前がつけられた。

問２　下線部②に関して，次の文章を読み，（ア）～（エ）にあてはまる人名および感染症名を答えなさい。

人々を苦しめた感染症として（　ア　）があった。ウシにも（　ア　）によく類似した感染症として（　イ　）があった。（　イ　）は搾乳《さくにゅう》するヒトが感染して水疱《すいほう》――水ぶくれのようなもの――ができることがあるが，重症化しないうえ，一度かかると二度とかからず，また（　ア　）にもかかりにくいといううわさもあった。そこで，イギリスの医師であった（　ウ　）は，（　イ　）にかかったヒトの手の水疱から液をとり，それを少年のうでに接種し，数ヶ月後に（　ア　）を接種して発症するかという実験を行った。結果として，少年は（　ア　）を発症しなかったことから，これが人類初のワクチンといわれている。（　ア　）は，1980年に世界保健機関（WHO）が根絶宣言をだし，ワクチンによってこの世界から根絶された感染症とされている。また，ワクチンという言葉は，フランスの（　エ　）が，（　ウ　）の業績をたたえてつけたとされている。（　エ　）は，病原体そのものを弱毒化してワクチンに使う方法を開発した人物でもある。

問３　下線部③に関わって，オリンピックの開催までに薬事承認された３社のワクチンのうち，１社のものは「ウイルスベクターワクチン」である。他の２社のものは「ウイルスがヒトの細胞《さいぼう》へ侵入《しんにゅう》するために必要なタンパク質の設計図となる」ものを「脂質《ししつ》の膜《まく》に包んだ製剤《せいざい》」である。波線部のものの名称《めいしょう》を答えなさい。

【社　会】（40分）　＜満点：75点＞

1　次の【図１】をみて，あとの問いに答えなさい。

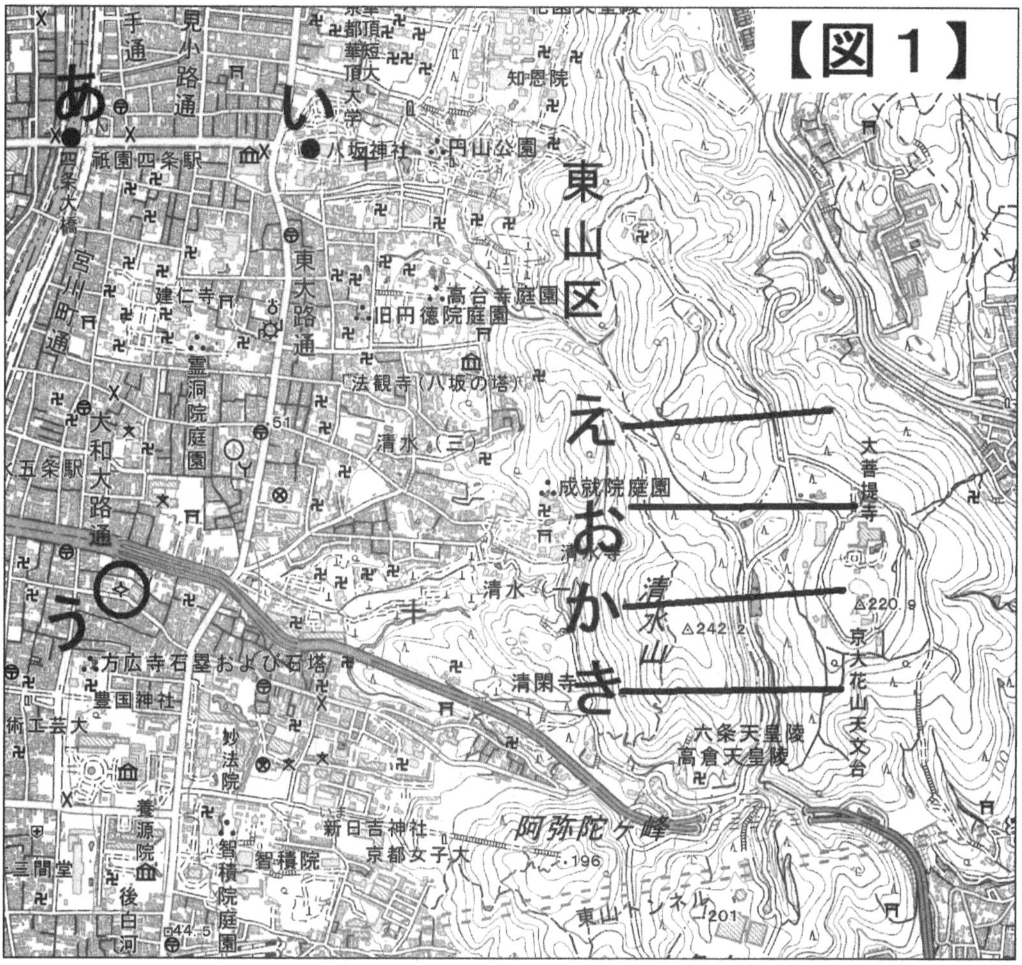

（国土地理院地図から作成）

問１　この地図の等高線（主曲線）の間隔《かんかく》は何ｍか答えなさい。

問２　地図中の**あ**（四条大橋）から**い**（八坂神社）までの距離を600ｍとすると，地図上では何㎝となるか，必要ならば小数点を用いて答えなさい。

問３　地図中の**う**の地図記号は何を表しているか，答えなさい。

問４　右の断面図にあたる地図上の線を**え**～**き**から一つ選び，記号で答えなさい。

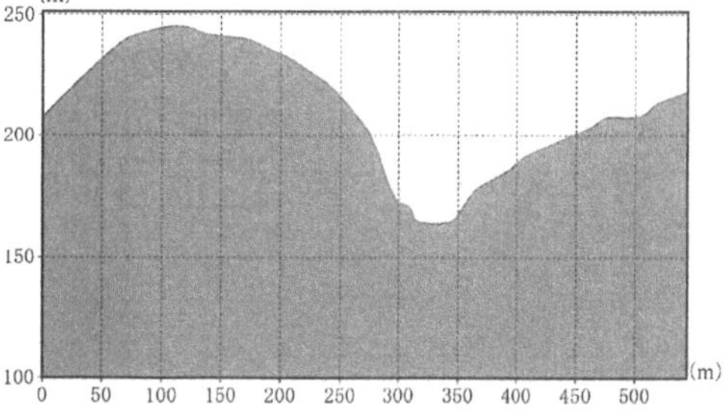

問５　前のページの地図中から「智積院庭園」と「成就院庭園」をそれぞれ探し出し，「智積院庭園」からみて「成就院庭園」はどの方位に位置しているか，（あ）～（え）から一つ選び，記号で答えなさい。

（あ）　南東

（い）　南西

（う）　北東

（え）　北西

２　次の【１】～【４】の文を読み，あとの問いに答えなさい。

【１】　この都道府県にある湖は，日本で二番目に広い面積を持つ。広い平野と台地が広がり，その都道府県の面積の３割が農地になっている。はくさい，レタス，キャベツなどの野菜の栽培がさかんで首都圏の食をささえている。

【２】　この都道府県は，農地全体の多くを水田が占めており，越後平野や高田平野などを中心に，大規模な①米作りが行われている。

【３】　この都道府県では，（　１　）平野や（　２　）平野などの広大な平野を利用して，大規模な農業が行われている。大雪山系から流れ出る（　１　）川が形成した（　１　）平野では，稲作が盛んであり，帯広を中心とする（　２　）平野では，じゃがいもや小麦，大豆などの作物が栽培されている。

【４】　この都道府県は全国で２番目に面積が大きく，耕地面積も広い。奥羽山脈のふもとの高原地帯では，②乳牛や肉牛の飼育がさかんであり，各地で養鶏も行われている。また，北上盆地を中心に米作りがさかんである。

問１　次の表は【１】～【４】の都道府県の耕地面積とそのうちわけである。各都道府県にあてはまるものをＡ～Ｄからそれぞれ選び，記号で答えなさい。

都道府県ごとの耕地面積（2018年）

都道府県	耕地面積（平方km）	耕地面積の内訳（%）			
		水田	畑	樹園地	牧草地
A	11450	19.4	36.4	0.3	43.9
B	1701	88.7	9.5	1.3	0.5
C	1660	58.4	37.6	3.9	0.2
D	1501	62.8	18.3	16.6	2.4

（農林水産省「平成30年作物統計調査」から作成）

問２　【２】の下線①について，次のページの【図２】の ▤ でぬられている二つの市町村は，米の品種「コシヒカリ」の産地として知られる。この二つの市町村名に含まれ，次のページの【図３】の米のパッケージの □ にあてはまる産地を漢字２文字で答えなさい。

【図２】

【図３】

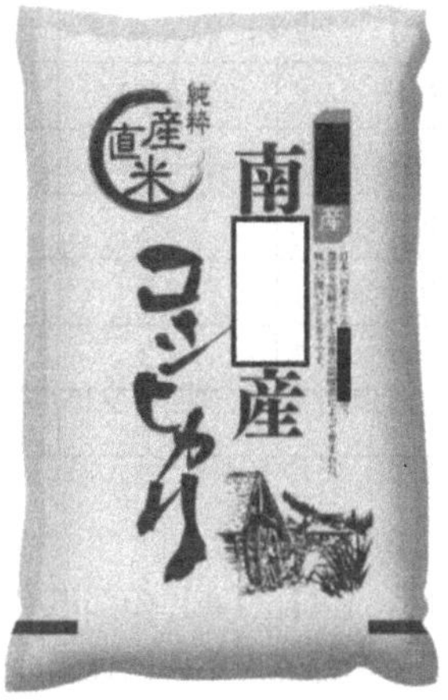

問３　【３】の（１）と（２）にあてはまる地名を，それぞれ漢字２文字で答えなさい。

問４　【４】の都道府県庁所在地の雨温図を（あ）～（え）から一つ選び，記号で答えなさい。

（あ）

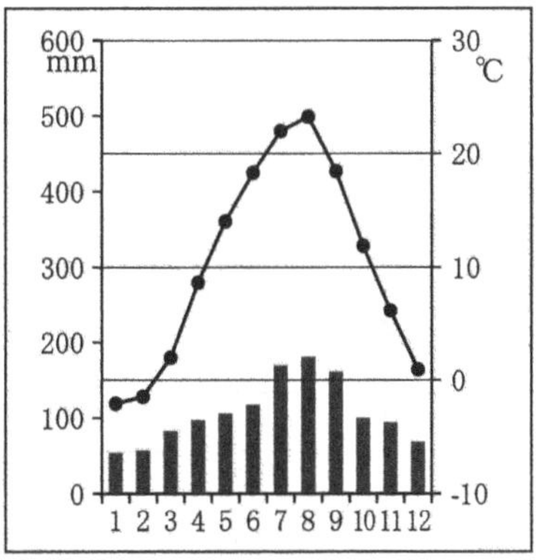

（い）

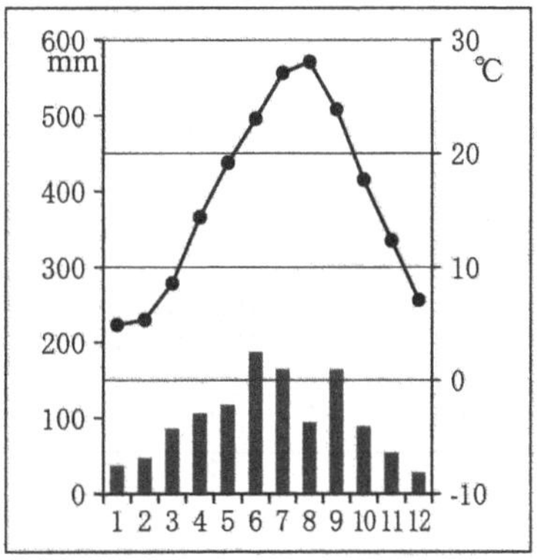

（う）

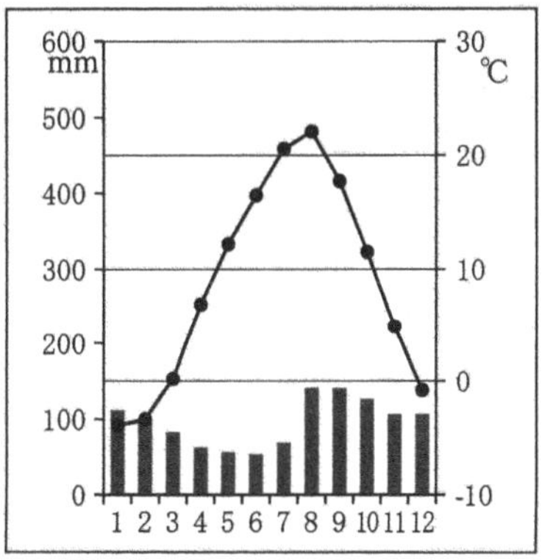

（え）

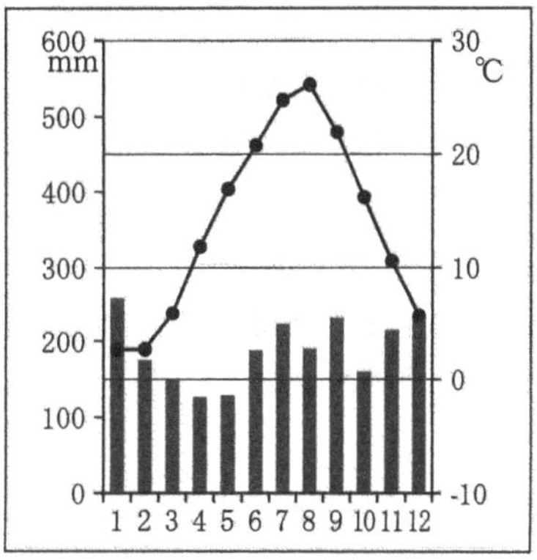

「理科年表」2020より作成

問５　【４】の下線②について，次のページの表は日本の牛肉・豚肉・鶏肉《とりにく》のそれぞれの輸入先の割合を示したものである。このうち鶏肉の輸入先を示しているものを，次のページの（あ）～（う）から一つ選び，記号で答えなさい。

日本の肉類の輸入先（2020年）

（あ）		（い）		（う）	
輸入計	60万トン	輸入計	89万トン	輸入計	53万トン
国名	割合％	国名	割合％	国名	割合％
オーストラリア	43.8	アメリカ合衆国	28.5	ブラジル	74.2
アメリカ合衆国	42.5	カナダ	26.2	タイ	23.1
カナダ	6.3	スペイン	11.6	アメリカ合衆国	2.3
その他	7.4	その他	33.7	その他	0.4

（『日本国勢図会2021／22』より作成）

問６　【１】,【３】,【４】の都道府県の水産業について，次の問題に答えなさい。

⑴　【１】の都道府県の漁獲量の半分以上を占め（2018年），利根川が太平洋に注ぐ場所にある漁港を，（あ）～（お）から一つ選び，記号で答えなさい。

（あ）銚子　（い）波崎　（う）宮古　（え）勝浦　（お）釧路

⑵　以下の表は３種類の水産物の養殖業について，その生産量と【３】と【４】をふくむ都道府県別の割合を示したものである。（A）・（B）・（C）にあてはまる水産物の正しい組み合わせを（あ）～（か）から一つ選び，記号で答えなさい。

養殖業の種類別生産量と都道府県別の割合（2019年）

（A）		（B）		（C）	
全国合計3.3万トン		全国合計14.3万トン		全国合計4.5万トン	
都道府県	割合％	都道府県	割合％	都道府県	割合％
【３】	73	青森	69	宮城	41
【４】	23	【３】	28	【４】	28
宮城	3	宮城	2	徳島	13
その他	1	その他	1	その他	18

（『日本国勢図会2021／22』より作成）

（あ）（A）ほたてがい　（B）わかめ類　（C）こんぶ類
（い）（A）ほたてがい　（B）こんぶ類　（C）わかめ類
（う）（A）こんぶ類　（B）ほたてがい　（C）わかめ類
（え）（A）こんぶ類　（B）わかめ類　（C）ほたてがい
（お）（A）わかめ類　（B）ほたてがい　（C）こんぶ類
（か）（A）わかめ類　（B）こんぶ類　（C）ほたてがい

３　次の【１】～【４】の文を読み，あとの問いに答えなさい。

【１】　この都道府県には，明治時代に官営の製糸工場が作られた。第二次世界大戦まで飛行機（戦闘機）を生産していた歴史を持つ①自動車会社の主力工場が，太田市にある。周辺には，関連企業も多い。大手電機メーカーや自動車工場のある大泉町では，労働者として多くの外国人が暮らしており，住民の２割を占めている。

【２】　この都道府県は，「中小企業のまち」といわれる地域があり，製造業で小規模の30人未満の

事業所が，全体の８割以上を占める。独自の技術で世界シェアの半分を占めるものや，インスタントラーメンなどユニークな商品も誕生した。

【３】 この都道府県は，陸運・港湾・電力・工業川水・気候などの条件に恵まれている。県の東部は，製紙工業を中心に自動車・製薬・化学繊維・食品加工業が立地している。中部の都道府県庁所在地では，食品加工や木製家具，プラモデルの生産などがさかんである。西部では，楽器やオートバイの生産がさかんである。

【４】 この都道府県の臨海部には，干拓地（埋立地）を利用した工業地帯があり，重化学工業が中心である。石油・石炭製品や化学・鉄鋼・輸送用機器の４部門で製造品出荷額の半分以上を占める。繊維工業もさかんで，学生服や事務作業着の出荷額が，全国１位である。国産ジーンズ発祥の地ともいわれている。

問１ 【１】～【４】の都道府県の地図を（あ）～（か）からそれぞれ選び，記号で答えなさい。ただし，地図の縮尺はそれぞれ編集されている。太線の境界線は海岸線である。

（あ）

（い）

（う）

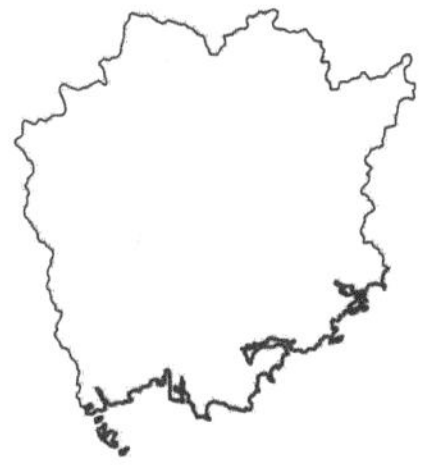

（え）

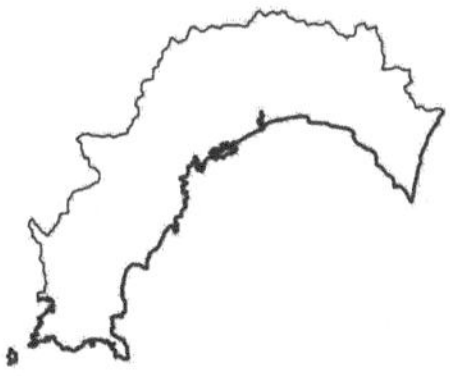

（お）

（か）

問２ 下線①の自動車会社の名称（略称）を（あ）～（え）から一つ選び，記号で答えなさい。

（あ）トヨタ　（い）スバル　（う）マツダ　（え）日産

４ 次の文を読み，あとの問いに答えなさい。

桓武天皇は，794年に都を（ １ ）に移し，律令政治の立て直しをはかったが，藤原氏の台頭によって律令政治のあり方は大きく変化した。

藤原良房は，清和天皇の外祖父として，臣下ではじめて（ Ａ ）となり，天皇にかわって政治を行った。良房の養子基経は，光孝天皇の即位にあたり，（ Ｂ ）として天皇を補佐した。藤原氏は他の貴族を退けながら，天皇の権威を背景に政治を行った。

源頼朝は，鎌倉を拠点として，武士による政治を始め，朝廷から征夷大将軍に任命された。頼朝の死後，鎌倉幕府では，北条氏が将軍を補佐する（ Ｃ ）の地位について政治の実権を握り，①元寇前後からは，北条氏の力がさらに強くなった。

足利義満は，南北朝の動乱を終わらせ，室町幕府による支配を確立させた。幕府では，将軍を補佐する（　D　）に，有力な守護大名が交替でついた。応仁の乱後は，下剋上の風潮が強まり，②戦国大名が複数の国を統一して支配するようになった。

③豊臣秀吉は，1585年に朝廷から（　B　）に任じられ，翌年には太政大臣となった。朝廷の権威を利用しながら各地の戦国大名を支配下に置き，天下統一を成し遂げた。

問１　（１）にあてはまることばを漢字３文字で答えなさい。

問２　(A)～(D)にあてはまることばの組み合わせとして正しいものを(あ)～(え)から一つ選び，記号で答えなさい。

(あ)（A）摂政　（B）関白　（C）管領　（D）執権
(い)（A）関白　（B）摂政　（C）管領　（D）執権
(う)（A）摂政　（B）関白　（C）執権　（D）管領
(え)（A）関白　（B）摂政　（C）執権　（D）管領

問３　下線①について，元寇後の御家人の生活の変化とその理由について説明しなさい。

問４　下線②が，領国支配のために制定した独自の法律を漢字３文字で答えなさい。

問５　下線③が出した以下の刀狩令の（あ）にあてはまることばを，漢字２文字で答えなさい。

> 一．諸国の百姓が，刀，やり，鉄砲などの武器をもつことを，かたく禁止する。武器をたくわえ，年貢を出ししぶり，（　あ　）をくわだてて領主に反抗する者は，厳しく処罰される。
> 一．取り上げた刀などは，京都に新しくつくる大仏のくぎなどにする。百姓は仏のめぐみを受けて，この世ばかりか，死んだ後も，救われるだろう。

（『新しい社会６歴史編』東京書籍，2020年）

5　次の文を読み，あとの問いに答えなさい。

関ケ原の戦いに勝利した徳川家康は，征夷大将軍に任じられ，①江戸幕府を開いた。以後，②幕府が貿易を統制する状態が続いた。1853年にペリーが来航し，「開国」を要求した。幕府は通商の要求は拒否したが，日米和親条約を結び，「鎖国」政策を転換した。1856年，ハリスが通商条約の締結を要求すると，幕府は天皇の許可を得ないまま③日米修好通商条約に調印したため，④幕府政治への不満が高まり，次第に倒幕へと進んでいった。幕末から明治初期にかけては，⑤天皇を中心とした統一国家の成立と広範囲における諸改革が進められた。

問１　下線①について説明したものとしてまちがっているものを(あ)～(え)から一つ選び，記号で答えなさい。

(あ) 大名を親藩・譜代・外様に分け，その配置を工夫した。
(い) 大名が幕府の許可なく城を修理したりすることを禁止した。
(う) 年貢の未納や犯罪に対しては個人で責任を負わせた。
(え) 天皇や公家の行動を制限し，政治上の力を持たせないようにした。

問２　下線②について説明したものとしてまちがっているものを(あ)～(え)から一つ選び，記号で答えなさい。

(あ) 朝鮮とは対馬藩を介して貿易が行われた。

（い）オランダ・中国とは長崎の出島で貿易が行われた。

（う）琉球とは薩摩藩を介して貿易が行われた。

（え）アイヌとは仙台藩を介して交易が行われた。

問３　下線③は不平等条約であるが，どのような点が不平等なのか，一つあげなさい。

問４　下線④について，外国を打ち払うことと，天皇をとうとぶ考えが結びついた思想を漢字４文字で答えなさい。

問５　下線⑤について説明したものとしてまちがっているものを（あ）～（え）から一つ選び，記号で答えなさい。

（あ）全国の藩主に命じて，領地と領民を天皇に返還させた。

（い）士族と平民の区別なく男性に兵役の義務を負わせた。

（う）土地所有者に地租を米で納めさせることにした。

（え）全国の藩を廃止し，中央から派遣した役人に行政を担わせた。

6　**次の文を読み，あとの問いに答えなさい。**

①第一次世界大戦が終わると，日本の景気は悪化した。1923年９月１日に起こった（　１　）で被害が生じたことで，不景気は深刻になった。経済が不況のなか，社会運動は高まりをみせていった。

労働組合の主導によって，労働条件の改善を求める労働争議が起こり，農村では，地主に対して小作料の減免を求める小作争議が起こった。②女性差別からの解放を目指す婦人運動も展開され，また，部落差別からの解放を目指して全国水平社が結成された。③普通選挙の実現を求める運動も高まりをみせ，各地で運動が展開された。

1929年，アメリカの経済が急速に悪化すると，それは世界各地に広がり，日本も不景気となった。そのなかで，軍部は不景気から抜け出す政策を，中国への侵略に求め，満州事変前後からは，④軍部が政治への影響力を強めていった。

問１　下線①について，第一次世界大戦中に起きたできごとの説明としてまちがっているものを（あ）～（え）から一つ選び，記号で答えなさい。

（あ）日本では米の安売りを求めて米屋を襲う米騒動が起こった。

（い）ロシアでは革命によって社会主義の政府が成立した。

（う）日本は重化学工業が成長し，輸出が輸入を上回った。

（え）日本は同盟を結んでいたドイツの陣営について参戦した。

問２　（１）にあてはまることばを漢字５文字で答えなさい。

問３　下線②について，以下の呼びかけを行った人物として正しいものを（あ）～（え）から一つ選び，記号で答えなさい。

「もとは，女性は太陽だった。しかし今は，ほかの光によってかがやく，病人のような青白い顔色の月である。わたしたちは，かくされてしまったわたしたちの太陽を，取りもどさなければならない。」（『小学社会６』教育出版，2020年）

（あ）与謝野晶子　（い）樋口一葉　（う）平塚らいてう　（え）市川房枝

問４　下線③について，尾崎行雄らが中心となり，憲法にもとづく民主的な政治を要求した運動は何か，解答欄に合うように漢字２文字で答えなさい。

問５　下線④について，【A】～【D】のできごとを古いものから新しいものへ順に並べかえ，記号で答えなさい。

【A】陸軍の青年将校らが大臣の高橋是清らを殺害して，東京の中心部を一時占領した。

【B】北京郊外の盧溝橋で日中両軍がぶつかった。

【C】海軍の青年将校らが犬養毅首相を暗殺した。

【D】関東軍は奉天郊外の柳条湖で南満州鉄道の線路を爆破した。

７　次の文を読み，あとの問いに答えなさい。

現在の日本社会では，貧困や働き方の問題と，男女の性差は切り離せない。SDGsでも，すべてのゴールは①ジェンダー*平等と密接に関連しているとされる。そして，この分野で日本はきわめて後れをとっている。ジェンダーに関する国際調査（世界経済フォーラムによる「グローバルジェンダーギャップ指数2021」）で，日本は156カ国中（　１　）位である。各国の政治・経済・教育・健康の４部門の男女格差の評価では，日本は健康や教育の分野では平均点くらいだが，政治と経済は最低レベルだった。改善している部分もあるものの，他国で起きている大きな変化が日本では起きていないため，順位としては毎年下がり続けている。

とくに，意思決定をする場に女性が少ない。経済分野では，企業の女性管理職の割合が12%程度と，厳しい女性差別の残るアラブ諸国と同レベルである。

そして政治分野では，女性の国会議員，閣僚の割合が圧倒的に少ない。たとえば2020年９月に発足した菅内閣は，閣僚20人のうち女性は２人だけ，閣僚全体の平均年齢は60歳を超えていた。対照的に，（　２　）で2019年に誕生した連立内閣では，②34歳の女性であるマリーン首相をはじめ19人の閣僚のうち12人が女性である。日本では閣僚全体でも女性議員は１人か２人，衆議院議員に広げても10%程度と，いずれも世界最低レベルにある。人口の約半分が女性なのに，代表者が１割しかいないのでは民主主義とは言えない。③女性の声を反映できない社会であることは，さまざまな場面に影響を及ぼしている。

たとえばコロナ禍では，学校の一斉休校が突然決まり，④子育てしながら働く母親たちが対応に追われた。また，一人当たり10万円が支給された定額給付金は，（　３　）に振り込まれたことで，ＤＶ被害を受けている女性が受け取れないこともあった。いずれも女性を取り巻く環境や子育ての現実に対する想像力の薄さがあらわれている。女性議員や閣僚の数が多ければ，こうした決定の前に議論や配慮がされた可能性はある。

（高橋真樹『日本のSDGs　それってほんとにサステナブル？』一部改変）

*ジェンダー…生物学的な「性別」に対して，社会的・文化的につくられる性別のこと。

問１　（１）～（３）にあてはまる数字や国名，ことばを（あ）～（け）からそれぞれ選び，記号で答えなさい。

（あ）スウェーデン　（い）世帯主　（う）152　（え）フィンランド　（お）50

（か）オーストラリア　（き）事業主　（く）120　（け）個人

問２　下線①について，すでに日本では70年以上前に成立した日本国憲法によって，だれもが一人ひとりの人間として尊重され，平等で安心して生きることのできる社会の実現をめざしている。次のページの条文の（あ）～（う）にあてはまることばを，それぞれ答えなさい。

第13条　すべて国民は，個人として尊重される。生命，自由及び（　あ　）に対する国民の権利については，公共の福祉に反しない限り，立法その他の国政の上で，最大の尊重を必要とする。

第14条　すべて国民は，（　い　）に平等であつて，人種，信条，性別，社会的身分または門地により，政治的，経済的または社会的関係において，差別されない。（以下略）

第24条　婚姻は，両性の合意のみに基いて成立し，夫婦が（　う　）を有することを基本として，相互の協力により，維持されなければならない。（以下略）

問３　下線②について，2021年にマリーン首相以外に女性が首相を務めていた国を一つ挙げなさい。

問４　下線③について，女性や性的少数者の問題として2018年にある衆議院議員が月刊誌で，「LGBTのカップルのために税金を使うことに賛同が得られるものでしょうか。彼ら彼女らは（略）生産性がないのです」と発言し問題となったが，ここでの「生産性がない」ということばは，どのような意味で使われているのか，簡単に説明しなさい。

問５　下線④について，日本では女性が対応に追われる背景に，「男は（　あ　），女は（　い　）」という男女の社会的役割分担の意識が関係していると言われている。(あ)，(い) にあてはまることばを答えなさい。

8　**次の文を読み，あとの問いに答えなさい。**

被爆から75年たった，一昨年の８月６日，ニュージーランドのジャシンダ・アーダーン首相が，Twitterに投稿したビデオメッセージで核兵器根絶を訴えた。同首相は，「世界が新型コロナウイルスに対応するチャレンジに直面し続けるなか，広島と長崎への原爆投下から75年を迎え，世界で起きた出来事の破滅的な影響を思い起こさせます」と述べ，広島と長崎で被爆した犠牲者に心を寄せた。そして，今なお①大国が保有する１万3000発以上の核弾頭の一つひとつが，広島や長崎の原爆よりも強大な破壊力を持っており，そのたった一つが使用されただけでも数百万人の命を一瞬にして奪い，環境に取り返しがつかないダメージを与えると強調した。さらに，「専門家は，いかなる国家や国家の集団，国際的な組織も，核戦争の影響に備えたり，対処したりすることはできないと警告しています」とも述べ，「備えることができないのなら，食い止めるしかないのです」と語気を強めた。最後に②条約への批准こそが「唯一，広島と長崎への原爆投下や，太平洋などでの核実験によって苦しめられた人たちに対する報い，レガシーとなるのです」と結んだ。

一方で昨年８月６日，菅義偉首相が広島市の平和記念式典で行ったあいさつの際，用意していた原稿の一部を読み飛ばし，その後謝罪する事態となった。首相が読み飛ばしたのは「わが国は，核兵器の非人道性をどの国よりもよく理解する③唯一の戦争被爆国であり，『核兵器のない世界』の実現に向けた努力を着実に積み重ねていく」などのくだりで，日本政府が世界に向けて被爆国としての決意を表明する部分であった。

問１　下線①について，2021年６月現在の世界の核兵器保有国のうち，アメリカ，ロシア，イギリス，中国，フランス以外の国を二つ答えなさい。

問２　下線②について，2017年７月にニュージーランドを含む，国連に加盟する122か国の賛成により採択され，昨年１月にようやく50か国の批准を達成して発効した，世界が核兵器廃絶に向けて明確な決意を表明した条約名を漢字で答えなさい。

問３　下線③について，日本の太平洋戦争での加害や被害の歴史から，二度と戦争をしないために日本国憲法第９条第１項では，「(　あ　)を解決する手段としては永久にこれを放棄する」となっている。（あ）にあてはまることばを漢字４文字で答えなさい。

9　日本の財政に関する次の問いに答えなさい。

問１　歳出のうちわけにある「国債費」とは国の借金の返済と利息にあてられる費用のことであるが，2019年度の日本の国債発行による借金残高はいくらか，（あ）～（お）から一つ選び，記号で答えなさい。

（あ）約9000億円　　（い）約９兆円　　（う）約90兆円

（え）約900兆円　　（お）約9000兆円

問２　歳入のうちわけにある「消費税」は，2019年10月に10％に引き上げられたが，1989年４月に消費税が導入されたときの消費税率は何％か答えなさい。

問３　歳入のうちわけにある税収のうち，昨年４月のG20（主要20カ国の財務相・中央銀行総裁会議）で，「最低税率」の導入など税率の引き下げ競争に歯止めをかける方向で合意がされた税の種類を漢字で答えなさい。

に含むものとする。

下書き用（必要に応じて使用すること）

で、自分が仕事を放り出して殺すわけにもいかないと覚悟した。
エ、不器用でも、生真面目でも、融通がきかなくても、そうした自分のことを受け入れて生きていかざるを得ないのだと覚悟した。

問六　傍線部②「男子と女子の距離が何となく開いていく時期だった」とあるが、これはどういうことか。その説明として最も適切なものを次から選び、記号で答えなさい。

ア、お互いが性の違いを意識するようになるため、男子と女子で相手に対する見方の基準が変わり、異質な存在を嫌だと思う気持ちがわいてくること。
イ、お互いが性の違いを意識するようになるため、これまで男女で共通していた考え方に違いが生まれ、態度や行動に大きな違いが生じてしまうこと。
ウ、お互いが性の違いを意識するようになるため、受け入れてもらえない不安感や不信感をそれぞれ持つようになり、相手を遠ざけるようになること。
エ、お互いが性の違いを意識するようになるため、これまでの態度や行動のままでは支障があるように感じられ、それぞれが慎重になってしまうこと。

問七　傍線部③「下野原光一くんて、こんな人だったんだ」とあるが、本文全体を通じた「下野原光一くん」を説明したものとして**適切でないもの**を次から一つ選び、記号で答えなさい。

ア、飼育委員の仕事をいいかげんに済ますことも手を抜くこともなく、むしろ熱心に工夫して取り組む。
イ、男女の距離をあっさりと超えたり、のんびりとした口調で意図せず笑いを誘うことを言ったりする。
ウ、動物好きだが妹が喘息でペットを飼えず、五年生になったら飼育委員に立候補しようと決めていた。
エ、軽やかに適当におしゃべりする技術を持っていて、「わたし」の心を温かく、心地良くしてくれる。

問八　傍線部④「金網に指をかけて、呼んでみる」とあるが、ここからは「わたし」のどのような気持ちが読み取れるか。その説明として最も適切なものを次から選び、記号で答えなさい。

ア、一生懸命に声を上げて呼べば、どこかからコースケが現れると信じ込んでいる気持ち。
イ、いないことは頭ではわかっていたが、どうしても呼ばずにはいられないという気持ち。
ウ、いなくなったことがやりきれず悔しくて、悔しさから気が動転し混乱している気持ち。
エ、光一くんと同じ気持ちだから、光一くんをまねて同じ行動をしていたいという気持ち。

問九　傍線部⑤「光一くんが何も言わないのがありがたかった」とあるが、それはなぜか。このときの「わたし」と「光一くん」との関係性をふまえながら三十字以上四十字以内で答えなさい。ただし、句読点・記号等も字数に含むものとする。

問十　波線部「光一くんに会って、変わった。／光一くんが変えてくれた。」とあるが、「わたし」はどのように変わったのか。この本文全体を通して、変わる前と変わった後を明らかにしながら、八十字以上百字以内でわかりやすく説明しなさい。ただし、句読点・記号等も字数クックに寄り添っていた優しさも、止まり木に摑《つか》まり損ねてしよっちゅう落っこちていたお馬鹿な格好も、好きだった。

コースケ。

額を金網に押し付けて、泣いた。跡がはっきりと残るだろう。みっともない顔になるだろう。

[4]。

泣くより他に何もできない。

「円藤……」

背後で名前を呼ばれた。

振り向かなかった。

振り向かなくても、光一くんが立っているとわかった。

光一くんは、わたしの横に来て、わたしと同じように金網に指をかけた。そして、同じように目を凝らした。一生懸命に捜せば、どこからかコースケが現れると信じているみたいに、見詰めていた。

⑤光一くんが何も言わないのがありがたかった。

わたしは黙って、立っていた。

光一くんも黙って、立っていた。

（あさのあつこ『下野原光一くんについて』より）

問一 空欄[A]・[B]に入る言葉として最も適切なものをそれぞれ次から選び、記号で答えなさい。

空欄[A]

ア、気まま　イ、大らか　ウ、楽天的　エ、不器用

空欄[B]

ア、悪いほうにものを考えない　イ、かたくるしいこと考えない

ウ、うそつくのが上手じゃない　エ、ごちゃごちゃこだわらない

問二 空欄【X】に入るのに最も適切な言葉を本文中より二十一字で抜き出し、そのはじめとおわりの六字をそれぞれ答えなさい。ただし、句読点・記号等を含む場合は、これも一字と数えることとする。

問三 二重空欄[1]～[4]に入る言葉として最も適切なものをそれぞれ次から選び、記号で答えなさい。ただし、同じ記号を複数回選ばないこと。

ア、かまいはしない

イ、自分が歯痒《はがゆ》い。痛いほど歯痒い

ウ、最初、がっかりした

エ、目の奥が熱くなった

問四 次の内容は、本文中の《ア》～《エ》のどこに入るのが最も適切か。適切な箇所を記号で答えなさい。

飼育小屋の中で、わたしと光一くんはぼそぼそと、会話を交わした。その度に、わたしは光一くんのことを知っていく。わたしの中に光一くんが溜まってくる。積み重なってくる。

問五 傍線部①「わたしは覚悟した」とあるが、どのようなことを「覚悟した」のか。その説明として**適切でないもの**を次から一つ選び、記号で答えなさい。

ア、「わたしのせいで殺してしまった」などという思いを抱き続けることが嫌で、自分が動物たちの面倒を見ていくことを覚悟した。

イ、ともに飼育委員を務める男子がすごくいいかげんで、無責任で、途中で仕事を放棄して自分に押しつけてくることを覚悟した。

ウ、ウサギもニワトリも世話をする者がいなければ死んでしまうの

は二匹とも捨て猫。真っ白とミケ」

「えーっ、猫が二匹もいるんだ。すげえすげえ」

「だから、雑種なんだって」

「雑種でもすげえよ。いいなぁ、猫と犬かぁ」

「ペット、いないの？」

光一くんがうなずく。それから、小さく息を吐き出した。

「妹が喘息《ぜんそく》ぎみなんだ。動物の毛にすごい反応しちゃうから、家ではペット、飼えないんだよな」

「妹、いるんだ」

「うん、いる。一人ね」

「いくつ？」

「今年一年生になった。でも、けっこう、休むこと多いかな」

「そう……、じゃあ飼育委員とかできないね」

「うん、おれが飼育委員になったって言ったら、いいなぁってすごく羨ましがってた」

「何て、名前」

「あかり。平仮名であ、か、り」

「かわいい名前だね」

光一くんが動物を好きなこと、四つ違いのあかりちゃんをかわいがっていることを、わたしは知った。

《　エ　》

わたしは今でも、小学校の飼育小屋を鮮明に思い出すことができる。緑色の円錐形の屋根を、亀の甲羅模様みたいな金網の目を、ウサギやニワトリの糞の臭いを、コースケの紅色の鶏冠《とさか》を、ウサギたちの白い前歯を、光を浴びて輝いていたペットボトルの水を、ちゃんと思い出すことができるのだ。

コースケたち三羽のニワトリは、わたしたちが六年生になって間もなく、死んだ。新たに飼育委員になった五年生が、戸の鍵を閉め忘れてしまったのだ。戸を開けて、野良猫か野良犬か、あるいは裏山から狐が小屋に忍び込んだらしい。

ニワトリたちは無残に殺された。その中でも、コースケは特にひどく、ほとんど頭が食い千切られていたそうだ。わたしがニワトリ小屋に駆け付けたとき、小屋には何もいなかった。血の跡と白い羽毛が地面に散っているだけだった。光一くんの作った水飲み場は壊れ、ペットボトルが斜めに傾いでいた。

何もいなかった。

からっぽだった。

「コースケ」

④金網に指をかけて、呼んでみる。

糞の臭いはまだ残っているのに、コースケたちはいない。

消えてしまった。

「コッコとクックを守ろうとして、戦ったんだよね」

消えてしまったコースケに話しかける。

［３］。

わたしはわたしがコースケをとても好きだったんだと気がついた。

いなくなって、やっと気がついた。

コースケが好きだったんだ。

紅色の鶏冠を揺らして堂々と歩く姿も、年をとって元気のなかった噴き出してしまった。笑いが止まらない。

「えー、今度は笑うわけかぁ。どうしたらいいんだろうなぁ」

光一くんの一言に、わたしはさらに笑いを誘われる。

おかしい、おかしい。ほんと、おかしい。

何て、おもしろい人だろう。

何て、ヘンテコで愉快な人だろう。

知らなかった。

③下野原光一くんて、こんな人だったんだ。

笑いながら、わたしの心は、ほわりと軽くも温かくなって行く。

心地よかった。

《 イ 》

光一くんは、飼育委員の仕事を怠けなかった。いいかげんに済ますことも手を抜くこともしなかった。むしろ、わたしより熱心に取り組んでいた。

夏休みには、ちゃんと当番表をこしらえて、友だちや先生にも協力してもらって、毎日、登校しなくていいように工夫した。ニワトリ小屋に新しい餌場や水飲み場も作った（プラスチックの桶とペットボトルを組み合わせた簡単なものだったけれど、とてもりっぱに見えた）。学校近くの農家を回って、野菜の屑《くず》を分けてもらい餌に混ぜたりもした。野菜屑とはいえ新鮮で、ニワトリもウサギも餌箱に入れたとたん、夢中でついばみ、かぶりついた。

光一くんが自分から飼育委員に立候補したと聞いたのは、水飲み場を作っている最中だった。

ずっとやりたかったんだと光一くんは言った。

「五年生になったら、絶対立候補するって決めてたんだ」

飼育委員は五年生だけの役目だ。五年生しか、なれない。

「飼育委員の仕事……好きなの」

ペットボトルを光一くんに渡す。光一くんは、それを針金で作った輪っかに差し込み、水の出方を調べる。うなじを幾筋もの汗が伝っていた。

「動物、好きなんだ。犬でも猫でもウサギでも」

「ニワトリも？」

「あ……ニワトリのことは、あんまり考えてなかった。でも、コースケやコッコやクックはかわいい。飼育委員になってから、ニワトリがかわいいって思えるようになった」

わたしは嬉しかった。三羽の白色レグホーンのことをかわいいと言ってくれる人が傍《そば》にいることが嬉しかった。

《 ウ 》

光一くんともっといろんな話がしたかった。でも、何をどう話したらいいのか見当がつかない。軽やかに、適当におしゃべりする技術をわたしは、ほとんど持ち合わせていなかった。

［ 2 ］。

「円藤も、動物好きだよな」

光一くんが顔を上げ、額の汗を拭う。わたしは、じゃんけんで負けて飼育委員を押し付けられただけ……とは言えなかった。

「あ、うん。家にも猫と犬がいるし……」

「ほんとに？　猫も犬もいるわけ。すげえな」

「あっ、そんな。どっちも雑種だよ。犬は近所からもらってきたの。猫殺すわけにはいかない。自分に預けられた生命を無視できるほど、わたしは図太くはなかった。優しいわけではない。『わたしのせいで殺してしまった』なんて思いを引き摺《ず》りたくないのだ。図太くないうえに、誰かに上手に責任転嫁できるほど器用でもなかったのだ。

不器用で、生真面目で、融通がきかない。

付き合い難《にく》い人だ、可愛げのない子だと言われていた。でも、しょうがない。これが、わたしだ。

不器用でも、生真面目でも、融通がきかなくても、わたしはわたしを生きるしかない。

わたしは、開き直ったように、でもどこか頑なに十一歳を生きていた。今でもまだ、そういうところはあるけれど、思い込みの強い性質《たち》なのだ。

《　ア　》

光一くんに会って、変わった。

光一くんが変えてくれた。

「円藤って、飄々《ひょうひょう》としてるね」

ウサギ小屋の掃除をしながら光一くんに言われたことがある。飄々の意味がわからなかった。

糞を掃き集めていた手を止め、わたしは振り向く。光一くんがわたしを見上げていた。

目が合った。

柔らかな淡い眸《ひとみ》だ。

光一くんと目を合わせたのは、このときが初めてだった。

「飄々って？」

わたしが尋ねる。光一くんが首を傾《かし》げる。

「うーん。［　A　］ってことかなぁ。あんまり、［　B　］、みたいな……感じかな」

「そんなことないよ」

大声で否定していた。

自分で自分の声に驚いてしまった。

ウサギの糞の臭いが鼻孔に広がって、咳《せ》き込む。

ごほっ、ごほごほ。

「円藤、だいじょうぶか？」

「うん……だいじょうぶ。ちょっと……びっくりしただけ」

「びっくりするようなこと、言ったっけ？」

「言ったよ」

わたしは臭いにむせて、また、咳いていた。

光一くんが片手でわたしの背中を叩く。これにも、驚いた。もう五年生だ。②男子と女子の距離が何となく開いていく時期だった。距離の取り方をみんな、手探りしている時期だった。

こんなにあっさりと背中を叩いてくれるなんて、叩けるなんて不思議だ。

「何を言ったかなぁ」

背中を叩きながら、光一くんが呟《つぶや》く。妙にのんびりした口調だった。

光一くんに合わせるように、隣のニワトリ小屋で雄鶏《おんどり》のコースケがのんびりと鳴いた。

コケー、コケーッコー。

おかしい。

おかしくてたまらない。

記号で答えなさい。

ア、誤解　　イ、視認　　ウ、解説　　エ、推論

問八　傍線部③「全体的な傾向として、見えない人の住まいは幾何学的で抽象的な傾向があります」とあるが、それはどのような目的があるからか。その説明となっている箇所を、解答欄の「という目的」に続く形で本文中より二十字以上三十五字以内で抜き出し、そのはじめとおわりの三字をそれぞれ答えなさい。ただし、句読点・記号等を含む場合は、これも一字と数えることとする。

問九　傍線部④「踊らされない生き方」とあるが、これとは対照的に「**踊らされている**」とはどういうことか。以下の条件に従って説明しなさい。

【条件】

・あなた自身の体験やニュースなどで見聞きした内容を具体例として挙げた上で、説明すること（ただし、筆者が本文中に示した例を、単純に他の例に置き換えて述べることは不可とする）。

・字数は八十字以上百二十字以内とし、段落は作らずに一マス目からつめて書くこと。ただし、句読点・記号等も字数に含むものとする。

下書き用（必要に応じて使用すること）

120　80

三　**次の文章を読んで、後の各問に答えなさい。**

五年生の一年間、一緒に飼育委員をやった。

小学校で飼っているウサギとニワトリの世話をするのだ。

ウサギは三羽、ニワトリも三羽いた。

飼育委員は毎年、なり手のない役だ。

毎日水替え餌やり、飼育小屋の掃除の仕事があるし、連休や夏休みといった長期の休みでも毎日のように、登校しなければならないからだ。

わたしは、【　Ｘ　】。生き物は好きで、家にも猫二匹と犬が一匹いるから世話自体はそんなに苦痛ではなかったけれど、これで、お休みが潰《つぶ》れちゃうなと考えると少し憂鬱《ゆううつ》な気分にはなった。

五年生は二クラスしかなくて、飼育委員は各クラス一名ずつ。

わたしと光一くんだった。

［１］。

落胆なんて言葉をまだ知らなかったけれど、本当に身体の力が抜けるような気がした。

飼育委員で、しかも相手が男の子なんて、最低、最悪だ。動物の世話を真面目にしてくれる男子なんているわけがない、と、わたしは思い込んでいたのだ。

光一くんも、じゃんけんかくじ引きで無理やり押し付けられた口だろう。きっと、すごくいいかげんで、無責任で、途中で仕事を放棄することだって十分に考えられる。

覚悟しなくちゃ。

①わたしは覚悟した。

ウサギもニワトリも、世話をしてやる者がいなければ死んでしまう。

ウ、まわりの風景　　　　エ、大岡山という地名
オ、杖で感じる坂道　　　カ、「私」の案内
キ、足で感じる傾き　　　ク、駅のアナウンス

問四　傍線部①「私はそれを聞いて、かなりびっくりしてしまいました」とあるが、それはなぜか。その理由の説明として最も適切なものを次から選び、記号で答えなさい。

ア、目の見えない木下さんは、極めて少ない情報でこの「坂道」が「山の斜面」だと捉えることができ、「私」も気づかなかったこの土地の地形を的確に言い当てることができたから。
イ、同じ道を歩いているにも関わらず、「私」が平面的で部分的な「ただの坂道」と認識していた道のことを、木下さんは「山の斜面」と捉え、空間全体を立体的に認識していたから。
ウ、「私」が目で見て捉えているこの道はどう見ても「坂道」に違いないのだが、目の見えない木下さんは、「私」の認識とは異なって「山の斜面」だと勘違いして感じ取っていたから。
エ、「私」は何度も歩いているため道を立体的に捉えていたが、木下さんは目が見えないにもかかわらず、一度歩いただけでこの道を立体的に「山の斜面」と捉えることができたから。

問五　傍線部②「彼らは『道』から自由だと言えるのかもしれません」とあるが、このように言えるのはなぜか。その理由の説明として最も適切なものを次から選び、記号で答えなさい。

ア、目の見えない人々は、実際の道が見えないからこそ、音の反響や白杖の感触だけで道の様子を正確に理解している。情報が限られることで道が脳内イメージとして新たに作り上げられ、自分だけの自由で快適な道を作ることが可能になると考えられるから。
イ、目の見えない人々は、予測が立ちにくい道を安全に歩くため、最低限の情報だけを必要とする。そのため歩くのに必要のない情報は意図的に排除され、実際の道を歩く時のようにめまぐるしい情報の洪水に意識を奪われることがなくなると考えられるから。
ウ、目の見えない人々は、目に勝手に飛び込んでくる情報がなく、多くの情報に意識を奪われることにない。むしろ限られた情報を解釈し、自分の脳内に作り上げたイメージの中を歩いており、自分の進むべき方向を外部から規定されないと考えられるから。
エ、目の見えない人々は、目が見えないことによって、視覚から自動的に得られる情報がない。つまり、自分にとって意味のある情報だけを取捨選択する必要がなくなり、たとえ同じ道を歩いても目の見える人とは全く違う世界を歩いていると考えられるから。

問六　二重空欄 [1] には次のア〜エの文が入る。これらの文を意味が通るように正しく並べ替え、その順序を記号で答えなさい。

ア、普通に考えると、見える人の方が「見通す」ことができるので、遠くまで空間をとらえていそうです。
イ、だからかえって見えない人の方が、目が見通すことのできる範囲を越えて、大きく空間をとらえることができる。
ウ、さて大岡「山」の経験が示唆《しさ》していたのは、見えない人が見える人よりも空間を大きく俯瞰的にとらえている場合がある、ということでした。
エ、しかし、そのことによってかえって「道」にしばられてしまう。

問七　二重空欄 [2] に入る言葉として最も適切なものを次から選び、

「物理的な空間」をアレンジするわけです。

（中略）

※2この章では、大岡山、月、富士山、太陽の塔などのとらえ方を手がかりに、見えない人がどのように空間や空間内にある立体物を理解しているのか、その「見方」をさぐってきました。

決定的なのは、やはり「視点がないこと」です。視点に縛られないからこそ自分の立っている位置を離れて土地を俯瞰することができたり、月を実際にそうであるとおりに球形の天体として思い浮かべたり、表／裏の区別なく太陽の塔の三つの顔をすべて等価に「見る」ことができたわけです。

すべての面、すべての点を等価に感じるというのは、視点にとらわれてしまう見える人にとってはなかなか難しいことで、見えない人との比較を通じて、いかに視覚を通して理解された空間や立体物が平面化されたものであるかも分かってきました。もちろん、情報量という点では見えない人は限られているわけですが、だからこそ、④踊らされない生き方を体現できることをメリットと考えることもできます。

（伊藤亜紗『目の見えない人は世界をどう見ているのか』より）

［注］　※1　エントロピー……ここでは、秩序を逸脱するような特殊な状態のこと。

※2　この章……引用元の文章では、章全体を通じて、見えない人が「空間」をどのように理解しているのか、さまざまなエピソードを交えて述べられている。なお、「月」「富士山」「太陽の塔」はそのエピソードの中で取り上げられた例である。

問一　空欄 A ～ D に入る言葉の組み合わせとして最も適切なものを次から選び、記号で答えなさい。

ア、A　だからこそ　B　そもそも　C　一方　D　つまり
イ、A　つまり　B　確かに　C　けれども　D　だからこそ
ウ、A　確かに　B　だからこそ　C　つまり　D　たとえば
エ、A　それならば　B　けれども　C　たとえば　D　それゆえ

問二　二重傍線部ａ「俯瞰」、ｂ「うかうか」の言葉の意味として最も適切なものをそれぞれ次から選び、記号で答えなさい。

ａ「俯瞰」
ア、見えない、知らないことを想像力で補うこと
イ、ものごとの本質を捉えていること
ウ、ひとつのものを細かく見ていくこと
エ、一歩引いた大きな視点から全体を見ること

ｂ「うかうか」
ア、だまされているさま　イ、感心しているさま
ウ、油断しているさま　エ、集中しているさま

問三　空欄【X】・【Y】に入る言葉として最も適切なものをそれぞれ次から選び、記号で答えなさい。ただし、解答の順序は問わないものとする。

ア、駅に設置された地図　イ、西9号館という「目的地」

ちの先入観を裏切る面白い経験です。

俯瞰的な大岡「山」のイメージは、「足元の傾斜」と「地名」という限られた情報を結びつけることによって得られたものです。つまり「[2]」によって得られたもの。視覚的に見られたものではありません。

[2]によって得られた大岡「山」には、駅前のスーパーも、マクドナルドも、病院もありません。お椀状の土地に、駅、信号、建物などいくつかのランドマークが配置されているだけ。それは幾何学的《きかがくてき》で抽象的な、図式化された空間です。視覚が個々の物の、とりわけ表面をなぞるのだとすれば、[2]によって得られるのは、むしろ物の配置や物と物の関係です。見えない人は、情報量が減る代わりに配置や関係に特化したイメージで空間をとらえているのです。

こうした見えない人の空間把握の仕方がわかるのが、見えない人の住まいのインテリアです。人は、世界をとらえるように世界を作ります。つまり、空間のとらえ方が幾何学的で抽象的であるということは、幾何学的で抽象的な仕方で空間を作るということです。もちろん個人差はありますが、③全体的な傾向として、見えない人の住まいは幾何学的で抽象的な傾向があります。

幾何学的で抽象的な住まいといっても、椅子が真っ白いキューブだったりカーペットが無地の円形だったりする、ということではありません。言ってみればエントロピー※1が低い、つまり乱雑さの度合いが低い、ということです。余計なものがなく、散らかっていない。きちんと整理されていて、片付いているのです。

理由は簡単です。物がなくなると探すのが大変だからです。きれいに片付いているということは、言うまでもありませんが、使ったものは必ずもとの場所に戻されているということ。つまり、あらゆるものに「置き場所」があるということです。ハサミは引き出しの中、財布はテレビの横、醤油はトレイの奥から二番め云々。置き場所がきちんと指定されていれば、欲しいものがすぐに手に入ります。

あるべきものが「定位置」にない場合は、それを探さなければならないわけですが、これは見えない人にとっては非常に労力がかかることです。部屋のすべての場所を手で触ってくまなく探さなければならないからです。リモコンが見つからなくて友達に電話して来てもらう、なんてことになりかねません。

最近では「しゃべる家電」なども増えて耳で位置を認識することもできるようになってきましたが、それでも家族と暮らすとトラブルのもとなので、かえって一人暮らしの方がいい、という人もいます。物の配置にも配慮が必要ですが、半開きのドアなどもぶつかってしまうので危険です。

大岡「山」を歩く場合とは違って、部屋は、「料理をする」「テレビを見る」「メールを送る」など、移動以外のさまざまな行為を行う場所です。そのような場所では、「頭の中のイメージ」と「物理的な空間」をなるべく一致させることが、ストレスなく過ごすためには重要なのです。そのためには、「物理的な空間」に「頭の中のイメージ」を合わせるよりも、頭が把握しやすいようなやり方で、物理的な空間を作るほうがはるかに効率がいい。物の数を減らし、単純なルールで物を配置するようになります。こうしてエントロピーの低い、幾何学的で抽象的なインテリアのできあがりです。いわば、「頭の中のイメージ」に合うようにしかないので、これはどういうことだ？　と考えていくわけです。だから、見えない人はある意味で余裕があるのかもしれないね。見えると、坂だ、ということで気が奪われちゃうんでしょうね。きっと、まわりの風景、空が青いだとか、スカイツリーが見えるとか、そういうので忙しいわけだよね」。

　まさに情報の少なさが特有の意味を生み出している実例です。都市で生活していると、目がとらえる情報の多くは、人工的なものです。大型スクリーンに映し出されるアイドルの顔、新商品を宣伝する看板、電車の中吊り広告……。見られるために設《しつら》えられたもの、本当は自分にはあまり関係のない＝「意味」を持たないかもしれない、純粋な「情報」もたくさんあふれています。視覚的な注意をさらっていくめまぐるしい情報の洪水。確かに見える人の頭の中には、木下さんの言う「脳の中のスペース」がほとんどありません。

　それに比べて見えない人は、こうした洪水とは無縁です。もちろん音や匂いも都市には氾濫していますが、それでも木下さんに言わせれば「脳の中に余裕がある」。さきほど、見えない人は道から自由なのではないか、と述べました。この「道」は、物理的な道、つまりコンクリートや土を固めて作られた文字通りの道であると同時に、比喩的な道でもあります。つまり、「こっちにおいで」と人の進むべき方向を示すもの、という意味です。

（中略）

　こんなふうに、都市というものを、ひとつの巨大な振り付け装置として見てみる。そうすると、見える人と見えない人の「ダンス」の違いが見えてきます。中途失明の難波創太さんは、視力を失ったことで、「道」から、都市空間による「振り付け」から解放された経験について語っています。

「見えない世界というのは情報量がすごく少ないんです。コンビニに入っても、見えたころはいろいろな美味しそうなものが目に止まったり、キャンペーンの情報が入ってきた。でも見えないと、欲しいものを最初に決めて、それが欲しいと店員さんに言って、買って帰るというふうになるわけですね」。

　周知の通りコンビニの店内は、商品を配列する順番から高さまで、売り上げを最大化するための「振り付け」がもっとも周到に計算された空間のひとつです。bうかうかしていると公共料金を払いに来たのについでにプリンを買ってしまったりする。

　ところが難波さんは、見えなくなったことで、そうした目に飛び込んでくるものに惑わされなくなった。つまりコンビニに踊らされなくなったわけです。あらかじめ買うものを決めて、その目的を遂行するような買い方になります。目的に直行するというとがむしゃら人間のようですが、むしろ逆でしょう。むろん個人差はあるでしょうが、見える人の手足が目の前の刺激に反応してつい踊り出してしまうのに対して、見えない人はもっとゆったり、俯瞰的にものごとをとらえているのかもしれません。

（中略）

［　1　］

視野を持たないゆえに視野が狭くならない。とんちみたいですが、私た

行き来していましたが、私にとってはそれはただの「坂道」でしかありませんでした。

[A] 私にとってそれは、大岡山駅という「出発点」と、西９号館という「目的地」をつなぐ道順の一部でしかなく、曲がってしまえばもう忘れてしまうような、空間的にも意味的にも他の空間や道から分節化された「部分」でしかなかった。それに対して木下さんが口にしたのは、もっとａ俯瞰的で空間全体をとらえるイメージでした。

[B] 言われてみれば、木下さんの言う通り、大岡山の南半分は駅の改札を「頂上」とするお椀をふせたような地形をしており、西９号館はその「ふもと」に位置しています。その頂上からふもとに向かう斜面を、私たちは下っていました。

[C] 、見える人にとって、そのような俯瞰的で三次元的なイメージを持つことはきわめて難しいことです。坂道の両側には、サークル勧誘の立て看板が立ち並んでいます。学校だから、知った顔とすれ違うかもしれません。前方には混雑した学食の入り口が見えます。目に飛び込んでくるさまざまな情報が、見える人の意識を奪っていくのです。あるいはそれらをすべてシャットアウトしてスマホの画面に視線を落とすか。そこを通る通行人には、自分がどんな地形のどのあたりを歩いているかなんて、想像する余裕はありません。

そう、私たちはまさに「通行人」なのだとそのとき思いました。「通るべき場所」として定められ、方向性を持つ「道」に、いわばベルトコンベアのように運ばれている存在。それに比べて、まるでスキーヤーのように広い平面の上に自分で線を引く木下さんのイメージは、より開放的なものに思えます。

物理的には同じ場所に立っていたのだとしても、その場所に与える意味次第では全く異なる経験をしていることになる。それが、木下さんの一言が私に与えた驚きでした。人は、物理的な空間を歩きながら、実は脳内に作り上げたイメージの中を歩いている。私と木下さんは、同じ坂を並んで下りながら、実は全く違う世界を歩いていたわけです。

②彼らは「道」から自由だと言えるのかもしれません。道は、人が進むべき方向を示します。もちろん視覚障害者だって、個人差はあるとしても、音の反響や白杖《はくじょう》の感触を利用して道の幅や向きを把握しています。しかし、目が道のずっと先まで一瞬にして見通すことができるのに対し、音や感触で把握できる範囲は限定されている。道から自由であるとは、予測が立ちにくいという意味では特殊な慎重さを要しますが、[D] 、道だけを特別視しない俯瞰的なビジョンを持つことができたのでしょう。

全盲の木下さんがそのとき手にしていた「情報」は、私に比べればきわめて少ないものでした。少ないどころか、たぶん二つの情報しかなかったはずです。つまり「【　X　】」と「【　Y　】」の二つです。しかし情報が少ないからこそ、それを解釈することによって、見える人では持ち得ないような空間が、頭の中に作り出されました。

木下さんはそのことについてこう語っています。「たぶん脳の中にはスペースがありますよね。見える人だと、そこがスーパーや通る人だとかで埋まっているんだけど、ぼくらの場合はそこが空いていて、見える人のようには使っていない。でもそのスペースを何とか使おうとして、情報と情報を結びつけていくので、そういったイメージができてくるんでしょうね。さっきなら、足で感じる『斜面を下っている』という情報

【国　語】（五〇分）〈満点：一〇〇点〉

一　次の各問に答えなさい。

問一　次の①～⑤の傍線部を漢字で正確に答えなさい。

①　長年のコウセキをたたえる。　②　商品の流通キコウを調べる。
③　国にセイサク提言を行う。　④　知恵をサズける。
⑤　文庫本にオサめられた詩。

問二　次の①～④の傍線部の漢字の読みをひらがなで正確に答えなさい。

①　潔くあきらめる。　②　魚の商いで生計を立てる。
③　合格して本望をとげる。　④　朝顔の発芽を心待ちにする。

問三　次のことわざと同様の意味を表すものを後のア～オから選び、それぞれ記号で答えなさい。

①　紺屋の白ばかま
②　豆腐にかすがい
③　長いものには巻かれろ

ア、枯れ木も山のにぎわい　イ、医者の不養生
ウ、目の上のこぶ　エ、寄らば大樹の陰
オ、のれんに腕押し

問四　次の①～③の傍線部と同じ働きをしている言葉を後のア～ウから選び、それぞれ記号で答えなさい。

①　この沈黙は嵐の前の静けさだ。
ア、長編小説を読んだ。　イ、遠くに見えるのは美しい山だ。
ウ、秋の風はさわやかだ。

②　朝起きると外は一面の銀世界だった。
ア、元旦には家族と初詣に出かける。
イ、霧が晴れると小さな湖が現れた。
ウ、一歩一歩ゆっくりと歩き出す。

③　苦しいながらも最後までゴールを目指した。
ア、昔ながらの商店街を歩く。
イ、食事をしながら相談しよう。
ウ、事実を知りながら隠し通す。

二　次の文章を読んで、後の各問に答えなさい。（なお、出題の都合上、本文を省略した所がある）

見えない人が「見て」いる空間と、見える人が目でとらえている空間。それがどのように違うのかは、一緒に時間を過ごす中で、ふとした瞬間に明らかになるものです。

たとえば、先ほども登場していただいた木下路徳さんと一緒に歩いているとき。その日、私と木下さんは私の勤務先である東京工業大学大岡山キャンパスの私の研究室でインタビューを行うことになっていました。

私と木下さんはまず大岡山駅の改札で待ち合わせて、交差点をわたってすぐの大学正門を抜け、私の研究室がある西9号館に向かって歩きはじめました。その途中、一五メートルほどの緩やかな坂道を下っていたときです。木下さんが言いました。「大岡山はやっぱり山で、いまその斜面をおりているんですね」。

①私はそれを聞いて、かなりびっくりしてしまいました。なぜなら木下さんが、そこを「山の斜面」だと言ったからです。毎日のようにそこを

MEMO

大切なことはメモしておこうネ！

第1回

2022年度

解　答　と　解　説

《2022年度の配点は解答欄に掲載してあります。》

＜算数解答＞《学校からの正答の発表はありません。》

1　(1)　345　(2)　11　(3)　7　(考え方)　解説参照

2　(1)　2倍　(2)　860円　(3)　$32cm^2$　(4)　6通り　(5)　16枚　(6)　6912

3　(1)　4950枚　(2)　4290枚　(3)　35番目　4　(1)　分速400m　(2)　279秒

5　(1)　$2cm^2$　(2)　30度　(3)　$4cm^2$

6　(1)　$6cm^2$　(2)　$57cm^3$　(考え方)　解説参照

○推定配点○

5・6　各6点×5　他　各5点×14　計100点

＜算数解説＞

1　**(四則計算，規則性)**

(1)　$34.5\times(8+6-3)\times\frac{10}{11}=345$

(2)　$\frac{\square}{2}=\left(\frac{15}{4}-\frac{5}{16}\right)\times\frac{8}{5}=6-\frac{1}{2}=\frac{11}{2}$　$\square=11$

重要　(3)　22÷7＝3.142857142857～より，2022÷6＝337　したがって，小数第2022位は7

2　**(割合と比，消去算，平面図形，相似，数の性質，場合の数，演算記号)**

やや難　(1)　水と3%の食塩水と7%の食塩水の重さの比は1：□：4.5＝2：□×2：9より，2×0＋□×2×3＋9×7＝□×6＋63が(2＋□×2＋9)×5＝□×10＋55に等しい。□×(10－6)＝□×4は63－55＝8であり，□は8÷4＝2　したがって，3%の食塩水は水の2×2÷2＝2(倍)

重要　(2)　B君の最初の金額を□とする。A君…□＋250＋240＝□＋490　B君…□－110　A君とB君の金額の差490＋110＝600(円)が金額の比の差11－5＝6に相当するので，最初のA君の金額は600÷6×11－240＝860(円)

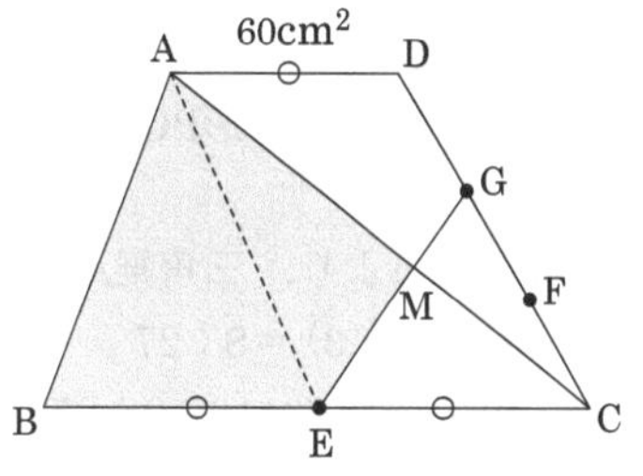

重要　(3)　三角形ABE…60÷3＝20(cm^2)　三角形AEMとCGMの相似比は3：2より，AM：CM＝3：2　三角形AEMは20÷(3＋2)×3＝12(cm^2)　したがって，四角形の面積は20＋12＝32(cm^2)

基本　(4)　以下の6通りがある。…14，21，35，42，56，63

重要　(5)　右図より，色がついた部分の金額は50×30－680＝820(円)　45×1＋40×4＝205より，820÷205＝4　したがって，10円玉は4×4＝16(枚)

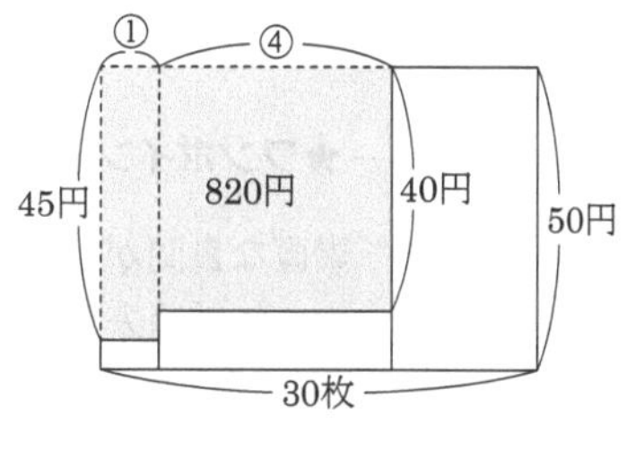

基本　(6)　5○7＝12×12＝144　4□3＝4×3×2＝24　したがって，144□24＝3456×2＝6912

3 (平面図形, 規則性)

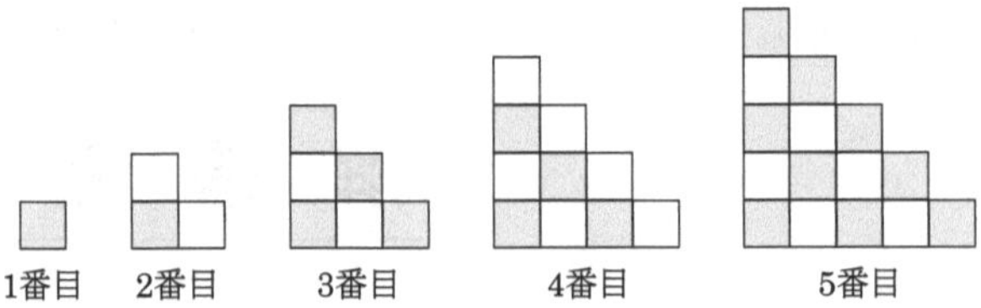

基本 (1) 1+2+～+99=(1+99)×99÷2=4950(枚)

やや難 (2) 白のタイル…0枚, 2枚, 2枚, 2+4=6(枚), 6枚, 6+6=12(枚), 12枚と変化する。

3番目が1×2=2(枚), 5番目が2×3=6(枚), 7番目が3×4=12(枚)であり, 131番目は(131−1)÷2=65より, 65×66=4290(枚)

(3) (1)より, □番目の枚数は1+2+～+□=(1+□)×□÷2=630, (1+□)×□=630×2=1260=2×2×3×3×5×7=36×35 したがって, 35番目

4 (速さの三公式と比, 割合と比, 単位の換算)

基本 (1) 3時間39分は60×3+39=219(分) したがって, A君の分速は87600÷219=400(m)

重要 (2) B君は最後の87600×0.1=8760(m)を400×1.2=480(m)で走り, 3時間40分に着いた。B君がパンク修理を終わった時刻…40−8760÷480=21.75(分) B君がパンク修理を始めた時刻…39−219×0.1=17.1(分) B君がパンク修理にかかった時間…21.75−17.1=4.65(分), 4分39秒すなわち279秒

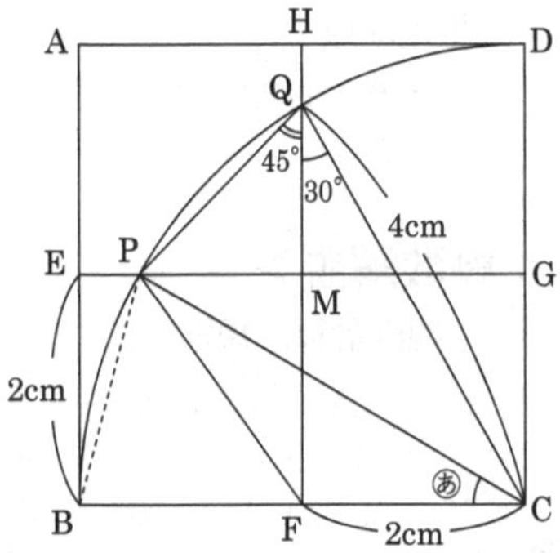

5 (平面図形)

(1) 2×2÷2=2(cm^2)

(2) 三角形PMQは直角二等辺三角形, 三角形QFCは2辺の比がFC:QC=1:2であり, 角CQPは45+30=75(度) 角PCQは180−75×2=30(度) したがって, 角㋐は(90−30)÷2=30(度)

(3) (2)より, 三角形BCPとPCQは合同であり, 面積は2×2=4(cm^2)

重要 6 (立体図形, 平面図形, 相似, 割合と比)

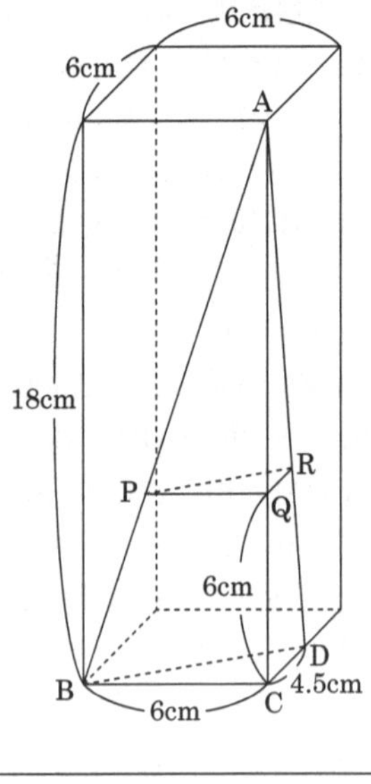

(1) 右図より, 三角形APQとABCの相似比は(18−6):18=2:3 面積比は(2×2):(3×3)=4:9 したがって, 三角形PQRは6×4.5÷2÷9×4=13.5÷9×4=6(cm^2)

(2) (1)より, 三角錐A−PQRとA−BCDの体積比は(4×2):(9×3)=8:27 したがって, 三角錐台PQR−BCDは13.5×18÷3÷27×(27−8)=57(cm^3)

★ワンポイントアドバイス★

素直な良問がそろっているが, 以下に注意しよう。2(1)「食塩水の重さの割合」について「消去算」が利用できるか, (5)「10円玉の枚数」が面積図から求められるか, 3(2)「白タイルの枚数の規則性」がわかるか, などである。

＜理科解答＞《学校からの正答の発表はありません。》

1. 問1 イ　問2 (1) ア　(2) (例) 低温や高温にするとはたらかず，低温から体温付近の温度にするとはたらくが，高温にするとはたらきを失って体温付近の温度にしてもはたらかなくなる。　問3 B，C　問4 (例) 内側に(柔毛と呼ばれる)無数の突起があり，養分にふれる面積を大きくしている。

2. 問1 ① 水蒸気　② 大き　③ 水　問2 ア，イ，エ　問3 イ，ウ，エ
問4 ア，イ　問5 ひょう

3. 問1 ② 黄(色)　③ 緑(色)　問2 ④ アルコール水　⑦ アンモニア水
問3 塩化水素　問4 25(mL)　問5 ア，ウ，オ　問6 エ

4. 問1 60(g)　問2 (H・8)　問3 8通り　**5.** 問1 エ　問2 ウ

6. 問1 ① 木星　② 土星　問2 A エ　B セ　C ク　問3 20

○推定配点○

1. 問2(1) 2点　他 各3点×4　2. 問5 2点　他 各3点×6
3. 各3点×6(問1・問2各完答)　4. 各3点×3　5. 各3点×2
6. 問3 3点　他 各1点×5　計75点

＜理科解説＞

1. (人体―消化酵素)

重要 問1 (あ)はだ液せんで，ここから分泌されるだ液にはでんぷんを分解する消化酵素がふくまれている。(い)は肝臓で，肝臓では胆汁がつくられるが，胆汁には消化酵素はふくまれていない。(う)は胃で，ここから分泌される胃液にはたんぱく質を分解する消化酵素がふくまれている。(え)は小腸で，小腸からは複数の消化酵素が分泌され，たんぱく質が分解されたペプトンやデンプンが分解された麦芽糖などにはたらく消化酵素などがある。

基本 問2 (1) ヨウ素液はでんぷんと反応し，茶色から青紫色に変化する。 (2) 0℃にしてから40℃にした試験管A，Dでは，消化酵素のはたらきが確認できたが，80℃にしてから40℃にした試験管C，Fでは，消化酵素のはたらきが確認できなかったことから，消化酵素は高温にするとそのはたらきを失うことがわかる。なお，このとき変化が見られたのは，試験管Aで，それまでヨウ素液はでんぷんに反応していたが，でんぷんが消化酵素のはたらきによって分解されたためヨウ素液が反応しなくなった。

やや難 問3 ヨウ素液はでんぷんに対して反応するので，ヨウ素液の色の変化が起きなかったものは，(あ)のだ液せんから分泌された消化酵素をふくむ試験管A～Cの中の2本であると考えられる。100℃以上の高温の環境を好む生物のもつ消化酵素であることから，高温ではたらきを失うことはないと考えられるので，2本の試験管は80℃にした試験管Cと40℃にした試験管Bであると考えられる。

重要 問4 (え)の小腸の内側には，柔毛と呼ばれる突起が無数にあり，養分とふれる表面積を大きくして効率よく養分を吸収できるようになっている。

2. (生物総合―生態系)

重要 問1 空気中には水蒸気がふくまれていて，空気が上しょうして体積が大きくなり，空気の温度が下がってふくみきれなくなった水蒸気が水のつぶとなったものが雲のもととなる。

基本 問2 ウ…水を加熱していくと水の量が減るのは，水がふっとうして水蒸気になるからである。

問3　ア…くもりの日は晴れの日に比べて空気にふくまれている水蒸気の量が多いため，しめりぐあいが高くなる。イ・ウ…窓ガラスやコップの表面付近の気温が低くなり，空気中にふくまれる水蒸気の限界の量が少なくなるため，水蒸気が水滴となって現れる。エ…夏に比べて気温が低い冬は，空気中にふくまれる水蒸気の限界の量が少なくなるため，同じしめりぐあいでも，空気がふくむことができる水蒸気の量が少なくなり，洗たく物はかわきにくくなる。

問4　ウ…雲をつくる水のつぶが降ってきたものが雨，氷のつぶが降ってきたものが雪である。エ…雲をつくるつぶにも重さはある。

問5　発達した積乱雲などから降ってくる氷のつぶのうち，直径が5mm以上のものをひょう，5mm未満のものをあられという。

3. (水溶液の性質—水溶液の区別)

アルカリ性の水溶液は赤色リトマス紙を青色に変化させ，酸性の水溶液は青色リトマス紙を赤色に変化させる。また，中性の水溶液でリトマス紙の色は変化しない。刺激臭があり，赤色リトマス紙を変色させたビーカー⑦の水溶液はアンモニア水で，においのないビーカー⑥の水溶液は水酸化ナトリウム水溶液である。においがあり，青色リトマス紙を変色させたビーカー①の水溶液は塩酸で，においのないビーカー②の水溶液はホウ酸水である。においがあり，リトマス紙を変色させないビーカー④の水溶液はアルコール水，においがなく，リトマス紙を変色させないビーカー⑤の水溶液は蒸留水である。蒸発皿にとって加熱して黒くこげたビーカー③の水溶液は砂糖水である。

基本　問1　緑色のBTB溶液は，酸性の水溶液に加えると黄色，アルカリ性の水溶液に加えると青色，中性の水溶液に加えると緑色のままである。ビーカー②の水溶液はホウ酸水で酸性なので黄色，ビーカー③の水溶液は砂糖水で中性なので緑色である。

重要　問2　それぞれの水溶液は，①は塩酸，②はホウ酸水，③は砂糖水，④はアルコール水，⑤は蒸留水，⑥は水酸化ナトリウム水溶液，⑦はアンモニア水である。

問3　それぞれの水溶液にとけている物質は，①は塩化水素，②はホウ酸，③は砂糖，④はアルコール，⑥は水酸化ナトリウム，⑦はアンモニアである。

問4　①の塩酸5mLに⑤の蒸留水を加えても，⑥の水酸化ナトリウム水溶液と反応する塩酸は5mLのときと同じなので，実験4より，①の塩酸5mLと⑥の水酸化ナトリウム水溶液25mLを混合したときにちょうど中性になることから，⑥の水酸化ナトリウム水溶液を25mL加えると中性になる。

基本　問5　アルカリ性の⑥の水酸化ナトリウム水溶液と混合させて中性にできるのは，酸性の水溶液なので，酢，炭酸水，レモン果汁があてはまる。なお，食塩水は中性，石灰水はアルカリ性のすい溶液である。

基本　問6　重そう水を加熱すると二酸化炭素が発生する。二酸化炭素を石灰水に通すと石灰水は白くにごる。

4. (てこ—てこのつり合い)

重要　問1　支点(E・5)からの距離は，(E・2)までが3，(E・7)までが2なので，(E・7)につるすおもりの重さをxgとすると，$3\times40(g)=2\times x(g)$　$x=60(g)$

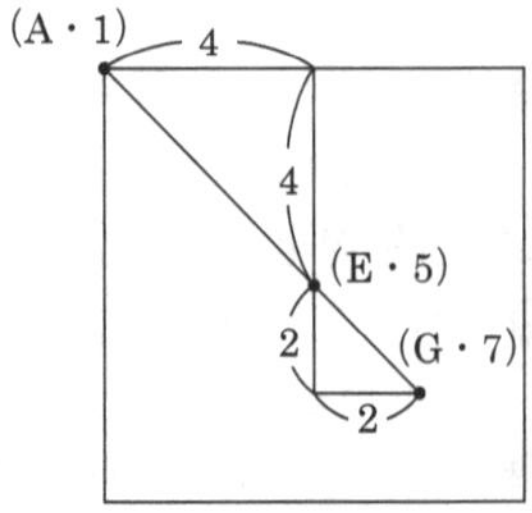

やや難　問2　右の図のように，支点(E・5)から(A・1)まではたてに4，横に4はなれていて，支点(E・5)から(G・7)まではたてに2，横に2はなれている。このことから，支点からの距離の比は，{(A・1)まで}：{(G・7)まで}＝4：2であることがわかる。支点(E・5)から(A・1)までの距離を4，支点(E・5)から(G・7)までの距

離を2，支点(E・5)から60gのおもりをつるす位置までの距離をyとすると，てこのつり合いの関係から，4×80(g)＝2×70(g)＋y×60(g)　y＝3となり，これを満たすのは支点からたてに3，横に3はなれていて，(A・1)，(E・5)，(G・7)と一直線上にある(H・8)である。

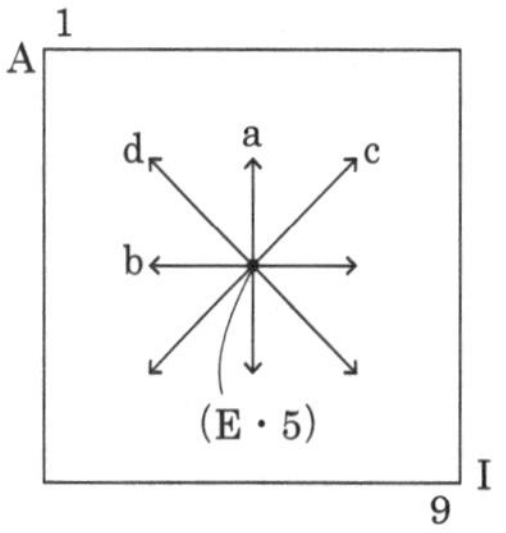

やや難 問3　おもりの重さが60gと90gなので，おもりの重さの比は，60(g)：90(g)＝2：3である。支点からおもりをつるす場所までの比は，(60gのおもり)：(90gのおもり)＝3：2となる。図1のような金網を用いたとき，おもりをつるす2つの場所と支点(E・5)の3点は一直線上になるため，3点が並ぶ直線は右の図のa～dの4通りあり，それぞれについて，つるすおもりの重さが支点に対して対称になる2通りずつあることから，全部で，4×2＝8通りのつるし方がある。

5. (光の性質―光の屈折)

重要 問1　鉛筆からの光は，直方体のガラスから空気中に出るときに右の図のⓐのように屈折して進む。しかし，ヒトは光が屈折してきたことを認識できないため，右の図のⓑの目線の先に鉛筆があるように見える。そのため，鉛筆の直方体のガラスを通して見える部分は，実際の位置よりも左にずれる。

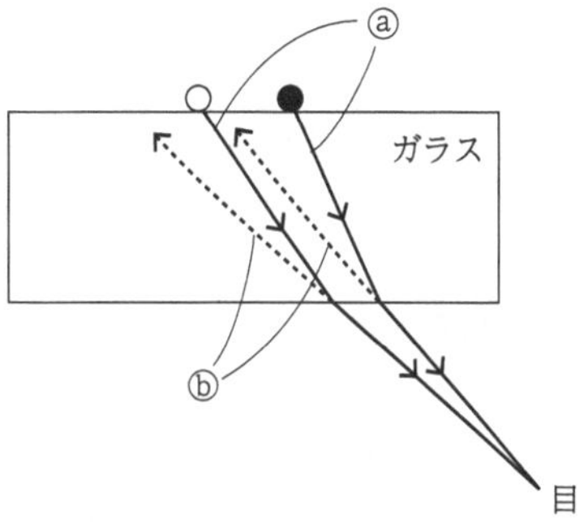

基本 問2　プールの底からの光は水面で屈折するため，プールの底は実際の位置よりも浅い位置にあるように見える。ア・イ・エは，光の反射による現象である。

6. (時事―天体)

問1・問2　2020年12月21日から22日にかけて，木星と土星が大接近し，その視度の差は約0.1度であった。これは約400年ぶりのことで，次回，この程度まで近づくのは2080年3月と計算されている。

問3　太陽の周りを，木星は1年で$1\div12=\frac{1}{12}$(周)，土星は1年で$1\div30=\frac{1}{30}$(周)する。よって，木星が土星に追いつくのは，$1\div\left(\frac{1}{12}-\frac{1}{30}\right)=20$より，20年ごとである。

★ワンポイントアドバイス★

小問どうしの関連性が高い問題が多いので，一問一問を正確に解答していこう。また，このようなタイプの問題に慣れるために，一問一答型ではない問題に多く取り組んでおこう。

＜社会解答＞《学校からの正答の発表はありません。》

1 問1 う　問2 い　問3 あ　問4 え　問5 (1) い・う・え
(2) 16(時間)50(分)　問6 あ・う　問7 (1) あ　(2) う
問8 (1) い　(2) う　(3) お・か・き　問9 え　問10 い

2 問1 え　問2 漢委奴国王
問3 (例) 中国の皇帝の権威を背景に国内での地位を強くしようとした。

3 問1 (1) 白村江　(2) 太宰府　問2 藤原京
問3 (例) 地方の特産物を朝廷に納めた。

4 問1 A い　B あ　問2 清は朝鮮の独立を認めた。　問3 う・お

5 問1 い　問2 い　問3 う　問4 あ　問5 あ

6 問1 (1) 政府　(2) 立憲　(3) 不断　問2 あ　問3 臨時会
問4 (1) 各議院の総議員の三分の二以上の賛成　(2) い　(3) あ
問5 (例) 自分の国と密接な関係にある外国に対する武力攻撃などに対して自分の国が敵の国から直接攻撃されていなくても協力して攻撃を阻止できる権利のこと。

7 問1 障害者差別解消法　問2 お　問3 (1) 夫婦別姓　(2) ヘイトスピーチ
(3) トランスジェンダー

○推定配点○

1 各2点×14(問5(1)，問6，問8(3)各完答)　2 各1点×3　3 各1点×4
4 各1点×4(問3完答)　5 各1点×5　6 問1～問4 各2点×8　問5 5点
7 各2点×5　計75点

＜社会解説＞

1 (地理―2020年の起きたできごとに関する問題)

重要 問1 ① 【図1】から第3次産業の中で，全体の約4分の1を占めている。また【図2】から新型コロナウイルスが広がり始めた2020年2月頃から活動指数が少しずつ減少し始め，同年5月には2015年の80％程度になるが，その後は持ち直して年末にはほぼ2015年と同じ水準になっているので卸売業・小売業である。 ② 【図2】から新型コロナウイルスの広がりが大きくなった活動指数が2020年4～5月頃には一時的に90％程になっているが，その後は回復して例年より活動指数が高くなっているので医療・福祉である。 ③ 【図2】から新型コロナウイルスが広がり始めた2020年2月頃から活動指数が大きく落ち込んで4月に2015年の30％程度にまで下がった。その後は80％程度まで回復するが，新型コロナウイルスの感染の拡大が始まる同年11月からは再度落ち込みが始まっているので，最も感染症の影響を受けやすい宿泊業・飲食サービス業である。

問2 日本のEUからの輸入は，機械類のような工業製品，医薬品・有機化合物などの化学工業製品の割合が比較的多いことから，日本とEUとの貿易を表すグラフは(い)となる。なお，(あ)はアメリカ，(う)は中国，(え)はロシアとの日本の輸入総額に対する各商品の割合を表したグラフである。

問3 春の選抜高校野球大会と夏の全国高校野球選手権大会が開催される球場は，兵庫県西宮市にある甲子園球場である。他方，(あ)の瀬戸大橋は，岡山県と香川県を結んでいる児島・坂出ルートを構成している本州四国連絡橋であるので，兵庫県の説明ではない。

問4 世界保健機関(WHO)のロゴマークは，地球儀と月桂樹を組合わせた国際連合のロゴマーク

(う)を背景にし，その上に蛇が巻き付いた「アスクレピオスの杖」を合わせたロゴマーク(え)である。「アスクレピオスの杖」は，ギリシア神話に登場する名医のアスクレピオスが持っていた蛇の巻き付いた杖で，医療や医術の象徴として世界的に広く使用されており，国際連合の中で医療・保健を担う機関であることを表している。なお，(あ)は世界食糧計画(WFP)，(い)は国連児童基金(UNICEF)，(お)は国際労働機関(ILO)のロゴマークである。

重要 問5 (1) 設問の文章から「うるう年」でない年はまず西暦年数が4で割り切れない年であることから，(い)の2021年があてはまる。次いで，西暦年数が100で割り切れる年は「うるう年」でない年なので，(う)の2100年と(え)の2200年があてはまる。なお，(あ)の2000年は100で割り切れるが，さらに400でも割り切れるので「うるう年」ということになる。 (2) 地球を球体と考えると，1時間あたりの経度差は15度(360度÷24時間)となる。サンフランシスコ国際空港は西経105度，香港国際空港は東経120度なので，両者間の時差は15(=(105＋120)÷15)時間となる。時間の経過は東側の地域の方が西側より早いので，飛行機がサンフランシスコ国際空港を出発した1月25日午後11時50分の時点での香港国際空港の日時は15時間後の1月26日午後2時50分(香港現地時間)となる。他方，サンフランシスコ国際空港を出発した飛行機が香港国際空港に到着したのが1月27日午前7時40分(香港現地時間)なので，両日の境となる午前0時を基準とすると，この飛行機のフライト時間は1月26日が9時間10分，1月27日が7時間40分となので，両日の合計で16時間50分(9時間10分＋7時間40分)となる。

問6 あ 地図【図3】中には方位記号がみられないので，この地図の方角は上が北となる。地図中の「志村けん像」から南の方角(地図の下方)に進むと図書館の地図記号「」が確認できる。他方，「志村けん像」から西武新宿線の線路を越えて北の方角(地図の上方)に進むと博物館の地図記号「」が確認できる。 い 前川の流域の高度を示す数字は，地図中の野口町(二)の周囲に「74」とあり，またその北東方向の野口町(四)には「70」とあるので，前川は全体として東側に流れていることになる。村山下ダムは前川の西方に位置しているので，前川が村山下ダムに流れ込んでいるのではなく流れ出ている。 う 地図中の東村山浄水場の北側の廻田町(一)の付近と西側の富士見町(四)の付近にともに発電所の地図記号「」がみられる。他方，地図中の武蔵大和駅の西側には老人ホームの地図記号「」が確認できる。 え 縮尺が25000分の1の地図の場合には地図上1cmは実際の距離が250mとなる。したがって，「志村けん像」から東村山市役所までの直線距離で750mあるとき，縮尺が25000分の1の地図の場合には地図上では3.5cmではなく3cmとして表現される。

問7 (1) ① 宣言の対象となった7都府県の中で，2020年の段階でJRの「新幹線」で東京都を通っているのは東海道線・上越線・東北線，神奈川県を通っているのは東海道線，埼玉県を通っているのは上越線・東北線，大阪府を通っているのは東海道線・山陽線，兵庫県を通っているのは山陽線，福岡県を通っているのは山陽線・九州線である。したがって，2020年の段階でJRの「新幹線」が通っていないのは千葉県のみである。 ② 「新幹線」の中の九州線は博多駅から鹿児島中央駅までのルートであり，このルートは2011年3月に開業した。 ③ 「新幹線」の中の北陸線は東京駅から金沢駅までのルートであり，このルートは2015年3月までに全線開業した。 (2) ① 「新幹線」の中で旅客輸送量が多い路線は，東京都を起点にしていること，太平洋ベルトを通っていることである。山陽線は新大阪駅から博多駅までのルートであるが，実際には東海道線と接続しているので，この2つの条件にあてはまることになる。 ②・③ 東京都を起点にしている「新幹線」には東海道線を除くと東北線と上越線であるが，この両線を比べて移動距離が長い東北線が②，移動距離が短い上越線が③となる。 ④ 九州線の最初の新八代駅から鹿児島中央駅の区間が開通したのは2004年3月なので，表中の2000年の欄は空欄になっている。

やや難 問8 (1) 【図4】の地図中のA地点は221.7mの三角点なので，断面図の横軸0の部分は高さが200m以上を指していることになる。A地点からB地点へ直線上では，A地点から750m付近で高度が100m近くまで下がり，次いで500m程の間で180m付近まで高度が上がり，球磨川に出るので再度100m以下まで下がるが，そこからB地点の城山まで180m程まで急速に高度が上がっている。次いでB地点からC地点の直線上では，B地点から500m程で高度が100m付近まで下がり，以後は高度112～113m程の平坦な地域をC地点まで横切っている。したがって，そのような形状の断面図として正しいのは，断面図(い)である。 (2) 地形図上において，尾根は等高線が標高の高い場所から低い場所の方へ張り出している形状で表されており，逆に谷は等高線が標高の低い場所から高い場所の方へ入り込んでいる形状で表されている。【図4】中で各線「あ」～線「え」の状態は，線「あ」は北側の約170mの地点から南側の約260mの地点にまで等高線が入り込んでおり，線「い」は高度150mの等高線に沿っており，線「う」は南側の約330mの地点から北側の約160mの地点にまで等高線が張り出しており，線「え」は北東約130mの地点から南西方向に約270mの地点にまで等高線が入り込んでいる。したがって，【図4】中で尾根線は，線「う」となる。なお，線「あ」と線「え」は谷線である。 (3) 【図4】中の球磨川流域では，浸水の際の想定最大規模は浸水20mとされている。【図4】中の球磨川の流れている場所の標高は，「紅取橋」の上方に「90」とあるので約90mである。他方，【図4】の地図中の地点(お)・(か)・(き)はいずれも約100m，(く)は約150mである。この地域の想定最大規模は浸水の場合，川の水位は20m程上がると思われるので，川の流れている場所を90mとすると，標高110mあたりの地域は浸水する可能性があることになる。したがって，球磨川で想定最大規模の水害が起きたときに浸水する場所は，【図4】の地点(お)・(か)・(き)となる。

問9 ① 17世紀の終わり頃に藩主が経済政策の一環として漆工芸の生産に力を入れたのが起源とされているのは，津軽塗である。津軽塗は，青森県弘前市(【図5】中のA)を中心とする津軽地方で生産されている伝統的漆器である。江戸時代初期に始まり，明治時代になってから産業として発展した。 ② 11世紀に藤原清衡が近江の鋳物師を呼び寄せ，生産を始めたのが起源とされ，16世紀には藩の政策によって生産が開始されたのは南部鉄器である。南部鉄器は，主に岩手県(【図5】中のC)で生産されている鉄瓶などの鋳物製品である。 ③ 17世紀後半に城主佐竹西家のすすめにより，下級武士の副業として発展したのは，曲げわっぱである。曲げわっぱとは「曲物」とも呼ばれ，杉やヒノキなどの薄板を曲げて作られる円筒形の木製の木箱のことで，本体とふたで一組になり主に米びつや弁当箱として使用される。秋田県(【図5】中のB)大館市で生産されているものは，「大館曲げわっぱ」という。なお，【図5】中のDは山形県，Eは宮城県である。

基本 問10 種子島(白地図の(い))は，九州の鹿児島県に属している大隅諸島の中の島の1つである。同島は県内では奄美大島，屋久島に次いで3番目に大きく，人口は奄美大島に次いで多い。同島の最高地点の標高は約280mなので，海側から見るとほとんど平らにみえる。なお，白地図(あ)は佐渡島，(う)は小豆島，(え)は対馬，(お)は利尻島である。

2 (日本の歴史―中国の歴史書からみた日本)

問1 A 『漢書』地理志には，前1世紀に楽浪郡の海のかなたにある日本が100余りの国に分れていたことが書かれている。 B 『後漢書』東夷伝の中には57年に倭の奴国の王が後漢に使者を送り，皇帝から金印を与えられたことが書かれている。 C 『魏志』倭人伝とは，中国の三国時代(220～280年)の正史である『三国志』東夷伝の日本に関する記録のことであり，3世紀前半の倭に存在した邪馬台国の風俗・社会・外交などが記されている。 D 『隋書』は，7世紀前半に成立した中国の隋の時代のことを扱った歴史書で，同書の「東夷伝」倭国の条に遣隋使のことや推古天皇の時代のことが記されている。

問2　57年に倭の奴国の王が後漢の光武帝から授けられた金印には，「漢委奴国王」の5文字が記されていた。この金印は，江戸時代の1784年に福岡県志賀島で発見された。

やや難 問3　57年に倭の奴国の王が中国に使いを送ったのは，奴国のような小さな国の王は自分の支配力を高めるために中国の皇帝の権威によって，王の地位を認めてもらうことを目的としていたと思われる。他方，5世紀の倭の五王が中国に使いを送ったのは，大和政権の大王が中国の皇帝の権威によって国内での地位をより確かなものにするとともに，朝鮮半島の国々に対しても有利な立場に立とうとしていたと考えられる。したがって，この両方に共通する目的は中国の皇帝の権威によって，自らの支配権を強化することであった。

3 (日本の歴史―7～8世紀の日本)

問1 (1)　663年の白村江の戦いで日本は百済を助けるために大軍を送ったが，唐・新羅の連合軍に敗れた。この戦いの後，中大兄皇子は各地に城を構えて防備を固め，さらに都を飛鳥から近江に移した。　(2)　大宰府は九州北部に設置された「遠の朝廷」と呼ばれた朝廷の出先機関で，九州地方の統治や大陸・朝鮮半島との外交などを担っていた。

問2　藤原京は天武天皇の時代から建設が始まり，持統天皇(位686～697年)が完成させて，694年に遷都した都である。飛鳥地方の大和三山(畝傍山・耳成山・天香久山)に囲まれた地にある日本で最初の本格的な都城で，694～710年間の都であった。

基本 問3　【図6】の荷札には，「伊豆国(いずのくに)加茂郡(かもぐん)三島郷(みしまごう)の戸主である占部久須理(うらべのくすり)の戸口の占部広庭(うらべのひろにわ)が調として納めた麁堅魚(あらがつお)拾壱斤(じゅういちきん)」と記されている。荷札の中に「調」という文字がみられるので，地方の特産物を中央の朝廷に納めた律令制における「調」の税負担があったことを示している。

4 (日本の歴史―19世紀後半～20世紀初頭の外交)

問1　A　江華島事件は1875年に日本の軍艦が朝鮮の江華島付近(【図7】中の「い」)で測量を行っていた時に，この行為を不当とした朝鮮側が江華島から砲撃したことに対して日本が報復して永宗城島を占領した出来事である。この事件を契機にして，日本と朝鮮は1876年に日朝修好条規を結んだ。　B　遼東半島(【図7】中の「あ」)は渤海と黄海の間に突き出た半島で，下関条約で臣から日本に割譲されたが，三国干渉によって清に返還された。なお，【図7】中の「う」は山東半島，「え」は済州島，「お」は台湾である。

重要 問2　下関条約によって清は朝鮮を完全な独立国であることを認め，朝鮮から手を引くことになった。そのため日本は朝鮮への指導権を強め，中国大陸への進出の足場を獲得した。

基本 問3　う　ポーツマス条約で，日本はロシアから賠償金を取ることはできなかった。そのため国民の間に不満の声が高まり，日比谷焼き打ち事件などが起こった。　お　日本に対して台湾がゆずられたのは，ポーツマス条約ではなく日清戦争の講和条約の下関条約(1895年)である。

5 (日本の歴史―第二次世界大戦後の日本)

問1　A　1956年にモスクワで，日本の鳩山一郎首相とソ連のブルガーニン首相の間で日ソ共同宣言が調印された。これによってソ連との国交が回復され，日本の国際連合加盟が実現した。

B　佐藤栄作は1964年から7年8ヵ月間首相を務め，その在任中の1956年に日韓基本条約を結んで，韓国との国交を樹立した。　C　田中角栄は1972年7月～1974年12月に首相を務め，その在任中の1972年に中国を訪問して日中共同声明を発表し，中国と国交の正常化をはかった。

基本 問2　農地改革は連合国軍最高司令官総司令部の指令によって，1946～1950年にかけて行われた戦後の民主化政策の1つである。この政策は寄生地主と小作人の関係を断つことと自作農をつくりだすことを目的とした。そのため，この政策によって自作農は30.7%から61.9%，自作農兼小作農は42.8%から32.4%，小作農は26.5%から5.7%となり，自作農の割合が大幅に増えた。したがって，農地改革で小作農の割合が増加したことはない。

問3　特需景気は，朝鮮戦争で日本がアメリカ軍への軍事物資の調達や武器の修理などを行ったことで生まれた好景気である。これによって日本の経済は，ほぼ戦前の水準まで回復した。　あ　朝鮮戦争(1950～1953年)の時にGHQの指令によりつくられたのは，自衛隊ではなく警察予備隊である。自衛隊ができたのは，1954年である。　い・え　大韓民国と朝鮮民主主義人民共和国が独立したのは，両者ともに朝鮮戦争前の1948年である。

基本　問4　サンフランシスコ平和条約で，日本は朝鮮の独立を認め，台湾や澎湖諸島，千島列島や樺太南部の領有を放棄した。したがって，「日本の台湾や千島列島に対する領有権を認める」ことはない。

問5　高度経済成長の時期は，1955～1973年のことである。他方，サッカーの日韓共催ワールドカップが開催されたのは2002年のことなので，高度経済成長の時期の社会の出来事ではない。なお，(い)の東海道新幹線が開業したのは1964年，(う)の政府の住宅政策として団地が郊外に建てられたのは1955年以降，(え)のカラーテレビ・洗濯機・冷蔵庫が3Cと呼ばれたのは1960年代後半～1970年代，(お)の日本万国博覧会が開催されたのは1970年のことである。

6　(政治―立憲主義に関する問題)

重要　問1　(1)　政府とは国または州を統治する権限を持つ人々の集団，あるいは政治を行う場所のことで，近代以降は国家の統治機構を指している。　(2)　立憲主義とは憲法に基づいて政治が行われることで，法による権力の抑制を通じて個人の権利と自由を守ろうとする政治のことであり，立憲政治とも呼ばれる。その最初の形態は法の支配の原則に基づいて，イギリスで発達した。　(3)　日本国憲法第12条には「この憲法が国民に保障する自由及び権利は，国民の不断の努力によって，これを保持しなければならない。」とある。

問2　「森友問題」とは，2016年に学校法人森友学園に日本政府から国有地が売られた際に，「約8億円引き」という値引きに関して日本の首相と財務省による汚職が疑われた事件である。この件に関して，上司から公文書の改ざんを指示された財務省の近畿財務局の職員が自殺している。この事件は検察庁の捜査の結果，2019年に裁判になることなく捜査が終了した。なお，(い)は東京高検検事長の定年延長問題，(う)は桜を見る会問題，(え)は加計学園問題である。

基本　問3　臨時会(臨時国会)は内閣が必要と認めた時，また衆議院・参議院のいずれかの議院の総議員の4分の1以上の要求があった時に開催される国会である。この国会では，政治上の緊急を要する問題などが審議される。

問4　(1)　日本国憲法の改正については，日本国憲法第96条1項で「各議院の総議員の3分の2以上の賛成で，国会が，これを発議し，国民に提案してその承認を経なければならない。この承認には，特別の国民投票又は国会の定める選挙の際行はれる投票において，その過半数の賛成を必要とする。」とある。したがって，憲法改正の発議の条件は，「各議院の総議員の3分の2以上の賛成」となる。　(2)　国民投票法は2007年に公布され，2010年に施行された法律で，白票などの無効票を除く有効投票数の過半数(い)があった場合に憲法改正が認められることが定められている。　(3)　2021年に成立した改正国民投票法では，事前に決められた投票所以外でも投票ができる「共通投票所」を駅や商業施設などに設置することや船の上での「洋上投票」の対象を遠洋航海中の実習生にも拡大することなどが盛り込まれている。

やや難　問5　集団的自衛権とは，自分の国と同盟関係にある他国が敵の国から攻撃された場合，たとえ自分の国が直接攻撃をされていなくても，自分の国に対する攻撃とみなして，集団で自衛権を行使できるしくみのことである。2015年9月まで日本政府は憲法上の理由で集団的自衛権は行使できないとする立場を取っていたが，安倍内閣は安全保障関連法(平和安全法制)を成立させることで，集団的自衛権の行使を可能にした。

7 (政治―多様性・ジェンダーに関する問題)

問1　2016年4月から施行された障害者差別解消法は，国・都道府県・市町村などの役所，会社・店などの事業者が障害のある人に対して正当な理由なく，障害を理由に差別することの禁止，障害のある人から社会の中にあるバリアを取り除く必要があることを伝えられた時，負担が重すぎない範囲で対応することを定めている。

問2　法務省は国の行政機関の1つであり，検察，刑の執行，人権擁護，出入国管理などの仕事を行っている。したがって，名古屋出入国在留管理局を監督しているのは法務省である。なお，(あ)の外務省は外交政策の企画・立案など，(い)の内閣府は内閣の重要政策に関する企画・立案など，(う)の総務省は行政組織や公務員制度・地方行政など，(え)の文部科学省は教育・科学技術などの仕事を行っている。

重要　問3　(1)　夫婦別姓制度とは，夫婦が希望した場合に結婚後でも夫婦がそれぞれ結婚前の姓を名乗ることを認めることである。現在の民法の下では結婚すると男性または女性のいずれか一方の姓に統一しなければならないが，女性の社会進出に伴い，改姓による職業・日常生活上の不便・不利益が指摘されるようになり，選択的な夫婦別姓を求める動きが出てきた。　(2)　ヘイトスピーチとは，主として人種・出身国(国籍)，職業，性別・外見などの自分で変えることが困難な事柄に対して，攻撃・脅迫・侮蔑・差別的な言動を行うことである。このようなヘイトスピーチは1965年に国連総会で採択された，「人種差別撤廃条約」で禁止されている。日本では2016年5月にヘイトスピーチ対策法が制定され，これにより在日外国人などへの「差別的言動」が規制された。　(3)「性的少数者」の中で，「こころとからだの性が一致していない人」のことをトランスジェンダーと呼んでいる。これは，「超える」を意味する「トランス」と「性別」を意味する「ジェンダー」の造語であり，その多くはからだが男性として生まれながら，女性と思っている「トランス女性」と逆にからだが女性として生まれながら，男性と思っている「トランス男性」である。

★ワンポイントアドバイス★

地理・歴史・政治の各分野とも大問数に違いがあるが，設問数ではほぼ同じ割合である。集団的自衛権について答える3行の説明問題は，指定語句が用意されているが，普段からどの程度世界の動向に注意していたかで差が付いただろう。

＜国語解答＞《学校からの正答の発表はありません。》

一　問一　①　批評　②　観衆　③　傷害　④　経　⑤　裁
問二　①　むく　②　ほが　③　たんぼう　④　えとく
問三　①　同　②　短　③　消　問四　①　ウ　②　イ　③　イ

二　問一　ウ　問二　ア　問三　b　エ　c　ア　問四　エ
問五　(はじめ)タコツボの　(おわり)ていく時代　問六　イ　問七　エ　問八　ア
問九　質問　問十　(例)　たとえば，道端にうずくまっている人がいた場合，何をするべきか，正確な答えを私は知らない。だから，普段から自分で考えたり，大人に意見を聞いたりする必要がある。このように，簡単に答えの出ない問題と取っ組み合い，質問し，分かったふりをしない知性。

三　問一　A　エ　B　ア　C　オ　問二　ウ　問三　イ　問四　イ
問五　㈠　仁王立ち　㈡　(例)　自分がどんな大人になるかは，両親のせいでも，だれのせいでもなく自分のせいだ　問六　エ　問七　ア
問八　(例)　おとうさんを，勝手な親だと思っていたが，自分の考えをもった一人の人間として大好きだと感じるようになり，自分も一人の人間としてしっかり生きようと思ったから。

○推定配点○

一　各2点×15　二　問十　12点　他　各2点×10(問五完答)
三　問五㈡・問八　各10点×2　他　各2点×9　計100点

＜国語解説＞

一　(論説文—要旨・大意，細部の読み取り，空欄補充，ことわざ，漢字の読み書き)

問一　①「批評」は，物事や作品の美醜・是非などについて評価し論ずること。　②「観衆」は，大勢の見物人，という意味。　③「傷害」は，傷つけ損なうこと。　④「経過」の「経」である。　⑤「裁判」の「裁」である。

問二　①「報いる」は，受けた恩義・行為に対して，相応のことを返すこと。　②「朗らか」は，心のはればれとした様子。　③「探訪」は，社会の出来事や人々のありさまをさぐりに出向くこと。　④「会得」は，意味をよく理解して，自分のものとすること。

基本　問三　①「同意」は，他人の意見に賛成すること。　②「欠点≒短所」は類義語。「短所⇔長所」は対義語。　③「消息」は，便りや知らせのこと。

問四　①「晴れやかな」，ウ「有名な」の「な」は形容動詞の活用語尾。イ「おかしな」は連体詞。ア「なのに」の「な」は断定の助動詞「だ」の連体形。　②「借りに」，イ「働きに」の「に」は格助詞。ア「静かに」の「に」は形容動詞の活用語尾。ウ「とうに」は副詞。　③　どの「て」も接続助詞。「終わって」，イ「上げて」の「て」は，前の事柄に続いてあとの事柄が来ることを表している。ア「見たくて」の「て」は，原因・理由を表している。ウ「明るくて」の「て」は並立語を作っている。

二　(論説文—ことわざ，空欄補充，慣用句，接続語，内容理解)

問一　「井の中の蛙」は「井の中の蛙大海を知らず」の略。考えや知識が狭くて，もっと広い世界があることを知らない，世間知らずのこと。見識の狭いことにいう。「針の穴から天上を覗く」は，狭い見識をもって大きい物事に臨むことのたとえ。

問二　「お茶を濁す」は，いいかげんにその場をごまかすこと。

問三　b　「にわか」は，物事を急にする様子。　c　「すべからく……べし」(〝当然……すべきだ〟という意味)の形でも使われる。

問四　空欄に選択肢の言葉を実際に当てはめながら，ふさわしい組み合わせを選ぶ。

問五　「近年」より前の時代の医療の世界の状況が，どのように述べられているかをとらえる。

重要　問六　「『私にはここが分かっていない』ことが分かっていない」という状態である

問七　「自分たちの知識の体系下における知識量が他者より多い」が，その体系の外部の領域についての「疑問は，彼らの中には出てこない」ということをとらえる。

問八　「机上の空論」は，机の上で考えただけで，実際には役に立たない案や意見のこと。感染症の専門家でない官僚が，形式的に考えた「運用基準」であったということ。

問九　直前の「患者の立場になったら……だろうか」という問いを，何と呼ぶかを考える。

やや難　問十　最後の二つの段落から，「本当に必要な知性」とは何かをとらえ，身近な事柄と結びつけて答える。

三　(小説一空欄補充，心情理解，内容理解，表現理解，主題)

基本　問一　空欄の前後の状況に注意して考える。

問二　ハルは，旅を続けるためにおとうさんに「なんと言うべきかを考え」ていて，「体全部，どこもかしこもどきどきしている」のに対して，おとうさんは切符を買い，「どうする，なんか食うか」と問いかけるなど，ハルが家に帰ることを前提に話している。

問三　次の駅で降りることは，おとうさんが「ふいに」したことであり，傍線部②のときは考えていないはずなので，イは不適。

問四　ハルは，おとうさんを強く責めることで，おとうさんがハルとの旅を続ける気になるのではないかと考えている。

重要　問五　㈠「仁王立ち」は，いかめしく突っ立つこと。　㈡「おれがろくでもない大人になったのはだれのせいでもない」「あんたがろくでもない大人になったとしても，それはあんたのせいだ。おれやおかあさんのせいじゃない」に，おとうさんの考えが表れている。

問六　「人のいないホーム」でおとうさんの考えを言われ，ハルはそれを理解し，おとうさんに対する気持が変わったのである。

問七　ハルは，旅から心を切り替えようとしているので，足を止めないようにしている。

やや難　問八　「私は，あそこに立っている，いつまでもばかみたいに手をふり続けている男の人が大好きだと思った」に注目。ハルは，おとうさんを一人の人間としてとらえ，「大好きだ」と思うようになったのである。

★ワンポイントアドバイス★

読解問題では，早く的確に読み取る力が求められる。読解力を養うには，ふだんから新聞を読んだり，いろいろな小説や随筆，論説文に触れたりすることが大切！語句などの知識問題も多いので，基礎をしっかり固めておく必要がある。

第2回

2022年度

解　答　と　解　説

《2022年度の配点は解答欄に掲載してあります。》

＜算数解答＞《学校からの正答の発表はありません。》

1　(1)　35　(2)　7　(3)　127　(考え方)　解説参照

2　(1)　96　(2)　21個　(3)　$3\frac{4}{7}$cm　(4)　22通り　(5)　1.5km　(6)　391

3　(1)　8枚　(2)　3回　(3)　1，4，9　4　(1)　5％　(2)　15％

5　(1)　12cm^2　(2)　12.56cm^2　(考え方)　解説参照　(3)　$1\frac{1}{8}$倍

6　(1)　$\frac{3}{5}$倍　(2)　144cm^2

○推定配点○

5・6　各6点×5　他　各5点×14（3(3)完答）　計100点

＜算数解説＞

1　**(四則計算，数列)**

(1)　$(7.5+62.5-15)\times\frac{7}{11}=35$

(2)　$\frac{□}{2}=\frac{21}{8}\div\left(\frac{7}{10}\times\frac{15}{14}\right)=\frac{21}{8}\times\frac{4}{3}=\frac{7}{2}$　□＝7

重要　(3)　31÷222＝0.1396396～より，右表において，小数第22位までの数を足すと1＋(3＋9＋6)×7＝127

0.1396
⋮
396
7行

重要　2　**(数の性質，割合と比，平面図形，場合の数，速さの三公式と比，鶴亀算，平均算，演算記号，単位の換算)**

(1)　A＝12×□，B＝12×△　12×□×△＝180より，□×△＝180÷12＝15＝3×5
したがって，それぞれ2ケタの整数であるAとBの和は12×(3＋5)＝96

(2)　それぞれが持っている個数をA～Cで表す。
A－4＝B＋5より，A＝B＋9，B＋5＝C×0.5より，C＝B×2＋10
B＋9＋B＋B×2＋10＝B×4＋19＝67，B＝(67－19)÷4＝12
したがって，A＝12＋9＝21(個)

(3)　右図より，5×5＝7×□　したがって，FCは$\frac{25}{7}$cm

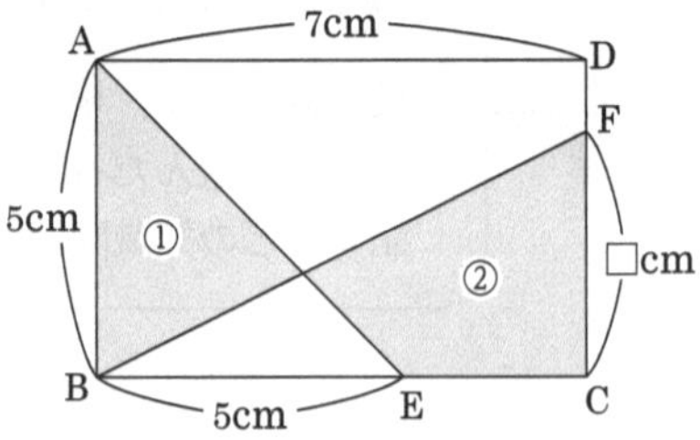

(4)　以下の11通りについて，アとイの組み合わせは2×11＝22(通り)ある。

(1，2)(1，3)(1，4)(1，5)(1，6)(2，3)(2，5)

(3，4)(3，5)(4，5)(5，6)

(5)　時速3kmで進んだ時間が1，時速1kmで進んだ時間が2のとき，平均の時速は$(3+1\times2)\div(1+2)=\frac{5}{3}$(km)

$\frac{5}{3}$kmで進んだ時間…$\left(2\times2\frac{15}{60}-4\right)\div\left(2-\frac{5}{3}\right)=0.5\times3=1.5$(時間)

時速3kmで進んだ時間…1.5÷(1＋2)＝0.5(時間)　したがって，時速3kmで進んだ道のりは3×0.5＝1.5(km)

(6)　368※59は，368÷59＝6…14より，14
　ア※14＝13より，アは「14の倍数＋13」であり，(400－13)÷14＝27…9　したがって，アは14×27＋13＝391

重要 **3　(数の性質)**

(1)　右表において，×は裏面，○は表面を表す。したがって，操作3までで表面であるのは2，3，4，8，9，10，14，15の8枚

(2)　操作9までで9が裏返しになったのは，1，3，9の倍数より3回

(3)　操作終了時に裏面であるのは1，4，9

数字＼操作	1	2	3	4	5	6	7	8	9	10	11	12	13	14	15
1	×														
2	×	○													
3	×		○												
4	×	○		×											
5	×				○										
6	×	○	×			○									
7	×						○								
8	×	○		×				○							
9	×		○						×						
10	×	○			×					○					
11	×										○				
12	×	○	×	○		×						○			
13	×												○		
14	×	○					×							○	
15	×		○		×										○

重要 **4　(割合と比)**

水の重さ…A 950÷10×5＝475(g)　B 950÷10×3＝285(g)　C 950÷10×2＝190(g)

食塩の重さ…A 50÷10×2＝10(g)　B 50÷10×3＝15(g)　C 50÷10×5＝25(g)

(1)　15÷(285＋15)×100＝5(%)

(2)　AとCの食塩水を合わせた食塩水…(10＋25)÷(10＋25＋475＋190)×100＝35÷700×100＝5(%)の食塩水が700g　右図より，色がついた部分の面積は等しく求める濃度は7×(8－5)÷3＋8＝15(%)

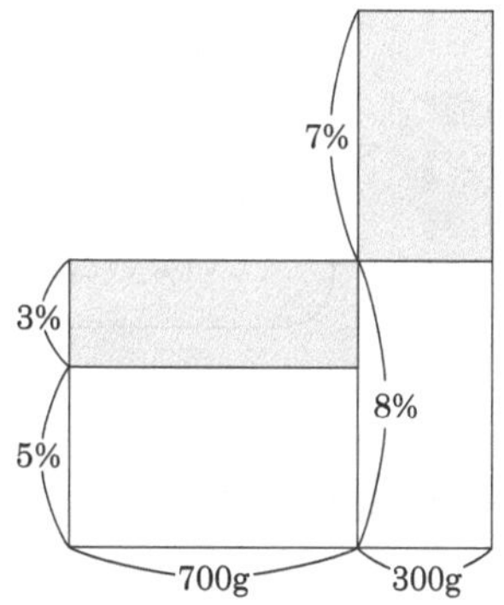

5　(平面図形，割合と比)

基本 (1)　右図より，8×6÷2÷2＝12(cm^2)

重要 (2)　右図より，半径をアcmとすると，8－ア＋6－ア＝14－ア×2が10cmに等しいので，アは(14－10)÷2＝2(cm)　したがって，円の面積は2×2×3.14＝12.56(cm^2)

(3)　右図より，三角形DAPとFPCの面積比は$\frac{6}{8}$：$\frac{4}{6}$＝9：8　したがって，三角形DAPの面積は三角形FPCの$\frac{9}{8}$倍

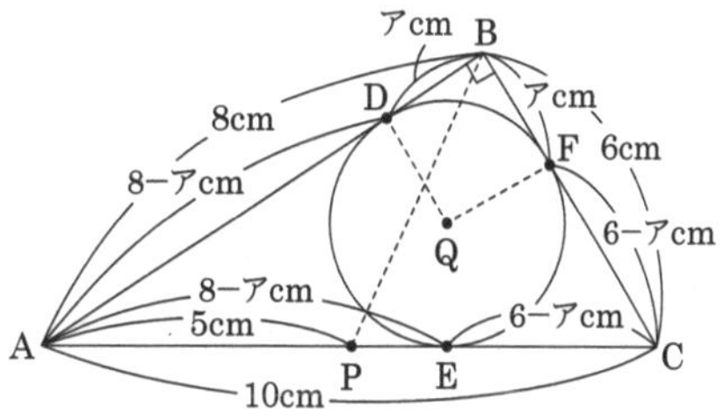

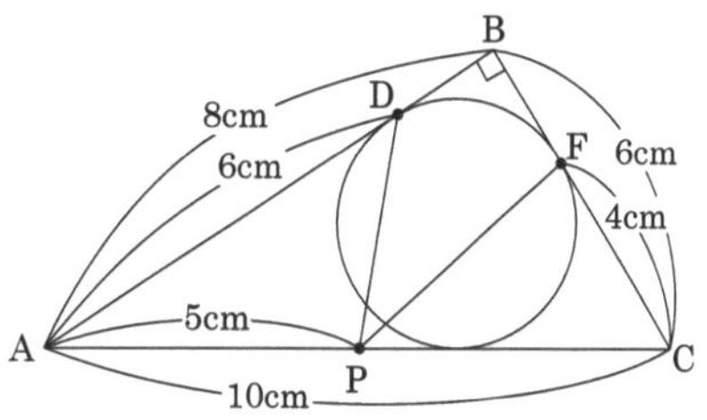

6 (立体図形，平面図形，相似，割合と比)

やや難 (1) 右図より，三角形APMと三角形GPEの相似比が1：4であり，AGの長さが5のとき，PQの長さは5－1×2＝3
したがって，PQはAGの$\frac{3}{5}$倍

(2) 下図より，三角錐C－LKGの表面積は12×12＝144(cm^2)

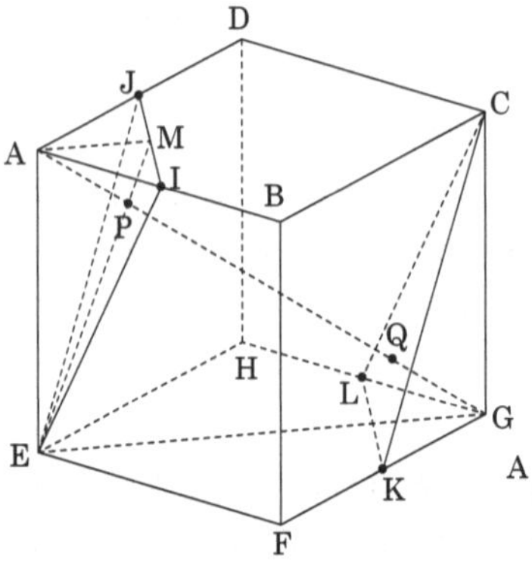

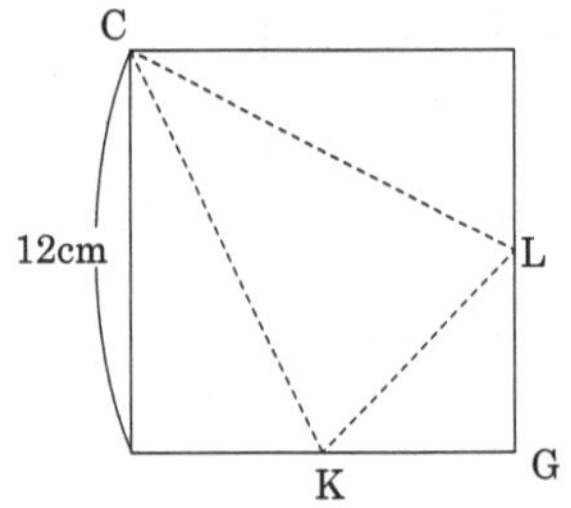

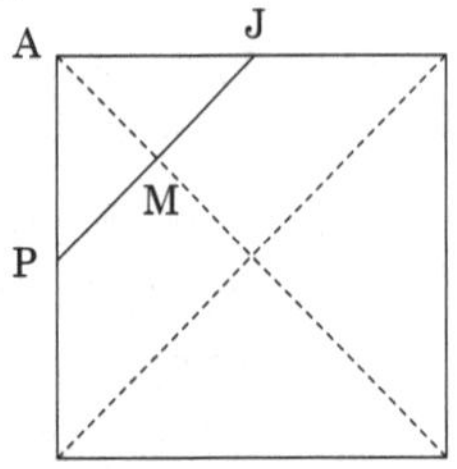

★ワンポイントアドバイス★

2(5)「時速と道のり」は，平均時速を求め「鶴亀算」を利用するのがポイントである。3「倍数」の問題は，内容自体は難しくなく，5(2)「内接円の面積」は解き方を知っていないと難しく，6(2)「三角錐の表面積」も同様である。

＜理科解答＞《学校からの正答の発表はありません。》

1. 問1 オ　問2 (日光があたる場所) ア　(日光があたらない場所) ウ
問3 ウ　問4 食物連鎖　問5 ア，エ

2. 問1 わし(座)，アルタイル　問2 こと(座)，ベガ　問3 さそり(座)，アンタレス
問4 エ　問5 春　問6 エ　問7 カ

3. 問1 875　問2 (アルミニウム) 0.04(g)　(塩酸) 28(mL)
問3 (塩酸) 25(mL)　(発生気体) 1250(mL)　問4 エ　問5

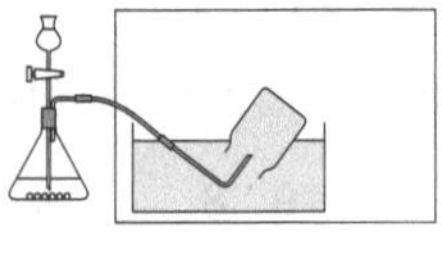

4. 問1 (前ギア) B　(後ギア) E
問2 (前ギア) A　(後ギア) C
問3 (前ギア) B　(後ギア) D　問4 エ　問5 エ

5. 問1 ア，ウ　問2 (ア) 天然痘　(イ) 牛痘
(ウ) ジェンナー　(エ) パスツール　問3 mRNA[メッセンジャーRNA]

○推定配点○

1. 問2 各2点×2　他 各3点×4(問5完答)　2. 各3点×7(問1～問3各完答)
3. 各3点×5(問2・問3は各完答)　4. 各3点×5(問1～問3各完答)
5. 問2 各1点×4(問1完答)　他 各2点×2　計75点

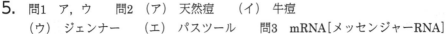

＜理科解説＞

1. (植物─植物の成長，食物連鎖)

重要 問1　植物の成長と日光の関係を調べるための実験なので，日光以外の条件は変えずに行う。

重要 問2　日光があたる場所においた植物は，日光を受けて光合成を行い，養分をつくり出すことができるため，葉の枚数が多くなり，茎も太く，全体的にこい緑色でじょうぶに育つ。日光があたらない場所においた植物は，肥料をふくむ水を与えられているため育たないことはないが，光合成を行わないためあまりよくは育たず，葉が小さく枚数は少なくなり，茎は高くのびているが弱々しく，全体的にうすい緑色になる。

基本 問3　エリア(あ)の土には肥料がなく，エリア(い)の土には肥料が混ざっていることから，エリア(い)の方が植物はよく育つ。

基本 問4　生物どうしの「食べる－食べられる」という関係を食物連鎖という。

問5　【観察と作業】で，除草剤によって植物Bには変化が見られなかったが，植物Cには影響が見られたことから，除草剤や農薬には，特定の植物に対して効果があることがわかる。また，植物Bが枯れたことで植物Bをエサとする動物が死んだことから，食物連鎖によって，除草剤や農薬の影響は他の生物にも影響がおよぶことがわかる。オは【実験1】【実験2】や【観察と作業】からは，除草剤や農薬の人間に対する影響はわからない。

2. (星座と星─星の動き)

基本 問1・問2　夏の大三角をつくる星座は，わし座のアルタイル，こと座のベガ，はくちょう座のデネブで，南東の空に見えるとき，やや低いところに見えるのはアルタイル，南寄りの高いところに見えるのはベガ，東寄りの高いところに見えるのはデネブである。

基本 問3　夏の南の空の低いところに見えるSの字に似た星座はさそり座である。さそり座で最も明るい赤い星はアンタレスである。

問4　真東からのぼって真西にしずむ星が南中するとき，南中高度はその地点の緯度と等しくなる。図の木星は観測のすぐあとに南中すると考えられ，天頂の高度が90度であることから，木星の南中高度はおよそ30度であると考えられる。神奈川県の緯度はおよそ北緯35度なので，木星は，真西よりもやや南寄りの西南西にしずむと考えられる。

問5　うしかい座のアルクトゥルス，おとめ座のスピカ，しし座のデネボラは春の大三角をつくる星である。

重要 問6　観測した日の月の月齢が15.7であることから，この日の月はほぼ満月であることがわかる。満月から2週間後の月は新月で，新月は正午(12時)ごろに南中する。

問7　同じ位置に見える星の時刻は，1か月で2時間ずつ早くなることから，2か月前は20時の4時間後の24時に同じ位置に見えていたと考えられる。

3. (気体の発生・性質─塩酸とアルミニウムの反応)

問1　アルミニウム0.2gと塩酸10mLが反応したときに発生する気体の体積は250mL，アルミニウム0.5gと塩酸25mLが反応したときに発生する気体の体積は625mLなので，アルミニウム0.7gと塩酸35mLが反応したときに発生する気体の体積は，250＋625＝875(mL)

重要 問2　アルミニウム0.2gが反応したとき，気体が250mL発生するので，気体が700mL発生したときに反応したアルミニウムをxgとすると，0.2(g)：250(mL)＝x(g)：700(mL)　x＝0.56(g)である。よって，反応せずにとけ残るアルミニウムは 0.6－0.56＝0.04(g)である。また，アルミニウム0.2gと塩酸10mLがちょうど反応するので，アルミニウム0.56gとちょうど反応する塩酸は，$10(\text{mL})\times\frac{0.56(\text{g})}{0.2(\text{g})}=28(\text{mL})$である。

やや難 問3　0.2gのアルミニウムと反応するもとのこさの塩酸は10mLなので，1.0gのアルミニウムと反応するもとのこさの塩酸は，$10(\mathrm{mL})\times\frac{1.0(\mathrm{g})}{0.2(\mathrm{g})}=50(\mathrm{mL})$である。塩酸のこさを2倍にすると必要な体積は12ですむので，必要な塩酸の体積は$50(\mathrm{mL})\times\frac{1}{2}=25(\mathrm{mL})$である。また，0.2gのアルミニウムが反応したときに発生する気体は250mLなので，1.0gのアルミニウムが反応したときに発生する気体は，$250(\mathrm{mL})\times\frac{1.0(\mathrm{g})}{0.2(\mathrm{g})}=1250(\mathrm{mL})$

重要 問4　水にとけない性質をもつ気体は水上置かんで集め，水にとける性質をもつ気体で空気よりも軽いものは上方置かん，空気よりも重いものは下方置かんで集める。

重要 問5　塩酸とアルミニウムが反応したときに発生する気体は水素で，水素は水にとけにくい気体なので水上置かんで集める。水上置かんでは，気体を集める集気びんをあらかじめ水で満たしておく。

4. (輪軸―自転車の変速機のしくみ)

やや難 問1　急な坂道を登るときは，ペダルを踏み込む力はできるだけ小さく，後輪を回転させる力はできるだけ大きくなればよい。変速が可能な自転車には輪軸のしくみが利用されていて，輪軸は半径が大きいほど力が小さくなることから，前ギアは回転させるのに必要な力が小さくなる半径が小さなB，後ギアは回転によって伝わる力が大きくなる半径が最も大きなEを用いるとよい。

やや難 問2　ペダルの回転数が同じ時，自転車が最も進むのは，ペダルが1回転したときに後輪が最も多く回転する組み合わせを選べばよい。前ギアは1回転したときにチェーンが長く動く，歯数の多いAを選び，後ギアは後輪が1回転するのに必要なチェーンの動きが最も短くてすむ，歯数の最も少ないCを選ぶとよい。

やや難 問3　タイヤの円周が2mなので，自転車が20m進むとき，タイヤは20÷2＝10より10回転していることがわかる。ペダルを10回転させていることから,ペダルの回転数とタイヤの回転数が等しいことがわかる。このようになるのは，前ギアの歯数と後ギアの歯数が同じときなので，前ギアはB，後ギアはDであることがわかる。

やや難 問4　2つの物体の間で力がはたらくとき，おたがいの物体が相手を同じ大きさで逆向きに力を加え合う。これを作用反作用の法則といい，一方の力を作用，もう一方の力を反作用という。このことから，ペダルと足の間では，同じ大きさの力が逆向きにはたらき合う。

問5　タイヤに空気を入れたときにタイヤがあたたかくなるのは，空気には圧縮されると温度が高くなるという性質があるからである。エアコンでは，空気の体積変化による温度変化を利用している。

5. (時事―新型コロナウイルス)

問1　コロナウイルスはDNAはもたず，RNAをもつウイルスで，生物の体内に入りこんで細胞のしくみを利用して増殖する。コロナウイルスの「コロナ」は，王冠(crown：クラウン)に似ていることから，ギリシャ語で王冠を意味する「corona：コロナ」に由来する。

問2　1980年に世界保健機関によって根絶宣言が出された感染症は天然痘である。イギリス人医師ジェンナーが，牛が発症して人に感染することもあるが軽症ですむ牛痘のウイルスを利用して天然痘のワクチンをつくり，これが人類初のワクチンといわれている。フランスの細菌学者パスツールが，ジェンナーの業績をたたえて「ワクチン」と命名したとされている。なお，「ワクチン」とはめすの牛を意味する言葉に由来する。

問3　2020年半ばまでに薬事承認された新型コロナウイルスのワクチンには，ウイルスベクターワクチンとmRNA(メッセンジャーRNA)の2種類がある。

★ワンポイントアドバイス★

実験や観察，身近なものを題材にした問題が中心で，問題文が長めのものが多いが，難易度は基本～標準レベルなので，できるだけすばやく正確に読むことを意識した問題演習を心がけよう。

＜社会解答＞《学校からの正答の発表はありません。》

1 問1　10(m)　問2　2.4(cm)　問3　税務署　問4　か　問5　う

2 問1　【1】 C　【2】 B　【3】 A　【4】 D　問2　魚沼
問3　(1)　石狩　(2)　十勝　問4　あ　問5　う　問6　(1)　い　(2)　う

3 問1　【1】 い　【2】 あ　【3】 か　【4】 う　問2　い

4 問1　平安京　問2　う　問3　(例)　幕府から十分な恩賞を得ることができず，また分割相続のくりかえしで，領地が小さくなり収入が減った。そのため土地を売ったり，質入れしたりして領地を失う御家人もいた。　問4　分国法　問5　一揆

5 問1　う　問2　え　問3　日本に関税自主権がないこと　問4　尊王攘夷　問5　う

6 問1　え　問2　関東大震災　問3　う　問4　護憲(運動)　問5　D→C→A→B

7 問1　1　く　2　え　3　い　問2　あ　幸福追求　い　法の下　う　同等の権利
問3　ニュージーランド　問4　子供を産んで育てないということ
問5　あ　仕事　い　家庭

8 問1　インド・パキスタン　問2　核兵器禁止条約　問3　国際紛争

9 問1　え　問2　3(%)　問3　法人税

○推定配点○
1　各2点×5　2　各2点×11　3　各2点×5　4　問3　3点　他　各1点×4
5　各1点×5　6　各1点×5(問5完答)　7　各1点×10　8　各1点×3(問1完答)
9　各1点×3　計75点

＜社会解説＞

1 (地理―地形図の見方)

問1　地図の等高線には，主に太い線(計曲線)と細い線(主曲線)の2種類がある。【図1】の地図中の等高線の中で計曲線に「100」と「150」という数値がみられ，その間に主曲線が4本みられるので，等高線(主曲線)の間隔は10mとなる。

問2　等高線(主曲線)が10mごとに引かれているのは，縮尺2万5000分の1の地図である。縮尺2万5000分の1の地図では地図上1cmの長さは，実際の距離で250mにあたる。設問文中に地図中で「あ(四条大橋)からい(八坂神社)までの距離を600mとする」とあるので，地形図上の距離は600m÷250m＝2.4となり，地図上での長さは「2.4cm」となる。

問3　地図中のうの地図記号「◇」は，税務署を表している。税務署の地図記号は，以前よく金銭などの計算に使用されたそろばんの玉を記号化したものである。

重要　問4　断面図の左から距離が100m付近の地点で高度が約240mになり，その後は次第に下って距離300～350mで約160mになり，その後は再び高度が上がり，最終的には高度約220mになっているので，そのような変化を示す地図上の線は「か」である。

重要　問5　地図中には方位記号がみられないので，この地図の方位は上が北となる。【図1】で「智積院庭園」は地図中の左下に確認でき，「成就院庭園」は地図中のほぼ中央の線「え」と「お」の間に確認できる。「智積院庭園」からみて「成就院庭園」は右上の方向に位置しているので，その方位は北東ということになる。

2 (日本の地理―農林水産業に関する問題)

問1　【1】は日本で二番目に広い面積を持つ湖があり，野菜の栽培がさかんで首都圏の食をささえ

ていることから茨城県，【2】は越後平野や高田平野などを中心に大規模な米作りが行われていることから新潟県，【3】は大雪山系や帯広があることから北海道，【4】は全国で2番目に面積が大きく，北上盆地を中心に米作りが行われていることから岩手県である。他方，都道府県ごとの耕地面積(2018年)を示した表中のAは上記の4つの道県の中で最も耕地面積が広いことから北海道(【3】)，Bは耕地面積の内訳の中で水田の割合が約9割を占めていることから，米の単作地帯である新潟県(【2】)，CとDを比べると，Cは耕地面積の内訳の中で畑が約3分の1を占めているので，首都圏の周辺で近郊農業がさかんな茨城県(【1】)，残りのDは岩手県(【4】)となる。

問2　【図2】は新潟県であり，その中で示されている二つの市町村は同県の中越地方にある魚沼市(北側)と南魚沼市(南側)である。平成の大合併により魚沼市は6町村(堀之内町・小出町・湯之谷村・広神村・守門村・入広瀬村)，南魚沼市は3町(六日町・大和町・塩沢町)が合併して成立した。他方，コシヒカリは新潟県を主産地とする銘柄米(ブランド米)であるので，【図3】の空欄には「魚沼」があてはまる。

基本　問3　(1)　石狩平野は石狩川の中流から下流にかけて広がる平野であり，北海道第1の広さを持つ。この平野では泥炭地と呼ばれる農業に適さない湿地に排水路を整備し，土を他の場所から持ち込む客土によって土地改良を行ったことで，北海道における稲作の中心地となった。

(2)　十勝平野は北海道南東部の十勝川流域に広がる平野で，大部分が火山灰土でおおわれている。この平野では北海道の代表的な畑作地帯となっており，てんさい，じゃがいも，豆類(あずき・大豆)などの大規模な栽培が行われている。

問4　【4】(岩手県)の県庁所在地は盛岡市である。盛岡市は太平洋側の気候であり，降水量は夏の時期に一番多くなるが，気温は全体的に冷涼である。【1】～【4】の道県の県庁所在地の中で太平洋側の気候は【1】(茨城県)の水戸市と【4】の盛岡市で，設問中の雨温図の中で太平洋側の気候の特色を示しているのは(あ)と(い)である。水戸市と盛岡市の気候を比べると盛岡市の方が冷涼であるので，平均気温が低い雨温図(あ)が盛岡市，雨温図(い)が水戸市となる。なお，(う)は札幌市，(え)は新潟市の雨温図である。

問5　日本は鶏肉の輸入先は2000年代初頭までは中国・タイ・ブラジル・アメリカ合衆国がほぼ均等になっていた。しかし2004年に中国やタイで鳥インフルエンザが発生した後はブラジルからの輸入が中心となっているので，ブラジルからの輸入割合が全体の74.2%をしめている表中の(う)が鶏肉の輸入先を示したものである。なお，表中の(あ)は牛肉，(い)は豚肉の輸入先を示したものである。

重要　問6　(1)　【1】は茨城県なので，同県の最島南端の太平洋(鹿島灘)と利根川に面している場所にある漁港は波崎(い)である。波崎は江戸時代から利根川をはさんだ対岸の銚子の発展とともに関連して漁業がさかんに行われていた。波崎は海面漁業あるいは内水面漁業基地として沖合まき網漁業をはじめとして全国でも有数の水揚げ量を確保している。なお，(あ)の銚子と(え)の勝浦は千葉県，(う)の宮古は岩手県，(お)の釧路は北海道の漁港である。　(2)　養殖業の種類別生産量と都道府県別の割合(2019年)を示した表で，表中の(A)は北海道(【3】)が全体の約4分の3(73%)を占め，次いで岩手県(【4】，23%)，宮城県(3%)と東北地方の県が続くのでこんぶ類，(B)は青森県が全体の約3分の2(69%)を占めているのでほたてがい，(C)は宮城(41%)，岩手(28%)，徳島(13%)のようになっているのでわかめ類の生産量を表したものである。

3　(日本の地理―工業に関する問題)

重要　問1　【1】　明治時代に官営の製糸工場が作られ，太田市に第二次世界大戦まで飛行機を生産していた自動車会社の主力工場があることから群馬県(地図の(い))である。　【2】「中小企業のまち」といわれる地域があり，インスタントラーメンなどのユニークな商品も誕生したので大阪府

(地図の(あ))である。【3】 県の東部は製紙工業を中心とし，西部では楽器やオートバイの生産がさかんであるので静岡県(地図の(か))である。【4】 臨海部に干拓地(埋立地)を利用した工業地帯があり重化学工業が中心で，国産ジーンズ発祥の地ともいわれているので岡山県(地図の(う))である。なお，地図(え)は高知県，(お)は福井県である。

問2 スバルは，太平洋戦争までの航空機メーカーであった中島飛行機に源流を有し，元の航空技術者たちが自動車開発を行ってきた。彼らは航空機の機能性・合理性を重視して，ユニークなメカニズムを特徴とする自動車を多く生産してきた。群馬県の太田市にはスバルの本工場をはじめとした多くの工場が存在する。なお，(あ)のトヨタは愛知県，(う)のマツダは広島県，(え)の日産は神奈川県に拠点がある。

4 (日本の歴史―平安～安土桃山時代)

基本 問1 平安京は現在の京都市に造営された都で，794年に桓武天皇が長岡京から移した。唐の長安を手本として，東西約4.5km，南北約5.2kmで都の中央には幅約85mの朱雀大路がつくられて右京と左京に分けられ，それぞれ南北4本，東西9本の大路によって碁盤目状に組み合わされていた。

問2 A 摂政は君主制を採る国で，君主(日本では天皇)が幼少時，女性，病弱等で，職務を行うことができない時や君主が空位である時に君主に代わってその職務を行う職である。866年に藤原良房が，皇族以外で初めて摂政に任命された。 B 関白とは天皇が成人となった後も引き続き天皇を補佐するという形で政治を行う役職で，887年に宇多天皇が藤原基経を任命したことが始まりである。 C 執権は鎌倉幕府の役職で，将軍を補佐するものである。1203年に北条時政が第3代将軍に源実朝を就任させた時に政所の長官(別当)とともに合わせて任命されたとされる。その後，2代執権の北条義時が侍所の長官を兼ねてからは，事実上の幕府の最高職になった。 D 管領は室町幕府で征夷大将軍を補佐した役職であり，斯波氏・畠山氏・細川氏の3氏が代々この職に就いたので，彼らは三管領と呼ばれた。

やや難 問3 鎌倉幕府は元寇の危機を乗り切ったが，御家人をはじめとした武士たちは多くの出費を強いられた。しかしこの戦いで新しい領地を得たわけではないので，幕府はこれらの武士たちに十分に恩賞を与えることができなかった。そのため，これらの御家人などの武士の中には幕府に不満を持つようになった者もいた。また鎌倉時代の御家人の相続は分割相続であったため，世代が進んで分割相続が繰り返されると受け継ぐ領地が小さくなり，それに応じて収入が減った。そのため御家人の中には土地を売ったり，質入れしたりして領地を失う者も出た。

問4 分国法は，戦国大名が領国支配のために家臣や領民に対して定めた法令で，その例として今川氏の「今川仮名目録」や武田氏の「甲州法度之次第」などがある。

基本 問5 豊臣秀吉は1588年に刀狩令を出して農民から刀・やり・鉄砲などの武器を取り上げることで，一揆を防ぐとともに農民が耕作に専念するようにした。これによって武士と農民との区別をはっきりさせた。

5 (日本の歴史―江戸～明治時代)

基本 問1 江戸幕府は農民を取り締まるために五人組の制度をつくり，村ごとに5～6戸を一組として年貢の納入や犯罪防止などについて共同責任を負わせた。したがって，年貢の未納や犯罪に対して，個人で責任を負わせたことはない。

問2 江戸時代には蝦夷地におけるアイヌの人々との交易は，北海道南部の渡島半島に置かれた松前藩に独占権が認められていた。この交易で松前藩が米・木綿・小袖などを，アイヌ側が乾燥鮭・ニシン・鶴・鷹・トド油などを提供し，交換が行われていた。したがって，アイヌとは仙台藩を介して交易が行われたことはない。

重要 問3 関税は本来，他国に相談することなく自国への輸入品に対して自国の判断のみでかけることができる税である。しかし日米修好通商条約(1858年)では日本だけが自国への輸入品に対する関税を相手国と相談して決めるとされ，関税自主権がなかった。また治外法権は，その国に滞在する外国人はその国の法律に従う必要はないことであり，その権限の1つである自らの国の法律によって本国の領事が裁く権利を領事裁判権という。この領事裁判権を日本は日米修好通商条約で，アメリカ合衆国に認めた。これらの点から，日米修好通商条約は日本にとって不利な不平等条約であった。

問4　尊王論とは王者を尊ぶ考え方で，もとは中国の儒教に由来する。日本では鎌倉時代から南北朝時代にかけて受け入れられ，天皇を「王者」，武士政権(幕府)を「覇者」とみなして後者を否定する文脈で使用された。この尊王論は江戸時代にさかんになり，水戸藩を中心に唱えられた。他方，攘夷論は江戸時代末期にヨーロッパ諸国の日本への進出に伴って，これを敵視して外国人を排除しようとした考え方である。その起源は中国の儒学の思想であるが，独善的観念と国学の影響で日本において独特の発展をした。その考え方は幕末の開港によって一段と高められた。幕末にはそれらの尊王論と攘夷論が結び付いて尊王攘夷運動となり，天皇中心の国家建設をめざすとともに，外国勢力を排除しようとする動きになった。

基本 問5　1873年の地租改正によって，地価の3%を地租として土地の持ち主に現金で納めさせるようにした。そのため農村でも土地を所有している農民は，豊作凶作に関係なく一定の金額の税を納めるようになった。したがって，土地所有者に地租を米で納めさせたことはない。

6　(日本の歴史—大正～昭和時代)

問1　第一次世界大戦(1914～1918年)は，ドイツ・オーストリアを中心とした同盟国とイギリス・フランス・ロシアを中心とした連合国との間の戦争である。第一次世界大戦が起こると，日本は1902年に結ばれていた日英同盟を名目として，連合国側で参戦した。したがって，日本が同盟を結んでいたドイツの陣営について参戦したことはない。

基本 問2　関東大震災は，1923年9月1日に関東地方南部で起こったマグニチュード7.9の大地震である。この地震による死者・行方不明者は約10万5000人で，明治時代以降の地震被害としては，最大規模のものである。

問3　平塚らいてう(1886～1971年)は，女性解放を求めた運動家である。1911年に青鞜社を立ち上げ，その後に女性の参政権を求めて市川房江らとともに新婦人協会を設立した。彼女は雑誌「青踏」の創刊号で，「もとは，女性は太陽だった。」と書いた。なお，(あ)の与謝野晶子(1878～1942年)は歌集『みだれ髪』を出した歌人，(い)の樋口一葉(1872～1896年)は『たけくらべ』などを著した小説家，(え)の市川房枝(1983～1981年)は平塚らいてうとともに新婦人協会を立ち上げた女性運動家である。

問4　護憲運動(1912～1913年，1924年)とは，立憲政治の擁護や政党内閣の確立などを求めた運動である。1912～1913年の第一次護憲運動では，尾崎行雄や犬養毅などが「憲政擁護・閥族打破」を掲げて立憲政治を守る運動を展開し，当時の第3次桂内閣は53日で崩壊した。

重要 問5　【A】の陸軍の青年将校らが大臣の高橋是清らを殺害したのは1936年の二・二六事件，【B】の北京郊外の盧溝橋で日中両軍がぶつかったのは1937年の盧溝橋事件，【C】の海軍の青年将校らが犬養毅首相を暗殺したのは1932年の五・一五事件，【D】関東軍が柳条湖で南満州鉄道の線路を爆破したのは1931年の柳条湖事件である。したがって，これらのできごとを古いものから順に並べると，【D】→【C】→【A】→【B】となる。

7　(政治—貧困や働き方問題と男女の性差に関する問題)

重要 問1　(1)　ジェンダーとは社会・文化的につくられた性別のことで，ジェンダーギャップとは男女の違いで生じている格差や観念によって生み出された不平等のことである。その男女差を測る指標として「グローバル・ジェンダーギャップ指数」があり，世界経済フォーラムにより2006年から毎年公表されている。2021年に発表された「グローバル・ジェンダーギャップ指数2021」によると，2021年の日本の総合得点は0.656であり，調査対象の156ヵ国中120位であった。(2) サンナ・ミレット・マリーン(1985年～)はフィンランドのヘルシンキ出身の政治家で，第46代フィンランド首相である。彼女はフィンランド社会民主党のメンバーの1人として2015年から議会に参加し，2019年6月～10月には運輸通信大臣を務めた。同年12月に前首相が辞任するとフィンランド社会民主党は彼女を次期首相候補に選出した。その後，議会での選出を受けて，彼女は34歳でフィンランド史上最年少の首相となり，世界でも最も若い在職中の指導者となった。 (3) 一人当たり10万円が支給された定額給付金は，給付対象者を2020年4月27日の時点で住民基本台帳に記録されている者で，受給権者は住民基本台帳に記録されている者が属している世帯の世帯主とされた。

基本 問2 あ 日本国憲法第13条には，「すべての国民は，個人として尊重される。生命，自由及び幸福追求に対する国民の権利については，公共の福祉に反しない限り，立法その他の国政の上で，最大の尊重を必要とする。」とある。 い 日本国憲法第14条には，「すべての国民は，法の下に平等であって，人種，信条，性別，社会的身分又は門地により，政治的，経済的又は社会的関係において，差別されない。」とある。 う 日本国憲法第24条第1項には，「婚姻は，両性の合意のみに基づいて成立し，夫婦が同等の権利を有することを基本として，相互の協力により，維持されなければならない。」とある。

問3 ジャシンダ・ローレル・アーダーン(1980年～)はニュージーランドの政治家で2017年10月に第40代ニュージーランド首相に就任した。

問4 LGBTとは性的少数者の総称であり，女性同性愛者(レズビアン)，男性同性愛者(ゲイ)，両性愛者(バイセクシャル)，自認する性の不一致(トランスジェンダー)のことである。2018年に自民党の杉田水脈衆議院議員が月刊誌『新潮45』で，LGBTのカップルを念頭において，「彼ら彼女らは子どもをつくらない，つまり『生産性』がない。そこに税金を投入することが果たしていいのかどうか」と行政による彼らに対する支援を疑問視した。すなわちここでの「生産性がない」ということばは，「子どもを産んで育てない」という意味で使われている。

問5 女性がその個性と能力を十分に発揮して社会で活躍するための環境整備が進められているが，その一方で男性の家事・育児への参加はなかなか進んでいない。その背景には，「男は仕事，女は家庭」という男女の社会的役割分担の意識が関係していると言われている。

8 (政治―核兵器廃絶に関する問題)

問1 核拡散防止条約で核兵器を保有が認められている国は，アメリカ合衆国・ロシア・イギリス・中国・フランスの5ヵ国である。この5ヵ国以外に核兵器の保有を宣言している国はインド・パキスタン・朝鮮民主主義人民共和国(北朝鮮)の3国であり，2021年6月現在で世界の核保有国はこれら8ヵ国である。したがって，ここではアメリカ合衆国・ロシア・イギリス・中国・フランスの5ヵ国以外のインド・パキスタン・朝鮮民主主義人民共和国(北朝鮮)の中から2つの国を書けばよい。

問2 核兵器禁止条約は2017年7月に国連本部で採択されたもので，核兵器の使用や開発・実験・生産・保有などを禁止し，さらに核使用の威嚇も禁止している。この条約は国連加盟国193ヵ国中の122ヵ国の賛成で採択されたが，すべての核保有国や日本などの核の傘に入っている国は参加していない。しかし，2020年10月に批准国が50ヵ国になり，2021年1月に発効した。

基本 問3 日本国憲法第9条1項には，「日本国民は，正義と秩序を基調とする国際平和を誠実に希求し，国権の発動たる戦争と，武力による威嚇又は武力の行使は，国際紛争を解決する手段としては，永久にこれを放棄する。」とある。

9 (政治—日本の財政)

問1　2019年度の日本の国債発行による借金残高は約900兆円で，地方債の発行残高も含めるとその借金の総額は1000兆円を超えている。

基本 問2　消費税は1989年に竹下内閣の時に税率3％で導入され，その8年後の1997年に橋本内閣で税率5％とされ，さらに2014年に安倍内閣で税率8％に引き上げられた。その後は二度にわたって税率の引き上げが延期されてきたが，2019年10月に8％から10％に引き上げられた。

問3　2021年7月にG20財務相・中央銀行総裁会議において，企業が負担する法人税の「最低税率」を少なくとも15％にすることを国際的な法人課税の新たなルールとすることで合意された。

★ワンポイントアドバイス★

地理分野での地形図の読み取り，歴史分野での3行の説明問題，政治分野での時事問題に関係付けた設問等，本校の出題パターンの典型的な設問構成になっているので，その点を踏まえて学習を進めるようにしよう。

＜国語解答＞《学校からの正答の発表はありません。》

一　問一　①　功績　②　機構　③　政策　④　授　⑤　収
問二　①　いさぎよ　②　あきな　③　ほんもう　④　はつが
問三　①　イ　②　オ　③　エ　問四　①　イ　②　イ　③　ウ

二　問一　イ　問二　a　エ　b　ウ　問三　X　エ　Y　イ　問四　イ　問五　ウ
問六　ウ(→)ア(→)エ(→)イ　問七　エ　問八　(はじめ)「頭の　(おわり)ジする
問九　(例)　スポーツ用の靴を選ぶとき，靴の性能に色は全く関係ないはずだが，運動するためという目的を忘れ，色や見た目を気にして選んでしまう。このように，ある視点にとらわれて本来の目的を俯瞰することができなくなるのが，「踊らされている」ということである。

三　問一　A　イ　B　エ　問二　(はじめ)じゃんけんで　(おわり)し付けられた
問三　1　ウ　2　イ　3　エ　4　ア　問四　エ　問五　エ　問六　エ
問七　エ　問八　イ　問九　(例)　コースケの死を悲しむ「わたし」の気持を「光一くん」がよく理解してくれているから。　問十　(例)　自分を不器用で，生真面目で，融通がきかない人間だと感じて自信がもてず，生きることを楽しいと思っていなかったが，光一くんに合ってしだいに気持ちが軽やかになり，素直に楽しく生きることができるようになった。

○推定配点○

一　各2点×15　二　問九　12点　他　各2点×10(問六・問八完答)
三　問九　6点　問十　10点　他　各2点×11(問一・問二完答)　計100点

＜国語解説＞

一　(漢字の読み書き，ことわざ，単語の識別)

問一　①「功績」は，手柄のこと。　②「機構」は，活動単位としての組織。　③「政策」は，政治の方策。　④「授ける」は，師が弟子に学問・技芸などを教え伝えること。　⑤「収録」の「収」である。

問二　①「潔い」は，未練がない，という意味。　②「商い」は，売り買いをすること。
③「本望」は，本来ののぞみ。　④「発芽」は，めばえること。

基本　問三　①「紺屋の白袴」，イ「医者の不養生」はどちらも，専門としていることについて，それが自分の身に及ぶ場合にはかえって顧みないものであるということのたとえ。　②「豆腐にかすがい」，オ「のれんに腕押し」はどちらも，手応えがなく効き目がないことのたとえ。　③「長いものには巻かれろ」，エ「寄らば大樹の陰」はどちらも，力の強い者に頼ったり従ったりするのがよいということのたとえ。

問四　①「静けさだ」，イ「山だ」の「だ」は断定の助動詞。ア「読んだ」の「だ」は過去・完了の助動詞。ウ「さわやかだ」の「だ」は形容動詞の活用語尾。　②「起きると」，イ「晴れると」の「と」は接続助詞。ア「家族と」の「と」は格助詞。ウ「ゆっくりと」の「と」は副詞の一部。　③　接続助詞「ながら」の意味の違いをとらえる。「苦しいながら」，ウ「知りながら」の「ながら」は〝……にもかかわらず〟という意味，ア「昔ながら」の「ながら」は〝そのまま〟という意味，イ「しながら」の「ながら」は〝同時にする〟という意味を表している。

二　（論説文―空欄補充，接続語，語句の意味，内容理解）

問一　実際に空欄に選択肢の言葉を当てはめながら，ふさわしい組み合わせを選ぶ。

問二　a　全体を上から見ること。　b　周囲に気を配らず油断のある様子。

問三　あとに「俯瞰的大岡『山』のイメージは，『足元の傾斜』と『地名』という限られた情報を結びつけることによって得られたものです」とあることに注目する。

問四　直後の二文の内容に，イが合致している。

重要　問五　傍線部②を含む段落の内容や，あとの「見えない人は，情報量が減る代わりに配置や関係に特化したイメージで空間をとらえているのです」という内容に注目。

問六　イの「だから」，エの「しかし」などに注意して，つながりをとらえる。

問七　見えない人は，「限られた情報を結びつけることによって」「配置や関係に特化したイメージで空間をとらえている」つまり空間を推論しているのである。

問八　傍線部③については，続く五つの段落で詳しく説明されているので，この部分から解答条件に合う字数の部分を抜き出す。

やや難　問九　「踊らされている」とはどのようなことか，最後の三つの段落から読み取る。ある視点にとらわれて本来の目的を俯瞰することができなくなるのが，「踊らされている」ということである。

三　（小説―空欄補充，語句の意味，内容理解，心情理解，表現理解，主題）

問一　「飄々」は，性格などが軽やかでとらえどころのない様子。

問二　「わたし」がなぜ飼育係になったのかをとらえる。

基本　問三　それぞれ，空欄の前後からそのときの「わたし」の気持ちを考えてあてはめる。

問四　エの直前の「わたしは知った」に注目する。抜けている文章には「わたしは光一くんのことを知っていく」とある。光一くんを「知る」ということが，ここでのキーワードである。

問五　「わたし」が自分のことを「不器用で，生真面目で，融通がきかない」と思っているのは，以前からのことであり，このときに初めて覚悟したことではない。

問六　男女が性の違いを意識して，慎重にふるまうというあり方。

問七　「軽やかに，適当におしゃべりする技術をわたしは，ほとんど持ち合わせていなかった」とはあるが，光一くんがそういう技術をもっていたとは書かれていない。

問八　「ニワトリたちは無残に殺された。その中でも，コースケは，……」とあるように，「わたし」はコースケが死んだことを知っている。

問九 「わたし」と光一くんは，コースケの死を悲しむ気持ちを共有している。

問十 「わたし」は自分を，「不器用で，生真面目で，融通がきかない」人間だと感じて自信をもてずにいた。しかし，光一くんに合ってしだいに，素直にふるまうことができるようになったのである。

★ワンポイントアドバイス★

空欄補充や語句などの知識問題が多いので，いろいろな問題を速く的確に解く訓練を積んでおきたい。また，読解問題の読解力を養うには，ふだんから新聞や論説文，小説や随筆などを読み，長い文章を読むことに慣れておくことが大切。

2021年度

★★★★★★★★★★★★★★★★★★★★★★★

入　試　問　題

2021年度

法政大学第二中学校入試問題（第１回）

【算　数】（50分）　＜満点：100点＞

【注意】１．定規，分度器，コンパスは使用しないこと。

２．必要ならば，円周率は3.14を用いること。

３．図は必ずしも正しいとは限らない。

1　次の問に答えなさい。⑵，⑶は $\square$ にあてはまる数を求めなさい。

⑴　$\left(363\times 2-\dfrac{363}{10}-3.63\right)\div 189$ を途中の計算式も書いて，答えを出しなさい。

⑵　$\left(3\dfrac{4}{5}-\square\times\dfrac{4}{3}\right)\times 15=17$

⑶　1.5時間＋２時間50分＋1200秒＝ $\square$ 時間

2　次の問に答えなさい。

⑴　Ａ君は毎分75ｍの速さで歩きます。Ａ君が歩き始めてから２分経ったとき，Ｂ君がＡ君を追いかけはじめました。そして，追いかけはじめてから５分後にＡ君に追いつきました。Ｂ君の速さは毎分何ｍですか。

⑵　２種類のケーキＡとＢがあります。Ａが５個とＢが４個の代金の合計は2580円，Ａが６個とＢが８個の代金の合計は3680円でした。ケーキＡ１個の値段は何円ですか。ただし消費税は，考えないものとします。

⑶　面積が108cm^2である三角形ABCの辺ABを３等分，辺ACを４等分，辺BCを２等分したとき，斜線部分の四角形の面積は何cm^2ですか。

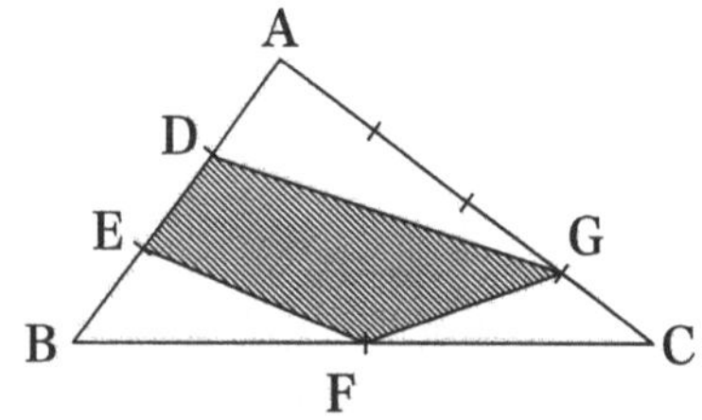

⑷　ある山の山頂へ向かう異なる登山道が４つあります。この山に登っておりてくるには何通りの方法がありますか。ただし同じ登山道を往復してもよいこととします。

⑸　１円玉と５円玉があわせて36枚あり，その合計金額は112円であるとき，１円玉は何枚ありますか。

⑹　記号▲は，２つの整数の大きい方から小さい方を引いた数を表し，記号●は，２つの整数の小さい方を大きい方で割った数を表すものとします。

例えば，５▲９＝４，２●１＝$\dfrac{1}{2}$ です。

このとき，{(９▲６)－(26●９)}÷{(11●13)＋(４▲８)} を求めなさい。

3　１辺の長さが１cmの立方体がたくさんあります。図のように１段，２段，…と一定の法則で立方体を積み上げるとき，次の問に答えなさい。

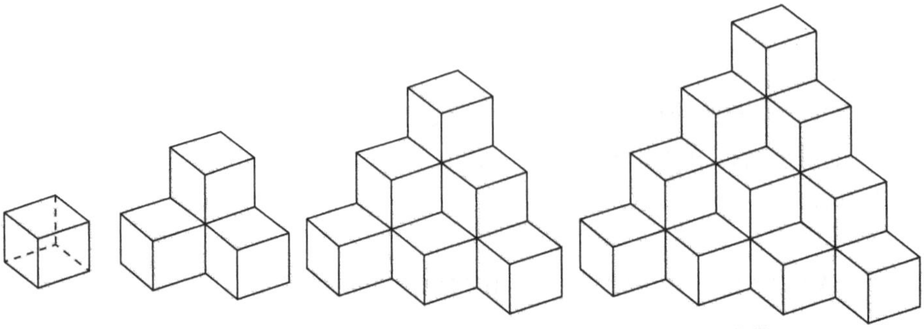

1段　2段　3段　4段

(1)　６段まで積み上げたときの立体の体積は何cm^{3}ですか。

(2)　10段まで積み上げたときの立体の表面積は何cm^{2}ですか。

4　A，B，C，Dの４つの容器には＜表１＞に示された食塩水や水が入っています。これらの食塩水や水を利用して，＜表２＞に示す手順で作業を行いました。手順３が終了したときに容器Dの中身は食塩水となり，その濃度が２％でした。次の問に答えなさい。

＜表1＞

容器	液体の種類	量（g）	濃度（%）
A	食塩水	250	12
B	食塩水	300	8
C	食塩水	150	(あ)
D	水	200	

＜表2＞　手順1から手順4は順番通り、続けて行うこととする。

手順1：Aの容器から食塩水を100g取り出し，Bの容器に入れ，よくかき混ぜる。
手順2：Bの容器から食塩水を100g取り出し，Cの容器に入れ，よくかき混ぜる。
手順3：Cの容器から食塩水を100g取り出し，Dの容器に入れ，よくかき混ぜる。
手順4：Dの容器から食塩水を100g取り出し，Aの容器に入れ，よくかき混ぜる。

(1)　＜表２＞の手順４が終了したとき，容器Aの食塩水の濃度は何％ですか。

(2)　＜表１＞の(あ)の値を答えなさい。

(3)　＜表２＞の手順４が終了したとき，容器Bの食塩水と容器Cの食塩水をすべて混ぜ合わせてできる食塩水に含まれる食塩は何ｇですか。

5 ＜図１＞のように，半径４cmの円Oの円周上に円周を４等分した点A，B，C，Dをとりました。最初，点Pと点Qは，点Aの位置にあり，点Pは円周を12等分した点を１秒で１つずつ，時計回りに進み，点Qは円周を８等分した点を１秒で１つずつ，反時計回りに進んでいきます。このとき，次の問に答えなさい。

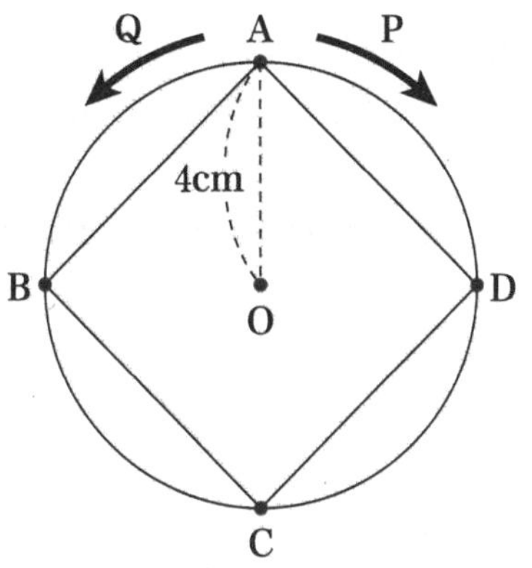

＜図1＞

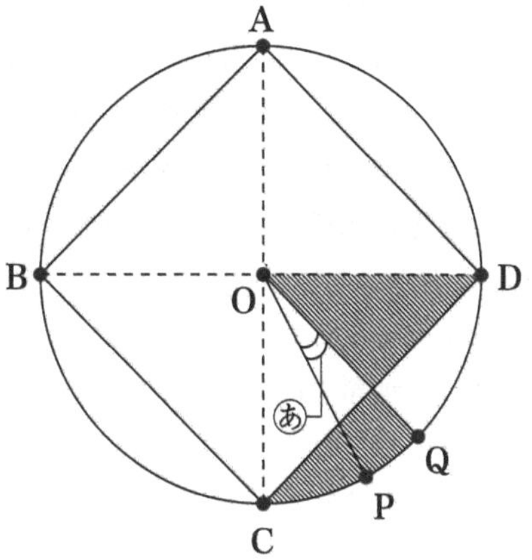

＜図2＞

(1)　＜図２＞は，点Pと点Qが点Aを出発してから５秒後の図です。あの大きさは何度ですか。

(2)　＜図２＞のとき，斜線部分の面積の和は何cm^{2}ですか。

(3)　点Pと点Qが，点Aを出発してから再び点Aで重なり合うまでに辺OPと辺OQが垂直に交わるのは，点Aを出発してから何秒後と何秒後ですか。ただし整数で答えなさい。

6 図のような，底面のたてが㋐cm，横が３cm，高さが４cmの直方体があります。点Aから直方体の側面にそって，糸をたるまないように巻き付け，糸の長さが最も短くなるようにします。次の問に答えなさい。

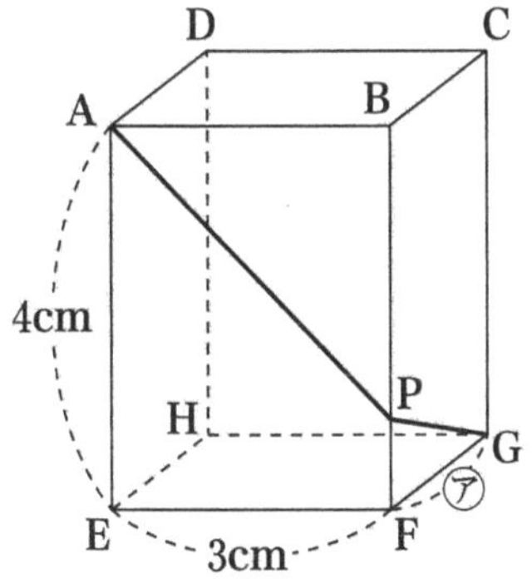

＜図1＞

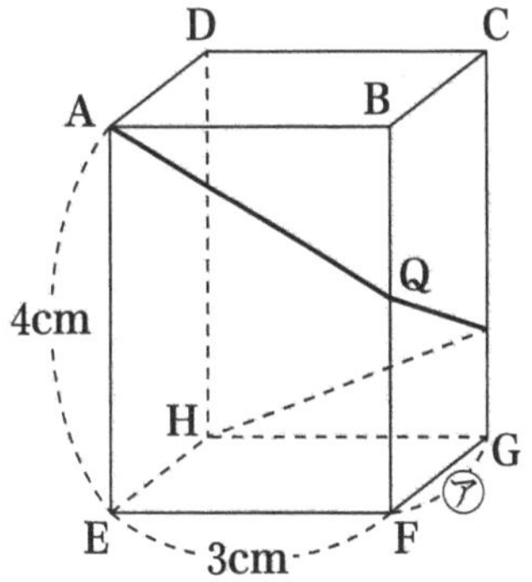

＜図2＞

(1)　＜図１＞で，㋐が２cmであるとき，点Aから辺BF上の点Pを通って点Gまで糸を巻きつけました。PFの長さは何cmですか。

(2)　＜図２＞で，点Aから辺BF上の点Qを通って点Hまで糸を巻きつけたら，QFの長さが$\frac{32}{11}$cmになりました。㋐の長さは何cmですか。言葉，計算式，図などを用いて，考え方も書きなさい。

【理　科】（40分）　＜満点：75点＞

1． 次の会話文を読んで，以下の問いに答えなさい。

政二　「昨日，水族館に行ったときに見た，たくさんの水草と熱帯魚が一緒《いっしょ》に展示してあるアクアリウムは特に綺麗《きれい》だったよ。」

法子　「水族館にあるアクアリウムは，大きくて迫力《はくりょく》があるわよね。家でも見られたらいいのに。」

政二　「調べてみたら，小さな水槽《すいそう》でボトルアクアリウムを作ることができるみたいだよ。」

法子　「そうなのね！何が必要なのかしら？」

政二　「ボトル型の水槽，水草や魚の他には，大まかに，ソイルという粒状《つぶじょう》の土，水槽を照らすライトなどが必要になるみたいだよ。」

法子　「初めて聞くようなものもあるわね。ソイルって，普通《ふつう》の土と何が違《ちが》うの？」

政二　「いくつか種類や特ちょうがあるようだけど，水草に必要な肥料を含《ふく》んでいたり，①水中の酸性・中性・アルカリ性の調整を行ったりするものがあるようだよ。」

法子　「便利な土なのね。じゃあどんどん使った方が良いのね。」

政二　「そうでもないよ。②水槽内の肥料が多すぎると，コケなどが繁殖《はんしょく》してしまうから良くないみたい。」

法子　「そうなのね。あと，気になっていたのだけれど，エアーポンプは必要ないのかしら？」

政二　「③水槽に入れる水草のはたらきによって，小さなボトルならエアーポンプは要らないみたい。ただその分，水草のために④ライトは用意しなくてはいけないけどね。」

法子　「なるほどね。興味があるし，家で作ってみようかな。」

問１　水槽を飾《かざ》るために，石灰石をたくさん入れたところ，魚が弱ってしまいました。それは水の性質がどのようになったからだと考えられますか。下線部①の中から性質を選んで答えなさい。

問２　下線部②に関して，以下の問いに答えなさい。

⑴　水槽内の水質が悪化する原因は，エサの食べ残しや，魚のふんが残ってしまうことも考えられます。それらを植物が吸収できる状態まで分解してくれる生物が十分にいるとそれらの問題は解消されます。この生物を特に何と言いますか。

⑵　湖沼《こしょう》や内湾《ないわん》が同じような状態になり，藻類《そうるい》やプランクトンが異常発生してしまう現象を何と言いますか。

問３　以下の問いにそれぞれ答えなさい。

⑴　下線部③に関して，水草のはたらきによってエアーポンプが必要ないのはなぜですか。その説明となるように以下の（ア）～（エ）にあてはまる語句を答えなさい。

水草は，（　ア　）というはたらきを行っていて，そのはたらきは，水草の中にある（　イ　）というところで，水と（　ウ　）から，でんぷんなどの栄養分と（　エ　）をつくり出す。このはたらきが十分に行われれば，エアーポンプがなくても（　エ　）を水槽の中に保つことができるようになるから。

⑵　下線部④に関して，ボトルアクアリウムにライトが必要な理由は何ですか。次の㋐～㋓から正しいものをすべて選び記号で答えなさい。

㋐　ライトが発熱するので，水温の調節ができるから。

㋑　明るくすることで，魚が水槽内のエサを見つけやすくすることができるから。

(ウ)　魚が常に起きていられるように，１日中十分な光を与《あた》えなくてはならないから。

(エ)　ライトを当てることで，太陽の代わりに光エネルギーを与えることができるから。

２． 図のような斜《しゃ》面装置の上に，砂とどろを混ぜたものをのせて，みぞをつけて◎の場所から水を流して，流れる水のはたらきについて調べました。みぞは，装置を上から見た図のようにつけました。以下の問いに答えなさい。

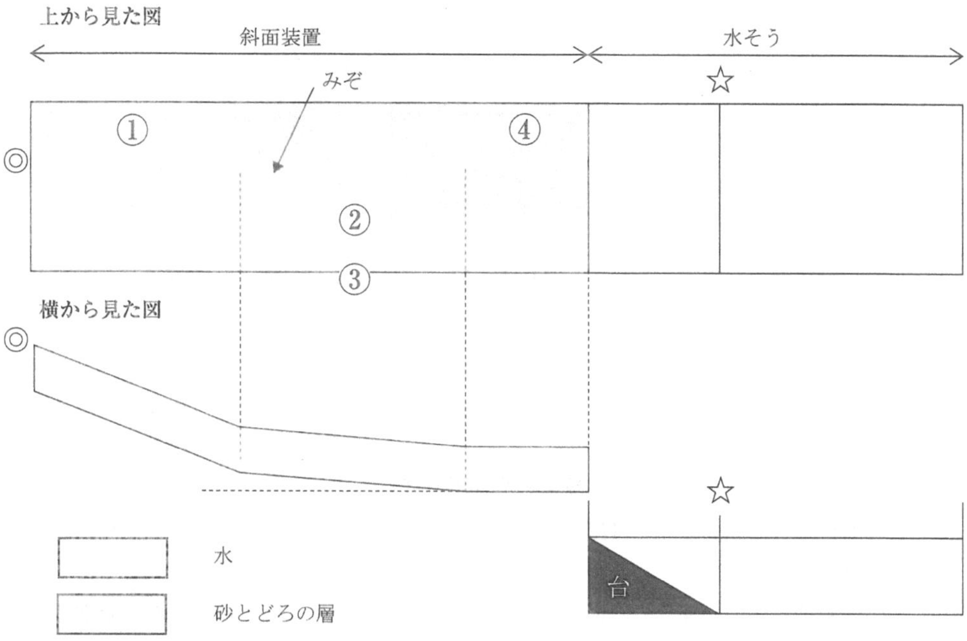

問１　一定量の水を流す実験を１回行いました。水はみぞにそって流れたとして，正しくのべているものを次の(ア)～(エ)から２つ選び記号で答えなさい。

(ア)　まっすぐ流れている①の近くは，みぞが深くなり，みぞのはばはせまくなった。

(イ)　曲がって流れている場所では，②側より③側の方が流れは速かった。

(ウ)　曲がって流れている場所では，②側の岸がけずられ③側に土が積もっていた。

(エ)　まっすぐ流れている④の近くでは，流れてきた土が積もっていた。

問２　一定時間水を流し続けたとき，まっすぐ流れる①と④では，どちらの底の方が深くけずられるか，番号で答えなさい。

問３　④の先に流れた水は，砂やどろを水そうに流しこんでいました。そこで，流れる土砂のしずむようすを観察するために，水を流すまえに，水そうの☆の場所に板をたてて流れてくる土砂をせき止めるように設置しました。みぞに一定量の水を流したあと，水そうに流れこんだ砂やどろがしずみきってから，もう１度，みぞに一定量の水を流す実験をしました。このとき，土砂のしずんだようすを観察したときのスケッチとして最も適切なものを次のページの(ア)～(オ)から１つ選び記号で答えなさい。なお，一度しずんだ土砂は，流れてくる水流によって再びまい上がらないものとします。

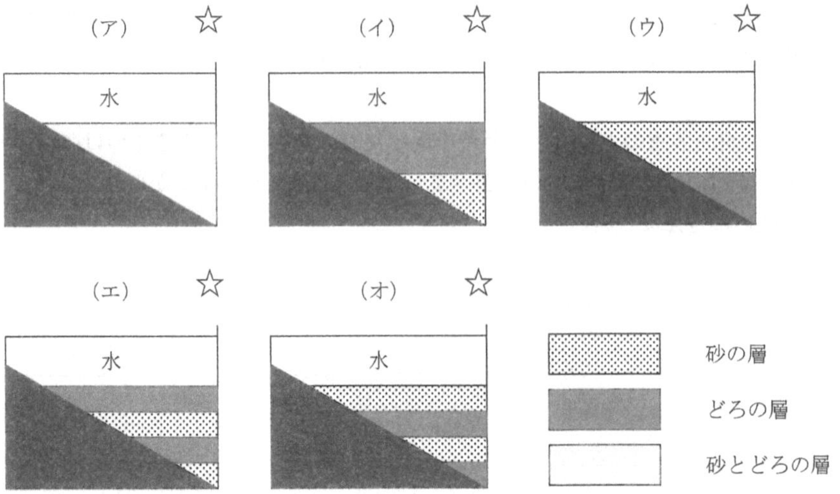

問４　☆の場所に板をたてずに実験をした場合，流れこんできた土砂はどのようにしずむか，もっとも適切なものを次の(ア)～(エ)から１つ選び記号で答えなさい。

(ア)　つぶの大きな砂は，水に強くおされるので，水圧の影響《えいきょう》で遠くまで流されてからしずむ。

(イ)　土砂を運ぱんする水のはたらきは，つぶの大きさには関係ないので，遠くまで砂とどろが混ざったまましずむ。

(ウ)　どろの方が軽いので，遠くまで流されてからしずむ。

(エ)　どろも砂も☆印の少し先にほぼ同時にしずむが，その後水のはたらきでけずられ，砂が遠くまで運ぱんされる。

問５　まっすぐ流れる①の部分の斜面の角度をさらに急にしたところ，ゆるやかな斜面に入るあたりで，流れが曲がる前にこう水がおきてしまいました。

(1)　こう水を防ぐ方法としてあやまっているものを次の(ア)～(エ)からすべて選び記号で答えなさい。

(ア)　まっすぐ流れる①の部分の川はばを広くする。

(イ)　川全体の川底の強度を増すため，セメントで固める。

(ウ)　角度がゆるやかになるあたりから下の川はばを広くする。

(エ)　角度がゆるやかになるあたりから下の川の深さを深くする。

(2)　こう水などの自然災害にそなえて，過去の被害状況《ひがいじょうきょう》をもとに，予想される被害のようすやひなん場所などがかかれている地図を一般《いっぱん》に何というか答えなさい。

３．以下の問いに答えなさい。

食塩，ホウ酸が水100ｇにどれだけとけるのかを，温度を変えて調べ，次の表にまとめました。

表. 100gの水にとける固体の重さ［g］

温度［℃］	0	20	40	60	80	100
食塩［g］	37.5	37.8	38.3	39.0	40.0	41.1
ホウ酸［g］	2.8	4.9	8.9	14.9	23.5	38.0

問１　次の（①）（②）にあてはまることばをそれぞれうめなさい。

食塩やホウ酸は，水温が（　①　）ほど，とける量は多くなる。物質をとかすことのできる限度までとかした水よう液を（　②　）という。

問２　80℃の水200ｇにホウ酸56.4ｇを入れてよくかき混ぜると，とけ残りが見られました。とけ残ったホウ酸をすべてとかすために，80℃の水を少しずつ加えました。ホウ酸が完全にとけ切った時点で，加えた水は何ｇですか。

問３　食塩を40℃の水にこれ以上とけなくなるまでとかしました。この水よう液300ｇを０℃まで冷やしたときに出てくる固体は何ｇですか。小数第２位を四捨五入し，小数第１位まで答えなさい。

問４　ビーカーに水50ｇを用意し，食塩とホウ酸を14.9ｇずつ入れました。これを加熱して100℃にしたのち，60℃まで冷やしました。ビーカー内のようすを表したものを次の(ア)～(ク)よりすべて選び記号で答えなさい。ただし，ビーカー内のとけ残りや結しょうは，食塩，ホウ酸の判別ができたものとします。また，食塩とホウ酸を同じ水にとかしても，それぞれのとける重さは変化しないものとする。

(ア)　100℃のとき，食塩もホウ酸もすべてとけていた。

(イ)　100℃のとき，食塩はとけ残りが見られ，ホウ酸はすべてとけていた。

(ウ)　100℃のとき，食塩はすべてとけ，ホウ酸はとけ残りが見られた。

(エ)　100℃のとき，食塩もホウ酸もとけ残りが見られた。

(オ)　60℃のとき，食塩もホウ酸もすべてとけていた。

(カ)　60℃のとき，食塩は結しょうが見られ，ホウ酸はすべてとけていた。

(キ)　60℃のとき，食塩はすべてとけ，ホウ酸は結しょうが見られた。

(ク)　60℃のとき，食塩もホウ酸も結しょうが見られた。

４．次の文章を読み，以下の問いに答えなさい。

リカさんはお母さんとカフェに行き，リカさんは冷たい紅茶を，お母さんは温かい紅茶を注文しました。２人ともあまい味が好きなので，リカさんは冷たい紅茶にシロップ（砂糖水）を，お母さんは温かい紅茶に角砂糖をとかしました。このとき，紅茶の中を観察すると，シロップや角砂糖からもやもやとしたようすが見られ，しばらくするとそれは見られなくなりました。

問１　温かい紅茶に入れた角砂糖はすぐにはとけませんでした。この角砂糖を早くとかす方法を「温める」，「かき混ぜる」以外で１つ，10字以内で答えなさい。

問２　下線部の「もやもやとしたようす」は，シュリーレン現象と呼ばれるものです。この現象は，光のくっ折による現象の１つです。この現象ではないものを次の(ア)～(エ)より１つ選び記号で答えなさい。

(ア)　アルコールランプのほのおの周りの空気がゆらいでいるようす。

(イ)　冬の早朝に川の水面付近に霧《きり》が発生する現象。

(ウ)　晴れた日に，熱くなった車の上に見られる陽炎《かげろう》という現象。

(エ)　おかしのグミを水中に入れたとき，グミの周囲のようす。

問３　シロップの特ちょうとしてまちがっているものを次のページの(ア)～(エ)より１つ選び記号で答えなさい。

(ア)　紅茶の温度に関係なくとかすことができる。

(イ)　スプーンにとって加熱すると，水が蒸発し白い固体が残る。

(ウ)　BTBよう液で緑色を示す。

(エ)　密度は水よりも大きい。

５． 下の回路図は，同じ豆電球と同じかん電池を使っています。点線で囲った部分①には，(あ)～(い)のいずれかを接続することができます。また，点線で囲った部分②には，(う)～(お)のいずれかを接続することができます。以下の問いに答えなさい。

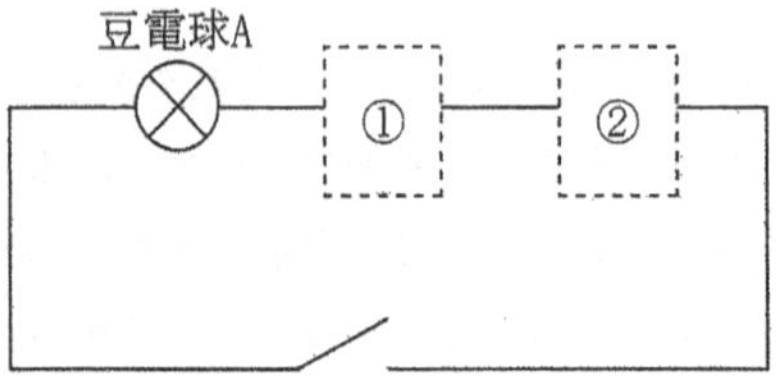

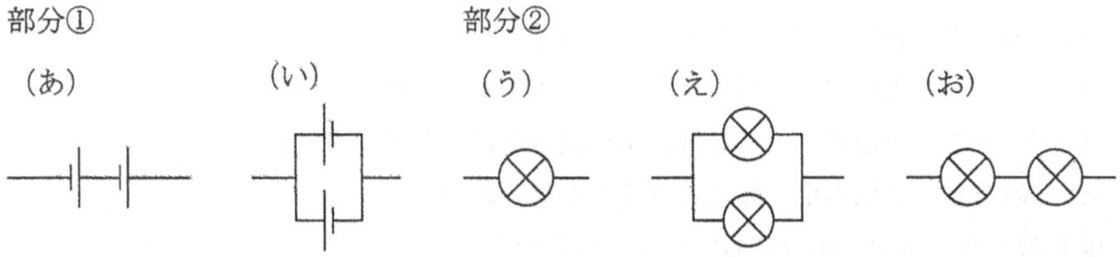

問１　スイッチを閉じた時，豆電球Aが最も明るくなるのはどの組み合わせですか。(あ)～(お)の記号で選び答えなさい。

問２　スイッチを閉じた時，豆電球Aが最も暗くなるのはどの組み合わせですか。(あ)～(お)の記号で選び答えなさい。

問３　スイッチを閉じ，豆電球Aが光らなくなるまで観察したとします。最も長く豆電球Aが光りつづけるのはどの組み合わせですか。(あ)～(お)の記号で選び答えなさい。

問４　部分①に(あ)を接続し，部分②に(え)を接続し，しばらくそのままにしていたところ，豆電球Aが暗くなりました。このとき，(え)の２つの豆電球の変化について考えられるものを次の(ア)～(オ)よりすべて選び記号で答えなさい。

(ア)　２つとも明るさに変化はない。

(イ)　２つとも明るくなった。

(ウ)　２つとも暗くなった。

(エ)　２つの豆電球が点めつするようになった。

(オ)　片方の明かりが消えた。

問５　以下の文章の（①）と（②）にあてはまる言葉の組み合わせで正しいものを，次のページの(ア)～(エ)より１つ選び記号で答えなさい。

写真Aのような電源タップにパソコンとテレビを接続する。このとき，回路の中でパソコンとテレビは（　①　）つなぎになっています。写真Bはエアコンのリモコンの電池を入れるところです。このリモコンは電池１本では動きませんでした。２本の電池は（　②　）つなぎになっています。

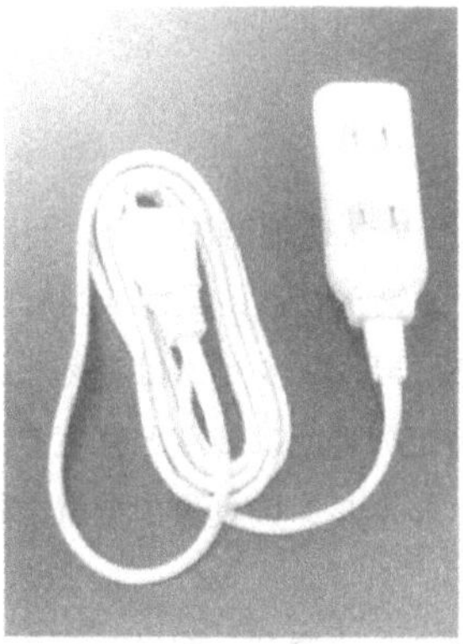

写真 A

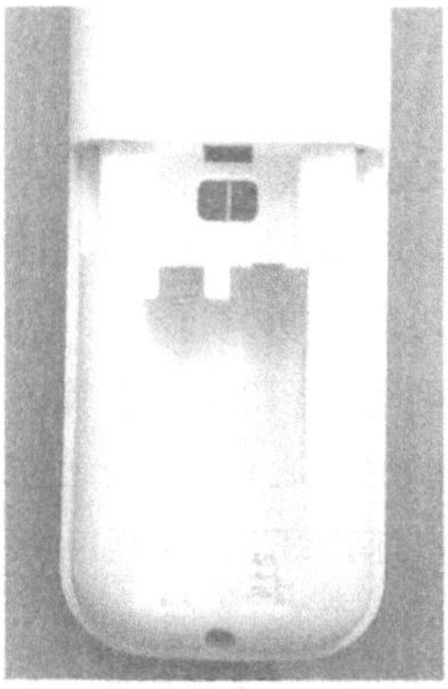

写真 B

	①	②
（ア）	直列	直列
（イ）	直列	並列
（ウ）	並列	直列
（エ）	並列	並列

６． 以下の文中の（①）～（⑤）にあてはまる適切な語を，下の語群から選び答えなさい。

彗星《すいせい》は，太陽のまわりをだ円軌道《きどう》をえがいて公転している天体です。2019年12月に発見された（　①　）彗星は，2020年５月ごろに肉眼で観察できることを期待されていましたが，彗星の核《かく》がいくつにも分裂《ぶんれつ》したため，期待されたような観測はできませんでした。一方で，2020年３月に発見された（　②　）彗星は，2020年７月に観察することができました。彗星の尾《お》は，太陽の（　③　）にのびます。よく観察すると２色の尾が観察できますが，（　④　）色のイオンの尾と，白色の（　⑤　）でできた尾です。

【語群】
アダムス　　アトラス　　ニューオリンズ　　ネオフイズ　　ハレー　　マーキュリー
真上　　真下　　反対側　　向き　　赤　　青　　オレンジ　　緑　　熱　　ちり　　酸素
ちっ素

【社　会】（40分）　　＜満点：75点＞

１　次の問いに答えなさい。

問１　ロサンゼルス国際空港８月18日14時（ロサンゼルス現地時間）発，羽田空港８月19日23時（日本時間）着の飛行機のフライト時間は何時間か，答えなさい。ロサンゼルス国際空港は西経105度，羽田空港は東経135度で計算することとする。サマータイムは考えないこととする。

問２　地球を球体であると仮定したとき，地球上の特定の場所は緯度と経度であらわすことができる。メルボルンは南緯37度，東経144度であるが，メルボルンの真裏の位置を緯度と経度で答えなさい。

問３【図１】の世界地図で赤道にあたる線を(あ)～(え)から一つ選び，記号で答えなさい。

【図１】

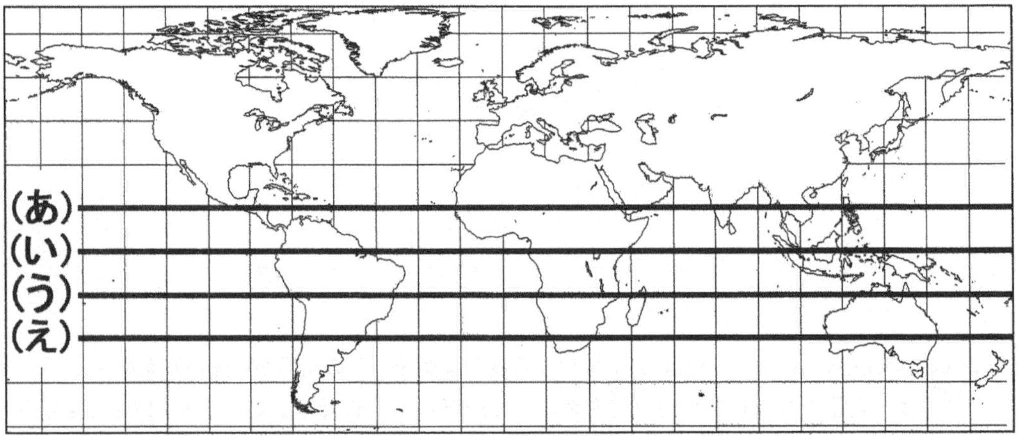

２　次のページの【図２】をみて，あとの問いに答えなさい。

問１【図２】の④と⑤の都市にあてはまる平均気温と降水量を，以下の【表１】の(あ)～(お)からそれぞれ選び，記号で答えなさい。ただし，同じ記号を二回つかわないこと。

【表１】1981～2010年の平均気温（℃、上段）と降水量（mm、下段）（日本国勢図会2020/21から作成）

	１月	２月	３月	４月	５月	６月	７月	８月	９月	10月	11月	12月	年平均 全年
(あ)	17.0	17.1	18.9	21.4	24.0	26.8	28.9	28.7	27.6	25.2	22.1	18.7	23.1
	107.0	119.7	161.4	165.7	231.6	247.2	141.4	240.5	260.5	152.9	110.2	102.8	2040.8
(い)	4.5	5.2	8.7	14.4	18.9	22.7	26.4	27.8	24.1	18.1	12.2	7.0	15.8
	48.4	65.6	121.8	124.8	156.5	201.0	203.6	126.3	234.4	128.3	79.7	45.0	1535.3
(う)	23.0	23.0	23.7	24.6	25.5	26.9	27.4	27.9	27.6	26.8	25.4	23.8	25.5
	49.6	52.3	49.9	14.9	16.9	6.2	11.3	12.8	17.9	42.6	62.2	74.3	410.9
(え)	5.5	5.9	8.9	14.4	19.1	23.0	27.0	28.1	24.3	18.4	12.8	7.9	16.3
	38.2	47.7	82.5	76.4	107.7	150.6	144.1	85.8	147.6	104.2	60.3	37.3	1082.3
(お)	2.4	2.4	5.4	11.5	16.6	20.6	24.6	26.3	22.0	16.0	10.2	5.3	13.6
	419.1	262.0	194.2	96.1	95.7	145.3	210.6	150.4	206.2	210.8	342.0	423.1	2755.3

【図２】

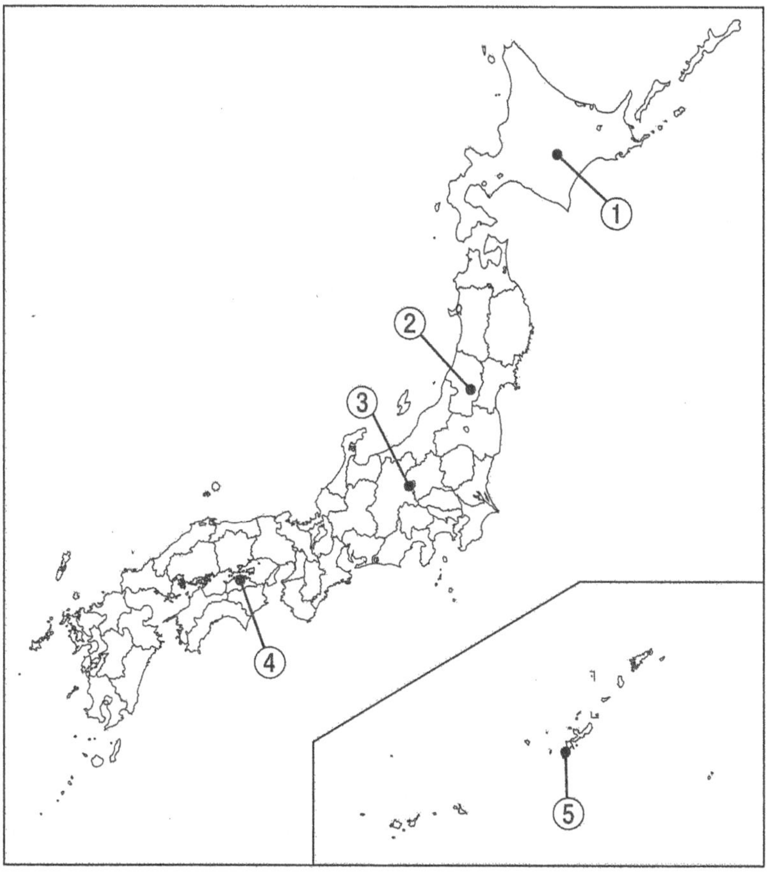

問２　【図２】の①の都市がある都道府県には，他の地域ではあまり見られない読み方の地名が多くあり，この地名の多くは，先住民族であるアイヌの人々が使う言葉が由来となったとされている。次の⑴と⑵の地名の読み方をひらがなで答えなさい。

⑴　「苫小牧」（一説には，アイヌ語で「ぬまの奥にある川」の意味）

⑵　「比布」（一説には，アイヌ語で「石の多いところ」の意味）

問３　【図２】の①の都市がある都道府県には，「さんま」の水あげ量が全国的に多い根室港がある。根室港では他にも「たら」，「さけ」，「ます」などの水産物が多く水あげされるが，それぞれの水産物の漁獲量についての説明として正しいものを㋐～㋓から一つ選び，記号で答えなさい。

㋐　「たら」は10月中旬から２月にかけて多くとれ，「さんま」は４月・５月に多くとれる。

㋑　「さんま」は７月から10月中旬にかけて多くとれ，「さけ」や「ます」は４月から６月に多くとれる。

㋒　「さけ」や「ます」は11月から１月に多くとれ，「たら」は７月から９月に多くとれる。

㋓　「さんま」は12月中旬から２月に多くとれ，「たら」は８月・９月に多くとれる。

問４　次のページの【資料１】と【資料２】は，【図２】の①の都市がある都道府県の「主な農産物の作付面積」と「農産物生産の全国比較」のグラフである。資料中Ａ～Ｃは「小麦」・「じゃがいも」・「てんさい」のどれかにあてはまる。それぞれの組み合わせとして正しいものを㋐～㋓から一つ選び，記号で答えなさい。

【資料１】①の都市がある都道府県の主な農産物の作付面積

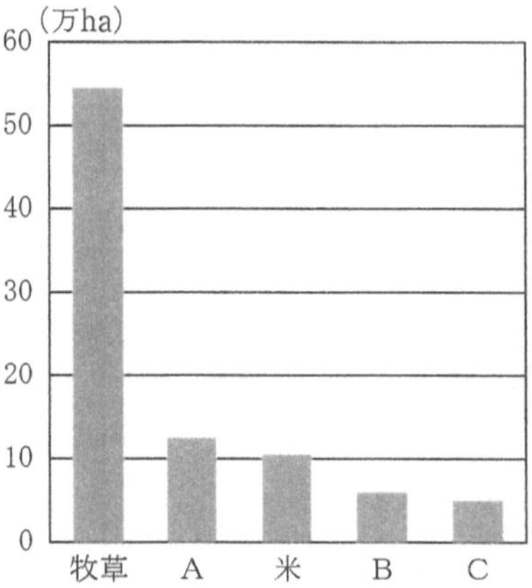

【資料２】全国の生産量を100としたときの①の都市がある都道府県の品目別生産量の割合

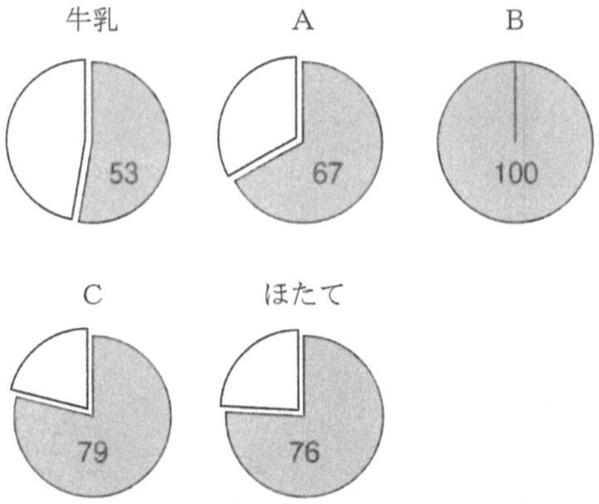

（『小学社会５』教育出版、2020から作成）

㋐　A：小麦　　　　B：てんさい　　　C：じゃがいも
㋑　A：じゃがいも　B：小麦　　　　　C：てんさい
㋒　A：小麦　　　　B：じゃがいも　　C：てんさい
㋓　A：じゃがいも　B：てんさい　　　C：小麦

問５　前のページの【図２】の②の都市がある都道府県では，米づくりが昔から盛んだが，60年前はほとんどが手作業でおこなってきた農作業も今では機械化が進んでいる。次の⒜～⒞の写真は昔（左）と今（右）の農作業の様子である。⒜～⒞の写真を，農作業をおこなう順に並べた場合，正しいものをあとの㋐～㋓から一つ選び，記号で答えなさい。

（A）

（B）

（C）

(あ)　A→B→C　　(い)　B→C→A　　(う)　C→A→B　　(え)　B→A→C

問６　11ページ【図２】の②の都市がある都道府県では，2010年に「つや姫」，2017年に「雪若丸」という新しい品種の米を開発し，販売している。次の【図３】のA～Dの都道府県において，最も多く生産されている米の品種として正しい組み合わせをあとの(あ)～(え)から一つ選び，記号で答えなさい。

【図３】最も多く生産されている米の生産量（単位：万ｔ）
　　　［　］の中は，最も多く生産されている米の品種

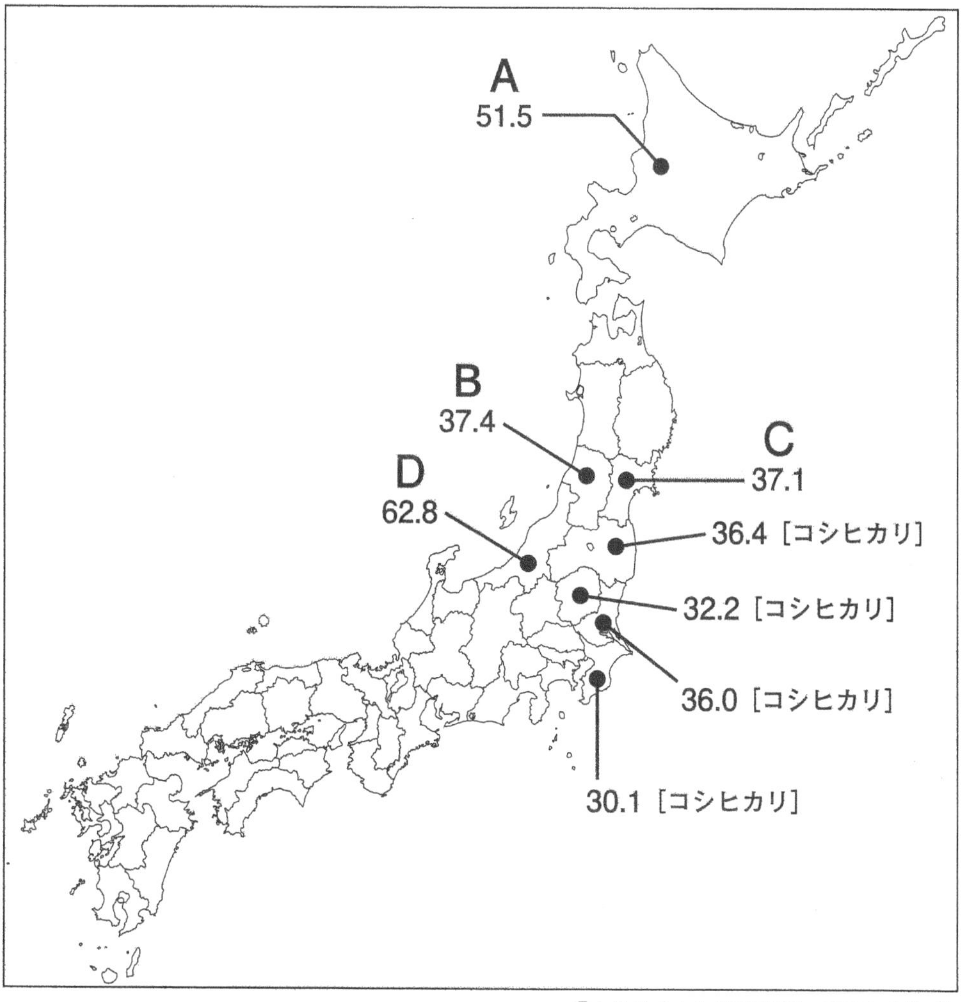

（『小学社会５』教育出版、2020から作成）

㋐　Ａ：ななつぼし　　Ｂ：はえぬき　　　Ｃ：ひとめぼれ　　Ｄ：コシヒカリ
㋑　Ａ：ひとめぼれ　　Ｂ：あきたこまち　Ｃ：コシヒカリ　　Ｄ：はえぬき
㋒　Ａ：ななつぼし　　Ｂ：コシヒカリ　　Ｃ：はえぬき　　　Ｄ：ひとめぼれ
㋓　Ａ：はえぬき　　　Ｂ：ひとめぼれ　　Ｃ：コシヒカリ　　Ｄ：ななつぼし

問７　11ページ【図２】の③周辺の以下の地形図【図４】をみて，あとの問いに答えなさい。

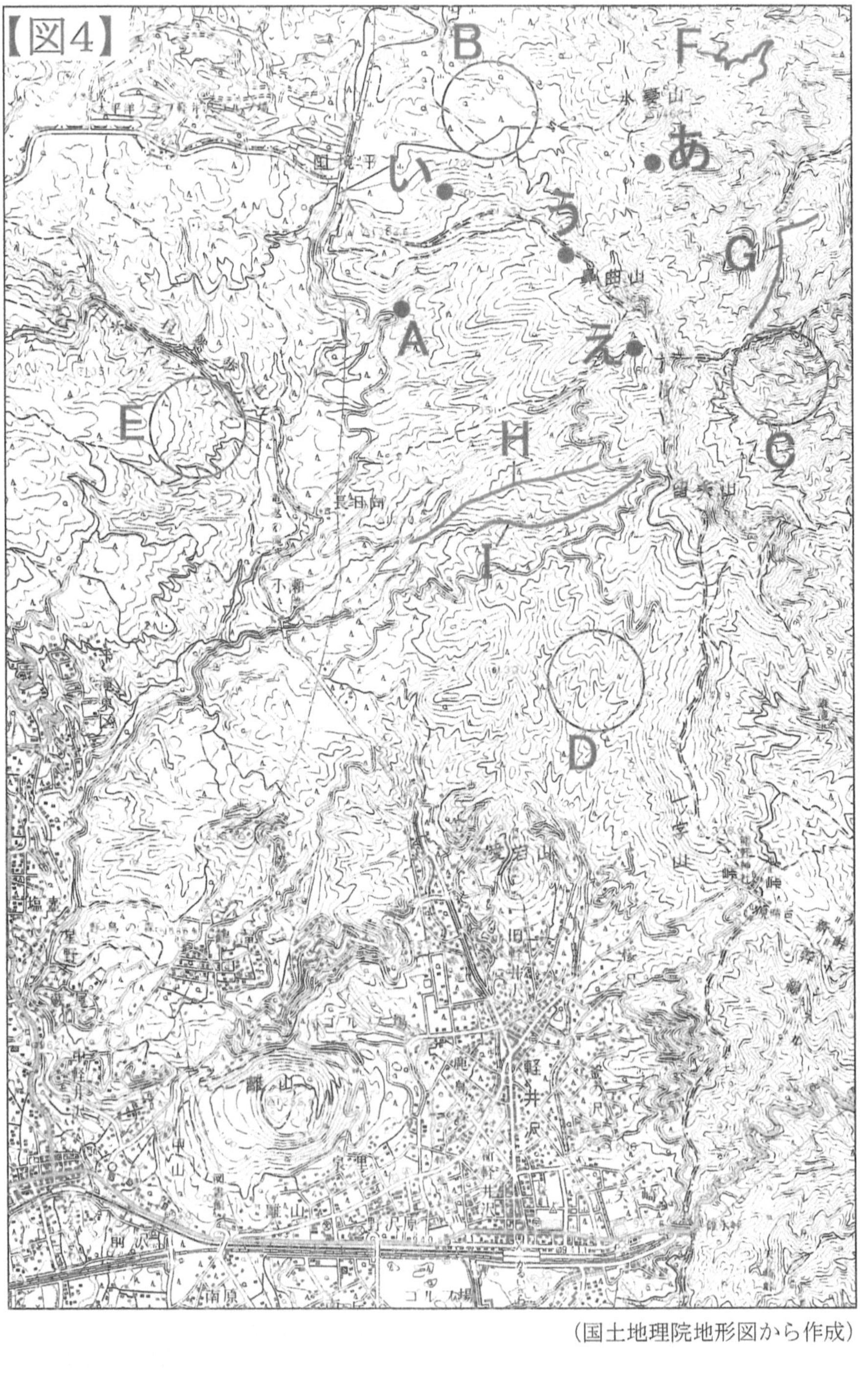

（国土地理院地形図から作成）

⑴　あ～え の地点に雨が降った場合，Ａ地点に流れつくものを一つ選び，記号で答えなさい。

⑵　Ｂ～Ｅの地形の中で傾斜が最もながらかなものと，傾斜が最も急なものの組み合わせとして正しいものを㋐～㋓から一つ選び，記号で答えなさい。

㋐　なだらか：Ｂ　急：Ｃ　　㋑　なだらか：Ｃ　急：Ｂ

㋒　なだらか：Ｄ　急：Ｅ　　㋓　なだらか：Ｅ　急：Ｄ

⑶　地形図から読み取れる内容として，正しいものを㋐～㋓から一つ選び，記号で答えなさい。

㋐　軽井沢駅からは郵便局よりも小学校の方が近くにある。

㋑　地図上Ｇの線とＨの線は尾根線である。

㋒　地図上Ｆの線は尾根線，Ｉの線は谷線である。

㋓　「離山」，「一ノ字山」，「氷妻山」では「離山」の標高が最も高い。

問８　次の【資料３・４・５】は，【図２】の⑤の都市がある都道府県のものである。㋐～㋓から正しい説明を一つ選び，記号で答えなさい。

【資料３】全国の生産量を100としたときの⑤の都市がある都道府県の品目別生産量の割合

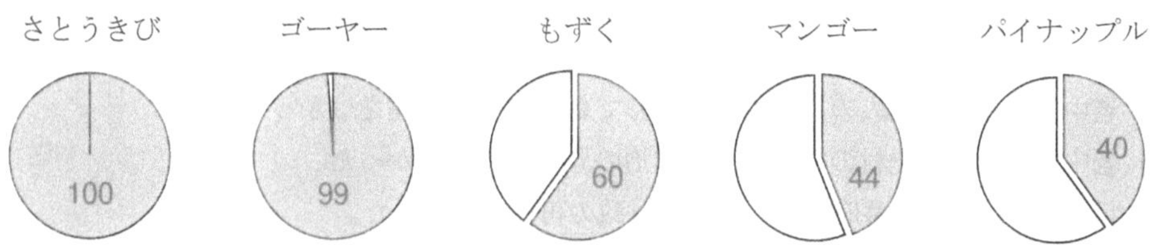

【資料４】⑤の都市がある都道府県内の地図

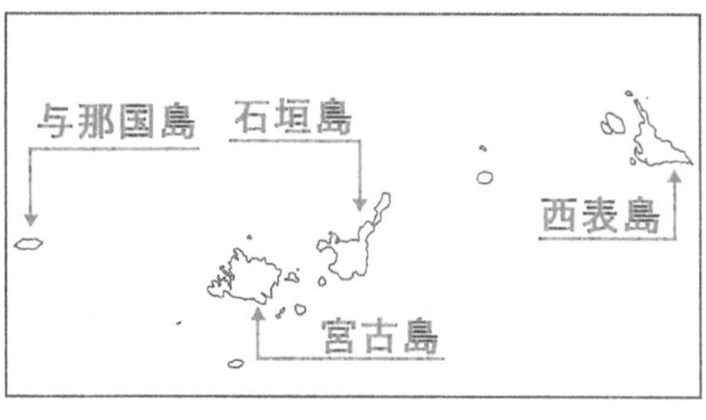

【資料５】⑤の都市がある都道府県の主な農産物の作付面積

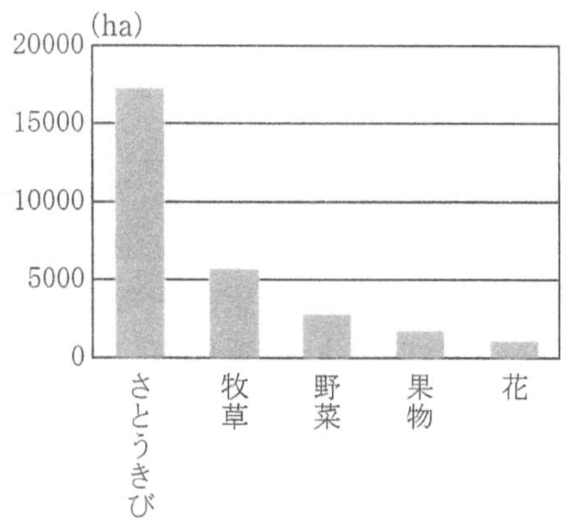

（『小学社会５』教育出版、2020から作成）

㋐　【資料３】は正しい資料だが，【資料４】は石垣島と西表島の位置がまちがっている。

㋑　【資料４】は正しい資料だが，【資料３】中のパイナップルの数値は99である。

㋒　【資料５】は正しい資料だが，【資料４】は宮古島と西表島の位置がまちがっている。

㋓　【資料３】は正しい資料だが，【資料５】中の牧草と果物ほまちがっている。

3　次の文を読み，あとの問いに答えなさい。

藤原氏と外戚《がいせき》関係になかった後三条天皇のあと，その子である白河天皇は①院政を行った。その後，政治の実権をめぐる対立が激しくなり，内乱が起こった。

内乱を平定して東国・関東の支配を確立させた源頼朝は，1192年には（　１　）に任命され，諸国の武士を統率する地位を得た。②頼朝と武士との主従関係によって鎌倉幕府の支配は成立した。

鎌倉幕府の滅亡後，南北朝の合体を実現した足利義満は，室町幕府による全国的な支配を確立させた。しかし，ききんとたびたび起こる一揆のなかで，③幕府の実権をめぐる対立が生じた。対立は地方におよび，幕府の影響力が弱まるなか，地方の武士や農民は力を強めていった。

問１　下線①について，院政はどのような政治か，説明しなさい。

問２　（１）にあてはまることばを漢字で答えなさい。

問３　下線②について，将軍と御家人の間には「御恩」と「奉公」による主従関係が結ばれていたが，この主従関係は何を仲立ちとして結ばれていたか，答えなさい。

問４　下線③について，将軍足利義政の跡継ぎ問題などから，有力な武家を二分して，京都を中心に10年あまりも続いた争いを何というか，４文字で答えなさい。

4　【A】～【D】の文を読み，あとの問いに答えなさい。

【A】老中田沼意次は商人の経済力を利用して幕府財政の再建をはかった。

【B】老中水野忠邦は農村の復興と幕府政治の立て直しをはかった。

【C】将軍①徳川吉宗は幕府政治の改革と財政の再建をはかった。

【D】老中松平定信は江戸の都市政策と農村の復興をはかった。

問１　下線①について，諸大名に石高１万石あたり米100石を納めさせる制度を何というか，答えなさい。

問２　【A】～【D】を古いものから新しいものへ順に並べかえ，記号で答えなさい。

5　次の文を読み，あとの問いに答えなさい。

①第一次世界大戦前後，民主的な政治を求める風潮が高まった。ロシア革命によるソビエト政権の成立は社会運動の拡大を促し，労働運動や農民運動が高まりをみせた。婦人運動も盛んになるなか，平塚らいてう達は（　１　）社を結成して女性の解放を目指した。被差別部落の人々は団結を強め，自己の力で人間としての平等を獲得するために，全国（　２　）社を設立して運動を進めた。

1924年には第二次護憲運動が起こり，②加藤高明内閣が成立した。以後，衆議院の多数党が政権を担当する③政党内閣が続くようになり，「憲政の常道」と呼ばれた。

問１　下線①について，これに関係する人物の説明としてまちがっているものを(あ)～(え)から一つ選び，記号で答えなさい。

(あ)　吉野作造は民本主義をとなえ，普通選挙と政党政治の必要性を主張した。

(い)　尾崎行雄は立憲政治を守ろうとする護憲運動をおこした。

(う)　石橋湛山は小日本主義にもとづく植民地放棄論などを主張した。

(え)　美濃部達吉は天皇主権説をとなえ，天皇の権力は絶対であると主張した。

問２　（１）と（２）にあてはまることばを(あ)～(え)からそれぞれ選び，記号で答えなさい。

(あ)　自由　　(い)　青鞜　　(う)　白樺　　(え)　水平

問３　下線②について，この内閣は1925年に普通選挙法を成立させたが，選挙権を与える年齢が満25歳以上であった他に現在の普通選挙制との違いは何か，答えなさい。

問４　下線③について，政党内閣は1932年の海軍将校による首相官邸の襲撃で終わりを告げる。この出来事を何というか，答えなさい。

6　**次の文を読み，あとの問いに答えなさい。**

戦後，ＧＨＱの占領政策は①日本の民主化と非軍事化の徹底であったが，冷戦の拡大を受けて，日本をアジアの共産主義に対抗する勢力に育てる方向へと政策の転換がなされた。

冷戦の激化にともない各地で緊張が高まり，1950年には（　１　）戦争が勃発した。日本では，ＧＨＱの指令に基づいて②警察予備隊が設立され，日本の再軍備が開始された。アメリカは東アジアでの日本の役割を重視して日本との講和を急いだ。日本は1951年に48か国とサンフランシスコ講和条約を締結し，翌年に主権を回復した。同時にアメリカと日米安全保障条約を締結し，アメリカ軍の駐留を引き続き認めた。その後，国際連合への加盟を認められ国際社会に復帰した日本は，③1960年にはアメリカとの結びつきをさらに強めた。

日本の主権回復後もアメリカの統治下に置かれた沖縄では，米軍基地に対する闘争が広がり，復帰運動へと発展していった。1965年に開始されたアメリカによる北爆と南への地上軍投入によって本格化した（　２　）戦争では，沖縄の米軍基地が使用されたことから，復帰運動は反戦運動とも結びつき高まりをみせた。復帰運動の高まりを背景に，佐藤栄作首相は1971年にニクソン大統領と返還協定を締結し，翌年に沖縄の本土復帰が実現した。

問１　（１）と（２）にあてはまることばを㈠～㈡からそれぞれ選び，記号で答えなさい。

(あ)　ベトナム　　(い)　湾岸　　(う)　イラク　　(え)　朝鮮

問２　下線①について，寄生地主制から農民を解放し，自作農の創設を目的として実施されたものを何というか，漢字で答えなさい。

問３　下線②について，1954年に改められた名称を(あ)～(え)から一つ選び，記号で答えなさい。

(あ)　保安隊　　(い)　海上警備隊　　(う)　自衛隊　　(え)　警備隊

問４　下線③について，1960年に新安保条約を締結した首相を(あ)～(え)から一つ選び，記号で答えなさい。

(あ)　鳩山一郎　　(い)　岸信介　　(う)　吉田茂　　(え)　池田勇人

7　**次の文を読み，あとの問いに答えなさい。**

私たちは，みんな，人間らしく生きていきたい。これが，憲法のお話を始める出発点です。私たちには，人間らしく生きていく権利（人権）があります。この権利はだれからもらったのでしょうか？

国からもらったもの？いいえ，国からもらったものなら，国の都合で制限されかねません。

そこで，次のように考えることにしましょう。

「私たちが人間らしく生きていく権利は，人間として生まれた以上，生まれながらにして（　１　）に備わっている。生まれながらにして，（　２　）から与えられている。（略）」

この考え方は，イギリスのロック，フランスのルソーが唱えたもので，（略）日本国憲法も，この考え方に基づいています。

> 日本国憲法第11条
>
> 国民は，すべての①基本的人権の享有を妨げられない。この憲法が国民に保障する基本的人権は，侵すことのできない（　イ　）の権利として，現在及び（　ロ　）の国民に与へられる。

私たちが人間らしく生きるために，私たちを取り仕切って政治をする人が必要です。だから，（　３　）を作って政治を任せましょう。でも，単に一任するのでは，（　３　）が本当に私たちの権利を守ってくれるか心配です。

そこで，ちゃんと私たちの権利を守るように政治をする，と（　３　）に約束してもらいます。もし，約束に反して私たちの権利を侵したら，私たちは（　３　）に抵抗する権利があります。このような考え方を社会契約説といいます。

（　３　）に政治を任せるうえで，「（　３　）がしてはいけないこと」，「（　３　）がしてもいいこと」，「（　３　）がしなければならないこと」といった約束を交わしておけば，私たちは安心です。この約束が憲法です。（　３　）は，約束＝憲法という「檻《オリ》」にしばられて，政治をしなければなりません。

このように憲法にもとづいて政治を行うことで，私たちの権利を守る，という考え方を（　４　）主義といいます。

「権力を法でしばる」という（　４　）主義の考え方は，1215年に，イギリスの貴族が王様の勝手な支配をやめさせるために王様に署名させた「マグナ・カルタ」にまでさかのぼるといわれています。

（　４　）主義と似ていますが，権力を法で拘束し，権力者といえども法の下にある，という考え方を法の支配といいます。「法の支配」の反対は，「（　５　）の支配」です。

法律は，国会で出席議員の（　６　）が賛成すれば改正できます。しかし，②憲法の改正には，衆参両議院の総議員の（　７　）以上の賛成で（　８　）し，国民投票で（　６　）の賛成が必要です。なぜ，憲法はこのように改正しにくくなっているのでしょうか。

そもそも，（　９　）法規である憲法に違反する法律には効力がありません。しかし，憲法のほうを法律に合わせて自由に変えてしまえるのでは，憲法の意味がありません。単に「（　９　）法規です」と宣言するだけでは，憲法は（　９　）法規としての役割を果たせません。法律より変えにくいからこそ，憲法は（　９　）法規なのです。（略）

（　４　）主義を守る立場から，世界各国のほとんどの憲法が，法律より変えにくい「硬性憲法」なのです。

（楾大樹『憲法がわかる46のおはなし　檻の中のライオン』一部改編）

問１　（１）～（９）にあてはまることばを(あ)～(つ)からそれぞれ選び，記号で答えなさい。ただし，同じ記号は二回以上つかわないこと。

(あ)　天　(い)　中立　(う)　発議　(え)　最高　(お)　天然
(か)　市民　(き)　３分の２　(く)　２分の１　(け)　立法　(こ)　政府
(さ)　自然　(し)　公布　(す)　主権　(せ)　国民　(そ)　人
(た)　自動的　(ち)　過半数　(つ)　立憲

問２　下線①について，「社会権」と呼ばれる基本的人権のうち，「生存権」以外の「社会権」を一つ答えなさい。

問３　文中の枠内の憲法第11条の条文で，（イ）と（ロ）にあてはまることばをそれぞれ答えなさい。

問４　下線②について，現在検討されている，「戦争などが起こったときに，国家の存立を維持するため，行政に権力を集中させるなど，日本国憲法で保障されている国民の基本的人権などの権利を一時停止する条項」を一般に何と言うか，漢字４字で答えなさい。

8　次の文を読み，あとの問いに答えなさい。

いまも世界のどこかで紛争が起き，多くの人々が大切な家族や親せき，家や財産を失って悲しみにくれています。①紛争地域の人々は，その日一日の生活を何とか暮らしているという現実があります。その中には，みなさんと同じかそれより小さな子どもたちが大勢いるのです。

そのような国際情勢の中，日本人女性初の国連事務次長となった中満泉（なかみついずみ）さんは，その著書『危機の現場に立つ』(2017）で，国際連合の役割について以下のように語っています。

「国際連合とは，そもそも世界の平和と安全を保つために作られた国際組織です。第一次世界大戦後の1920年１月に発足した国際連盟は，結局（　１　）が参加せず，また1930年代以降の日本，ドイツ，イタリアなどの脱退もあり，第二次世界大戦を防ぐことができませんでした。

その教訓も踏まえ，国連では15か国からなる安全保障理事会が『国際の平和と安全』を維持する責任を担っています。15か国のうち，10か国は２年の任期で選挙で選ばれる非常任理事国，（　１　），イギリス，フランス，ロシア，中国の５か国は常任理事国です。常任理事国は手続き事項をのぞくすべての実質事項について（　２　）権を持っています。国際の平和と安全は，『（　３　）の原則』にもとづいて守られる，という考え方なのです。(略)

②紛争の解決や平和への脅威に対応するために国連がとるさまざまな方策は，国連憲章の第６章と第７章に記載されています。仲介や調停，仲裁裁判や司法的解決など平和的な手段もありますし，さらに進んで加盟国全体に履行を義務づける経済制裁や，武器禁輸，外交断絶などの非軍事的強制措置を決定することもあります。」

問１　（１）～（３）にあてはまる国名やことばを答えなさい。

問２　下線①について，紛争地域の人々の中で，「人種，宗教，国籍，政治的意見やまたは特定の社会集団に属するなどの理由で，自国にいると迫害を受けるかあるいは迫害を受けるおそれがあるために他国に逃れた」人々を一般に何と言うか，(あ)～(え)から一つ選び，記号で答えなさい。

(あ)　流民　　(い)　棄民　　(う)　移民　　(え)　難民

問３　下線②について，2017年に国連で採択された「核兵器禁止条約」の内容と，現在（2020年10月時点）までの被爆国である日本政府の条約に対する姿勢を説明しなさい。

込められている。その場合、「おき」という言葉の由来と考えられるものとして最も適切な語を次から選び、記号で答えなさい。

ア、お気楽　　イ、お気軽　　ウ、お気の毒　　エ、お気に入り

問九　傍線部⑥「ミツヱはもう、[F]と[G]のようにピョンピョン跳ぶような気にはなれなかった」について、以下の（1）と（2）の問いに答えなさい。

（1）空欄[F]・[G]に入れるのに最も適切な登場人物二人の名前を次から選び、記号で答えなさい。ただし、順番は問わないこととする。

ア、二谷カヨ子　　イ、君塚照子　　ウ、松原里美

エ、根本千代　　オ、関のぼる　　カ、木崎富子

キ、大山澄子

（2）このような気持ちになった理由を説明した次の文の空欄[　]に入れるのに適切な漢字一字を答えなさい。

「逆上がりができるようになった喜びに、照子が言った言葉が[　]を差したから。」

問三　空欄 E に入るのに適切な内容を、本文中から十五字以上十八字以内で抜き出して答えなさい。

問四　傍線部①「一番苦手な体操の時間が橋本先生だなんて」、②「わかるのはただ、みんなが見ていることと、すぐ横に橋本先生がいることだけだった」からは、ミツエの橋本先生に対するどのような気持ちがわかるか。その説明として最も適切なものを次から選び、記号で答えなさい。

ア、厳しい橋本先生に叱《しか》られるのがこわく、失敗を見せたくない気持ち。

イ、橋本先生に自分の格好の悪いところを見られたくないと思う気持ち。

ウ、橋本先生に自分の苦手科目を熱心に教えられても困るという気持ち。

エ、優しい橋本先生に自分もみんなのように甘えてみたいという気持ち。

問五　二重傍線部１「恥ずかしい」と、２「恥ずかしさ」との違いを説明したものとして最も適切なものを次から選び、記号で答えなさい。

ア、１は他の人に対する自分の本心に気づいてうろたえてしまう気持ちで、２は自分の失敗に対する他の人の目を気にして感じている気持ちである。

イ、１は他の人の行いに対して恥ずべきだと思い、強くなじる気持ちで、２は自分の努力を人前で見せることでプライドが傷ついている気持ちである。

ウ、１は自分に関係のある人の行いに気後れして感じる気持ちで、２は自分の努力を人前で見せることでプライドが傷ついてしまう気持ちである。

エ、１は自分に関係のある人の行いがその場にふさわしくないと感じる気持ちで、２は自分の失敗を他の人に見られることについての気持ちである。

問六　傍線部③「もうすこし鉄棒をやっていたいような気がしたのだ」とあるが、それはなぜか。その説明として最も適切なものを次から選び、記号で答えなさい。

ア、努力していることを橋本先生に知ってほしいから。

イ、「モト村」の女の子たちには負けたくなかったから。

ウ、みんなの前で恥をかくのは、もうこりごりだから。

エ、逆上がりのコツをつかみかけた気がしていたから。

問七　傍線部④「今まで笑ったことはなかった、という不思議な感じがした」とあるが、それはどういうことか。その説明として最も適切なものを次から選び、記号で答えなさい。

ア、このように喜びを全身で感じて自然に笑ってしまう体験は初めてだということ。

イ、このように周りの友だちに喜びを伝えたいと強く思うのは初めてだということ。

ウ、今まで鉄棒が不得意なことで知らず知らず暗くなってしまっていたということ。

エ、今まで「モト村」の子とのぎくしゃくした関係の中で緊張《きんちょう》していたということ。

問八　傍線部⑤の「おき」という言葉には「えこひいき」という意味が

と二谷カヨ子が並んで歩いてきた。ミツヱは二人をやり過ごそうとした。すると、すれ違う一メートルほど手前のところで、君塚照子が突然、【 V 】ように何かを言った。

「⑤おき!」

とミツヱの耳には聞こえた。ミツヱはびっくりして足を止めた。照子が何か話しかけてくるなんて思ってもいなかったが、照子は立ち止まり、眼に力をこめるようにしてこっちを見ていた。それを見てミツヱは、たしかに照子は自分に「おき」と言ったのだとわかった。

「え、何《あに》?」

とミツヱは聞き返した。「おき」という言葉の意味がわからないので、聞き違いかもしれないと思ったのだ。光るような眼でこっちを見たまま、君塚照子は黙っていた。あざ笑うような、突き刺すような眼だった。ミツヱがもう一度聞き返そうとしたとき、照子は急に視線をそらして歩き出した。ミツヱはわけがわからないまま、振り返って二人を見送った。

関のぼるやコッペがこっちにやって来た。ミツヱは「おき」の意味を、今すぐ関のぼるたちに聞くことはできないような気がした。あざ笑うような眼から、「おき」というのがいい意味ではないらしいことは感じられた。

「逆上がり、できた」とミツヱは言った。

「本当《ふんと》!?　よかったなあ」

「見せてみな」

ミツヱは鉄棒のところでやって見せた。関のぼるたちは拍手をしたが、⑥ミツヱはもう、[F]と[G]のようにピョンピョン跳ぶような気にはなれなかった。「おき」って何だろうと考えながら、関のぼるたちと一緒に帰った。

「おきって何《あん》だ?」

とミツヱは、兄の良治に聞いてみた。

「知らねえ」と良治は言った。

向いのパーマ屋の久代にも聞いてみたが、久代も「知らねえ」と言った。

斉木先生は言葉の違いのことを言ったが、やっぱり「むこう」の子たちの言葉はすごく違うのかもしれない、それで「むこう」の子たちは「こっち」の子とあまり口をきかないのかもしれない、とミツヱは思った。

（干刈あがた「野菊とバイエル」より）

［注］　※1　ブルマー……女子が下半身に着用する運動着のこと。

問一　空欄【I】～【V】に入る言葉として最も適切なものをそれぞれ次から選び、記号で答えなさい。ただし同じ記号を二度以上選ばないこと。

ア、自分の顔が赤くなった　　イ、眼をつむる

ウ、空に叫《さけ》ぶ　　エ、するどく切りつける

オ、重い息を吐《は》きたい

問二　空欄[A]～[D]に入る語の組み合わせとして最も適切なものを次から選び、記号で答えなさい。

ア、A　お前たち　B　お前たち　C　おれたち　D　知り合い

イ、A　おれたち　B　お前たち　C　おれたち　D　仲良し

ウ、A　お前たち　B　おれたち　C　お前たち　D　知り合い

エ、A　おれたち　B　おれたち　C　お前たち　D　仲良し

のを、もう一度思い出してみた。鉄棒をしながら感じた感じは、する前に思っていたのと、すこし違っていた。前に逆上がりをしたときは、鉄棒が遠い感じで、腕に力が入らず、体がばらばらになってしまうような感じだった。でも今回は、そのときよりも、すこし鉄棒が自分の中心に近い感じで、体も前ほどばらばらではなかったような気がする。

女子も一とおり逆上がりを終えると、先生は時計を見て言った。

「今日は始業が遅れて、あまり時間がないが、あとの時間は逆上がりができない者のトックンをする。できた者はこっちに並んで、やはり逆上がりをする。できなかった者、こっちに並べ」

男子で逆上がりができなかったのは高岡君一人、女子はミツヱと、松原里美と、一番背の高い二谷カヨ子の三人だった。四人ではすぐに順番がまわってくる。先生は「つぎ」と言う以外、何も言わずに一人一人のお尻に手を添《そ》えた。何度目かに、思いがけず里美がくるりと鉄棒のまわりに巻きついた。

「できたじゃないか！」と先生が言った。

「できたー」

と里美が、眼をまん丸くし、口も大きくあけて、【 Ⅳ 】ように言った。むこうの列から仲良しの木崎富子が飛んできて、二人で手を取り合って「できた、できた」とピョンピョンはねた。

高岡君は途中で照れ臭《くさ》そうに笑って、あきらめた顔になる。二谷カヨ子は鉛筆か割《わ》り箸《ばし》のようにまっすぐな感じで、なかなか鉄棒に巻きつけない。ミツヱは自分がどうなのかはわからなかった。三人とも逆上がりができないままに、終業の鐘《かね》が鳴った。

授業がぜんぶ終ると、ミツヱは掃除《そうじ》当番の関のぼるに「鉄棒のところで待ってる」と言って校庭へ走っていった。そしてランドセルを地面に置き、鉄棒をにぎった。さっきの体操の時間、③もうすこし鉄棒をやっていたいような気がしたのだ。そんなことは初めてだった。

ミツヱが逆上がりの練習をしていると、大山澄子と根本千代がブランコのところに来てしゃがんだ。掃除当番の君塚照子と二谷カヨ子を待つらしい。

何度目かに足を蹴り上げたとき、ミツヱは今までとまったく違う感じがして、頭の中が真白になった。何が起こったのかわからなかったが、眼帯をはずしたときのように、自分のまわりが破裂したような感じがした。自分のまわりの空気にヒビが入って、空気が割れたような感じがしたのだった。その真ん中に自分がいる。空がぐらぐら揺《ゆ》れて、大きな笑い声を出しているような気がした。

自分が笑っているのだ。自分は今、笑っている、と強く感じながら、ミツヱは自分の中からこみ上げてくる笑いを声に出した。④今まで笑ったことはなかった、という不思議な感じがした。

ミツヱはもう一度、逆上がりをしてみた。やっぱりできた。そのことを、誰かに言いたかった。ブランコのところから、根本千代と大山澄子がこっちを見ていた。千代は口をぽかんとあけ、澄子は真剣な顔をしていた。ミツヱは二人にむかって大声で、

「できたー」

と言った。すると、千代は澄子の方を見て、澄子は眼を伏《ふ》せてしまった。

掃除当番が終った子たちが出てくるのが見えたので、ミツヱは関のぼるに早く言おうと、校庭をスキップしながらそっちへ行った。君塚照子

「あの子たちが、何《あん》であんなに早《へえ》く着がえられるのか、わかった。体操のある日は、スカートの下にブルマーをはいてくるんだ」

「頭いい！　おれもそうしようかな」

「橋本先生、遅《おせ》えなあ」

　女子たちは、おしゃべりしたり笑ったりしながら先生を待っているが、ミツヱは、①一番苦手な体操の時間が橋本先生だなんて、と【　Ⅰ　】ような気持で黙り込んでいた。

　校舎の大きい方の玄関から、白い野球帽をかぶって白い体操ズボンをはいた橋本先生が、君塚照子たち四人と一緒に出てくるのが見えた。照子は先生の腕に自分の腕をからませている。うしろから、背の高い二谷カヨ子と、なんだかいつも風邪をひいているような根本千代と、ミツヱの隣りの席の大山澄子がついてくる。照子が先生に甘えるような仕草をして、先生は腕を力瘤自慢《ちからこぶじまん》の形にした。照子の足が地面から離れ、照子は先生の腕にぶらさがった。すぐに先生は腕を下げ、照子の足は地面に着いたが、照子はそのまま腕をからませている。みんなが見ているのに、なぜ先生は腕を振りほどかないのだろう。ミツヱは見ているのが1恥ずかしいような気がして、校舎の方に眼をそらした。

「集合ーっ」

　と大きな声で言った先生の方にミツヱが眼を戻したとき、腕をからませたままの照子はもう一度ぶらさがるように、ぴょんと跳《と》び上がった。先生の肩が傾いて、照子の膝《ひざ》が変なふうに曲り、一瞬、先生の脚《あし》を照子の脚が挟《はさ》むような形になった。ミツヱは【　Ⅱ　】ような気がした。君塚照子はみんなに見せるためにしてるんだ、「橋本先生は　A　の先生だった、　B　は、　C　よりずーっと前から先生と　D　だった」と言ってるみたいだ、とミツヱは思った。

「今日は鉄棒をやる」

　と橋本先生が言ったので、やっぱり　E　、とミツヱは思った。

　準備体操のあと、ブランコより校舎寄りにある鉄棒のところへ行った。鉄棒は、中高低二本ずつ一続きのものと、六年生でも跳び上がらなければつかめない高さの独立したものが一本あった。男子のあとに女子で、背の順に一人ずつ鉄棒をする脇で、橋本先生が補助をした。尻上がりや足かけ上がりは、ミツヱにもできた。

「つぎは逆上《さかあ》がり」

　ミツヱは死にたくなった。列からすこし横に出て、先に逆上がりをしている男子から何か参考になることを見つけようと、一人一人の逆上がりをよく見た。逆上がりができる子は、なぜあんなに何でもないことのように、鉄棒に巻きついてしまえるのだろう、腕の力が強いのだろうか、蹴《け》り上げ方が上手なのだろうか、と見ながら考えた。男子で一番痩《や》せている高岡君は、巻きつけずに途中でほぐれてしまった。自分もああなるのだ、とミツヱは思った。

　男子が終《おわ》り、女子で一番背の低いミツヱの番になった。見たことも、考えたことも、もう何の役にも立たなかった。②わかるのはただ、みんなが見ていることと、すぐ横に橋本先生がいることだけだった。ミツヱは【　Ⅲ　】ような気持で鉄棒をつかみ、足を振り上げた。先生が手でお尻を支えてくれたが、足はストンと落ちてしまった。

「もう一息だ」

　と先生は言ってくれたが、やっぱりだめだった、と2恥ずかしさを感じながら、男子たちの横にしゃがんだ。でも、とミツヱは、今感じたも

【国　語】（五〇分）〈満点：一〇〇点〉

一　次の各問に答えなさい。

問一　次の①～⑤の傍線部を漢字で正確に答えなさい。

① 立候補者のトウロン会に参加する。
② 社会に流布するメイシンに振り回される。
③ その案は議会でショウニンされた。
④ 手アツい看護を受ける。
⑤ 学級委員長をツトめる。

問二　次の①～④の傍線部の漢字の読みをひらがなで正確に答えなさい。

① 食文化の本を著す。　② 小さな食料品店を営む。
③ 書類を無造作に置く。　④ 怒りで形相が変わる。

問三　次の①～③のことわざの空欄に入る漢字一字を答えなさい。

① 雨だれ【　】をうがつ　…　わずかなことでも、それがたび重なると大事になる。
② 【　】は藍《あい》より出《い》でて藍より【　】し　…　弟子が師よりもすぐれている。
③ 魚心あれば【　】心　…　相手が好意を示せば、自分も好意をもって応対する気になる。

問四　次の①～③の空欄に入る最も適切な語を〈選択肢《せんたくし》〉より選び、記号で答えなさい。ただし、同じ記号を二度以上選ばないこと。

① 【　】出かけたとしても、もう出発に間に合わないだろう。
② 姉はやっと顔を上げ、【　】語り始めた。
③ 両国の関係が悪化したため、領土問題の解決は【　】難しくなった。

〈選択肢〉
ア、決して　イ、おもむろに　ウ、たとえ
エ、つねに　オ、きわめて

二　※問題に使用された作品の著作権者が二次使用の許可を出していないため、問題を掲載しておりません。

（出典：ねじめ正一「ぼくらの言葉塾」より）

三　次の文章を読んで、後の各問に答えなさい。

戦後間もない昭和二十年代半ば。ミツヱ《みつえ》が住んでいる東京の郊外では町村合併《がっぺい》があり、それに伴《ともな》って校区が変更されて、ミツヱたち元「町の小学校」（＝モト町の小学校）の児童の一部は、元「村の小学校」（＝モト村の小学校）の児童と一緒に、新設された小学校に通うことになった。春から始まった新しい学校での、小学三年生、一学期の終わりのできごとである。

体操の時間は斉木《さいき》先生が六年生の教室に行き、六年担任の橋本先生が三年生の体操の授業をする。君塚照子や大山澄子《すみこ》たち四人は、いつも早く着がえて、橋本先生を迎えに行くのだ。橋本先生は、モト村の小学校の先生だった。

体操の時間なんてなければいいのに、と思いながらミツヱは、のろのろと※1ブルマーに着がえ、関のぼるたちと校庭に出た。

MEMO

大切なことはメモしておこうネ！

第1回

2021年度

解　答　と　解　説

《2021年度の配点は解答欄に掲載してあります。》

＜算数解答＞《学校からの正答の発表はありません。》

1　(1)　3.63　　(2)　2　　(3)　$4\frac{2}{3}$時間

2　(1)　毎分105m　　(2)　370円　　(3)　49.5cm^2　　(4)　16通り　　(5)　17枚

(6)　$\frac{23}{42}$

3　(1)　56cm^3　　(2)　330cm^2　　4　(1)　8%　　(2)　4　　(3)　36g

5　(1)　15度　　(2)　6.28cm^2　　(3)　6秒後と18秒後　　6　(1)　1.6cm　　(2)　5cm

○推定配点○

各5点×20　　計100点

＜算数解説＞

1　(四則計算，単位の換算)

(1)　$363\times(2-0.1-0.01)\div189=363\times1.89\div189=3.63$

(2)　$\square=\left(\frac{19}{5}-\frac{17}{15}\right)\times\frac{3}{4}=\frac{40}{15}\times\frac{3}{4}=2$

(3)　1.5時間＋$2\frac{5}{6}$時間＋1200÷3600時間＝$4\frac{2}{3}$時間

基本　2　(速さの三公式と比，旅人算，割合と比，消去算，平面図形，場合の数，鶴亀算，演算記号)

(1)　分速$75+75\times2\div5=105$(m)

【別解】　A君とB君の速さの比は5分：7分＝5：7であり，B君の分速は75÷5×7(m)

(2)　A10個とB8個が2580×2＝5160(円)，A6個とB8個が3680円　　したがって，A1個は(5160−3680)÷(10−6)＝370(円)

重要　(3)　三角形ア…全体の面積の$\frac{1}{3}\times\frac{3}{4}=\frac{1}{4}$　　三角形イ…全体の面積の$\frac{1}{3}\times\frac{1}{2}=\frac{1}{6}$　　三角形ウ…全体の面積の$\frac{1}{2}\times\frac{1}{4}=\frac{1}{8}$

したがって，斜線部分の面積は，$108\times\left\{1-\left(\frac{1}{4}+\frac{1}{6}+\frac{1}{8}\right)\right\}=49.5(cm^2)$

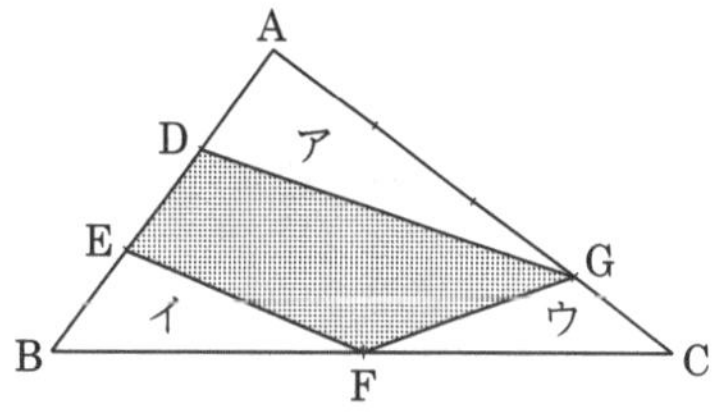

(4)　$4\times4=16$(通り)

(5)　$(5\times36-112)\div(5-1)=17$(枚)

(6)　$\left(3-\frac{9}{26}\right)\div\left(\frac{11}{13}+4\right)=\frac{23}{42}$

重要　3　(平面図形，立体図形，規則性)

(1)　1段…1個　　2段…1＋1＋2＝4(個)　　3段…4＋1＋2＋3＝10(個)

4段…10＋1＋2＋3＋4＝20(個)　　5段…20＋1＋2＋3＋4＋5＝35(個)

したがって，6段は35＋1＋2＋3＋4＋5＋6＝56(cm^3)

【別解】　1＋3＋6＋10＋15＋21＝56(cm^3)

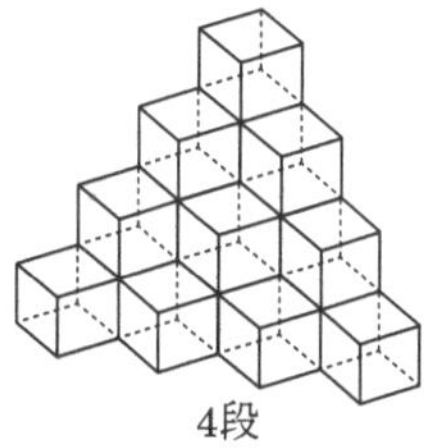

4段

(2)　次ページの図の面積は1＋2＋3＋…＋10＝11×5＝55(cm^2)

したがって，6方向から見える立体も表面積は$55\times6=330(cm^2)$

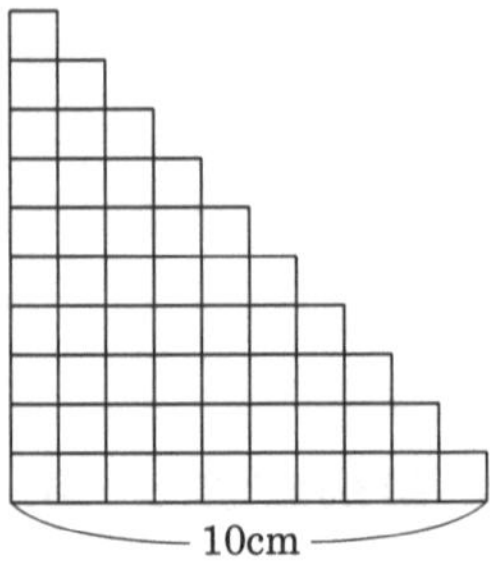

重要 4 **（割合と比）**

(1)　手順1…Aに150g，12％の食塩水が残る。Aの100g，12％の食塩水とBの300g，8％の食塩水を混ぜる。→Bに400g，$(1\times12+3\times8)\div(1+3)=9$(％)の食塩水

手順2…Bに300g，9％の食塩水が残る。Bの100g，9％の食塩水とCの150g，㋐％の食塩水を混ぜる。→Cに250gの食塩水

手順3…Cに150gの食塩水が残る。Cの100gの食塩水とDの200gの水を混ぜる。→Dに300g，2％の食塩水

手順4…Dに200g，2％の食塩水が残る。Dの100g，2％の食塩水とAの150g，12％の食塩水を混ぜる。→100g：150g＝2：3より，Aに250g，$(2\times2+3\times12)\div(2+3)=8$(％)の食塩水

(2)　手順3において，Cの100gの食塩水が水と混ざって3倍の300gになったので，手順2の後のCは$2\times3=6$(％)　手順2でBとCの食塩水の重さの比は100g：150g＝2：3　したがって，$2\times9+3\times$㋐$=(2+3)\times6=30$より，㋐は$(30-18)\div3=4$(％)

(3)　(1)・(2)より，$300\times0.09+150\times0.06=36$(g)

5 **（平面図形，図形や点の移動，速さの三公式と比，規則性）**

図1

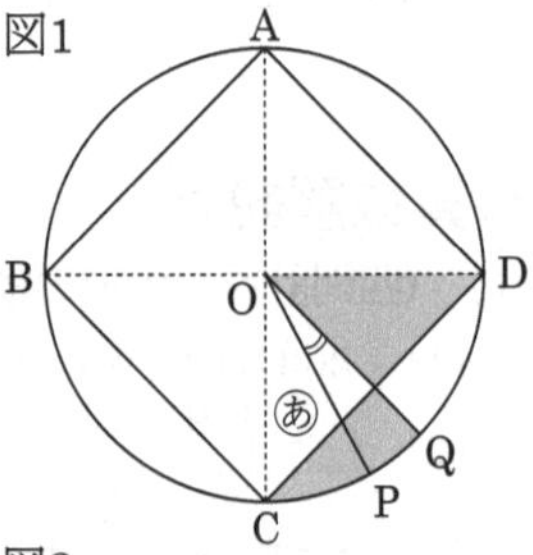

基本　(1)　右図1において，Pが進んだ角度は$30\times5=150$(度)　Qが進んだ角度は$45\times5=225$(度)　したがって，㋐は$150+225-360=15$(度)

基本　(2)　右図1において，求める部分の面積は中心角が45度のおうぎ形の面積に等しく$4\times4\times3.14\div8=6.28(cm^2)$

重要　(3)　右図2より，辺OPとOQが垂直に交わるのは6秒後と18秒後である。
6秒後…Pは点Cの位置，Qは点Dの位置
18秒後…Pは点Cの位置，Qは点Bの位置

図2

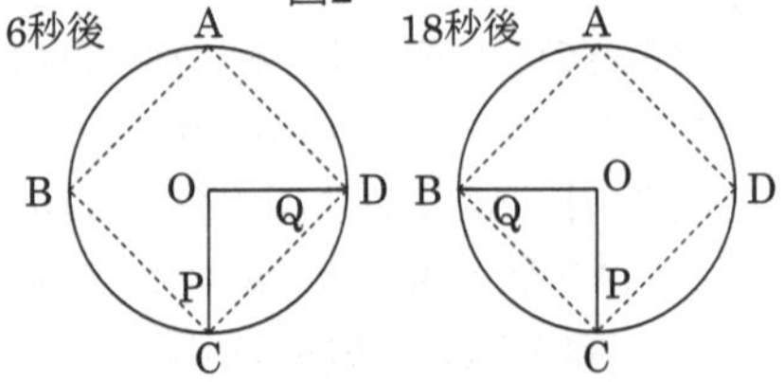

6 **（立体図形，平面図形，相似，割合と比）**

基本　(1)　下図アにおいて，三角形AEGとPFGは相似であり，相似比は5：2である。したがって，PFは$4\div5\times2=1.6$(cm)

重要　(2)　下図イにおいて，三角形AEHとQFHは相似であり，相似比は$4:\frac{32}{11}=11:8$である。したがって，EHとFHの長さの差3cmが，これらの長さの比の差$11-8=3$に相当するので㋐は$8-3=5$(cm)

図ア

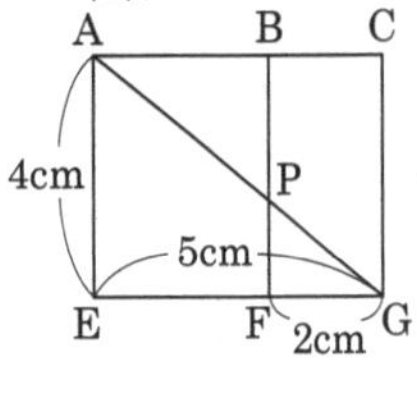

図イ

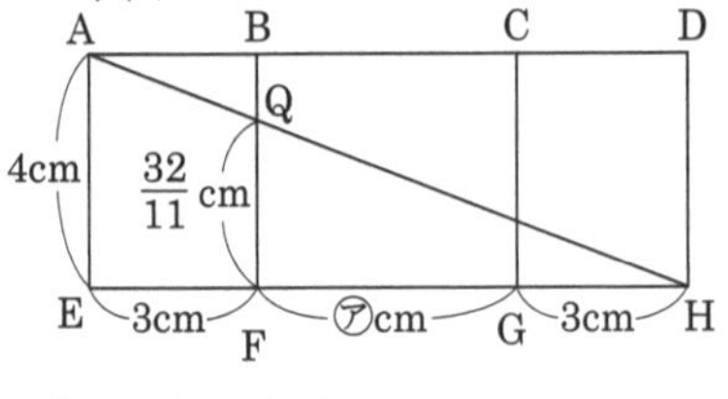

図1

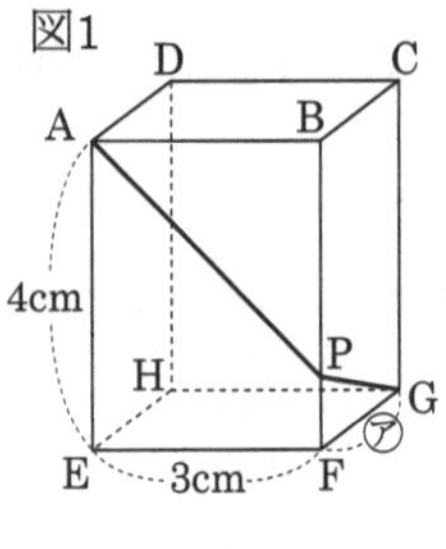

図2

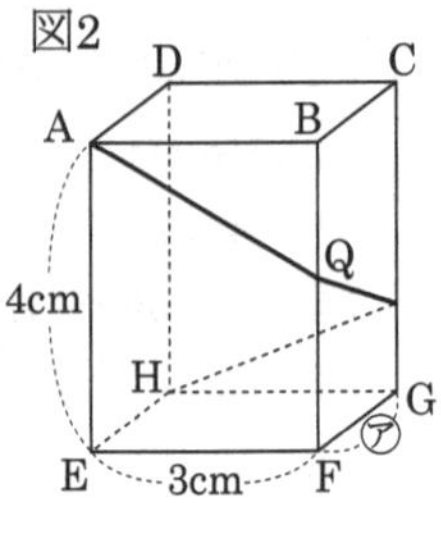

★ワンポイントアドバイス★

2(6)「演算記号」は，「小さいほうを大きいほうで割る」ことに注意しないと得点できない。3(1)「6段までの立体の体積」は難しくはないが，各段の個数と規則をしっかりと把握しないと失敗する。4「濃度」もミスしやすい。

＜理科解答＞《学校からの正答の発表はありません。》

1　問1　アルカリ(性)　問2　(1)　分解者　(2)　アオコ　問3　(1)　(ア)　光合成　(イ)　葉緑体　(ウ)　二酸化炭素　(エ)　酸素　(2)　エ

2　問1　イ，エ　問2　①　問3　エ　問4　ウ　問5　(1)　ア，イ　(2)　ハザードマップ

3　問1　①　高い　②　飽和(ほうわ)水よう液　問2　40(g)　問3　1.7(g)　問4　エ，キ

4　問1　(例)　角砂糖を細かくする。　問2　ウ　問3　ア

5　問1　(部分①)　あ　(部分②)　え　問2　(部分①)　い　(部分②)　お　問3　(部分①)　い　(部分②)　お　問4　ウ，オ　問5　ウ

6　①　アトラス　②　ネオワイズ　③　反対側　④　青　⑤　ちり

○推定配点○

1　各2点×8　2　各3点×6(問1・問5(1)各完答)　3　各3点×5(問4完答)
4　各2点×3　5　各3点×5(問1～問4各完答)　6　各1点×5　計75点

＜理科解説＞

1　(生物総合―ボトルアクアリウム)

問1　石灰石の主成分は炭酸カルシウムで，酸性を弱めるはたらきがある。そのため，石灰石をたくさん水に入れると，水はアルカリ性になる。

問2　(1)　生物どうしのつながりの中で，エサの食べ残しや魚のふんなどを分解して，植物が吸収できる状態にまで分解する生物を特に分解者という。これに対して，植物のように栄養分をつくりだす生物を生産者，ほかの生物を食べて栄養分をとり入れている生物を消費者という。

(2)　湖沼や内湾で，流れこむ水に藻類やプランクトンのエサとなる栄養分が多くふくまれることで，藻類やプランクトンが異常発生して水面が青緑色になる現象をアオコという。

基本　問3　(1)　水草などの植物は，からだをつくる細胞の中にある葉緑体というつくりで，光のエネルギーを受けて水と二酸化炭素からでんぷんなどの栄養分と酸素をつくり出している。このはたらきを光合成という。　(2)　光合成を行なって栄養分をつくり出すためには光が必要である。

2　(流水・地層・岩石―地層のでき方)

重要　問1　まっすぐ流れている①の近くでは，傾きが大きいので，水のはたらきで砂とどろの層がけずられるため，みぞが深くなり，みぞのはばは広くなる。曲がって流れている場所では，外側(③)のほうが流れが速く，岸がけずられ，流れがおそい内側(②)のほうでは流されてきた土が積もる。まっすぐ流れている④の近くでは，傾きが小さいため，流れがおそくなり，流されてきた土が積もる。

基本　問2　傾きが大きいほど水が土をけずるはたらきが大きくなるので，①のほうが底が深くけずれらる。

重要　問3　砂とどろではどろのほうが粒が小さい。粒が大きいものほどはやくしずむので，砂のほうが下に層をつくり，その上にどろの層ができる。水は2回流しているので，下から順に「砂→どろ→砂→どろ」という層ができる。

重要　問4　砂とどろではどろのほうが粒が軽い。そのため，粒が軽いどろのほうが遠くまで運ばれる。

問5　(1)　斜面の角度を急にすることで，ゆるやかな斜面に入るあたりに水の流れこみが集中してこう水が起こったと考えられる。こう水を防ぐためには，川はばを広くしたり，川の深さを深くしたりして，水の流れこみによる勢いを分散させるとよい。　ア　①の部分の川はばを広くす

ると，斜面の角度が急な部分を流れる部分の水が多くなり，より水の流れこみの勢いが強まってしまう。　イ　川底をけずられにくくすると，川底が深まることによる水の勢いを弱める効果がなくなってしまう。　(2)　自然災害にそなえて，過去の被害状況をもとに，予想される被害のようすやひなん場所などがかかれている地図をハザードマップといい，災害による被害を小さくするために，地域の地理的特徴などをもとにして各地でつくられている。

3　(ものの溶け方―食塩とホウ酸の溶け方)

問1　表から，食塩もホウ酸も水温が高いほどとける量が多くなることがわかる。また，水に限度まで物質がとけることを飽和といい，その状態の水よう液を飽和水よう液という。

重要　問2　同じ温度の水にとける物質の量は，水の重さに比例する。80℃の水100gにホウ酸は23.5gまでとけるので，80℃の水xgにホウ酸が56.4gまでとけるとすると，100(g)：23.5(g)＝x(g)：56.4(g)　　x＝240(g)とわかる。よって，加えた水は 240－200＝40(g)となる。

問3　40℃の水100gには食塩は38.3gまでとけ，0℃の水100gには食塩は37.5gまでとけるので，40℃の飽和した食塩水138.3gを0℃まで冷やすと38.3－37.5＝0.8(g)の固体が出てくる。40℃の飽和した食塩水300gを0℃まで冷やしたときに出てくる固体をxgとすると，138.3(g)：0.8(g)＝300(g)：x(g)　　x＝1.73…より，1.7g

重要　問4　50gの水にとける固体の重さは，100gの水にとける固体の重さの半分であるので，食塩は，100℃の水に 41.1(g)÷2＝20.55(g)，60℃の水に 39.0(g)÷2＝19.5(g)までとけ，ホウ酸は，100℃の水に 38.0(g)÷2＝19.0(g)，60℃の水に 14.9(g)÷2＝7.45(g)までとける。よって，100℃の水には食塩もホウ酸もすべてとけ，60℃の水には食塩はすべてとけるが，ホウ酸は 14.9－7.45＝7.45(g)の結しょうが生じる。

4　(ものの溶け方―ものの溶け方)

問1　角砂糖を細かくすることで，紅茶とふれる面積が広くなるので，早くとけるようになる。

問2　冬の早朝に川の水面付近に発生する霧は，水面付近の空気中の水蒸気が冷たい川の水に冷やされて水滴となってできたものである。

問3　水にとける砂糖の量は，水の温度によって決まっており，シロップ(こい砂糖水)にしても，温度によってとける砂糖の量は変化する。

5　(回路と電流―豆電球と回路)

やや難　問1　豆電球の明るさは，流れる電流が大きいほど明るくなる。電池2個をつなぐとき，直列につなぐと回路に流れる電流は大きくなる。よって，①の部分には(あ)のようにつないだかん電池をつなげばよい。豆電球は直列につなぐ個数が多くなるほど電流が流れにくくなる。また，豆電球2個を並列につないだものは，豆電球1個より電流が流れやすくなり，豆電球1(個)÷2＝0.5(個)分の電流の流れにくさになる。②の部分につなぐ豆電球は，豆電球Aと直列につなぐことになるので，流れる電流が大きくなるのは，豆電球0.5個分の電流の流れにくさになる，(え)のように豆電球をつないだものをつなげばよい。

やや難　問2　豆電球Aが最も暗くなるのは，豆電球Aに流れる電流が最も小さいときである。かん電池は直列につなぐと回路に流れる電流は大きくなるが，並列につないだときは電流の大きさが変わらないので，かん電池は(い)のように並列につなぐ。また，豆電球は，(お)のようにつなぐと回路全体の豆電球が直列に3個つながることになり，最も電流が流れにくくなる。

やや難　問3　かん電池が長く使えるほど，豆電球は長く光りつづける。かん電池は並列につなぐと長く使うことができる。また，回路に流れる電流が小さいほどかん電池は長く使えるので，最も電流が流れにくくなるつなぎ方である，豆電球が直列に3個つながる(お)のように豆電球をつなぐ。

問4　豆電球Aが暗くなるのは，かん電池のはたらきが弱まっていった場合と豆電球そのものに電流が流れにくくなった場合の2通りが考えられる。かん電池のはたらきが弱まっていた場合，回路全体を流れる電流が小さくなるため，(え)の2つの豆電球は2つとも暗くなる。豆電球Aそのものに電流が流れにくくなった場合も，回路全体を流れる電流が小さくなるため，(え)の2つの豆電球は2つとも暗くなる。このほか，(え)の2つの豆電球のうちの一方だけが弱まっていって，片方の明かりが消えることも考えられる。

問5　電化製品をつなぐ電源タップは，それぞれの電化製品に同じ電圧が加わり，それぞれが別々に作動できるようにするために並列つなぎになっている。写真Bのリモコンは1本だけ電池を入れた状態では動かなかったことから，2個の電池を入れないとリモコンは動かないことがわかる。よって，リモコンは電池2個を直列につないだときに動くと考えられる。

6 **(時事―天体)**

太陽のまわりをだ円軌道をえがいて公転する天体を彗星という。約76年に1度，地球に接近するハレー彗星もそのひとつである。2019年12月に発見され，2020年5月ごろに観察されることが期待されたが，核が分裂したことで期待されたような観測ができなかったものは，アトラス(①)彗星である。2020年3月に発見され，2020年7月に観察することができたものは，ネオワイズ彗星(②)である。彗星の尾は，太陽からの圧力や風の影響で，太陽の反対側(③)にできる。尾には，イオンからなる青色(④)の尾と，ちり(⑤)や金属からなる白色の尾がある。

★ワンポイントアドバイス★

問題文などをしっかりと読む必要がある問題が多いので，ていねいに問題を読む習慣をつけておこう。また，理科の時事的な内容に関する問題の出題も多いので，日ごろからできるだけ多くの理科的な話題にふれるように心がけよう。

＜社会解答＞《学校からの正答の発表はありません。》

1　問1　17(時間)　問2　北緯37度　西経36度　問3　い

2　問1　④　え　⑤　あ　問2　(1)　とまこまい　(2)　ぴっぷ　問3　い　問4　あ
問5　え　問6　あ　問7　(1)　う　(2)　あ　(3)　い　問8　う

3　問1　(例)　天皇が位を譲って上皇となった後も実権を握り続ける政治形態
問2　征夷大将軍　問3　土地　問4　応仁の乱

4　問1　上米の制　問2　C→A→D→B

5　問1　え　問2　(1)　い　(2)　え　問3　(例)　選挙権は男子のみで女子にはなかったこと　問4　五・一五事件

6　問1　(1)　え　(2)　あ　問2　農地改革　問3　う　問4　い

7　問1　(1)　さ　(2)　あ　(3)　こ　(4)　つ　(5)　そ　(6)　ち　(7)　き
(8)　う　(9)　え　問2　労働基本権[教育を受ける権利，勤労の権利]
問3　(イ)　永久　(ロ)　将来　問4　緊急事態(条項)

8　問1　(1)　アメリカ　(2)　拒否　(3)　5大国一致　問2　え　問3　(例)　核兵器の使用や開発・実験・生産・保有などを禁止し，さらに核使用の威嚇も禁止している。日本はアメリカの核の傘に入っているので，日本政府はこの条約に参加していない。

○推定配点○
1　各1点×3　　2　各1点×12　　3　問1　3点　　他　各1点×3　　4　各1点×2
5　問3　3点　　他　各1点×4　　6　各1点×5　　7　各2点×13
8　問3　6点　　他　各2点×4　　　計75点

＜社会解説＞

1　(地理―地球の緯度・経度に関する問題)

問1　羽田空港の標準時は東経135度，ロサンゼルス国際空港の標準時は西経105度とするので，両者間の時差は16((135＋105)÷15)時間となる。時間は東側の地域の方が西側の地域より早いので，飛行機がロサンゼルス国際空港を出発した8月18日14時の時，羽田空港の日時は8月19日6時となる。飛行機が羽田空港に到着したのが8月19日23時なので，この飛行機のフライト時間は17(23－6)時間となる。

問2　地球を球体と仮定したとき，地球上のある地点Aの真裏の位置のことを「対せき点」という。この「対せき点」を緯度・経度で表すと，緯度は北緯と南緯が入れ替わるが地点の数字は同じであり，他方，経度は東経と西経が入れ替わり，地点の数字は180から地点Aの数字を引いた差となる。したがって，メルボルンの位置は「南緯37度，東経144度」なので，メルボルンの真裏の位置の緯度・経度は「北緯37度，西経36度(180－144)」となる。

基本　問3　赤道とは自転する天体の重心を通り，垂直な平面が天体の表面を切断する理論上の線で，緯度の基準の1つであり緯度は0度である。赤道の全周長は約40075kmで，春分と秋分の年2回，太陽が真上を通り，地球上では南米大陸上ではアマゾン川河口，アフリカ大陸ではギニア湾からケニアに抜け，東南アジアではマレー半島の直下とカリマンタン島の部分を通る【図1】中の(い)の線である。

2　(日本の地理―地形図の見方・気候・産業)

重要　問1　④　【図2】の④は高松市である。高松市の1月の平均降水量は38.2mm，最高の平均降水量は6月の150.6mmのように年間を通して雨量が比較的少なく，他方，1月の平均気温は5.5度，最高の平均気温は8月の28.1度のように比較的温暖なので，【表1】中の(え)である。　⑤　【図2】の⑤は那覇市である。那覇市は1月の平均気温は17.0度，最高の平均気温は7月の28.9度のように年間を通じて平年気温が高く，1月の平均降水量は107.0mm，最高の平均降水量は9月の260.5mmのように年降水量が多い南西諸島の気候なので，【表1】中の(あ)である。なお，【表1】の(い)は名古屋，(う)はホノルル，(お)は高田である。

問2　(1)　【図2】の①は帯広であり，帯広がある都道府県は北海道である。北海道の「苫小牧」は，かつて苫小牧川が流れる地域をアイヌ語で「マコマイ」(山奥に入っていく川)と呼ばれていた。それに沼のあった旧樽前山神社付近をアイヌ語で沼の意味がある「ト」の字を付けて「ト・マコマイ」と呼んでおり，それが「とまこまい」になったと言われている。　(2)　北海道の「比布」は，アイヌ語の「ピプオ」(石の・多い・ところ)から転化して「ぴっぷ」となったと言われている。

問3　根室港で「さんま」が多く水揚げされるのは7月から10月中旬までの時期で，特に8月から10月は活気に満ちている。また「さけ」や「ます」が多く水揚げされるのは春から初夏のかけての4月から6月のことである。　(あ)　「さんま」が多く水揚げされるのは4月・5月ではなく，7月から10月中旬までの時期である。　(う)　「さけ」や「ます」が多く水揚げされるのは，11月から1月ではなく4月から6月のこと，「たら」が多く水揚げされるのは7月から9月ではなく冬の時期である。 (え) 「さんま」が多く水揚げされるのは12月中旬から2月ではなく，7月から10月中旬の時期，「たら」が多く水揚げされるのは8月・9月ではなく冬の時期である。

基本 問4 資料中のAは【資料2】から全国の生産量の中で北海道が約3分の2を占めているので「小麦」，資料中のBは北海道が100％なので「てんさい」，資料中のCは北海道が約80％を占めているので「じゃがいも」である。

問5 【図2】の②は山形であり，その都道府県は山形県である。日本における稲作の作業の一般的な手順は，①育苗箱に種もみをまいて，ビニールハウスの中で育てる育苗(4～5月)→②肥料をまいた後に，トラクターなどで田を耕す田おこし(4月)→③田に水を入れ，土を砕いて平らにするしろかき(5月)→④田植え機などを使用して，苗を田に植える田植え(5月)→⑤雑草に栄養を奪われないように行う草取り(6～8月)→⑥田の水を抜いて，1週間ほど土を乾かす中干し(7月)→⑦害虫や病気から稲を守るための農薬散布(7～8月)→⑧コンバインなどを使用して，稲刈りと脱穀(9～10月)→⑨カントリーエレベーターで米を乾燥させた後，低温で保存(9～10月)である。他方，設問中の写真Aは田植え，Bは田植え，Cは稲刈りの昔と今の農作業の様子である。したがって，農作業を行う順に並べるとB→A→Cとなる。

問6 【図3】のAは北海道，Bは山形県，Cは宮城県，Dは新潟県である。それぞれの道県で最も多く生産されている米の品種は，北海道が「ななつぼし」，山形県が「はえぬき」，宮城県が「ひとめぼれ」，新潟県が「コシヒカリ」である。なお，「あきたこまち」は秋田県で主に生産されている。

重要 問7 (1) 地形図【図4】中の地点「あ」～「え」に降った雨水がA地点に流れ着く条件は，①その地点がA地点よりも標高が高いこと，②各地点とA地点を直線で結んだ場合，その間にA地点よりも標高が高い場所が存在しないこと，③各地点とA地点が谷線でつながることである。地形図【図4】中のそれぞれの標高はA地点が約1260m，「あ」地点が約1380m，「い」地点が約1400m，「う」地点が約1440m，「え」地点が約1500mである。地形図【図4】中の「あ」～「え」の各地点はすべてA地点よりは高い場所にあるので①の条件は除外できる。次いでA地点と地点「あ」を直線で結んだ途中に地点「あ」より標高が高い地点「う」があるので，②の条件から「あ」地点は不可となる。さらに③の条件に関して，谷線とは等高線が標高が低い場所から高い場所の方向へ入り込んでいる部分のことである。地点「い」～「え」に降った雨はそれぞれの近くにある谷線に沿って流れることになるが，地点「い」の雨は地形図【図4】中の「国境平」，地点「え」の雨は【図4】中のHの方向へ流れることになる。したがって，A地点に流れつくのは地点「う」に降った雨である。 (2) 地形の中で傾斜のなだらかな場所は等高線の間隔が広く少ない部分，傾斜が急な場所は等高線の間隔が狭く混んでいる部分である。【図4】中のB～Eの地形はそれぞれ実際の距離750mの範囲の場所であり，それぞれの地形中の等高線の数は地形Bは4本，Cは20本，Dは9本，Eは7本である。したがって，傾斜が最もなだらかなものは等高線の数が最も少ない地点B，最も急なものは等高線の数が最も多い地点Cとなる。 (3) 尾根線は，標高が高い場所から低い場所へ等高線が張り出している部分である。地図上Gの線は標高1380mから1220mの地点に，Hの線は標高1460mから1160mの地点に等高線が張り出している尾根線である。 (あ) 軽井沢駅から郵便局「〒」は地図上で北方に約1cm，小学校「文」は地図上で北西に約2cmの場所にあるので，小学校よりも郵便局の方が近くにある。 (う) 地図上Fの線は尾根線ではなく，標高1200mの等高線に沿った線である。 (え) 「離山」の標高は1255.9m，「一ノ宇山」の標高は1336.0m，「氷妻山」の標高は1467.4mなので，標高が最も高いのは「離山」ではなく「氷妻山」である。

問8 【図2】の⑤は那覇市で，那覇市があるのは沖縄県である。【資料3】の沖縄県の品目別採算量の割合は，さとうきびは100％ではなく58％ (2019年)，ゴーヤーは99％ではなく41％ (2018年)，もずくは60%ではなく99%（2018年），マンゴーは44%ではなく54%（2017年），パイナップルは40%ではなく100%（2017年)なので正しい資料ではない。【資料4】の先島諸島の地図は宮古島と西表島の位置がまちがっている。【資料5】の主な農産物の作付面積は他の作物に比べてさとうきびが圧倒的に多いので正しい。（あ）【資料3】は正し資料ではなく，【資料4】は石垣島と西表島ではなく宮古島と西表島の位置がまちがっている。（い）【資料4】の資料は宮古島と西表島の位置がまちがっており，【資料3】中のパイナップルの数値は99%ではなく100%である。（え）【資料3】は正しい資料ではなく，【資料5】は正しい。

3 (日本の歴史―院政～鎌倉時代)

重要 問1 院政は，天皇が位を譲った後も上皇や法皇として政治の実権を握り続けることである。この政治形態は平安時代(794～1185年)の1086年に白河上皇が開始し，それまでの制度にとらわれない専制政治であった。

基本 問2 征夷大将軍は，最初は蝦夷を征服するために設置された臨時の役職であった。しかし源頼朝が1192年に征夷大将軍に任命された後，武家の棟梁を表す役職となった。

問3 鎌倉時代の「御恩」とは将軍と主従関係を結んだ武士である御家人の間で，将軍が先祖伝来の御家人の領地の支配を認めたり，手がらをたてた御家人に対して新しい土地を与えたりすることである。他方，「奉公」とは御家人が将軍に対して負担した軍役や経済負担のことであり，鎌倉時代には緊急時の軍役や幕府や内裏を警護する大番役などがあった。このように「御恩」と「奉公」という主従関係は，土地を仲立ちとして結ばれた。

問4 応仁の乱(1467～1477年)は室町幕府の将軍足利義政の跡継ぎ争いや有力守護大名の間の権力争いなどが原因となって発生した大乱で，京都を戦場として11年間続いた。

4 (日本の歴史―江戸時代の政治改革)

基本 問1 上米の制とは，第8代将軍の徳川吉宗(位1716～1745年)によって行われた享保の改革の政策の1つである。これは大名から石高1万石につき100石の割合で米を幕府に献上させ，代わりに大名が江戸に滞在する期間を半分にして参勤交代の負担をゆるめたものである。

問2 【A】 田沼意次は江戸幕府の第10代将軍徳川家治(在1760～1786年)の時代に小姓・側用人から老中となり，いわゆる田沼時代を現出させた人物である。彼は商人の経済力を利用するため，彼らに株仲間の結成を奨励して幕府の収入を増やそうとしたり，長崎貿易の制限をゆるめて貿易を奨励したりした。さらに年貢を確保するために印旛沼や手賀沼の干拓(選択肢エ)を試みるなどの商業資本を利用した政策に転換した。【B】 天保の改革は，12代将軍徳川家慶(在1837～1853年)の時代に老中となった水野忠邦によって実施された。この改革では都市に出て来た農民を故郷に帰したり，株仲間の解散，上知令などが行われた。【C】 享保の改革は，第8代将軍の徳川吉宗(在1716～1745年)によって行われた政治改革である。この改革では幕府の財政を立て直すために武士に質素・倹約がすすめられ，参勤交代をゆるめる代わりに上げ米の制を定めた。また，新田開発をすすめ，公事方御定書(選択肢イ)を定めたり，目安箱を設置したりした。【D】 寛政の改革は第11代将軍の徳川家斉(在1787～1837年)のもとで老中となった松平定信によって実施された。この改革では，ききんに備えて農村に倉をつくらせて米を貯蔵させたりした囲米の制や幕府の学問所での朱子学以外の学問を禁じたりした。したがって，これらの出来事を古いものから順に並べると，C→A→D→Bとなる。

5 (日本の歴史―「憲政の常道」に関する問題)

問1 美濃部達吉がとなえたのは，天皇主権説ではなく天皇機関説である。天皇機関説とは大日本帝国憲法下で確立された学説で，統治権は国家にあり，天皇はその最高機関として内閣をはじめとする他の機関の支援を得ながら統治権を行使するとするものである。

問2 (1) 平塚らいてう(1886~1971年)は，女性解放を求めた運動家である。1911年に青鞜社を立ち上げ，その後に女性の参政権を求めて市川房江らとともに新婦人協会を設立した。彼女は雑誌「青踏」の創刊号で，「元始，女性は太陽であった。」と書いた。 (2) 全国水平社は，1922年に京都で設立された部落解放運動(差別に苦しんできた人々が，差別を打ち破ろうとしたこと)を進めるための団体のことである。この団体が設立された時に「水平社宣言」を出したことで，差別や偏見をなくすための運動が全国に広がっていった。

重要 問3 1925年に成立した普通選挙法によって，納税額に関係なく25歳以上の男子すべてに選挙権が与えられた。これにより有権者はそれまでの約4倍に増加したが，この時には女性に選挙権が与えられることはなかった。日本における女性参政権は，1945年12月の新選挙法(改正選挙法)によって認められた。

基本 問4 五・一五事件(1932年)では，急進的な若い海軍の将校たちが，政治改革のために犬養毅首相(1855~1932年)を暗殺した。

6 (日本の歴史―太平洋戦争後の民主化)

問1 (1) 朝鮮戦争は，1950年に朝鮮民主主義人民共和国(北朝鮮)が大韓民国(韓国)に侵攻して始まった戦争である。韓国をアメリカ軍を中心とする国連軍が，北朝鮮を中華人民共和国の人民義勇軍が支援したが，1953年に休戦協定が結ばれた。 (2) ベトナム戦争は，1965年にアメリカ合衆国が大規模に介入し，1973年のパリ和平協定を経て，1975年にベトナム民主共和国と南ベトナム解放民族戦線の勝利で終わった戦争である。なお，(い)の湾岸戦争は1990年8月のイラクのクウェート侵攻を契機に，1991年1月~2月にかけてのイラク軍と多国籍軍との戦争，(う)のイラク戦争(2003~2011年)はアメリカ合衆国をはじめとした有志連合がイラクに侵攻して起こった戦争である。

基本 問2 農地改革は連合国軍最高司令官総司令部の指令によって，1946~1950年にかけて行われた戦後の民主化政策の1つである。この政策は寄生地主と小作人の関係を断つことと自作農をつくりだすことを目的とした。そのため，この政策によって自作農は30.7%から61.9%，自作農兼小作農は42.8%から32.4%，小作農は26.5%から5.7%となり，自作農の割合が大幅に増えた。

基本 問3 自衛隊はそれまでの保安隊(「い」)に代わって1954年に組織され，陸上・海上・航空の3つから構成されている。その主な仕事は日本を守ることであるが，国内の災害時に救援活動を行うことや1991年以降は国連の平和維持活動(PKO)などとして海外にも派遣されている。なお，(い)の海上警備隊は1952年4月~7月に海上保安庁内に設置されていた海上警備機関，(え)の警備隊は1952年8月~1954年6月まで保安庁に属していた海上警備機関である。

問4 岸信介(1896~1987年)は，第56・57代内閣総理大臣(任1957年2月~1960年7月)を務め，在任中の1960年に新安保条約を締結した。なお，(あ)の鳩山一郎は1954~1956年，(う)の吉田茂は1946~1954年，(え)の池田勇人は1960~1964年に内閣総理大臣を務めた。

7 (政治―立憲主義に関する問題)

重要 問1 (1)・(2) 「私たちが人間らしく生きていく権利は，人間として生まれた以上，生まれながらにして自然に備わっている。生まれながらにして天から与えられている。」という考えは，天賦人権説と呼ばれる自然権思想である。 (3) 政府とは国または州を統治する権限を持つ人々の集団，あるいは政治を行う場所のことで，近代以降は国家の統治機構を指している。

(4) 立憲主義とは憲法に基づいて政治が行われることで，法による権力の抑制を通じて個人の権利と自由を守ろうとする政治のことであり，立憲政治とも呼ばれる。その最初の形態は法の支配の原則に基づいて，イギリスで発達した。 (5) 「人の支配」とは君主や独裁者などの支配者が法に従うことなく行う政治のことで，支配者の意思で法を制定することが可能な政治体制のことであり,「法の支配」との対比で使用される。 (6) 国会で法律が改正される過程は,基本的に法律が制定される場合と同様である。まず内閣や国会議員が改正案を提出する。提出された改正案は衆議院か,あるいは参議院のいずれかの先議の議院に送られる。衆議院に提出された場合には,衆議院で審議を開始する。衆議院の議長から示された改正案に関連した委員会で審議され,改正案の改定・修正などがなされる。委員会での議論終了後に修正された改正案は本会議で採決され,過半数の賛成で可決されると参議院へ送られ,参議院で審議を開始する。参議院でも過半数の賛成で採決され,国会の両院で改正案が可決・成立すると,天皇が公布する。

(7)・(8) 日本国憲法の改正については,日本国憲法第96条1項で「各議院の総議員の3分の2以上の賛成で,国会が,これを発議し,国民に提案してその承認を経なければならない。この承認には,特別の国民投票又は国会の定める選挙の際行はれる投票において,その過半数の賛成を必要とする。」とある。 (9) 日本国憲法第98条1項には「この憲法は,国の最高法規であって,その条規に反する法律,命令,詔勅及び国務に関するその他の行為の全部又は一部は,その効力を有しない。」とある。

重要 問2 社会権とは,人間らしい生活を営むための権利のことである。その内容は生存権(日本国憲法第25条)の他に,教育を受ける権利(日本国憲法第26条),勤労の権利(日本国憲法第27条),労働基本権(日本国憲法第27・28条)からなる。

問3 日本国憲法第11条には,「国民は,すべての基本的人権の享有を妨げられない。この憲法が国民に保障する基本的人権は,侵すことのできない永久の権利として,現在及び将来の国民に与へられる。」とある。

問4 緊急事態とは,通常は生命・財産あるいは環境に危険が差し迫っている状態のことである。実際には戦争や災害などの国家の平和と独立を脅かす事態に対して,政府が通常の統治では対応できないと判断した時に憲法を一時停止し,行政機関などに大幅な権限を与えたり,国民の基本的人権を停止したりすることで秩序回復を図る権限のことで,このような法令の規定を緊急事態条項という。

8 (政治—世界の紛争に関する問題)

重要 問1 (1) 国際連盟は,第一次世界大戦後の1919年にヴェルサイユ条約などで規定され,1920年1月に正式に発足した国際機関である。しかし提唱国であるアメリカ合衆国は,孤立主義を唱える上院の反対により様々な講和条約を批准せず,国際連盟に参加しなかった。 (2) 拒否権とは,国連の安全保障理事会の常任理事国が持っている権利のことである。この権利は安全保障理事会の議決で常任理事国が1ヵ国でも反対すると議決できないというものであり,重要な議決には必ず5ヵ国の常任理事国の賛成を必要としている。 (3) 国連の安全保障理事会での決議には,5常任理事国の全ての賛成が必要であるという原則のことを『5大国一致の原則』という。

問2 難民は,人種・宗教的迫害や戦争・災害などの理由に他国に逃れた人々のことである。難民数が急に増え始めたのは2011年からであるが,その理由は同年に発生した西アジアのシリアにおける内戦によるものである。なお,(あ)の流民は定まった住居がなく他国を渡り歩いている人々,(い)の棄民は政府によって切り捨てられた自国民のこと,(う)の移民は出身国や居住国を離れて1年以上移住した国に住んでいる人々である。

やや難 問3 核兵器禁止条約は2017年7月に国連本部で採択されたもので,核兵器の使用や開発・実験・生産・保有などを禁止し,さらに核使用の威嚇も禁止している。また核兵器禁止条約に対して日本は,アメリカ合衆国の核の傘に入っていることからアメリカ合衆国との関係を重視して賛成しなかった。さらに核保有国が参加しない条約は現実的でなく,この条約の締結が新たな国際社会の対立を招くとして,現在(2020年10月時点)のところ条約に参加していない。

★ワンポイントアドバイス★

地理・歴史・政治の各分野ともほぼ同じ割合の出題であるが，政治分野では時事問題に属する3行の説明問題が含まれているので，日頃からテレビや新聞などを通して世の中の動きをおさえて，説明できるようにしておこう。

＜国語解答＞《学校からの正答の発表はありません。》

一　問一　①　討論　②　迷信　③　承認　④　厚　⑤　務　問二　①　あらわ　②　いとな　③　むぞうさ　④　ぎょうそう　問三　①　石　②　青　③　水　問四　①　ウ　②　イ　③　オ

二　問一　イ　問二　エ　問三　シャレ帳　問四　ア　問五　ア　問六　A　ウ　B　エ　C　エ　D　ウ　E　エ　F　オ　G　オ　H　オ　問七　イ　問八　気持ちの片方しか表せていない　問九　(例)　店服を着たくない筆者が，家での役割を果たすために店服を着ていたように，人間の心は複雑だということ。

三　問一　Ⅰ　オ　Ⅱ　ア　Ⅲ　イ　Ⅳ　ウ　Ⅴ　エ　問二　エ　問三　体操の時間なんてなければいいのに　問四　イ　問五　エ　問六　エ　問七　ア　問八　エ　問九　(1)　ウ・エ　(2)　水

○推定配点○

一　各2点×15　二　問六　1点×8　問九　6点　他　各3点×7

三　問一・問九　各2点×7(問九(1)完答)　他　各3点×7　計100点

＜国語解説＞

一　(漢字の読み書き，ことわざ，副詞)

問一　①「論」を「輪」「輸」などとしないように注意。　②「迷信」は，道理にあわない言い伝えなどを信じること。　③「認」の右上を「力」「刀」などとしないように注意。　④「手厚い」は，取り扱いが丁寧であること。　⑤　同訓異字「つと(める)」は，「司会を務める」「会社に勤める」「問題の解決に努める」のように使い分ける。

問二　①「著す」は，書物を書いて世に出す，という意味。　②「営む」は，生活のために仕事をする，という意味。　③「無造作」は，技巧を使わず手軽にやってのける様子。　④「形相」は，激しい感情の表れた顔つきのこと。

基本　問三　①　同じ所に落ちる雨垂れが長い時間をかけて石に穴をあけるように，微力でも根気をもって続ければ成就する，という意味。　②　弟子が先生よりすぐれること。「出藍の誉れ」とも。　③　相手が好意を持てば，こちらもそれに応ずる用意があること。

問四　①「たとえ……しても」というつながり。　②「おもむろに」は，落ち着いて事を始める様子。　③「きわめて」は，この上なく，という意味。

二　(論説文―内容理解，空欄補充，指示語，要旨)

問一「何よりも暮らしが一番でした」「暮らし優先で，暮らしのために店を手伝うのは当たり前のことでした」とあり，「自分の役割」とは「暮らし」のためのものであることがわかる。

重要　問二　漫然と言葉を使うのではなく，自分がどのような言葉を使うのかを客観的に意識するようになったということ。

問三 「ダジャレではクラスの笑いが取れなくな」ったので，「シャレ帳」は使わなくなったということである。

問四 皆に共通の「店服」を筆者も着たのは，「住み込み店員さん」が不公平だと感じないようにするための配慮である。

問五 第三段落に「乾物屋という地味なくすんだ商売」とあることに注目。「店がくすんでいる」とは，店が「地味」であるということである。

問六 「店服」を着ると筆者は，「子ども」でもなく「大人」でもない，「宙ぶらりん」の状態になるということをとらえる。

問七 直後の「でも今なら説明できます。私は……，イライラした気持ちがスッと落ち着いたのです」に注目。今なら説明できる，自分のイヤな気持ちが減ったことの理由を，「当時の私」は説明できなかったのである。

問八 「店服を着たくない」という表現が直前の段落にも出てくることに注目。

やや難 問九 「店服を着たくない」というだけでは，「正直」であり「単純」である。「暮らし」のために自分の「役割」を果たさなければならない，という別の思いが同時に存在するからこそ，人間は「複雑」なのである。

三 (小説一空欄補充，内容理解，心情理解，表現理解，語句の意味，慣用句)

問一 Ⅰ 体操の時間に臨むミツヱは気が重いのである。 Ⅱ 橋本先生に対する照子の行動に，ミツヱは「見ているのが恥ずかしいような気がして」いる。 Ⅲ ミツヱが覚悟を決めて鉄棒に挑む様子である。 Ⅳ 逆上がりができた里美の喜びをとらえる。 Ⅴ あとに「あざ笑うような，突き刺すような眼だった」とあることに注目。

問二 「橋本先生は，モト村の小学校の先生だった」ということをふまえて，あてはまる言葉を考える。

問三 「体操の時間」に対するミツヱの気持ちをとらえる。

問四 逆上がりのできない自分を，橋本先生に見られたくないのである。

重要 問五 1でミツヱは，橋本先生と照子の様子に対して，「みんなが見ているのに，なぜ……だろう」と，その場にふさわしくないと感じている。2でミツヱは，「やっぱりだめだった」と，逆上がりを失敗した自分がみんなに見られることを恥じている。

問六 体操の時間のとき，「鉄棒をしながら感じた感じは，する前に思っていたのと，すこし違っていた」「すこし鉄棒が自分の中心に近い感じで……気がする」とあるように，ミツヱは逆上がりのコツをつかみかけていることがわかる。その後，橋本先生の「トックン」を受けたこともあり，ミツヱは「もうすこし鉄棒をやっていたい」と思ったのである。

やや難 問七 体の底からこみあげてくるような喜び，笑いを経験したことがなかったということ。

問八 「えこひいき」は，皆に公平でなく，ある人を特にひいきにすること。つまり「お気に入り」の人を作ることである。

基本 問九 (1) 「里美が，眼をまん丸くし，……言った。むこうの列から木崎富子が飛んできて，二人で手を取り合って『できた，できた』とピョンピョンはねた」とあることに注目。 (2) 「水を差す」は，うまくいっているのにじゃまをすること。

★ワンポイントアドバイス★

空欄補充や語句などの知識問題が多いので，いろいろな問題を速く的確に解く訓練を積んでおきたい。また，読解問題の読解力を養うには，ふだんから新聞や論説文，小説や随筆などを読み，長い文章を読むことに慣れておくことが大切。

MEMO

大切なことはメモしておこうネ！

データ対応

収録から外れてしまった年度の
問題・解答解説・解答用紙を弊社ホームページで公開しております。
巻頭ページ＜収録内容＞下方のQRコードからアクセス可。

※都合によりホームページでの公開ができない内容については，
　次ページ以降に収録しております。

問六　傍線部④「よくわからなかった」とあるが、このときのツクオの気持ちはどのようなものだと考えられるか。その説明として最も適切なものを次から選び、記号で答えなさい。

ア、その外国人を観察する中でツクオと同じような孤独《こどく》を持っていると感じたが、どう接して良いのか迷っている。

イ、図書館に来る外国人を細かく観察していると、本のページをめくる速さを発見し、語学力の高さに驚《おどろ》いている。

ウ、図書館に毎日通うその外国人は、大人であるのに小学生のような態度をとっており、その対応に混乱している。

エ、毎日図書館で勉強している外国人の様子を観察するほどに、ツクオの予想が外れていく状況《じょうきょう》に戸惑《とまど》っている。

問七　次の一文をⅩ段落以降の本文中に戻《もど》した時、この一文の直後のはじめの五字を答えなさい。ただし、句読点も字数にふくむものとする。

ツクオは、クラスの仲間を明るくリードしていくタイプの子でないのと同様に、暴力でもって自分のやり場のない不満を爆発《ばくはつ》させるタイプの子でもなかった。

問八　傍線部⑤「寿美加は、ツクオにしっかりやってくれと言うのだった」とあるが、ツクオは母のこの「しっかりやってくれ」という言葉をどのように解釈《かいしゃく》しているか。本文中から十二字で抜き出して答えなさい。

ア、仕方なく　イ、少なくとも　ウ、なんとか　エ、ほとんど
オ、まずまず　カ、一目散に　キ、必ずしも

問二　傍線部①「ひとりで息苦しさの中に身を置いて～図書館にはやってくる」とあるが、ここで述べている内容と異なるものを次から一つ選び、記号で答えなさい。

ア、自分は不遇だと感じていたいネクラなタイプの人間がひとりで図書館へやってくる。
イ、ネアカな受験生は自分をごまかしているだけだと、ネクラな受験生は見抜いている。
ウ、予備校へ通うのはネアカな集団で、図書館に行くのはネクラなタイプの人間である。
エ、予備校へ通って集団に身を置くのはネクラであると同時にネアカな青年たちである。

問三　傍線部②「時として人間の愚行を見抜いて嗤うほどに老成しており、同時に、現実がなんと夢から遠く離れているのだと失望するほどにウブであった」とあるが、それはどういうことか。その説明として最も適切なものを次から選び、記号で答えなさい。

ア、純粋《じゅんすい》なツクオには子供らしい真面目さと、大人を出し抜くずるい面があることを表している。
イ、少年であるツクオには大人びた皮肉な面と、理想を抱《いだ》く子供らしさがあることを表している。
ウ、人を信じられないツクオにも信用されたい面と、人を疑っている面があることを表している。
エ、愚《おろ》かなツクオにも怠けてしまいたい面と、努力を続けようとする面があることを表している。

問四　傍線部③「うちのあの人は本気で打ちこんで働いている」とあるが、ツクオは母の仕事をどのように見ているか。その説明として最も適切なものを次から選び、記号で答えなさい。

ア、息子のツクオの成長のために、主婦として必死に働きながら、家庭を管理している。
イ、カラー・コーディネーターとしてのキャリアを積んでいき、出世しようとしている。
ウ、一人でも家を営めるという自負を持ち家族を養うという責任を果たそうとしている。
エ、家計を支えるため自分の外見を整え、自身の見栄《みば》えや周囲からの目を気にしている。

問五　二重傍線部Ⅰ・Ⅱの語句の本文中における意味として最も適切なものを次から選び、それぞれ記号で答えなさい。

Ⅰ　世間知らず
ア、経験が浅くて社会事情にうとい
イ、一般的な社会生活上の法律を知らない
ウ、知識不足で社会に適応できない
エ、世の中の流行を追うことができない

Ⅱ　言いがかり
ア、人を困らせて楽しむ
イ、意味のない忠告
ウ、言い出して後に引けない
エ、事実に基づかない難癖《なんくせ》をつける

秒ほど、開かれたページをながめると、またページをめくる。そうやって、ただもうちゃっちゃとページをめくっていくばかりなのだ。

あんなに速くあの文字のすべてを読むことはできない。あれは、読んでるんじゃなくて、イラストとか写真とかグラフとか、何かそういう文字以外のものを捜《さが》している感じだ。ということは、やっぱり日本語は読めないのか。

④よくわからなかった。観察していると、その人は図書館にいる間ずっと、そんなふうに本のページをめくっているのだ。そして時々、難問にぶつかったみたいに、弱りきった顔をしてため息をつく。なんだかそれは、宿題の答が見つけ出せない小学生のような態度だった。

ツクオは、なんとなくその外国人のことを気にかけるようになっていった。相手は大人だとわかっているのに、ちゃんとやっているのかなと心配になるような感じがある人なのだ。

ツクオがその人を気にかけた理由は、多分、その外国人にもすごくひとりだっていう雰囲気があったからであろう。

[X] その日の朝、ツクオは母と言い争ってしまった。きっかけはいつも通りのつまらないことで、何だったのかもう忘れてしまった。

とにかく、⑤寿美加は、ツクオにしっかりやってくれと言うのだった。それはツクオにとっては不当なⅡ言いがかりをつけられるような気分のことだった。何をどうしっかりやればいいのかわからないのだから。

寿美加はなんだか疲《つか》れていて、ピリピリしていて、その疲れといらだちを、ツクオの存在に向けてくるのだった。この子がいるから頑張らなければならないという思いは、その子への恨《うら》みに容易に変りうる。ふと自分の人生を呪《のろ》いたくなるような気分の時、目ざわりなほどぐんぐん成長するツクオがその呪わしい人生の象徴《しょうちょう》のように思えてしまうのだ。だから、私に罪悪感を持って存在しろよと、つい命じたくなる。

ツクオはその人の疲れをひどく悲しく受け止めながら、やめてほしい、と思う。ぼくはあなたの人生のミスの結果として、その証拠《しょうこ》として生きているわけではないんだ。

きっと、そういうことじゃないんだよ。

でなきゃ、互《たが》いが相手を不幸にするために存在しているってことになってしまうじゃないか。

知らないよ。そんなふうにうっとうしい意味をつけないでくれよ。なんだか大声でわめきたいような気分になる。

それで、双方《そうほう》が一番大きく傷つく言葉を口にしてしまうのだ。

「あんたがバカな結婚をしてぼくを産んだのがいけなかったんじゃないか。そのことはぼくの責任じゃないよ。ぼくにガタガタ言うのはやめてくれよ」

だから、衝突《しょうとつ》はその言葉だけですみ、寿美加も、ツクオも、ひたすら悲しくなるだけですんだ。

（清水義範「騙《だま》し絵日本国憲法」より）

[注] ※1 ネクラ……ねっから性格が暗いこと。また、そのさまや、そういう人。

※2 ネアカ……ねっから性格が明るいこと。また、そのさまや、そういう人。

※3 キャリア……経歴。ここでは熟達した知識や技術をもち、専門職についている人を指す。

問一 空欄 [A] ～ [D] に入る言葉として最も適切なものをそれぞれ次から選び、記号で答えなさい（同じ記号は二度使えません）。

い。両親とも働いているケースもあることはあるが、父親の働きがメインで、母親の労働はサブ的、主婦業との兼業《けんぎょう》だったりすることが多いようだ。

しかし、③うちのあの人は本気で打ちこんで働いている、とツクオは思う。三年前に離婚《りこん》していて、自分が働くしか生計を立てる方法がないからだ。大手建設会社の関連企業《きぎょう》で、住宅建築に際してのカラー・コーディネーターという仕事をしている。天井《てんじょう》の色や壁紙《かべがみ》の選択をする客に、プランを出してやり、決定にアドバイスをしてやるという仕事だそうだ。一軒の家を建てるとなると、システム・キッチンの扉《とびら》の色からサッシ窓の色まで、二百以上の項目《こうもく》にわたって色や、材質や、デザインを選んで決めなくてはいけないのだという。それを助ける仕事だ。休みで家にいる時まで、カラーサンプルを並べて次の仕事の準備をしていることがよくあるし、残業も多く、十時過ぎに帰ってくることも珍しくはない。

あの人は、ちゃんと化粧《けしょう》して、歳をごまかすためにゆったりとしたパンタロンをはき、髪も染めて※3キャリアとして働いている。そうやって、夫がいなくてもちゃんと家を運営していけるんだという自負を確立しているんだ。

自負だけではなくて、責任をはたそうとしているのだろう。とにかくあの人は、離婚したことで何かを失っていると言われるのがいやで、すごく無理して頑張《がんば》っている。息子、つまりぼくに不自由な思いをさせないぞ、というのがまず何よりの目標になってる。

無理しすぎているんじゃないだろうか、というのがツクオの感想だったが、それを寿美加に言うことはできなかった。そんなことを言われたらあの人はつぶれてしまうかもしれないと思うのだ。

思っても口に出して言ってはいけないことはいっぱいあるのだ。

母のことはどっちでもいい。ツクオには、母がなんだかムキになったようにがむしゃらに働いていることに対して、不満があるのか、そうじゃないのかの気持《きもち》の整理もついていないのだ。そのことは、とりあえず考えないでおくことにしている。

ただ、普通の大人は働いているものだ、と思うってことだ。なのに、図書館でよく見かけるその外国人は、大人なのに働いている様子がなくて、それがすごく不思議に思える。

なんだか勉強しているようだから、歳はいってても学生なのかもしれない。確かに、どことなく学生っぽい、つまり世の中に対して無責任で気の向くことを学んでるだけのような、真剣《しんけん》味のなさがその外国人には感じられた。甘《あま》いというか、Ⅰ世間知らずというか、浮世《うきよ》離れした雰囲気があるのだ。

やけに人のよさそうな、小さな子供を本能的に安心させるような顔をしているのも、外国人で、学生で、毎日図書館で勉強しているということと合わせてみると、すごくヘンな感じだった。森の中で、機嫌《きげん》のいいクマが鼻歌を歌っているのを見てしまったような、なんなんだろう……、という気がしてしまう。

ツクオは、それとなくその外国人の様子を観察するようになっていった。そして、外国人が読んでいる本が、日本語で書かれた本だということを発見した。どうやら日本語が読めるらしい、と思う。

ところが、もっとよく観察してみると、その思いがまた違ってくる。その外国人は、本をとんでもない速度で読むのだ。ページをめくる。一塾なんていうまだるっこしいところへ通えるものかと思う程度になまいきなのだが、人の存在感に触れたくて図書館へは通う。

ツクオは、学校で B の成績をあげているのに、クラスの委員や役員には選ばれたことがなかった。そういう、集団を明るく引っぱっていくタイプの人間ではないと自分も思い、みんなも感じるのだ。②時として人間の愚行《ぐこう》を見抜いて嗤《わら》うほどに老成しており、同時に、現実がなんと夢から遠く離れているのだと失望するほどにウブであった。ハリネズミのようにとんがっているのに、バルキーセーターのぬくもりに憧《あこが》れているようなものだった。

とにかくツクオは、そこならば毎日通ってもヘンじゃないからという理由で、夏休み中、図書館によく顔を出した。C 勉強ばかりしているわけではない。小説を読んで一日をすごすこともある。ただぼんやり考え事をしている時もあった。

図書館は、その夏のツクオの居場所であってくれたのだ。そこ以外にツクオの居場所はなかったのかどうか、いろいろあたってみたわけじゃないのでなんとも言えない。ただ、そこがとりあえず見つけた居場所だった。

そこにいるのが、すべて学生というわけではなかった。小さな子をつれた若いお母さんなんていうのも、図書館ではよく見かけられる。雑誌類を読みにくる老人もいる。新聞のコピーをとりにくるＯＬも、マンガを読みにくる小学生もいる。

ツクオは、子供コーナーではなく、一般閲覧《えつらん》室で、とりあえず形だけはノートを開いて、そこを居場所とする。一時から四時くらいまで、本質的にはひとりで、人々の中に混じっているのだった。

そして、D 毎日図書館にやってくるその外国人の存在には気がついていた。

外国人なんだろう、多分。日本人とは顔立ちが違っていた。髪《かみ》が赤く、鼻が高く、目がびっくりするほど大きかった。

だが、どの国の人か、どのあたりの民族に属する人かというようなことまでは、ツクオにはわからなかった。ツクオの身のまわりに、親しくして、よく言葉を交すような外国人はいなかったからだ。

なんとなく雰囲気《ふんいき》で外国の人だとわかるだけの、ちょっと気にかかる存在、それがその髪の赤い背の高い男の人だった。

気にかかるのは当然である。年齢《ねんれい》がどのくらいなのか見ただけではどうもはっきりしないのだが、少なくとも大人であることは間違いない。ひょっとすると外国人は老けて見えるから、まだ二十代の若さだったりするのかもしれないが、とにかく十代ってことはない。ひょっとして五十代だとしてもそう不思議ではない。とにかくそういう大人だ。その大人が、毎日図書館に通ってやけに熱心に勉強をしている様子なのだから、いったい何をしている人なんだろうと思ってしまう。

大人は働いているものだ、とツクオは思っている。失業中の人や、ホームレスの人なんかは働いていないけど、それは数少ない例外だ。大人は働き、子供は働かず、まあ勉強とかしている。それが原則だと思える。

だからツクオの母の寿美加《すみか》だって働いている。働かなきゃ家族を養っていけないからだ。

一般的には、一軒《けん》の家の、男、つまり父親が働いて収入を得る役を担当し、女、母親が主婦という、家庭管理の役を担当しているケースが多び、記号で答えなさい。

ア、道徳的観点が全てなのだという人に対して、怒《いか》りを持つことに慣れて、日常的になっていること。

イ、「善悪」は道徳によるものだということは過大視なので道徳に対して怒り、憤《いきどお》っているということ。

ウ、全ての事柄《ことがら》を道徳的に直結させ、判断しようとすることに対して怒りを持ち続けようとすること。

エ、道徳的な観点から外れることに対して、怒りを持つことをためらい、冷静に考えようとすること。

問六　次の一文は、本文中【A】～【D】のどの部分に続くのが最も適切であるか。【A】～【D】の中から選び、記号で答えなさい。

どうしてみんなはそこに隙間《すきま》があると感じないのか。

問七　傍線部⑤「問題そのものは変わらない」とあるが、なぜそのように言えるのか。その理由の説明として最も適切なものを次から選び、記号で答えなさい。

ア、「善悪」を「するべき」や「しちゃいけない」といったようなことで分けて定義するとしても、やはり問題の本質を見誤っており、成り立たないものであるため。

イ、問題は「なぜ困っている人を助けないことは悪いことなのか」という形でも表現することができ、いずれもなぜそれをすべきなのかという問いが立てられるため。

ウ、善悪が何らかの内容で定義されている場合も、なぜそれをしなければならないのかや、なぜそれをしてはならないのか、という問いを常に立てることができるため。

エ、「善」を好い状態、「悪」を悪い状態をつくり出すことと定義して、それぞれ分けた場合、「するべき」「しちゃいけない」という「善悪」の定義は成立しないため。

問八　二重傍線部X「ぼくは、『好い』と『善い』を、そして『嫌な』と『悪い』を、使い分けてきた」とあるが、「好い」「善い」「嫌な」「悪い」をその使い方の性質の違いで二つに分け、その違いを四十字以上五十字以内で説明しなさい。ただし、句読点等も字数にふくむのとする。

三　**次の文章を読んで、後の各問に答えなさい。**

ツクオが図書館で勉強するのは、そこへ行けば［Ａ］ひとりではないからだった。最小限度、自分以外の人間を見て、他人の存在に触れることができる。

八月の図書館には、学生が多くいた。それも、大学生よりは、高校生や、大学受験浪人《ろうにん》が中心だ。クーラーがきいていて、そこそこ静かだから、受験勉強をするのにふさわしい場所なのだ。特に、ある種の学生にとっては。つまり、予備校へ通って集団の中に身を置くよりも、①ひとりで息苦しさの中に身を置いて、自分の不遇《ふぐう》感をめいっぱい受け止めたいタイプの、※1ネクラな、※2ネアカの受験生なんて自分をごまかしているだけだと見抜いている青年たちが、図書館にはやってくる。

森本ツクオは、大学受験に直面している高校生や浪人ではなく、そのひとつ前の段階、高校受験を来年にひかえた中学三年生だった。その歳《とし》で、学習塾《じゅく》へ通うのではなく、図書館でひとりで勉強するのは珍《めずら》しいタイプであろう。真面目なのだが、自分の殻《から》にとじこもるタイプであり、らない。その場合、問題は「なぜ困っている人を助けることは善いことなのか」という形で表現されることになり、一見すると善悪の規準に対する疑問のような外見を呈するだけだ（実際、善悪の規準に対する懐疑のようでいながら、実はそれをなぜなすべきなのかという次元の問いを問うている場合はよくある）。

（永井均「〈子ども〉のための哲学」より）

［注］　※１　もうひとつの問題……この前の問題として「なぜぼくは存在するのか」が考察されていた。

問一　傍線部①「道徳というものに対する懐疑」とあるが、それはどういうことか。その説明として最も適切なものを次から選び、記号で答えなさい。

ア、中学生ぐらいの子どもたちは、悪いことはあやしげなことで、善いことはまやかしだと疑っているということ。

イ、中学生ぐらいの子どもたちは、悪いこと、善いことのいずれも、あやしげなまやかしだと信じて疑わないこと。

ウ、中学生ぐらいの子どもたちは、悪いこと、善いことを規定することに疑わしい思いを抱くことがあるということ。

エ、中学生ぐらいの子どもたちは、悪いこと、善いことを守ることに対して納得がいかないことばかりだということ。

問二　傍線部②「功利主義的な考え方」とあるが、これはどのような考え方のことなのか。それを端《たん》的に説明した部分を、解答欄の「～という考え方」に続く形で二十字以上～二十五字以内で抜き出し、はじめと終わりの五字を答えなさい。

問三　傍線部③「これが混乱の原因」とあるが、なぜ混乱することとなってしまうのか。その理由の説明として最も適切なものを次から選び、記号で答えなさい。

ア、「善悪」と「好悪」との問題は分けて考えなければならないにもかかわらず、英語や日本語においてはそのどちらも「よい」「悪い」でとらえてしまうことができ、両者の区別があいまいになってしまうため。

イ、「善悪」と「好悪」との問題は無関係の問題として考えなければならないにもかかわらず、英語や日本語には無関係の問題として考える習慣がなく、関係のあるものとして扱ってしまうという性質があるため。

ウ、「善悪」と「好悪」との問題は明確に切り離《はな》して考えなければならない問題であるにもかかわらず、世間一般的な考え方では切り離して考えず、筆者の考え方と世間一般の人々の考え方とが一致しないため。

エ、「善悪」と「好悪」との問題は日本語では分けて考えることができるにもかかわらず、英語では分けて考えることができないために、日本語もその影響を受けて区別をすることが困難になってしまうため。

問四　空欄Ⅰ・Ⅱに入る語を、それぞれ次から選び、記号で答えなさい（同じ記号は二度使えません）。

ア、対照的　　イ、建設的
ウ、実際的　　エ、道徳的
オ、個別的　　カ、最終的

問五　傍線部④「意識的に義憤のような感情に自分を慣らす」とあるが、それはどのようなことか。その説明として最も適切なものを次から選からないひとはいないだろう。健康であることは「好い」ことだが、べつに道徳的に「善い」ことであるわけではない。また、病気であることは「嫌な」ことだが、道徳的に「悪い」わけではない。病気をなおしてやることによって嫌な状態をなくし、好い状態をつくりだしてやることなら、道徳的に善いことだろうし、その逆なら、道徳的に悪いことだろう。つまり、道徳的な善悪は、道徳外的な好悪《こうお》（好いことと嫌なこと）に依存《いぞん》しているわけだ。そうでない、それ自体としての道徳的善悪なんて、考えられるだろうか。

ところが、たとえば英語なら、「好い」も「善い」も「good」だし、「嫌な」も「悪い」も「bad」で表せるだろう。日本語の場合だって、どちらの意味も「よい」と「悪い」で表すことができる。③これが混乱の原因なのだ。

（中略）

実際、ぼくは今でもときどき奇妙《きみょう》に感じるのだが、たとえば政治評論など、世の中で通用している言論はすべて、何ごとかが善いことであるということと、それをしなくてはいけないということを直結させ、それをしなかった人を非難する。また、何ごとかが悪いことだということと、それをしてはいけないということとを直結させ、それをした人を非難する。だれもそのことを不思議に感じないらしいけれど、ぼくには不思議だった。他の人が不思議だと思わないこともまた、ものすごく不思議だった。【C】

それと付随《ふずい》的に、相手を　Ⅰ　に非難するということを、だれもが何か　Ⅱ　で決定的なことであるかのように考えていることにも、何か変な感じがした。冷静に考えてみれば、道徳的に悪いなんてことは、そう大したことではない、とはいえないだろうか。ぼくはよく（道徳的に非難したときにも、されたときにも）そんな感じ（反道徳的な後ろめたさ？）に襲《おそ》われた。人々は道徳的観点というものを少し過大視してはいないだろうか。二十歳《さい》を過ぎてから、ぼくは④意識的に義憤《ぎふん》のような感情に自分を慣らす練習をして、今ではこの感じはかなりおさまったが、他の人々にくらべるとまだまだだいぶおかしいようだ。

困っている人を助けることは善いことだ。ぼくはそれを認める。でも、だからといって、どうしてそうしなくちゃいけないのか。善いことだということから、どうしてしなくちゃいけないということが帰結するのか。逆に、悪いことだということから、なぜしちゃいけないということが帰結するのか。【D】

「善い」とはすなわち「するべき」という意味で、「悪い」とはすなわち「しちゃいけない」という意味なんだ、という意見があるかもしれない。でも、それは成り立たない。これまですでに論じたように、たとえばもし「善い」ということが「好い状態をつくり出すこと」という意味であり、「悪い」ということが「嫌な状態をつくり出すこと」という意味だとすると、「善い」「悪い」の意味は、そういう内容によって定義されているのだから、「するべき」とか「しちゃいけない」といったようなことで定義されているのではない。たとえ内容に関する考えがちがっていても、いずれにせよ、善悪が何らかの内容によって定義されているならば、なぜそれをしなくちゃいけないのか、なぜそれをしちゃいけないのか、という問いはつねに立てられるはずだ。

でも、かりに「善い」とは「するべき」という意味で「悪い」とは「しちゃいけない」という意味なのだとしても、⑤問題そのものは変わかれば、善いことをしなくちゃいけなくて悪いことはしちゃいけない、といえるのか、と聞き返せばよかったのだが、考えているうちにたいてい自分でも自分の問題の意味がわからなくなってしまった。でも、聞き返したとしても、そりゃあそうだ、という答えが返って来たような気がする。ぼくはずっと、なんかちがうな、と思いながら、自分の問題がうまくつかみきれずにいた。【A】

　中学三年のときに、みんなと道徳的善悪に関するちょっとした文集のようなものを作ったのだが、ぼくはそのときも、ほかの子たちと同じように善悪の基準のことについてしか書けなかった。でもその点については、せいいっぱい考えて、自分一人で、後から思えば「功利主義」といえるような考え方を編み出した。ついでにそのことを書いておこう。

　それは要するに、善悪は幸福をつくり出すか不幸をつくり出すかで決まる、という考え方だ。残念ながら、そのときは幸福と不幸という言葉を思いつかなかったので、「いいこと」と「嫌なこと」という言葉で考えたと思う。人々が「好《い》い」と感じる状態をつくり出すような行動が「善《よ》い」ことで、人々が「嫌《いや》だ」と感じる状態をつくり出すような行動が「悪い」ことだ。被災地《ひさいち》でのボランティア活動が善いことで、いじめが悪いことである理由がこれで説明がつく。

　戦争中は敵を殺すことが善いこととされるのは、それが自分たちに好いと感じられる状態をつくり出すと信じられているからで、もしほんとうにある人を殺すことでみんなが好いと感じるなら、それは善いことだ、とぼくは考えた。これはいわゆる②功利主義的な考え方で、また、死刑《しけい》容認論に通じる考え方だ。ぼくはそのとき、何の問題もない一市民を殺すことで他のみんなの不幸が避《さ》けられるならば、その無実の人を殺すことは善いことなのか、といった、いわゆる正義と功利の対立の問題に、まったく思いいたらなかった。【B】

　当時のぼくの考えには、その他にも色々な欠陥《けっかん》があったが、それでもぼくは一つのことを発見し、ある確信をもった。それは、人が好いと感じたり嫌だと感じたりする内容はさまざまだが、大体において一致《いっち》する、ということだ。どんな人もほとんど例外なく、病気であるよりも健康である方が好いと思っている。だから、人の病気を治してあげることは善いことで、人を病気にさせたり怪我《けが》をさせたりすることは悪いことなのだ。そして、それはほとんど客観的にいえることなのだ。

　人間が生きる目的（人生の意味）なんて、あらかじめ客観的に決まっているわけじゃない。だから、どんな人生が好い人生で、どんな人生が嫌な人生かなんて、一般《いっぱん》的にはわからない――と思われもする。でも、いま言ったことが正しければ、たとえば病気で一生苦しみ続ける人生よりも健康で過ごした人生の方が、少なくともその点に関する限り、好い、幸福な人生であることはハッキリしている。実際、一生病気で苦しむことを望む人はいない。健康で快適な気分で生きた方が好いに決まっているからだ。

　そのときはぜんぜん気づかなかったのだが、ぼくはこの考察を通じて、ぼく自身の問題を考えるうえで決定的な、ある重要な発見をしていた。この発見がほんとうに重要であることがわかったのは、つい最近になってからのことなのだが。ここまで来たついでに、その点にもあらかじめ触《ふ》れておこう。

　お気づきのことと思うが、ここまでの叙述《じょじゅつ》でXぼくは、「好い」と「善い」を、そして「嫌な」と「悪い」を、使い分けてきた。この違《ちが》いがわ

【国　語】（五〇分）〈満点：一〇〇点〉

一　次の各問に答えなさい。

問一　次の①～⑤の傍線部を正確に漢字で答えなさい。

①　キヌで出来た衣服。　　②　ゲキジョウで映画をみる。

③　シンゾウの手術を受ける。　　④　板に文字をキザむ。

⑤　新しいセイトウを結成する。

問二　次の①～④の傍線部の漢字の読みを正確にひらがなで答えなさい。

①　後方に退く。　　②　彼《かれ》は法律が裁く。

③　申し出を快く受ける。　　④　険しい山を登る。

問三　次の①～③の意味を持つ慣用句の空欄に入る体の部分を表す漢字を一字で答えなさい。

①　【　　】がない…たいそう好きである。

②　【　　】をすえる…覚悟《かくご》を決めること。

③　【　　】を明かす…出し抜《ぬ》いてあっと言わせること。

問四　次の①～③の空欄に入る最も適切な語を〈選択肢《せんたくし》〉より選び、記号で答えなさい（同じ記号は二度使えません）。

①　夏休みの自由研究のため、アリの活動を【　　】観察する。

②　さっきまで晴れていた空が【　　】真っ黒い雲におおわれた。

③　眠《ねむ》っていた彼は【　　】起き上がって仕事に取りかかった。

〈選択肢〉

ア、おしなべて　　イ、やおら　　ウ、とんと　　エ、にわかに

オ、つぶさに

二　次の文章を読んで、後の各問に答えなさい（なお、出題の都合上、本文を省略した所がある）。

※1もうひとつの問題に移ろう。今度の問題は「なぜ悪いことをしてはいけないのか」とか「なぜ善いことをすべきなのか」といった問題だ。これは、これまでの問題よりずっとかんたんな問題だと思う。だから、教育的配慮《はいりょ》という点では、こっちを先にまわした方がよかったかもしれない。でも、ぼくがこの問題を問題と思いはじめたのは、第一の問題よりもずっと後になってからのことで、よく考えるようになったのは、中学生になってからのことだ。

かんたんな問題だと思う理由のひとつは、この問題ははじめからほかの子どもたちにも理解されたからだ。①道徳というものに対する懐疑《かいぎ》というか、何かあやしげな、まやかし臭《くさ》い感じは、たいていの生意気《なまいき》な中学生が感じるものらしい。だから、ぼくの問題はほかの子どもたちによく理解された。少なくとも、最初から何を言ってんのかぜんぜんわからんというような顔をされることはなかった。

ところがよく話してみると、たいていの場合、彼らの問題とぼくの問題は微妙《びみょう》にずれていた。ぼくがそのずれに気づいたとき、ぼくはこれもまた「哲学的《てつがく》」な問題なのではないかと直感した。

たいていの子どもたちは、道徳に普遍《ふへん》性がないということに問題を感じるらしかった。つまり、何が善いことで何が悪いことか、なんてはっきりしないじゃないか、と思うらしいのだ。戦争中は敵を殺すことが善いこととされるじゃないか、なんて話をよく聞かされたものだ。

でも、ぼくの問題はそうではなかった。そういう問題感覚をもっている子には、それならば何が善いことで何が悪いことかがもしはっきりわ

心していたが、弟とのやりとりを通して、弟が信念を貫《つらぬ》こうとしている姿勢を改めて確認することができたから。

エ、「文子」は、弟が両親の心配をよそに何も考えず生きていることに激しい怒《いか》りを覚えていたが、ボランティア活動では現地の人の気持ちを第一に考えていることを確認できたから。

問八　この作品の内容や表現上の特徴はどのようなものか。その説明として当てはまらないものを次から一つ選び、記号で答えなさい。

ア、いろいろな場面で活躍した洗濯物を洗濯し、きちんとたたんでお客に返すという洗濯代行という仕事に「文子」が喜びや誇《ほこ》りを持っている姿が生き生きと描《えが》かれている。

イ、洗濯物をたたむという行為《こうい》が「文子」にとって深い意味のあるものとして物語に位置づけられており、特に「文子」の性格がそのことから読みとれるように描かれている。

ウ、「文子」と「米谷くん」のやりとりを通して、それぞれの登場人物の心情や性格が浮《う》き上がるように物語が展開されており、またそれが何気ない日常の中で描かれている。

エ、「文子」をはじめ登場人物たちの心情が細やかに述べられて物語が展開していく中で、特に「文子」が人生についての新しい価値観を見いだしていく過程が描かれている。

問二　空欄[1]～[4]に身体の部分に関係する漢字を一字ずつ入れ、最も適切な表現を完成させなさい。

問三　空欄【い】～【は】に入る最も適切な表現を次から選び、それぞれ記号で答えなさい（同じ記号は二度使えません）。

ア、こぼす　イ、うかがう　ウ、注ぐ　エ、ねぎらう

問四　傍線部①「文子は服をたたむのが好きだった」とあるが、それはなぜか。その理由を本文中の表現を用いて五字以上十字以内で答えなさい。

問五　傍線部②「なぜか途中からこうなってしまうので困る」とあるが、それはどういうことか。その説明として最も適切なものを次から選び、記号で答えなさい。

ア、雨に濡れながらも洗濯物の集配をきちんと成し遂《と》げようとする「米谷くん」の努力を励《はげ》まそうとするが、どのように言葉をかけることが良いのか分からないでいるということ。

イ、洗濯物の集配を面倒そうにしている「米谷くん」の様子を見て、会社の責任者としてアルバイトの仕事に対する指導がいまだきちんと行き届いていない状況を痛感しているということ。

ウ、「米谷くん」の立場に立って声をかけてあげようとするが、それよりも洗濯物の管理やその集配がきちんとなされているのかということが優先して気にかかってしまうということ。

エ、洗濯物の集配を雨の中でも一生懸命している「米谷くん」を褒めてあげたい気持ちがあるのだが、生まれつきの口の悪さとひねくれた性格から、逆に皮肉を言ってしまうということ。

問六　傍線部③「相手も分かっていたようで」とあるが、それはなぜだと考えられるか。その理由の説明として最も適切なものを次から選び、記号で答えなさい。

ア、「文子」の口うるさい性格をよく理解している「米谷くん」は、チラシ配りのことについても必ず何かしらの小言《こごと》を言ってくるであろうことは、分かっていたから。

イ、「米谷くん」は、日頃の「文子」とのやりとりから、雨の中でのチラシ配りについても、洗濯物と同様の言葉が「文子」から発せられるという予測がついたから。

ウ、「文子」は、「米谷くん」が真面目に仕事に取り組んでいないことを指摘《してき》しようとしたが、実際は「米谷くん」自身もそのことをきちんと自覚していたから。

エ、雨に対する「文子」のこだわりを「米谷くん」は深く理解しており、雨の中での仕事の仕方について「文子」がどのような発言をするかを知り尽《つ》くしていたから。

問七　傍線部④「目の前の弟がいつの間にかとても成長したように見えた」とあるが、それはなぜか。その理由の説明として最も適切なものを次から選び、記号で答えなさい。

ア、「文子」は、大学卒業後も就職せずに世界を放浪《ほうろう》している弟を評価していなかったが、弟との会話の中で弟が自分なりの考えを持ってボランティア活動をしていることに気づいたから。

イ、「文子」は、働きもせず自分の都合ばかりを優先している弟に嫌気《いやけ》がさしていたが、弟の行動から他人に惑《まど》わされることなく一人でも生きていけるだけの弟の決意を見いだしたから。

ウ、「文子」は、弟が海外でボランティア活動を行っていることに感

「［　B　］」

この会話からだったと思う。文子は米谷くんと、弟の雅夫が、どこか似ているような気がしてならなくなった。

すごいと褒《ほ》めてやっていることを、素直に認めない。かといって、けなせば、［1］を尖らせて本気で怒《おこ》る。

弟の雅夫は、大学を卒業後、就職もせず、バイトして金を貯めては、世界各国に放浪《ほうろう》の旅に出ていた。田舎の両親などは、もう心配する気も失せたようで、「最近は、海外で何か事故が起こった時くらいしか、あの子のこと思い出さないわよ」と笑っているが、内心穏《おだ》やかではないはずだ。

今年の正月、珍《めずら》しく雅夫が日本にいたので、［3］根っこを引っ摑《つか》んで田舎の両親の元へ連れて帰った。久しぶりにたっぷりと説教してやろうと意気込んでいたのだが、弟の話によると、「今、向こうでボランティアやってんだよ」と言う。なんでも井戸を掘《ほ》るＮＧＯだかなんだかの一員として。

「それがあんたのやりたかったことなの？」と文子は訊《き》いた。

「［　C　］」と弟が答える。

「そんな気持ちで井戸掘ってもらったって、向こうだって嬉《うれ》しくないんじゃないの？」と文子は言った。

「どんな気持ちだろうが、水が出れば嬉しいもんだろ」と弟が答える。

相変わらず可愛くないなと思いながらも、④<u>目の前の弟がいつの間にかとても成長したように見えた</u>。

洗濯物をたたみ終えた所で、電話が鳴った。

わりと近所のお客さんだったので、すぐに伺《うかが》いますと答えて電話を切った。ふと外を眺《なが》めると、いつの間にか雨が上がっている。山手通りの渋滞は益々《ますます》ひどくなっているが、傘を閉じて歩いていく人たちの顔がどこか晴れ晴れして見える。

この店には、いろんなお客さんからの洗濯物が集まってくる。仕事場で、デートで、活躍《かつやく》したＴシャツが、次の出番を待って送られてくる。文子たちはそれらを洗濯し、きちんとたたんでお客に返す。折り目正しくたたまれた洗濯物は、とても美しい。

集配に出てもらおうと、文子はスタッフルームの米谷くんに声をかけた。何度か呼んでも返事がないので、昼寝《ひるね》でもしているのかとドアを開けると、直立不動の彼が緊張《きんちょう》した［4］持ちで誰かと電話で話している。

「はい！　ありがとうございます！　はい！　一生懸命《いっしょうけんめい》がんばります！」

声を弾《はず》ませた米谷くんが、震《ふる》える手で電話を切る。

「［　D　］」

そう訊きながら、文子にはとても良い予感があった。どうせ米谷くんのことだから、ここで褒めても、素直には喜ばない。

「雨、上がったよ。集配！」と文子が言うと、「……みたいですね！」と、嬉しそうな米谷くんがガッツポーズをとった。

（吉田修一「ドライ・クリーニング」より）

問一　空欄［A］～［D］に入る会話文として最も適切なものを次から選び、それぞれ記号で答えなさい（同じ記号は二度使えません）。

ア、別に。誘われたから　　イ、な、何？　どうしたの？

ウ、そうっすか？　　エ、いや、あったんだけど、面倒で作業台に移した洗濯物を、あらかたたたみ終えたところ、集配に出ていたアルバイトの米谷くんが戻ってきた。

ずぶ濡《ぬ》れで駆《か》け込んできた米谷くんを見て、文子が店の外へ目を向けると、霧雨が本降りに変わっている。

「すいません、遅くなっちゃって」

濡れた髪をタオルで拭《ふ》きながら、米谷くんが洗濯物の詰まったバッグを棚《たな》に置く。

「お疲《つか》れさま。ずぶ濡れじゃない」

「止むと思ったんですけどね」

「傘《かさ》、車になかったの？」

「　A　」

「面倒《めんどう》って……、米谷くんが濡れるのはいいけど、お客さんの洗濯物が濡れると困るんですけど」

「ちゃんと濡れないようにしてますよ」

1 を尖《とが》らせて、米谷くんがスタッフルームに姿を消す。文子としても、ずぶ濡れで帰ってきた彼を【　ろ　】つもりなのが、②なぜか途中《とちゅう》からこうなってしまうので困る。

「米谷くん！　そこにケーキあるから、食べていいからね」

ご機嫌《きげん》を【　は　】ように声をかけた。中から、「はーい」という不機嫌な声がする。

「ねえ、久保さんの所のマンションに、チラシ入れといてくれた？」

「はーい」

一瞬《いっしゅん》、チラシ濡らさなかったでしょうね、と言いそうになり、慌《あわ》てて口を閉じた。

次の瞬間、③相手も分かっていたようで、「チラシ、濡らしてませんから！」と返ってくる。

「そんなこと、誰も言ってないじゃない……、思ったけど……」

ぐっと堪《こら》えて、そう呟《つぶや》きながら、また洗濯物をたたみ始める。

米谷くんは、いわゆる俳優の卵で、このアルバイトは生活費を稼《かせ》ぐためにやっている。

アルバイトの面接にやってきた時、俳優の卵なんですと言うものだから、てっきり素人に 2 の生えたような劇団にでも所属しているのだろうと勝手に思い込んでいたのだが、ある時、ぼんやりと自宅でテレビを見ていると、誰《だれ》でも知っているファストフード店のＣＭが流れていて、画面いっぱいに米谷くんの顔が映って驚《おどろ》いた。

翌日、早速ＣＭを見たことを米谷くんに告げた。

「すごいじゃない！　あんなにアップでハンバーガー頬張《ほおば》ってるから、一瞬、別人かと思ったよー」

興奮する文子の前で、米谷くんは、「あー、あれっすか」と、うんざりしたような顔をする。

「俳優の卵なんて言うから、てっきり下北沢の居酒屋とかで騒《さわ》いでる小劇団の団員ぐらいに思ってたけど……」

「いや、そうっすよ。小劇団の団員で、居酒屋とかで騒いでますけど」

「え？　そうなの？　でも、テレビであんな有名な会社のコマーシャルに出て……」

「だから、あれは生活費稼ぐために仕方なく……」

「あんた、仕方なくＣＭでテレビに映れるってすごくない？」

大きな乾燥機の中に、色とりどりの洗濯《せんたく》物が、ふと一息ついたようにふんわりと収まっている。これを作業台に移し、一枚一枚丁寧《ていねい》にたたんでいく。

新井文子が働く洗濯代行サービス店「WHITE　DELI」は、東大駒場校舎にほど近い山手通り沿いにある。青と白を基調とした明るい雰囲気《ふんいき》の店舗《てんぽ》のせいか、はたまたその店名のせいか、車で前を通ると、一見洒落《しゃれ》たカフェに見えなくもない。

実際、店ができたばかりのころ、近くに暮らす年配の女性がふらりと店に立ち寄り、「で？　ここ、何屋さんなの？」と真顔で尋《たず》ねてきたことがある。

文子はすぐにカウンターの外へ出て、この女性に店のチラシを渡《わた》した。渡しながら、これこれ、こういう店で、こういうサービスをやっていますと、きちんと説明したのだが、「ああ。クリーニング屋さんなのね」と、やはり誤解されてしまう。

洗濯代行サービス店と、クリーニング店というのは、似ているようで別物なのだが、そこを簡単にうまく説明するのが（特に相手が高齢《こうれい》だと）難しい。

文子の店では、言葉通り洗濯の代行をやっている。普段《ふだん》、自宅の洗濯機で洗う物を、店専用のバッグに詰《つ》め込めるだけ詰め込んでもらい、それを預かって洗濯して、奇麗《きれい》にたたんで返すのだ。なので、ワイシャツやセーターなど、自宅で洗えないものを出すクリーニング屋とは、ある意味、まったく扱《あつか》う物が違《ちが》う。

自宅で洗える物ならば、自宅で洗えばいいだろうに、と言う人も多いかと思われるが、洗濯というのは、今のご時世、全自動とはいえ、なかなか手間のかかる家事の一つで、たとえば共働きの夫婦だったり、仕事の忙《いそが》しい一人暮らしだったりすると、干したりたたんだりするその時間を利用して、何か他のことができると考える効率的な人も多いのだ。

元々、①文子は服をたたむのが好きだった。

自分の物はもちろん、たまに友達の所へ遊びに行くと、女の子とはいえ、雑然とした部屋も多く、その大部分は脱《ぬ》ぎっぱなしだったり、タンスから出しっぱなしだったりする洋服に原因がある。

友人と他愛のない雑談を交わしながら、文子は手元でそんな服をたたむ。

女の子同士の話なので、比較《ひかく》的、男の子に関する話題が多い。それも、彼氏とケンカしたとか、彼氏と別れたとか、彼氏が浮気《うわき》したとか、どっかにいい男いないかな？　とか、どちらかと言えば愚痴《ぐち》が多くなる。

これを喫茶《きっさ》店などで聞かされると、文子もつい相手の気持ちに乗っかって、「男ってやだよねぇ」「もう別れちゃえば」と、火に油を【　い　】ことが多いのだが、不思議なもので、これが洗濯物などをたたみながらだと、妙《みょう》に心が落ち着いていて、「そりゃさ、〇〇くんにも事情があるんじゃないの？」などと答えられるのだ。

文子は子供のころから、どちらかといえば、口の悪い子だった。幼い弟を泣かせ、いつも母親に叱《しか》られていた。

そんな時、母親は決まって、文子に洗濯物をたたませた。もちろん、いつも洗濯物だったわけではなく、茶碗《ちゃわん》洗いを手伝わされたり、掃除だったりしたのだろうが、なぜか文子が今でもはっきりと覚えているのは、悪さをして洗濯物をたたまされている情景だ。

２「糧とする」
ア、いざという時に備える。　イ、材料としてためておく。
ウ、活動を支える力にする。　エ、反省のために活用する。

問四　傍線部①「ヒエダノアレという語部が語った内容を、中国から取り入れた漢字を使って、オオノヤスマロという人が記録した」とあるが、それはなぜか。その理由の説明として最も適切なものを次から選び、記号で答えなさい。

ア、語りや記憶に頼る伝達方法では、その正確性において不都合が生じてしまうが、文字の利用によって、語部の考えや好みに左右されずにかつ正しく記憶に残る伝達が可能となるから。
イ、かつての日本には文字がなく、社会や歴史に関わる様々な情報を語部によって伝えるしか方法がなかったが、その語部の養成が時代の変化とともに難しくなってしまい、文字の必要性が生じたから。
ウ、語部によって語られる情報量をすべて記憶するには限界があるので、伝える内容を文字によって記録することで、伝える側と受け取る側の距離や年月に関係なく伝えることができるようになるから。
エ、その社会の歴史をすべて記憶しておく必要があるが、その記憶がはたして正しいものなのかどうかをきちんと見極めるために、日本語ではない中国の漢字でそれらを記しておく必要があったから。

問五　傍線部②「表音文字」とあるが、漢字を日本語の「表音文字」として使うとはどうすることか。具体的に説明している部分を本文中より三十字以上三十五字以内で抜き出し、はじめと終わりの五字を答えなさい。

問六　傍線部③「書かれた文章こそが、社会で権威と価値を与えられます」とあるが、それはどういうことか。その説明として最も適切なものを次から選び、記号で答えなさい。

ア、文字を持たない人々にとって、文字そのものが強大な力を持つものとして存在していること。
イ、文字で記した書類が、あらゆる場面における人々の社会生活のすべてを構成していること。
ウ、社会の仕組みが、もはや文字に頼るしかなく、口から語られる言葉に意味が無くなっていること。
エ、現在では、文字によって書かれたものや記録が様々な物事の判断や真偽《しんぎ》の基準となっていること。

問七　傍線部④「単なるコミュニケーションの『道具』」とあるが、それはどのような英語のことか。具体的に説明している部分を本文より四十字以上四十五字以内で抜き出し、はじめと終わりの五字を答えなさい。

問八　二重傍線部Ｘ「この時の経験は、千年もたって明治時代を迎えた時、たいへん役に立ちました」とあるが、それはなぜか。「この時の経験」が何であるのかもふまえて、六十字以上八十字以内で説明しなさい。ただし「漢字」「比較」「翻訳」の三語を必ず使って書くこと。

三　**次の文章を読んで、後の各問に答えなさい。**

霧雨《きりさめ》になった。
窓の向こう、渋滞《じゅうたい》した山手通りの車列が雨に滲《にじ》んで見える。
窓辺に寄ろうとすると、背後で乾燥機《かんそうき》のブザーが鳴った。窓ガラスに触《ふ》れようとした手を戻《もど》して、店内に戻る。

漢字とはまったく別の文字を作り出した社会もあります。しかし、現在、新たに、文字で自分たちの言語を表わそうとする社会では、ほとんどすべて、アルファベットを使って、自国の文化の言葉を記し始めています。アルファベットは字数が少なく、子どもたちは覚えやすく、しかも表音表記ですから、子どもは容易に自分の話している言葉を文字にして記すことができます。アルファベットにない音は、それに少し印をつけておけばいいのです。

それでは、かつての日本人がした苦労は無駄《むだ》であったかというと、決してそうではないと、哲学者の和辻哲郎という人は言っています。つまり、漢字が中国語の文章として日本に持ち込《こ》まれた時、当時の日本人は、その漢字や漢文（中国文）を理解すると共に、中国文化の思想やそれまで日本文化になかった抽象《ちゅうしょう》的な概念《がいねん》をも学び、さらに当時の日本の文化と比較《ひかく》するということをしたというのです。それは、日本人の文化にたいへん大きな発展をもたらしたと考えられています。

X この時の経験は、千年もたって明治時代を迎《むか》えた時、たいへん役に立ちました。それは西欧《せいおう》の社会制度や法律や哲学《てつがく》のような学問分野の言葉を、日本語に翻訳《ほんやく》する時に、役に立ったのです。明治初期以降、日本の近代化は急速に進みましたが、それには西欧の思想や制度について当時の日本人に理解しやすい、ぴったりの言葉に翻訳されたことが、大きな役割を果たしました。

現在、英語は世界の共通語となっています。英語をその国の公用語として採用する国も多くなってきています。そこで、英語は④単なるコミュニケーションの「道具」として学べばよいと考える傾向《けいこう》も出てきています。通じればいいのだから、英語の単語がいくつもの意味を持つことや、文章構成の複雑さは切り捨てて、できるだけ単純化した英語でよいと考える人びともいます。しかし、千五百年前の日本人がしたように、悪戦苦闘《あくせんくとう》しながら、英語をはじめ別の言語が示す論理や概念を、日本語と比較して受け入れる努力が必要だと思います。それは、日本語をより洗練させるための2糧《かて》とすることにもなると考えるからです。

（波平恵美子「生きる力をさがす旅　子ども世界の文化人類学」より）

問一　空欄 a ～ d に入る接続詞の組み合わせとして最も適切なものを次から選び、記号で答えなさい。

ア、a つまり　b たとえば　c でも　d そして
イ、a そして　b つまり　c たとえば　d でも
ウ、a そして　b たとえば　c でも　d つまり
エ、a つまり　b でも　c たとえば　d そして

問二　次の文章は、空欄 A ～ D のどこに入るか。最も適切なものを選び、記号で答えなさい。

日本にも、今から千五百年くらい前に語部《かたりべ》がいて、大切な出来事の歴史を細かく記憶《きおく》し、要請《ようせい》されれば語ったらしいことがわかっています。語部は、自分の好みで記憶したのではなく、王や支配者が、その社会の歴史を記憶しておく必要があって、語部を養成したと考えられています。

問三　波線部1「へだたり」、2「糧とする」の本文中で用いられている意味として最も適切なものを次から選び、それぞれ記号で答えなさい。

1「へだたり」

ア、性質の違い。　イ、時間的な差。
ウ、文化の優劣。　エ、妨《さまた》げるもの。

要なので、その社会の人びと全員がそれほどの分量を記憶できるということではありません。

B

現在から千三百年ほど前にでき上がったと考えられる『古事記』という本には、その初めのところに、①ヒエダノアレという語部が語った内容を、中国から取り入れた漢字を使って、オオノヤスマロという人が記録したこと、 d それがたいへんな苦労を伴《ともな》うものであったことが記されています。

語ったりそれを聞いて理解し、それをまた語ることによって別の人に伝えることと、ある内容を文字で記して別の人に伝えることとの間には大きな1へだたりがあります。文字が伝える内容が、それを伝える人にとっても伝えられる人にとっても、同じ内容として理解されることが必要だからです。伝える側の内容と受け取る側の内容が同じである必要は、口から耳への話し言葉でも同じです。しかし、文字による伝達は、伝える側の人と受け取る側の人が何百キロメートルも離《はな》れていたり、伝える人が死んで何年もたって受け取る側の人に内容が伝えられることもあり、求められる共通性はもっと高くなります。

C

『古事記』で使われた文字は、中国の漢字です。でも、その漢字は、一つひとつの文字が意味を持つ、いわゆる「表意文字」ではなく、漢字を発音する時の音を、その当時の日本語の発音に合わせてあてはめるという方法を用いました。この方法は、その後に編さんされた和歌集である『万葉集』でも使われました。でも、その頃《ころ》から、漢字が本来持っている表意文字としての機能も、日本人が日本語にあてはめて使うようになりました。つまり漢字を、文字は同じでありながら、②表音文字としても、表意文字としても使うという、とても複雑なやり方で、文字を日本の中に定着させていきました。

やがて、漢字の行書体、草書体をもっとデザイン化したひらがな文字と、漢字の文字の字画の一部をとったカタカナ文字を表音文字として使うようになり、一方、漢字はそのまま表意文字として使うことが多くなりました。こうして、現在の日本語の表記に近いものが千年ほど前にはもうでき上がったのです。

D

現在の世界の動きは、そんなにゆっくりではありません。日本では、隣国《りんごく》に漢字を使う人びとがいて、その文字体系はとても発達していましたから、自分たちで文字を発明する必要はありませんでした。ひらがな、カタカナは、確かに日本語だけに見られる文字ですが、もとは漢字だったのです。五百年かそれ以上の時間をかけて、ゆっくりと、日本人は日本語に都合がよいように、自分たちの言語を記す方法を開発したのです。

現在、もともと文字を持たなかった人びとが、急速に自分たちの言葉を文字に記すことを求められています。社会の仕組み全体が、文字で記した書類を必要とし、口から耳へ、耳から口への語る言葉に、あまり価値を認めません。議会や裁判のような重要な場面では、確かに口から語られることばは大きな意味を持ちますが、それらはすべて文字として記録され、語った人に、間違《まちが》いなくそのように語ったかを確認します。そして、③書かれた文章こそが、社会で権威《けんい》と価値を与《あた》えられます。

かつてのモンゴルや朝鮮《ちょうせん》のように、中国文化の影響《えいきょう》を受けながらも、

【国　語】（五〇分）〈満点：一〇〇点〉

一　次の各問に答えなさい。

問一　次の①～⑤の傍線部を正確に漢字で答えなさい。

①　のぼる朝日をオガむ。　②　日本国ケンポウを学ぶ。
③　約束をヤブる。　④　台所をセイケツに保つ。
⑤　教科書をロウドクする。

問二　次の①～④の傍線部の漢字の読みを正確にひらがなで答えなさい。

①　注文を承る。　②　木の幹の幅を測る。
③　説明に納得する。　④　念願が成就する。

問三　次の①～③の外来語を訳《やく》した言葉として、正しいものはどれか。〈選択肢〉より選び、記号で答えなさい。

①　アート　②　シンボル　③　モラル

〈選択肢〉
ア、道徳　イ、意見　ウ、象徴《しょうちょう》　エ、環境《かんきょう》　オ、芸術

問四　次の①～③の意味を持つ「ことわざ」を〈選択肢〉より選び、記号で答えなさい。

①　すべきことを分かっている人が、自分では実行しないこと。
②　他人の言動を見て、自分の人格をより良くすること。
③　人に親切な行いをすれば、やがて自分にも良いことがめぐってくること。

〈選択肢〉
ア、渡《わた》る世間に鬼《おに》はない　イ、情けは人のためならず
ウ、転ばぬ先の杖《つえ》　エ、他山の石
オ、医者の不養生

二　次の文章を読んで、後の各問に答えなさい。

現在では、世界中の子どもたちが、文章が書けたり読めたりできるように、文字を習い、作文や読み方を学習しています。そのために、ある年数、学校へ通うことが義務となっていることが多いのです。日本では明治五年、一八七二年に義務教育の制度ができて、急速に、識字率（字を読んだり書いたりできる人の全人口の中での割合）が上昇《じょうしょう》しました。

文字を読んだり、書いたりすることができなくても、生きていくことはできます。ほんの数十年前まで、誰《だれ》も文字を読んだり書いたりしないし、文字という存在さえ知らない人ばかりの社会もありました。そんな社会では、知識はすべて、口から耳へと伝えられました。［a］、話し言葉だけで書き言葉のない社会だったのです。社会全体がそうであるなら、なんの不都合もありません。自分の耳で人の言うことをしっかり聞き、記憶《きおく》し、それをまた別の人々に伝えればいいのですから。

［A］

耳で聞いた内容を記憶できる量には、もちろん限界があります。［b］、その限界は、私たちが想像するよりもはるかに大きく、ほとんど奇跡《きせき》としか思われないほどの分量を記憶し、語ることのできる人びとがいるのです。古い日本の書物の中で「語部《かたりべ》」と記されている人びとがそれにあたります。

現在も、［c］西アフリカに語部はいて、何日間にもわたって語り続けるほどの内容を記憶しています。それには、特殊《とくしゅ》な才能と訓練が必

ア、東京に住んでる人らしい自慢をして

イ、テレビとくらべてがっかりして

ウ、千絵ちゃんを困らせるウソをついて

エ、田舎とはちがう渋谷の街を歩いて

問七　傍線部④「こっちの言葉じゃなくて標準語でしゃべってる」とあるが、この時、千絵の言葉が「標準語」になったのは「標準語」がどのような性質の言葉であったからか、そのことが書かれている部分を、本文中から十字以上十五字以内で抜き出し、はじめと終わりの五字を答えなさい。

問八　この作品から読み取れる内容の説明として当てはまらないものを次から一つ選び、記号で答えなさい。

ア、千絵にとって、「私」が反撃してくるようなことを言ったのは意外だった。

イ、「私」は、お母さんに不満はあるものの、結局言われた通りにしてしまう。

ウ、「私」は、千絵のようなわがままな人間に自分もなろうとして反撃をした。

エ、「私」は、千絵が何でも与えられたことでわがままになったと思っている。

オ、光子おばさんは、「私」と千絵が本当は仲が悪いことに気付いていない。

しまう。だけどお母さんのホッとした顔を見て、まあいいかと思った。

（草野たき『反撃《はんげき》』より）

問一　傍線部①「大げさにため息をついた」とあるが、それはなぜか。その理由の説明として最も適切なものを次から選び、記号で答えなさい。

ア、大きな声でため息をつくことによって、お母さんの耳にとどいて、自分の嫌だという気持ちが伝わればいいと思ったから。

イ、何事も、自分の仕事の都合で話を進めてくるお母さんへの憎しみと不満があふれだして、大きなため息として表れたから。

ウ、お母さんと一緒に新潟に行くことが本当に嫌だったのに、結局行くことになってしまったあきらめがため息に表れたから。

エ、お母さんに逆らえない自分自身への不満と、お母さんへの反発の気持ちを大きなため息によって落ち着かせたかったから。

問二　空欄【A】～【D】に入る語の組み合わせとして最も適切なものを次から選び、記号で答えなさい。

ア、A　それで　B　とくに　C　しかし　D　また

イ、A　そして　B　でも　C　また　D　とくに

ウ、A　だけど　B　ただし　C　そして　D　つまり

エ、A　だから　B　ただ　C　たしかに　D　とくに

問三　空欄 X に入る文として最も適切なものを次から選び、記号で答えなさい。

ア、私がおばさんの前できちんとした態度をとること

イ、保育園に寄付するためのぬいぐるみをもらうこと

ウ、私がお母さんのいうことをきちんと守るということ

エ、おばさんの機嫌をそこねないようにごまをすること

問四　傍線部②「もう限界」とあるが、それはなぜか。その理由の説明として最も適切なものを次から選び、記号で答えなさい。

ア、似合うと思って選んで買ったのに、自分の感性を馬鹿にされたと思ったから。

イ、これまでも不満そうであったが、今年は投げ捨てるようにまでされたから。

ウ、田舎に住んでいるにもかかわらず、東京で買ったものを馬鹿にされたから。

エ、ハートのイヤリングが気に入っていたのに、「ダサい」とまで言われたから。

問五　傍線部③「千絵ちゃんは、すてきなところに住んでるよね」とあるが、この言葉には「私」の、どのような気持ちが込められているか。その説明として最も適切なものを次から選び、記号で答えなさい。

ア、明らかにひどい場所なのに、わざと逆のことを言って怒らせようとする気持ち。

イ、のどかな風景で育ったのに、なぜ千絵はわがままなのか、という皮肉な気持ち。

ウ、千絵が言うとおり、ここは東京よりずっと居心地がよいことを納得する気持ち。

エ、千絵がいやがると知っていてわざと「田舎」らしさを強調する意地悪な気持ち。

問六　空欄 Y に入る語として最も適切なものを次から選び、記号で答えなさい。

「ここはそんなに田舎じゃないんだから」
だから千絵ちゃんの言葉に、私はくすりと笑ってみせた。
「全然ちがうよ」
そして、窓《まど》のほうによると、外の景色をながめながらいった。
「東京は、こんなにのどかじゃないもの」
そこからは広々とした田園風景がながめられた。
「③千絵ちゃんは、すてきなところに住んでるよね」
あぜ道にはむぎわら帽子《ぼうし》をかぶって作業しているおじいさんがいて、すぐそばに軽トラックがとまっていた。
「私なんか、このあいだ、渋谷歩いてたら、女優の松嶋菜々子見かけちゃってさ」
私は窓の外に顔を向けたままつづけた。
「テレビで見るほうが、きれいでがっかりしちゃった」
本当は、松嶋菜々子なんて見かけたことはなかった。ただ、［　Y　］みたかっただけ。
千絵ちゃんに「東京なんて、空気も悪いし、人が住むところじゃねーろー」とか「有里ちゃんなんかくっせねぇ？　これが東京のにおいなん？」なんていわれたことがあったから、そのしかえしのつもりだった。
「ここに住んでれば、そんな風に芸能人見かけて、がっかりすることなくていいよねぇ」
ふりむくと、千絵ちゃんはベッドの上であぐらをかいて、私のことをにらみつけていた。
「有里ちゃん……性格、変わったね」
千絵ちゃんが、こわい顔で私を見ている。黒目の大きな目で、じっとにらみつけている。それに……。なんかいつもと言葉づかいがちがう。④こっちの言葉じゃなくて標準語でしゃべってる。
「そうかな」
私は、首をかしげてとぼけてみせた。
「二人とも、ケーキあるっけこいてー！」
そこで、部屋の外からおばさんの呼《よ》ぶ声がきこえた。おばさんはいつものようにこっちの言葉だ。それでも私の前では気をつかって、できるだけわかりやすい言葉で話してくれている。
「はよこんば、好きながん、えらばんねぇてぇ！」
二人がなかよくおしゃべりでもしていると思っているのだろう。声がはずんでいる。
「はーい、今いきまーす！」
私は明るい声で返事をすると、千絵ちゃんを置いて、さっさと部屋をでた。
階段を下りて茶の間にいくと、大人たちはおしゃべりをしながら私たちを待っていた。お母さんだけがあまり楽しそうに見えないのは、ひさしぶりの再会で緊張《きんちょう》しているわけじゃなくて、こっちの言葉でしゃべらないからだ。東京にいるときは、ときどきポロッと新潟の言葉がでたりするのに、逆にこっちにきたときのほうが気をつけてるみたいで、いつもよりよそよそしい感じのしゃべり方になる。
「千絵ちゃん、おみやげ、よろこんでくれた？」
お母さんがこっそりきくから、私はにっこり笑ってみせた。
「うん。宝物にするってさ」
千絵ちゃんにいじわるをいったうしろめたさで、思わずウソをついて

「いいじゃない、それくらい。つきあってあげなさいよ」

おかげで、私はその飴が大きらいになった。

お母さんが顔を明るくして、はげますようにつけくわえる。

「それに……」

「いつも光子おばさんが、あみぐるみを作ってプレゼントしてくれるじゃない」

それもまた、私をうんざりさせるだけだった。

「えーっ、こんげのいらね」

もし私が千絵ちゃんみたいだったら、きっとそういうだろう。おばさん手作りのあみぐるみはあんまりかわいくないし、もらってもうれしくないものだから。でも私はいつも精一杯《せいいっぱい》うれしそうな顔をして、それをうけとっている。千絵ちゃんみたいな態度を私がとったら、お母さんがゆるさないって知ってるから。

「おばさんからぬいぐるみもらったとき、もっとうれしそうにしなきゃダメよ」

よろこび方が足りないと、お母さんからそんなチェックが入る。

そのくせ、今までもらったぬいぐるみは、すべて私が通ってた保育園に寄付《きふ》しているから、わからない。お母さんにとって大事なことは、［　X　］であって、せっかく作ってくれたぬいぐるみを大切にすることじゃないのだ。

「ああ、ヤダなぁ……」

私はふたたび、雑誌《ざっし》をひらいて今年は千絵ちゃんになにをもっていこうかとなやんだ。千絵ちゃんも今年は中学生。

「ありがとねー、大事にするっけねー」

私のおみやげに、そんな大人な態度をとってくれてもいい年ごろだ。

「なにこれ」

だけど千絵ちゃんは今年もまた、おみやげをうけとると不満そうに顔をゆがめた。

「千絵ちゃんににあいそうって思ったんだけど……」

私はさんざんまよったあげく、アクセサリーショップで千絵ちゃんににあいそうなハートのイヤリングをえらんだ。

「なんかハートってダサい」

千絵ちゃんはそういうと、捨てるみたいにイヤリングをベッドの上に放りなげた。

千絵ちゃんの部屋は、ものであふれている。マンガ、雑誌、ＣＤ、化粧品《けしょうひん》、アクセサリー、ノートパソコン、ゲーム、ミニコンポ、テレビ……。千絵ちゃんはなんでももっている。ほしいものはたいてい買ってもらえるので、プレゼントなんかもらってもうれしくないのだ。

「そっかぁ……」

私はベッドに放り投げられたイヤリングを見つめた。あげたばかりのプレゼントをこんな風に捨てられたのは、はじめてだった。

「田舎《いなか》の子に、このイヤリングのよさはわからないかぁ」

私は少しいじわるな気持ちでいった。

「ちょっと、田舎の子ってなによ」

そのムッとした顔を見て、私は覚悟《かくご》をきめた。今まで千絵ちゃんの失礼な態度にたえてきたけど、②もう限界。今年は我慢《がまん》なんかしない。いいなりになんかならない。

がしくてもこの時期だけは一週間の休みをとるようにしていた。旅行代理店で働くお父さんはこの時期が一番いそがしいので休みがとれない。【 A 】おばあちゃんの家には、いつもお母さんと私のふたりきりででかけていた。

おばあちゃんに会うのは、全然かまわなかった。いっしょに住んでるお母さんのお姉さんにあたる光子おばさんも、市役所で働くおじさんのこともきらいじゃない。部活の強化練習を休むのだって、本当は全然かまわない。

【 B 】、一つ年下のいとこの千絵ちゃんに会うのが、イヤなのだ。千絵ちゃんは小さいときからわがままで、自分勝手で、いじわるで、そしてなにより私に対する態度は、最悪だった。

「こういうのもってるっけいらね」

小学一年生のときに、スヌーピーのペンケースをおみやげにもっていくと、千絵ちゃんは包みを開けたとたんにそういい放った。

「お気に入りのマグカップあるしなー」

ムーミンのマグカップをあげたのは、四年生のときだ。

「今ダイエット中だっけいらね」

ディズニーシーのおみやげで缶《かん》入りのクッキーをもっていったのは、去年のこと。

こんな風に千絵ちゃんは、私がどんなおみやげをもっていっても不満そうだった。

「もう、来年は千絵ちゃんにおみやげなんかもってかないよ！」

毎回そんな千絵ちゃんの態度にムカついて文句をいうのだけど、お母さんはそれをゆるしてくれなかった。

「一週間もお世話になるんだから、おみやげぐらいもっていくのは当然でしょ」

お母さんはそういうけど、べつに千絵ちゃんにお世話になるわけじゃない。ふとんを用意してくれたり、食事の用意をしてくれるのは、光子おばさんなのだ。

「そんなことないじゃない。いつも千絵ちゃん、あなたと遊んでくれるじゃない」

遊んでくれる……。

【 C 】、千絵ちゃんは、私がいくといっしょに遊びたがる。でも、遊んであげてるのは私のほうで、千絵ちゃんじゃない。

テレビゲームの対戦相手をさせられたり（私が勝つとおこる）、プールにつれていかれたり（千絵ちゃんが私に泳ぎを指導する）、自転車の二人乗りをさせられたり（運転するのはいつも私）……。楽しんでいるのはあくまで千絵ちゃんだけで、私はちっとも楽しくなかった。

【 D 】四年前のあのときのことは、思い出すだけでもはき気がするほどだ。

「この飴《あめ》の四つ葉のクローバーが描《か》いてある包み紙を十枚集めると願いがかなうっけ、有里ちゃんもいっしょに食べて集めよう。ちゃんと食べながらじゃないといけないっけね」

そういう千絵ちゃんにしたがって、私は毎日何十個もその飴を食べさせられたのだ。だけど四つ葉のクローバーの包み紙は一袋《ふくろ》に一個入っていればいいという確率で、私は、三日目にはその飴を見るのもイヤになっていた。あのときお母さんは、助けてほしいとうったえる私にいった。

【国　語】（五〇分）〈満点：一〇〇点〉

一、次の各問に答えなさい。

問一　次の①～⑤の傍線部を正確に漢字で答えなさい。

① イデンシの研究をする。
② 自分の意見をカンケツに述べる。
③ キビしい寒さにたえる。
④ センモン書を読む。
⑤ 弓をイる。

問二　次の①～④の傍線部の漢字の読みを正確にひらがなで答えなさい。

① 乳母車を押す。
② 時雨が通り過ぎる。
③ 竹刀で打ち合う。
④ それは素人の考えだ。

問三　次の①・②の熟語と同じような意味を持つものはどれか。〈選択肢〉より選び、記号で答えなさい。

①　対等　　②　興奮

〈選択肢〉
ア、胸をなでおろす　　イ、腕を上げる　　ウ、肩を並べる
エ、手に汗をにぎる　　オ、根も葉もない

問四　次の①～④の□には、反対の意味の漢字が入ることで熟語になる。それぞれ漢字一字で答えなさい。

①　□失　　②　寒□　　③　可□　　④　師□

二、※問題に使用された作品の著作権者が二次使用の許可を出していないため、問題を掲載しておりません。

三、次の文章を読んで、後の各問に答えなさい。

「部活、休みたくないんだよぉ」
「お母さんはここしか休みがとれないの。ほかの時期じゃ、仕事の都合がつかないのよ」
「……」
「ほら、早く用意しちゃいなさい」
お母さんは最後にそういうと、ポンポンと身体をたたいて部屋をでていった。足音が消えたところで、そっとタオルケットから顔をだす。そして、やっぱり今年もいくのかと、私は①大げさにため息をついた。
「いくのイヤっていってるでしょ！　部活も休みたくないっていってるでしょ！」
そうはっきりといえたら、どんなにいいだろう。だけど、私はいつもその言葉をごくりと飲みこむ。さからったところで「仕事の都合」っていわれてしまったら、なんにもいい返せない。お母さんは、私の都合や気持ちより「仕事」が大事なひとだから。
小さいとき「熱は週末にだしてねぇ」っていわれたことを、今でもよく覚えている。冗談《じょうだん》っぽくいってたけど、私はあのときすでに、それがお母さんの本音だって、ちゃんとわかっていた。もちろん、いうとおりになんてできなかったけれど……。
毎年八月の半ばに、お母さんの実家である新潟のおばあちゃんの家に遊びにいく。そのために、出版社で働いてるお母さんは、ふだんはいそ

感心していたが、レースで集団を引き離そうと走る姿から真吾の闘争心をかいま見た。

ウ、軽薄ではないが責任感が強くもない真吾の様子とは違い、安定したリズムと速さで走る姿から真吾の走ることに対するこだわりのようなものを感じ取れた。

エ、普段の真吾がみせている明るく調子の良い振る舞いとは別に、力強く走る姿から真吾のレースにかける真剣な思いを感じとることができたように思えた。

問七　傍線部⑤「苅野、いいかげんにしろ。なに、かっこつけてんだ」とあるが、「小泉先生」がそのように言ったのはなぜか。その理由の説明として最も適切なものを次から選び、記号で答えなさい。

ア、小泉先生は、頑張ってゴールテープを切った真吾をほめるのが恥ずかしくて、その照れ隠しをしたから。

イ、真吾がゴール後に倒れ込んだことを、小泉先生は真吾のポーズだと思い、注意する気持ちがあったから。

ウ、真吾は一番にゴールしたものの、たった五キロの距離でへばってしまったことに落胆してしまったから。

エ、小泉先生は、五キロのレースを全身全霊で走り抜いた真吾をねぎらい、かつ勇気づけたいと思ったから。

問八　傍線部⑥「自分の中にあるもの」とあるが、それはどのようなものか。「深雪」と「真吾」について、それぞれ本文中から八字で抜き出して答えなさい。

問九　この作品の内容の説明として最も適切なものを次から選び、記号で答えなさい。

ア、深雪の視点を中心に物語が展開し、茉里とのやりとりや千博の真吾を応援する姿、真吾の走る様子などを通して、深雪自身が自分の内面を改めて客観的にとらえ返すに至るまでが描かれている。

イ、深雪、茉里、千博、真吾のそれぞれの心情が細かく語られながら物語が展開し、それぞれが様々な出来事を通して悩みを繰り返しながら、子どもから大人へと成長していく姿が描かれている。

ウ、情景描写とそれぞれの登場人物の心情描写が効果的に結びつけられながら物語が展開し、感情を表にあらわすことのできなかった千博が、真吾との出会いによって変わる姿が描かれている。

エ、自分の気持ちを素直に語ることのできない深雪と、常に親身となって相談にのる茉里の姿を中心に物語が展開し、真吾の真面目な姿に感動した深雪が心を開いていくまでがていねいに描かれている。

オ、深雪と茉里とのやりとりを中心に、現在から過去にさかのぼるかたちで物語が展開し、過去の真吾や千博に関わるエピソードが、現在の深雪の自己認識に影響を与え続けている様子が描かれている。

し、強く鮮やかな思いをかみしめる。

深雪は、吹き付ける風に向かって顔をあげ深く息をすった。

（あさのあつこ『13歳のシーズン』より）

問一　空欄【a】〜【d】に入る言葉として最も適切なものを次から選び、それぞれ記号で答えなさい。

ア、手をあげ　イ、険しい　ウ、淡々と　エ、足早に

問二　空欄 Ⅰ 〜 Ⅳ に入る会話文として最も適切なものを次から選び、それぞれ記号で答えなさい。

ア、嫌いじゃないよ……

イ、あっちに比べればね、寒いなんて言ってられないって感じ

ウ、うん、いいタイムだ。記録もんだ

エ、まったく、頼らないんなら、初めから、してこなきゃいいのに

問三　傍線部①「深紅の布の上に雪が落ち、すぐに小さな水の一滴に変わった」とあるが、この日の天候の様子を具体的に表した一文を本文中から抜き出し、はじめの五字を答えなさい。

問四　傍線部②「どうも問題に集中できなかったな」とあるが、「千博」がそのように言ったのはなぜか。その理由の説明として最も適切なものを次から選び、記号で答えなさい。

ア、またとない真吾の活躍ぶりを見て応援しなければならないのに、模擬試験を受けざるを得なく、せっかくの貴重な機会を逃してしまったという後悔があったから。

イ、真吾をはじめとしてロードレースに参加する陸上部員の頑張りを見届けたいと思うと同時に、模擬試験の受験も希望しており、どちらを選ぶか迷っていたから。

ウ、真吾との友情を優先して考えたいと思っている一方で、それをまわりに悟られまいと塾に行くことにしたが、真吾に対する裏切りという後ろめたさがあったから。

エ、真吾が出場するロードレースを見に行こうと思いながら、塾での模擬試験を受けているということもあり、全神経を解答に向けることができなかったから。

問五　傍線部③「誰かに、なにかに出会いながら変化していく」とは、どういうことか。その説明として最も適切なものを次から選び、記号で答えなさい。

ア、自身が予想もできないような体験や人々との出会いを通して、自己存在が確立していくこと。

イ、何気ない日常の中にある出来事を通して、自己と他者が共に影響し合って協力していくこと。

ウ、様々な人との出会いや体験を通して、新たな自己の認識や行動がつくられていくということ。

エ、めまぐるしく変化する人との出会いや出来事を通して、変わらない自己が形成されていくこと。

問六　傍線部④「今まで知らなかった真吾を見つけたような気がした」とあるが、それは「深雪」のどのような気持ちを表しているか。その説明として最も適切なものを次から選び、記号で答えなさい。

ア、茉里や千博に対して表面的にみせる真吾のおおげさな言動に無責任さを感じていたが、懸命に走りトップをねらおうとする姿から真吾の実直さを感じられた。

イ、日頃からまわりの人たちとの関係を大切にしている真吾の態度に

手のひじがあたった。真吾がわずかによろめく。茉里があっと声をあげた。深雪は、一歩、前に出た。

「しんごー。がんばって」

真吾が集団から抜け出していく。素人の深雪の目にも、地を確かに蹴る足取りや安定したリズムがわかった。みるみる、真吾と集団の差が開いていく。深雪は、走る真吾の姿に鼓動が速くなったのを感じた。あんな風に走る人間を初めて見たと思った。④今まで知らなかった真吾を見つけたような気がした。

「あまるほど才能はあるんだがなぁ。足らないのがおしい」

小泉先生が、腕をくんでうなる。

「なにが、足らないんですか」

千博と茉里が、同時にたずねた。

「真面目さ」

短い答えが、返ってきた。

小泉先生は、中学校まで車にのせてくれた。かなりの人が集まっていた。校庭の真ん中でゴールとかかれた旗が、風にはためいている。

「苅野は、いいんだ。走るための天性の力を持っているんだ。生まれながらのランナーだと思うんだがなぁ」

小泉先生がため息をついた。

やがて、真吾の姿が校門の前に見えた。思っていたより、ずっと早い。

「［　Ⅳ　］」

小泉先生がうなずく。

「しんごー、ぶっちぎりだぞ」

千博が叫ぶ。その時、真吾の身体がぐらりとゆれた。ざわめきがおこる。真吾の表情がゆがんでいた。さっきのゆとりは、どこにもない。顔をしかめ、肩で息をしている。また、身体がぐらりとゆれた。思わず大きな声を出していた。

「真吾、がんばって」

校庭に集まった人々からも声援がとんだ。拍手もきこえる。その視線と声援の中、真吾は走りきり、深雪たちの目の前で、ゴールテープをきった。ひときわ大きな拍手がおこる。

小泉先生が、大の字にたおれている真吾に近寄り、ランニングシャツをもって引っ張り起こした。

「⑤苅野、いいかげんにしろ。なに、かっこつけてんだ」

「あれ、見破られちゃった」

「おれが何年、陸上部顧問をしてると思ってんだ。お前が五キロの走りで、へばるタマか。まったく下手な芝居をして。こい、ストレッチだ」

小泉先生に引っ張られながら、真吾は、深雪たちに手をふった。千博が苦笑する。

「まったく、余裕だな、あいつ。ほんとに、ふざけるのが好きなんだ」

「ちがうよ」

深雪の言葉に千博が、えっと深雪の顔をみつめた。

「真吾、ふざけてなんかいないよ」

そう思う。真吾は、決して楽に走ったわけじゃない。誰より真剣に必死に走ったはずだ。ふざけていて、あんな力強い走りができるはずがない。真吾は、自分の真剣さや真面目さを他人にさらすのがいやなのだ。⑥自分の中にあるものを素直に見せられないのだ。わかる気がする。自分もそうだと思う。好きとか嫌いといった感情とはたぶん別の、しか真吾のことは、嫌いじゃなかった。この数ヶ月、かなりの時間をいっしょに、すごしてきた。真吾は、思っていたほど、軽薄でも無責任でもなかった。いっしょにいて気持ちのいい人間だった。嫌いじゃない。でも、好きというのとも違う気がする。

『真吾くんのこと好きだった』

十月の図書室で、栗坂美希は、そう言って泣いた。それが愚《おろ》かだとは思わない。でも、人を好きになって泣くことが深雪には、よくわからなかった。人を好きになる。そこにまとわりついてくる色々な感情が、どちらかというと、うっとうしかった。

「私って、変なのかな?」

つぶやいたつもりだったけれど、茉里には聞こえたらしい。

「深雪、変てどういうこと?」

逆に問われて深雪は答えが返せなかった。茉里があのねと言った。

「あのね、なにが変なのか、わかんないよ。お姉ちゃん、一人暮らしするって家を出て行ったんだけど、今まであんまりまともすぎたから、今度からは、変になるんだって言うの」

「お姉さんが?」

「うん、ずっといい子やってきたから、もうイヤだって。まわりが、変だ、おかしい、ダメだって言うことは、絶対しなかった。自分がやりたくても我慢した。それが悔しいんだって言うの。わたしね、よくわかんないけど、変でもいいのかなって、そのとき思ったの……あっ急がなくちゃ」

茉里が歩き出す。深雪は、深紅のリストバンドに触れてみた。

コンビニの前、千博が立ってた。二人をみつけ微笑《ほほえ》む。

「千博くん、どうだった、試験?」

「それが英語で、ランナーって単語が出てきたんだ。とたん、真吾の顔がちらついちゃって、②どうも問題に集中できなかったな」

「なに、それ?」

深雪は、千博の顔をのぞきこんでしまった。茉里が笑っている。

「あっ、きた」

後ろで、誰かが叫んだ。遠くに選手たちの姿が、現れたのだ。

「あっいるいる。真吾」。

千博が、大きく手をふる。茉里がへぇと声を出した。

「なに、茉里ちゃん?」

「うん、千博くんがあんな大声出して、手をふるなんてうそみたい」

「そういえば、興奮するタイプじゃないよね」

深雪と千博が出会ってからまだ一年にならない。その時間の間に、確かに、千博は変化したと思う。③誰かに、なにかに出会いながら変化していく。千博だけでなく、同じ年の自分にも確実に変わっていくところがあるのだろうか。

「しんごー」

千博の声が響く。

「苅野、いいぞ、手がふれてる」

いつの間に来たのか、小泉先生の大声がそこに重なる。真吾は、先頭集団の中にいた。汗が光り、頬が赤くそまっていた。しかし、表情の乱れはなく、【 d 】走っている。

「ペースをあげろ」

小泉先生が口に手をあてて叫ぶ。真吾が前に出ようとした時、横の選いで、めったにはめない。
「寒くない？」
深雪の指先を見つめて茉里が、たずねてくる。
「［　Ⅰ　］」
目の前の、市役所広場には、ロードレースに参加する選手達が集まっていた。ほとんどが、ランニングスタイルだ。見ているだけで寒くなる。
毎年開かれる市主催のロードレースに、今年は、真吾を含めた陸上部の長距離ランナー数人が、参加していた。陸上部顧問の小泉先生が、部員を集め、【　a　】顔でなにか言っていた。その輪の中から、ふいに真吾が抜け出て、近づいてくる。
「友よ。応援感謝。あれっ、千博《ちひろ》は？」
「塾の模擬試験。終わり次第かけつけるって」
茉里の言葉に、真吾はおおげさに肩をすくめてみせた。
「友情より模擬試験をとるなんて、おれは、裏切られたわけだ」
「なにおおげさなこと言ってるの。たかが五キロのロードレースくらいで。真吾の目標は、富士山でしょ」
「綾部、わざとボケてんのか？　箱根だよ、箱根」
深雪がくすっと笑った時、競技五分前のホイッスルが鳴った。真吾が、つけていたリストバンドをとる。鮮やかな深紅《しんく》だ。
「これ、持っててくんない」
「え？」
「おれの今週のラッキーカラーは、赤なんだ。でも今、綾部の顔を見て思った。占いなんかに頼らない。実力で、トップゴールしてみせる」
「苅野、なにしてる」
小泉先生がどなる。片目をつぶり、真吾は、選手の中に戻っていった。
「［　Ⅱ　］」
深雪は、手の中の深紅のバンドを軽く握りこんだ。
「真吾くん、深雪に持っていてほしかったんだよ。そうしたら、勝てそうな気がしたんだよ。それに、リストバンドってこうすると、暖かいんだよ。ほら」
茉里は、深雪の手にリストバンドをはめた。①深紅の布の上に雪が落ち、すぐに小さな水の一滴に変わった。
スタートを告げるピストルの音が響く。大きな塊《かたまり》になって、選手たちが走り出す。通り過ぎる時、真吾は、【　b　】Vサインをしてみせた。
「近道して、三キロ地点のコンビニ前に行ってみようか。千博くんもそこに来るって言ってたし」
茉里は、深雪の背中を軽くたたいて、【　c　】歩き出した。真吾の走るのは、市役所をスタートし中学校にゴールする五キロのコースだった。
「茉里ちゃん」
白いコートの茉里の背中に呼びかける。茉里はふりむき、問うように首をかしげた。
「私ね、真吾のこと、いいやつだと思うよ。けどさ……」
言葉がつまる。何を言いたいのかよく、わからない。深雪は、リストバンドを握り締めてみた。茉里がふいに、笑顔になった。
「それ、真吾くんのこと嫌ってないってことだよね。喜ぶよ、真吾くん」
「［　Ⅲ　］」

をいかに多くの人たちに知ってもらうかということが目下の問題意識であり、就職後の地方勤務でそのことが実現したから。

ウ、新聞記者になることを目指し、とりわけ地方記者に配属されることは、都心では分からないあらゆることに対する見聞を広げることになり、新聞記者としての充実感を得ることができたから。

エ、大学時代の就職活動をしていく中で、テレビ局での勤務にこそ自身が希望する記者像の可能性を見い出し、実際、現場での経験を通して、記者としての基本を身につけることができたから。

問六　傍線部③「自分でものを考える力」とあるが、この内容を言い換えている表現を、この傍線部の後より漢字二字で抜き出して答えなさい。

問七　傍線部④「五十分の一の栄養」とあるが、それはどのようなことか。その説明として最も適切なものを次から選び、記号で答えなさい。

ア、読書と現実の体験を結びつけることで自分の価値観を豊かにできるが、それは現実の生活には役立たないこと。

イ、本を読むことで得られる心の満足とたくさんの知識は、時間の経過とともにほとんど忘れさられてしまうこと。

ウ、多くの本と出会い、読書体験を積み重ね、たくさんの知識を得ることで、いくらかの知識が身につくということ。

エ、真の意味で本を読むと、そこで得た知識は精神の中に根をおろすが、それは一部の学者にしかできていないこと。

問八　本文の内容の説明として適切でないものを次から一つ選び、記号で答えなさい。

ア、心を落ち着かせ、勉強になるという読書に対する一般的な認識を、ショーペンハウエルはその著書において捉えなおす主張を展開している。

イ、ショーペンハウエルは、読書することが他人の思考過程をなぞるだけではなく、自分の考えを捨てることにもつながると述べている。

ウ、読書は他人の思考をたどることであり、読者に主体的な思考を求めるものになっていないということを、ショーペンハウエルは指摘している。

エ、ショーペンハウエルの読書論では、単なる多読を否定し、読書行為が読者の思考と結びつくところにその意味を見い出している。

問九　波線部「読書がなければ教養は身につかないけれども、読書しただけで教養が身につくわけではない。」とあるが、それはどのようなことか。筆者の主張が分かるように六十字以上八十字以内で説明しなさい。ただし、句読点も字数に含むものとする。

三、次の文章を読んで、後の問いに答えなさい。

二月になって、天候は冬に逆戻りしてしまった。暖かな日の多かった一月に比べ、身を縮めるような寒い日々が続いていた。今日も寒い。深《み》雪《ゆき》は空を見上げた。暗く厚い雲が覆い、さっきから白い雪片がちらつき始めた。午後一時だというのに、足元の水溜《たま》りは凍ったままだ。

「もうすぐスタートだね」

隣で、茉里《まり》がつぶやく。ものを言う度、息は白く口から立ちのぼった。深雪は、自分の指に息をはきかけた。小さい頃から、なぜか手袋が嫌

のです。その後で、著者は、何を言いたいのか、そこから自分は何を得ることがあるのかと考える時間を持たなければいけないのです。

（池上彰『学び続ける力』より）

［注］※1　日銀……日本銀行のこと。
※2　農協……農業協同組合のこと。
※3　ショーペンハウエル……ドイツの哲学者。
※4　ストライキ……要求を実現するために業務を一時停止すること。
※5　丸山眞男……日本の政治学者、思想家。
※6　旧制高校……一九五〇年以前の高等教育機関。現在の大学に相当する。
※7　デカルト……フランスの哲学者、数学者。
※8　カント……ドイツの哲学者。

問一　空欄Ⅰ～Ⅳに入る接続語のうち、その役割が明らかに異なるものが一つある。それを記号で答えなさい。

問二　空欄 X ・ Y に入る最も適切な言葉を本文中より漢字二字で抜き出して答えなさい。

問三　二重傍線部A～Dの語句の本文中における意味として、最も適切なものを次から選び、それぞれ記号で答えなさい。

A　哀歓
ア、あわれみとよろこび　イ、かなしみとよろこび
ウ、くるしみとかなしみ　エ、さびしさとかなしみ

B　野望
ア、野蛮な望み　イ、不届きな望み
ウ、大きな望み　エ、夢のある望み

C　毒舌家
ア、しんらつな皮肉や悪口を言う人　イ、独特な思想家
ウ、毒々しい表情の人　エ、おしゃべり屋

D　余韻
ア、余りある印象　イ、耳に残る音の響き
ウ、とまどう感情　エ、あとに残る味わい

問四　傍線部①「『将来は地方で働く新聞記者になろう』と決意したのです」とあるが、それはなぜか。その理由の説明として最も適切なものを次から選び、記号で答えなさい。

ア、新聞記者の働きを目の当たりにしたような小学生時代の読書体験は、自分の将来を考えるきっかけとなったから。
イ、もともと興味のあった地方記者の仕事内容とその魅力を知り、自分の将来に明るい希望を確信するに至ったから。
ウ、本の中の記者たちの仕事ぶりに大きな刺激を受け、将来の充実した記者生活にあこがれを持つことになったから。
エ、他社との競争や容疑者との接触など、まるでドラマのような世界に驚くとともに、記者の生き方に感動したから。

問五　傍線部②「これが、いまの私を形作っていると思うのです」とあるが、それはなぜか。その理由の説明として最も適切なものを次から選び、記号で答えなさい。

ア、小学生の時に読んだ本を通して学んだ記者のあり方は、その後大学生の時の就職活動にも大きな影響を与え、その活動の中で得られた地方での人々との出会いが記者としての自己を形成したから。
イ、テレビを通したニュース発信がほとんど無い状況で、地方のこと

が、先生の鉛筆書きの線をペンでたどるようなものである。だから読書の際には、ものを考える苦労はほとんどない。自分で思索《しさく》する仕事をやめて読書に移るとき、ほっとした気持になるのも、そのためである。だが読書にいそしむかぎり、実は我々の頭は他人の思想の運動場にすぎない。（斎藤忍随訳）

私は、本が好きで、本を読むとほっとしていたし、読書は勉強になると思っていたのですが、そうではないとショーペンハウエルは断言するのです。【 Ⅱ 】読書とは、他人が書いたものを読んでいるわけです。他人が考えたことを追いかけているにすぎないと言われても仕方がないのです。ショーペンハウエルはかなりC毒舌家だとはわかっていましたが、ショックでした。

【 Ⅲ 】、さらに読み進めていくと、読書を否定しているわけではないのです。本を読んでも、その後に今度は、自分でものを考える［ X ］がなければダメだ。ひたすら本だけ読んで賢くなった気持ちになっていても、それは、③自分でものを考える力がつくわけではないということを言っているのです。

……これこそ大多数の学者の実状である。彼らは多読の結果、愚者となった人間である。

精神も、他人の思想によって絶えず圧迫されると、弾力を失う。（中略）だが熟慮を重ねることによってのみ、読まれたものは、真に読者のものとなる。食物は食べることによってではなく、消化によって我々を養うのである。それとは逆に、絶えず読むだけで、読んだことを後でさらに考えてみなければ、精神の中に根をおろすこともなく、多くは失われてしまう。

しかし一般に精神的食物も、普通の食物と変わりはなく、摂取した量の五十分の一も栄養となればせいぜいで、残りは蒸発作用、呼吸作用その他によって消えうせる。

ショーペンハウエルは、食べ物と栄養というたとえで説明していますが、私は、そうか、本を読むということは、言ってみれば、ザルで水を汲《く》むのに似ているということだな、と自分なりには解釈しました。

読んだそのときは、なるほどなと感心するけれども、すぐに水（知識）は、ザルの目の隙間《すきま》からこぼれてしまいます。つまり、忘れてしまうのです。【 Ⅳ 】、大量に本を読んでいれば、ザルでも大量に水を汲んでいれば、少しは水がたまります。読書の役割とはそういうものかもしれないと思いました。

同時に、「④五十分の一の栄養」とショーペンハウエルが書いている、残った［ Y ］について、考えることを自分はしていないな、とも思い至りました。

読書がなければ教養は身につかないけれども、読書しただけで教養が身につくわけではない。これをショーペンハウエルが教えてくれたのです。

深く感動した本や、自分にとって意味があると思った本については、次の本にすぐに行かないで、しばらくD余韻に浸るということが大事なくと、知らない世界を、まるで目の前で見るように知っていくことができます。本によって「体験」できることも多いのです。本からどれだけ私はいろんなことを学んだだろうか、とよく思います。

それほど、本というものには力があります。ここでは、本について考えてきたことをお話しします。

よく「人生を変えた一冊」という雑誌の特集などがありますが、私の場合は、ひとつは、『続　地方記者』でした。小学校六年生のときに自宅近くの書店で小遣いで買った本です。新聞社の地方支局に配属された記者たちの仕事ぶり、そのA哀歓を描いたドキュメントです。私は、ここに登場する記者たちの活躍ぶりに魅了されました。他社との抜きつ抜かれつの特ダネ競争のワクワク感。警察より先に事件の容疑者に接触してしまう記者のスリル。

これぞ人生だ。子ども心に感激し、「①将来は地方で働く新聞記者になろう」と決意したのです。

当時、記者といえば新聞記者。テレビのニュースはほとんどなく、テレビ局にも記者がいることを知らなかったからです。大学四年生になって就職活動の過程で、「これからはテレビの時代かもしれない」と思うようになり、テレビ局を受験しました。そのテレビ局の記者は全員が地方勤務から始まることを知って、小学生時代からの夢である地方記者になれると思ったからです。

地方記者は、警察から検察、裁判所、市役所、県庁、※1日銀、※2農協……と、あらゆる経験を積むことができます。記者としての基礎基本を学ぶことができました。②これが、いまの私を形作っていると思うのです。きっかけは一冊の本との出合い。まことに本は人生を変えるのです。

本が人生を変えるといえば、大学での衝撃的な出合いが、※3ショーペンハウエルの『読書について』でした。

一九六九年に大学に入ってすぐに、大学闘争で※4ストライキになり授業がなくなり、自分で勉強するしかなくなりました。そのためには読書です。当時はI文庫の目録を見て全部読み尽くしたいと思っていたような学生でしたから、哲学、経済学、政治学の本などが多かったと思います。※5丸山眞男《まさお》の政治思想分析に魅せられたのも、この頃です。

当時のI文庫は、値段が星で表示されていました。星一つが五〇円。星二つで一〇〇円。消費税はない時代です。学生でおカネがないですから、星一つの本をまず制覇《せいは》して、次に星二つにいこう、とB野望を抱いていました。星一つをコツコツ読んでいく中で出合ったのが、『読書について　他二篇』です（ちなみにいまは税抜きで五四〇円です）。

ショーペンハウエルは、※6旧制高校生が言っていたいわゆる「デカンショ」（※7デカルト・※8カント・ショーペンハウエル）の一人だし、その彼が語る読書論とはどんなものなのか。旧制高校生にでもなったような気分で読み始めました。

【　I　】、数ページ目の「読書について」で、頭を殴られた気がしました。

ショーペンハウエルは、こう書いています。

読書は、他人にものを考えてもらうことである。本を読む我々は、他人の考えた過程を反復的にたどるにすぎない。習字の練習をする生徒

【国　語】（五〇分）〈満点：一〇〇点〉

一、後の各問に答えなさい。

問一　次の①～⑤の傍線部を正確に漢字で答えなさい。

①　風邪でキカン支炎になる。
②　古いカンシュウが残っている。
③　他人の失敗をセめる。
④　暑さで食べ物がイタむ。
⑤　ミカイの土地。

問二　次の①～④の傍線部と同じ漢字が使われているものをそれぞれ記号で答えなさい。

①　相手の意コウにしたがう
ア、コウ層ビル　イ、作業のコウ程
ウ、書類で選コウする　エ、コウ上心を持つ

②　意見をシ持する
ア、塀にシ柱を立てる　イ、先生のシ示を守る
ウ、会社の上シ　エ、公シを混同する

③　見トウが付かない
ア、提案内容を検トウする　イ、トウ選番号
ウ、健トウを祈る　エ、全体のトウ一

④　薬のゲ熱作用
ア、自己紹カイをする　イ、カイ送電車
ウ、社名をカイ称する　エ、規制をカイ除する

問三　①・②について、例にならって、□に入る適切な漢字一字を入れて、熟語を完成させなさい。

（例）
青 ↓ □ ↓ 気
真 → □ → 中

（答え）空（青空、空気、真空、空中）

①
大 ↓ □ ↓ 雲
梅 → □ → 具

②
出 ↓ □ ↓ 戸
結 → □ → 得

問四　次の①～④の意味に合う熟語を、□の中の漢字を組み合わせて二字で答えなさい。ただし、各漢字は一回のみの使用とする。

①　なしとげること。
②　あるものごとがたどってきた道筋。
③　根本的な法則。
④　あることをするのに都合の良いこと。

原　遂　宜　来　行　由　理　便

二、次の文章を読んで、後の問いに答えなさい。（なお、出題の都合上、本文の表記を一部改めている箇所がある。）

人間が自ら体験して知ることには限りがあります。でも本を読んでい

MEMO

大切なことはメモしておこうネ！

解答用紙集

○月×日　△曜日　天気（合格日和）

◆ご利用のみなさまへ
＊解答用紙の公表を行っていない学校につきましては、弊社の責任において、解答用紙を制作いたしました。
＊編集上の理由により一部縮小掲載した解答用紙がございます。
＊編集上の理由により一部実物と異なる形式の解答用紙がございます。

人間の最も偉大な力とは、その一番の弱点を克服したところから生まれてくるものである。　――カール・ヒルティ――

東京学参株式会社

法政大学第二中学校(第1回)　2024年度

◇算数◇

※ 154%に拡大していただくと，解答欄は実物大になります。

1	(1)	
	(2)	
	(3)	
	(4)	
2	(1)	赤色の袋には　個，青色の袋には　個
	(2)	毎分　ℓ
	(3)	午後　時　分
	(4)	枚
	(5)	%
	(6)	cm^2
3	(1)	毎分　m
	(2)	
4	(1)	
	(2)	(考え方) (答)
5	(1)	cm^2
	(2)	cm^2
6	(1)	cm^3
	(2)	cm
	(3)	cm^2

法政大学第二中学校(第1回)　2024年度

◇理科◇

※ 119%に拡大していただくと，解答欄は実物大になります。

1	問 1			問 2	
	問 3				
	問 4	(1)		(2)	
		(3)			

2	問 1		問 2		問 3	
	問 4		問 5		問 6	

3	問 1			問 2		問 3			
	問 4	(ア)		(イ)		(ウ)		問 5	g
		(エ)		(オ)		(カ)			

4	問 1	(1)			つなぎ	問 1	(2)
		(3)					
	問 2	(1)		(2)			
	問 3				倍		

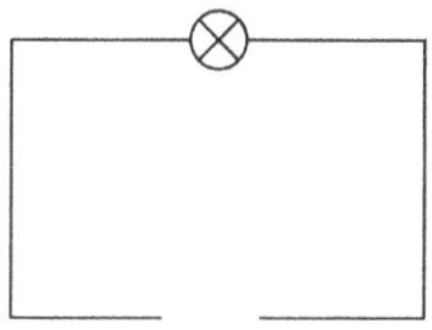

5	①		②		③	
	④		⑤			

法政大学第二中学校(第1回)　2024年度

◇社会◇

※ 127%に拡大していただくと，解答欄は実物大になります。

1	問1	【1】		【2】		【3】		【4】		【5】		【6】		【7】	
	問2		問3			問4	あ		え		お				
	問5	A			B				問6	8月　日　時					
2	問1				問2		問3		問4						

3	問1	(1)		(2)		(3)					
	問2		問3		問4		問5				
	問6		問7								
	問8		問9	→　→　→	問10	⑨		⑩			
	問11										
	問12										

4	問1	(1)		(2)		(3)				
	問1	(4)		問2		問3		問4		
	問5									
5	問1	あ		い		問2				
	問3		問4		問5					
	問6									

◇国語◇

法政大学第二中学校(第１回)　２０２４年度

※１２７%に拡大していただくと、解答欄は実物大になります。

一

- 問一　①　②　③　④　⑤ ねる
- 問二　①　②　③　④
- 問三　①　②　③
- 問四　①　②　③

二

- 問一
- 問二
- 問三　はじめ　5　終わり　5
- 問四
- 問五
- 問六　→　→　ウ　→
- 問七
- 問八　80　120

三

- 問一
- 問二
- 問三
- 問四　12
- 問五
- 問六
- 問七
- 問八　80　100

法政大学第二中学校（第2回）　2024年度

◇算数◇

※ 154％に拡大していただくと，解答欄は実物大になります。

1	(1)	
	(2)	
	(3)	
	(4)	
2	(1)	2点シュートは　　本，3点シュートは　　本
	(2)	台
	(3)	m
	(4)	円
	(5)	g
	(6)	度
3	(1)	分
	(2)	分後

4	(1)	
	(2)	（考え方） （答）
5	(1)	cm^2
	(2)	cm^2
6	(1)	：
	(2)	：
	(3)	：

法政大学第二中学校（第2回）　2024年度　◇理科◇

※ 120%に拡大していただくと，解答欄は実物大になります。

1	問 1		問 5	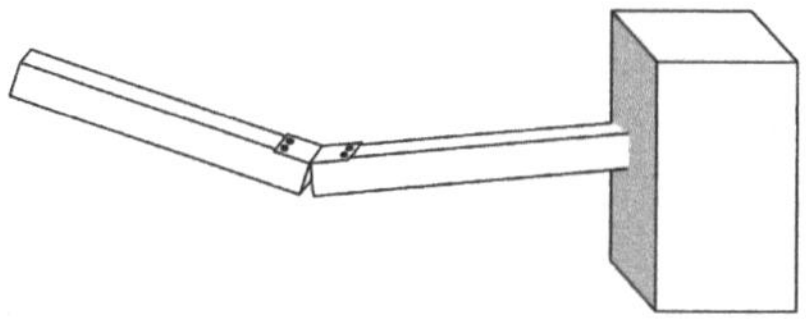
	問 2			
	問 3			
	問 4			

2	問 1	(1)		(2)		(3)	a－b 間：	c－d 間：
	問 2	(1)		(2)		(3)		

3	問 1		問 2		問 3	%
4	問 1	(　　　　)が(　　　　)g 多くとける	問 2			

5	問 1	m	問 2	g		
6	問 1		問 2	m	問 3	

7	問 1	①		②		③		④		⑤		⑥		⑦	
	問 2														

法政大学第二中学校（第2回）　2024年度

◇社会◇

※ 130％に拡大していただくと，解答欄は実物大になります。

1	問1		問2	①		②		③		問3	（1）		（2）	
	問3	（3）		問4	ウ 空港		オ 港		問5	時間　分				
	問6		問7		問8		問9	（1）		（2）		（3）		問10
	問11		問12		問13	（1）		（2）		（3）	m			

2	問1	（1）		（2）		（3）					
	問2		問3		問4		問5				
	問6		問7		問8		問9		問10		問11
	問12		問13								
	問14										
	問15		問16								

3	問1	（1）	A		B					
		（2）	C		D		E		（3）	
		（4）		（5）						
	問2	（1）		（2）						
	問3		問4		問5		問6		問7	
	問8									

◇国語◇

法政大学第二中学校(第2回)　２０２４年度

※１２８%に拡大していただくと，解答欄は実物大になります。

一

問一		問二	問三	問四
① ② ③	④ ⑤ える	① ② ③ ④ う	① ② ③	① ② ③

二

問一　問二　問三　問四

問五　問六　問七（3）

問八（100・150）

三

問一　問二　問三　問四

問五（5・10）

問六（3）　問七　問八

問九（80・100）

法政大学第二中学校（第2回）　2023年度

◇算数◇

※ 154％に拡大していただくと，解答欄は実物大になります。

1	(1)	
	(2)	
	(3)	
	(4)	
2	(1)	
	(2)	通り
	(3)	人
	(4)	cm^2
	(5)	
	(6)	枚
3	(1)	時　分
	(2)	時　分　秒

4	(1)	
	(2)	（考え方） （答）
5	(1)	cm
	(2)	cm^2
6	(1)	cm^2
	(2)	cm^3より多くの水を入れる
	(3)	cm 下がる

法政大学第二中学校(第1回)　2023年度

◇理科◇

※ 119%に拡大していただくと，解答欄は実物大になります。

1	問 1	(記号)	(名前)	問 2	
	問 3		問 4		
	問 5	(記号)	(名前)	問 6	

2	問 1		問 2		問 3	g
	問 4	℃	問 5	℃	問 6	

3	問 1			置かん法	問 2			燃焼	問 3					
	問 4	性	問 5	(1)										
	問 5	(2)	体積： cm^3	気体名：	(3)	プロパン：酸素＝　1　：								

4	問 1	cm	問 2	cm	問 3	段目

5	問 1		問 2	
	問 3	a ： b ： c ： d ： e ＝　：　：　：　：		

6	①		②		③	
	④		⑤		⑥	

法政大学第二中学校(第1回)　2023年度

◇社会◇

※ 127%に拡大していただくと，解答欄は実物大になります。

1	問1	【1】		【2】		【3】		【4】		【5】		問2	
	問3		問4		問5								
	問6		問7			問8							
	問9	【1】		【2】		【3】		【4】					
	問10	①		②		問11	m						

2	問1			問2				問3		問4					
	問5		問6												
	問7														
	問8		問9						問10						
	問11		問12	(1)		(2)		(3)		(4)		問13			

3	問1	(1)		(2)		問2			
	問3		問4		問5				
	問6		問7						
	問8		問9	(1)		(2)		問10	
	問11								
4	問1		問2		問3				

◇国語◇

法政大学第二中学校(第2回)　２０２３年度

※１２７％に拡大していただくと，解答欄は実物大になります。

一

問一　①　②　③　④　る　⑤　み

問二　①　やす　②　らぐ　③　④

問三　①　②　③

問四　①　②　③

二

問一

問二

問三

問四　はじめ　おわり　という考え方

問五

問六

問七　↓　↓　↓

問八　100　150

三

問一　Ⅰ　Ⅱ

問二

問三　(一)　(二)

問四

問五

問六　60　80

法政大学第二中学校(第2回)　2023年度

◇算数◇

※ 154%に拡大していただくと，解答欄は実物大になります。

1	(1)	
	(2)	
	(3)	
	(4)	
2	(1)	月　日
	(2)	通り
	(3)	%引き
	(4)	cm^2
	(5)	
	(6)	円
3	(1)	時間　分後
	(2)	時間　分　秒後

4	(1)	個
	(2)	(考え方) (答)　個
5	(1)	cm^2
	(2)	回目
6	(1)	cm^2
	(2)	cm^3
	(3)	cm^3

法政大学第二中学校(第2回)　2023年度

◇理科◇

※ 120%に拡大していただくと，解答欄は実物大になります。

1	問1			
	問2			
	問3		問4	
	問5			

2	問1	①	ア→　→　→　→ア		②	ア→　→　→　→ア		
	問2		問3		問4	①		②

3	問1	色	問2		問3	
	問4	%	問5	g	問6	g

4	問1	①		②		③		問2	(1)		(2)	
	問3		問4	度								

5	①		②		③		④	
	⑤		⑥		⑦		⑧	

法政大学第二中学校（第2回）　2023年度

◇社会◇

※ 130%に拡大していただくと，解答欄は実物大になります。

1	問1		問2		問3		問4			
2	問1	（1）		（2）		問2		問3		
	問4		問5		問6					
	問7	（A）		（B）		（C）		（D）		
	問8	（ア）	（1）		（2）		（イ）		問9	
	問10	（ア）		（イ）	時間	（ウ）	5月　日　時　分			

3	問1		問2	（2）		（3）						
	問3			問4		問5		問6		問7		
	問8		問9									
	問10	→　→　→	問11									
	問12		問13									
	問14											

4	問1					問2		問3		
	問4		問5		問6					
	問7									
5	問1		問2		問3		問4			
	問5		問6			問7				

◇国語◇

法政大学第二中学校(第２回)　２０２３年度

※１２８％に拡大していただくと、解答欄は実物大になります。

一

問一　①　②　③　④　る　⑤　い

問二　①　なう　②　い　③　④

問三　①　②　③

問四　①　②

問五

二

問一

問二

問三

問四　はじめ　おわり

問五

問六

問七　はじめ　おわり

問八

100

150

三

問一

問二

問三

問四

問五

問六

問七

問八

80

100

法政大学第二中学校(第1回)　2022年度

◇算数◇

※ 154%に拡大していただくと，解答欄は実物大になります。

1	(1)	
	(2)	
	(3)	(答)
2	(1)	倍
	(2)	円
	(3)	cm^2
	(4)	通り
	(5)	枚
	(6)	

3	(1)	枚
	(2)	枚
	(3)	番目
4	(1)	分速　m
	(2)	秒
5	(1)	cm^2
	(2)	度
	(3)	cm^2
6	(1)	cm^2
	(2)	(答)　cm^3

法政大学第二中学校(第1回)　2022年度

◇理科◇

※ 119%に拡大していただくと，解答欄は実物大になります。

1	問1		問2	(1)
	問2	(2)		
	問3			
	問4			

2	問1	①	②	③	問2	
	問3		問4		問5	

3	問1	ビーカー② 色	ビーカー③ 色	問2	ビーカー④	ビーカー⑦		
	問3		問4	mL	問5		問6	

4	問1	g	問2	(　・　)	問3	通り

5	問1		問2	

6	問1	①	②			
	問2	A	B	C	問3	

法政大学第二中学校(第1回)　2022年度　　◇社会◇

※ 127%に拡大していただくと，解答欄は実物大になります。

1	問1		問2		問3		
	問4		問5	(1)		(2)	時間　分
	問6		問7	(1)		(2)	
	問8	(1)		(2)		(3)	
	問9		問10				

2	問1		問2					
	問3							
3	問1	(1)		(2)				
	問2				問3			
4	問1	A		B		問2		
	問3							
5	問1		問2		問3		問4	
							問5	

6	問1	(1)		(2)		(3)		
	問2		問3					
	問4	(1)		(2)		(3)		
	問5							
7	問1		問2					
	問3	(1)		(2)				
		(3)						

◇国語◇

法政大学第二中学校(第1回)　２０２２年度

※１２７％に拡大していただくと、解答欄は実物大になります。

一

問一　①　②　③　④　る　⑤　く

問二　①　いる　②　らかな　③　④

問三　①　②　③

問四　①　②　③

二

問一

問二

問三　b　c

問四

問五　はじめ　おわり　だから

問六

問七

問八

問九

問十　80　120

三

問一　A　B　C

問二

問三

問四

問五　(一)　(二)　30　40　という考えかた

問六

問七

問八　60　80

法政大学第二中学校（第2回）　2022年度

◇算数◇

※ 154％に拡大していただくと，解答欄は実物大になります。

1	(1)	
	(2)	
	(3)	（答）
2	(1)	
	(2)	個
	(3)	cm
	(4)	通り
	(5)	km
	(6)	

3	(1)	枚
	(2)	回
	(3)	
4	(1)	%
	(2)	%
5	(1)	cm^2
	(2)	（答）　cm^2
	(3)	倍
6	(1)	倍
	(2)	cm^2

法政大学第二中学校（第2回）　2022年度

◇理科◇

※ 120%に拡大していただくと，解答欄は実物大になります。

1	問 1		問 2	日光があたる場所	日光があたらない場所	
	問 3		問 4		問 5	

2	問 1	座		問 2	座
	問 3	座			
	問 4		問 5	問 6		問 7	

3	問 1			問 5	
	問 2	アルミニウム　g	塩酸　mL		
	問 3	塩酸　mL	発生気体　mL		
	問 4				

4	問 1	前ギア	後ギア	問 2	前ギア	後ギア	問 3	前ギア	後ギア
	問 4			問 5					

5	問 1				
	問 2	（ア）	（イ）	（ウ）	（エ）
	問 3				

法政大学第二中学校（第2回）　2022年度　　◇社会◇

※ 130%に拡大していただくと，解答欄は実物大になります。

1	問1	m	問2	cm	問3						
	問4		問5								
2	問1	【1】		【2】		【3】		【4】		問2	
	問3	1			2			問4		問5	
	問6	（1）		（2）							
3	問1	【1】		【2】		【3】		【4】		問2	

4	問1				問2					
	問3									
	問4				問5					
5	問1		問2		問3					
	問4				問5					
6	問1		問2						問3	
	問4			運動	問5	→　→　→				

7	問1	1		2		3			
	問2	あ			い		う		
	問3			問4					
	問5	あ			い				
8	問1					問2			
	問3								
9	問1		問2	%	問3				

◇国語◇

法政大学第二中学校(第２回)　２０２２年度

※１２８%に拡大していただくと、解答欄は実物大になります。

一

問一	①	②	③	④	ける ⑤	められた
問二	① く	② い	③	④		
問三	①	②	③			
問四	①	②	③			

二

問一		問二	a	b	
		問三	X	Y	
問四		問五		問六	↓ ↓ ↓
問七		問八	はじめ	おわり	という目的
問九	80	120			

三

問一	A	B			
問二	はじめ	おわり			
問三	1	2	3	4	
問四		問五		問六	
問七		問八			
問九	30	40			
問十	80	100			

法政大学第二中学校（第1回）　2021年度

◇算数◇

※ 154％に拡大していただくと，解答欄は実物大になります。

1	(1)	$\left(363\times2-\frac{363}{10}-3.63\right)\div189$ $=$ （答）
	(2)	
	(3)	時間
2	(1)	毎分　m
	(2)	円
	(3)	cm^2
	(4)	通り
	(5)	枚
	(6)	
3	(1)	cm^3
	(2)	cm^2

4	(1)	%
	(2)	
	(3)	g
5	(1)	度
	(2)	cm^2
	(3)	秒後と　秒後
6	(1)	cm
	(2)	cm

法政大学第二中学校（第1回）　2021年度　　◇理科◇

※ 137％に拡大していただくと，解答欄は実物大になります。

1	問 1	性	問 2	⑴	⑵	
	問 3	⑴	（ア）	（イ）	（ウ）	（エ）
		⑵				

2	問 1		問 2		問 3	
	問 4		問 5	⑴	⑵	

3	問 1	①	②			
	問 2	g	問 3	g	問 4	

4	問 1										
	問 2		問 3								

5	問 1	部分①	部分②	問 2	部分①	部分②	問 3	部分①	部分②
	問 4		問 5						

6	①	②	③
	④	⑤	

法政大学第二中学校(第1回)　　2021年度

◇社会◇

※ 124%に拡大していただくと，解答欄は実物大になります。

1	問1	時間	問2		問3	

2	問1	④		⑤					
	問2	(1)			(2)				
	問3		問4		問5		問6		
	問7	(1)		(2)		(3)		問8	

3	問1										
	問2				問3						
	問4										
4	問1				問2	→ → →					
5	問1		問2	(1)		(2)					
	問3							問4			
6	問1	(1)		(2)		問2		問3		問4	

7	問1	(1)		(2)		(3)		(4)		(5)		(6)	
		(7)		(8)		(9)		問2					
	問3	(イ)				(ロ)							
	問4					条項							
8	問1	(1)				(2)				(3)			
	問2												
	問3												

◇国語◇

法政大学第二中学校(第1回)　２０２１年度

※ １２７％に拡大していただくと、解答欄は実物大になります。

一

問一 ①　②　③　④　　い　⑤　　める

問二 ①　　す　②　　む　③　④

問三 ①　②　③

問四 ①　②　③

二

問一　問二

問三

問四　問五

問六 A　B　C　D　E　F　G　H

問七

問八

問九

三

問一 Ⅰ　Ⅱ　Ⅲ　Ⅳ　Ⅴ

問二

問三

問四　問五　問六

問七　問八

問九 (1)　(2)

MEMO

大切なことはメモしておこうネ！

MEMO

大切なことはメモしておこうネ！

〈ダウンロードコンテンツについて〉

本問題集のダウンロードコンテンツ、弊社ホームページで配信しております。現在ご利用いただけるのは「2025年度受験用」に対応したもので、**2025年3月末日**までダウンロード可能です。弊社ホームページにアクセスの上、ご利用ください。

※配信期間が終了いたしますと、ご利用いただけませんのでご了承ください。

中学別入試過去問題シリーズ

法政大学第二中学校　2025年度

ISBN978-4-8141-3202-7

[発行所] 東京学参株式会社

〒153-0043　東京都目黒区東山2-6-4

書籍の内容についてのお問い合わせは右のQRコードから　⇒

※書籍の内容についてのお電話でのお問い合わせ、本書の内容を超えたご質問には対応できませんのでご了承ください。

2024年6月6日　初版